国家社会科学基金青年项目（编号：09CGJ006）最终成果

陈宪良 著

俄罗斯国家利益观的嬗变

ЭВОЛЮЦИЯ
РОССИЙСКИХ
ВЗГЛЯДОВ
НА
НАЦИОНАЛЬНЫЕ
ИНТЕРЕСЫ

社会科学文献出版社
SOCIAL SCIENCES ACADEMIC PRESS (CHINA)

国家社会科学基金青年项目（编号：09CGJ006）
最终成果

摘　要

　　维护国家利益是一个国家制定和推行对外政策的基本依据，是其开展对外活动的出发点和归宿。理论上，一个国家的内外政策由其国家利益决定。但实际上，国家的外交政策是由该国的国家利益观决定的。国家利益观是一个国家的统治集团判定本国国家利益的基本价值观，是其代表国民通过各种途径和手段来维护和实现国家利益的方法论。国家利益是一种客观存在，具有客观性。国家利益观则是对这种客观存在的主观认知。国家利益一经人们的认知，便可能出现偏差。这种偏差有时会导致决策者为维护其认知的利益而采取未必能够真正维护本国利益的手段。因此，能否准确地判断国家利益，是一个国家是否能够正确制定外交政策的基础。

　　国家利益观的形成主要由主客观两方面因素决定。主观方面，主要受国家发展方向的选择、对本国在国际舞台上的定位、决策者对国际形势的研判及实现国家利益的主要依靠手段等因素的影响；客观方面，受国家所处的国际环境、国家的自身实力及所处时代的科技水平等因素影响。另外，一个国家的民族特性和地理环境及领导人的个性特点也是影响该国国家利益观变化的重要因素。

　　本书力图从俄罗斯国家利益观嬗变的角度对其独立以来的外交政策进行解读，同时，简要地分析俄罗斯国家利益观嬗变给中俄关系及中国和平发展战略的推行带来何种影响。全文包括导论、正文和结语部分。

　　第一章分析了国家利益与国家利益观及二者的关系。本章对国家利益和国家利益观的概念进行界定，区分二者差异。着重阐述决定国家利益观的四个基本要素，简要介绍俄罗斯独立以来国家利益观变化的几个阶段。

第二章对"一边倒"时期俄罗斯的国家利益观及其外交政策进行分析。俄罗斯将国家的发展方向确定为走西方民主道路。此时，俄罗斯认可美国在西方世界的领导地位，甘当美国的"小兄弟"。"亲西方派"力图快速恢复国民经济，尽早融入西方文明社会，把经济复苏的期望寄托在西方发达国家的援助之上。在这个阶段，俄罗斯以谋求西方民主式发展道路为途径，希望国家顺利实现转轨；谋求同西方发达国家建立平等的伙伴关系，希望尽快成为世界强国；为了给国家经济发展创造良好的国际环境，俄罗斯通过加强与西方国家合作的方式实现国家利益。本章从该阶段俄罗斯的国家利益观角度，针对俄罗斯外交行为中的具体事例进行分析，认为该时期俄罗斯外交理想化色彩浓重，以意识形态划线，实行向西方国家"一边倒"的外交政策，导致俄罗斯国家利益受损。

第三章对多极化外交时期俄罗斯的国家利益观进行分析。在该阶段，由于以美国为首的西方国家对俄罗斯的经济援助"口惠而实不至"，弱俄、遏俄的意图日渐明显且不断挤压俄罗斯的地缘战略空间，俄罗斯被迫放弃"一边倒"政策，开始竭力谋求成为多极化世界中强大的一极。该阶段俄罗斯的国家利益观是：继续推进政治民主化、经济自由化以确保国家改革成果；谋求建立多极化世界，维护其大国地位；视北约东扩及地区分离主义为主要威胁。俄罗斯力图谋求成为多极化世界中的强大一极，不再唯美国等西方国家马首是瞻，开始与西方国家在北约东扩、俄美核裁军和科索沃等一些重大问题上展开斗争。但俄罗斯的目标和手段与其自身实力失衡，导致其国家利益受到损害。

第四章主要阐述谋求与西方建立反恐合作伙伴关系时期的国家利益观及对其外交政策的影响。普京接任总统后，俄罗斯的国家利益观突出以经济利益为核心的特点。其外交策略比叶利钦时期显得灵活、务实。"9·11"事件发生后，俄罗斯积极支持美国进行反恐战争，谋求与西方国家建立反恐的合作伙伴关系，从而为国家经济发展营造一个和平稳定的国际环境。不过，此时俄罗斯国家利益受到的损害，更多是"两害相权取其轻"。总之，普京在第一任期不再为维护其虚幻的大国地位而与美国等西方国家进行抗争，而是采取"妥协方式"为国家营造一个相对稳定与平和的国际环境。

第五章主要阐述谋求自主外交政策时期俄罗斯的国家利益观及对其外交政

策的影响。为了维护国家利益，抵制来自美国等西方国家的压力，俄罗斯在许多问题上与以美国为首的西方国家针锋相对。随着实力的增强，俄罗斯对美国等西方国家进行外交反击。乌克兰发生"颜色革命"后，俄罗斯意识到，西方国家遏俄、弱俄之心依然强烈。为防止国内自由思潮影响国家经济发展，俄罗斯加强了政府对国家政权的控制力度，提出了"主权民主"思想。俄美两国的关系因美国欲在中东欧地区部署反导防御系统而急剧恶化，双方在一系列问题上针锋相对。俄罗斯认识到，只有按照自己的独特道路行进，俄罗斯才能真正走上强国之路。

第六章分析了梅德韦杰夫担任总统后俄罗斯的国家利益观及其外交政策。美国在中东欧部署反导防御系统，格鲁吉亚欲武力统一国土后加入北约，这些都给俄罗斯的安全利益造成巨大威胁。为了维护国家安全利益，梅德韦杰夫以前所未有的强硬态度予以应对：出兵格鲁吉亚、宣布在加里宁格勒州部署"伊斯坎德尔"导弹。在美国等西方国家威胁对俄罗斯进行制裁时，俄罗斯适时表示可能打出能源和航天器的牌，令美国等西方国家不敢轻率行事。为了尽快摆脱经济危机，俄罗斯又积极调整与欧美国家的关系，与美国最终在削减战略武器的问题上达成协议。同时，俄罗斯加强了与金砖国家、东南亚国家的关系，进而扩大了其在国际上的影响力。在同日本领土争端的问题上，梅德韦杰夫态度强硬，成为第一个视察北方领土的国家领导人。从梅德韦杰夫处理问题的方式和手段，可以看出其务实、灵活的外交风格。

第七章阐述了中国的和平发展战略及俄罗斯国家利益观的嬗变对中俄关系及中国和平发展的影响。和平发展道路的选择既是对中国及世界以往经验教训总结的结果，也是对中国传统文化的承袭，是中国发展的必然选择。叶利钦执政时期，中俄关系经历了冷淡、友好和蜜月几个阶段。普京执政时期中俄关系虽有起伏，但总体相对平稳。梅德韦杰夫执政的四年里，中俄关系稳步发展，达到历史最好水平。俄中关系的这种变化主要是源于俄罗斯不同阶段的国家利益观发生了变化。纵观俄罗斯的对华政策，可以说，两国关系总体呈上升态势，基本上有利于中国和平发展战略的实施。但在此期间，两国关系也出现过反复，主要是因为两国间尚存在猜忌，此外还有两国利益相左等因素。

结论部分指出，任何国家利益的判定均受国内、国际、民族和文化等多方

3

面因素的影响，同时也受该国领导人的性格、判断力及思维模式等因素的影响。俄罗斯作为一个强势总统的国家，国家领导人的个人意志对国家内外政策的影响相对更大。另外，俄罗斯的国家利益观之所以发生很大变化，还同俄罗斯与美国等西方国家的相互认知、双方对对方行为的解读有着密切的关系。将对方的防范政策解读为进攻政策，是俄罗斯与西方国家关系恶化的一个重要原因。俄罗斯作为国际社会的一个大国和中国的最大陆邻国家，其外交政策的调整将给中国带来一定的影响，处理好与俄罗斯的关系，将是中国推行和平发展战略的重要举措。只有了解俄罗斯、了解俄罗斯的国家利益观，我们才能够及时采取措施，规避风险，维护中国的国家利益。

关键词：国家利益　国家利益观　俄罗斯　中国　和平发展

Abstract

Maintaining the national interest is both one of the fundamental principals for one country in formulating and implementing its foreign policy, and is the starting point and ultimate goal in its foreign activities. In theory, the national interest decides one country's domestic and foreign policies. Nevertheless, one country's foreign policy is, in reality, always dependent on its concept of national interest. The national interest is objective because whenever one tries to explain it, misunderstandings may arise. Such misunderstandings will inevitably make decision-makers, with the goal of upholding the national interest grounded in the understanding of their own, adopt measures that don't always necessarily contribute to their national interest.

The concept of national interest is both one of the fundamental concepts for one country's ruling group in defining its national interest, and is one kind of methodology with which the ruling group, in the name of people, maintains and realizes its national interest by various methods and means. The national interest is objective, the country's concept is the subjective of objective existence. Whenever one tries to explain it, misunderstandings may arise. Such misunderstandings will inevitably make decision-makers, with the goal of upholding the national interest grounded in the understanding of their own, adopt measures that don't always necessarily contribute to their national interest. Therefore, whether or not the national interest accurately can be judged is the base that a country can formulate its foreign policy correctly.

5

The formulating of concept of the national interest mainly depends on two factors: Objectively, it is influenced by international circumstances, national strengths, and level of scientific and technological development; Subjectively, one country's orientation for its development, choices of its role in international arena, judgement for the international situation, and means by which one country realizes its national interest, all of these may make impacts on formulating of concept of the national interest. In addition, one country's ethnic characteristics, geological circumstances, and character of its rulers may also be one of the most important determinants of its concept of national interest.

This book explores Russia's foreign policy from the perspective of the evolution of Russia's concept of its national interest since it gets independed. The book includes such seven parts as introduction, main text, and conclusion.

The first chapter analyzes the relationship of national interest and the concept of national interest. In this chapter, I define the terms of national interest and concept of national interest and make a distinction between the both. Furthermore, I make an emphasis on the four basic determinants of the concept of national interest, and briefly introduce the several development stages of Russia's concept of national interest since its independence.

The second chapter makes an analysis of Russia's concept of national interest and its foreign policy in the period of "Russia's totally leaning to the West". In this period, Russia chose the West mode as its development path, acknowledged America's leadership in world affairs, and was willing to be one of America's "little brothers". The "Pro-west" group in Russia tried to recover Russian economy quickly, would like to be integrated into the Western Community as soon as possible, relying on the western countries to realize its economic recovery. In this same period, Russia wished to push forward its transitional process smoothly by following the development path of the West; wished to be one of the major powers as soon as possible by seeking to establish equal partnership with the developed countries in the West; wished to secure an favorable international environment for its domestic economic development by strengthening its cooperation with the West. From the perspective of Russia's concept of national interest in this period, the chapter analysizes Russia's diplomatic behavior by case studies and concludes that Russia's foreign policy in this period was too idealistic and excessively emphasized ideology. Russia's foreign policy of "totally leaning to the West" in this period impaired its national interest.

The third chapter points out that Russia had to begin reorienting its foreign policy from "totally leaning to the West" to "seeking to be one of the major poles in a multi-polar world", because the western countries led by the U. S. had not actually followed their promises of providing economic aids for Russia and were constantly pressing Russia's strategic space. In this period, Russia preserved its reform fruits by continued pursuing its liberal democracy; strengthened its status of being one of the major powers by seeking to establish a multi-polar world; and viewed NATO's eastward expansion and regional separatism as its major threats. This chapter indicates that Russia began seeking to be one of the major poles in a multi-polar world, was not willing to be submitted to the western countries' leadership, and began its struggle with the western countries on such significant issues as NATO's eastward expansion, nuclear disarmament between Russia and the U. S. , and the Kosovo conflict, etc. However, Russia's national interest had been hurted because of the imbalance between the goals of Russia's foreign policy and its national strengthen.

The fourth chapter mainly illustrates Russia's concept of national interest and foreign policy in the period that Russia sought to establish the anti-terrorism partnership with the West. Since Putin took office, Russia's concept of national interest demonstrated the characteristic of having the economic interest as its central consideration and Russia's foreign strategy was more flexible and realistic than that of Yeltsin administration. In the wake of the 9/11 terrorist attacks, Russia provided active supports for the U. S. anti-terrorist war and sought to establish an anti-terrorist partnership with the West, with the goal of securing a peaceful and stable outside environment for its domestic economic development. This chapter points out that in this period Russia improved its relations with the U. S. by supporting America's anti-terrorism war. However, Russia's concession had made its geopolitical situation deteriorate further. Nevertheless, The loss of Russia's national interest in this period was, for the most part, to choose the lesser between the two worst. All in all, in Putin's first tenure, Russia no longer struggled with the West to preserve its illusionary status of being a great power, rather, in most cases, Russia had pursued a "means of compromise", so as to create a relatively stable and harmonious international environment for its domestic development.

The fifth chapter mainly illustrates Russia's concept of national interest and foreign policy in the period that Russia sought independent diplomacy. In order to preserve its own national interest and resist the pressure from the West which was led by the U. S. , Russia had begun firmly struggling with the West on many issues involved. With the strengthening of its national power, Russia had begun countering the West. The "Color Revolution" happened in Ukraine had made Russia realized the western countries' intention of containing and weakening Russia was still intense. To prevent the extreme liberal trend of thought hinder its economic development, the Putin administration strengthened its control of domestic politics and put forward the so-called "sovereign democracy". The Russia-U. S. bilateral relationship was rapidly worsened because America planned to deploy the anti-missile defensive system in central and east Europe. Given all of this, Russia recognized that only by developing in its own way, Russia can move into a road of peace and prosperity.

Chapter six analyzes national interests and diplomatic policy since Medvedev became president of Russia. The United States deployed anti-missile defense system in Middle Eastern Europe, and Georgia wanted to join NATO after unify the homeland through the use of force. These pose a great threat to Russia, in order to safeguard national security interests, Medvedev countered it at an unprecedented hardball. He sent troops to Georgia, and then deployed Iskander in Kaliningrad Oblast. Facing the threat of sanctions from the United States and other Western countries, Russia plays the energy and spacecraft, and the United States and other Western countries can not react rashly. in order to get rid of the economic crisis as soon as possible, Russia has actively adjust the relationship with the United States and European countries, and finally came to an agreement with the United States on the reduction of strategic weapons. Meanwhile, Russia strengthened relations with the BRICs countries and Southeast Asian countries to expand its influence. On the issue of territorial disputes with Japan, Medvedev took a tough stance, became the first national leader who visited the northern territory. From the above, we can find out pragmatic and flexible is Medvedev's diplomatic style.

Chapter seven expounds China's peaceful development strategy, and the change of the Russian national interest on two country's relations and the influence of China's peaceful development. It points out that the choice of peaceful development is the results of summing up the past experience lessons in China and world, is the heritage of Chinese traditional culture, and is the inevitable choice of China's development. During Yeltsin years, China-Russia relations experienced several cool, friendly and honeymoon phase. During the administration of Putin, though the relations were ups and downs, but overall relatively stable. In Medvedev's four years, China-Russia relations were developing steadily, achieved the best level in history. The reason of relations change is mainly due to Russia's national interest's change at different stages. Throughout Russia's policy towards China, in general, the relations between two countries on the rise, it is basically conducive to the implementation of the strategy of China's peaceful development. But there was capriciousness appeared, the main reason is suspicion and contradiction of national interests.

The conclusion part points out that any judgment of national interest is affected by various factors such as domestic, international, ethnic, and cultural ones, as well as the character of one country's top leader, his capability to make judgment, and his mode of thought. In Russia, the top leader's personality will has made more influences on its domestic and foreign policy because its president was more dominant and powerful than that of others. What's more, the dramatic changes in Russia's concept of national interest were related to inter-perceptions between Russia and the

West, and their respective understanding of the behavior of each other. The misunderstanding of other countries' defensive policy as threats to its own national interest was one of the main reasons why the relationship between Russia and the West worsened. As a large country and the biggest one next to China, Russia's foreign policy adjustment will influence China, handling the relationship between Russia will be the important strategic initiatives of China's peaceful development. Only if understand Russia, understand the national interest of Russia, then we can take measures in time, avoid risk, protect China's national interest.

Keywords: National Interest; Concept of National Interest; Russia; China; Peaceful Development

CONTENTS **目 录**

导　论

一　选题来源及理论和实践意义

（一）选题来源

利益原则是国家间相互交往的一条基本原则，是国家处理对外关系的出发点和归宿，也是各国关系纵横交错的原因所在和国家间确定敌友关系的基本标准。在当今世界政治生活中，各国均以国家利益为准绳，不断调整本国的内外政策。但对于究竟什么是国家利益、怎样才能更好地维护本国的国家利益，学术界和政界众说纷纭、莫衷一是。从大部分观点中，可以梳理出两种主要观点：一种认为"国家利益"是客观存在的，不随人们意志而转移；另一种认为"国家利益"是主观认知与客观存在两者结合的产物。本文认为，国家利益对于一个国家而言本身是客观存在的，它不以人们的主观意志为转移，但可以随着时间和国内外环境的改变而不断变化。不同国家的国家利益存在差异，同一个国家在不同时期国家利益的具体内容也不尽相同。而国家利益观则是主观的，它是人们对国家利益的主观认知。

众所周知，对于执政者来说，在对内、对外政策中，其行动的准绳应该是国家利益，但对于什么是国家利益、怎样判定其国家利益，在不同时期，甚至同一个时期，不同的人看法也不尽相同。对国家利益判定的不同自然使当权者产生不同的执政理念，也必然导致不同的执政侧重点，从而引起国家内外政策的变化。

很多人认为，判定一国的国家利益比较容易。但是事实证明并非如此。实际上，判定国家利益是一件十分复杂的事情。一方面，因为国家利益包含的内容广泛，各方面内容相互交织，彼此影响，有时甚至相互冲突，这增加了人们对国家利益判定的难度。另一方面，制约人们判定国家利益的因素众多，这导致对国家利益判定的复杂化。但归结到一点，一个国家的国家利益观决定了人们对该国国家利益的判定。那么何谓国家利益观？国内外学者对此有一些阐述。学者张俊国认为，国家利益观就是指人们对于国家利益的认识、理解以及由此产生的行为的有机结合体。① 还有人指出国家利益观就是人们对本国国家利益的基本认识和看法。本书认为，国家利益观是一个国家统治集团判定本国国家利益的基本价值观及代表国民通过各种手段和途径来维护和实现本国国家利益的方法论。国家利益观的形成由主客观两方面因素决定，主观方面主要由四个基本因素决定：其一，国家大的发展方向的选择。即该国的执政集团将国家引向哪条发展道路，是选择资产阶级民主道路还是社会主义道路，或是其他道路。其二，本国在国际舞台上的定位。一个国家结合自身的实力，将自己定位为何种层次的国家决定着该国国家利益范围的大小。一个世界霸权国同地区性强国乃至一般性小国相比，其国家利益的内容是迥然不同的。其三，实现国家利益的主要手段和途径。一个国家为了实现其认定的国家利益，必须具备其实现利益的实力及手段。如果该国对国家利益的追求超出其实力，缺乏维护其认定的国家利益的实力，那么该国非但难以实现其所追求的国家利益，甚至会在更大程度上损害本国的利益。因此，判定一个国家利益观正确与否，在很大程度上要看其对国家利益的追求能否与本国实力相符。另外，同一国家在国力不变的情况下，由于其用以实现国家利益的手段和途径不同，而得到的效果也会有很大差异。方法选择得当，其目标可能实现；方法不当，其利益不但难以实现，甚至可能还要受到损害。其四，该国对国内国际形势的判断。一国对国际大环境的认识往往在很大程度上影响着其对国家利益的理解，例如：当其认为所处国际环境良好，处于一个和平的国际环境中，和平与发展是世界主题时，那么该国就会选择一条以本国经济利益至上的道路，通常在对外交往中会采取"合作共赢"的政策；当其认为本国所面临的国际环境十分恶劣时，必

---

① 张俊国：《毛泽东国家利益观研究》，中央文献出版社，2007，第 37 页。

然将本国的安全利益放到第一位，其他利益让位于此。因此，一个国家对国内外形势的认识也在很大程度上影响着该国对本国国家利益的判定。当其能够正确判定国内、国际形势时，其内外政策就可能符合本国利益的维护及获得。如果对国内、国际形势判定失误，其国家利益就可能受损。客观方面，受国家所处的国际环境、国家的自身实力及其所处时代的科技水平等因素影响。另外，一个国家的民族特性和地理环境及领导人的个性特点也是影响该国国家利益观变化的重要因素。本书主要从主观因素方面来研究俄罗斯的国家利益观。

俄罗斯独立以来，国内外形势发生了巨大变化。俄罗斯的决策者对本国及外界的认知也发生了改变，其外交政策也作出了相应调整。回顾俄罗斯独立以来的内外政策及其内外形势，不难发现其变化轨迹：由理想主义色彩较重逐渐转向现实主义，由极其羸弱变为逐渐强大，由一向唯西方马首是瞻到处处为维护自身利益与西方国家展开争夺。之所以发生这样的变化，主要是由于俄罗斯的国家利益观发生了转变。因此，为更好地了解俄罗斯的外交政策走向，必须研究其国家利益观的变化。

（二）选题的理论及实践意义

研究国家间关系及一国的对外政策，必须了解研究对象国的国家利益观。古今中外，各国在处理国家间关系过程中始终遵守着"没有永恒的朋友，也没有永恒的敌人，只有永恒的利益"这条颠扑不破的"真理"。因此，欲很好地研究一国各阶段外交政策调整的轨迹及原因，首先必须弄清楚该国不同时期的国家利益观。俄罗斯是一个具有世界性发展潜力的大国，独立以来，其国家利益观发生了明显变化，这直接导致俄罗斯大幅调整内外政策。中国作为世界上举足轻重的大国，其国家利益的实现与维护必然受到俄罗斯外交政策变化的影响，因此我们必须深入研究这个北方邻居的外交政策。本书的研究，一方面有利于我们进一步了解俄罗斯、把握俄罗斯外交政策的轨迹，另一方面能够使我们有针对性地调整本国的外交政策，以便更好地维护本国的国家利益。

由于文化传统、国家性质及民族特性等多种原因，早些时候，相比西方国家，中国对国家利益的研究和谈论较少，即使有论及者，也多是侧重于对国内利益的认可。近些年，国内学者对国家利益的研究日渐增多。领导人也在强调"合作共赢"的前提下，开始谨慎地使用"国家利益"这个词。但由于国际关系学在我国起步较晚，因此与西方国家比，我国学界对国家利益研究尚不够深入，而对于决定国家外交政策走向的国家利益观的研究更是不多。对俄罗斯国家利益观嬗变规律的研究及俄罗斯外交政策得失的总结，不但有利于我们研究俄罗斯在不同时期的内外政策变化的原因，而且能够为研究我国国家利益观在方法论上提供借鉴，有助于推进我国国际关系学的发展。

俄罗斯作为中国的最大陆上邻国和距中国最近的资源大国，对中国的国家安全和经济发展均有重要的影响。目前，俄罗斯依然处于转型时期，其内外政策尚不稳定，国家内外政策调整的力度较大，这对中国有很大影响。由于俄内外政策的实行与其维护国家利益紧密相关，所以只有了解俄罗斯的国家利益观，才能更好地理解俄罗斯的内政外交，在一定程度上对俄罗斯的外交政策进行评估。另外，研究俄罗斯国家利益观的嬗变，也有利于我们有针对性地与俄方进行交往，尽量避免俄罗斯推行一些对我国不利的政策。因此，从国家利益观视角出发研究俄罗斯的对外政策，尤其是对华政策，对我国和平发展战略具有重大的理论与现实意义。

二 国内外研究现状

国家利益是人们谈论较多的一个国际政治术语，也是人们既熟悉又陌生的一个词语。说对其熟悉，因为几乎每天我们都能听到这个词语，它不但成为政治家的口头禅，而且也是普通百姓经常提及的词语。让人们列举涉及具体国家利益的事件时，我们往往能够脱口而出，举出很多属于国家利益范畴的事件。说对其陌生，是因为一旦将"国家利益"这个词语提升到抽象的理论层面，让人们界定究竟什么是国家利益、如何能更好地维护本国利益时，很多人往往感到茫然，不知如何回答。在国际交往中，国家利益是执政者实行对外政策的依据，是判定内外政策得失的基本标准。英国政治家帕默斯顿伯爵有句名言："我们之间没有永恒的朋友，也没有永恒的敌人，只有永恒的利益，这些利益是我们责无旁贷的追求。"① 现实主义学派大师汉斯·摩根索也明确指出，一

---

① Richard N. Hass, *What to Do With American Primacy*. Foreign Affairs, vol. 78, no. 5 （Sept/Oct 1999）, p. 74.

国外交政策的制定是由该国国家利益所决定的。他认为国际政治的实质内容之一就是国家利益。国家利益是衡量一个国家外交政策的最高标准。①

（一） 西方学者对国家利益的研究现状

通过对西方国际关系理论关于国家利益研究文献的梳理，不难发现，他们多是从国家利益概念的演变、界定、内涵和国家利益的属性及其作用等几个方面进行研究的。

自民族国家形成以来，执政者便开始逐渐以国家利益为准绳施行其外交政策。但那时在很多情况下，人们对国家利益的理解依然体现为君王意志或者王朝利益，他们还没有对真正意义上的"国家利益"进行系统研究，对这个政治术语开始进行系统研究是在近代。首先提出"国家利益"概念并对其进行系统研究的是美国学者查尔斯·比尔德。他于1934年在《国家利益的观念：对美国对外政策的分析性研究》一书中详细考察了国家利益概念的起源并对这个政治概念的演变历程进行了追溯。② 比尔德认为，国家利益最初是以"君王意志"或"王朝利益"的概念形式出现的。而随着社会发展，国家的利益集团日渐增多，致使各种利益交织在一起，王朝利益便逐渐让位于国家利益，王朝利益的概念开始逐渐被国家利益取代。③ 随着时间的推移，人们对国家利益的讨论日趋热烈。美国学者汉斯·摩根索在其著作《国家间政治》中，对国家利益在对外政策中的主导作用作了详细的阐释。他将权力界定下的利益概念作为现实主义的一个主要的分析路径，认为利益的观念是政治的实质，不受时间、空间条件的影响。作为现实主义者的摩根索坚信利益是判断、指导国家政治行为的唯一永存的标准，但是利益与国家之间的联系则是历史的产物。因此，它必将在历史的进程中消失。摩根索在其著作《捍卫国家利益》中对国家利益概念中的不确定性因素进行了系统的总结。④ 他认为，国家利益的概念包括两个重要因素：一个是逻辑上所要求的，在其逻辑

① 倪世雄等：《当代西方国际关系理论》，复旦大学出版社，2001，第258~259页。
② 方长平：《国家利益的构建主义分析》，当代世界出版社，2002，第3页。
③ Charles A. Beard, *The Idea of National interest: An Analytical Study in American Foreign Policy* (Westport: Greenwood Rress, 1934), pp. 1–29.
④ 秦治来、苗红妮：《西方国际关系研究中的国家利益观》，《中国社会科学院研究生院学报》2004年第4期。

意义上是必不可少的。它具有一种恒久性，因为在权力激烈竞争的世界中，各主权国家均将自身生存作为其对外政策最低限度的要求。另一个是可变的，是由环境来决定的。这一因素随环境的变化而变化。另外，摩根索还用共同利益和冲突利益、主要利益和次要利益、统一利益和补充利益、一般利益和特殊利益等来表达国家利益的概念，进而从不同角度对国家利益作出描述。①

在对国家利益的界定方面，学术界长期存在客观主义和主观主义之争。客观主义者将对国家利益的界定视为一门科学，认为国家利益是客观的，可以理性地予以确定，是一定的社会历史条件和国家内外政治经济环境所规定的客观实在，是国家对外政策的基本目标，只要存在国家，就必然存在着人们可以看得见的国家利益；而主观主义者则将对国家利益的认定视为一门艺术，认为国家利益的确定是各种不同的主观观念和偏好之间相互斗争所产生的政治结果。前一种思想起源于柏拉图，这种思想被称为"精英政治论"，认为政治利益完美的确定必须依靠哲学王及其高级幕僚的公正无私；而后一种思想则源于亚里士多德，认为确定公共利益的最好途径是民主程序。② 至于国家利益确定的具体方法，西方学者认为主要有两种途径。一种是以历史研究为出发点，观察这个国家制定的实际政策，寻求其经常性的外交行为方式，以推断该国的国家利益。③ 如约翰·蔡斯和里查德·恩格尔通过对美国的外交史进行研究后，指出引导和推动美国制定外交政策的国家利益大体包括四个方面：一是为避免侵略者发动对美国的进攻，应夺取潜在侵略者的基地；二是支持外国的自治政府和民主制度；三是保护和促进本国商业；四是促进建立和维护有利的世界均势。④ 另一种是从纯国际关系理论出发，依靠逻辑推理和归纳对国家利益概念进行分析。依靠该方法得出的结论比较抽象，相对更加概念化。如罗伯特·奥斯古德等学者认为，国家生存和自我求存是头等重要的国家利益，因为其他一

① 金应忠、倪世雄：《国际关系理论比较研究》，中国社会科学出版社，1992，第128页。
② 方长平：《国家利益的建构主义分析》，当代世界出版社，2002，第7~8页。
③ 方长平：《国家利益的建构主义分析》，当代世界出版社，2002，第10页。
④ Richard Engel, *Determining the level of US interst* (New Port, RI.: Naval War College, 1998), pp. 3 - 12. 转引自戴超武：《国家利益概念的变化及其对国家安全和外交政策的影响》，《世界经济与政治》2000年第12期。

切均取决于这一目标能否实现。① 科学行为主义在国际关系学领域兴起后，一些学者便试图从系统论的角度研究如何界定国家利益。莫顿·卡普兰便是其中代表之一。他认为，国家利益是国家行为体在满足本国行为系统的需要时所具有的利益。这些需要一部分来自国家系统内部，另一部分则源于环境因素。其中系统内部的需要既包括物质形式的需要，也包括维持系统基本规则的需要等。这些需要取决于国际社会的结构和是否存在危险对手，并不随着内部结构的变化而变化。因此，卡普兰认为国家利益是永恒不变的。②

西方学者在研究国家利益基本概念的过程中，对其内涵也进行了探讨。为了避免国家利益概念定义的不准确和对国家利益研究的不统一，西方学者和外交决策者对同一时期、同一国家的国家利益采用了分层次的研究方法。美国学者唐纳德·诺切特莱因在《国家利益的概念》中，以美国国家利益作为案例，对国家利益的内涵进行了系统分析。他认为美国国家利益有变与不变两个方面内容。其中前者是美国的恒久性利益，也被称为基本利益，包括国防、贸易、世界秩序等；后者则是依据国家内外形势的变化而做出的反应。诺切特莱因对国家利益进行层次划分，他提出四种利益：首先是生存利益，指在敌人可能采取军事行动的情况下，任何决策均涉及生存利益。判断生存利益的标准在于有关国家是否遇到明显的、迫切的危险。其次是紧要利益，包括那些严重影响国家政治、经济和人民福祉的事件，其中最主要的是对国家安全构成的影响因素。它与生存利益的差别在于时间的紧迫性。再次是主要利益，大多数国际问题都涉及主要利益，判断的标准在于国家的经济利益、政治稳定以及人民的福祉是否受到影响。最后是次要利益，它不涉及国家的福祉，跨国公司涉及的投资经营问题以及民间的文化活动都属于次要利益。但在重视对外贸易或依赖贸易生存的国家，民间经济活动显然超越次要利益的层次，有的成为主要利益，有些则上升为紧要利益。③ 另外，罗伯特·奥斯古德、伊沃·杜查希克、亚历

---

① 方长平：《国家利益的建构主义分析》，当代世界出版社，2002，第9~11页。

② 〔美〕莫顿·卡普兰：《国际政治的系统和过程》，薄智跃译，中国人民公安大学出版社，1998，第128页。

③ Donald Nuechterlein, *The Concept of National Interests: A Time for New Approach*, Orbis, vol. 23, no. 1 (Spring1979), pp. 73 - 92. 转引自方长平：《国家利益的建构主义分析》，当代世界出版社，2002，第12~13页。

山大·乔治和罗伯特·基欧汉、戴维·克林顿等人也对国家利益的内涵作出了详尽的表述。汉斯·摩根索曾对国家利益进行定义。他指出，国家利益应当包含三个重要的方面：领土完整、国家主权和文化完整。① 他认为在这三方面中，最本质的问题就是国家生存问题，其余均为次要问题。他同时认为，国家利益的概念是一个普遍适用的概念，尽管这个概念和国家之间的联系是一个历史的联系，国家利益的概念是一个历史的概念。就国家利益的含义本身而言，他所提出的定义是一个抽象的定义，国家利益的概念并不具有一个永久固定含义。② 约翰·霍普金斯大学教授罗伯特·奥斯古德也认为国家的生存是最重要的国家利益。他认为国家利益应该包括以下几个方面：①国家的生存和自我保存，包括领土完整、政治独立和基本政治制度的延续；②国家在经济上自给自足；③国家在国内外有足够的威望；④国家具有对外扩张的能力。③ 杜查希克则认为国家利益有五个永恒的要素：①国家实体的生存，主要指国民的生存；②基本价值的生存，主要包括自由、民主、独立和平等；③国家基本政治制度的维持；④国家的经济发展；⑤国家领土与主权的完整。④ 乔治和基欧汉则指出了国家利益不可或缺的内容有三种：实际的生存意味着人民的生存，而不一定要保存领土与主权的完整；自由意味着一国的公民能够自主地选择他们的政体，并能够行使由法律规定和国家保护的个人权利；经济生存则意味着国家最大限度的经济繁荣。⑤

"冷战"结束后，传统的国家利益概念出现了新的内容。国家间相互依存所形成的国际秩序使国家内外事务的界限日渐模糊，国与国之间的"合作利益"得到了新的诠释。西方学术界再次掀起了对国家利益的研究高潮，学者们希望能够更好地解读现实世界。对美国是否回归"孤独霸权"的争论再度引起了学者们的兴趣，塞缪尔·亨廷顿在《美国国家利益受到忽视》一文中揭示了当时美国国家利益的文化特性。他指出，国家利益源于国家认同，而认

---

① Hans Morgenthau, *The National Interest of the United States*, American Political Science Review, 46: 961, 1988.

② 倪世雄等：《当代西方国际关系理论》，复旦大学出版社，2001，第252页。

③ 方长平：《国家利益的建构主义分析》，当代世界出版社，2002，第13页。

④ 陈汉文：《在国际舞台上》，四川人民出版社，1985，第41~42页。

⑤ 方长平：《国家利益的建构主义分析》，当代世界出版社，2002，第13~14页。

同包括文化和信仰两部分；20世纪90年代初成立的美国国家利益委员会也对国家利益的内容进行了系统的分析。① 该委员会于1996年完成的题为《美国国家利益》的研究报告系统地阐述了美国国家利益的十个基本概念。对美国国家利益的根本利益、极端重要利益、重要利益和次要利益四个层次进行了概念上的界定，并在这四个层次上的国家利益进行了归纳，提出了20世纪末美国国家利益的不同内容。2000年7月，该委员会发表了最新的《美国国家利益》研究报告，重新对美国的国家利益进行认定。对国家利益进行这种层次分析研究的优点主要在于：第一，可以避免对国家利益进行分析时过粗或过于庞杂的缺陷；第二，可以在国家决策过程中有先后选择，有利于提高国家外交决策效率和国家利益判定的准确性；第三，这种分析方法具有一定的灵活性，决策者可以根据形势的变化不断调整外交政策。另外，一些学者将一些新内容归入国家利益的范畴，如美国学者约瑟夫·奈把"软权力"纳入国家利益的范畴。

在西方国际关系理论中，不同流派对国家利益概念的理解和对国家利益的获得均有不同看法。理想主义流派认为，人本性是向善的，客观和谐是人类永恒的主题，国家间关系并非零和博弈关系。他们认为国际正义、国际法、灵活妥协等"和平"手段是实现国家利益的有效途径。现实主义流派认为国际关系同样受人的本性和"自然状态"法则的支配。权力是国家利益的基本保证，国家的权力限定国家利益。国家要谋求自身利益就要谋求更多、更大的权力，就要支配别人，即国家利益只有通过权力才能够实现。② 摩根索认为，国家利益这一含义是由政治传统和文化背景决定的，一个国家外交政策的形成，正是基于这两方面的因素。国家利益的概念包含了两个因素：一是逻辑意义上的需求，即起码的需求；二是由环境决定的可变需求。③ 摩根索认为，生存是根植于国家利益概念内的仅存的内涵。在一个诸多主权国家为了争夺权力而竞争和

① 秦治来、苗红妮：《西方国际关系研究中的国家利益观》，《中国社会科学院研究生院学报》2004年第4期。
② 秦治来、苗红妮：《西方国际关系研究中的国家利益观》，《中国社会科学院研究生院学报》2004年第4期。
③ 〔美〕汉斯·摩根索：《又一次"大辩论"：美国的国家利益》，〔美〕斯坦利·霍夫曼：《当代国际关系理论》，林伟成等译，中国社会科学出版社，1990，第93页。

对抗的世界里，任何一国的对外政策都必须把自己的生存当作最低限度的要求。而对于美国国家利益的定义，摩根索则说得更直接，他认为，美国战后的根本国家利益依旧是保证国家安全不受外来侵略的威胁，这一原则与战前比没有变化。

行为主义学派认为，现实主义者的国家利益概念不够明确，而且仅从静态的层面来加以认定。① 美国学者托尔考特·帕特森与罗伯特·穆顿提出了"结构－功能"分析法，莫顿·卡普兰则进一步发展了国际系统理论，他们都在一定程度上影响了有关国家利益的层次分析的思想。根据系统论观点，国家利益应有内外部利益之分，这两种利益的关系在很大程度上取决于各国协调这两者关系的机制。②

新现实主义学派的国家利益学说强调客观条件是国家利益形成的根本原因，其代表人物肯尼斯·华尔兹运用微观经济学的方法对国际政治体系和市场经济的结构进行了类比分析，他在《国际政治理论》中详细地阐述了国家利益的形成问题。华尔兹根据国家类似于理性经济人的假设，修正了摩根索以权力为中心的国家利益说。他认为在允许国家自助的原则基础上，任何国家的最根本利益的核心并非权力，而是自我生存，是国家安全。同时，他指出，保障国家安全的基本手段是国家物质能力的提高，尤其是与国家安全直接相关的军事实力的加强。华尔兹认为，国际无政府状态是国际体系中永恒的存在，而国家视安全为最高利益，则是国际体系无政府状态使然。总之，新现实主义认为，客观条件（国际体系的无政府状态）决定国家利益（国家安全）。这种国家利益观完全排斥了观念对国家利益形成起到的作用。

新自由主义学派在对待国家利益问题上采取了折中做法，通过引入国际合作和规范的变量对国家利益内涵给予了新的诠释。该学派认为，客观条件和主观观念共同决定国家利益。这里与新现实主义利益模式不同的是，新自由主义

---

① 秦治来、苗红妮：《西方国际关系研究中的国家利益观》，《中国社会科学院研究生院学报》2004 年第 4 期。

② 秦治来、苗红妮：《西方国际关系研究中的国家利益观》，《中国社会科学院研究生院学报》2004 年第 4 期。

学者强调，在国家的对外行为中，观念的作用尤为重要，有时甚至是决定性的。戈尔茨坦和罗伯特·基欧汉于1993年编著的《观念与对外政策》一书，明确提出了观念的意义所在。① 另外，新自由主义学派对现实主义的"国家中心"观念也提出了质疑，引入了非国家行为体的变量，指出国际组织也有其自身的合法利益，"低级政治"和"高级政治"的相对地位日趋复杂化，国家利益结构中可变性因素不断增加。

　　建构主义学派从一个新的视角对国家利益进行研究。"社会化"是该派学者诠释国家利益变化的一个重要因素。该派学者认为，国际体系的无政府性不是永恒的客观存在，它是一种社会性建构，有着不同的逻辑和内涵。国家利益也不是给定的因素，而是国家在社会实践活动中获得的观念，是国际体系文化中产生的一种认识。因此，国家利益是一个变量，它是根据国家的社会实践和在实践中形成的身份而发生变化的。一个国家的观念发生变化，其身份自然会随之变化；身份发生了变化，国家利益也相应随之改变。② 乔治·华盛顿大学的玛莎·费丽莫认为，国家利益是根据国际上公认的规范和理解——什么是善的和合适的——来定义的。规范的语境随着时间的推移而改变，当国际公认的规范和价值观发生变化时，它们就会引起体系层面上的国家利益和行为发生相应的改变。③ 与新现实主义和新自由主义不同，建构主义并不把国际组织视为为国家利益服务的工具，而是将其视为一个独立的分析变量，把国家视为国际社会化了的产物。另外，建构主义认为观念是确定国家利益的根本因素，是国家利益观的核心。

　　虽然欧美等西方国家对国家利益的研究比较深入，尤其是对美国国家利益进行研究的文献较多，但是由于俄罗斯国家实力等因素，西方对独立以来的俄罗斯国家利益研究的资料却很少，其中较具代表性的是尼·科·格沃斯德乌的《俄罗斯的国家利益》，而从第三者角度分析俄罗斯国家利益观的著作尚未发现。

---

① 秦亚青：《序》，载方长平著《国家利益的建构主义分析》，当代世界出版社，2002，第2页。
② 秦亚青：《序》，载方长平著《国家利益的建构主义分析》，当代世界出版社，2002，第3页。
③ Martha Finnemore, *National Interest in International Society* (London : Cornell University Press, 1996), p. 27.

（二）苏俄学者对国家利益的研究

通常情况下，苏联学者是把国家利益的理论作为资本主义国家对外关系的一个方面来进行研究的。他们从分析资本主义国家的国家利益的阶级属性入手，从而判定其国家利益是垄断资产阶级的利益。由于垄断资产阶级内部存在着不同派别，因而形成差别。并据此分析资本主义国家的对外政策，判断其外交政策的性质。苏联学者对社会主义国家的国家利益的研究是作为资本主义国家的国家利益的对立面提出来的。他们认为，社会主义国家之间的政治关系"是由国家制度的同一性、由维护社会主义胜利果实的一致利益、由建成共产主义的共同目标结合起来的"。社会主义国家思想基础是一致的，马列主义思想在这些国家中占据统治地位。社会主义国家之间的经济关系是"在经济上的友好联合，是建立在彼此社会经济基础的同一性的基础上，建立在社会主义阵营范围内及其适当的国际分工的基础上的"，"使他们集合起来的是共同利益和目标的一致"，① 是兄弟般合作互助的关系，这里无国家利益可言。

从 20 世纪 70 年代起，苏联学者开始着手进一步研究社会主义国家的国家利益问题。同西方学者不同的是，苏联学者将国家利益称为民族利益。1977年出版的《巩固社会主义国家团结的理论问题》是较早论述国家利益的著作。该书主要是对利益、阶级利益、民族利益和国际利益等概念进行分析。随着研究的深入，苏联学者逐渐把民族利益视为一种客观存在。由萨莫申科主编的《无产阶级国际主义的理论问题》一书指出，民族利益表达了民族作为人民历史的共同体谋求进一步发展的客观要求，代表了对民族生活的社会经济与政治条件的客观态度，以及对在国际关系及国际劳动分工中所处地位的客观态度；这种态度驱使一个民族为了其生存和消除阻碍其发展的因素而创造尽可能有利的条件。

截止到 20 世纪 80 年代末，民族国家利益的概念在苏联国际关系研究领域得到广泛使用。如杜廷斯基认为，民族国家利益作为国际关系中的一个基本范

---

① 〔苏〕苏联科学院主编《第二次世界大战后的国际关系》（第 1 卷），世界知识出版社，1965，第 7 页。转引自金应忠、倪世雄《国际关系理论比较研究》，中国社会科学出版社，1992，第 122～123 页。

畴，在分析一个国家内部要求与影响其发展的外部因素之间的关系时，必须考虑其对外经济联系和同其他国家的政治关系所带来的利益。换言之，这同解释国际策略和战略问题是紧密相连的。① 关于民族国家利益的属性问题，苏联学者认为，在国际关系理论中，民族国家利益是其研究的一个主要对象。在研究该范畴的本质时，必须注意到民族国家利益属于一个客观范畴，是根据国家的内部发展和与其他国家相互关系的现实条件逐渐形成的；民族国家利益的历史属性不是永恒不变的，同时也随着国家内外环境的变化而变化；民族国家利益同阶级关系不可分割，它表达了特定阶级的政治组织——国家利益；民族国家利益又是一个复杂的范畴，包括涉及社会事务的各个领域和整个系统。② 关于民族国家利益的类型，苏联学者从四个方面进行分类：按内容分，他们将社会主义国家的国家利益分为普遍利益、集体利益和个别国家的特殊利益；按时间划分，将其分为永久利益、长期利益和暂时利益；按重要性分，将其分为原则性利益和非原则性利益；按利益的领域分，将其分为政治、经济和军事战略利益。苏联学者强调，国际利益是社会主义国家的国家利益的主要和基本内容。因此，国家在制定和执行外交政策时，必须考虑到各类利益的"从属性"与和谐的结合，否则外交政策就背离了马列主义、社会主义和国际主义原则基础。③ 这种观点在一定程度上为苏联控制其他社会主义国家、干涉他国内政提供了理论支持。

　　苏联解体后，俄罗斯对国家利益的研究有了一个新的飞跃。由于同西方国家意识形态差异的消失，俄罗斯学者在对国家利益探讨的过程中，意识形态色彩逐渐变淡，显得更加客观、务实。独立以来，俄罗斯学术界对国家利益的研究较以前更加深入，出现了大量关于国家利益的著作和文章。但是此时俄罗斯学术界对国家利益的探讨往往与本国的具体利益相结合，或者从国家利益角度出发，来研究国家外交政策。例如：М. Л. 季塔连科的《俄罗斯与东亚：国际问题与国家关系》从亚太地区重大问题角度出发对俄罗斯与东亚国家关系进

---

① 〔苏〕И. В. 杜廷斯基：《社会主义国家的国际利益和民族利益》，《哲学问题》1973 年第 10 期，第 67 页。

② 金应忠、倪世雄：《国际关系理论比较研究》，中国社会科学出版社，1992，第 124～125 页。

③ 金应忠、倪世雄：《国际关系理论比较研究》，中国社会科学出版社，1992，第 124～127 页。

行分析，同时指出俄罗斯在该地区的国家利益及其在东北亚地区新的角色，并论述了俄罗斯与该地区一些国家间的关系；维特梁纽科和路斯兰·弗拉吉米维奇的《现代国际关系中的俄罗斯国家利益》详细地分析了 20 世纪 90 年代国际关系中俄罗斯的国家利益，并对国家利益的概念做了界定，同时指出当时国际环境下俄罗斯具体的国家利益；А. А. 斯米尔诺娃的《国家经济利益与俄罗斯的经济安全保障》对俄罗斯国家经济利益进行确定，并指出如何更好地维护俄罗斯的经济利益，保障俄经济安全；奥列格·弗拉吉拉维奇·瓦罗布耶夫等著的《俄罗斯：国家优先发展方向与国家利益》指明了俄罗斯 19 世纪中叶到 20 世纪 80 年代末 90 年代初，国家的优先发展方向，阐述了这个时期苏俄帝国的国家利益；А. Г. 扎达新的《俄罗斯对外政策：国家意识与国家利益》论述了民族意识与国家利益的关系，详尽地分析了俄罗斯的民族意识在国家利益认同的问题上所起的作用，并指出民族意识对国家对外政策的影响；В. П. 科列索夫、А. А. 巴罗浩夫斯基等著的《世界经济全球化和俄罗斯国家利益》深入地分析了经济全球化趋势下俄罗斯的国家利益，该论文集从不同角度分析了俄罗斯的国家利益；阿尔巴托娃、娜杰日塔·科斯塔季诺夫娜的《国家利益和俄罗斯外交政策：欧洲方向（1991～1999）》从国家利益入手对 1991～1999 年俄罗斯欧洲方向的外交政策进行诠释，结合 20 世纪 90 年代俄罗斯面临的国际形势对其国家利益进行分析，进而阐释了俄罗斯外交政策中的各方因素，同时对北约、欧盟东扩对俄罗斯国家利益的影响进行剖析；特涅布罗夫斯卡雅·耶琳娜·瓦列里耶夫娜的《全球化情况下俄罗斯的国家经济利益》系统地分析了国家经济利益与国家利益的关系，澄清了国家经济利益的概念，指出国家经济利益是世界各国经济发展的中心目标，详细地阐述了全球化条件下俄罗斯国家的经济利益，并指出俄罗斯国家经济利益与如何维护俄罗斯的经济利益；俄罗斯联邦军事科学院、东方经济与人文科学研究所等主编的《全球化与俄罗斯国家利益：文章汇编》是一本关于全球化与俄罗斯国家利益的论文集，论文集从不同角度阐述了俄罗斯的国家利益及全球化对俄罗斯国家利益的影响，其中一些文章对全球化情况下俄罗斯不同层面的国家利益进行了阐述；鲍利斯阿罗诺维奇赫伊菲茨的《海外的商业扩张与俄罗斯国家利益》从国家利益的角度出发，对俄罗斯企业的对外扩张情况进行研究，指出为了更好地维护俄罗斯的国家利益需要注意的问题。

从上面苏俄学者对国家利益的论述可以看出，苏联时期学者们对国家利益的观点与俄罗斯独立以来的观点有着明显的不同。苏联解体前，其学术界对国家利益论述的一大特点就是意识形态色彩浓重，并与西方国家的国家利益观有着明显的不同。另外，苏联学者认为国家利益具有鲜明的阶级性。而俄罗斯独立以后，其学者对国家利益的论述出现新的特点，学术界的研究逐渐向西方靠近，很大程度上接受了西方学者的国家利益观。这个时期，俄罗斯学术界从纯理论角度论述国家利益的较少，往往是针对现实情况分析俄罗斯某一个具体领域的国家利益及如何更好地维护俄罗斯该领域的国家利益。虽然理论性不强，但是能够使读者对俄罗斯的国家利益观一目了然，从而更深刻地理解俄罗斯的外交政策。这些著述对研究俄罗斯的国家利益观及其外交政策具有重要参考价值。但上述著述多是从某一方面来论述俄罗斯国家利益的，且这些著述时间跨度不长，有的写作时间较早，不可能涵盖独立以来俄罗斯国家利益变化的全貌。另外，这些著述基本上不是从动态角度阐释俄罗斯国家利益，且没有专门从俄罗斯国家利益观的角度来论述俄外交政策的变化。另外，目前尚未发现专门研究俄罗斯国家利益观的英文著述。

（三）中国学者对国家利益的研究

中国学术界对国家利益的研究与国外比相对滞后。中国对国家利益的研究始于20世纪80年代，而系统的、综合性研究则是在90年代中后期。中国国内的政治环境是这种情况出现的主要原因。首先，在20世纪80年代以前由于国内政治因素，学术界不可能对国家利益进行客观而科学的探讨；其次，中国官方对国家利益从未做过任何正式的界定，且学者很少参与政府决策，从而导致理论研究同实际情况严重脱节。此外，学术界长期没有摆脱国家利益属于政府运作范畴的误区，认为国家利益是既定的，学者的任务就是对政府的国家利益观进行诠释及为国家在这种利益观基础上的内外政策进行辩护。①

据调查，目前中国学者对国家利益研究的成果主要有专著、教材、期刊论文和博硕士学位论文几种。其中专著有十部，包括：阎学通的《中国国家利

① 方长平：《国家利益的建构主义分析》，当代世界出版社，2002，第16、17页。

益分析》（天津人民出版社，1996 年）；洪兵的《国家利益论》（军事科学院出版社，1999 年）和《剖析"美国利益"》（世界知识出版社，2000 年）；杨玲玲的《当代中国对外开放中的国家利益》（重庆出版社，1999 年）；方长平的《国家利益的建构分析》（当代世界出版社，1999 年）；张文木的《世界地缘政治中的国家安全利益分析》（山东人民出版社，2004 年）；朱炳元主编的《全球化与中国国家利益》（人民出版社，2004 年）；许嘉主编的《中国国家利益与影响》（时事出版社，2006 年）；王逸舟主编的《中国学者看世界（国家利益卷)》（新世界出版社，2007 年）；张俊国的《毛泽东国家利益观研究》（中央文献出版社，2007 年）。期刊论文构成了学界关于国家利益研究成果的主体，根据笔者在中国期刊全文数据库以"国家利益"作为题名进行的检索，1980～2012 这 32 年间的文献有 1985 篇。其中博士论文有 14 篇，分别是：张文磊的《基于国家利益分析的国际碳减排合作研究》（2011 年）；陈勇的《国际利益、意识形态与新闻理念的纠结》（2010 年）；秦正为的《斯大林的国家利益观研究》（2009 年）；刘艳房的《中国国家形象战略与国家利益实现研究》（2008 年）；郭鹏的《国家利益冲突与国际电子商务法律制度构建》（2008 年）；严怡宁的《国家利益视野下的美国涉华舆论》（2008 年）；刘虎的《国家利益与国际媒体报道：以美国"联合早报"中美关系报道为例（1999～2006)》（2007 年），张俊国的《毛泽东国家利益观研究》（2007 年）；季丽新的《意识形态与国家利益》（2006 年）；秦哲《论技术与国家利益及其关系》（2005 年）；杨丽的《国家利益的新认识》（1998 年）；杨玲玲的《当代中国对外开放中的国家利益》（1997 年）；等等。硕士论文从 2001～2011 年 11 年间共有 72 篇。此外，也有一些国际政治类教科书或著作的个别章节对国家利益进行阐述。例如：《国际关系理论比较研究》（金应忠、倪世雄著，中国社会科学出版社，1992 年）；《全球化时代与外交》（王逸舟，世界知识出版社，2003 年）。

从中国学者对国家利益进行研究的情况和特点来看，不难发现，学者们对国家利益的论述主要分两个阶段，第一个阶段从 20 世纪 80 年代到 1996 年阎学通的《中国国家利益分析》出版。这一阶段关于国家利益的研究无论是在深度还是在广度上都相对较弱，且研究主要侧重于对概念的厘清、属性的辨析。这个时期，中国学者对国家利益的研究受苏联的影响非常大，在术语运用及理论框架的确立上几乎照搬了苏联的研究成果。例如，使用"民族利益"，而不是"国家利益"的概念，强调国家利益具有阶级性，忽视了其全民性、民族性。① 此外，同苏联学术界一样，在国家利益的研究过程中，中国学者带有明显的意识形态色彩。这个阶段，学者们主要是对国家利益的阶级性、民族性以及与意识形态的关系、国家利益的内涵等方面进行研究。从研究的方法上看，基本上是采取阶级分析法，对国家利益的阶级性以及在一定程度上的全民性有明确认识。在具体研究手段上，以分析、描述、定性等传统手段为主。而现代科学研究方法相对缺乏。在这一阶段，尚未出现专门研究国家利益的专著，有关国家利益研究成果主要散见于一些政治学、国际政治类的教科书和专著中，也有若干论文讨论了国家利益问题。例如，在《国际关系理论比较研究》一书中，作者通过对民族利益的探讨，比较了国家利益与民族利益的关系，认为国家利益首先是统治阶级的利益，同时国家利益也具有全民性。另外，作者认为国家利益主要包括生存利益和发展利益，二者均是国家的基本利益，体现在国家间的关系中。作者同时指出，由于国际社会的发展已经使人类形成一个整体，维护国际环境的利益成为各国共同的责任，也日益改变着传统的国家利益观念。在国际社会，每个国家均应该享有获取正当利益的权利，也同时应当尊重别国获取正当利益的权利，这就是国家间关系的平等互惠的原则。作者也指出，在当今国际生活中，依然存在着一些国家谋求对别国支配地位利益的不平等现象。②

如果说，在传统阶段，中国国际关系学界关于国家利益问题的研究还停留在一般的定性描述上，那么1996年的《中国国家利益分析》一书则首先把中国学界对国家利益的研究从传统阶段推进到比较规范和相对科学的阶段。阎学通教授开了中国学者研究本国国家利益的先河。他提出了一套新的分析国家利益的科学方法，为中国国家利益的判定提供了一种衡量依据，以此为工具对中国在世界范围内具体的经济、安全、政治和文化利益进行了分析和衡量，并且提出了如何维护中国国家利益的政策建议。《中国国家利益分析》的出版，客

---

① 方长平：《国家利益的建构主义分析》，当代世界出版社，2002，第17页。
② 金应中、倪世雄：《国际关系理论比较研究》，中国社会科学出版社，1992，第118～121页。

观上推动了中国学者对国家利益问题系统和全面的研究。此后，在学界出现了国家利益研究热，涌现出大量的关于国家利益的研究成果。这一阶段，学者们除了对国家利益的概念、内涵、属性进行研究外，把主要的精力放在实证研究上，他们开始超越对国家利益本身的探讨，把国家利益作为一种研究方法和分析视角，观察一国对外政策的变化以及国家之间关系的演变。在具体的研究手段上，层次分析法和定量分析法被广泛运用到国家利益研究中。①

《中国国家利益分析》一书出版后，学术界随之对其展开评论。香港《中国社会科学季刊》开辟了对该书的评论专栏。中国人民大学的张小劲教授、外交学院的秦亚青教授对书中所采取的客观主义分析方法提出质疑，张小劲教授提出的"主观主义"方法，秦亚青教授提出的"理想类型"模式都是对客观主义方法的一种反思。②此外，邓勇博士的《中国现实主义国家利益观述评》、王正毅教授的《国家利益是合法性相互制约的利益》、宋新宁教授的《国家利益的理论认识》等也从不同层面和不同角度对《中国国家利益》所涉及的概念、范畴、研究方法等进行了述评和分析。③尽管学者们的观点差异很大，难以达成一致意见，但是本次学术争鸣扩大了中国国家利益的分析视野，提升了学者们对中国国家利益的研究水平。

方长平在《国家利益的建构主义分析》一书中，用建构主义方法对国家利益的判定进行了实证研究，它克服了传统的理性主义方法未对国家利益的判定进行研究的缺陷。而袁正清的《国家利益分析的两种视角》一文，则对国家利益分析的经济视角和社会学视角进行了系统探讨。

近年来，从中国学者对国家利益问题的研究热点来看，主要集中在以下几个方面。

一是关于国家利益的概念、属性、理论和方法论等理论性问题的探讨。在国家利益的概念界定上，学者们有不同的看法：王逸舟研究员认为，国家利益

---

① 王逸舟：《新视野下的国家利益观（代序）》，王逸舟主编《中国学者看世界（国家利益卷）》，新世界出版社，2007，第12~13页。

② 王逸舟：《新视野下的国家利益观（代序）》，王逸舟主编《中国学者看世界（国家利益卷）》，新世界出版社，2007，第14页。

③ 方长平：《国家利益的建构主义分析》，当代世界出版社，2002，第18~19页。

是指民族国家追求的主要好处、权利或受益点，反映这个国家内全体国民及各种利益集团的需求与兴趣。^① 阎学通研究员将国家利益定义为"一切满足民族国家全体人民物质和精神需要的东西"，"在物质上，国家需要安全与发展，在精神上，国家需要国际社会尊重与承认"。^② 洪兵在其《国家利益论》中给国家利益定义为"国家需求认定的各种客观对象的总和"。^③ 宋新宁教授则将"国家利益"定义为"一个国家内有利于绝大多数居民的共同生存和进一步发展的诸因素的综合"。^④ 张宇燕研究员从经济学角度对国家利益进行了界定。他认为，从理论上讲，国家利益是能够满足国家效用或需要的能力；从主体的角度看，国家利益就是本国所有人的利益；从具体内容看，国家利益表现为安全利益、经济利益、文化利益和政治利益等多个方面。因此，他指出国家利益是一个合成的概念，可以用公式表示为：$NI = f(a_1, a_2, \cdots, a_n)$，他对这个公式进行了如下解读：①$a_i$ 可以表示国家的安全利益、文化利益、经济利益、政治利益等；②a_i 也可以表示不同主体拥有的利益，例如统治者的利益、官僚利益、地区利益、行业利益、企业利益、个人利益等。^⑤ 《全球化与中国国家利益》一书的作者认为"国家利益是维护和创造本国大多数居民共同生存与发展需求的诸因素的综合，是主权国家在国际环境中生存与发展需求的综合体"。^⑥ 虽然在国家利益的概念理解上，学者们存在一定分歧，但是他们都认为国家利益与国家需求密不可分。关于国家利益的属性问题，中国学者的观点也不尽相同。阎学通认为，国家利益作为现实的存在是具体的，其本身不具有抽象性，但是国家利益的概念具有抽象性。宋新宁则认为，国家利益是抽象性与具体性、客观性与主观性的一种综合。他承认国家利益的客观性，但是他还认为国家利益同时具有主观性特征，其主观性表现在国家利益概念的主观性、国家利益判定的主观性、国家利益解释的主观性和国家利益实现的主观性。^⑦

---

① 王逸舟：《全球政治和中国外交》，世界知识出版社，2003，第36页。
② 阎学通：《中国国家利益分析》，天津人民出版社，1996，第10～11页。
③ 洪兵：《国家利益论》，军事科学出版社，1999，2001年3月第二次印刷，第11页。
④ 宋新宁：《国际政治经济与中国对外关系》，香港社会科学出版社，1997，第362～363页。
⑤ 张宇燕、李增刚：《国际经济政治学》，上海人民出版社，2008，第87页。
⑥ 朱炳元主编《全球化与中国国家利益》，人民出版社，2004，第127页。
⑦ 宋新宁：《国际政治经济与中国对外关系》，香港社会科学出版社，1997，第363页。

洪兵教授认为，国家利益的特性主要表现为政治性、民族性、多样性、层次性、至上性和补偿性六种基本特性，此外国家利益还有价值性和动态性。① 这里，洪兵教授对国家利益特性阐述的角度与前两位学者不同，显然，洪教授将国家利益的特性具体化了。关于国家利益研究的认识论和方法论问题，张小劲教授指出，在国家利益概念和判定问题上始终存在着所谓的主客观主义之争，客观主义更接近于简单实证主义，即主体与客体、认识与事实作二元区分，认为可以通过科学手段探讨何为真实所在；而主观主义则属后实证主义，即外在于人本身的真实对于人来说是无法穷尽的，人们只能了解到"真实"的一部分甚至只能是表象，因此，人们只能通过"证伪"的方式逐步接近真实本身。② 秦亚青教授则从主观主义角度提出了一个国家利益判定环境的"理想类型"，即国际系统结构、国际系统进程、国内系统结构、国内系统进程以及最高决策者个人。③

二是关于毛泽东、邓小平和江泽民等领导人"国家利益观"的研究。近年来，对中国领导人国家利益观的研究日渐增多，这成为中国国家利益研究的一个特色，也反映出中国目前的基本国情。张俊国的《毛泽东国家利益观研究》一书是目前对毛泽东国家利益观研究最为全面的著作，该书对毛泽东国家利益观的产生、发展、基本内容、主要影响因素进行了详细的阐述，同时作者对毛泽东国家利益观进行了客观评价。对邓小平国家利益观的研究多体现在学术论文和硕士论文中，文章多集中在对邓小平同志国家利益观的基本内涵和理论创新方面的阐述。另外，近几年研究江泽民国家利益观的学术论文也日益增多。

三是关于全球化背景下的国家利益研究，从国际现实发展状况来看，20世纪90年代既是经济全球化迅猛发展的时期，也是中国更加深入、广泛地融入经济全球化的时期。在这种背景下，中国学者关于国家利益的研究，无论从分析视角还是从分析内容方面，均离不开全球化的时代前提。1997年亚洲金融危机，几乎波及整个亚洲国家；2001年"9·11"事件后，恐怖主

---

① 洪兵：《国家利益论》，军事科学出版社，1999，第30~48页。
② 方长平：《国家利益的建构主义分析》，当代世界出版社，2002，第18~19页。
③ 方长平：《国家利益的建构主义分析》，当代世界出版社，2002，第18~19页。

义日益国际化；近年，美国的"次贷危机"对世界经济发展造成了很大影响。这均促使广大学者更深刻地认识到全球化对国家利益形成、发展、维护的影响。学者们普遍认为，经济全球化不仅对国家的经济利益造成影响，而且对国家的主权利益、安全利益、意识形态利益等都会产生较大影响。同时，学者们提出，经济全球化对不同发展阶段的国家影响也不相同，对发达国家影响往往是正面的，而对相对落后的发展中国家负面影响则更多一些。但多数学者认为，无论如何，为了避免被"边缘化"的危险，所有国家都应该积极参与到全球化进程中去，趋利避害，更大限度地维护本国国家利益。

四是国家利益与国家战略选择研究。其涉及的范围，既有中国的，也有其他国家的，既有历史分析，又有现实问题分析。从学者们的研究成果来看，中国学者基本都认为：国家利益是国家对外战略的重要考量，是国家对外战略的基本动因；从国家利益的视角来审视两国关系和一国的对外政策，或者来解释两国关系的历史现实是合理的。但对国家利益的判定及国家利益与意识形态、政治制度、历史文化传统、地缘政治处于何种关系，这些在国家外交战略制定过程中产生何种影响，中国学者研究的并不突出。①

五是与非传统安全因素相关的国家利益问题。这里的非传统安全主要指经济、科技、能源、文化、恐怖主义等所谓的国际关系"低政治"领域的因素。近年来，虽然这些因素对国家安全、国家利益影响方面的研究成果不断增多，但由于非传统安全因素往往体现在经济、文化、金融等众多领域，所以从研究者的构成来看，真正来自国际关系领域的学者并不多，这导致国际关系领域的非传统安全研究，特别是有关非传统安全与国家安全、国家利益的综合研究理论性不强。②

总体而言，中国学者关于国家利益的研究有一些自己的特点。其研究虽然起步较晚，但是起点相对较高。如今中国学者对国家利益研究的成果相对而言

---

① 王逸舟：《新视野下的国家利益观（代序）》，王逸舟主编《中国学者看世界（国家利益卷）》，新世界出版社，2007，第15～16页。

② 王逸舟：《新视野下的国家利益观（代序）》，王逸舟主编《中国学者看世界（国家利益卷）》，新世界出版社，2007，第16页。

比较丰富。今后，随着时间的推移，中国学者对国家利益的研究将会更加深入，会进一步与国际接轨。

从上面国内外对国家利益研究的现状来看，欧美等西方国家对国家利益研究的一个突出特点就是：理论方面的成果多，对国家利益的实证研究也较普遍，尤其是美国在这方面的研究最为突出；而俄罗斯在这方面的研究主要体现在实证研究方面，理论性成果相对较少；中国学者对国家利益的研究虽然有一定的成果，但尚未完全走出一条自己的道路。

从国内外对俄罗斯国家利益的研究现状来看，仅有俄罗斯本国一些学者对俄罗斯的国家利益进行探究，而中国学者和西方国家学者少有系统研究俄罗斯国家利益的专著。当前，在中国仅有一些著作的个别章节涉及俄罗斯的国家利益和很少几篇学术论文对俄罗斯的国家利益进行阐述。例如：

（1）薛君度、陆南泉主编《新俄罗斯：政治 经济 外交》，中国社会科学出版社，1997。

（2）孔寒冰、关贵海：《叶利钦执政年代》，河南文艺出版社，2000。

（3）海运、李静杰主编《叶利钦时代的俄罗斯·外交卷》，人民出版社，2001。

（4）陆齐华：《俄罗斯和欧洲安全》，中央编译出版社，2001。

（5）潘德礼主编《俄罗斯十年：政治 经济 外交》，世界知识出版社，2003。

（6）郑羽、庞昌伟：《俄罗斯能源外交与中俄油气合作》，世界知识出版社，2003。

（7）吴大辉：《防范与合作：苏联解体后的俄美核安全关系（1991～2005）》，人民出版社，2005。

（8）江宁：《普京的新俄罗斯思想》，上海外语教育出版社，2005。

（9）冯绍雷、相兰欣主编《转型中的俄罗斯对外战略》，上海人民出版社，2005。

（10）姜毅主编《新世纪的中俄关系》，世界知识出版社，2006。

（11）顾志红：《普京安邦之道：俄罗斯近邻外交》，中国社会科学出版社，2006。

（12）李兴：《转型时代俄罗斯与美欧关系研究》，北京师范大学出版社，2007。

（13）郑羽主编《中俄美在中亚：合作与竞争（1991~2007）》，社会科学文献出版社，2007。

（14）郑羽、蒋明君总主编《普京执政八年：俄罗斯复兴之路（2000~2008）》（政治、经济、外交三卷本），经济管理出版社，2008。

从现有的主要中文著作书目中，我们可以看出，绝大多数著作是论及俄罗斯外交政策的或者从双边或多边外交角度阐述俄罗斯的国家利益的。而专门论述俄罗斯国家利益变化的中文著作尚未发现，研究俄罗斯国家利益观的作品也没有。

三　研究方案

（一）本书的基本框架

本著作分为导论、结语等七个部分。

导论阐述选题意义、国内外研究现状、主要参考文献、研究视角路径及论文特点和论文的基本框架。

第一章阐述国家利益与国家利益观。本章对国家利益和国家利益观概念进行梳理和界定，区分二者差异。着重阐述决定国家利益观的四个基本要素，简要介绍俄罗斯独立以来国家利益观转变的几个阶段。

第二章阐述"一边倒"政策时期俄罗斯的国家利益观及对其外交政策的影响（1991年末至1994年末）。本章结合案例分析叶利钦"一边倒"时期俄罗斯的国家利益观。这个时期，俄罗斯将国家的发展方向确定为走西方道路，以求尽早融入以美国为首的西方世界。此时，俄罗斯认可美国在西方世界的领导地位，甘当美国的"小兄弟"。以叶利钦为首的"亲西方派"力图快速恢复国内经济，尽早融入西方文明社会，他们把国内经济复苏的期望寄托在了以美国为首的西方发达国家身上。为了表示与这些国家政策的一致性，俄罗斯实行了全面加入以美国为首的西方国家政治、经济和安全体系的"一边倒"的外交政策。为了消除西方的疑虑，俄罗斯在战略平衡、东欧撤军、波罗的海问题、世界热点地区问题、国际传统联系等方面均做出了较大的让步。本章分三个部分：在第一节中主要阐述"一边倒"政策时期俄罗斯的国家利益观。本节分别从国家的道路选择、国际定位、内外环境和维护国家利益的外交手段四个角度阐述俄罗斯该阶段的国家利益观：指出这个阶段俄罗斯在道路选择方面，以谋求西方民主式发展道路为途径，从而希望国家顺利实现转轨；在国家自我定位方面，俄罗斯谋求同西方发达国家建立平等的伙伴关系，希望尽快成为国际社会举足轻重的大国；为了给国家经济发展创造良好的国际环境，俄罗斯竭力加强和改善与西方国家的关系；同时，在外交决策方面，俄罗斯往往通过加强与西方国家的合作来实现国家利益。在本章第二节中着重从以下几个方面阐述该阶段俄罗斯的外交政策：其一，在重大问题方面强调与西方国家利益的一致性，以大幅让步来换取西方国家的支持；其二，接近西方国家的同时疏远传统盟友（根据意识形态划线确定盟友）；其三，允许美国等西方国家介入其内政。在第三节中，从该阶段俄罗斯国家利益观角度，对俄罗斯的具体外交事例进行分析，指出本阶段俄罗斯理想化外交严重，过于以意识形态划线，实行向西方国家"一边倒"的外交政策，导致俄罗斯国家利益受损。

第三章主要阐述主张多极化外交时期俄罗斯的国家利益观及对其外交政策的影响（1994年末至叶利钦辞去总统职务）。这个时期，以美国为首的西方世界在对俄经济援助方面，口惠而实不至，弱俄、遏俄的意图日渐明显且不断挤压俄罗斯的战略空间。北约东扩加剧了俄美矛盾。俄罗斯意识到，唯西方马首是瞻不但不会使俄罗斯快速摆脱国内的政治经济危机，反而使俄罗斯国家利益受到损害。因此，俄罗斯开始推行谋求成为多极化世界的强大一极的外交政策。在主张多极化外交时期，俄罗斯的国家利益观主要是：其一，继续推进政治民主化、经济自由化的既定发展目标以确保国家的改革成果；其二，谋求建立多极化世界以维护俄罗斯的大国地位；其三，对国家安全环境评估发生重大变化，视北约东扩及地区分离主义为主要威胁；其四，放弃"一边倒"的外交政策，实行全方位外交。这个时期，俄罗斯在外交政策方面发生了重大变化：阻止北约东扩步伐以改善国家安全环境；实行全方位的外交政策，突出加强与中国的关系；反对美国等西方国家介入俄罗斯内政，以及强调独联体是俄的特殊利益区；在国际热点问题的处理上不再唯西方马首是瞻。本阶段，俄罗斯力图谋求成为多极化世界中的强大一极，放弃了以意识形态划线的思维方式，不再唯美国等西方国家马首是瞻，开始与西方国家在北约东扩、俄美核裁军和科索沃等一些重大问题上展开斗争。但俄罗斯目标与手段和实力的失衡，导致国家利益受到损失。

第四章主要阐述谋求与西方建立反恐合作伙伴关系时期的国家利益观及对其外交政策的影响（2000～2004）。普京接任总统后，俄罗斯的国家利益观更突出以经济利益为核心的特点。普京在维护国家利益时，其外交策略比叶利钦更显灵活、务实。在"9·11"事件之前，普京始终寻求与以美国为首的西方国家缓和关系的契机，但由于俄美在车臣战争、北约东扩、美国退出《反弹道导弹条约》、科索沃战争等问题上矛盾尖锐，俄罗斯一时难以缓和与美国等西方国家的关系。"9·11"事件发生后，俄罗斯及时把握时机，积极支持美国在阿富汗的反恐战争，谋求与西方国家建立反恐的合作伙伴关系，从而为国家经济发展营造一个和平稳定的国际环境。在本章第一节中，分别从国家的道路选择、国际定位、内外环境和外交手段四个角度阐述俄罗斯该阶段的国家利益观，指出本阶段俄罗斯在国家道路选择方面，继续坚持西方民主的发展道路，谋求与欧洲一体化来实现国家政治经济制度的完善；在国家自我定位上，强调俄罗斯面临沦为二、三流国家的危险，重申建立世界大国的目标；重新对国家安全环境进行评估，视恐怖主义为国家主要威胁，谋求与美国等西方国家建立反恐合作伙伴关系；在外交政策实施手段方面，采取"妥协外交"与"经济外交"以确保国家安全与经济发展。第二节主要从以下几个方面阐述该阶段俄罗斯的外交政策：其一，"9·11"事件后，与美国的反恐合作与妥协外交；其二，推进以与欧盟经济合作为主的多领域合作；其三，经济外交的全面展开。在第三节中主要从该阶段俄罗斯国家利益观角度出发，结合具体事例对俄罗斯的外交政策进行简要评析。指出本阶段俄罗斯致力于国内发展，为了给国家经济发展营造良好的外部环境，加大了国家反恐力度，力图谋求与西方建立反恐合作伙伴关系。"9·11"事件后，俄罗斯及时把握时机，通过对美国反恐的支持，与美缓和了关系，俄美之间再续"蜜月温情"。伊拉克战争虽然使俄美关系拉开距离，但并未影响俄罗斯与西方建立反恐伙伴关系。为了缓和与西方国家的关系，俄罗斯在北约东扩、美国退出《反弹道导弹条约》、俄美核裁军等问题上采取与西方国家合作的态度。俄罗斯与西方国家关系的缓和，使俄在车臣反恐问题上得到西方国家的"谅解"，在一定程度上为俄罗斯集中精力发展国家经济营造了相对宽松的国际环境。但是俄罗斯的让步，实质上也使其利益受到了一定的损害：地缘政治环境更加恶化，独联体离心倾向更加严重……但由于实力的悬殊，此时俄罗斯在维护国家利益方面，更多的是"两害相权取其轻"。综观普京第一任期的外交政策，可以看出，与前任外交政策有着较大不同。普京政府不再为维护其虚幻的大国地位而与美国等西方国家进行斗争，而更多时候是采取"妥协方式"为国家营造一个相对稳定与和平的国际环境。普京"务实"的外交政策为俄罗斯赢得了巨大的经济利益，从而为俄经济的快速发展提供了便利。总之，这个阶段，普京的外交政策有诸多可圈可点之处。

第五章主要阐述谋求自主外交政策时期俄罗斯的国家利益观及对其外交政策的影响（2005～2008.5）。这个时期，俄罗斯不再认为其总体利益与西方国家利益相一致，而是以维护本国国家利益为前提，寻求适合俄罗斯发展的独特道路。为维护国家利益，抵制来自美国等西方国家的压力，俄罗斯在许多问题上与以美国为首的西方国家针锋相对，进行外交反击。第一节主要介绍谋求自主外交政策时期俄罗斯的国家利益观：其一，谋求建立俄罗斯特色的民主体制和市场经济制度以实现强国梦想；其二，强调俄罗斯的大国地位，谋求成为多极化国际秩序制定者；其三，强化自主性外交，谋求国家内外环境的改善；其四，力图通过主导国际安全与经济合作来谋求国家利益。第二节从俄罗斯国家利益观变化的角度阐述了该阶段俄罗斯的外交政策的主要事例：其一，采取各种措施抵制"颜色革命"；其二，退出《欧洲常规武装力量条约》及同美国部署反导弹防御系统进行斗争；其三，着手谋求建立新的非西方国际关系机制；其四，放弃"以妥协求合作"的外交理念，进行局部外交反击。第三节从该阶段俄罗斯国家利益观角度出发，结合具体事例对俄罗斯的外交政策进行简要评析。乌克兰发生"颜色革命"使俄罗斯感到自身安全利益受到了威胁。该事件使俄罗斯认识到，西方国家遏俄、弱俄之心依然强烈。为维护自身利益，防止国内自由思潮影响国家经济发展，俄罗斯加强了政府对国家政权的控制，提出了"主权民主"的思想，这遭到了西方国家的抨击，导致俄罗斯与西方国家关系的恶化。俄美两国也因美国欲在东欧地区部署反导防御系统而关系急剧恶化。

第六章分析了梅德韦杰夫担任总统后俄罗斯的国家利益观及其外交政策。美国在中东欧部署反导防御系统，格鲁吉亚欲武力统一国土后加入北约，这些均给俄罗斯的安全利益造成巨大威胁，为了维护国家安全利益，梅德韦杰夫以前所未有的强硬态度予以应对——出兵格鲁吉亚、宣布在加里宁格勒州部署"伊斯坎德尔"导弹。在美国等西方国家威胁对俄罗斯进行制裁时，俄罗斯适时表示可能使用能源和航天器作为"武器"进行反击，令美国等西方国家不敢轻率行事。为了尽快摆脱经济危机，俄罗斯又积极调整与欧美国家的关系，与美国最终在削减战略武器的问题上达成初步协议。同时，俄罗斯加强了与"金砖国家"和东南亚国家的关系，进而扩大了其在国际上的影响力。在同日本的领土争端的问题上，梅德韦杰夫态度强硬，成为第一个视察北方领土的俄罗斯最高国家领导人。从梅德韦杰夫处理问题的方式和手段，可以看出梅德韦杰夫的务实和灵活的外交风格。

第七章阐述了中国的和平发展战略及俄罗斯国家利益观的嬗变对中俄关系及中国和平发展的影响。指出和平发展道路的选择既是对中国及世界以往经验教训总结的结果，也是对中国传统文化的承袭，是中国发展的必然选择。叶利钦执政时期，中俄关系经历了冷淡、友好和"蜜月"几个阶段。普京执政时期中俄关系虽有起伏，但总体相对平稳。梅德韦杰夫执政的四年里，中俄关系稳步发展，达到历史最好水平。俄中关系的这种变化主要源于俄罗斯不同阶段的国家利益观发生了变化。纵观俄罗斯的对华政策，可以说，两国关系总体呈上升态势发展，基本上有利于中国和平发展战略的实施。但其间，两国关系也出现过反复，主要因为两国间尚存在猜忌，此外还有两国利益相左等因素。

结论部分指出，任何国家利益的判定均受国内、国际、民族和文化等多方面因素的影响，同时也受该国领导人的性格、判断力及思维模式等因素的影响。俄罗斯作为一个强势总统的国家，国家领导人的个人意志对国家内外政策的影响相对更大。另外，俄罗斯的国家利益观之所以发生很大变化，还同俄罗斯与美国等西方国家的相互认知、双方对对方行为的解读

27

有着密切的关系。将对方的防范政策解读为对自身利益的侵害，是俄罗斯与西方国家关系恶化的一个重要原因。从中俄两国当前的国际地位、双方面临的国际形势及两国目前良好的相互关系来看，俄罗斯国家利益观的嬗变对中国和平发展战略的实施总体是有利的，但随着中国国力的增强，美国对华"围堵"在今后一段时期将不断加码。如果今后美国将主要"关注点"移至中国，那么我们也不能过多地寄希望于同俄罗斯一道抵制来自美国的压力。因此，虽然目前被双方领导人解读为中俄关系历史最好时期，但是我们不能像一些人所说的实行"联俄抗美"，这不符合中国的和平发展战略，俄罗斯在来自美国的压力减弱的情况下，也可能认同"中俄联合"抵抗美国的战略。

（二）特色与创新之处

长期以来，很多人对国家利益及国家利益观两个概念的界定不是很清晰。人们经常将本属于国家利益观范畴的国家利益与客观存在的抽象的国家利益两个概念相混淆。这往往抹杀了两个范畴的国家利益的差异性。本书除对国家利益和国家利益观两个概念进行界定之外，同时提出，一个国家的外交政策走向取决于该国对其国家利益的认定，即该国的国家利益观。

当前研究俄罗斯外交政策的著述颇多，但多是从时间分析的角度来解读俄罗斯外交政策的变化。本书力图通过实证分析，从国家利益观变化的角度来阐释俄罗斯外交政策的变化，这样能够更好地勾勒出俄罗斯外交政策的变化曲线。同时，可以更好地厘清俄罗斯外交政策调整的原因。

本书力图以时间为序，从四个方面来阐述俄罗斯国家利益观的变化及对其外交政策的影响。在阐述俄罗斯国家利益观时，主要从国家发展方向选择、国家定位、国内外环境变化及外交政策实施的具体手段四个方面分析俄罗斯各个时期的国家利益观。同时，从国家利益观变化的角度分析俄罗斯在不同时期的外交政策及其变化的原因是本书与其他著述的不同之处。

在资料文献的选取上，本书尽可能采用领导人的公开讲话、总统的国情咨文、国家对外正式公开的官方文件等一手资料。一方面做到言之可查、查之有据，另一方面保证材料的真实可信性。

（三）采取的研究方法

鉴于本书选题的特点，采取了以下研究方法。

一是理论分析与实证分析相结合。本书在每一章的前半部侧重于从理论层面对俄罗斯国家利益观的变化进行分析归纳，然后通过实例对分析结果进行实证解读。

二是政策分析与案例分析相结合。在书中，通过政策解读来论述俄罗斯国家利益观的变化，再结合具体案例论证俄罗斯外交政策演变。

三是历史分析、现状分析与战略走向的宏观分析相结合。在掌握充足的历史资料对俄罗斯国家利益观进行分析的基础之上，对某些现状问题进行较为详尽的剖析，并且在本书结语部分，对俄罗斯国家利益观未来变化趋向及俄罗斯今后外交政策可能走向作出预测。

第一章　国家利益与国家利益观

国家利益是民族国家形成后的产物，是一个国家对外政策所遵循的基本原则，也是各国在错综复杂的国际关系中确定敌友的基本标准。为了维护国家利益，一些国家或是结盟或是对抗，它们在处理国家间关系过程中始终遵守着"没有永恒的朋友，也没有永恒的敌人，只有永恒的利益"这条颠扑不破的"真理"。于是，在国际关系中常会出现那种昔日的仇敌变为今天的朋友，昨日的盟友又成为今朝对头的现象。这些无一不是围绕国家利益。而如何确定国家利益、怎样才能更好地维护国家利益却是一件比较复杂和困难的事情，它要受多方面因素影响。理论上，国家利益作为一种客观存在，它决定着国家的外交政策，而实际生活中，一国的外交政策由其决策者的国家利益观来决定。国家利益观作为决策者对国家利益的主观认知，具有一定的主观性。这种主观认知很可能与客观的国家利益存在着偏差。这种偏差往往会导致决策者为维护其认知的利益而采取未必能够真正维护本国利益的手段。因此，欲很好地研究一个国家各个阶段外交政策调整的轨迹及原因，首先必须弄清该国不同时期的国家利益观。

俄罗斯独立以来，始终以国家利益为准绳不断地调整内外政策。作为当今世界举足轻重的大国，俄罗斯外交政策的变化时刻牵动着世界的神经。如今，俄罗斯已三易总统，其对外政策也几度调整，这给世界局势变化带来了很大的影响。为了研究俄罗斯的国家利益观及其外交政策，本章首先对国家利益及国家利益观两个概念进行溯源和梳理，同时对叶利钦和普京执政时期俄罗斯的国家利益观进行阶段划分。

第一节　国家利益

在国际关系中，国家间的互动无论在什么情况下以及采取何种方式，都有一个最基本的驱动因素，这就是国家利益。国家利益是国家生存与发展的必要条件。① 维护国家利益是一个国家制定和推行对外政策的基本依据，是其实施对外职能、开展对外活动的出发点和归宿。在现代国际政治生活中，维护国家利益已成为持不同政见者支持自己政策建议的依据。那么，何为国家利益，它又包含哪些具体内容？

一　国家利益的内涵

国家利益是国际政治学中的基本概念，是国际政治的本质所在，是决定国家行为的最基本的要素。当前，国内外学者对国家利益的研究已取得了一系列成果。但是，由于人们对国家利益的判定标准和理解角度不同，因而对国家利益概念的认识至今仍是众说纷纭，莫衷一是。现实主义代表人物汉斯·摩根索把国家利益等同于权力，他认为国家间交往的常态和世界政治的现实是"争强权，求和平"。② 莫顿·卡普兰从系统论的角度对国家利益进行界定。他认为利益即需要，国家利益就是国家作为行为系统，其生存和正常运作的客观需要，这些需要一部分来自系统内部，另一部分来自环境因素。③

（一）国家利益的概念

"国家利益"一词是由"国家"与"利益"两个词语组成，要弄清"国家利益"首先要厘清"国家"这个概念。在英语中"国家"一词有三种表示"state""country""nation"，但内涵却有很大不同。"state"表示国内政治意

---

① 李少军：《论国家利益》，《世界经济与政治》2003 年第 1 期。

② 〔美〕汉斯·摩根索：《国家间政治——寻求权力与和平的斗争》，徐昕、郝望、李保平等译，中国人民公安大学出版社，1990，第 6 页。

③ 〔美〕莫顿·卡普兰：《国际政治的系统和过程》，薄智跃译，中国人民公安大学出版社，1989，第 128 页。

义上的"国家",是指"永久性地占有某个特定地域,在政治上组织一个几乎完全摆脱了外来控制并拥有强制性权力以维持其内部秩序的主权政府之下的实体"或"由一个政府领导的有组织的政治共同体"。如列宁将"国家"定义为"一个阶级对另一个阶级进行阶级统治的工具",这里所说的"国家"便是此意。"nation"则表示民族意义上的"国家",指"具有近乎共同血统、历史、语言等并构成为国家或居住在某个地域的人类共同体"或"具有一个或多个民族并拥有一定领土和政府的人类共同体"。"country"则是一般意义上的"国家",是指"一个拥有自己的政府的国家的地域"或"一个人原籍、出生、居住或拥有其国籍的地域——祖国或家乡"。① 国家含义的不同,自然导致与其紧密联系的国家利益概念的内涵也不尽相同。美国学者唐纳德·纽切特雷恩对一个国家内外两种国家利益做了区分。他指出,内部的国家利益应该被称为"公共利益"(public interest),是指国家人民和企业在本国境内的福祉,国家外部的利益则是指国际关系中的本国人民和企业的福祉。② 而中国学者阎学通教授也指出"国家利益"是一个具有双重含义的概念:一种含义是从国际政治范畴角度来理解,指一个民族国家的利益,与之相对应的概念是集团利益、国际利益或世界利益;另一种含义是从国内政治范畴角度来理解的,指政府利益或政府所代表的全国性利益,与之相对应的是地方利益、集体利益或个人利益。③ 这里所探讨的主要是从国际政治范畴角度来理解的国家利益,这里的"国家"等同于英语中的"nation"。因此,国际政治范畴的"国家"是一个全民性的政治概念,其国家利益也就是指这个民族国家的全体国民的整体利益,它仅具有民族性而不具有阶级性。

从国家利益的概念产生以来,学术界始终没有统一的认识。现实主义大师汉斯·摩根索认为"国家利益"是一个政治概念,应当以"权力"来界定。他指出,被界定为"权力"的"利益"这一概念是普遍适用的客观范畴,但是它并不赋予这个概念以一个永久固定的含义。利益的观念确实是政治的实

---

① 朱炳元主编《全球化与中国国家利益》,人民出版社,2004,第116页。
② 王希:《美国历史上的"国家利益"问题》,《美国研究》2004年第1期。
③ 阎学通:《什么是国家利益》,王逸舟主编《中国学者看世界(国家利益卷)》,新世界出版社,2007,第3~5页。

质，不受时空条件的影响。① 随着国际关系学的发展，西方学者对国家利益概念的解释日渐增多，但他们的意见却不尽相同，大致可归纳为三种观点：一种观点认为"国家利益"是主观的，视其为从主体发出的主观上的"理由""愿望""需求"和所追求的"目标"。如：日本学者卫腾沈吉在其著作《国际关系论》中，将"国家利益"表述为国家追求的目标；乔治·莫德尔斯基把"国家利益"称为有关其他国家行为对政治家产生影响的"那些要求、愿望、意图"。② 另一种观点是将"国家利益"视为能够满足人们主观愿望和需求的客观要素之间的一种状态和关系。例如，学者 P. 西伯里将"国家利益"解释为对目标的完美的、标准的综合；尤库库尔卡把"国家利益"视为"一定价值对于一定需求的确定的关系"。③ 第三种观点认为"国家利益"是能够满足主观愿望和需求的客观要素。如约瑟夫·里维拉认为"国家利益"是"能够提高所希望的事务状态的价值的一些要素。"④ 虽然上面的论述从某些侧面涉及"国家利益"的一些本质问题，但还缺乏系统、准确的阐释，不能给人一个较为明晰的答案。⑤

中国学者对国家利益概念进行了深入探讨：王逸舟研究员认为，国家利益是指民族国家追求的主要好处、权利或受益点，反映这个国家全体国民及各种利益集团的需求与兴趣。⑥ 阎学通教授将国家利益定义为"一切满足民族国家全体人民物质和精神需要的东西"，"在物质上，国家需要安全与发展，在精神上，国家需要国际社会尊重与承认"。⑦ 洪兵将国家利益定义为"国家需求认定的各种客观对象的总和"。⑧ 宋新宁教授则认为国家利益是"一个国家内

---

① 〔美〕汉斯·摩根索：《国家间政治——寻求权力与和平的斗争》，徐昕、郝望、李保平等译，中国人民公安大学出版社，1990，第13页。
② 洪兵：《国家利益论》，军事科学出版社，1999，第3页。
③ 〔波〕尤·库库尔卡：《国际关系学》，林军、于振起译，中国公安大学出版社，1991，第225页。
④ 〔波〕尤·库库尔卡：《国际关系学》，林军、于振起译，中国公安大学出版社，1991，第225页。
⑤ 洪兵：《国家利益论》，军事科学出版社，2001，第3页。
⑥ 王逸舟：《全球政治和中国外交》，世界知识出版社，2003，第36页。
⑦ 阎学通：《中国国家利益分析》，天津人民出版社，1996，第10~11页。
⑧ 洪兵：《国家利益论》，军事科学出版社，1999，第11页。

有利于绝大多数居民的共同生存和进一步发展的诸因素的综合"。与国外学者对国家利益概念的解释相比,中国学者对该术语的定义更为简明、易懂,能够比较准确地反映国家利益的基本内涵。国家利益作为一种客观存在,是被人主观认定的其所需求的对象。这种被主观认定的需求对象同时必须具有合法性,如果这种需求是建立在损害其他国家利益的基础上,则不能被视为国家利益。所以,国家利益是指民族国家合法需求所认定的各种客观对象的总和。

(二) 国家利益的形成

国家是国际政治中最基本的行为主体,是人类文明发展到一定历史阶段的产物。在国家形成之前,国家利益自然无从谈起。但在国家形成以后,国家利益并没有随之产生,它的形成是一个漫长的过程。国际政治中的国家利益是指现代民族国家的利益,是随着民族国家的形成而产生的。而民族国家是人类历史上较晚时期才形成的国家形态,因此,国家利益既不是随着人类的出现而产生的,也不是随着国家的产生而形成的,它是现代民族国家形成的历史产物。在现代民族国家形成之前,多是王朝国家,这种国家体制的核心往往是家族统治。此时,国家的一切,包括臣民均归统治者所有,统治者有权支配其统治疆土之内的一切,这时国家对外政策的最高宗旨也是维护王朝江山。因此,此时只有统治者的王朝家族利益而并没有国家利益。王朝利益让位于国家利益经历了一个漫长的渐进过程。在不同地区、不同国家,经历的时间也不尽相同,必然注定了各个地区国家利益形成时间的差异。①

现代民族国家是国家产生后又经历了千百年的发展而形成的。欧洲地区民族国家形成的时间最早,该地区经历了城邦国家、罗马式共和国、帝国、王国、公国等变迁后,于 15 世纪开始出现民族国家。② 而世界其他地区民族国家形成的时间相对较晚:美洲的民族国家开始形成于 18 世纪;亚洲的民族国家则是在 20 世纪初才逐渐形成;而非洲的民族国家则形成更晚些,"二战"之后才逐渐建立起来。民族国家形成的曲折性自然决定了国家利益形成过程的漫长。③

---

① 阎学通:《中国国家利益分析》,天津人民出版社,1996,第 16 ~ 17 页。
② Paul Kennedy, *The Rise and Fall of the Great Powers* (New York: Random House, 1987), p. 70.
③ 阎学通:《中国国家利益分析》,天津人民出版社,1996,第 12 页。

　　古希腊的城邦国家是西方历史上较早出现的国家。这种城邦国家虽小，但它不同于氏族或部落，不是以血缘为纽带，而是以政治、经济联系为纽带。由于城邦的不断扩大和城邦生活的不断扩充，人们的欲望和需求也不断增长，难免发生冲突，于是在城邦之间引发了战争。为保卫城邦国家，出现了专门的"护国者"。为了管理城邦，掌管城邦权力，就有了统治者，每个城邦都有一个高度组织起来的、建立在阶级关系之上的公共权威。由此，城邦利益与城邦里的公民利益便完全结合在一起了。① 这一时期的思想家修昔底德曾经说："无论是在国家还是在个人之间，利益的一致是最可靠的纽带。"19世纪，索尔兹伯里伯爵也指出："使各国联合的永久契约是消除一切利益冲突。"② 可见，在古希腊，各城邦国家在对外政策与战略问题的辩论中，"利益"是一个最重要的概念和准则。③

　　到了罗马帝国时期，疆域扩张，人口膨胀，个人与国家的关系也越来越疏远。④ 公民不可能像城邦时代那样，完全融入社会政治生活之中，他们也不可能像先前那样关注政治，关注国家大事。这一时期，统治阶级通过连年的征战来扩大他们的国家利益。而此时所谓的"国家利益"，实际上仅是部分统治集团的一己私利而已。

　　到了中世纪，"国家利益"概念又出现了新的特点。其内容集中表现为欧洲君主国家的"王朝利益"。在我国封建社会时期，"朕即一切"是天经地义的事情，是人们遵奉的圭臬。人们对"国家利益"的维护以效忠于皇帝为最基本要求。与这种所谓的"普天之下，莫非王土；率土之滨，莫非王臣"的强大的封建中央集权制不同，中世纪欧洲实行的是严格的等级分封制，国王把土地分封给他的陪臣，陪臣不能把大块疆域完全控制在自己手中，而必须再向下依次分封，但陪臣或附庸只对自己的领主效忠，即所谓"我的附庸的附庸不是我的附庸"之说。可见，此时所谓"国家利益"依然是奴隶主、君主的

---

① 季丽新：《意识形态与国家利益》，博士学位论文，山东大学，2006，第29页。
② 〔美〕斯坦利·霍夫曼：《当代国际关系理论》，林伟成等译，中国社会科学出版社，1990，第93页。
③ 季丽新：《意识形态与国家利益》，博士学位论文，山东大学，2006，第29页。
④ 季丽新：《意识形态与国家利益》，博士学位论文，山东大学，2006，第29页。

利益。统治者考虑的是如何加强对其控制的土地和人民的统治，扩大其版图，并非现代意义上的国家利益概念。① 正如威斯特马克所说："对于一个中世纪的人来讲，国家仅是他居住的社区。臣民的第一责任是忠于某一贵族而不是将各个贵族联系起来的国家。"② 美国学者查尔斯·比尔德系统地考察了国家利益的起源及演变后指出，"国家利益"起源于"王朝利益"，而在王朝利益时期，任何一位君主均渴望维护并且尽可能地扩大其版图以及其对土地和人民的统治。因此，在中世纪，所谓的国家利益即君主利益。

综上所述，以上所谓的"国家利益"尚不是我们当前谈论的真正意义上的"国家利益"，而真正具有现代意义的国家利益概念是伴随着近代民族国家的形成逐渐产生的。从时间角度来看，1648 年欧洲三十年战争结束，《威斯特伐利亚和约》的签订，标志着近代民族国家真正开始建立，主权、领土才开始具有了一个明确的概念，各个国家才逐渐具有了认同感。③

第二次世界大战后，民族国家在世界上普遍建立起来，关于国家利益的理论也逐渐得到完善。各国执政者在对外政策的实施过程中，国家利益原则也日渐突出。国家利益的维护能力成为人们衡量执政者执政能力的一个重要的标尺。国家利益观念也逐渐深入人心。

（三）国家利益的构成

国家作为一个利益主体，其需求的多样性决定了国家利益内容具有广泛性。为更好地维护国家利益，必须要了解构成国家利益的各种要素。

国家利益的内容广泛，是多层次、宽领域的社会范畴。从层次上可分为主权利益、发展利益和参与利益。其中主权利益是国家最根本的利益，包括国家的独立、生存和安全利益。发展利益即发展国内经济和加强对外政治、经济等联系，增强对外竞争力，维护本国的经济利益等。参与利益则是为了塑造本国在国际社会的良好形象，增强国家在国际社会中的作用，从而更好地参与国际事务的利益。从领域上划分，则包括政治、经济、社会、军事、文化、安全等

---

① 季丽新：《意识形态与国家利益》，博士学位论文，山东大学，2006，第 29～30 页。
② Wistermark, *origin and development of the moral ideas*, VO I，Ⅱ，P180. 转引自阎学通《中国国家利益分析》，天津人民出版社，1996，第 12 页。
③ 季丽新：《意识形态与国家利益》，博士学位论文，山东大学，2006，第 30 页。

各领域。当然，国家利益的分类方法还有许多，比如按利益效益的持续时间分，国家利益可以分为不变利益和可变利益；依据利益的重要性，又可分为生存利益、重要利益、主要利益和次要利益；等等。

关于国家利益包含哪些要素，国内外学术界有多种看法。汉斯·摩根索认为，国家利益包括国家领土、政治制度和文化的完整。[①] 罗伯特·奥古斯德认为，国家利益包括四大要素：国家的生存与自保，包括领土完整、政治独立和基本政治保持；经济自给自足；国家威信；对外扩张。而在美国陆军军事学院1983年版的《军事战略》中，将国家利益表述为"保持生存、领土完整、经济繁荣和世界秩序四个方面"。[②] 建构主义学者温特认为，国家利益中存在着"生命、自由、财产和集体自尊"。[③] 中国学者倪世雄认为，国家利益包括生存利益和发展利益两个方面。[④] 阎学通教授认为，个人利益、集体利益和全民利益是构成国家利益的三个基本要素。[⑤] 洪兵教授则认为，国家利益主要是由国家领土、国家安全、国家主权、国家发展、国家稳定和国家尊严六大要素组成。[⑥] 还有很多学者分别从不同角度对国家利益的构成进行了各自的阐述。

人们之所以对国家利益的构成有不同解释，一方面是因为人们对国家利益构成的分析角度不同，另一方面是因为人们对国家利益的认识不同。此外，还有一个重要原因就是国家利益自身的复杂性导致人们很难确定其构成要素。

国家利益是具体的，同时又是十分现实的。从国与国之间的边界纠纷到国家间的市场争夺，从国家间人权观念的争论到相互间的贸易争端，这些行为无不体现出国家利益之所在。在国际贸易中，人们对国家利益的感受往往是十分真切的。比如，中国的彩电业在欧美等国遭到反倾销调查，就会直接影响中国的外贸出口，影响中国彩电的海外销售，特别是对彩电企业的工人的影响就更加直接了。他们的工资待遇会降低，有的人甚至还可能失业。同样，中国物美

---

① Hans J. Morgenthau, *The Dilemmas of Politics* (Chicago: University of Chicago Press, 1958), p. 65.

② 洪兵：《国家利益论》，军事科学出版社，1999，第13～14页。

③ 〔美〕亚历山大·温特：《国际政治的社会理论》，秦亚青译，上海人民出版社，2000，第297页。

④ 金应忠、倪世雄：《国际关系理论比较研究》，中国社会科学出版社，1992，第119页。

⑤ 阎学通：《国家利益的本质》，《中国社会科学季刊》1996年春季卷。

⑥ 洪兵：《国家利益论》，军事科学出版社，1999，第15～19页。

价廉的商品大量进军国外市场，也会给进口国相应企业造成压力，甚至使一些企业破产。于是，进口国生产同类产品的企业就会向政府施压，要求实行贸易保护，这都是国家利益之争的具体体现。

从国家利益的内容来看，国家利益分为政治利益、安全利益、经济利益和文化利益。政治利益主要包括政治独立、国际承认、国家主权、国际地位等；安全利益包括军事优势、领土安全、海洋权益和经济安全等；经济利益包括国际贸易、引进外资、海外投资、技术进出口等；文化利益主要有防止文物遗失、传播民族文化、提高发展模式影响力、向世界提供政治思想等。国家政治利益是各种国家利益的集中表现，其核心是国家主权；安全利益是国家利益的基础，只有安全利益得到一定程度的维护时，其他的国家利益才可能得以实现；经济利益是最经常性的国家利益，当国家生存安全有了基本保障时，经济利益则会上升为国家日常对外政策所追求的最主要内容；文化利益是国家利益中精神方面的重要内容，是较难实现的国家利益。①

从受益者的范围来看，国家利益包括个人利益、集体利益和全民利益。在国际政治中，国家利益的基础就是该国公民的个人利益，每个国民的合法利益就是该国利益的一部分。例如：某国的公民在他国遭受迫害，这就意味着公民所属国的安全利益受到威胁；某国远洋公司的轮船在公海遭受他国军舰的拦截检查，就意味着该国的主权利益受到他国的侵害。当然，并不是所有的个人利益都是国家利益的一部分。那些非法的或者与国家利益相矛盾的个人利益，以及虽然合法但并不涉外的个人利益便不属于国家利益。同样，那些不受国际政治影响的或与国家利益相矛盾的集体利益和全民利益中的公共利益也不属于国家利益范畴。②

总之，从不同角度对国家利益进行分析会对国家利益的构成要素得出不同的结论。但无论哪种分析方法，均很难全面地对国家利益的构成进行概括。

二 国家利益的决定因素

（一）国家利益的基本决定依据

国家利益作为一种客观存在，其具体内容主要由国际环境、自身实力、地

① 阎学通：《国家利益的本质》，《中国社会科学季刊》1996年春季卷。
② 阎学通：《中国国家利益分析》，天津人民出版社，1996，第15~17页。

理位置和科技水平四个要素决定。

1. 国际环境

一个国家所处的国际环境在很大程度上影响着该国的国家利益范围。在当前经济全球化、一体化进程不断深化的过程中，各国间的经济联系日益增多，必然促使那些快速融入一体化进程国家的经济利益在世界范围内扩展。因此，只要与该国有经济往来的国家形势发生大的波动，均会影响该国的国家利益。如 2008 年，由美国次贷危机引发的全球性金融危机几乎波及世界上每一个国家，与美国有着密切经济往来的国家受到的冲击最大，其经济利益受到的损害也最大。再如，因为经济不景气，许多国家相继出台贸易保护性措施，以限制外国产品在本国的销售，从而保护本国企业的生存，这必然给出口国相关企业带来损失，意味着出口国的经济利益受到了损害。一个国家参与全球化的程度也影响着该国的国家利益，如中国在 20 世纪 50 年代与很多国家没有建立外交关系，甚至与很多国家没有往来。那么，在当时，中国在那些与自己没建立外交关系的国家，可以说，没有或很少有自己的利益。而当中国同这些国家建立了外交关系，尤其是同这些国家经济往来密切后，那么中国在该地区的国家利益范围就自然扩大了。

当前的国际局势十分复杂，很多国家为了更好地维护自身利益，纷纷加入一些国际组织。这使得国与国之间的关系变得更为复杂，国家间关系便不再局限于两个国家之间。因此，两国关系一旦出现恶化，就很可能导致一个国家同一个国际组织或国际组织之间产生矛盾。这样，冲突国家的利益受损程度很可能加大。如俄罗斯与格鲁吉亚之间发生军事冲突后，因为格鲁吉亚得到了美国与欧盟的支持，俄罗斯同美国、北约和欧盟之间的关系出现恶化，导致俄罗斯的国家安全利益、政治利益受到了较大的损害。再如，索马里国家局势动荡，海盗盛行，许多国家从此经过的运输船只经常遭遇海盗抢劫的危险，乌克兰武器运输船只遭劫，意味着乌克兰的经济利益和安全利益由于索马里的动荡而受到了损害。因此，我们说，一个国家参与全球化进程的深度和广度在一定程度上影响着该国利益的范围。在海洋大发现之前，乌克兰的船只不可能到非洲之角去进行贸易，其安全利益和经济利益也就自然谈不上受索马里动荡局势的影响了。另外，前几年，朝鲜半岛核危机很可能导致美朝之间的战争，而美朝之间如发生战争很可能造成大量难民涌入中国，给中国安全带来隐患。又如，随着中国经济的发展，中国的企业开始逐步向外扩张，很多企业选择到南非进行投资设厂。这样，中国在南非的经济利益和安全利益自然不断增加，南非对外国企业投资设厂政策的变化将直接影响中国的国家利益。

综上所述，一个国家所处的国际环境及该国参与世界化进程的深度和广度在很大程度上影响着该国的国家利益范围。因此，很多国家为了更好地维护本国的国家利益，极力地创建良好的国际环境。

2. 自身实力

一个国家的自身实力通常是我们所说的该国的综合国力，它在一定程度上决定着国家利益的范围。一个国家实力强弱并不在于该国与自身从前相比有多强大，而在于该国与同时期的其他国家相比实力如何。国家实力主要由人口、经济实力、军事实力、政治稳定性、历史文化、自然资源等组成。一个国家的实力对其国家利益的影响是战略性的，国家实力的强弱决定着该国国家利益范围的大小。当今世界，小到世界杯决赛圈的名额分配，大到联合国安理会中的表决权，无不体现一个国家在国际事务中的影响力，而这种影响力往往是由国家实力决定的。美国与其他一些弱小国家相比，其国家利益更为广泛。经济上，美国几乎在世界各地均有投资，因而它在投资地必然有利益存在，而弱小国家往往在那些与自己无经济往来、无历史渊源且相距遥远的国家基本无利益可言。改革开放30多年来，中国的实力大大增强，其国家利益也比30多年前广泛得多。例如，30多年前，中国大陆在国外的私人投资几乎是零，而如今，中国在海外的私人投资几乎遍布世界各地，维护本国公民在海外的人身和财产安全自然成为我国国家利益的一部分。而这在30多年前，我国尚未有或者说很少有这方面的国家利益。

3. 地理位置

地理位置决定着国家利益的具体内容。一个国家所在的地理位置在很大程度上决定着该国与其邻国之间的利益关系。中国的地理位置决定了其在东亚、东北亚、中亚和东南亚等地区有着与其他地区不同的特殊利益。因为与上述地区很多国家相接壤，所以中国在该地区的特殊利益一方面体现在安全方面，另一方面则体现在经济和文化方面。因此在中国外交政策中，周边是重点，大国是关键。同印度相比，中国的国家利益更多是在东亚地区，而印度则更加注重其在南亚地区的利益。在安全方面，这些地区对中国的态度直接影响着中国的安全。另外，这些地区自身的情况也对中国有着很大影响。中国作为一个具有世界性影响的地区大国，其地缘政治环境十分复杂。世界上七八个核国家除中国外，其周边就有三个。且其中一个国家与中国尚有领土纠纷，一个国家国内政治不稳定，还有一个国家正在快速崛起并且大有挑战现有国际政治秩序之意。朝鲜已经掌握核技术，并且同美国因核问题龃龉不断，虽然目前朝鲜核问题得以缓和，但依然存在诸多不确定因素。这些因素均对中国的安全利益构成潜在的威胁。

4. 科技水平

科技水平作为国家利益判定的一个标准，主要从两个方面影响着国家利益的判定：一是科技进步改变了国家具体利益的内容。如今，石油作为世界工业的黑色血液，其作用日益重要。因此，出现了各大石油进口国前所未有的石油争夺战，这些石油消费大国纷纷采取各种措施，一些国家甚至不惜动用武力以确保本国的石油安全。但在工业革命之前，人们还没有认识到石油的重要性，各国并未将石油作为战略资源加以保护，或者说，不认为石油在国家利益中占据多重要的位置。随着科技水平的提高，新技术取代了一些落后的技术，这些被淘汰的技术就不再被视为国家利益而加以保护了。而每一种新技术的发明都意味着国家利益内容的扩展。每年世界上都有上百万项新发明产生，使得新技术发明国在这方面的利益扩大，技术发明国不断采取措施对自己的新技术进行专利保护，如果在其他国家发现对该国技术的盗版或非法仿制现象，那么专利国及专利厂家的经济利益便受到损害。美国在这方面每年都有成百上千亿美元的经济损失。总之，科技的发展扩大了国家利益的内容。

（二）国家利益的层次及实现标准

1. 国家利益的层次

不同内容的国家利益对国家的影响也是不同的。人们若想更好地维护本国利益，就必须对国家利益进行分层。因为只有正确地区分国家利益的不同等级，国家才有可能在各种层次的国家利益无法兼得时，舍小利，取大利，从而确保国家利益最大化。

由于研究的方法不同，人们对国家利益的分层也有所差异。罗宾逊认为，区分国家利益的标准有三条，即优先性、特殊性和持久性，按这三条标准进行判断，可以区分出 6 种不同类别的利益：①生死攸关的利益。这种利益亦被称为核心利益或战略利益，涉及的是国家基本的和长期目标，诸如国家安全。在这种利益上，国家是不能妥协的。②非重大利益。这种利益涉及的是国家需求的各个具体的方面。在这种利益方面，国家是可以进行谈判或做出妥协的。③一般的国家利益。这种利益涉及的是广泛的、全球性的利害关系，诸如维护地区和平、促进经济繁荣等。④特定利益。这种利益涉及的是国家明确界定的有限目标。⑤永久利益。这种利益是指国家的不变目标，诸如保护领土边界等。⑥可变利益。这种利益是指国家针对特殊的地理或政治发展所做出的反应。① 这 6 种利益的划分，并非在同一维度上进行，它们彼此之间互有重合。实际上可分为生死攸关利益与非重大利益、一般利益与特定利益、永久利益与可变利益三对。这种分法仅仅涉及对国家利益的判定，而不涉及对国家利益重要性的排序。人们往往用国家利益的效用来衡量其大小，而国家利益的效用又是由利益的重要性和紧迫性二因素来决定的。其中重要性的因素是由国家各种利益的次序和利益量来决定的。其基本次序为民族生存、政治承认、经济收益、主导地位和世界贡献五种。利益量的差异也决定着性质相同的国家利益的重要性不同。而国家利益的紧迫性则取决于利益主观上的期望时间和客观上的必要时间。根据国家利益的重要性将其分为重要的国家利益和次要的国家利益，依据它们的紧迫性将其分为当前的国家利益和未来的国家利益。

2. 国家利益的实现标准

要实现国家利益，国家就必须根据自己的欲求制定出具体的行动计划，这个行动计划就是国家的对外政策。因此，我们说，维护国家利益就是实现国家对外政策的目标。若政策目标得以实现，就可以说国家利益得到了实现。

然而在当今国际政治生活中，一个国家对外政策的目标得以全部实现的可能性不大，通常是对外政策目标仅有部分能够得以实现，即国家的需求得到部

---

① Thomas Robinson, "National Interests," in James N. Rosenau, ed., *International Politics and Foreign Policy: A Reader in Research and Theory* (New York: Free Press, 1969), pp. 184 ~ 185；转引自李少军《论国家利益》，《世界经济与政治》2003 年 1 期。

分满足。因此，我们可以用满足度来表示国家利益实现的程度。而满足度的判定是由两个方面来决定的，一是由政策目标与利益实现之间的差距决定，差距越小，满足度就越高，反之则越低。二是由成本与效益的比较决定。不计成本地实现国家利益，不但难以达到目标，反而可能损害国家利益。因此我们在追求国家利益的过程中，必须考虑到实现国家利益的成本，倘若成本大于或等于收益，我们就没有必要去追求这种利益，这样的国家利益即使实现了也只是虚假的利益。反之，当追求利益的成本小于收益时，如果政策目标得到实现，那么就可以认为国家利益得到或部分得到了实现。

第二节　国家利益观

国家利益是客观存在的，它不以人们的主观意志为转移。国家利益观作为一种主观观念，是对国家利益的主观认知，受人的观念主导。理论上，一个国家的内外政策由国家利益决定，内外政策的终极目标是国家利益最大化，并以国家利益的实现程度为衡量其成败的标准。但实际上，一国的外交政策是由该国的国家利益观而非国家利益决定。国家利益具有客观性，一旦通过人们对其进行认知，就可能出现偏差。而这种偏差必然会导致决策者为维护其认知的利益而采取未必能够真正维护本国利益的手段。因此，常常出现这种情况：统治集团认为其内外政策是以国家利益为准绳，可实际上，其政策未必能够真正维护本国利益。究其原因，就是执政者的国家利益观与该国客观的国家利益不相符，或者说其外交手段与外交目标相背离。

一　国家利益观的概念

在国际关系理论方面，学术界对国家利益的争论始终不断。目前，在国家利益的界定上，主要存在三种观点：第一种是客观主义观点。持这种观点的人将国家利益视为一门科学，他们肯定了国家利益的客观性，认为它是一定的社会历史条件和国内外政治经济环境所规定的客观实在，是国家对外政策的基本目标，只要存在着民族国家，就必然存在着国家利益。第二种是主观主义观点。持该观点的人认为，国家利益是各种不同主观观念和偏好（preference）

之间相互斗争的政治结果。这种观点把国家利益的认定视为一门艺术。① 这种观点以建构主义为代表。他们从观念的角度首先对客观主义的国家利益定义进行了批判，认为利益产生的根源问题极为重要。亚历山大·温特曾指出："在国际关系学界，人们普遍认为权力和利益是'物质'的，因此要想挑战现实主义这类强调权力和利益的理论，唯一的方法就是证明观念、规范、制度这类因素能够在很大程度上解释行为。"他认为利益怎样产生是理性主义的盲点。② 玛丽·芬丽莫尔指出，自20世纪60年代以来，美国国际关系学界基本以国家利益为前提进行假设，而不是质疑国家利益，国家体系层面上的国家利益总是被看成是稳定和大致相同的。她也认为国家利益的来源是至关重要的。③ 在此基础上，建构主义强调国家利益是观念建构，具有主观性。温特认为："利益本身就是认识或观念。"④ 玛丽·芬丽莫尔认为，规范和观念在国际关系中具有重要作用，国家利益是根据国际上公认的规范和理解来定义的，由国际共享的规范和价值所塑造。所以，她指出重视规范和价值的重要性使国际政治概念的侧重点从新现实主义和新自由主义主要强调物质层面更多地向社会和观念层面转变。⑤ 第三种观点认为，国家利益是客观性与主观性的统一。持该观点的人认为，首先，国家利益是客观存在的，利益的根源是需要，这种需要是客观性的。⑥ 需要不依赖主观意识或其他任何意识而存在，它不同于对需要的意识。其次，国家利益具有主观性，受到意识的影响。需要是利益的基础，但显然不是利益。人们之所以对国家利益的概念、内涵等持截然不同的观点，一方面是因为国家利益自身存在着一定的复杂性，人们很难对其进行判定；另一方

① 〔美〕西奥多·A. 哥伦比斯、杰姆斯·H. 沃尔夫：《权力与正义》，白希译，华夏出版社，1990，第104~105页。
② 〔美〕亚历山大·温特：《国际政治的社会理论》，秦亚青译，上海人民出版社，2000，第139~169页。
③ 〔美〕玛丽·芬丽莫尔：《国际社会中的国家利益》，袁正清译，浙江人民出版社，2001，第1页。
④ 〔美〕亚历山大·温特：《国际政治的社会理论》，秦亚青译，上海人民出版社，2000，第153页。
⑤ 〔美〕玛丽·芬丽莫尔：《国际社会中的国家利益》，袁正清译，浙江人民出版社，2001，第3~7页。
⑥ 阎学通：《中国国家利益分析》，天津人民出版社，1996，第10页。

面是由于一些人对国家利益与国家利益观这两个概念的混淆。主观主义者将人们认定的国家利益视为国家客观存在的利益，混淆了主观认知与客观存在的关系。其根本缺陷是虽然承认利益的物质基础，但认为这个基础不包含在利益之中，利益本质上是主观的。而第三种观点则将客观实在的事物当作主观认知的东西了。总之，很多人将国家利益观的性质与特点归入国家利益了，这也正是人们对国家利益概念认知不同的重要原因。

国家利益既是一个历史概念，又是一个国际政治概念。由于人们的世界观、价值观和文化观等的不同，对于国家利益的认识和理解表现出较大的差异性与多样性，这样便形成了迥乎不同的国家利益观。[1] 国家利益观包含两方面的内容，一方面包括对国家利益的判定，另一方面包括为维护和实现其认定的国家利益而采取的政策措施。因为一个国家的政策制定和实施是由该国统治集团代表全体国民来进行的。所以说，国家利益观是一个国家统治集团判定本国国家利益的基本价值观及其代表国民通过各种途径来维护和实现本国国家利益的方法论。

国家利益是客观的。但对这些国家利益的判断、维护与运用，则是由人们对国家利益的主观认识决定的。人们的主观认识不可能与客观现实完全一致，即使是同一类国家利益，对不同的国家而言，也具有不同的价值。[2] 理论上，国家利益同国家利益观是物质与意识的关系，国家利益观是由国家利益决定，是随着国家利益的变化而变化的。作为一种主观观念，国家利益观围绕着国家利益这一客体上下波动。而实际上，国家利益观还在更大程度上受人们主观认知的影响。因此，不同人的国家利益观会有很大差异性。

在经济全球化和一体化不断深化的国际社会，各种、各国利益相互交织，导致人们对国家利益的判定复杂化。当格鲁吉亚强行进入南奥塞梯地区并与当地武装发生军事冲突时，俄罗斯作为双方冲突的调解者和维和方采取何种态度是一种艰难的选择。不进行军事干预，格鲁吉亚武力统一后，下一步便是加入北约。这样，俄罗斯的安全利益将会受到极大损害，其在南奥塞

---

① 张俊国：《毛泽东国家利益观研究》，中央文献出版社，2007，第 1 页。
② 张旺：《意识形态与国家利益》，《社会科学》2005 年第 7 期。

梯的俄罗斯人民的生命财产安全也将受到更大威胁。如果选择军事介入，原本十分紧张的俄格关系将会进一步恶化，俄罗斯同美国等西方国家的关系也将更为紧张，俄罗斯的国家利益也将受到损害。[①] 这深刻说明判定国家利益过程的艰难。

二 国家利益观的形成过程

国家利益观与国家利益产生的时间不尽相同。国家利益是随着民族国家的产生而形成的，而真正意义上的国家利益观并不是民族国家产生后立刻形成的，而是经历了一个漫长的形成过程。虽然，真正意义上的国家利益观是民族国家产生之后逐渐形成的，但是在民族国家诞生之前，人们关于国家利益的思想就已经在理论界展开了激烈的交锋。

法国思想家让·布丹是最早系统地阐述国家主权理论的人。1576年，让·布丹把主权（sovereignty）定义为"超乎于公民和臣民之上，不受法律限制的最高权力"，进而推理出国家是由"许多家庭及其共同财产所组成的，具有最高主权的合法政府"。[②] 随后，英国的政治思想家霍布斯提出了国家的本质就是主权者的思想。他将国家置于非常重要、无可取代的至上地位，认为主权就是决断和处理国家一切事务的最高权力，是国家的灵魂。霍布斯指出，主权者拥有全部国家主权，他是国家的化身，行使着国家的权力。他既是国家元首，又是教会领袖，整个国家的社会政治、经济、文化生活都在他的掌握之下，臣民必须服从，不能反抗，甚至也不能有异议。[③] 可见，在民族国家形成初期，人们的国家主权观念依然是模糊的，它与君主权力并未截然分开。因而，此时的国家利益观尚不能称为真正意义上的国家利益观，它仍然具有君主利益的特性。

19世纪末期，美国学者阿尔弗雷德·马汉（Alfred T. Mahan）提出国家利

---

① 俄罗斯后来出兵南奥塞梯与格鲁吉亚直接发生了军事冲突，并且承认了南奥塞梯和阿布哈兹独立。俄罗斯在该地区的影响进一步增加。但因为此事，俄罗斯同格鲁吉亚成为敌对国家，两国断绝了外交关系，俄罗斯同美国等西方国家关系也严重恶化。俄罗斯到底在此事中得失如何，还有待于进一步观察。

② 徐大同：《西方政治思想史》，天津教育出版社，2000，第111页。

③ 季丽新：《意识形态与国家利益》，山东大学博士学术论文，2006，第30~31页。

益是外交政策首要考虑对象的观点，阐述了国家利益与对外政策的关系。他指出："自身利益不仅是国家政策合法的而且是根本原因，他不需要任何虚伪的外衣。尽管适当地将它运用于一个具体的事件需要解释，但作为一个原则它是不需要任何说明来证明其合理性的。华盛顿所说的话在今天并非每句都如其当初说的时候那样正确，但是有一句是永远的真理，那就是除了国家利益别指望政府能在任何其他的基础上不断地采取行动。作为代理人（agents）而非负责人（principals），政府无权那样做。"①

　　王朝利益观让位于国家利益观是一个渐进的过程，在不同的地区和国家这种历史变化发生的时代也不同。很难将某一个事件作为王朝利益观与国家利益观的分水岭。民族国家建立后，统治者个人意志和王朝利益仍在很大程度上支配着国家的对外政策，人们的国家利益观念需要一定的时间才能建立起来。在欧洲，为王朝利益而施行的外交是到 19 世纪末才开始走向尾声。②由此可见，国家利益观与国家利益之间除主客观的不同，其产生的时间也有差异。另外，即使在今天，也时常出现以阶级利益、集团利益或政党利益取代国家利益的情况。之所以至今依然存在这种现象，一个重要原因是，国家利益判定的复杂性导致人们对国家利益判定很难有一个共同的指标，多数情况下只是由少数人决定国家利益的具体内容和维护国家利益采取的具体手段。

三　影响国家利益观的各种因素

　　政策制定者和执行者对本国国家利益的判断，实质上就是其对该国国家利益的认知即决策者的国家利益观。能否准确地判断国家利益，即能否有一个正确的国家利益观，是一个国家能否正确制定其外交政策的基础。但若要做到准确判断本国的国家利益并非易事。主要原因有五点：其一，影响国家利益变化的因素纷繁复杂，令人难以把握；其二，影响国家利益变化的因素自身也不断变化，无形中加大了国家利益判定的难度；其三，不同内容的国家利益彼此间

---

①　Alfred T. Mahan, *The Problem of Asia*, pp. 97, 187; *The Interest of America in Power Present and Future*, 1898.

②　阎学通：《国家利益的本质》，《中国社会科学季刊》1996 年春季卷。

的矛盾性使国家利益的判定进一步复杂化；其四，政策制定者的个人素质、思想倾向以及他们掌握的判定国家利益的信息量，都直接影响着国家利益的判定；其五，国内各利益集团之间的利益冲突导致决策者难以准确判定国家利益。由此可见，一个好的政策制定者，除要尽可能全面掌握判定国家利益所需的信息外，还应具备对各种信息进行分析并不被自己的思想倾向所左右的素质。那么，判定国家利益的依据有哪些？如何能够更准确地判定国家利益？

综合来看，国家利益观的形成主要由主客观两方面因素决定。客观方面，对国家利益的判定受国家所处的国际环境、国家的自身实力、地缘环境及其所处时代的科技水平影响；主观方面，它受人的主观意识影响。而主观意识方面的影响主要包括：其一，国家发展方向的选择。即该国的执政集团将国家引向何方，是选择资产阶级民主主义道路还是社会主义道路，或是其他道路。其二，对本国在国际舞台上的定位。一个国家结合自身的实力，将自己定位为什么样的国家决定着其确定的国家利益的范围。一个世界霸权国同地区性强国乃至一般性小国相比，其国家利益的内容相去甚远。其三，该国对国内国际形势的判断。一国对国际大环境的认识在很大程度上影响着其对国家利益的理解，如当其认为所处国际环境很好，是一个和平的国际环境，和平与发展是世界主题时，该国就会选择一条维护本国经济利益的道路，在对外交往中常会采取"合作共赢"的外交路线。当其认为本国所面临的国际环境十分恶劣时，那么，其对外界常会投以怀疑目光，而将本国的安全利益放到第一位，其他利益置于从属地位。因此，一个国家对国内外形势的认识在很大程度上影响着该国对本国国家利益的判定。当其能够正确判断国内国际形势时，其内外政策便可能有利于本国利益的维护及取得。如果对国内外形势判断失误，其国家利益就可能受损。其四，实现国家利益的主要依靠手段和途径。一个国家为了实现其认定的国家利益，必须具备一定的实力及手段，如果该国对利益的追求超出其实力所及，缺乏维护其认定的国家利益的实力，那么该国非但难以实现其追求的国家利益，反而会在很大程度上损害其国家利益。因此，判定一个国家的利益观合理与否，在很大程度上要看其对国家利益的追求能否与本国实力相符。另外，同一个国家在国力不变的情况下，由于其用以追求国家利益的途径不同，效果也会差异很大。若方法选择得当，其目标可能实现；若方法不当，其利益不但难以实现，甚至可能还要受到更大损害。另外，一个国家的民族特性和地理环境及领导人的个性特点也是影响该国国家利益观变化的重要因素。

（一）国家利益是国家利益观的基轴

一个国家的国家利益观主要是由该国现实的国家利益决定。国家利益主导着该国的国家利益观，国家利益观围绕着国家利益这个基轴上下波动。不同时期，国家利益观围绕着国家利益这个基轴波动的幅度是不同的。由于国家各方面利益往往相互交织，甚至彼此矛盾，这无形中增加了人们对国家利益判定的难度，因此人们在判定国家利益的过程中极力追求"两害相权取其轻，两利相权取其重"的原则。但由于国家利益的复杂性，人们对这种利害的权衡往往具有一定难度。当人们对利害的权衡不准确时，就很可能出现对国家利益的误判。

任何国家均希望能够准确地判定本国的国家利益。为此，各国不断对影响国家利益的各种因素进行分析，以增强其判定的准确性。国际环境作为影响国家利益的外部因素，是人们判定国家利益不可忽略的客观因素之一。对于一个国家而言，首先是其周边环境，如果该国的周边各国均能与自己友好相处，且周边各国政治稳定，彼此间亦无争端，那么该国家在很大程度上，就可以将安全利益置于相对次要的位置。其次是国家所处的国际大环境。如果一个国家处于以和平为主要基调的国际环境中，世界各国均能与之和睦相处，那么这个国家便完全可以将国家的安全利益置于次要位置，而将国家的经济利益、文化利益作为优先考虑对象。如当前北欧的冰岛和西欧的瑞士等国完全没有必要将过多的精力放在国家的传统安全上①，其首要目标就是国家的经济发展。尤其在全球经济危机的情况下，冰岛面临的最大、最急迫的问题就是如何使国家摆脱经济危机，避免国家经济发生大的震荡。当然，上述情况的一个基本前提是对象国必须国内政治稳定、经济平稳发展。相反，如果一个国家所处的周边环境

---

① 这里指的安全是传统的军事安全，是不受外来袭击的安全，不包括当前的一些经济安全、文化安全等。

或国际大环境恶劣，那么这个国家必然要将安全利益列为首要利益，其他方面的利益置于次要位置。如20世纪30年代的波兰，不但夹在德国和苏联两个强国之间，且这两个国家对其均有领土欲求。因此，波兰不断加强同英法两国的关系以防止德国和苏联对其进行侵犯。另外，在判断国际形势的同时，还应判断与本国利益相关的国家的行为。如格鲁吉亚在强行进入南奥塞梯地区时，未必想到俄罗斯会果断出兵，更难料想俄罗斯会公然承认阿布哈兹与南奥塞梯独立。可以说，格鲁吉亚对其所面临的形势及俄罗斯的反应判断失误，导致其国家利益严重受损。

国家实力是影响人们对国家利益判定的内部因素。一国的外交政策手段选择及目标的设定是与该国的实力分不开的。决策者若想准确判定本国国家利益，必须了解本国的实力。在远洋能力无法到达处于东亚的中国之时，英格兰是绝不会判定其在中国有利益存在。而在当前，毫无疑问，英国在中国有着各种利益。只有正确认识自己，才可能设定适当的目标，进而选择合理的手段，使目标与手段能够相适应。但仅了解自身实力尚不能准确判定其国家利益，更要了解本国实力在国际社会所处的位置及与其发生关系的国家的实力。知己知彼是准确判定国家利益的前提条件。国家实力强弱并非纵向与自身从前相比，而是横向同其他国家，尤其是自己的周边国家相比。20世纪初期，日俄两国争相在中国进行掠夺，两国矛盾骤升，最后引发战争。之所以爆发战争，除双方矛盾不可调和外，更重要的一个原因就是，双方均认为凭借自身的实力完全能够打败对方。否则，只要有一方认为自身实力不济，便可能主动退出与对方在中国的争夺，日俄战争也未必会发生。另外，国家实力强大与否在一定程度上决定着该国的利益范围。世界性强国的利益能遍布世界各地，而地区性强国的利益未必像前者分布得那样广泛。而普通国家的国家利益在世界的分布就会更为狭窄。如美国、印度与梵蒂冈这三个国家在国际社会的国家利益范围是不一样的。

科技发展水平也是影响国家利益范围的一个重要因素。每一项新技术的发明都意味着技术发明国国家利益范围的扩展。作为发达国家，美国是世界上科学技术发明最多的国家之一，每一项发明的诞生都意味着其利益的扩展，美国也因此在世界范围内保护其技术发明。如果美国的新发明在专利规定年限内遭到其他国家的非法仿制，那么就意味着美国的利益受到了损害。在当今世界，很多地区盗版猖獗，这在一定程度上严重侵害了专利权国家的经济利益。因此，技术发明大国纷纷要求世界各国加大打击盗版的力度，抗议甚至采取措施制裁那些盗版严重的国家，从而引起国家间关系的恶化。

（二）主观意识决定人们对国家利益的认知

对国家利益的认知除受国家利益客观内容的制约外，同时还受人们主观观念的影响。有时这种影响甚至是颠覆性的。不同的人对国家利益的看法具有差异性，即使对其认识取得了一致意见，那么为维护国家利益所采取的方式或者手段也未必相同，这必然导致人们国家利益观的差异，而这种差异自然会导致维护国家利益的手段和效果的不同。因此，探讨国家利益观的主观影响因素是必要的。

1. 国家发展方向的选择是影响国家利益观形成的重要因素

在影响国家利益观的诸多主观因素中，对国家发展方向的选择是一个重要的因素。一个国家选择何种发展道路，是西方民主道路还是社会主义道路，或是其他道路，在很大程度上决定了该国的利益取向。俄国十月革命后，许多帝国主义国家对与自己发展道路完全不同的新生社会主义政权采取敌视态度。它们认为，这种社会主义思潮的蔓延是对本国安全的一种威胁，因此对苏俄社会主义革命政权采取绞杀政策。在武力干涉未果的情况下，又对苏维埃俄国实行经济封锁。苏俄社会主义政权建立后，在一定程度上将支持世界革命作为国家利益的一种选择，在世界范围内广泛地支持各国无产阶级革命运动。"二战"结束后，美苏两国很快结束了战时的合作，敌对情绪开始不断增加。随后，两国均将有效抵制对方思潮的侵蚀作为维护国家安全利益的重要内容。苏联解体后，俄罗斯将走西方民主道路作为其发展方向，因此，俄罗斯统治集团认为，加强同资本主义国家特别是西方发达国家的关系，是实现其国家利益的必要条件。于是，俄罗斯一边加强与西方国家的关系，一边疏远同原社会主义阵营盟友的关系。新中国成立并完成资本主义工商业改造后，将私人企业作为消灭对象，同时将市场经济与计划经济作为姓"资"姓"社"的根本标志。不要说企业引进西方国家的资金，就是引进市场竞争机制，在国内也会被批为走资本主义道路，损害了社会主义国家的利益。改革开放以后，党和国家决定大力引进外国资金和外国的先进技术及其先进的管理经验，来为本国的经济发展服务，而不再将市场经济和计划经济作为姓"资"姓"社"的根本标志，使得中国的国家利益观发生了根本性的变化。以上均体现出国家在选择不同的发展道路或国家发展理念发生变化时，其国家利益观也发生了重大改变。

2. 统治集团对本国在国际舞台上的定位是影响该国国家利益观的另一要素

不同级别的国家，其利益的范围自然不同。世界性的大国必然将参与或主导各种国际问题的解决作为国家利益的一项重要内容。这样的国家希望能够主导国际事务，希望各国能够按照自己的意志行事。20 世纪 90 年代，"民主和平论"成为美国政治学界的热门话题。克林顿上台后，接受了"民主和平论"的观点，认为民主国家之间很少或不易相互开战，民主国家发动战争和相互采取恐怖手段的可能性较小，而出现抵制仇恨和有组织破坏的势力的可能性较大。因此，克林顿政府将促进国外民主作为其"参与和扩展战略"的三个重要组成部分之一。为此，美国加大对叶利钦政权的援助，以巩固俄罗斯的"民主成果"，确保俄罗斯民主进程不发生逆转，并将此作为美国的利益所在。而在东欧剧变、苏联解体之际，以美国为首的西方国家借中国发生"六四"事件，对中国实施经济制裁，以促使中国发生其所希望的变化。这均是美国等西方国家将干涉他国内政作为本国利益的表现，是世界性大国霸权主义思想的具体表露。另外，作为世界性大国，美国在世界很多地区都有自己的军事基地和投资，其利益的广泛性是其他国家无法比拟的。因为将自己定位为世界性大国，所以美国不希望任何国家崛起，以挑战其世界领导地位。于是，美国千方百计遏制中国和俄罗斯的崛起。

地区性大国，将积极参与和主导其所在地区的事务作为其国家利益之所在。如俄罗斯近年来始终将原苏联地区作为其最重要的势力范围，将与独联体国家的关系作为优先发展方向，希望这些国家实行对俄罗斯友好的政策，甚至希望将这些国家的外交政策纳入自己外交政策的轨道之中，而不希望其他任何国家染指该地区。所以，俄罗斯一再向美国等西方国家表明该地区是俄罗斯利益攸关的地区，坚决反对北约东扩，尤其反对北约吸收独联体国家。为此，不断向北约发出警告，不希望其"越线"。有时甚至不惜冒着同美国等西方国家关系恶化的危险，来维护俄罗斯在独联体国家地区的主导地位。而独联体中的其他小国则不会有这种想法，它们更希望与西方和俄罗斯均保持良好关系，将快速发展本国经济作为其国家利益所在。

由于种种原因，一个国家如果将自己定位为世界性大国，那么它就会将维护大国地位作为国家利益的一个方面，因此会不惜消耗本国的各种资源追求世界性大国的地位。俄罗斯独立之初，并未将自己定位为同美国平起平坐的世界性大国，也不认为唯美国马首是瞻损害了其国家利益。而在 20 世纪90 年代中后期，俄罗斯虽然实力不济，但是西方国家的不断挤压激发了其对苏联时期世界性大国地位的怀旧情绪。为了表达对西方国家挤压的不满和迎合民众的苏联时期世界性大国情怀，叶利钦将国家定位为世界性大国，并且多次表示，国际事务若没有俄罗斯的参与将无法得到解决。为此，俄罗斯积极参与各种国际事务的处理，有时甚至不惜透支自身的各种资源。而普京执政后的第一任期则根据国家的现实，将国家定义为地区性大国①，有选择性地参与国际事务。在不涉及自己切身利益的事情上，往往采取避而远之的态度。对于国家在国际社会中地位的认定，在很大程度上影响着其国家利益观。在认可美国在世界上的领导地位时，俄罗斯更多的时候是紧随西方，以求西方国家加大对俄经济发展的支持力度。而当俄罗斯将自己定位为世界性大国时，它便开始不断挑战美国的领导地位，有时甚至与美国等西方国家针锋相对，以维护其大国地位。

3. 决策者对本国内外形势的判断直接影响着其国家利益观的变化

对国际形势的判断，首先体现在决策者对社会历史发展进程变化的认识上。他们的这种认识直接影响着其对国家利益的判定。在新中国成立初期，我国许多领导人认为，实现共产主义的历史进程在不断加快，社会主义国家间的分歧会不断缩小，因此当时我国将国际共产主义运动的利益作为外交政策的一个重要目标，竭力使国家利益与国际共产主义运动的利益保持一致，进而不断加大对一些国家革命的支持力度。这一方面在无形中增加了中国的经济负担，

① 虽然普京也时而强调俄罗斯是世界性大国，但是在其执政初期，更多时候强调俄罗斯国家面临的困难，更多地强调俄罗斯在经济方面的落后。

另一方面也给国家树立了很多敌人。不但使得中国的经济利益受到了损害，而且也使安全利益受到了损害。其次，对时代特征的认识直接影响着决策者对不同层次的国家利益的性质和重要性的判断。新中国成立后，我国的决策者有很长一段时间认为时代的主题是战争与革命，因此将国家的安全利益始终置于经济利益之上，使国家浪费了大量宝贵的建设资金，导致我国在一定程度上丧失了经济发展的机遇期。而改革开放后，以邓小平同志为核心的中国国家领导人，逐渐转变了对国际形势的看法，对世界主题的认识逐渐从战争与革命转到和平与发展上来。20 世纪 70 年代末 80 年代初，邓小平认为，虽然战争不可避免，但可以延缓，如果行动有力，争取较长时间的和平是可能的。20 世纪 80 年代中期，邓小平同志又指出，战争的危险虽然依然存在，但世界和平力量的增长超过了战争因素的增长，战争是可以避免的，和平是有希望的；并且明确地以"和平与发展"来概括当今世界的两大主题。对国际形势看法的转变，使中国人认识到，国家的最大利益就是经济发展。因此，在对外政策方面，将经济利益作为国家的首要利益。再次，对外部环境利弊的认识，影响着决策者对本国利益实现的可能性的判断。1990 年，伊拉克决策者对入侵科威特的国际形势判定失误，导致国家遭受多年的国际制裁，对科威特的侵略不但没有给伊拉克带来任何利益，反而使国家利益受到了极大的损害。综上所述，决策者对国际形势判定的准确性在很大程度上影响着其外交政策，会直接导致其利益的得失。

4. 维护国家利益的手段和途径对国家利益观的影响

国家利益观既包括统治集团对国家利益的认知，也包括为维护其所认定的国家利益而采取的手段和途径。由于不同的统治集团处事方式及处事风格的差异，他们为维护国家利益而采取的方式也不尽相同。但问题的处理往往是殊途未必同归。这样，就会出现对于同种情况，由于不同的处理方式，而收到截然不同的效果，即国家利益的实现程度不同。但更多的情况是，手段的有效性必须以实力为基础。如果一个国家追求的利益远远超过其实力范围，即使其采用合理的方式，也未必能够真正维护其所认定的国家利益。采用何种手段和方式处理问题，除由对国家实力的认知决定外，还在很大程度上受领导人个人性格和民族特性等因素的影响。叶利钦与普京二人的个性特点均很鲜明，但普京在问题的处理上，理性色彩更浓一些，而叶利钦处理问题时，则更显感性化。而对于美国而言，民主党和共和党的执政风格也是不一样的，民主党相对自由、开放，而共和党则更加保守。民主党贸易保护主义更强烈些，更加重视民主和自由，而共和党更注重国家安全利益，其霸权思想表现得更加明显。这样，必然导致民主、共和两党为维护国家利益所采用的手段和措施的不同。

5. 决策者的主观认识水平对国家利益观的影响

人们对国家利益的判定除了依据外部世界的客观现实情况之外，也受到判断人世界观的影响。那些主观认识水平较高的政策制定者往往对国家利益的判定比较符合实际，从而也能够制定出正确的对外政策。而那些主观认识水平较低的政策制定者，就极可能出现对国家利益的误判，致使外交政策失误，甚至导致外交失败。

作为客观事物的认知主体，人在知识水平、生活阅历、认知能力及价值观等方面具有一定的差异性，致使不同认知主体对同一事物产生不同映像，甚至同一认知主体在不同时期对同一事物的观点也可能存在差异。同理，不同认知主体对同一国家同一时期的国家利益的认识也会出现差异，这必然会导致不同的决策者在制定政策或施行手段方面的不同。

第三节　俄罗斯国家利益观的不同阶段划分

国家利益是一个国家制定对外政策的基石。一个国家能否制定出正确的外交政策，在很大程度上取决于该国对本国国家利益的判定准确与否，即这个国家是否有一个正确的利益观。但由于影响国家利益的因素众多及国家利益自身的复杂性，在不同时期、不同环境下，国家的具体利益也有所不同。当决策者对国家利益的判定相对准确，即国家的利益观与国家的真实利益相吻合时，决策者就可能制定出符合本国利益的外交政策，从而收到良好的外交效果，进而使国家利益得以实现。当两者不一致时，决策者制定出的外交政策就未必真正符合本国的国家利益，也就很难取得预想的外交效果，甚至还会导致外交失败，损害国家利益。

俄罗斯自独立以来，经历了叶利钦、普京和梅德韦杰夫三任总统①。从国家利益分层的优先位次来看，三人基本上都是将国家的经济利益放在了首要位置，其他方面的利益置于相对次要位置。但是，由于国内环境和国际形势的变化以及他们的个性差异，三人的国家利益观也有所不同，这使他们在对外政策的实施方法与手段上也有较大差异。从三人对外政策的实施效果（即国家利益的满足度）来看，普京与梅德韦杰夫对国家利益判定的准确性及所采取的应对政策更符合俄罗斯的国家利益。下面分别对叶利钦、普京和梅德韦杰夫执政时期俄罗斯的国家利益观进行梳理。

一 叶利钦执政时期俄罗斯的国家利益观

叶利钦执政期间，俄罗斯的国家利益观与苏联时期相比发生了很大变化。在政治方面，将发展资本主义民主、自由和人权作为国家强大的政治保障；经济方面，将发展资本主义市场经济作为国家富强的唯一途径；安全方面，将缓和与发展同西方国家尤其是美国的关系作为保障俄罗斯国家安全的重点。

面对国家经济衰败，人们不满情绪不断增加的社会现实，俄罗斯执政者意识到，尽快使国家摆脱经济危机是其首要任务。叶利钦在两届总统的任期中，基本上是将国家的经济利益放在首要位置，安全、政治等方面的国家利益置于从属位置。但俄罗斯的政治利益和安全利益有时也冲淡了国家经济利益的中心地位。纵观叶利钦时期俄罗斯的国家利益观，大体可以分为以下两个阶段。

（一）从独立到1994年末，将经济利益置于各种利益之首，其他层面的利益完全置于从属位置

经济是一个国家生存和发展的物质基础。任何国家如果没有强大的经济实力作为后盾，再好的发展目标也不可能转化为现实的国家利益。② 国家的经济利益是国家利益的基本内容，它对国家内外活动起着直接或间接的影响和制约作用。经济利益主要是指保证国家生存和发展的资料以及生产活动正常开展的

---

① 至今，俄罗斯已经进行了六届总统选举，2012年3月普京阔别总统岗位四年后，再次当选为俄罗斯总统，本届任期六年。此前，普京曾于2000～2008年连续担任两届俄罗斯总统。本书仅研究1991～2012年间俄罗斯的国家利益观。

② 邱晓万、邱晓鸿：《浅析邓小平的国家利益思想》，《中共太原市委党校学报》2004年第5期。

需求，包括通过国际贸易、金融、科技和生产合作等活动，实现国家的经济发展、科技进步、人民生活水平的提高和社会的繁荣。这就要求一个国家对内拥有发展国民经济的独立自主权，对外进行与其他国家平等互利的经济交往。[①]经济利益是最经常性的国家利益，当国家生存安全有了基本保障时，经济利益则会上升为国家对外政策所追求的最主要内容。[②]

华约解散、苏联解体，作为苏联继承国的俄罗斯选择了资本主义民主道路，两极对抗的国际格局因其中一极的倾覆而终结。俄罗斯作为苏联的继承国，因其政治理念的变化，其内外政策均出现了重大改变。刚刚独立的俄罗斯不仅不再将西方国家视为战略敌手，而且将其视为同一战线的伙伴和盟友。与此同时，西方国家也因苏联解体、俄罗斯选择了西方民主道路而放弃了与西方世界对抗的理念，改变了对俄罗斯的敌视态度。在政治领域，美国等西方国家认为，俄罗斯已经主动抛弃了社会主义理念且选择了西方的资本主义民主道路，这意味着西方国家在政治领域获得了胜利。因此，不再存在同俄罗斯进行意识形态上的斗争问题了。军事方面，因为俄罗斯放弃了同西方世界进行军事对抗的理念，所以来自俄罗斯的军事进攻的威胁自然减弱。于是，美国等西方国家在一定程度上不再将俄罗斯视为战略敌手。西方国家对俄罗斯态度的转变，使俄罗斯的安全环境得到明显改善。俄罗斯决策者认为，此时国家安全问题的紧迫性下降，经济发展成为其最亟待解决的问题，因此将经济利益置于首要位置。《俄罗斯联邦外交政策构想》指出："在俄罗斯形成与世界经济有机的一体化的、富有成效和生气的、不断发展的经济，是国家和民族生死存亡的首要条件。俄罗斯在经济上得不到振兴就不可能成为20世纪末至21世纪初强国俱乐部中的享有充分权利的成员，因而也很难在国际舞台上保卫国家的利益和俄罗斯人的利益。"[③]

1992年1月2日，俄罗斯宣布放开物价，被称为"休克疗法"的经济改革正式开始。方案的设计者设想通过这一激进的经济改革方案使国家在短期内摆脱经济危机，并在此基础上实现市场经济的长远目标。但实践结果表明，这

---

① 朱炳元、卢荣辉：《经济全球化与国家利益》，《政治学研究》2004年第4期。

② 阎学通：《国际政治与中国》，北京大学出版社，2005，第24页。

③ *Концепция внешней политики Российой Федерации*, Дипломатический вестник, специальное издание, 1993г.

一方案的实施非但未使经济好转，反而每况愈下。生产急剧下降，1992 年前 9 个月，工业产值与 1991 年同期相比，月平均下降 17.6%，到 1992 年底下降幅度达到 40%；物价飞涨，1992 年前 11 个月，日用消费品价格平均上涨 20 倍，其中基本食品涨价 17 倍。物价上涨加剧了通货膨胀。1992 年前 9 个月的通货膨胀率为 1350%，被认为是"真正的恶性通货膨胀"；失业人数激增，工业生产的萎缩和经济结构的变革使 100 多万职工被解雇。至 1992 年 12 月初，60 多万人正式登记失业；居民生活水平大幅下降，物价飞涨的同时，职工工资仅提高了 5.5 倍，不及物价上涨的二分之一。[①] 更让俄罗斯领导者感到棘手的是，由于现金缺乏，很多地区出现拖欠工资和养老金现象，导致大批工人开始罢工。叶利钦在《总统笔记》中曾这样描述当时基层民众的生活状况和国内的经济形势："……说到幼儿教师，她们的生活状况真让人泫然欲泣，即便在莫斯科她们的工资也低到可笑的程度。仅仅是出于对幼小的孩子们的责任心，这些保育员、幼儿教师（其中大部分是年轻的姑娘和女士）才没有采取前所未有的行动，幼儿园的工作人员才没有罢工。倘若幼儿园罢了工，那就会给国民经济中凡有女职工的部门带来可怕的损失。""……物价直线上升，通货膨胀上涨使相当一批居民处于绝对的依赖地位，为生存而挣扎，居民们只能指望我们的正确的社会政策。"俄罗斯各地的矿工进行了大罢工，导致许多相关企业无法开工。"1992 年春季和夏季，全国上上下下都能听到一个时髦字眼——'停转'。因为缺煤，铁路停转，车间停转，运输业停转……"[②] 基于对当时国内和国际形势的分析，俄罗斯的决策层认为，俄罗斯目前最大的危机就是经济面临崩溃的危险。叶利钦曾经回忆道："1992 年 9 月我看了一下前 9 个月的经济指标数字，着实恐慌起来。国家无可挽回地陷入极度通货膨胀，生产处于混乱之中，经济联系濒于中断。"[③]

经济形势的恶化促使俄罗斯将主要精力集中在经济发展上。俄罗斯决策者认为，若想尽快摆脱经济危机，首先要取得西方发达国家的帮助，尤其是资金支持。因此在这个阶段，俄罗斯将寻求外援作为国家最重要的任务之一。20

---

① 明德、阳辉主编《叶利钦时代的俄罗斯（人物卷）》，人民出版社，2001，第 72~73 页。
② 〔俄〕鲍里斯·叶利钦：《总统笔记》，李垂发、何希泉等译，东方出版社，1995，第 241 页。
③ 〔俄〕鲍里斯·叶利钦：《总统笔记》，李垂发、何希泉等译，东方出版社，1995，第 203 页。

世纪 80 年代中期，苏联领导人戈尔巴乔夫经济改革失败的一个重要的原因就是缺少资金支持。俄罗斯独立后，叶利钦推行"休克疗法"的激进改革。这种先置其死地而后生的经济改革方式，最大的特点就是激进。中东欧个别国家便是通过这种方法成功地实现了转轨。但是这种改革方式也存在很大风险。如果不成功，将会给国家和民众带来巨大的灾难。另外，这种激进的改革方式与渐进式改革相比，在短时间内需要更多的资金支持。叶利钦在其回忆录中曾经也明确指出俄罗斯对资金需求的迫切性，"经过几个月的努力，商品缺乏的现象被克服了，而且根据各种指标来看，除了最便宜的食品外，各种物品均不紧张，不久食品问题也解决了。因为人们知道，粮食和牛奶今天有，明天有，后天还有。在俄罗斯欠缺的完全是另一种东西——钱。"[1] 俄罗斯 1993 年的外交政策构想明确指出，"俄罗斯把保证俄罗斯联邦的国家利益置于主要地位，是俄罗斯外交政策思想的核心。"将"动员金融和技术资源来建立有效的市场经济、发展俄罗斯生产者的竞争能力以及保证他们在世界市场上的利益、促进国内社会问题的解决"作为外交任务主要优先方面。[2] 国内危险的经济形势迫使俄罗斯必须向以美国为首的西方发达国家寻求帮助。俄罗斯的决策者认为，只有在政治上加入西方发达国家的阵营，赢得美国等发达国家的支持，俄罗斯才能迅速摆脱其所面临的经济危机，才能在经济上快速进入发达国家阵营。俄罗斯当时的外交部文件是对这种观点的最好诠释："这不仅仅是因为美国是西方世界的最强国，而且因为美国能够向俄罗斯提供国际援助，其援助的规模将会对俄罗斯加入世界经济体系的速度及国内改革进程产生重大影响。"[3] 因此，俄罗斯总统叶利钦大胆启用"亲西方"的民主派担任政府要职。而这些年轻的民主派政治家力图快速恢复国内经济，使俄罗斯尽早融入西方文明社会，把国内经济复苏的期望完全放在了以美国为首的西方发达国家身上。为了表示与这些国家政策的一致性，俄罗斯实行全面加入以美国为首的西

---

[1] 〔俄〕鲍里斯·叶利钦：《总统笔记》，李垂发、何希泉等译，东方出版社，1995，第 204 页。

[2] *Концепция внешней политики Российсой Федерации*, Дипломатический вестник, специальное издание, 1993г.

[3] Документ МИД РФ, *Россия-америка：партнеры на международной арене*, Дипломатический вестник, №4 ~ 5, 1992г.

方国家政治、经济和安全体系的"一边倒"的外交政策。时任俄罗斯代总理的盖达尔在议会上的讲话便是对俄罗斯外交政策走向及目的的最好诠释。他说:"如果我们不能吸引对俄罗斯经济大规模的贷款和投资,我们就不能克服所面临的问题";"俄罗斯政府将奉行亲西方政策,并深信,对于俄罗斯的现状来说,这是唯一理智的政策";为此"必须彻底消除俄罗斯与西方关系中的一切对抗成分,并使这种关系真正成为完全盟友式的伙伴关系"。①

可以说,俄罗斯独立后,在对外关系上面临三个亟待解决的问题:其一是寻求国际社会的承认,与各国建立正常关系;其二是加强与西方国家的关系,寻求西方发达国家对俄罗斯政治经济改革的支持和援助;其三是同独联体各国争夺苏联遗产。第一个问题相对容易解决,也不用花费过多精力。第三个问题解决起来虽有困难,但俄罗斯在前苏联各共和国中的地位和其他各共和国对俄罗斯的历史依赖,使得俄罗斯在争夺苏联遗产的过程中也处于有利地位。对俄罗斯来说,最为棘手的是争取外援,以实现国家经济快速转轨的问题。长期僵化的经济体制使俄罗斯的经济积重难返。像俄罗斯这样的大国进行激进的经济改革,犹如大海中快速行驶的巨轮欲突然调转船头,很难掌控平衡。而掌控俄罗斯这艘"巨轮"平衡的便是西方国家的资金。时任俄第一副总理的盖达尔在议会上说:"应当诚实而肯定地说,如果我们不能为商品进入市场首先是发达国家市场创造条件,如果我们不能吸引对俄罗斯经济的大规模贷款与投资,我们就不能克服自己面临的问题。"② 这样,为了尽快摆脱经济危机,这个时期,俄罗斯将主要精力用在如何争取外援上。俄罗斯领导人在俄刚刚独立时便四处活动,进行招商引资和请求援助。由于俄罗斯的经济危机严峻,其需要的援助资金数额巨大,因此,独立之初,俄罗斯执政者面临的一个最为紧迫的问题就是寻求西方国家的援助。

为了与西方国家建立紧密关系以得到其对俄罗斯的援助,俄罗斯领导人遍

---

① 《盖达尔在俄罗斯议会的讲话》,俄通社 – 塔斯社,1992 年 7 月 3 日。转引自许志新《俄罗斯对外政策的教训》,《东欧中亚研究》2002 年第 2 期。

② 《盖达尔在俄罗斯议会的讲话》,俄通社 – 塔斯社,1992 年 7 月 3 日。转引自许志新《俄罗斯对外政策的教训》,《东欧中亚研究》2002 年第 2 期。

访西方各国。在苏联尚未解体时，俄罗斯总统叶利钦便开始对西欧进行访问，以谋求西方国家的经济援助。1991 年 11 月 21 日，俄罗斯总统叶利钦抵达波恩，开始对德国进行为期 3 天的正式访问。这是叶利钦就任俄罗斯总统后第一次访问德国。访问过程中，两国领导人签署了联合声明。声明强调要"全面地发展友好、睦邻与合作关系"。特别强调加强双边经济关系，表示要在运输、农业消费品生产、石油和天然气开采、环保等方面进行紧密合作。德国方面表示，它将"全力支持"俄罗斯"塑造市场经济的未来"，向俄罗斯提供贷款。① 同年 12 月，叶利钦对意大利进行正式访问。双方领导人签署了《关于俄罗斯社会主义联邦共和国与意大利共和国基本关系的联合声明》等多份文件。双方表示将进一步深化和发展两国友好与合作关系，将加强两国经济合作作为两国关系发展的重点。同时，意大利表示，将继续对俄罗斯经济改革提供具体的、大规模的财政支持。② 1992 年初，俄罗斯总统叶利钦对西方主要国家进行了旋风式访问。1 月底 2 月初，叶利钦借参加联合国安理会首脑会议之机，访问了英国、美国和加拿大。1 月 30 日，叶利钦同英国首相梅杰签署了《俄英联合声明》。《声明》指出，后"冷战"时期，两国不再威胁彼此的国家利益，将忠于共同的民主原则和追求。两国互视为友好国家及伙伴，彼此关系建立在共同忠于自由、民主、法律至上及人权的原则基础之上。两国人民不存在发展彼此友谊和相互理解的任何思想和政治方面的障碍。同时，《声明》指出，英国将支持俄罗斯经济改革，对俄罗斯进行投资。③ 2 月 1 日，叶利钦与美国总统布什签署了《关于俄美两国新型关系的戴维营声明》。《声明》强调，两国不再视对方为潜在敌人。今后，两国关系将是建立在相互信任、相互尊重基础上共同忠于民主与经济自由的朋友与伙伴关系。同时，两国会谈中，布什明确表示将对俄罗斯进行大规模援助。④ 访问加拿大过程中，两国签署了

---

① 刘毅政：《叶利钦其人其事》，中国社会科学出版社，1993，第 282 页。

② *Совметная Декларация об основах отношений между Российской Федеративной Социалистической Республикой и Итальянской Республикой*, Дипломатический вестник, №1, 1992г.

③ *Совметная Декларация Российской Федерации и Соединенного Королевства Великобритании и Северной Ирландии* (1992г), *Дипломатический вестник*, №4 ~ 5, 1992г.

④ Кэмп-Дэвидская декларация Президента Буша и президента Ельцина о новых отношениях 1 февраля 1992 года, *Дипломатический вестник*, №4 ~ 5, 1992г.

《俄加友好与合作声明》。《声明》指出，俄加两国将进一步加强彼此关系，巩固两国友谊与合作。加拿大表示，向俄罗斯提供 1 亿美元的贸易贷款。① 随后，叶利钦又对法国进行访问。访问期间，两国签署了条约及政府间协议。条约规定，法国承认俄罗斯为苏联继承国身份。指出两国将在友好、互信、忠于共同的自由价值观、民主、公正团结的基础上加强彼此关系。两国决定，将在安全、经济、文化等领域加强合作，两国外长每年将举行两次定期会晤，在有关国际重大问题上将彼此协调立场等。同时，法国决定向俄罗斯提供 58 亿法郎的贸易贷款。② 总之，俄罗斯独立之初，总统叶利钦便对西方主要发达国家进行访问，不但与这些国家的关系得到改善，而且俄罗斯的国内改革，尤其是经济改革得到了上述国家的支持和援助。1992 年 1 月 22～23 日，西方国家在美国召开援助俄罗斯的协调会，决定向俄罗斯提供"人道主义援助"。1992 年 4 月 26 日，在俄罗斯改革处于极度困难的关头，西方七国首脑在华盛顿宣布，将向俄罗斯提供 240 亿美元的援助，其中 60 亿美元用于稳定卢布，180 亿美元用于弥补当年俄罗斯国际收支逆差和增加粮食进口，以支持俄罗斯改革和向市场经济过渡。俄罗斯领导人对此十分欣慰。时任第一副总理的盖达尔称，"从西方这次援助计划的规模和国际意义的角度看，此计划可与马歇尔计划相媲美，它为俄罗斯经济振兴铺平了道路。"③

为了消除与西方的对抗，俄罗斯在战略平衡、东欧撤军、波罗的海问题、世界热点地区问题等方面均做出了较大的让步。在国家交往上，它抛弃了与西方国家意识形态相悖的传统盟友，"忽略"了最大的邻国。经济改革方面，俄罗斯实行西方国家赞赏的"休克疗法"；军事上，它又配合西方国家缩减军备，加大裁军力度；对外政策上，它紧跟西方国家，亦步亦趋，将意识形态的异同作为划分敌友的一个重要标准……

这个阶段，叶利钦为了争取西方的经济援助和政治支持，在国际事务中盲目追求西方，外事交往几乎将全部精力都集中在西方大国的身上，而与传

---

① Совместная пресс-конференция Б. Н. Елицина и Б. Малруни, *Дипломатический вестник*, №4～5, 1992г.

② Визит Б. Н. Елицина во Францию, *Дипломатический вестник*, №4～5, 1992г.

③ 学刚、姜毅：《叶利钦时代的俄罗斯（外交卷）》，人民出版社，2001，第 11 页。

统盟友朝鲜、越南、印度等国往来急剧减少。朝鲜是苏联在东北亚地区的战略盟国，这一关系是历史形成的。在朝鲜半岛问题上，苏联始终奉行向朝鲜"一边倒"的政策，给予朝鲜巨大的支持和帮助，因此苏联成为朝鲜安全、经济、政治的主要支柱之一。但自从与韩国建交后，苏联对朝鲜的政策很快发生了变化。特别是苏联解体后，俄罗斯骤然改变了对朝鲜半岛的外交政策，开始奉行向韩国"一边倒"的政策，几乎中断了与朝鲜几十年的传统友谊和经济联系。政治上，两国基本停止了高层外交接触；经济上，两国的贸易额也大幅削减；外交上，对于朝鲜半岛问题，俄罗斯也基本上完全站在西方国家一边。使得俄朝关系降至历史最低点。在疏远朝鲜的同时，俄罗斯对越南、印度和古巴等传统盟国的态度也是急剧降温，尽力淡化与这些国家的传统盟友关系，力图以此来证明与这些国家意识形态上的差异，进而赢得西方国家的认同。总之，此时的俄罗斯将本国经济发展的希望几乎全部寄托于西方国家。为了国家的经济利益，甚至放弃了部分地缘政治战略利益，实行全面的向西方"一边倒"的外交政策。这个时期也被称作"一边倒"时期。

这一阶段，俄罗斯国内对执政者向西方"一边倒"的外交政策也有不同声音，甚至叶利钦本人也在 1992 年 10 月 27 日的俄罗斯外交部部务会议上对向西方"一边倒"的外交政策提出了批评，列举了俄对外政策的"错误和失误"。他指出，在对独联体国家的外交中缺乏连贯性，并对该地区的局势发展缺乏准确的预测；在发展同西方国家关系时忽视了同东方国家的关系；同后共产党国家关系萎缩了；同第三世界国家的关系减弱了；在国际舞台上缩手缩脚，经常忍受欺辱；等等。1993 年 4 月 30 日，《俄罗斯联邦外交政策构想》出台。《构想》在一定程度上加强了对国家安全利益的重视，但这并未减少俄罗斯对经济利益的寻求，且对执政者来说，此时俄罗斯对地缘政治战略利益和安全利益的寻求具有某种被迫性，多是源于国内的压力。1993 年，俄罗斯发生严重的政治危机，是年 10 月，叶利钦虽然以武力"炮轰白宫"，结束了"两个政权并存"且相互对峙的尴尬局面。但是，在同年 12 月的杜马选举中，具有民族主义倾向的保守派在国家杜马选举中大获全胜，极右翼势力代表自民党与左翼势力代表俄罗斯共产党两党共获得 35.14% 的选票（其中自民党获得

22.79%选票,成为杜马第一大党,俄共获得12.35%的选票成为第三大党),①占据了议会多数。保守派占据议会多数,又使俄罗斯形成了议会与总统的对立局面。民族主义思潮开始成为俄罗斯对外政策必须考虑的重要因素。保守派认为,向西方"一边倒"的外交政策并没有使俄罗斯获得相应的经济援助,使国家经济摆脱困境。相反,对西方国家的一再退让导致俄罗斯的地缘战略空间与安全利益遭到前所未有的损害。其间,俄罗斯开始加强与传统盟友和中国等国的关系。

但总体看来,俄罗斯此时依然将国家的经济利益作为对外政策的重中之重,将与西方国家的关系放在首要位置。加强与传统盟友和中国的关系,也仅是俄罗斯对外政策的策略性调整,其主要目的不过是增加其与西方国家谈判的筹码而已。另外,俄罗斯此时外交政策的调整,也不过是对西方国家感到失望的一种本能反应。这个时期,俄罗斯主观上依然倾向于实行向西方"一边倒"外交政策。

(二) 从1994年末至叶利钦辞去总统职务,在以经济利益为中心的同时,不断提升地缘政治利益与安全利益的位置

俄罗斯起初希望通过外交上紧跟西方国家来赢得对方的信任和接纳,从而使其对俄罗斯经济改革给予支持,为俄罗斯提供大量资金援助。但一再的退让并没有使俄罗斯得到预期的回报。经济上,西方国家口惠而实不至。在1992～1993年,西方七国两次答应给予俄罗斯共计674亿美元的经济援助,而真正落实到位的只有200亿美元。② 并且在提供贷款的过程中,西方七国又附加了许多较为苛刻的条件,要求俄罗斯将这些贷款多用于拆除核武器、军工转产等方面。由此不难看出,西方国家的真实目的是要进一步削弱俄的实力,避免其重新恢复帝国野心。在国内政治方面,经常干涉俄罗斯的内政,对俄罗斯平定车臣叛乱进行严厉的批评,要求俄罗斯同车臣武装分子通过政治协商解决车臣独立问题。尤其是美国等西方国家在处理国际热点问题时,不把俄罗斯作为

---

① 陈宪良:《俄罗斯社会主义力量崛起、势衰及发展趋势》,东北师范大学硕士学位论文,2004年,第25页。

② 英国《经济学家》周刊,1994年1月15日;转引自林军《俄罗斯外交史稿》,世界知识出版社,2002,第483～484页。

大国来对待，往往抛开俄罗斯的意见独断专行，这使俄罗斯深感屈辱。与此同时，西方国家开始对俄罗斯的地缘战略空间进行挤压。1994 年 12 月，北约在美国推动下开始决定东扩，这被俄罗斯视为对其国家安全利益的严重威胁。俄罗斯时任外长科济列夫说："对于我们来说，问题并不在于我们是否敌视北约，而在于对俄罗斯人来说，北大西洋公约组织直到现在还是一个外部组织。它是在"冷战"条件下创建的敌对阵营。但现在这个敌对阵营已经不复存在。在这种情况下，令人感到疑惑的是北约扩大是针对哪些威胁。如果是来自俄罗斯的威胁，那么就会产生一种危险，导致欧洲的分裂和出现新的分界线。如果是在欧洲有新的安全问题，那么为什么不同俄罗斯共同解决？"[1] 叶利钦于 1997 年 12 月批准的《俄罗斯联邦国家安全构想》也明确指出："俄罗斯不能接受北约东扩，因为它对俄罗斯的国家安全构成威胁。"[2] 于是，俄罗斯加强了对国家安全的重视，逐渐提升了国家安全利益的位次。尤其是，北约酝酿包括将前苏联的加盟共和国纳入其麾下的第二轮东扩，以及科索沃战争、第二次车臣战争及美国欲退出《反弹道导弹条约》等问题，更使俄罗斯感受到来自西方国家的分离主义的威胁。俄罗斯意识到，一厢情愿地向"西倒"只能使国家利益遭受更大的损害。于是，俄罗斯重新将国家安全利益置于优先位置。这样，俄罗斯便开始进一步调整其外交政策，逐渐改变了为取得经济援助而不惜以国家地缘战略利益和安全利益的退让为代价的外交策略，进而推行多极化的全方位外交。

俄罗斯国内形势的"左转"倾向同样引起美国等西方国家的警惕。为防止俄罗斯帝国野心的恢复，美国等西方国家进一步加强对俄罗斯的防范：削弱对俄罗斯的支持力度；加强对俄内政的关注和批评力度；分化瓦解俄罗斯的势力，在俄罗斯周边构筑防止俄帝国野心的安全地带；等等。西方国家弱俄、遏俄的政策，尤其是对俄罗斯地缘战略空间的一再挤压，使俄罗斯感受到自身安全受到严重威胁。西方国家在许多国际重大问题上，很少考虑俄罗斯的利益和感受，这使俄罗斯国内上下均有一种强烈的危机和羞辱感。昔日大国情结在民

---

[1]　Выступление А. В. Козырева на заседании трёхсторонней комиссии 23 апреля 1995 г., *Дипломатический вестник*, № 5, 1995г.

[2]　Концепция национальной безопасности Российской Федереции, *Дипломатический вестник*, № 2, 1998г.

众心中陡然提升。因此，俄罗斯外交政策的独立性越发增强，"恢复昔日大国地位"逐渐成为其对外政策的战略目标。为了这个战略目标，俄罗斯在对外政策中开始更加注重国家地缘政治战略利益和安全利益。

1996 年初，叶利钦总统撤换了"亲西方"的外长科济列夫，任命普里马科夫为俄罗斯新外长。这是俄罗斯对外政策进一步调整的重要标志。普里马科夫上任后反复强调："俄罗斯是一个大国，它应该有自己的对外政策……俄罗斯不能扮演跟在长机后面飞行的僚机的角色。" 1997 年 12 月 17 日，《俄罗斯联邦国家安全构想》正式出台，《构想》明确提出，加强俄罗斯作为正在形成的多极世界中有影响的一极的大国地位，是俄罗斯外交政策的首要任务，也是维护俄罗斯国家利益的重要手段，这标志着俄罗斯恢复大国地位外交战略的正式形成。①

为确保国家的战略空间安全，面对北约东扩，特别是在美国公开表示支持波罗的海沿岸三国加入北约后，俄罗斯领导人宣布，将不惜一切代价制止北约向原苏联地区扩张。俄外长普里马科夫警告说，吸收包括波罗的海沿岸三国在内的前苏联加盟共和国加入北约就等于"闯红灯"。它将迫使俄采取对应措施，包括"从根本上重新考虑整个局势，改变同北约的全面关系"。为了抵制北约东扩对其战略空间的挤压，俄罗斯采取了一系列抗衡措施：加强与独联体各国关系，推进独联体一体化进程；同白俄罗斯签署了《俄罗斯和白俄罗斯联盟条约》；与中国建立"战略协作伙伴关系"；等等。另外，俄罗斯更加积极地参与国际事务以凸显其在国际事务中的作用：在科索沃战争问题上，一方面坚决反对北约对南联盟进行空袭，另一方面以调停人身份出面进行斡旋，最终使北约与南联盟走上谈判桌，并且突出奇兵占领普里什蒂纳机场，迫使北约让步；积极参与欧洲维和行动；进一步加强与印度、越南、伊朗等国的关系以增强其在该地区的说话力度。② 总之，这个阶段，为了恢复大国地位，维护国家的地缘政治利益和安全利益，俄罗斯有时甚至不惜冒着牺牲经济利益的危险。经过努力，其大国形象也略有恢复。

---

① 林军：《俄罗斯外交史稿》，世界知识出版社，2002，第 494 页。
② 陆齐华：《俄罗斯和欧洲安全》，中央编译出版社，2001，第 281 页。

二　普京执政时期俄罗斯的国家利益观

与叶利钦时期相比，普京执政期间俄罗斯的国家利益观更突出以经济利益为核心的特点。普京在维护国家利益时，其外交策略比叶利钦更显灵活、务实。普京上台后，俄罗斯国内政治、经济形势逐渐好转，民众对他的支持率也不断攀升，这使得普京在国内的政治地位日益稳固。加之普京比较善于协调各利益集团的关系，因此在普京执政期间，很少出现叶利钦时期存在的集团利益取代国家利益的现象。总的来看，普京执政以来，俄罗斯外交总的原则是：国家利益至上，国内目标高于国外目标，突出经济外交，务实、灵活。在这一阶段，从俄罗斯政策制定者对国家利益的判定来看，具体可以划分为两个阶段。

（一）从 2000 年到乌克兰"颜色革命"前，在强调国家安全利益和地缘政治利益重要性的同时，将维护国家经济利益置于优先位置

普京于 1999 年最后一天从叶利钦手中接过俄罗斯总统的权杖。接任代总统后，为了迎接 2000 年 3 月的总统大选，上台伊始，普京小心地延续了叶利钦恢复大国地位的外交政策，在强调国家安全利益和地缘政治战略利益重要性的同时，将维护国家经济利益置于优先位置。其对外政策的总趋向是：致力于建立多极世界，"恢复俄罗斯的大国地位"，在开展全方位外交的努力中，加强对以美国为首的西方大国外交，巩固与各独联体国家关系，加强与亚太国家的合作，继续发展同中国、日本和印度等国的关系。这个阶段可细分为两个时段。

1. 从普京接任俄罗斯代总统到"9·11"事件爆发前，在强调国家安全利益和地缘政治战略利益重要性的同时，普京逐步将维护国家经济利益置于优先位置

普京担任俄罗斯总统时，俄罗斯所面临的内外形势十分严峻：俄与西方国家因北约东扩、科索沃战争、第二次车臣战争和美国欲退出《反弹道导弹条约》等问题关系急剧恶化；车臣分离主义分子活动猖獗，使国家面临分裂危险；恐怖事件时有发生，人民生命财产受到极大威胁；国内经济濒临崩溃边缘，民众对国家经济发展十分不满。可以说，普京上任时，俄罗斯内外交困。针对这种情况，普京认为，俄罗斯面临的最大威胁来自国家内部。因此，在关注国家安全利益和地缘战略利益的同时，普京将经济利益置于优先位置。在治国政策方面，普京提出国外为国内服务的理念。

上任后，普京根据内外形势总结了前任内外政策的教训。他认为，俄罗斯十年来的外交政策是失败的。尤其在后期，俄罗斯不顾自身实力状况，积极参与各种国际事务，不但导致其外交资源的大量消耗，而且没有得到相应的成果。经常是西方国家不顾俄罗斯的反对，我行我素，导致俄罗斯总是处于被动地位，国家利益受到损害。国家利益观的变化，使得普京在外交政策上也进行了相应调整。一方面，普京保持了政策的连续性，延续了叶利钦恢复大国地位的外交政策。另一方面，努力寻求与西方国家尤其是与美国缓和关系，为国家经济发展创造良好的国际环境。

"9·11"事件发生前，因国家安全受到威胁，普京对国家安全利益非常关注。对以美国为首的北约各国在对外政策上的霸权行径及其对俄罗斯战略空间的不断挤压延续了叶利钦的强硬态度。在对待世界格局的态度上，普京明确表示，反对一极主宰世界，主张以俄罗斯为其中重要一极的多极世界。1999年12月31日，在接任代总统的当天，普京就在俄罗斯安全会议扩大会议上说："俄罗斯将继续执行卸任总统叶利钦制定的对外政策，俄罗斯对外政策方针不会改变。将一如既往地在平等、互相理解、友好和互利合作的基础上同世界各国建立关系。将致力于建立多极世界。"随后，普京又签署了一份长达20多页的国家安全构想文件，明确表示"反对由一个或几个国家霸权为基础的单极世界"。他指出，由于联合国和欧安组织的作用减弱，北约不断加强且不断东扩逼近俄边境，可能会直接威胁俄主权和领土完整，并导致对俄的直接军事入侵。因此，他认为以美国为首的北约是俄罗斯当前最主要的军事对手，将防备北约发动"大规模地区战争"视为战略重点。他提出，一旦需要，俄罗斯将动用各种力量和手段，包括核武器来维护自身利益。[1] 另外，对于美国威胁要单方面修改或退出苏美两国1972年签订的《反弹道导弹条约》，要部署全国导弹防御系统和战区导弹防御系统，俄罗斯毫不退让，表示坚决反对。在车臣问题上，普京不顾西方国家的反对坚持以武力阻止车臣独立，确保国家领

---

① Концепция национальной безопасности Российской Федерации（10 января 2000 года），http：//www. nationalsecurity. ru/library/00002/index. htm.

土完整。这均体现出普京对国家地缘政治战略利益和安全利益的重视，也表明他此时的基本外交战略与叶利钦执政后期的一致性。但这个时段，普京在对以美国为首的西方国家一再侵害俄国家安全利益和地缘政治战略利益实行强硬态度的同时，也认识到百废待兴的俄罗斯离不开美国等西方国家，因此不时露出与西方国家改善关系之意。普京上台当天，对外进行电话联系，首选美国总统克林顿；在坚持用兵车臣的同时，允许欧洲委员会会议代表团进入北高加索实地考察车臣问题；会见一些西方政要，表示俄愿与欧盟加强合作。在普京正式就任总统后，为了改善与西方国家的关系，打破与其冷和平的坚冰状态，出国访问对象首先选择了与美国有着密切关系的英国。这些均表现出俄罗斯欲改变与西方国家关系的愿望。

2000 年 6 月，普京签署了《俄罗斯联邦对外政策构想》，该《构想》的出台预示着俄罗斯外交发生了明显的变化。它对俄罗斯近 10 年来的对外政策进行了全面的反思，对未来俄罗斯将奉行的对外政策提出了一些新的设想。《构想》明确指出：“俄罗斯外交政策的优先方面是促进国家经济的发展。”《构想》的出台说明俄罗斯以务实的态度在理论上确立了以国内经济建设为中心，国外事务服从国内事务大局的外交指导思想。提出了“有选择参与”的新的对外政策指导方针。《构想》指出：“俄罗斯联邦成功的对外政策应当建立在使其目标与实现目标的可能性保持合理平衡的基础之上。……而参与国际事务的规模应当真正有助于巩固国家地位。”[1] 强调了与西欧国家合作对俄罗斯经济发展的重要性，主张与欧盟建立长期稳定的合作关系。同时，提出了与北约和美国合作的期望。总之，这期间，俄罗斯在外交政策上，一方面体现了外交为国家经济建设服务的思想，另一方面表明了俄罗斯由“全面参与”的积极外交政策转变为“有选择参与”的战略收缩政策。

不过，因为国内民众民族主义思潮尚未降温，美国等西方国家限俄、遏俄的敌视政策也未转变，所以俄外交理论并没有真正贯彻于外交实践之中。在一定程度上，俄罗斯依然十分重视地缘政治战略利益和国家安全利益。俄罗斯提

---

① Концепция внешней политикиРоссийской Федерации（28 июня 2000 года），http：//www. nationalsecurity. ru/library/00014/index. htm.

出将"确保国家的可靠安全，维护和加强其主权、领土完整、在国际社会中的牢固和权威地位"作为其对外政策的一个基本目标。同时指出，"俄罗斯的这种权威地位应在最大程度上符合俄罗斯联邦作为一个大国、当今世界的一个有影响中心的利益，也是增强俄罗斯政治、经济、人才以及精神潜力必不可少的。"① 这个阶段发生的一系列事件使俄罗斯与美国等西方国家的关系非但没有拉近，反而跌入低谷。与西方国家债务谈判失败，西方逼迫俄罗斯立即按期还债，并威胁不还债就把俄罗斯开除出八国集团。小布什上台后，对俄罗斯采取强硬政策。美国先是逮捕了与俄罗斯有关的联邦调查局间谍罗波特·汉森。紧接着，美俄双方互逐大批外交人员，其规模达到了"冷战"后的最高点。此外，美国政府国务院高级官员在华盛顿接见了车臣的外交代表，令俄罗斯政府十分恼火。这几个事件使俄罗斯对西方感到绝望，在政策上与西方国家特别是美国拉开距离。

2. 从"9·11"事件到乌克兰发生"颜色革命"之前，俄罗斯为了寻求国家经济利益，不惜让渡其地缘政治利益，在将国家经济利益置于首要位置的同时，加强对非传统安全利益的重视

"9·11"事件为俄罗斯提供了调整国家利益次序的机会。普京抓住机会调整了与美国的关系，从而改善了国家的安全环境，进而完成了对国家利益优先次序的调整，将国家的经济利益放在了首位，而将国家的地缘政治利益和安全利益置于相对次要的位置。为了寻求美国等西方国家对其经济发展的支持，普京采取了一系列的措施主动改善与美国和北约的关系：不遗余力地支持美国反恐，同意美国驻军中亚和格鲁吉亚；平和地对待美国退出反导条约；默认北约第二轮东扩；等等。② 这些都赢得了美国的好感，俄美重温"蜜月"之情。"9·11"事件以来，俄罗斯寻求恢复大国地位之心并未改变，只不过普京对俄罗斯国家利益的认识及为恢复俄大国地位所采取的策略与叶利钦有所不同而已。阿富汗战争结束后，美国"单边主义"倾向日渐明显，当美国在一些事情上采取有

---

① Концепция внешней политикиРоссийской Федерации（28 июня 2000 года），http：//www. nationalsecurity. ru/library/00014/index. htm.

② 夏义善：《俄罗斯的外交走向：大西洋主义，还是欧亚主义》，《国际问题研究》2003 年第 5 期。

损俄罗斯国家利益的行动时，普京便显示出其强硬的一面，在原则问题上决不退缩。总体看来，为了维护国家利益，普京在对外政策上采取了有所为，有所不为，软中有硬，硬中带软，一切外交政策均为国内稳定和经济发展服务的斗争策略。

普京上台后，经过一段时间的政策调整，彻底理顺了外交思路。从其对外政策中不难看出，一方面俄罗斯更加突出国家经济利益和务实主义色彩，另一方面保持了叶利钦时期"全方位外交"的延续性。突出"强国意识"和"爱国主义"，提出"强国富民"思想，强调"要从国家利益出发制定对外政策"是俄罗斯这个时期的外交特点。在此期间，普京采取了东西方同时出拳的外交政策，打破了自科索沃战争以来俄罗斯外交的低沉局面。"9·11"事件为俄罗斯争取利用新的战略利益契合点，突破俄美关系的僵持局面并改善两国关系以便尽可能地争取到和平稳定的外部环境提供了契机。

为了寻求缓和与美国等西方国家关系，改善俄罗斯的安全环境，在美国对阿富汗实施军事打击之时，俄罗斯不但为美提供军事情报，开放空中走廊，支持阿富汗北方联盟，而且在一定程度上摒弃了其传统的地缘政治观念，允许美军事力量进入被俄视为"禁区"的中亚地区。当美国正式宣布退出美苏1972年达成的《反弹道导弹条约》时，普京反应相当温和，他说："条约的确赋予了双方中的每一方在特殊情况下退出条约的权利。美国领导人不只一次讲过这一点，所以此举对我们并不突然。但我们认为这一决定是错误的。"并强调美退出条约"不会对俄罗斯国家安全构成威胁"。① 同时，普京竭力缓和与北约的关系，大力加强与北约的合作。2001年下半年，普京与北约秘书长罗伯逊成功地实现了互访。普京访问了北约总部，成为"冷战"后俄罗斯第一位访问西方防务联盟总部的领导人，俄罗斯与北约的关系得到了一定程度的提升。2002年5月，俄罗斯与北约又由"19+1"的机制发展为"北约20国机制"，俄罗斯可以作为一个平等的成员有条件地参与北约事务，这标志着俄罗斯与北约关系发展到了一个新的阶段。俄罗斯的缓和政策使其与西方国家

---

① 普京：《就美国宣布退出反导条约发表声明》，《普京文集：文章和讲话选集》，中国社会科学出版社，2002，第522页。

再次聚拢，俄罗斯的让步也使它得到了相应的回报：美国宣布不再将俄罗斯视为敌手和战略威胁，而将其视为新型的战略伙伴，允诺帮助俄加入世界贸易组织；美国等西欧国家又把俄罗斯视作市场经济国家，使俄与美欧等国在经贸、能源等领域的合作取得进展；对俄罗斯打击车臣恐怖势力不再反应强烈。总之，这个阶段，俄罗斯为了集中精力发展本国经济，给国家经济建设创造良好的国际环境，对美国等西方国家采取了缓和政策。在全力改善与西方国家关系的同时，普京并没有放弃叶利钦的东方政策。但普京此时的东方政策是有重点地选择性参与，这些政策在显现俄罗斯维护其地缘战略利益的同时，更突出了对经济利益的关注。①

"9·11"事件虽催生了"俄美新型战略关系"，但并不等于弥合了两国利益上的分歧。对于美国损害俄罗斯利益的行为，普京据理力争，坚决反对。阿富汗战争如此顺利，既出乎国际社会的意料，也是美国所没想到的。战争的胜利不但显示了美国在世界上独一无二的军事实力，而且在很大程度上增强了美国的自信。本来略有收敛的"单边主义"倾向，又开始急剧膨胀。战后，美国不但对世界各国趾高气扬，而且也不把联合国放在眼里。美国单边主义倾向引起了许多国家的不满，在欧洲，美国的传统盟友中也出现了不同声音。尤其是在美国欲以武力推翻伊拉克政权时，俄罗斯与德、法等"老欧洲"国家结成反战同盟，表示坚决反对对伊动武，迫使美英两国没能披上联合国授权的"合法外衣"，只好绕过联合国对伊拉克进行军事打击。但俄美关于伊拉克战争的矛盾并未严重影响两国反恐合作伙伴关系，两国在反恐领域依然保持着密切的合作。其中缘由在于，一方面俄罗斯将经济利益置于首要位置，这要求其必须将经济发展作为第一要务，而良好的外部环境对经济发展至关重要；另一方面俄罗斯也深受恐怖分子的袭扰，反恐行动是其重要任务，与美国等西方国家合作不但能够增强反恐效果，另外也可以减弱西方国家对俄罗斯在车臣实施反恐行动的压力。伊拉克战争并未涉及俄罗斯的核心利益，因此没有必要因小失大。俄美反恐战略协作伙伴关系得以保持。

---

① 刘桂玲：《俄罗斯外交政策新走势》，《瞭望周刊》2000年第16期。

（二）从 2004 年底到普京第二任期结束，俄罗斯加强了对国家地缘政治利益和传统安全利益的重视，将安全利益与经济利益置于同样重要的位置

俄罗斯对美国打击恐怖主义的支持及对北约友好的态度，虽然得到了一些回报，但并未达到其预期目标。尤其是阿富汗战争之后，美国并没有像其保证的那样，战争结束即从中亚撤兵，而是毫无离去之意。美国对中亚的介入给俄罗斯与中亚各国间的传统盟友关系钉下了一个"楔子"，在一定程度上削弱了俄罗斯对中亚的影响。美国暗中支持格鲁吉亚亲西方的反俄势力上台，严重威胁了俄罗斯的地缘战略利益和国家安全利益，这使俄罗斯对美国的行为十分不满。"9·11"事件后，俄罗斯与北约关系虽有改善，但其对北约大幅东扩依然不满。特别是在北约完成第二轮东扩后，又酝酿下一轮东扩，且这轮东扩很可能包括独联体国家，这将严重损害俄罗斯的地缘战略利益。另外，别斯兰恐怖事件后，为了更有效地打击恐怖势力，普京进一步推进国内政治改革，加强了中央对国家政权的掌控力度，这遭到美国等西方国家的严厉批评。它们指责普京偏离了民主的轨道，并且要求俄罗斯与车臣恐怖主义分子谈判。普京对此十分不满，认为这是美国等西方国家对俄罗斯内政的干涉，使得俄罗斯与美国等西方国家之间的关系蒙上了阴影。2004 年 10 月，乌克兰举行大选，美国积极策动乌反对派势力发动"颜色革命"，使俄罗斯与美国等西方国家的分歧再次公开化。亲西反俄的尤先科在美国等西方国家的支持下当选为乌克兰总统，这使俄罗斯一心经营的独联体面临被肢解的危险，导致其地缘战略利益受到了严重威胁。因此，普京再次加强了对地缘战略利益的重视，一方面他加强与亚洲各国的关系，以此减轻来自西方国家的压力；另一方面又加强与德、法等"老欧洲"国家的联系以分化西方阵营，寻求外交回旋空间。

2007 年初，美国欲在中东欧国家部署反导防御系统，这使俄罗斯感到严重威胁。原本美国在东欧部署反导系统属于防御之用，就其武器功能而言并不对俄罗斯构成威胁。但反导系统给俄罗斯带来是另一种后果，因为俄罗斯东部地区已在美国阿拉斯加反导基地的监控之下，如果美国在东欧再建拦截基地，在战略态势上将对俄罗斯形成"反导包围圈"，所以这将会严重削弱俄罗斯的核威慑能力，甚至可能从根本上废掉其"核武功"，破坏整个欧洲乃至全球的战略平衡。普京在回答记者提问时表达了他的担心。他说："虽然我们之间有矛盾，但在两个超级大国和两种体制对抗期间没有发生大战，那么最近几十年我们的责任是什么？我们的责任是在两个超级大国之间保持力量平衡。曾经存在过力量平衡和互相毁灭的恐惧，一方害怕在最后时刻，未和对方商议而迈出多余的一步。这曾是一个脆弱的世界，当然，也是有点可怕的世界。但现在发现，它过去还是相当安全的。而今天，世界看来已经不那么安全了。""美国正在积极研制和使用防御系统。……从理论上讲，这一系统正是为了发挥效用才被建立。这就是说，我们又要假定，俄罗斯今天的核力量的潜在威胁到某个时候就会完全消除。如果真是这样，那么这意味着，平衡将被绝对打破，一方将感到自己的绝对安全，这也意味着，不仅会使它在局部冲突中，还有可能在全球冲突中放开手脚大干。"① 此外，在波兰和捷克部署反导系统并不意味着此计划的结束，可能是下一个更庞大计划的开始，美国可能会将现在的陆基反导系统扩展到海基和空基，使美国全球称霸野心更加膨胀。再者，美国在东欧部署反导防御系统，将进一步加强美国在该地区的影响，很可能导致包括独联体国家在内的更多国家倒向美国，致使俄罗斯地缘战略空间被进一步压缩。因此，俄罗斯将美国此举视为对其国家安全的严重威胁。

针对美国咄咄逼人的态势，俄罗斯进行了全面的反击：加强中央集权和对非政府组织监管，以防止"颜色革命"的发生；重新整合独联体，对明显倒向西方的国家加大打击力度，同时加强集体安全条约组织和欧亚经济共同体的功能，共同防止外部策动"颜色革命"；加强上海合作组织功能，以抵制美国单边主义；加快新式武器的研制，以突破美国的反导防御系统；暂时停止执行《欧洲常规武装力量条约》，以迫使北约各国尽快批准该条约；积极凝合"金砖四国"，以图建立新的国际政治经济秩序；加强与所谓的"无赖国家"的关系，以抗衡美国的霸权思想；等等。从俄罗斯的外交行为来看，对国家安全环境的担忧增加，加强了对国家安全利益的重视。

同时，俄罗斯依然十分重视国家的经济利益，其对外活动多是围绕着经济利益进行运转。如俄罗斯不惜恶化与独联体各国的关系，对包括白俄罗斯、亚

---

① 普京：《打破单极世界幻想，构建全球国际安全新结构——在慕尼黑安全问题会议上的讲话》，《普京文集（2002～2008）》，中国社会科学出版社，2008，第389～390页。

美尼亚等盟友在内的国家能源出口进行大幅提价，以市场价格向这些国家出口能源。俄罗斯还主张建立天然气 OPEC，以主导天然气出口市场。

总之，这个阶段，俄罗斯在大力发展国内经济的同时，加强了对地缘战略利益和安全利益的重视。为维护国家的地缘战略利益和安全利益，普京采取了加强军队改革、提升尖端武器的研制、放宽核武器使用门槛等一系列措施，这些措施对西方国家起到了一定的威慑作用。但因为自身实力有限，远不能与美国同日而语，所以俄罗斯此时仍然没有能力也没有意愿全面挑战美国的全球战略安排，只是在触及本国核心利益的问题上实行防卫性的外交反击。① 从普京的执政理念来看，他依然没有改变"经济至上"的基本原则，依然希望与美国等西方国家保持合作关系，以引进发达国家的资金和技术。简言之，俄罗斯在这个时期，外交政策更显示出独立特点。这个时期也被称作谋求独立自主外交时期。

总体看来，叶利钦时期俄罗斯的国家利益观与普京时期俄罗斯的国家利益观有一定的差异。叶利钦后期，俄罗斯将国家的地缘政治利益和安全利益置于重要位置。而普京时期，俄罗斯始终是将国家的经济利益放在首要位置。这两个时期，俄罗斯对国家利益判定的不同，主要是因为俄的政策制定者对国际环境和本国国力认识出现差异。当然，两个时期政策制订者个人素质的不同也是其国家利益观不同的一个重要因素。从二人对外政策的执行手段和成效来看，普京的对外政策更显合理与务实，也收到了较好的效果。而叶利钦时期俄罗斯的外交政策则更显感性化，有时甚至意气用事，其外交政策则难免更显被动。

三　梅德韦杰夫执政时期俄罗斯的国家利益观

梅德韦杰夫在普京的支持下成为俄罗斯第三位总统，基于普京在国内的威望和政治地位，梅德韦杰夫就职总统的当天便提名普京担任自己的政府总理，俄罗斯至此形成了"梅普组合"的政治决策模式。梅德韦杰夫虽然被外界称为民主政策的坚定执行者，但是在其执政的四年间，并未完全改变普京的民主

① 郑羽、柳丰华主编《俄罗斯的复兴之路（外交卷）》，经济管理出版社，2008，第44页。

政策和对外强硬态度。在俄罗斯的民主道路上，梅德韦杰夫曾对普京所提出的"主权民主"委婉地表达了自己的看法，认为民主不需要加上限定词。在其执政四年间，俄罗斯的民主也稳步推进。在国家的定位方面，普德韦杰夫依然认为，俄罗斯是世界上举足轻重的大国。梅德韦杰夫执政期间，俄罗斯所面临的国际形势非但没有好转，反而因格鲁吉亚力图以武力统一分裂地区而一度恶化。面对严峻的国际形势，梅德韦杰夫在外交方面采取强硬立场，针锋相对，有力地维护了俄罗斯的国家利益。同时，为了摆脱经济危机的影响，梅德韦杰夫在俄格冲突后，尤其是美国总统奥巴马表示将放弃在中东欧部署反导防御系统后，采取措施主动同美国缓和关系。

（一）执政之初，加强对国家安全利益的重视与维护

梅德韦杰夫执政之初，俄罗斯所面临的国际形势十分不利，俄美两国因美国欲在中东欧地区部署反导防御系统而关系紧张。格鲁吉亚为尽快统一国家，力图对分裂地区进行武装打击，而在该地区有诸多的俄罗斯军民，这对俄罗斯而言无疑是一大威胁。此外，格鲁吉亚在美国的支持下，多次表示加入北约的意愿。如果格鲁吉亚加入北约，对俄罗斯地缘战略空间将造成前所未有的挤压，导致俄罗斯的安全形势进一步恶化。2008 年 8 月 8 日，格鲁吉亚对分离地区南奥塞梯大举用兵，梅德韦杰夫随即以本国国民生命财产受到威胁为由，决然出兵格鲁吉亚，随后又支持格鲁吉亚两个地区独立。虽然俄罗斯的行为饱受西方的批评，但俄罗斯并未妥协，而是倚仗欧美等国对俄罗斯能源及航天器的依赖保持了强硬姿态，使得西方国家在该问题上无所作为，格鲁吉亚最终付出了惨重的代价。

针对美国在中东欧部署反导防御系统的问题，梅德韦杰夫针锋相对，一方面对美国进行大肆批判，另一方面表示将在加里宁格勒州部署"伊斯坎德尔"导弹予以应对。在俄罗斯与格鲁吉亚发生冲突时，美欧一些国家欲表示将对俄罗斯予以制裁的时候，俄罗斯总理普京公开表示，美欧伙伴在航天器和能源等方面离不开俄罗斯。普京的态度使美欧国家十分紧张，最终在俄格冲突问题上并未将俄罗斯怎么样，西方国家的表现，体现出在国家利益面前"正义"的脆弱性。

另外，"梅普政权组合"利用能源优势，展开能源外交。一方面加大对国内能源的掌控力度，另一方面利用能源优势迫使能源进口国在一些涉及俄罗斯利益方面的问题上对俄罗斯做出让步。同时，在与邻国的领土争端方面，梅德韦杰夫对日本采取强硬态度。2010 年 11 月 1 日，梅德韦杰夫毅然决然地到与日本有争端的南千岛群岛的国后岛视察，引起了俄日两国关系的紧张。这一事件充分体现出为了维护国家安全利益，俄罗斯态度的坚决性。

（二）经济危机凸显后，俄罗斯为尽快摆脱危机，极力缓和与美国的关系

当美国次贷危机引发的全球性经济危机在俄罗斯逐步显现并迅速蔓延后，梅德韦杰夫意识到危机的严重性，在内政方面，采取积极的财政政策予以应对；外交方面，尽量缓和与西方国家的关系，同时加强与新兴国家间的合作。在格鲁吉亚问题上，梅德韦杰夫虽然态度强硬，表现出不让步的态势，但同时也表示希望缓和与欧盟等国的关系，因此接受法国的调停，并对其予以高度评价。当美国新任总统奥巴马表示，暂停在中东欧部署反导防御系统后，梅德韦杰夫立即予以回应，对美国的举措表示欢迎，同时表示如果美国不在中东欧部署反导防御系统，俄罗斯将不在加里宁格勒部署"伊斯坎德尔"导弹。

2009 年 5 月，俄美两国就进一步削减战略武器的问题上展开谈判，经过双方多次磋商，2010 年 4 月，俄美两国在布拉格签署了新的《削减战略武器条约》，并于 2011 年 2 月 5 日正式生效。

综观梅德韦杰夫执政期间俄罗斯的国家利益观，可以看出，俄罗斯决策者在国家道路选择方面，依然坚持俄罗斯式的民主道路；由于其间国际社会发生了许多重大事件，俄罗斯被迫调整了国家利益关注的重点方向。2008 年，美国的次贷危机引发了全球性的经济危机，给俄罗斯造成了重大影响。为了恢复经济，俄罗斯采取了多种措施提振民众对国家经济发展的信心。而格鲁吉亚武力统一国家的行为被俄罗斯解读为对其安全利益的严重侵犯，因此，俄罗斯不顾西方国家的反对断然出兵，给格鲁吉亚以重创。于是，俄罗斯将经济利益与安全利益置于重要位置。为了维护国家利益，俄罗斯甚至不惜动用武力等强硬措施。

第二章 "一边倒"时期俄罗斯的国家利益观及对其外交政策的影响 (1991 年末～1994 年末)

通常，一国或一国某项政策发展阶段的划分，基本上是根据两个重大变量来进行：其一是在核心原则上有别于前一阶段的新的重要官方政策文件的出台，其二是对原有的发展进程产生根本性影响的重大事件的发生。对叶利钦执政时期俄罗斯外交政策阶段的划分便是根据第二个变量进行的。[①] 所谓"一边倒"政策，是指在俄罗斯独立初期，因急于加入西方大家庭和获取西方的经济援助，而在国际事务的处理上紧紧追随西方，在执政理念、价值判断和政策实施等方面唯西方马首是瞻，极力与西方国家保持一致的外交政策。由于美国在西方世界的领袖地位，这种对西方的"一边倒"，在实践中主要表现为对美国的"一边倒"。[②] "一边倒"政策时期，是指从俄罗斯独立到 1994 年末这一个时段。

这一时期，俄罗斯力图尽快加入西方"文明国家大家庭"，在政治上，选择了西方所谓"普世"的民主道路；经济上，接受西方提供的"休克疗法"改革理念；外交上，迎合西方，极力与其保持一致。直到 1994 年 12 月初，在布鲁塞尔召开的欧洲安全与合作会议上，俄罗斯总统叶利钦与美国总统克林顿因北约东扩问题发生了激烈争吵，叶利钦用"冷和平"这一概念来形容北约

[①] 郑羽：《既非盟友，也非敌人——苏联解体后的俄美关系》，世界知识出版社，2006，第 94～95 页。

[②] 郑羽：《既非盟友，也非敌人——苏联解体后的俄美关系》，世界知识出版社，2006，第 96 页。

启动东扩进程后俄罗斯与西方关系可能出现的特点。这标志着俄罗斯对西方"一边倒"政策和双方"蜜月"关系的走向结束。

国家利益是民族国家合法需求所认定的各种客观对象的总和，维护国家利益是国家外交行为的出发点和根本任务。由于国家利益概念的抽象性及国家各种利益相互交织的复杂性，人们很难准确地判定和维护本国利益。在阶级社会，一个国家对其国家利益内容的判定和维护手段的运用，往往是由该国统治集团代表国民来执行。一个国家能否准确判定和真正维护本国利益，主要是看该国的决策者如何判定其国家利益和怎样运用外交手段维护其所认定的国家利益，即该国决策者的国家利益观。因此，我们要研究一国国际行为即外交政策，首先要研究该国统治精英的国家利益观。

俄罗斯独立后，力图准确地判定其国家利益并以其为准绳制定和实施外交政策，正如俄罗斯总统叶利钦在第六届人民代表大会上所说，俄罗斯的"外交构想包含的一个基本理念是合理、准确地确定国家利益并将其作为我们今天对外政策的基础"。"在外交战略构想中要包含那种自然地确定的国家利益是我们今天对外政策的基本思想。"① 本章将对俄罗斯独立后至1994年末这个阶段的国家利益观进行研究，进而厘清该阶段俄罗斯外交政策的变化轨迹及其原因。

第一节　俄罗斯"一边倒"时期的国家利益观

国家利益观的变化主要受两种因素即客观形势与主观观念变化的影响。一个国家所面临的客观形势及其国民的主观观念中的任何一点发生剧变均会引起该国国家利益观的重大转变。独立初期的俄罗斯，两方面均发生了巨大变化，这使得其对国家利益的判定也出现变化。苏共垮台使运行了七十多年的社会主义制度在俄罗斯终结。苏联解体使俄罗斯丧失了"冷战"时期两极对抗中一极的国际霸主地位，两极对抗因苏联的解体而彻底结束。这样，俄罗斯内外形

① Доклада президента российской федерации Б. Н. Елицина на шестом съезде народных депутатов российской федерации, *Дипломатический вестник*, №8, 1992г.

势的剧变促使其决策者重新审视国家利益。

独立初期，俄罗斯决策者对苏联时期的内外政策进行了颠覆性的否定。对过去的全面否定，坚定了俄罗斯执政者与过去决裂的决心。俄罗斯执政者对国家利益的判定发生了巨大变化，对内外政策也进行了重大修正。在国家发展方向方面，俄罗斯决策者认为，社会主义制度非但没有使国民生活得到应有的改善，而且使许多无辜百姓遭到残酷的迫害。这种专制制度严重违反了民主、自由原则，不符合人的发展。苏联在同西方国家竞赛过程中的败北与戈尔巴乔夫改革的失败，说明社会主义发展道路在俄罗斯已经行不通，这种制度严重阻碍了国家发展，不符合国家及民族利益。因此，决策者认为，俄罗斯只有彻底抛弃社会主义政治体制，选择资本主义民主道路，才能实现真正的民主和自由，快速进入发达国家行列，进而实现俄罗斯的民族复兴。[①] 为了尽快实现经济和政治的转轨，及早融入以美国为首的西方世界，俄罗斯此时认可美国在西方世界的领导地位，甘为美国的"小兄弟"。为谋求美国等西方国家的经济援助，俄罗斯极力迎合西方，使本国利益与西方国家利益相统一。为尽快缩短经济和政治剧变的"阵痛期"，俄罗斯将国家的经济利益置于各利益之首，其他层面的利益完全置于从属位置。同时，偏重于国家间的意识形态差异也是该时期俄罗斯国家利益观的一大特点。只不过，此时对意识形态的重视更多地表现为强调与西方国家的一致性及同传统盟友和社会主义制度国家的差异。

一　谋求西方民主式发展道路以实现国家的顺利转轨

独立初期，俄罗斯决策者认为，只有西方资本主义民主式发展道路才是俄罗斯走向繁荣、富强、民主和文明社会的正途，是民主、自由和人权得以实现的根本保障。因此，俄罗斯完全抛弃了已实行了七十多年的社会主义制度，毅然选择了西方资本主义所谓的"普世民主"的发展道路。但是任何社会发生大的变革都必然引起国家的动荡。俄罗斯从资本主义走向社会主义是通过武装革命的方式完成的，这次从社会主义再次转向资本主义则是通过和

---

① Выступление Б. Н. Ельцина на совместном заседании палат конгресса США（17 июня 1992г.），*Дипломатический вестник*，№13 – 14，1992г.

平方式实现的。虽然转变方式没有先前那么激烈、残酷，但是此次社会变革给国家和社会带来的震荡依然是巨大而痛苦的。俄罗斯决策者意识到，若要尽早结束这种社会变革带来的"阵痛"，必须在最短时间打碎旧的制度确立新的制度，从而使国家的政治经济生活快速正常化。因此，俄罗斯决策者将尽快确立资本主义民主制度，实现国家政治、经济的顺利转轨视为亟待实现的国家利益。

戈尔巴乔夫执政后期，其推行的各项改革非但没有使苏联的政治经济摆脱危机，反而使得国内政治更加混乱，经济形势日趋严峻。由于长期对轻工业的忽视，苏联出现生活用品的大面积匮乏，导致久违了的排长队购物现象成为苏联社会的常态。俄罗斯的著名历史学家对当时的情况进行了这样的描述："几年过去了，大家能见到的不仅仅是改革的不成功，而且是改革的破产。商店里空荡荡的货架、通货膨胀、犯罪猖獗、流血的民族冲突、失业和大街上行人阴郁的面孔，像镜子一样反射出我们社会的沉重和危机状态：经济危机、社会政治结构危机、思想和道德价值观的沦丧。"① 政治的动荡和经济的萧条，使民众对执政党的不满情绪增加，国内各种矛盾开始不断激化。而言论监督的放开，更加激发了国内民众对官僚腐败的不满。尤其是，当斯大林执政期间对国民的迫害被再度提起，那种破坏民主、践踏人权的事件被再度曝光后，更加重了人们对社会主义价值体系的怀疑。民众的不满情绪溢于言表。他们不但对苏联共产党的执政能力表示怀疑，而且对社会主义制度感到失望，有人甚至极度痛恨共产主义。"八·一九"事件后，有些人要求叶利钦将被揭发出来的对共产主义思想有好感的人，坚决地、统统地赶出国家部门。应该以智利的皮诺切特为样板，对共产党人斩草除根。② 俄罗斯的年轻作家列昂尼德·肖洛霍夫在报纸上公开对共产主义思想进行谩骂式的批判："苏共被千百万人看成是十恶不赦的敌人、比入侵者比希特勒还坏的奴役者。列宁和斯大林、布哈林和托洛茨基……他们丢掉了俄罗斯的智慧、俄罗斯民族的自我意识、俄罗斯的道德精

---

① 〔俄〕罗伊·麦德维杰夫：《俄罗斯向何处去——俄罗斯能搞社会主义吗?》，关贵海、王晓玉译，当代世界出版社，2003，第 25 页。
② 〔俄〕罗伊·麦德维杰夫：《俄罗斯向何处去——俄罗斯能搞社会主义吗?》，关贵海、王晓玉译，当代世界出版社，2003，第 117 页。

神。不是基督徒也不是异教徒，整个苏联废物一个！"① 在对社会主义进行攻击的时候，改革派又对西方民主价值观进行大肆赞扬。曾经担当过苏共中央宣传部长的亚·尼·雅科夫列夫也明确指出，"私有财产是文明社会的物质基础和灵魂，是个性自由和个性在智能和物质上得到充实的本原。""私有财产制、市场、民主——这是正常文明社会的遗传密码。没有财产的人是不可能有自由的。只要人的财产（不论多少）被剥夺，集权制度就不可避免。在这种情况下，不可抗拒的事物逻辑就会逐渐摧毁自由、法制、人身不可侵犯、思想自由等社会的价值支柱，这将会导致文明社会的毁灭。"② 西方民主思想在苏联的传播，进一步使民众感到社会主义在苏联已经走进了死角，只有西方自由民主价值理念才能使苏联真正步入现代文明社会。

俄罗斯的精英阶层表现得比普通民众更为激进，他们领导了对现行制度的革命，引领了广大民众对社会主义制度的批判。精英阶层力图使人们相信，社会主义制度不符合俄罗斯的现实，只有西方自由民主的价值观才是俄罗斯未来的发展方向。亚·尼·雅科夫列夫撰文指出"如果说社会主义发展道路是条死胡同，那么要从死胡同里走出来只有一个办法——退回去，退到由于革命暴力而离开的那条大道上去。"③ 叶利钦当选俄罗斯总统后，极力主张在俄罗斯推行西方民主道路。1991 年 7 月，他明确指出："俄罗斯已经做出了最后的选择。它不再追寻社会主义道路，不再走共产主义道路，它将追寻美国和其他西方文明国家的道路。"④ 1991 年 9 月 11 日，叶利钦在会见欧安会国际人权大会与会者时说："人民自己已经表明他们选择了哪条道路。恰恰在这一代人面前揭示出一个最伟大的真理：只有一条道路不会使人类社会步入死胡同。这是一条符合人道主义传统的道路，是一条世界上大多数国家走过和正在走着的道

---

① 《文学报》（苏），1991 年 9 月 4 日。转引自〔俄〕罗伊·麦德维杰夫《俄罗斯向何处去——俄罗斯能搞社会主义吗?》，关贵海、王晓玉译，当代世界出版社，2003，第 117 页。

② 〔俄〕亚·尼·雅科夫列夫：《一杯苦酒——俄罗斯的布尔什维主义和改革运动》，徐葵、张达楠等译，新华出版社，1999，第 253 页。

③ 〔俄〕亚·尼·雅科夫列夫：《一杯苦酒——俄罗斯的布尔什维主义和改革运动》，徐葵、张达楠等译，新华出版社，1999，第 274 页。

④ Edited by V. Zhurkin, *Between the Past and the Future: Russian in the Transatlantic Context*, Moscow, 2001, p. 136, note2.

路，我国曾经不仅仅做出违背人道主义发展道路的选择，而且把这种选择当成意识形态和政策。"① 这样，来自苏联上层的"革命"推动了苏联社会的变革，终结了其社会主义道路。

独立后，基于国内现实及民众激情，俄罗斯顺利而彻底地抛弃了社会主义政治体制，最终将西方"文明国家"的"普世民主"的价值观作为其发展道路的选择。此时，俄罗斯政权结构发生了根本变化，激进民主派根据西方民主原则建立了以总统治理为特征的行政、司法和立法三权分立的政权形式。俄罗斯执政者极力使民众相信只有西方的民主道路才是俄罗斯正确的选择。1992年 6 月，叶利钦再次对美国进行国事访问时，又对美国的民主、自由大唱赞歌，他说："俄罗斯选择了美国走了将近 300 年的民主道路。美国民主的伟大就在于她开启了一个基本真理：这种不可逆转的自由——不仅是一个国家的财富，而且是全人类的财富。她是世界稳定的最重要的因素。我们准备与美国、同民主国家一起采取行动，使自由民主的价值观在全世界成为现实……"② 俄罗斯外交部长科济列夫撰文表示："我们声明忠于民主、个人至上、人权和自由市场，这样做不是为了接近西方，而首先是为了我们自己。要知道，这能使我们最终赢得民主的胜利，更加尊重人权，能使我们最终消除严重的贸易逆差，这对我们俄罗斯民族至关重要。"③

独立后的俄罗斯，面临的最为迫切的问题就是实现政治与经济的顺利转轨，从而迅速加入西方发达国家阵营。但是七十多年的社会主义制度已经在俄罗斯打下了深深的烙印。虽然先前的社会体制已经被打破，但对旧体制的惯性思维却在短时间难以消除，这导致新的体制难以迅速确立。只要新体制不确立，国家的政治与经济就难以转入正轨，俄罗斯的动荡局面就不会结束，经济也就难以得到恢复。因此，为了迅速实现政治经济转轨，俄罗斯一方面加快政治改革步伐，另一方面推行激进的经济改革。然而，国家的剧变必然导致社会"阵痛"的出现，这种社会"阵痛"往往给百姓与国家带来痛苦和灾难。对于

---

① 刘毅政：《叶利钦其人其事》，中国社会科学出版社，1993，第 304 页。

② Б. Н. Ельцин: Выступлени Б. Н. Ельцина на официальном обеде в Белом Доме, *Дипломатический вестник*, №13～14, 1992г.

③ А. Козырев: Преображенная Россия в новом мире, *Известия*, 2 января 1992 г.

俄罗斯这样的大国来说，进行社会转型往往要比一般中小国家转型更加困难，其"阵痛期"也相对更长。因此，俄罗斯的决策层认为，顺利实现国家转型，尽快加入西方民主阵营是国家的首要利益，而无论政治转型，还是经济转轨，均离不开西方国家的支持。为此，俄罗斯执政者加大对西方国家的"攻关"力度，总统叶利钦和外长科济列夫除与美国等发达国家领导频繁通电联系外，还遍访西方主要发达国家。

二　谋求同西方发达国家建立平等的伙伴关系以实现世界强国目标

独立后，俄罗斯虽然是以苏联在国际社会的合法继承者的身份现身于世界舞台，但是此时的俄罗斯，实际上已经摒弃了苏联时期世界超级大国地位的思想。俄罗斯更希望尽快融入西方世界，同西方发达国家建立平等的伙伴关系，以使其快速崛起，实现俄罗斯民族的伟大复兴。基于美国在西方世界的领导地位，俄罗斯在国际事务的处理上，积极迎合美国，实际上是认可美国在世界上的领导地位。俄罗斯此时认为，融入西方世界是其民族复兴的前提，是实现其国家利益的关键。

决策者对本国在国际社会地位的判定，直接影响着该国国家利益的范围，这种判定主要取决于决策者对本国实力的认知，但也经常受到该国历史惯性心态的影响。苏联虽然一分为十五个国家，但作为十五国之一的俄罗斯依然具有世界大国的禀赋：在领土面积上，俄罗斯拥有1700多万平方公里的广阔土地，几乎相当于领土面积居世界第二位的加拿大的两倍；在自然资源方面，俄罗斯矿产资源十分丰富，已开采的矿物涵盖了门捷列夫元素周期表上所列的全部元素。俄罗斯科学院社会政治研究所2004年出版的《俄罗斯：复兴之路》报告称，俄罗斯是世界上唯一的自然资源几乎能够完全自给的国家。作为世界资源大国，俄罗斯已经探明的资源储量约占世界资源总量的21%，高居世界之首。从类别看，各种资源储量几乎均位于世界前列，特别是在其他国家非常短缺的矿物、森林、土地、水等资源方面，俄罗斯的优势非常大。[1] 人口方面，独立

---

[1]　常喆：《俄罗斯自然资源总价值约300万亿美元居全球首位》，《环球时报》2005年6月18日，第八版。

后的俄罗斯拥有人口 1.48 亿人，位居世界第 7 位，人民受教育水平高，位居世界前列；在军力方面，尤其是核军力方面，俄罗斯是唯一能够与美国相抗衡的国家；另外，俄罗斯具有强大的科技实力，是世界科技强国。而且俄罗斯继承了苏联的政治遗产，是联合国五个常任理事国之一。因此俄罗斯仍是国际社会毫无争议的具有世界性影响的大国之一。但此时俄罗斯的国家实力已远不能与苏联时期同日而语。华约组织的解散、苏联的解体，使俄罗斯丧失了原苏联在世界的一极地位，俄罗斯的决策者也认识到这一点。所以，刚刚独立后的俄罗斯并不谋求苏联时期的霸权地位，而是希望成为西方发达国家的平等伙伴，进而融入西方世界，成为"体制内"成员。叶利钦在其回忆录中说："俄罗斯从来不想与西方世界对立，相反却一直在向这个圈子靠拢，向文明的欧洲靠拢。从 18 世纪起，俄罗斯就始终在与人谈判，与人联合。当然，别人敬重甚至有点害怕强大而辽阔的俄罗斯，这是对的，但无须担惊受怕！今天，'不妥协分子'在俄罗斯所宣传的对历史的理解是反历史主义的，这种理解被认为是错误百出的外行话。""俄罗斯根据情况的不同，曾与英国、奥地利、德国、法国等各种国家结成同盟。""……我们正向过去一直所处的位置回归，回归到协约国时代，只要愿意，回到与西方大国结成联盟的时代。……现在，我们只是强大的国家之一，但又有复杂的独特的命运……"[①] 1991 年 12 月 20 日，俄罗斯外长科济列夫也说："上个世纪末到本世纪初，俄罗斯在法国、德国、美国这些国家中曾占有应有的地位。现在我们必须回到这个范围中去。俄罗斯应当同其他大国平等地参与维护世界和平。"[②]

此时，俄罗斯决策者认为，资本主义民主是世界的主流，俄罗斯抛弃社会主义制度而选择资本主义民主道路是从歧路步入正途。俄罗斯决策者认识到，美国是资本主义世界的领头羊，是资本主义民主的样板国家。因此，希望已经选择资本主义民主道路的俄罗斯能够得到美国等西方发达国家的认可，承认俄罗斯为其平等伙伴，而不是同资本主义世界斗争的失败者。他们认为，只有成为西方发达国家一员，才能推动俄罗斯的快速发展，进而实现民族复兴。因

---

① 〔俄〕鲍里斯·叶利钦：《总统笔记》，李垂发、何希泉等译，东方出版社，1995，第 204 页。
② 刘毅政：《叶利钦其人其事》，中国社会科学出版社，1993，第 194 页。

此，俄罗斯决策者将成为西方发达国家阵营的平等成员列为其首要解决的问题之一。但这个"平等成员"仅是相对而言，其前提为美国是西方发达国家的领导者。这种自我定位使俄罗斯无论在意识上，还是在实际行动中，均没有挑战美国作为西方国家领导者的意图。这样，俄罗斯便将寻求与西方发达国家建立平等伙伴关系作为其国家的重要利益。需要指出的是，俄罗斯希望加入的西方发达国家阵营，具体讲就是"七国集团"。

独立初期，俄罗斯外长科济列夫在文章中曾这样写道："不应当认为，好像俄罗斯真的已经处在自己发展道路的尽头，她丧失了一切，变成没有目标的二流国家。应该这样认为，已经从过去道路上解放出来的俄罗斯，现在正在另外一条、关乎全人类原则的道路上复兴，她是一个强大的、有影响的、受所有的——无论是近邻，还是非近邻国尊重的民主、繁荣的国家。俄罗斯的外交任务是——促进民主繁荣的俄罗斯的形成，实现民族的复兴，同时使俄罗斯在文明国家的大家庭中占据应有的位置。"[①] 由此可见，俄罗斯在经济和政治方面对本国的定位，与毛泽东所说的"三个世界"中的第二世界相似。而在军事方面，俄罗斯依然是唯一能与美国的核军力相抗衡的国家，只有俄罗斯有资格与美国平等地进行核裁军问题的谈判。所以，俄罗斯认为，在这方面可以与美国平起平坐。这样的自我定位，必然促使俄罗斯寻求相应地位的利益，即在政治和经济方面，要有与西方主要发达国家同等地位的发言权，甚至高于其中一些国家；在军事上，应该是唯一与美国有同等发言权的国家。但是，因为此时俄罗斯国内经济混乱、政治动荡，尚有求于西方发达国家尤其是美国，所以自然谈不上平等。

三　加强同西方国家关系，为经济发展创造良好的国际环境

华约解散、苏联解体，作为苏联继承国的俄罗斯选择了资本主义民主道路，两极对抗的国际格局因其中一极的倾覆而终结。俄罗斯认为，既然华约和苏联不存在了，那么两极对抗的因素也就自然消失。俄罗斯选择了资本主义民

---

① А. Козырев: Преображенная Россия в новом мире, *Дипломатический вестник*, №2～3, 1992г.

主式的发展道路，这意味着同西方国家之间的意识形态差异消失了。这样，俄罗斯可以加入西方阵营，与其友好相处，俄罗斯所处的国际环境也将得到实质性改善。

苏联时期，俄国内形势十分严峻，生活用品严重短缺。叶利钦曾在回忆录中这样描述："1991 年秋季以前，所有的物品都凭票证定额供应，紧张到极点。商店的货架空空如也。有一些城市向居民发了厚厚的像一本小册子一样的购货本，以此作为凭证来购物。包括食盐、食糖、面包、火柴在内，各种物品都成了断档货。"① 独立后，这种状况非但没有好转，反而更加严峻。为了迅速摆脱经济困境，改变商品极度紧张的现状，叶利钦决定启用主张进行"休克疗法"式的激进经济改革的盖达尔。1992 年 1 月 2 日，俄罗斯宣布放开物价，约有 90% 的生活消费品和 80% 的生产用品完全放开物价。"休克疗法"经济改革正式开始。方案的设计者设想通过这一激进经济改革方案使国家在短期内摆脱经济危机，并在此基础上实现建立市场经济的长远目标。但实际结果表明，这一方案实施的结果是经济危机的加重。由于俄罗斯的经济危机严峻，其需要的援助资金数额巨大。因此，独立之初，俄罗斯执政者面临的一个最为紧迫的问题便是寻求西方国家援助。为此，俄罗斯必须彻底消除其与西方国家关系中一切对抗成分，并使这种关系真正成为盟友式的伙伴关系。②

在积极加强同西方大国关系的同时，俄罗斯主动为营造良好的周边环境而努力。在陪同总统访问归来不久，外长科济列夫便对周边国家丹麦、挪威、比利时、中国、朝鲜、日本、芬兰等国进行友好访问。科济列夫对上述国家的访问使俄罗斯与这些国家的关系实现了从苏联到俄罗斯的顺利转接，为国家改革创造了和平的周边环境。另外，为了取得西方国家对俄罗斯改革的支持，科济列夫多次与美国国务卿和德国外长等人进行书信或电话联系。可以说，此时俄罗斯的外交政策就是为国家经济改革寻求外援并创造良好的国际环境。

总而言之，无论是就国内严峻的政治经济形势，还是就国家实力或是决策

---

① 〔俄〕鲍里斯·叶利钦：《总统笔记》，李垂发、何希泉等译，东方出版社，1995，第 215~216 页。

② 学刚、姜毅主编《叶利钦时代的俄罗斯（外交卷）》，人民出版社，2001，第 8 页。

者的个人意愿而言，俄罗斯此时的确需要也希望能与各国尤其是西方发达国家友好相处，进而为俄罗斯经济发展提供一个良好的国际环境。

四　通过融入西方阵营的方式实现国家利益

俄罗斯独立后，基于国内政治经济制度的变化，其对外政策也进行了大幅调整。戈尔巴乔夫执政后期，苏联采取对外缓和的政策，由于苏联在经济改革方面需要西方国家的援助，因此在国际事务的处理上更多时候是对西方采取单方面让步态度。俄罗斯独立后，叶利钦政府继承了解体前苏联对西方国家的缓和政策，但与戈尔巴乔夫不同的是，他比前者走得更远，让步更大。

华约解散、苏联解体，作为苏联继承国的俄罗斯选择了资本主义民主道路，两极对抗的国际格局因其中一极的倾覆而终结。此时的俄罗斯，对国际形势的总体判断是乐观的。俄罗斯的决策者认为，既然华约和苏联不存在了，那么两极对抗的因素也就自然消失。1993 年的《俄罗斯联邦外交政策构想》基本原则明确指出："东西方对抗的结束实际上消除了发生大规模的，尤其是有预谋的军事冲突的问题。"[①] 俄罗斯选择了西方"普世民主"的发展道路，意味着其同西方国家之间的政治制度和意识形态差异也消失了。俄罗斯与西方不但不存在敌对因素，而且与西方国家有着众多的共同利益。俄罗斯外长科济列夫对国家环境进行评析时说："有人竟然说，俄罗斯几乎是处在一个敌对的环境中。依我看，这样的推理在很大程度上表现出帝国思想。确定国家的伟大，特别是在二十一世纪之交，并非根据其帝国的范围，而首先是以该国人民的福利水平来确定的。……在很多问题的解决上，我们期待同外国建立可靠的合作伙伴关系。我特别想说的是同美国的关系，长期以来人为地制造了同这个国家的对抗。今天我们看不到任何能够严重阻碍俄美两国建立富有成效的合作关系的障碍了。我们不同意有些人担心已经成为世界上唯一超级大国的美国会将其意志强加于我们的臆想，这种臆想将重演从前的那种旧观念。我们不威胁任何一个发达的民主国家，同样，他们也不会威胁我们。""发达国家是俄罗斯的

---

① Концепция внешней политики Российсой Федерации, *Дипломатический вестник*, специальное издание, 1993г.

天然盟友。可以绝对地说，我们不是敌手，并且它们也完全没有将俄罗斯视为可以被收买的、听从其恶意指示的穷兄弟。"① 因此，俄罗斯决策者认为，基于价值观念的一致性，俄罗斯可以与西方发达国家和睦相处，甚至结为盟友，这便使俄罗斯所处的国际环境得到实质性改善。

另外，苏联解体使美国等西方国家的天然敌人自行消失。"冷战"时期的两极对抗的国际格局发生变化，作为苏联的继承国，俄罗斯的政治理念及内外政策均出现了重大改变。刚刚独立的俄罗斯不仅不再将西方国家视为战略敌手，而且将其视为同一战线的伙伴和盟友。与此同时，西方国家也因苏联解体、俄罗斯选择了西方民主道路并放弃了与西方世界对抗的理念，而改变了对俄罗斯（苏联）敌视的态度。在政治领域，美国等西方国家认为，俄罗斯已经主动抛弃了社会主义理念而选择了西方的资本主义民主道路，这意味着西方国家在政治领域获得了胜利。因此，不再需要同俄罗斯进行意识形态上的斗争了。军事方面，因为俄罗斯放弃了同西方世界进行军事对抗的理念，所以来自俄罗斯的军事进攻的危险也自然消失了。此时，美国等西方国家此时更关注的安全问题是原苏联地区核武器能否扩散及苏东地区因民族矛盾而出现的冲突能否外溢。俄罗斯与西方安全观念的转变，使双方的传统安全状况得到了根本性的改善。国际形势的变化及俄罗斯国内政治经济面临的问题迫使俄罗斯执政者将政治经济改革放在首位，而国内的改革要求俄罗斯有个和平的国际环境。因此，俄罗斯主动改善与西方国家关系。总统叶利钦在全国电视讲话中明确表示："……一年来，西方国家改变了对俄罗斯的态度。……在八月政变的时候，实际上所有发达国家都对俄罗斯予以支持，现在开始对独立的俄罗斯的官方承认。我们的外交政策必须建立一种新型的关系——这种关系不是简单的伙伴关系，而是盟友关系。如今，核按钮已经转到了俄罗斯的手中，但是所做的一切并不是为了使用它。今后，俄罗斯将实行和平政策。"②

独立初期，俄罗斯认为，基于已经选择了资本主义民主道路，其与西方国家不但不存在任何制度和意识形态上的障碍，而且具有众多一致的利益。俄罗

---

① А. Козырев : Преображенная Россия в новом мире, *Известия*, 2 января 1992 г.

② Из выступления Б. Н. Ельцина по телевидению 29 декабря 1991г. , *Дипломатический вестник*, №2～3，1992г.

斯已经成为西方世界的一员。这样，俄罗斯在西方发达国家的帮助下将会顺利进行政治经济改革，很快成为西方发达国家成员。因此，俄罗斯基于对西方世界的美好愿望，选择了与西方合作发展的道路。

第二节　俄罗斯"一边倒"时期外交政策的主要事例

外交是内政的延续。俄罗斯独立初期的亲西方外交是其国内推行激进改革的自然延伸。从俄罗斯独立到 1994 年末，总体上讲，俄罗斯基本上实行的是向以美国为首的西方"一边倒"的外交政策。之所以俄罗斯选择了"亲西方"的外交政策，主要源于俄罗斯决策者在这个阶段的国家利益观。这个时期，俄罗斯决策者认为，只有资本主义民主的发展道路才能够使俄罗斯快速摆脱政治经济危机，早日融入西方发达国家阵营。为此，俄罗斯决策者按西方国家政治经济模式实行激进改革。在国际定位方面，他们虽然一再强调与西方国家建立平等的伙伴关系，但是基于俄罗斯对美国的经济需求以及美国在国际上的强权地位，此时，俄罗斯在一定程度上认同美国作为西方世界"带头大哥"的身份，并将美国模式作为其发展的样板。不过在认同美国在西方世界领导地位的同时，希望西方世界尊重俄罗斯的利益诉求。对于俄罗斯所面临的国际环境，俄罗斯的决策者作出了有利的判断。他们认为，与西方世界对抗的结束意味着俄罗斯安全环境的极大改善。西方民主道路的选择，使俄罗斯与美国等西方发达国家社会制度与意识形态差异消失，因此与西方国家发展关系的制度障碍也不存在了。国家发展道路的相似性自然促使俄罗斯在外交上同美国等西方国家保持一致。另外，由于独立初期的俄罗斯无论在政治还是在经济方面，均需要来自西方的支持和援助，这促使俄罗斯将外交重点主要集中于西方，在国际事务中积极追随西方。

一　以对西方国家的大幅让步来换取其对俄罗斯改革的支持

苏联的解体，使得世界上两极对抗的国际态势因其中一个超级大国的倾覆而终结。俄罗斯作为苏联的继承国不但摒弃了两极对抗时期对西方世界的"冷战"思维，而且将加强与西方的国家关系作为其外交的重点。为了迅速取得加入西方国家大国俱乐部的通行证，以确保其在国际舞台上的强国地位，在许多重大问题的处理上，俄罗斯往往以大幅让步来换取西方国家的支持。

外交政策的指导性文件对俄罗斯向西方"一边倒"提供理论上的支持。独立后，俄罗斯政府于 1993 年 4 月批准了第一部关于外交战略的官方文件——《俄罗斯联邦外交政策构想》，该构想的核心内容成为俄罗斯向西方"一边倒"政策的理论基础。该文件明确指出：西方国家"将是可以预见的未来世界文明进步的动力"；西方国家和新兴工业国家"能够在俄罗斯复兴方面发挥重要的作用"；俄罗斯和西方国家具有对"世界文明的主要价值的共同理解和处理全球形势的主要问题的共同利益，这些问题包括促进和平与安全，支持俄罗斯改革，保证后极权主义社会的稳定，防止第三世界国家发生倒退的紧急情况的出现"；与美国的关系应该是俄罗斯最优先考虑的问题之一，"这反映了美国在世界事务中的地位"。这份外交战略文件还将尽快融入西方大家庭，首先是加入七国集团作为俄罗斯外交的迫切任务。[1] 俄罗斯外交部长科济列夫撰文明确表达了其向西方"一边倒"的外交倾向。他指出，俄罗斯外交政策的目标是在遵循共同的民主价值观的基础上同西方国家建立伙伴和盟友关系。[2] 另外，1991 年 12 月 20 日，叶利钦在致北大西洋合作理事会的信中表示，无论是在政治上还是在军事上将竭尽全力同北约保持接触、进行对话。并明确表示，虽然"今天没提出加入北约，但是准备将它作为一个长期目标"。[3] 在此期间，俄罗斯为了表示与以美国为首的西方阵营是"同路人"，在西方国家关心的许多重大问题上，均主动进行了让步，以换取西方国家对俄罗斯的接纳与支持。

（一）迎合美国，进行大幅核裁军

在核军控问题方面，俄罗斯放弃原有立场，极力迎合美国，做出重大让步。核武库是苏联成为世界超级大国的重要标志，也是以苏联为首的社会主义阵营对抗以美国为首的西方阵营的一把"撒手锏"。自从苏联在 1949 年拥有

---

[1] Концепция внешней политики Российсой Федерации, *Дипломатический вестник*, специальное издание, 1993г.

[2] А. Козырев, Внешняя политика России, *Российская газета*, 3 декабря 1992г.

[3] Б. Н. Ельцин, Обращение к участникам Сессии Совета Североатлантического Сотрудничества, *Дипломатический вестник*, №1, 1992г.

核武器后，便开始加快步伐生产和研制具有更大杀伤力的核武器及其投送工具。苏美两国的军备竞赛，尤其是核军备竞赛将两国置于相互毁灭的尴尬境地。为了减缓双方恶性军备竞赛，集中精力发展经济，从 20 世纪 50 年代后期起，苏美两国便开始进行旷日持久的核军控及裁军的谈判。但双方谈判的根本目标并非真正进行核裁军，而是如何能够更好地防止和限制对手的核力量超过己方，因此，核裁军的谈判异常艰苦且成效很低。

在"冷战"时期，美苏两国彼此构成了生存威胁，因此两国大多时候均将对方视为第一位的战略敌手，并把维系能够遏制对方第一次核打击能力的庞大的核武库作为各自国家安全战略的基本内核。① 20 世纪 80 年代中期，年富力强的戈尔巴乔夫走上了苏联最高领导人的岗位，担任了苏共总书记，但此时戈氏面对的是一个国民经济日渐衰退、社会深层问题积压严重的苏联。当时的另一位苏共中央高级官员在自己的回忆录中也谈到了苏联当时国民经济总体状况："国家的财政经济状况极为严峻，相当一部分工业和建筑安装企业处于亏损状态。机器的技术状况则更糟：40% 以上的机器设备的损耗程度超过 50%。……闲置的国产和进口设备数量不断增加，相当一部分设备已经失去任何保障。劳动纪律极其涣散，每天有成千上万人旷工。大量劳动资源和物质资源被浪费掉。人们看到的是一片混乱和无人负责的局面，因此不可能还有工作热情。商品短缺，通货膨胀十分严重，以致人们寻购短缺商品的时间比工作时间还要多。"②

苏联的国内形势促使戈尔巴乔夫必须采取措施缓和国际形势，以集中精力发展国家经济。而缓和国际局势，促进经济发展，首先要从削减其不堪重负的军费着手。时任苏联外交部长的谢瓦尔德纳泽曾在当时指出："主要问题是我们的国家在保持自己的国防能力和捍卫自己的合理利益方面已经无法承受更多的支出。这意味着我们必须找到限制和减少军事争夺的办法，消除与其他国家关系中的对抗成分，抑制冲突和缓和危机形势。"③ 而在对外政策缓和方面首

---

① 吴大辉：《防范与合作：苏联解体后的俄美和安全关系（1991～2005）》，人民出版社，2005，第 119 页。

② 〔俄〕瓦·博尔金：《戈尔巴乔夫沉浮录》，李永全等译，中央编译出版社，1996，第 25～26 页。

③ Речь Э. А. Шеварднадзе, *Вестник министерства иностранных дел СССР*, №2, 1987 г.

先是缓和与美国的关系。关于同美国进行裁军尤其是对裁减耗资巨大的核武器谈判问题，戈尔巴乔夫在自己的回忆录中指出了缓和同美国关系的重要性："我本人和我的国际事务同仁，都认为应当从美国入手。美国既是一个超级大国，又是公认的西方世界的领袖，没有它的首肯，任何企图求得东西方关系突破的尝试都将无果而终，甚至会被看成是'阴谋'、'离间'等等"。[①]

在苏联国力日渐不支的情况下，苏美两国开始进行了大规模裁军谈判。1985年11月下旬，苏美两国领导人在日内瓦举行会晤，开始进行包括核裁军在内的谈判。但是双方长期以来的不信任导致谈判没有取得实质性进展。不过此次领导人的会晤增进了彼此了解，为双方进一步缓和关系奠定了基础。会晤后，两国领导人发表了联合声明，承诺永远不打核战争，原则上同意将双方的进攻性战略核武器各削减50%，寻求达成一项关于中程核武器的临时协议。[②] 1986年10月11~12日，苏美两国领导人在冰岛首都雷克雅未克举行会晤。双方就将各自的战略核弹头削减至6000枚、各自保留100枚中程核弹头、美国在十年之内不退出《反弹道导弹条约》原则上达成了一致，但双方并未签署任何正式文件。

1987年12月，美苏两国元首在华盛顿举行会晤，双方签署了《彻底销毁苏美中短程核导弹条约》（简称《中导条约》），开启了两国实际裁减核武器的大门。《中导条约》规定，双方在三年内必须销毁所有规定射程（500~5500公里）的陆基核导弹、发射器及其辅助设备，其中500~1000公里射程的必须在18个月以内予以销毁。戈尔巴乔夫认为《中导条约》迈出了人类核裁军的第一步。他在回忆录中指出，《中导条约》是人类裁军史上"第一个核裁军条约，以后会有第一阶段进攻性战略武器条约和第二阶段进攻性战略武器条约，但是一切均始于《中导条约》。如果没有这个条约恐怕也不会有以后的条约。……因为《中导条约》本身是变化了的形势结出来的第一颗成熟的果实，是走出冷战的开端"。[③]

---

① 〔俄〕米·戈尔巴乔夫：《戈尔巴乔夫回忆录》，述弢等译，社会科学文献出版社，2003，第723页。

② 郑羽主编《既非盟友，也非敌人：苏联解体后的俄美关系（1991~2005）》，世界知识出版社，2006，第19页。

③ 〔俄〕米·戈尔巴乔夫：《戈尔巴乔夫回忆录》，述弢等译，社会科学文献出版社，2003，第780页。

1988 年 5 月末至 6 月初，苏美两国元首再次举行会晤。会晤期间，双方签署了《〈中导条约〉批准文件的议定书》并发表了联合宣言。联合宣言指出，在就拟定《削减和限制进攻性战略武器条约联合草案文本》方面取得了明显进展，重申了在 1986 年雷克雅未克会晤中的削减数量和原则。1989 年，布什担任美国总统后，美苏两国在核裁军方面进一步取得进展。1989 年 12 月 2～3 日，苏美两国元首在苏联"高尔基"号轮船上举行了会晤。这次会晤，美国总统布什首次承诺将向苏联提供商品贷款援助，戈尔巴乔夫表示将尽快签署苏美削减战略武器条约。1990 年 5 月末至 6 月初，美苏两国元首在华盛顿再次举行会晤。双方签署了《销毁和不生产化学武器协定》《核试验条约议定书》《利用原子能合作协定》等一系列协定。两国元首还发表了《苏美关于进攻性战略武器条约的联合宣言》和《苏美关于核与外太空武器未来谈判与加强战略稳定的联合宣言》。[①] 显然，此次会晤大幅度地推进了双方在裁军领域的进程。1991 年 7 月末至 8 月初，苏美两国元首在莫斯科举行会晤。这是苏联解体前两国领导人的最后一次会晤。会晤期间，双方签署了《苏美削减和限制进攻性战略武器条约》，从而宣告了长达 9 年的美苏削减战略核武器谈判的正式结束。《削减和限制进攻性战略武器条约》也被称为《第一阶段削减战略武器条约》，该条约涉及了双方战略武器的各个方面。条约规定，在条约被双方的立法机构批准后的七年内，双方各销毁陆基洲际弹道导弹发射架、海基弹道导弹及其发射架和重型陆基洲际导弹 1600 枚，其中重型洲际导弹的削减数量达到了 50%，即 154 枚。双方同意各自拥有的陆基洲际弹道导弹、海基弹道导弹和重型轰炸机携带的弹头总数不得超过 6000 枚，其中包括 4900 枚井基和海基弹头、1100 枚陆基机动洲际弹道导弹弹头。双方还同意将各自拥有的海基巡航导弹的弹头数量限制在 880 枚以内。简而言之，该条约使双方的战略核武库的各个组成部分削减了 29%～50%。

可以说，美苏进行核裁军谈判是比较艰苦的过程，而且持续时间也比较漫长，取得这一结果经过了 9 年多时间。谈判最终取得了一定成果，而

[①] 郑羽：《既非盟友，也非敌人：苏联解体后的俄美关系（1991～2005）》，世界知识出版社，2006，第 24 页。

取得这个成果的主要原因是苏联做出了一定的让步。相比苏联时期，在俄罗斯独立初期，俄美核裁军则更加顺利，裁军的幅度也要大得多，究其缘由，主要是叶利钦单方面的让步，换取了俄美裁军的成果。这个时期，俄罗斯基于国内现实以及为向美国等西方国家示好，在军控和核裁军方面极力迎合美国。

面对美国领导人表示对苏联解体可能造成其境内核武器管理失控的担忧问题，1991 年 12 月 17 日，俄罗斯总统叶利钦带着苏联国防部长和内务部长参加了美国国务卿贝克的克里姆林宫会晤，当贝克表示对苏联境内核武器管理失控的担忧时，叶利钦一方面呼吁美国承认俄罗斯的独立，另一方面向贝克表示，除了俄罗斯以外所有的前苏联共和国都将成为无核国家。并保证，新的联合体将会牢牢控制前苏联领土上的 2.7 万件核武器。苏联解体后，美国总统布什在年度国情咨文中提出进一步削减战略武器的建议，叶利钦翌日即发表声明予以积极回应。声明强调，俄罗斯已经采取了一整套旨在削减战略武器的重大步骤，建议俄美两国削减后的进攻性战略武器不要对准彼此的设施。

1992 年 1 月 29 日，俄罗斯总统叶利钦发表关于削减战略导弹的声明。声明指出，俄罗斯已经采取了一整套旨在削减战略武器的重大步骤：已将战略进攻武器条约提交联邦最高委员会并要求尽快批准；已经停止生产陆基战略导弹核弹头及核炮弹与核地雷，同时将销毁储存的核弹头；准备继续不带偏见地讨论美国提出的建立有限的非核武器的导弹防御系统的建议；准备同美国对等地销毁现有的反卫星系统，并且制定关于全面禁止设计用来击毁卫星的武器的协议；同时准备同美国共同研究，然后制造和共同使用全球防卫系统，以取代星球大战计划。建议俄美削减后的进攻性战略武器不再对准对方。此外，叶利钦宣布，俄罗斯"不再把美国作为俄罗斯的潜在敌手"，因而将"把俄罗斯洲际导弹的瞄准目标从美国所有城市移开"。[①] 1992 年 1 月 31 日，叶利钦在联合国大会上发言说："在全面销毁核武器的道路上，我们将努力把核力量削减到保

---

① 　Заявление президента Российской Федерации Б. Н. Ельцина 29 января, *Дипломатический вестник*，№4～5，1992г..

证不足以发动战争的最低水平。同时，应避免刺激对方发动第一次解除武装的打击。我们不再是美国及北约等国的敌人。"他认为，"相互受到核瞄准的状况已经不复存在。要齐心协力坚决摆脱对抗和'冷战'时期造成的这种遗产。"在削减进攻性战略武器方面，俄罗斯主张不要止步不前，要与美国共同沿着削减过剩的军事机构首先是核机构的道路加速前进。①

1992 年 2 月 1 日，叶利钦对美国进行访问，两国元首举行会晤。布什提出希望将双方的战略核武器削减到 4500 ~ 5000 枚，叶利钦则更爽快地建议将双方的战略武器削减到 2000 ~ 2500 枚。② 随后，俄美两国就进一步裁减战略核军力展开谈判。虽然双方初步同意将在 20 世纪末把各自拥有的战略核武器弹头从条约规定的 8500 枚削减到 4700 枚，但是在如何实行这一削减的问题上存在着重大分歧。美方要求俄罗斯销毁全部或大部分 SS - 18 导弹，以与美国拥有的海基多弹头保持平衡。这将导致俄罗斯陆基导弹优势不复存在，而美国的海基战略导弹优势将继续保持。显然，这对俄罗斯有些不公平，俄罗斯对此感到不满。叶利钦在军队高级将领会议上说，俄罗斯是从俄美作为"战略伙伴"的思想出发来进行削减战略核武器谈判的，而美国方面则保持另一种态度，提出要俄罗斯销毁全部陆基多弹头导弹。如果我们接受这种要求，美国将处于更有利的地位。③ 1992 年 6 月 8 日，俄罗斯外长科济列夫访问美国，为即将于 6 月中旬举行的两国元首会晤做准备。科济列夫同美国国务卿贝克在华盛顿举行会谈。双方依然没有最后敲定削减远程导弹、轰炸机和潜艇的协议。贝克会后指出，两国没有就战略核武器弹头各自削减到 4700 枚达成协议。他说，这不只是一个数量问题，而且是一个武器的混合问题。但科济列夫却乐观地表示，在布什总统与叶利钦总统下周举行首脑会晤之前一定能够达成意向协议。他说，俄罗斯不需要这些武器，也不打算用这些武器来对付美国。显然，俄罗斯此时已经有在该问题上进行让步的打算。6 月 12 日，贝克与科济列夫在伦

---

① Выступление Б. Н. Ельцина на Заседании СБ ООН на высшем уровне 31 января 1992г.，*Дипломатический вестник*，№4 ~ 5，1992г.

② Совместная пресс-конференция Б. Н. Елицина и Дж. Буша，*Дипломатический вестник*，№4 ~ 5，1992г.

③ 梅孜主编《美俄关系大事实录（1991 - 2001)》，时事出版社，2002，第 398 页。

敦再次举行会谈。双方在裁减战略核武器问题方面取得进展。贝克会后对记者说，他与科济列夫的会谈取得了"良好进展"。

1992 年 6 月 16～18 日，叶利钦对美国进行国事访问。访问期间，两国签署了有利于美国"谋求核优势"的《关于进一步削减战略核武器的谅解协议》。协议规定，在削减战略核武器条约生效后的 7 年中，两国将把战略力量中各自拥有的弹头总数减少到不超过 3800～4250 枚（由双方自定），或者自行决定的更低水平；多弹头分导洲际弹道导弹弹头不超过 1200 枚；重型洲际弹道导弹弹头不超过 650 枚；潜艇发射的弹道导弹不超过 2160 枚。到 2003 年（或者 2000 年底），如果美国能提供资金帮助俄罗斯销毁或拆除进攻性战略武器，俄美两国将把各自拥有的核弹头总量削减到不超过 3000～3500 枚（由双方自定），或者自行决定减少到更低数量；消除所有多弹头分导洲际弹道导弹；把潜艇发射的弹道导弹减少到不超过 1750 枚。从条约具体内容看，俄美两国在 2003 年前分两个阶段将各自的战略核导弹削减 2/3，美国从现有的 9986 枚减至 3500 枚，俄罗斯从现有的 10237 枚减至 3000 枚。这本无可厚非，因为俄罗斯的经济实力无法支撑其庞大的核武库。但其中比较关键的是，协议规定到 2003 年全部销毁陆基多弹头洲际弹道导弹，这就意味着俄罗斯的"撒手锏" SS－18 中型洲际弹道导弹从此将荡然无存。而根据协议，美国的空基、海基战略导弹优势却不同程度地保存下来。

协议内容表明，俄罗斯放弃了长期以来坚持的俄美"核均势"原则，而保持俄美"核均势"恰恰是苏联长期以来所坚持的。在美国提出销毁全部陆基导弹的建议时，俄罗斯认为，美国此举意在保留其海基和空基战略导弹优势，消除俄罗斯陆基导弹优势，指责美国"谋求核优势"。时隔几个月时间，叶利钦却不顾本国谈判专家和军方在具体条款上的不同意见，欣然接受美国建议，认同了美国的优势地位。[①] 叶利钦在签署协议后宣称，苏美两国用了 15 年时间才达成削减战略武器协议，而俄美两国仅用 5 个月便达成了削减幅度更大的协议，这说明两国的政治、经济和军事关系发生了根本变化。至于协议造成的俄美战略武器的不均等，叶利钦称，这表明俄罗斯放弃了"臭名昭著的、

---

① 学刚、姜毅主编《叶利钦时代的俄罗斯（外交卷）》，人民出版社，2001，第 10 页。

对人民来说极其沉重的、使俄罗斯一半人生活在贫困中的对等原则"，而达到了"矫正了的安全平衡"。① 1993 年 1 月，俄美两国总统正式签署《第二阶段削减战略武器条约》。根据该条约，俄罗斯不仅要放弃当时相对于美国在陆基多弹头重型洲际战略导弹上的优势，而且还面临着重组本国核力量时难以克服的困难。这成为俄罗斯立法机构在长达 7 年多的时间内一直拒绝批准该条约的重要原因。

（二）允许西方国家介入独联体事务

在独联体问题上，俄罗斯在一定程度上摒弃了地缘战略理念，允许美国介入独联体事务。独立初期，俄罗斯选择了西方发展模式的道路，放弃了苏联时期与西方世界对抗的理念。叶利钦政府认为，同西方国家社会道路的一致性决定了俄罗斯与这些国家利益的一致性，俄罗斯应该与这些国家友好相处，所以对美国等西方国家毫无戒备之心，甚至认为西方国家介入独联体事务，不但不会威胁俄罗斯的利益，反而有利于该地区的稳定。因此，在独联体国家间发生冲突时，俄罗斯往往与西方国家共同协调，而不是将该地区视为其势力范围，不允许其他势力染指。

1. 及时向美国等西方国家通报独联体事务

当苏联刚解体、俄罗斯尚未形成对独联体的系统政策时，便同美国讨论有关独联体的问题。1992 年 1 月 13 日，独联体武装力量总司令沙波什尼科夫元帅同美国前国务卿基辛格举行会谈，讨论与独联体成员国政治形势、军事建设和独联体武装力量改革有关的迫切问题。沙波什尼科夫向基辛格解释说，根据目前的政治现实，有计划地实现武装力量改革必须有一个过渡时期。双方讨论了美国和独联体国家关系的前景，指出这种关系的发展符合双方的根本利益，有助于加强世界的安全与稳定。1992 年 1 月 14 日，美国前国务卿基辛格在《华盛顿邮报》发表文章说，美国的利益在于让独联体成为一个邦联而不让它具有发动侵略的凝聚力。美国现在应同俄罗斯合作而又不能让它有扩张主义，要鼓励独联体中真正的民主势力而防止其重新出现中央集权。美国应像同欧共

---

① Выступление Б. Н. Елицина на совместном заседании палат конгресса США, *Дипломатический вестник*, №13 ~ 14, 1992г.

体那样同独联体打交道。① 不仅是美国对独联体怀有戒心，西欧国家对其戒心更加强烈。因此，在军事上削弱独联体更是西欧国家的迫切目标。于是，西欧国家依靠其强大的财力，对经济处于困境的独联体国家进行援助，以诱使这些国家削减令西方胆寒的核武器。1992 年 2 月，德国总理科尔表示，要把对独联体的援助"同这些国家严格控制核武器和化学武器的情况联系起来"。欧洲复兴与开发银行董事长阿塔利也称，不可能同不履行裁军诺言的国家建立"伙伴关系"。由此可见，西欧的意图十分明显，就是趁独联体处境艰难、急需外援之机，迫使独联体国家批准和施行现有的核与常规裁军协议。然后在此基础上，再将原苏联庞大的军事工业综合体转为民用，抽掉独联体军事工业的脊柱，将原苏联武装到牙齿的军事力量和庞大的军事潜力减小到对西欧"有益无害"的水平。② 对于美国等西方国家的戒心和目标，此时的俄罗斯非但不介意，反而与西方国家相互协调，配合其削减和转移独联体国内的战略武器。

俄罗斯独立后，在很多关于独联体问题的事情上经常与美国进行沟通。苏联尚未解体时，俄罗斯就将苏联各共和国的重大事宜与美国沟通。1991 年 12 月 8 日，在俄罗斯、乌克兰和白俄罗斯三国刚签订完成立"独立国家联合体"的协议后，俄罗斯总统叶利钦在没跟苏联总统戈尔巴乔夫通报情况之前，就迫不及待地电话告知了美国总统布什；五天之后，叶利钦再次与布什通电话，与其讨论苏联迅速变化的政治形势，并且听取了布什的意见；在1991 年 12 月 21 日独联体国家领导人会晤之后，俄罗斯外长科济列夫主动打电话给美国国务卿贝克，向其详细介绍了阿拉木图会晤的结果；1992 年 3 月19 日晚，俄罗斯总统叶利钦与美国总统布什通电话，叶利钦将定于第二天在基辅举行的独联体国家首脑会晤、纳卡冲突的调解等问题的内容向布什通报。1992 年 7 月 29 日，俄罗斯总统叶利钦与美国总统布什进行电话交谈。叶利钦向布什通报其将于 8 月 3 日在雅尔塔与乌克兰总统克拉夫丘克举行会晤。

---

① 梅孜主编《美俄关系大事实录（1991－2001）》，时事出版社，2002，第 24 页。
② 孙艳玲、吴云：《西欧对独联体的考虑和做法》，《世界知识》1992 年第 15 期。

2. 与美国等西方国家携手解决独联体核遗产的问题

在独联体的问题上，俄罗斯与西方国家，特别是同美国配合最好的就是促使乌克兰、白俄罗斯和哈萨克斯坦三国承认非核国家，并将境内核武器全部转移到俄罗斯境内销毁。虽然苏联的解体意味着西方资本主义在"冷战"中获得了胜利，但是苏联存在的大量的核武器对西方国家的威胁并未完全解除，而且这些核武器及武器研制人员有可能流散到一些极端国家。这对西方国家来说是一个潜在且现实的威胁，西方领导人对此多次表示出担心。别洛韦日协定签订的当天，美国国务卿詹姆斯·贝克就警告说，苏联的解体有发展成可能动用核武器的暴力活动的危险。1991 年 12 月 28 日，美国国防部长切尼在接受美国有线新闻网"星期六新闻人物"节目采访时说，美国依然关注前苏联境内的巨大核武库，但在目前情况下，美国尚不能确定，独立国家联合体的努力是否能对核武器制定出新的安排，对新联合体境内核武库的统一指挥能否实现，以及核武器是否会扩散到不该得到的人手里。①

为了防止前苏联的核专家流往第三世界国家，美国等西方国家决定在莫斯科和乌克兰各成立一个科技中心，以接收这些专家。1992 年 3 月 11 日，美国、欧共体、日本和俄罗斯发表联合声明，决定在莫斯科建立苏联加盟共和国科技项目交流中心。美国决定出资 2500 万美元，欧盟和日本也出相应的资金。这样，在西方国家帮助下，减少了苏联核专家的流失，在一定程度上防止了核技术的扩散。

俄美两国联手处理苏联在独联体国家的核遗产，是两国在独联体成功合作的一个重要范例。苏联解体后，俄罗斯未能实现对苏联境内核武器的有效继承。虽然戈尔巴乔夫在辞去苏联总统后，随即将苏联战略力量的指挥控制权移交给了俄罗斯总统叶利钦，但是乌克兰、白俄罗斯和哈萨克斯坦三个国家宣布对本国境内的核战略武器拥有主权，并不愿轻易将本国境内的核武器控制权转交给俄罗斯，② 这无形中使世界上增添了三个核国家。更重要的是，这三个国家并不具备成为核国家的基本条件，很有可能导致这些国家核武器的流失。这

---

① 梅孜主编《美俄关系大事实录（1991 - 2001）》，时事出版社，2002，第 383 页。

② 郑羽主编《既非盟友，也非敌人：苏联解体后的俄美关系（1991 ~ 2005）》，世界知识出版社，2006，第 410 ~ 411 页。

不仅是对俄罗斯利益的损害，而且无形中威胁了美国等西方国家的利益，加重了西方国家对苏联境内核武器扩散的担忧。因此，俄罗斯与西方国家，尤其是美国进行合作，共同对上述三国施加压力，以要求其将核武器全部移交给俄罗斯，进而宣布为无核国家。俄美两国恩威并用，一方面向乌克兰等三国提供安全保证，表示在任何情况下均不对其使用核武器；另一方面为上述三国提供经济补偿。同时美国等西方国家答应为其经济发展提供有效的支持和援助。1992 年 5 月 23 日，美国、俄罗斯、白俄罗斯、乌克兰和哈萨克斯坦在葡萄牙首都里斯本举行会谈，通过了《里斯本议定书》（Lisbon Protocol）。议定书规定，俄罗斯、乌克兰、白俄罗斯和哈萨克斯坦作为原苏联签署的《第一阶段削减战略武器条约》的继承国，共同履行原苏联在条约中的义务；四国将进行协商，按期完成《第一阶段削减战略武器条约》的规定，并确保在四国境内进行对等的全面核查；俄罗斯、乌克兰和白俄罗斯的代表将在本议定书的基础上参加履约与核查联合委员会；乌克兰、白俄罗斯和哈萨克斯坦三国将在尽可能短的时间内以无核国的身份加入《不扩散核武器条约》；每一方按照各自的宪法程序批准《第一阶段削减战略武器条约》和本议定书，四国将同美国交换批准书；本议定书是条约不可分割的一部分，有效期同条约相同。[①]

1992 年 7 月 6 日，《关于俄罗斯是唯一的苏联核地位继承国的协议》在独联体首脑会议上通过，这表明俄罗斯作为苏联核武库继承国的地位在《里斯本议定书》中得到美国的正式确认后，最终被独联体其他国家所正式接受。该协议连同《第一阶段削减战略武器条约》及《里斯本议定书》，为乌克兰、白俄罗斯和哈萨克斯坦将本国境内的核武器运往俄罗斯销毁提供了完备的国际法律依据。[②] 1992 年 7 月 2 日，哈萨克斯坦批准了《第一阶段削减战略武器条约》。同年 11 月 4 日，俄罗斯完成批准条约的法律程序。1993 年 2 月 4 日、

---

① B. A. Орлов（Ред.），Ядерное нераспространение（Второе издание），Том Ⅱ，Москва，2002г.，c. 114. 转引自郑羽《既非盟友，也非敌人：苏联解体后的俄美关系（1991～2005）》，世界知识出版社，2006，第 413 页。

② 郑羽主编《既非盟友，也非敌人：苏联解体后的俄美关系（1991～2005）》，世界知识出版社，2006，第 413 页。

10月1日，白俄罗斯和美国分别完成条约的批准工作。然而，乌克兰立法机构此时在无核化问题上的立场发生了转变。1993年4月，乌克兰议员联名向总统、议长上书，要求乌克兰保留本国境内的核武器。同年6月，乌克兰议会先后通过两项决议，要求乌克兰只能削减42%的战略核弹头和36%的运载工具，并决定无限期推迟批准《第一阶段削减战略武器条约》。7月，乌克兰议会宣布，乌克兰境内的所有核武器属于乌克兰国家财产，同时，进一步提出经济补偿问题。① 面对乌克兰的反复，俄美两国联合对乌施加压力。俄罗斯一度通过减少甚至中断对乌克兰的能源供应和推迟签署俄乌边界不可变更条约等方式对乌政府进行施压。同时，俄罗斯承诺对乌克兰给予补偿。但是乌克兰并不满足，俄乌矛盾骤升。对此，美国一方面尽量满足乌克兰要求，另一方面对其施压。

1992年，在美国倡议下，美国、俄罗斯、英国和法国四国分别以书信的形式向乌克兰表示，为其提供安全保证；1993年，美乌两国签署军事合作协定，美国变相为乌克兰提供安全保证。同时，美国告诫乌克兰领导人，如果乌克兰试图建立核威慑力量，那么它将面临着巨大的费用问题和诸多不确定性。另外，美国和西方主要国家领导人威胁说，如果乌克兰保留其境内核武器，西方国家将与俄罗斯共同对其进行经济制裁。但美国对乌克兰主要是以援助来换取乌的无核化。1992年11月，美国参议员纳恩和卢加尔访问乌克兰，二人表示，乌克兰可以使用美国帮助独联体国家消除核威胁的"纳恩－卢加尔计划"预算中的部分资金来拆除其境内的战略武器；同年12月，布什致电乌克兰总统克拉夫丘克，表示可以将"纳恩－卢加尔计划"预算中的1.75亿美元拨付乌克兰；② 1993年6月，美国向俄罗斯和乌克兰提出"先行拆除"的建议。③ 乌克兰将根据拆除的核弹头中的浓缩铀的价值得到经济补偿。1993年8~12月，美乌双方代表举行了三轮谈判。乌克兰同意在拆除两个SS－19导弹团之

---

① 郑羽主编《既非盟友，也非敌人：苏联解体后的俄美关系（1991~2005）》，世界知识出版社，2006，第413~414页。
② 郑羽主编《既非盟友，也非敌人——苏联解体后的俄美关系（1991~2005）》，世界知识出版社，2006，第420页。
③ 即将乌克兰境内的洲际弹道导弹的核弹头拆卸下来后，将其储存在乌克兰，并置于俄罗斯、乌克兰和国际监察人员的监督之下，直至这些核弹头被运往俄罗斯销毁为止。

后，在 1994 年以前拆除 SS － 24 洲际弹道导弹。在国际社会的政治压力与俄美两国在经济上做出让步的情况下，乌克兰议会于 1993 年 11 月 18 日批准了《第一阶段战略武器条约》，但乌克兰仍坚持第一步先削减其境内 42% 的战略核弹头和 36% 的运载工具，并称只有在乌克兰提出的所有安全保证和经济补偿要求得到满足后才能同美国交换批准书。同时，宣布不受《里斯本议定书》第五条（作为无核国家尽快加入《不扩散核武器条约》）的限制。1993 年 12月 5 日，美国副总统戈尔率领代表团参加"戈尔－切尔诺梅尔金委员会"工作会晤，双方重点讨论了乌克兰无核化的问题。两国协调立场后，双方代表赴乌克兰进行三方会晤。俄美两国表示愿意向乌克兰提供经济补偿并在其销毁核武器后为乌提供安全保证，三方初步达成关于乌克兰无核化问题的协议。1994年 1 月 14 日，美国总统克林顿、俄罗斯总统叶利钦与乌克兰总统克拉夫丘克在莫斯科签署《俄罗斯、乌克兰与美国三国总统声明》。声明指出，乌克兰将以非核武器国家身份在尽可能短时间内加入《不扩散核武器条约》。3 月 3 日，克拉夫丘克访美，同克林顿交换了上述文件的批准书。4 月，乌克兰开始拆除境内的战略核武器。1994 年 11 月 16 日，乌克兰新议会批准了《不扩散核武器条约》。① 至此，乌克兰无核化问题告一段落。可以说，乌克兰无核化问题之所以能够在苏联解体后近 3 年的时间内得到解决，更多的是俄美两国合作的结果。

3. 主张与西方国家共同解决独联体境内民族冲突

苏联的解体非但没有化解各共和国之间的矛盾，反而使原有矛盾更加激化。各共和国之间的领土争端使原来的民族矛盾成为难以解开的"死结"。苏联解体后，各共和国成为独立的主权国家，先前各共和国之间由于行政区划分所遗留的问题，现在变成各国间的领土主权争端。同时，由于每个共和国均居住着主体民族和少数民族，所以往往是独联体一个国家内部的民族矛盾会引起与邻国之间的民族纷争，也会涉及国与国之间领土主权之争。据统计，苏联解体初期，独联体各国之间有争议的领土达 200 多处。其中斗争比较激烈的有：

---

① 郑羽主编《既非盟友，也非敌人——苏联解体后的俄美关系（1991～2005）》，世界知识出版社，2006，第 420～426 页。

阿塞拜疆与亚美尼亚因争夺纳卡州的主权而爆发的战争；摩尔多瓦共和国德涅斯特河沿岸的俄罗斯等少数民族要求脱离摩尔多瓦而引发的武装冲突；格鲁吉亚共和国的南奥塞梯州要求脱离格鲁吉亚同俄联邦的北奥塞梯州合并，阿布哈兹要求独立而引起严重的武装冲突；等等。

（1）不排斥西方国家参与解决纳卡冲突

纳戈尔诺－卡拉巴赫州（简称纳卡州）是阿塞拜疆共和国的一个自治州，面积 4400 平方公里，人口 18 万人，居民中亚美尼亚人占多数。[①] 纳卡州复杂的历史问题为该地区的政局稳定埋下了隐患。1921 年，苏联政府将纳卡州划归亚美尼亚管辖。但基于该地区经济发展等多方面因素的考虑，1923 年 7 月，俄共中央高加索局又转而将其划给阿塞拜疆。此举引起纳卡亚美尼亚人的不满，为此后冲突埋下祸根。1986 年，亚美尼亚首都埃里温的一批知识分子呼吁苏联领导人纠正过去在纳卡地区归属问题上的错误决定，开启了纳卡之争的序幕。1988 年 2 月，纳卡自治州苏维埃举行会议，要求将纳卡划归亚美尼亚管理。亚美尼亚当局随即表示，决定将纳卡州作为该共和国的一部分。阿塞拜疆反应强烈，组成了民族防御委员会，阿亚两个加盟共和国矛盾骤然升级。苏联政府拒绝了亚美尼亚和纳卡的要求。1988 年 7 月，纳卡州苏维埃再次作出与亚美尼亚合并的决定。随后，纳卡与阿塞拜疆切断了一切政治经济联系。在亚美尼亚和阿塞拜疆两个共和国针对对方民族的敌对行动不断发生。1991 年 7 月，阿塞拜疆的武装人员开始在纳卡地区大规模进攻亚美尼亚人居住区。同年 11 月 26 日，阿塞拜疆最高苏维埃决定取消了纳卡州的自治地位。12 月 10 日，纳卡州苏维埃宣布根据当地亚美尼亚族居民公决的结果成立共和国，脱离阿塞拜疆独立。由于亚美尼亚支持纳卡脱离阿塞拜疆，在苏联解体后，很快纳卡冲突变成了两个新独立国家之间的战争。1991 年 11 月，纳卡局势进一步恶化，亚美尼亚自卫力量向阿塞拜疆居民点展开大规模进攻。[②] 1992 年 5 月，纳卡的亚美尼亚人武装在亚美尼亚的支持下，占领了阿塞拜疆在纳卡西部的重镇舒沙和拉钦，打通了连接纳卡与亚美尼亚的"拉钦走廊"，阿塞拜疆惨败。1993 年

---

① 陆齐华：《俄罗斯和欧洲安全》，中央编译出版社，2001，第 208 页。
② 赵常庆主编《十年剧变——中亚和外高加索卷》，中共党史出版社，2004，第 288～289 页。

4 月，亚美尼亚军队和纳卡的武装部队发动了一场大规模进攻，一举拿下阿塞拜疆的克尔巴贾尔区，打通了继拉钦之后的第二条"陆上走廊"。7 月下旬，亚美尼亚军队切断了阿塞拜疆南部同其他地区的联系。7 月 23 日，亚美尼亚军队发动突袭，攻占了阿西部重镇阿格达姆，阿塞拜疆遭受到了沉重打击。①

国际社会尤其是西欧国家对纳卡冲突尤为关注，这些国家多是从保护人权及维护欧洲安全的角度来干预纳卡冲突的。对于西方国家尤其是欧安组织对纳卡问题的干预，俄罗斯此时是持支持态度的。1992 年 3 月 24 日，俄罗斯外长科济列夫在赫尔辛基的欧安组织大会上说："在纳卡地区出现包括联合国在内几个观察团，这没什么可怕的。我希望我的朋友——现任欧洲安全与合作委员会主席的伊日·丁斯特贝尔也能够为此贡献力量。""依我看，现在是赋予欧洲安全与合作委员会在那些紧张局势演变为武装冲突的欧洲地区维持和平能力的时候了，可以讨论能否利用包括北约在内的欧洲安全与合作委员会的执行能力。"② 当天，欧安组织成员国部长理事会通过关于成立全权进行纳卡冲突调解谈判的专门小组的决议。该小组根据协议中的和谈举行地而命名为"明斯克小组"。最初由俄罗斯、美国、法国等 9 个国家加上亚美尼亚和阿塞拜疆冲突双方的代表组成。从 1992 年 7 月 15 日起，明斯克小组框架下的定期谈判开始举行。

此外，俄罗斯还与欧共体在该问题上进行合作。1992 年 3 月 10 日，俄罗斯与欧共体发表联合声明，对持续不断的纳卡冲突表示关切，指出事件的发展对亚美尼亚和阿塞拜疆两国人民来说是一场悲剧，对地区与国际安全是一大威胁。呼吁冲突各方尽快实现停火，同时提出建立一条人道主义"安全走廊"，要求冲突各方尊重赫尔辛基最终文件精神及巴黎宪章和联合国基本原则。③ 同日，俄英两国举行副外长会谈，双方讨论了纳卡问题，决定协力解决纳卡冲突。3 月 19 日，俄罗斯副外长与法国国务秘书举行会谈，共同商议解决纳卡

---

① 赵常庆主编《十年剧变——中亚和外高加索卷》，中共党史出版社，2004，第 288 ~ 289 页。

② Вымтупление А. И. Козырева на открытии хельсинкой встречи СБСЕ, *Дипломатический вестник*, №. 7, 1992г.

③ Совместное Заявление России и ЕС Нагорному Карабаху, *Дипломатический вестник*, №7, 1992г.

问题。法国国务秘书表示要到冲突地区进行访问。随后，北约、欧共体和独联体等35国在布鲁塞尔召开外长会议，欧安会各成员国也在赫尔辛基进行磋商，并召集"对付危机委员会"，以探讨通过谈判实现纳卡地区停火以及派观察员监督停火的可能性。这样，纳卡冲突在这个阶段，因各方的调解打打停停。

（2）与西方国家共同参与解决南奥塞梯及阿布哈兹问题

格鲁吉亚是南高加索国家民族矛盾最为突出地区之一，阿布哈兹民族冲突和南奥塞梯的格鲁吉亚人与少数民族之间的激烈对抗使该国局势长期动荡不安。

1990年初，阿布哈兹自治共和国共有人口53.7万人，主要由四个民族构成，其中格鲁吉亚族占44%，阿布哈兹族占17%，俄罗斯族占16%，亚美尼亚族占15%。[①] 19世纪之前，阿布哈兹处于土耳其的统治之下。1921年3月独立，同年12月加入格鲁吉亚苏维埃社会主义共和国。1931年，阿布哈兹改为隶属于格鲁吉亚的阿布哈兹自治苏维埃社会主义共和国。[②] 早在苏联解体前，阿布哈兹地区的阿布哈兹人与格鲁吉亚人之间的关系就较为紧张。1989年8月，来自北高加索的各种非正式团体的代表齐聚阿布哈兹首府苏库米，宣布成立高加索山区民族会议。1990年8月25日，阿布哈兹最高苏维埃通过主权宣言。格鲁吉亚快速做出反应，宣布废除该宣言。1992年7月，阿布哈兹当局宣布独立，格阿矛盾骤升。1992年8月13日，格鲁吉亚军队开进阿布哈兹首府苏库米。阿布哈兹议会主席阿尔津巴被迫出逃，并组建反政府武装，双方大规模武装冲突自此开始。1992年9月3日，俄罗斯、格鲁吉亚、阿布哈兹、高加索行政区等各方代表在莫斯科签署了停火协议。此后，阿布哈兹反政府武装在高加索山地民族志愿军支持下向首府苏库米等地发起进攻，给格鲁吉亚政府军造成大量人员伤亡。

南奥塞梯是格鲁吉亚的一个自治州，位于格鲁吉亚东北部，东面与俄罗斯的北奥塞梯自治州相接壤，面积为3900平方公里，人口约10万人，其中

---

① Ежегодник большой советской энцнкопедии, М., 1990, C. 118.

② 柳丰华：《"铁幕"消失之后——俄罗斯西部安全环境与西部安全战略》，华龄出版社，2005，第193页。

70% 以上的居民是奥塞梯族人。奥塞梯族是高加索地区的一个少数民族，共有 54 万人，其中 30 余万人属俄罗斯的北奥塞梯自治共和国。1989 年以来，受民族主义思潮的影响，南奥塞梯人要求脱离格鲁吉亚，加入俄罗斯联邦的民族独立运动日益高涨，南奥塞梯人与格鲁吉亚人的民族关系逐渐恶化。1990 年 9 月 20 日，南奥塞梯自治州苏维埃宣布退出格鲁吉亚，成立隶属于苏联的"南奥塞梯苏维埃民主共和国"。1991 年 9 月，南奥塞梯最高苏维埃通过了和俄罗斯合并的决议。10 月，格鲁吉亚总统宣布在南奥塞梯实行紧急状态，并决定该地区所有武装力量和执法机关归总统全权代表掌管。同时，格鲁吉亚当局对该地区采取制裁措施。矛盾的加剧导致当地非法武装与格鲁吉亚政府武装冲突不断。苏联解体后，该地区的武装冲突依然不断。1992 年 1 月，南奥塞梯举行全民公决，90% 的投票者支持与俄罗斯合并。1992 年 6 月 12 日，格鲁吉亚国务委员会主席谢瓦尔德纳泽出面与北奥塞梯和俄罗斯当局会谈，决定于当日开始实行奥塞梯和格鲁吉亚间的停火。然而，停火仅几个小时后，武装冲突再起。20 日，格鲁吉亚军队突入茨欣瓦利市，双方冲突进一步加剧。

相比纳卡冲突，俄罗斯更加关注阿布哈兹和南奥塞梯冲突，因为这两个地区的冲突，在一定程度上也将俄罗斯卷入其中。俄罗斯北高加索地区的阿第盖、北奥塞梯的自治共和国卷入冲突，它们对阿布哈兹和南奥塞梯给予了大量援助及支持。俄罗斯担心阿布哈兹与南奥塞梯的独立会引起国内类似车臣的"多米诺效应"，加之西方国家的态度，所以对上述两个地区独立的要求没有表示公开支持。1992 年 6 月 24 日，俄罗斯总统叶利钦与谢瓦尔德纳泽在索契举行会谈，签署了调解南奥塞梯地区民族冲突的原则协议，商定于 8 月 28 日前在冲突地区实行停火，并将建立监督停火的观察员混合小组和一支沿南奥塞梯边界部署的隔离部队。7 月 14 日，由俄罗斯、格鲁吉亚和奥塞梯三方联合组成的 1500 人的维持和平部队进入茨欣瓦利地区，沿南奥塞梯和格鲁吉亚边界建立一个宽 14 公里的隔离带。至此，双方基本上停止了交火。①

南奥塞梯问题的搁置暂时给格鲁吉亚一点喘息的时间，但阿布哈兹事态又紧张起来，双方武装冲突升级。此时，俄罗斯对该地区的武装冲突给予了更大

---

① 孙凌云：《格鲁吉亚民族冲突》，《国际形势年鉴》1993 年 1 月 1 日。

的关注。1993 年之后，特别是格鲁吉亚加入独联体后，俄罗斯开始更加积极地调解该地区冲突。调解的同时，并不排斥外部势力的参与。针对愈演愈烈的武装冲突，国际社会不断呼吁冲突各方停火，以和平方式解决问题。1993 年 1 月 29 日，联合国呼吁有关各方在阿布哈兹停止武装冲突，并决定派出特使团到格鲁吉亚考察。美国此时也积极参与对冲突的调解。在阿布哈兹冲突升级、格鲁吉亚国内政局失衡的 1993 年，美国驻俄罗斯大使皮克林说："美国现在和将来都将站在格鲁吉亚领导人爱德华·谢瓦尔德纳泽一边……要让格鲁吉亚领导人相信，我们随时准备向他提供帮助。"1993 年 7 月，根据克林顿的指示，美国中央情报局甚至承担起谢瓦尔德纳泽个人的安全问题。为了直接而有效地参与冲突调解的全过程，美国政府于 1993 年 8 月又设立了负责此项工作的专职协调员，并在国务院成立了相应的机构。这样，在俄罗斯、联合国和欧安组织的参与下，各方在莫斯科、日内瓦、纽约、明斯克轮流举行谈判。在 1994 年 5 月格鲁吉亚与阿布哈兹双方终于在莫斯科的调停下签署了停火和隔离双方武装力量的协定。9 月，叶利钦总统在索契会见格、阿领导人，促成双方达成长期停火协议。随后，俄罗斯便以调解格鲁吉亚民族矛盾为名，派出部队到冲突地区进行维和。[①] 这样，格鲁吉亚与阿布哈兹的武装冲突在国际社会，尤其是在俄罗斯的调停下被暂时搁置下来。

4. 不再将北约视为敌人

北约是"冷战"的产物，它先是资本主义与社会主义两大阵营对抗的体现，后又成为美国与苏联在全球进行对抗的工具。可以说，北约的存在及其与华约的对峙，几乎左右了 40 多年的欧洲乃至整个世界的安全局势。1991 年 7 月，与北约相对峙的华约组织正式解散。1991 年 12 月 25 日苏联解体。可以说，北约这个以苏联和华约为最大敌人的军事集团原本已经丧失了其存在的基础，但北约并没有像人们想象的那样自行解散或由军事政治职能向政治职能转化，而是经历了一段徘徊期后开启了东扩步伐。不过在这个阶段，尤其是俄罗斯刚独立后，北约并未表现出对俄罗斯的防备之意。俄罗斯也同样，不但没有将北约视为敌手，而且还视其为现实伙伴及地区稳定的重要因素。

---

① 陈宪良：《俄罗斯与格鲁吉亚关系变化及走势》，《俄罗斯中亚东欧研究》2008 年第 5 期。

1991年12月23日，俄罗斯外长科济列夫同美国外长贝克在电话中说，我们赞同美国领导的观点，认为北约是一个日益壮大的联盟，它不仅终止了"冷战"，而且能够促进一个新的世界的建立。① 同日，科济列夫在回答记者关于如何看待北约的问题时指出："显然，我们不将北约视为一个侵略性的军事集团，而将其视作欧洲乃至整个世界的稳定机构之一。因此，我们自然希望与这样的机构进行合作并加入该组织。……我认为，北约当前并不针对谁，更何况随着其变化，将来相互接近就更不针对任何人了。"② 叶利钦在致北大西洋合作委员会理事会议参加国的信中指出，"我们要认真对待同北约的这种关系，全力发展与北约无论是政治上，还是军事上的对话和接触。今天我们虽然没有提出加入北约，但是将该问题作为一个长期目标。"③ 1992年2月23～25日，北约秘书长访问俄罗斯时，双方高度评价此次访问，双方表示，本次访问意味着俄罗斯同北约的关系已经进入新的阶段，从相互承认停止对抗和个别接触参与的特点向切实合作的伙伴关系转变，而从长远来看，这是盟友的关系。④

俄罗斯与北约关系发展比较顺利。俄罗斯在热点问题上，对北约持支持态度。1993年3月23日，俄美两国外长会晤时，俄罗斯外长科济列夫表示，俄将投票赞成支持北约对波斯尼亚实行"禁飞区"的计划。同时科济列夫表示，俄罗斯在对待波斯尼亚问题上与北约等国团结一致。1993年4月27日，叶利钦表示支持北约为制止波黑战争而采取严厉行动。1993年上半年，北约提出东扩，此时俄罗斯并不认为这是对其自身安全的威胁，对寻求加入北约的国家表示理解。1993年8月，叶利钦访问波兰时，针对波兰提出希望加入北约的想法，表示俄罗斯不认为东欧国家要求加入北约有什么问题。但随着俄罗斯国内形势的变化，其态度发生了变化。1993年9月30日，俄罗斯总统叶利钦致信给美、德、英、法四国领导人，表示希望西方不要匆忙扩大北约，因为这会

---

① Телефонный разговор А. В. Козырева с Дж. Бейкером, *Дипломатический вестник*, №1, 1992г.

② Из Пресс-конференции Г. Э. Бурбулиса, С. М. Шахрая и А. В. Козырева 23 декабря 1991г., *Дипломатический вестник*, №1, 1992г.

③ Обращение Б. Н. Ельцина к участникам Сессии Совета Североатлантического сотрунничества, *Дипломатический вестник*, №1, 1992г.

④ Визид Генерального Секретаря НАДО в Россию, *Дипломатический вестник*, №6, 1992г.

使俄罗斯感到孤立和不安，会引起国内民族主义"泛起"。1993年10月23日，俄罗斯外长科济列夫对美国国务卿克里斯托弗提出在北约组织和前华约组织成员国之间建立"和平伙伴关系"的建议表示赞许。根据这项建议，前华约成员国和前苏联的各加盟共和国均可以同北约部队一起参加联合军事演习、训练和规划，并可能在将来成为北约正式成员国。科济列夫对该计划表示赞同，他说："这个计划是非常正确的，它与我们最近一直在谈的计划丝毫不差。"① 1994年1月13日，俄罗斯总统叶利钦表示，俄罗斯准备积极参加"和平伙伴关系"计划，签署协议以打开与北约紧密合作的广阔道路。1994年6月22日，俄罗斯在布鲁塞尔签署了参加"和平伙伴关系"计划框架协议，成为北约的第21个"和平伙伴关系国"。俄罗斯与北约双方承认彼此在确保欧洲稳定和安全方面具有重大作用。双方决定加强彼此合作。总之，俄罗斯此时认同北约是欧洲和平与稳定的重要因素。②

（三）积极支持西方国家在热点地区的政策及行动

在地区冲突问题上，俄罗斯力图保持与西方国家的一致性，积极配合西方国家的政策。

1. 支持和配合西方国家的波黑政策

南斯拉夫地区位于东南欧巴尔干半岛腹地，地处东西方交通要道，历来是各种文化、各种外来势力冲突交会之处，地理位置十分重要，是兵家必争之地，也是各大国利益的交会区。从历史角度看，俄罗斯在该地区也有着特殊利益。其一，俄罗斯在该地区具有重要的地缘战略意义。沙俄统治者们认为巴尔干是维护俄罗斯帝国安全和边界稳定的关键。其二，俄罗斯在该地区有着文化和宗教利益。该地区与俄罗斯同属斯拉夫民族，尤其是该地区的塞尔维亚、黑山和马其顿人在宗教信仰上也与俄罗斯相同，均是信仰东正教。这种文化基因使俄罗斯与该地区有着不解的情缘。

波斯尼亚和黑塞哥维那（以下简称波黑）内战是俄罗斯独立后欧洲大陆发生的第一场重大地区冲突。这场战争也为俄罗斯怎样捍卫自身利益和如何处

---

① 梅孜主编《美俄关系大事实录（1991 - 2001）》，时事出版社，2002，第58页。

② Протокол по итогам обсуждения между министром иностранных дел России Андреем Козыревым и Североатлантическим советтм, *Дипломатический вестник*, №13 - 14, 1994г.

理与西方国家关系提出了一个难题。

随着"冷战"的结束和南斯拉夫的解体,巴尔干再次成为俄罗斯利益的一个焦点。[①] 在苏联解体前,苏联与美国对南斯拉夫危机的态度具有相似之处,苏联政府对该地区危机采取旁观态度,美国此时也不愿过多卷入冲突。双方均希望由欧共体来领导这一问题的解决,并主张保持南斯拉夫的领土完整,担心南斯拉夫分裂会造成地区不稳定,尤其苏联因自身情况,对此更为担心。因此美苏两国起初在该问题的解决上利益是一致的,两国在幕后紧密合作,试图阻止南斯拉夫的解体,并遏制任何可能的连锁反应。[②] 欧共体在美苏均不积极主动的情况下,承担起南斯拉夫危机处理的重任。但是,欧共体的调和政策并未奏效。因此,1991年7月5日,欧共体宣布对南斯拉夫联邦政府实行武器禁运和冻结对其财政援助等制裁措施。同时,欧共体成员国外长提出了一个冲突双方立即停火和以建立松散的南斯拉夫邦联为原则的和平方案草案,然而,该草案并未得到美苏两国的积极回应。这证实了两国在南斯拉夫危机观点上的一致性。1991年9月初,欧安会表示赞同对南斯拉夫实行武器禁运,9月25日,联合国安理会根据713号决议开始对南斯拉夫实行武器禁运。此时,联合国、欧共体及苏联均考虑,在冲突双方作出妥协之前尽可能维持南斯拉夫国家体制现状。但德国拒绝该方案,不顾美国政府支持南斯拉夫国家统一以避免地区动乱的立场,于1991年12月做出承认斯洛文尼亚和克罗地亚独立的决定。在德国的压力下,欧共体于1992年1月15日承认斯洛文尼亚和克罗地亚独立。

苏联解体后,俄美两国在该问题上依然保持着密切合作,积极配合和支持西方国家在热点地区的政策和行动。在南斯拉夫冲突问题上,俄罗斯放弃了在该地区的传统立场,在联合国安理会上投票支持西方对塞尔维亚共和国实施制裁,在安理会通过关于停止南联盟在联合国席位决议时,投了赞成票。在一些具体行动上,尽力与美国等西方国家保持一致。

1992年3月下旬,波黑穆斯林武装与阻止其独立的南斯拉夫人民军展开激战,波黑战争从此开始。面对愈演愈烈的战争,西方世界对南斯拉夫政府施

---

① 陆齐华:《俄罗斯和欧洲安全》,中央编译局出版社,2001,第183页。
② 陆齐华:《俄罗斯和欧洲安全》,中央编译局出版社,2001,第183页。

压，南人民军被迫撤出波黑。1992年4月6日和7日，为避免塞尔维亚介入波黑冲突，欧共体和美国先后承认波黑共和国独立。西方国家的立场遭到了波黑塞族的强烈反对。俄罗斯虽然在该问题上也与美国等西方国家存在分歧，但还是顶住了国内民众的压力，迎合了美国等西方国家的意见。1992年4月27日，俄罗斯宣布承认波黑独立。1992年5月29日，俄罗斯表示支持联合国对塞族的制裁行动。同年9月，俄罗斯表示支持西方提议的联合国在波黑部署维和部队。10月，俄罗斯支持在波黑建立禁飞区，甚至同意由北约对禁飞区进行监视以及北约在联合国授权情况下的军事行动。① 1993年5月22日，俄罗斯响应美国号召，与英、法、西班牙五国发表联合公报，表示将共同努力帮助波黑冲突地区尽快结束战争。同时，五国一致同意在波黑建立非战斗的安全区。1992年6月17日，俄美两国发表联合声明，谴责了那些对未能采取有效措施满足联合国相关决议的要求负有责任的人，呼吁联合国所有成员国充分和有效地实施联合国安理会第757号决议。同时表示，坚决支持联合国在萨拉热窝机场附近建立一个安全区，向波黑居民运送人道主义的救济物品。1993年2月12日，俄罗斯常驻联合国代表沃龙佐夫对记者说，俄罗斯准备在解决波斯尼亚问题上与美国积极合作。俄罗斯欢迎美国新政府加入前南斯拉夫问题国际会议协调委员会两位主席万斯和欧文调解波黑冲突的和平努力中来，对美国不再袖手旁观表示满意，并将准备与美国积极合作以支持两位主席的努力。同年3月23日，俄罗斯外长科济列夫与美国国务卿克里斯托弗在联合记者招待会上表示，莫斯科将投票赞成美国提出的对波斯尼亚实行"禁飞区"的计划。当有人问到俄罗斯在此问题上的立场时，科济列夫回答说："我们（与美国）在这个问题上是团结一致的。"② 虽然1994年4月，俄罗斯对北约战机轰炸波黑塞族的炮兵阵地表示不满，俄罗斯外长为此拒绝参加北约外长会议签署加入"和平伙伴关系"计划的框架文件，但是，总体上说，这个阶段，俄罗斯对美国等西方国家在波黑问题的解决方面还是持配合态度的。1994年7月10日，俄美两国总统在那不勒斯会晤时，叶利钦向克林顿保证说，他个人将做出决

---

① M. Bowker, *Russian Foreign Policy and the End of the Cold War*, Dartmouth, 1997, p. 233.
② 梅孜主编《美俄关系大事实录（1991 - 2001）》，时事出版社，2002，第419页。

定性的努力，说服波斯尼亚塞族接受美国、俄罗斯和欧洲联盟提出的和平计划。

2. 在朝核问题的解决上积极配合美国

独立初期，俄罗斯在朝鲜半岛采取接近韩国同时疏远朝鲜的外交政策（虽后来有一定程度的改变，但俄朝关系远非从前），这决定了其在朝鲜核问题解决上作用的有限性。但是，不可否认的是，即使这点有限的作用也完全体现在同美国的配合上。独立之后，俄罗斯一改苏联时期对朝鲜的支持态度，包括在核武器方面的帮助，积极与美国保持一致。1992 年 6 月 19 日，俄罗斯与美国在华盛顿签署关于不在朝鲜半岛扩散核武器的联合声明。声明说，俄美两国在支持国际社会抵制核扩散方面做出努力，它们注意到在加强不在朝鲜实行核扩散体制方面取得积极进展，两国欢迎朝韩 1991 年 12 月 31 日关于朝鲜半岛非核化的联合声明并呼吁充分实施这一协定，它将巩固这一地区的和平与安全，进而争取朝鲜民主主义人民共和国批准与国际原子能机构签订的监督协定，并呼吁朝鲜为了把自己的核设施置于相应监督之下，继续与国际原子能机构保持合作，如果朝鲜能按照不扩散条约和朝韩之间的联合声明完全履行自己的义务，包括接受国际原子能机构的监督，同时进行对等的可靠和有效的监察，将有助于彻底消除国际社会对朝鲜半岛问题的不安。① 1994 年 6 月 10 日，美国国务卿克里斯托弗与俄罗斯外长科济列夫在伊斯坦布尔举行的联合记者招待会上说，美国将要求联合国对朝鲜实行经济制裁，因为朝鲜拒绝让国际检查人员获取关于核计划的重要证据。他与科济列夫讨论了这一行动以后说，"现在是通过决议的时候了。"科济列夫说，"我们不能容忍朝鲜或其他任何国家的违反行为。"他表示赞同克里斯托弗的主张。总之，在这个阶段，俄罗斯在朝核问题上紧跟美国。

3. 支持美国等西方国家对伊拉克进行制裁

伊拉克曾经是苏联的一个重要的战略要地。海湾战争之前，苏联是伊拉克的最大武器供应国，伊拉克有 90% 的武器来自苏联，这也给苏联带来了巨额收入。伊拉克在中东地区具有举足轻重的地位，无论是就其经济而言还是就其

---

① 梅孜主编《美俄关系大事实录（1991－2001）》，时事出版社，2002，第 35 页。

军事实力而言均是海湾地区强国。海湾战争之前，伊拉克是世界上少有的富裕国家，其人均收入仅次于欧美等几个少数国家。其军事实力也相当强大，仅从两伊战争中伊拉克的表现便可知晓。因此同其加强关系一方面可以增强苏联在该地区的影响力，另一方面可以加强苏联与中东大国的经贸联系。多年来紧密的经贸关系使得苏联在该地区具有重要的经济利益，苏联在该地区有大量投资，伊拉克拖欠了苏联巨额的债务。据统计，截至海湾战争时，伊拉克总计欠苏联 80 亿美元左右。伊拉克入侵科威特搅乱了苏联在该地区的战略布局。基于国内国际形势，苏联在海湾危机事件中持支持美国的态度，但是苏联不赞成美国对伊拉克进行军事占领。

苏联解体后，叶利钦不但延续了戈尔巴乔夫对伊拉克的政策，而且对美国制裁伊拉克表示进一步的支持。1992 年底，还支持西方对伊拉克实施空中打击，并派了两艘军舰参加了对伊拉克的制裁。

1993 年 1 月 14 日，俄罗斯外交部针对美英法空军空袭伊拉克造成人员伤亡发表声明说，美英法三国盟军 1 月 13 日对伊拉克部署在北纬 32 度线以南的防空导弹装置实施打击并不出人意料。这是伊拉克方面近期采取一系列行动，破坏联合国安理会关于危机后解决该地区问题的一些众所周知的决议的后果。俄罗斯认为，盟军此举是在国际社会要求伊拉克遵守联合国决议的正当手段。[①] 1993 年 6 月 29 日，俄罗斯外交部第一副部长阿达米申在两院联席会议上为美国在 6 月 27 日轰炸伊拉克进行辩护。他说，俄罗斯领导人支持美国这一行动的原因是，恐怖主义应该受到惩罚，美国人的行动是正当的。[②] 总之，这个时期，俄罗斯对美国等西方国家的伊拉克政策是采取配合的态度。

二 以意识形态划线确定盟友

苏联的解体使以两个超级大国相互对抗为基本内容的旧的国际政治格局被彻底打破，国际关系进入了大调整时期。独立初期的俄罗斯因国内政治经济改革及对国际形势认知的变化，开始大幅调整其外交政策。虽然俄罗斯一再声称

---

① 梅孜主编《美俄关系大事实录（1991－2001）》，时事出版社，2002，第 41～42 页。

② 梅孜主编《美俄关系大事实录（1991－2001）》，时事出版社，2002，第 52 页。

进行国际交往不以意识形态划线，但是在其外交政策的实际运作中，恰恰这点体现得十分明显。独立后，俄罗斯一方面强调坚持民主、法制和自由市场，与西方国家消除了意识形态差异而加强同其关系，另一方面极力疏远与西方国家意识形态相左或西方国家敌视的传统盟友国家。

（一） 疏远"特殊盟友"印度

苏联与印度虽然社会制度不同，但是地缘政治理念与合纵抗衡的思想使两国结成巩固的"特殊盟友"关系。由于战略需要，苏联十分重视同这个南亚地区最大国家的关系。20世纪50年代中期起，苏联势力开始渗入南亚次大陆，基于抗衡美国及扩展势力范围的需要，苏联加强了与印度的关系。两国在一系列国际及地区的重大事务中进行了广泛的合作。从1968年起，苏联开始成为印度最主要的武器来源地，苏制装备占印度军事装备的70%以上。为了巩固与印度的盟友关系，苏联向印度提供了大量的军事和经济援助，帮助印度建立了独立的工业体系并为其培训了大批各类专家。苏联一度成为印度的最大经济援助国和贸易伙伴。① 苏印两国领导人均高度评价两国的盟友关系。时任苏共中央总书记的勃列日涅夫一度强调说，苏印两国的友谊"不是某个人的个人政策"，"不是我们为了同另一个的友谊可以放弃的东西"；"苏印两国友谊的意义已经远远超出了我们两国关系的范畴。它表明，不同社会制度国家之间可以在相互信任和不干涉内政的基础上保持平等关系"；"同印度的友好合作，是苏联对外政策中不可分割的组成部分"②。拉·甘地也指出："印苏友谊表明，不同社会制度的国家人民可以为了共同的利益建立起牢固的、相互理解与密切合作的关系。同苏联的友谊与合作是印度对外政策的重要组成部分。"③

尽管苏印两国关系并非如其领导人宣称的那样不带任何私利，但苏联与印度之间的友好合作关系的确十分巩固。"冷战"时期，苏联这个横跨欧亚大陆的超级大国与印度这个南亚次大陆最重要的发展中国家在利益吻合、互补的基础上建立了密切而"特殊"的盟友关系。两国形成了西抵美国和西欧，东抗

---

① 学刚、姜毅：《叶利钦时代的俄罗斯（外交卷）》，人民出版社，2001，第196页。
② 北京大学苏联东欧研究所主编《苏修关于印度问题的言论》，商务印书馆，1975，第98页、第42~43页。
③ 〔俄〕Г. Г. 科多夫斯基、П. М. 沙斯金科：《苏联与印度》，莫斯科，1987，第159~162页。

中国和巴基斯坦等国的同盟关系。印度成为苏联推行对发展中国家政策的支柱，而印度则依赖苏联对其"在根本利益上的援助"，将苏联视为其对外政策的轴心。

苏联解体后，由于独立初期俄罗斯对外政策方针的改变，俄印关系进入了不确定时期，甚至可以说处于相对"冷淡"阶段。政治上，俄罗斯将主要精力放在西方国家，既无精力也无能力继续关照昔日盟友。因此，在 1993 年 1 月俄罗斯的对外政策构想的排列顺序中，印度和南亚被排在第 7 位。① 外交方面，两国高层往来明显减少。俄罗斯总统叶利钦原定于 1991 年访问印度，但因国内事务繁忙多次推迟行期。直至 1993 年 1 月，叶利钦才最终实现对印度的国事访问，致使印度总理拉奥的回访直至 1994 年才成行。在经济合作方面，俄罗斯一改苏联时期对印度贸易的常态，一方面要求印度尽快偿还苏联时期拖欠的巨额债务，一方面拒绝继续以优惠条件向印度提供贷款，致使俄印两国贸易额急剧下降。1990 年苏印两国贸易额为 50 亿美元，而 1991 年两国贸易额降至 35 亿美元，1992 年俄印两国之间的贸易额仅为 7 亿美元左右。印度在俄罗斯对外贸易额中的排序中远远落在德国（177 亿美元）、中国（106 亿美元）、意大利（54 亿美元）、日本（50 亿美元）、美国（50 亿美元）、法国（43 亿美元）之后，位居前 10 名之外。② 两国的军事技术合作急剧减少。按计划 1992 年俄罗斯应向印度提供 4 亿美元的武器和零配件，而实际上只提供了一半。在一些涉及敏感技术的设备出口方面，俄罗斯迫于美国的压力，停止向印度出口美国反对的设备。1992 年 5 月，俄罗斯总理访印期间，两国签署了向印度提供低温发动机的合同。美国方面以此设备可能被用于军事目的为由极力阻挠该合同的执行。虽然在 1993 年 1 月叶利钦访印期间向印度表示履约的决心，但是在该年的年末，便向印度表示无法继续履行合同的义务。

政治方面，叶利钦虽然于 1993 年 1 月实现了对印度的访问，两国签订了为期 20 年的新的《俄印友好合作条约》，但新条约删除了苏印友好条约中具有军事同盟性质的条款，删去了"帝国主义""殖民化"等意识形态色彩浓重

---

① 〔俄〕A. A. 科尼洛夫（Корнилов）:《印度专家评论俄罗斯与印度合作的组合与分解因素》,《俄罗斯 - 印度：区域合作的前景》，莫斯科，2000，第 61 页。

② 吴瑕:《俄罗斯与印度——影响国际政局的大国关系》，解放军出版社，2004，第 181 页。

的词句。虽然叶利钦的访问使俄印关系得到一定恢复，但是两国关系在此后一年多的时间里发展依然很慢。1993 年，两国贸易额虽有上升，但仅 11 亿美元。1994 年的贸易额仅为 20 亿美元。这与苏联时期无法相比。

（二）进一步拉开同昔日传统盟友朝鲜的距离

在"冷战"时期，朝鲜始终是苏联在东北亚地区的战略盟国。1990 年以前，苏联政府始终坚持朝鲜民主主义共和国为朝鲜人民的"唯一合法代表"，且一直与朝鲜进行单方面外交，不与韩国发生任何官方联系。朝鲜则对苏联的国际战略给予大力支持，与其他社会主义国家一起反对以美国为首的帝国主义侵略扩张政策，维护社会主义国家的团结。[1] 经济上，苏联曾是朝鲜最大的贸易伙伴和重要战略物质的来源国，也是其最大的援助和投资国。它帮助朝鲜建立了自己的工业包括核工业体系，向朝鲜提供了大量的经济援助。苏联还是朝鲜的最大武器供应商，朝鲜 80% 的武器装备来自苏联，戈尔巴乔夫实行"新思维"外交政策后，苏联对朝鲜半岛的政策开始发生变化。1988 年 9 月，戈尔巴乔夫发表苏联亚太政策的讲话时首次提出，"在朝鲜半岛局势普遍好转的背景下，为同韩国建立经济联系提供了可能"。此后，苏韩关系开始解冻。1990 年 9 月 30 日，苏韩正式建立外交关系。苏韩建交标志着苏联对朝鲜半岛的政策发生了根本性的变化。苏联的外交政策引起了朝鲜的极度不满，朝鲜召回了在苏联的全部朝鲜学生，停止了同莫斯科的一切官方接触。苏朝关系降至低点。

苏联解体后，俄罗斯实行"亲韩疏朝"的外交政策。俄韩关系发展十分迅速，1992 年 11 月，叶利钦首次访问韩国，签署了《俄韩关系基础条约》。1994 年 6 月，韩国总统金泳三回访俄罗斯，双方宣布建立"建设性互补伙伴关系"。为表示合作诚意，推动俄韩关系的发展，俄罗斯在许多国际事务上表示理解和支持韩国的立场。如支持韩国在朝鲜核问题上的立场，终止向朝鲜提供武器及零部件，敦促朝鲜履行《不扩散核武器条约》的义务并接受国际原子能机构的核查等。政治升温的同时，双方的经贸合作关系也开始起步。1994 年，双方的贸易额增至 20 亿美元，较 1992 年翻一番。同时，韩国的许

---

① 潘广辉：《冷战后俄朝关系》，《世界经济研究》2003 年第 7 期。

多知名跨国企业也开始进入俄罗斯市场。此外，为了偿还苏联时期所欠韩国的债务，1994 年 8 月，俄韩双方就以俄向韩提供原材料、武器和军事装备的方式来支付欠款一事达成了协议。根据此协议，到 1995 年底俄罗斯向韩国提供总价值达两亿多美元的坦克和导弹装备，以抵偿苏联时期遗留下来的部分债务。

与俄韩关系不断密切形成鲜明对比的是，这一时期的俄朝关系一直处于冷淡状态。叶利钦领导下的俄罗斯与朝鲜的关系进一步恶化。俄罗斯先后取消了对朝鲜的各种援助。自 1991 年起，俄罗斯在对朝鲜的贸易中开始取消石油方面的补贴，并要求按世界市场价格以硬通货偿付，这对手中没有多少硬通货的朝鲜来说打击甚大，使朝鲜总的外贸缩减比它整个经济收缩得更快。双方的贸易额也从 1992 年的 2.92 亿美元减少到 1996 年的 0.9 亿美元，减少幅度达到近 70%。① 原定于 1992 年 10 月成立的政府经贸、技术合作委员会迟迟未能成立，拟草签的经贸合作协定、1992～2000 年轻工业产品合作协定也未能出台。与此同时，俄朝政治关系也处于较低的水平。1991～1994 年间，除了 1992 年 1 月俄罗斯总统特使、外交部副部长罗高寿访问了朝鲜外，双方高层外交往来基本停止。更重要的是，俄罗斯逐渐终止了它对朝鲜的军事援助，1992 年，俄罗斯中止了对朝鲜的武器供应和经济援助，同年 10～11 月，俄罗斯取消了派 64 名科学家赴朝帮助开发原子能工业的合作计划。1993 年又放弃了 1961 年签署的《苏朝友好合作互助条约》中承诺的对朝鲜安全的无条件保障义务，并声称，如果朝鲜自己决定采取某种冒险行动，则军事援助条款不能生效。由此，俄朝军事同盟已经名存实亡。②

在朝鲜核设施问题上，俄罗斯积极支持西方对朝鲜核设施进行国际监督的立场。科济列夫 1992 年 3 月访问韩国时，指责朝鲜在核问题上拒绝与国际社会合作，表示将与韩国一起阻止朝鲜发展核武器，以及对朝鲜施加压力使其接受国际社会的核检查。1992 年 6 月 19 日，俄美两国在华盛顿签署了关于不在朝鲜半岛扩散核武器的联合声明，指出俄美注意到在加强不在朝鲜实行核扩散

---

① 冯绍雷、相兰欣主编《俄罗斯外交》，上海人民出版社，2004，第 463 页。
② 罗英杰：《俄罗斯对朝鲜半岛政策的演变及其对朝核问题的立场》，《贵州师范大学学报（社会科学版）》2006 年第 2 期。

体制方面取得的积极进展，两国欢迎朝韩 1991 年 12 月 31 日关于朝鲜半岛非核化的联合声明并呼吁充分实施这一协定，它将为巩固这一地区和平与安全，进而争取朝鲜半岛达成和解和稳定做出重大贡献。1994 年 6 月 10 日，俄罗斯外交部长科济列夫与美国国务卿克里斯托弗在伊斯坦布尔联合举行的记者招待会上说，"我们不能容忍朝鲜或其他任何国家的违反行为。"他表示同意克里斯托弗制裁朝鲜的主张。[1] 6 月 14 日，俄通社 - 塔斯社报道，俄罗斯总统叶利钦对记者说，他和美国总统克林顿一致同意把召开关于朝鲜问题的国际会议同分阶段制裁朝鲜联系起来。6 月 16 日，俄罗斯外交部高级官员对俄通社 - 塔斯社说，俄罗斯和美国已达成协议，双方将对朝鲜半岛的核问题共同制定联合国关于制裁朝鲜的决议草案。[2] 1994 年 6 月 25 日，俄罗斯一改先前态度，对美国制裁朝鲜表示支持。俄罗斯外长科济列夫在会见新闻记者时说，俄罗斯正同美国密切合作，起草一个关于朝鲜核危机的新决议。联合国前些时候讨论的要求对平壤实行制裁的决议草案曾引起俄美之间关系的紧张，但是分歧已经解决。科济列夫说，他已经收到美国前总统卡特访问朝鲜的报告提纲。尽管现在朝鲜还没有核武器，但可能在不久的将来制造出来。如果对朝鲜获得核武器的企图视而不见，那么具有核潜力的其他国家就可能仿而效之。[3]

此外，俄罗斯保证将不再向朝鲜出售进攻性武器，并将在与朝鲜军事合作的问题上征求韩国的意见。同时，科济列夫表示由于国际形势的变化，俄罗斯将重新解释 1961 年签署的苏朝友好条约中"过时了的意识形态"内容，并考虑修改其中有关军事结盟的条款。

（三）疏远同越南和古巴的关系

在越南战争初期，苏联便与越南建立了密切的政治、经济和军事关系。由于意识形态的一致性和越南当时处于反美斗争第一线的特殊地位，苏联给予越南大量的物质援助和道义及外交上的支持。越南战争结束后，苏联利用美国从印度支那半岛撤出的机会，加速了对该地区的渗透，积极支持越南反对中国。1978 年 6 月，吸收越南为经互会正式成员；1978 年 11 月，苏越两国签订了为

---

① 梅孜主编《美俄关系大事实录（1991 - 2001）》，时事出版社，2002，第 72 页。
② 梅孜主编《美俄关系大事实录（1991 - 2001）》，时事出版社，2002，第 73 页。
③ 梅孜主编《美俄关系大事实录（1991 - 2001）》，时事出版社，2002，第 73、74 页。

期 25 年的苏越友好合作条约。其中第六条规定，当缔约国一方遭到进攻威胁，双方立即进行磋商以消除这种威胁。苏越条约签订后，两国关系得到进一步加强，苏联逐年加大了对越南的军事援助。1978 年苏联对越南的军事援助为 8.5 亿美元，1979 年达到 10 亿美元，1987 年增至 20 亿美元。

"冷战"结束后，俄罗斯与越南关系中原来的意识形态和战略利益一致的基础荡然无存，两国关系迅速降温。政治上，俄罗斯和越南在社会发展道路选择上发生分歧，越南对俄罗斯西方式的发展道路十分不满。两国政治关系在 1991 ~ 1992 年出现了停滞。越南外长于 1992 年 8 月承认，自苏联剧变以来，俄罗斯与越南没有讨论过它们关系的新基础。[①] 1994 年 6 月，越南总理武文杰访问俄罗斯，俄越两国签订了新的友好关系原则条约以取代 1978 年的友好条约。新条约删去了原有的军事同盟条款，强调发展正常的互利合作关系。但是武文杰访问俄罗斯的过程中，叶利钦并未与其举行会晤（理由是"忙于国事"），且从俄罗斯独立以来俄国家元首和政府首脑均未对越南进行访问。可见俄越政治关系发展缓慢。经济方面，两国经济合作较苏联时期大幅减少。苏联解体前，苏越贸易占越南对外贸易总额的一半以上，每年越南从苏联进口额达 10 亿美元。俄罗斯独立后，1993 年两国贸易额仅为 3 亿美元。在军事与安全合作方面，苏联解体后，俄罗斯军事力量和人员逐步撤出，直至 1993 年最后一批俄罗斯军事顾问撤离越南。[②] 总之，独立初期，俄罗斯极力与越南保持距离，苏越时期的盟友关系已不复存在。

20 世纪 60 年代，苏联与古巴建立了稳固的盟友关系。为了在美国后院钉下一个楔子，苏联加强了与古巴关系，加大了对古巴的经济与军事援助，成为古巴最大的经济、军事援助国和贸易伙伴。20 世纪 70 年代，苏古两国的贸易占古巴对外贸易总额的 70%，古巴几乎 100% 的石油和棉花、80% 的粮食依靠从苏联进口，古巴生产的蔗糖 50% 出口苏联。1972 年，古巴正式加入经互会，苏古两国经济合作进一步加强。到 70 年代末，苏联援建古巴的重点工业项目大约有 200 个，苏联在古巴的专家和顾问达到 1 万人。苏联对古巴的经济援助

---

① 《不行，同志!》，载于《远东经济评论》（俄）1992 年 8 月 6 日。转引自学刚、姜毅《叶利钦时代的俄罗斯（外交卷）》，人民出版社，2001，第 200 ~ 201 页。

② 学刚、姜毅主编《叶利钦时代的俄罗斯（外交卷）》，人民出版社，2001，第 202 ~ 203 页。

也逐年增加，1970～1974 年平均每年大约 3 亿美元，1975～1976 年为 10 亿美元，1977 年为 20 亿美元，1979 年增加到 30 亿美元，相当于古巴国民生产总值的 25%。到 1989 年，古苏贸易额约 90 亿卢布，占古巴对外贸易总额的近70%。军事方面，苏联每年向古巴提供价值 15 亿美元的武器装备，并在古巴驻扎拥有 2800 人的战斗旅和 2800 人的军事顾问。苏联在古巴修建了许多现代化的军事基地，通过古巴向尼加拉瓜桑地诺政权、格林纳达新宝石运动以及萨尔瓦多和危地马拉的游击队等提供援助。从 1975 年起，古巴派遣大批部队参加安哥拉战争，卷入非洲之角的边界冲突。到 70 年代末，古巴在非洲的军队达到 3.4 万人，为苏联对第三世界的战略服务。

苏联解体后，俄罗斯与古巴划清界限，俄古关系骤然降温。两国的双边贸易近乎停滞。1992 年 1 月，俄罗斯决定终止对古巴的所有援助，不再对古马实行优惠条款，放弃了苏联同古巴实行的易货贸易制度，俄古双边贸易开始以世界市场价格为基础，古巴可以以优惠的价格用食糖换取石油的待遇被取消。此外，俄罗斯还要求古巴以可兑换的货币进行贸易，这使古巴经济几乎陷入瘫痪境地。在经济上疏远古巴的同时，俄罗斯在政治上也做出恶化两国关系的行动。俄罗斯议会和俄罗斯社会民主党邀请古巴反对派组织——古巴自由联盟访问莫斯科，双方发表联合声明，声称准备在莫斯科举行古巴问题讨论会，讨论古巴"民主过渡问题"。俄罗斯外长科济列夫在会见古巴政府反对派——古巴裔美国人基金会领导人时，双方就西半球，包括古巴在内的国家的民主前景交换了意见，并讨论了与基金会建立联系的根本方案。科济列夫指出，俄罗斯领导人支持同古巴进行互利合作，并且同该国在尊重自由选择道路、互不干涉内政的基础上，建立平等伙伴关系。同时提出，俄罗斯领导人决定从古巴撤出苏联的军事观测站。在会见古巴移民时，科济列夫强调，容忍反对党是文明社会的一个标志。他对古巴反对派主张以和平方式建立一个多元民主的古巴和以促进经济来提振这个国家的观点表示欢迎。[①] 1992 年 9 月，俄罗斯宣布从古巴撤出原苏联的军事教练旅，结束两国军事合作关系。俄古关系迅速降温。

---

① Приём А. В. Козыревым руководителей Кубино-Американского Фонда, *Дипломатический вестник*, №1, 1992г.

1993 年 7 月，古巴部长会议副主席索托访问莫斯科。访问期间，古巴与俄罗斯签署了三项协议，俄罗斯向古巴提供 4.1 亿美元的贷款。俄古关系有所升温。但是，总体而言，这个时期，俄罗斯对古巴始终采取疏远政策，导致俄古关系冷淡。

三　允许美国等西方国家介入其内政

政治独立是主权国家的重要标志，没有政治独立，国家利益将难以得到保障。政治没有独立的国家容易成为强权国家的附属国。

俄罗斯独立后，选择了西方的民主发展道路。由于经验不足且缺少民主传统，因此，俄罗斯在很多方面效仿西方发达国家。而美国作为西方发达国家的"样板国"，自然是俄罗斯学习的榜样。在向美国学习时，必然要听取美国"建议"。另外，俄罗斯进行政治经济转轨，国内形势十分严峻，俄仅凭自身力量难以克服其所面临的困难。所以，俄罗斯向西方求援，西方国家自然介入其国内政治。

1991 年 12 月 25 日，当俄罗斯正式宣布独立的时候，美国总统布什发表电视讲话。布什说，40 多年来，美国领导西方国家同共产主义及对我们最珍视的价值观的威胁进行斗争，这场斗争影响到所有美国人的生活，它迫使所有国家生活在核恐怖的环境之下。这种对抗现在已经结束。……东欧已经获得自由，这是民主和自由的胜利，是我们价值观念、道义力量的胜利。新的独立国家已在苏联帝国的废墟中诞生。……美国赞成和支持新国家联合体的历史性的自由选择。今天，我将根据这些国家中一些国家就核安全、民主和自由市场向我们做的承诺采取一些重要步骤：第一，美国承认并欢迎由勇敢的叶利钦总统领导的自由、独立和民主的俄罗斯。第二，我们将支持俄罗斯接替苏联在联合国安理会的常任理事国席位。我盼望与叶利钦总统密切合作，支持他为俄罗斯实行民主和市场改革所做的努力。[①] 俄罗斯独立后，一再向美国等西方国家保证，将坚持走西方的民主、自由的市场道路，并及时向西方国家通报俄罗斯改

---

① Выступление президента Дж. Буша на открытии конференции 22 января 1992г, *Дипломатический вестник*, №3, 1992г.

革的情况及进程。① 1992 年 7 月 29 日，美国总统布什与叶利钦总统通电话时，叶利钦向布什保证说，尽管俄罗斯遇到严重困难，但俄罗斯的民主改革仍在继续进行，而且人民也支持民主改革。1993 年 1 月 3 日，俄美两国总统在莫斯科会晤，双方在答记者问时，叶利钦说，今天举行的会谈讨论了广泛的问题，包括详细讨论了俄罗斯的改革和政府将来的工作。他请美国总统相信，俄罗斯政府及其总理都想搞改革，他们仍将沿着那条道路推进改革。②

在叶利钦与议会矛盾日渐激化、叶利钦改革面临严峻考验时，美国总统布什和当选总统克林顿便公开表态支持叶利钦。在俄罗斯召开人民代表大会前一天，美国白宫发言人菲茨沃特说，在俄罗斯准备从明天开始举行人民代表大会之际，布什给叶利钦打电话，表示对他的支持。布什说，"我们支持你和你的主张"在这个前共产党国家"进行经济和政治改革的人"。菲茨沃特随后发表一份正式声明，说布什向叶利钦强调美国方面将保持连续性，不会放弃对俄罗斯政府的坚决支持。美国支持西方国家继续为援助俄罗斯人民建设一个民主的社会做出协调一致的重大努力，因此，总统认为美国和其他国家在这个关键时刻必须尽一切可能支持俄罗斯政府。③ 1993 年 3 月 12 日，美国总统克林顿对记者说："我支持俄罗斯的民主和走向市场经济的行动，叶利钦是选举产生的俄罗斯总统，他代表改革。"次日，克林顿在接受记者采访时敦促七国集团采取积极大胆的行动，帮助处境艰难的俄罗斯总统叶利钦及其民主和经济改革。克林顿说，叶利钦仍然是该国唯一通过选举产生的总统，他真正主张经济改革和政治民主，美国应该给予支持。七国集团对于俄罗斯改革运动的成功有着举足轻重的作用，但是到目前为止他们的反应还不够。他还强调，美国应该支持叶利钦，因为"他是俄罗斯的当选总统，我希望他将继续成为当选总统"。④ 身为别国的领导人，克林顿这样公开指出希望另一个国家哪个人当选总统，这在国际关系史上是少有的，显然也是不合适的。1993 年 3 月 20 日，在俄罗斯

① Совмемтная пресс-конференция Б. Н. Елицина и Б. Малруни, *Дипломатический вестник*, No4 ～ 5, 1992г.

② Совместная пресс-конференция президентов России и США（3 января 1993г.），*Дипломатический вестник*, No1～2, 1993г.

③ 梅孜主编《美俄关系大事实录（1991－2001）》，时事出版社，2002，第 40 页。

④ 梅孜主编《美俄关系大事实录（1991－2001）》，时事出版社，2002，第 40 页。

总统叶利钦宣布国家进行紧急状态管制之后数小时，美国总统克林顿发表声明说，叶利钦是俄罗斯向民主和市场经济转化的领导人，因此应该得到西方的支持。在俄罗斯进行对总统信任的全民公决的前两天，美国总统克林顿在记者招待会上称赞叶利钦是"一位真正的民主主义者。"

美国对俄罗斯的干涉，可以说是对现任总统的支持。俄政府自然求之不得。因此，对于国内的重大行动，俄罗斯政府方面均与美国等西方国家知会。在叶利钦决定以武力镇压反对派之前，叶利钦派外长科济列夫去美国说明情况，克林顿表达了对叶利钦的支持。当莫斯科发生政府与议会之间的流血冲突后，克林顿在旧金山劳工联合会发表讲话时说，在俄罗斯发生了这场冲突是反政府力量挑起的，叶利钦总统别无选择，只有设法恢复秩序。尽管叶利钦动用了坦克攻击反对改革的议员和他们的支持者，但是这位俄罗斯总统仍致力于民主事业。他没有理由怀疑叶利钦做出的让俄罗斯人民自己决定他们的前途的承诺。

1994年1月5日，据美国《纽约时报》报道，克林顿在白宫同报纸专栏作家举行的午餐会上说，他将告诉叶利钦总统，为了减少对政局的影响，俄罗斯需要更多的改革和更多的西方援助，而不是少搞改革。他说，他要到俄罗斯重申美国对民主和改革的支持。1月13日，克林顿访问莫斯科，叶利钦对克林顿表示，俄罗斯将继续改革，谈不上放慢的问题。① 克林顿在访问俄罗斯的返回途中对记者说，俄罗斯总统叶利钦事先通知他，盖达尔很可能会提出辞职。但是叶利钦保证，即使没有盖达尔，他也会在俄罗斯继续进行改革。同日，美国国务卿克里斯托弗在日内瓦接受采访时说，俄罗斯第一副总理盖达尔的辞职对俄罗斯没有特别重大的意义，叶利钦班子中还有其他非常强大的改革派。②

总之，在这个阶段，俄罗斯对于美国介入其内政的表现并不反感，反而在一定程度上，还经常就国内改革与美国等西方国家商讨。对于西方国家不赞同的问题，主动向其解释。从俄罗斯的动机来看，首先，俄罗斯对美国等西方国家抱有良好的期望。俄罗斯认为，其在意识形态上与西方国家没有差别，俄罗

---

① 梅孜主编《美俄关系大事实录（1991-2001）》，时事出版社，2002，第63页。
② 梅孜主编《美俄关系大事实录（1991-2001）》，时事出版社，2002，第64页。

斯主动放弃与西方敌对的立场，那么西方国家也应该或者一定能够对俄罗斯抱有友好态度。俄罗斯在政治经济改革方面，需要西方的经验及西方的支持和帮助，西方国家也一定会帮助俄罗斯改革。其次，俄罗斯的政治经济改革离不开西方国家的支持。为了寻求西方国家的经济援助，俄罗斯不得不让渡一定的主权，按照西方国家的要求进行改革。因此，俄罗斯对美国等西方国家对俄国家内部事务的介入没有持否定态度。

第三节　几点评述

对于俄罗斯在这个阶段的国家利益及其外交政策，无论在学术界还是在政界，无论是在俄罗斯还是在其他国家，均有不同的看法。对俄罗斯在这个阶段是否维护了国家利益、怎样才能更好地维护其利益也有不同看法。本节将结合事例对俄罗斯的外交行为进行分析。

一　在核裁军问题上迎合美国的原因分析

俄罗斯独立后，与美国密切合作进行大幅核裁军。在核裁军过程中，俄罗斯甚至不惜将自身占优势的陆基导弹予以裁撤，以换取美国的支持和信任，这被人们视为对美国的重大让步，也是学者们证明俄罗斯向西方"一边倒"的论据之一。那么该如何看待这个问题？

（一）这是俄罗斯社会发展道路选择的必然结果

西方道路是俄罗斯人的自己选择，这种选择是在否定先前社会制度基础上的一种结果。俄罗斯解散共产党，抛弃社会主义没有引起大的社会动乱，这足以证明，资本主义民主制度是俄罗斯多数民众自愿的选择，实非少数人强迫。在这个阶段，俄罗斯人（尤其是执政者）认为，苏联在与美国等发达的资本主义和平竞赛中败北，而戈尔巴乔夫的社会主义改革不但没能使苏联走出危机，反而使国家更加混乱。这说明了苏联式的社会主义道路在俄罗斯已经走到了尽头，无法再推动俄罗斯这艘巨轮向前行进。因此，俄罗斯必须抛弃先前的制度，重新选择一种新的发展道路。同时，他们认为，资本主义民主、自由、人权和法制更加符合社会需要，符合人的发展，是国家发展的"原动力"。因此，俄罗斯决策者认为，选择资本主义民主道路是实现其国家利益的重要前提，只有这条道路才能使国家快速发展。资本主义民主道路的选择使得俄罗斯在外交政策上凸显浓厚的意识形态色彩。而这种意识形态色彩在外交政策的表现上，就是向西方示好和对传统盟友的疏远。于是，对资本主义的美好憧憬必然转化成其追求的动力，而这种动力则在一定程度上表现为其行为的激进。

历史证明，凡是对前一种社会制度进行颠覆性变革的国家，往往在初期执行其内外政策的时候，会带有明显的感性色彩。俄罗斯这个情感厚重的民族更是如此，其感性色彩更多地表现在对前世的否定和对后世追求的渴望上。对于同资本主义意识形态斗争了 70 多年的俄罗斯来说，在对内政策方面，首先是摒弃自身原有的社会价值理念，选择美国等西方发达国家的价值观。而在对外政策方面，则是强调与西方国家价值观的一致性，快速改善和加强与西方国家的关系。"冷战"时期，社会主义阵营和资本主义阵营的对抗更多地表现在意识形态领域的敌对性。因此，俄罗斯认为，价值观的差异是苏联与西方国家敌对的重要原因。而对于选择资本主义民主道路的俄罗斯而言，与西方国家的这种意识形态对抗不存在了，同为民主国家便可以友好相处了。这种理念正是后来风行于西方的"民主和平论"的思想。

民主和平论，是一种国际关系、政治学和哲学的理论，主张所有实行民主制度的国家（更准确地说，是所有自由民主制国家）不会或极少与另一个民主国家发生战争。民主和平论的概念是由伊曼努尔·康德于 1795 年在《论永久和平》一文中首先提出的。康德提出宪法制共和国是永久和平的必要条件。他指出，多数人永远不会在投票中支持发动战争，除非是出于防卫。因此，如果所有国家都是共和国，战争便永远不会出现了，因为先行的侵犯永远都不会产生。康德之后许多人对该理论进行了不同的解释。美国的社会学家和犯罪学家 Dean Babst 是第一个系统地研究该主题的学者，他于 1964 年在《威斯康星社会学家》期刊上发表文章，提出民主和平论的观点。1976 年后，民主和平论受到了广泛关注，大量关于赞成或反对民主和平论观点的文章不断涌现。其中鲁道夫·拉梅尔是民主和平论较为著名的宣扬者，他认为民主政府是最不会随意残杀其人民的政府形式，同时民主国家之间也从来不会（或几乎不会）互相争战。很多人对该观点持否定态度，但是依然有很多人，甚至很多国家对此持肯定态度，并将该观点运用于其外交政策之中。美国便是对该观点极为推崇的国家，民主党和共和党均赞同该观点。民主党的总统比尔·克林顿曾说："保持我们国家安全并维持长久和平的最好方法便是支持其他地区的民主发展。民主国家之间不会战争。"[①] 而共和党的美国总统乔治·沃克·布什也说："我这么强烈支持民主的原因，正是因为民主国家之间不会相互交战。这是因为绝大多数社会的人民都厌恶战争，因为他们了解战争是毫无意义的……我对民主能促进和平有着极大信心。"[②]

在俄罗斯独立初期，对民主和平论的观点虽然少有阐述，但其思想在一定程度上体现在俄罗斯执政者的头脑之中，俄罗斯的领导人多次表达了这种思想。叶利钦曾多次强调，因为俄罗斯选择了资本主义民主道路，同西方国家的对抗因素不存在了，这样与西方国家便可以友好相处。俄罗斯外长科济列夫再三强调，俄罗斯选择了爱好和平的民主、自由的发展道路，与西方国家的意识形态差异消失了，彼此间的对抗因素不存在了。

可以说，西方民主道路的选择促使俄罗斯摒弃了与西方国家对抗的理念。为此，俄罗斯不断向西方国家释放善意，在其最为担忧的核武器问题上给予配合。这样才有俄罗斯与美国进行大幅核裁军的举措。为了消除西方国家久积的心病，表达俄罗斯的善意，俄罗斯于是在核裁军方面对美国做出了"让步"。

（二）对国内、国际形势的判断是俄罗斯进行大幅核裁军的前提

俄罗斯在核裁军方面之所以能对美国给予如此的"让步"，从另一个角度来看，对于俄罗斯当时而言，不仅仅是为向西方示好的一种"让步"，更重要的原因是，俄罗斯决策者基于当时所处的国内、国际环境做出的判断。

民主和平论的观念推动了俄罗斯决策者对外部环境的乐观判断。就国际环境而言，俄罗斯决策者认为，华约解散、苏联解体，社会主义阵营瓦解了，两大体系对抗的基础便不复存在。俄罗斯主动归入自己原来的敌对阵营，其昔日

---

① Clinton, Bill, 1994 State Of The Union Address, http://www.washingtonpost.com/wp-srv/politics/special/states/docs/sou94.htm, 最后访日期2009年1月5日。

② President and Prime Minister Blair Discussed Iraq, Middle East, http://www.whitehouse.gov/news/releases/2004/11/20041112-5.html, 最后访问日期2008年1月5日。

的宿敌由于俄罗斯自身的变化而消失。这意味着俄罗斯所处的国际环境大为改善，来自外部大规模进攻的可能性减少。因此，俄罗斯决策者认为，没有必要保留如此多的毁灭性武器。地球只有一个，能够消灭一次和一百次是同样的效果，只要保持足够即可。另外，即便是俄罗斯如此大规模地削减核武库，它依然是唯一能够和美国相抗衡的核大国。

而另一个重要原因是，俄罗斯的国内经济状况使然。常年的军备竞赛拖垮苏联的现实使俄罗斯认识到，自己无法消受苏联的这份既令人生畏又令人渴望的核遗产。独立后的俄罗斯，其经济实力无法与苏联相比，俄决策者看到，即使是苏联时期，庞大的核武库也使其不堪重负，这也是戈尔巴乔夫被迫妥协同美国进行核裁军的一个重要原因。而俄罗斯更是难以承载这样的压力。叶利钦曾经感叹"臭名昭著的核均衡"，就是这种均衡战略将苏联绑在同美国进行军备竞赛的战车上，导致大量的经费用于军事建设，而忽略了人民生活的改善，忽略了经济发展，进而加速了苏联灭亡的进程。1992 年 6 月 16 日，叶利钦访问美国期间，俄美两国领导人达成进一步削减核武器协议后，叶利钦毫不掩饰地说，"新协议表明了俄罗斯与美国之间政治和经济关系发生了根本性的变化……俄罗斯承担不起同美国进行军备竞赛……"[1] 在同美国签署了《第二阶段削减战略武器条约》后，俄罗斯总统说，俄美双方均认为，该条约不会给彼此造成任何损失，也不会给第三方带来危害。[2] 从叶利钦的感言中，我们可以看出，俄罗斯并不认为自身的"让步"是吃亏了，相反，叶利钦认为这更符合其国家利益。因此说，如果选择走西方的资本主义民主道路使俄罗斯主观上放弃同西方对抗的思想而主动大幅削减核武库，那么对国内外形势的分析和对自身实力的评估则在客观上促使俄罗斯必须大幅削减核武器。

（三） 换取西方国家经济援助的代价

独立初期的俄罗斯陷入经济危机的泥潭。在其经济发展的链条上，最严重的问题是资金链出现断裂。为尽快摆脱经济危机，实现国家经济顺利转轨，俄罗斯必须寻求西方国家对其经济改革的支持，为其提供大量的资金援助。而取

---

① 梅孜主编《美俄关系大事实录（1991 - 2001）》，时事出版社，2002，第 399 ~ 400 页。

② Совместная пресс-конференция президентов России и США（3 января 1993г.），*Дипломатический вестник*，No1 ~ 2, 1993г.

得西方国家支持的前提就是消除其对俄罗斯的顾虑。而消除其顾虑的最好办法就是大幅削减令西方国家惧怕的核武库。这样，以牺牲同美国的"核均衡"为代价便成为自然。俄罗斯向美国的"让步"也的确得到了一定的回报。西方国家着实也在一定程度上积极为俄罗斯等前苏联的加盟共和国提供了大量的经济援助。美国国务卿贝克在参议院外交委员会作证时说，如果美国现在不花费几十亿美元帮助前苏联各共和国，今后也许不得不花数万亿美元来应付出现的威胁。贝克说："苏联的崩溃提供了百年不遇的在全世界实现美国的利益和价值观的机会。"① 时任美国总统的布什在一次演讲中也表示出类似的观点，他警告人们注意核武器的威胁。他说，俄罗斯和伊拉克均有核武库。有些人认为，对共产主义的伟大胜利证明美国已完成了它在世界上的工作，这种观点"在我们的利益和理想仍然受到威胁的世界上很可能是灾难性的"。老布什敦促国会尽快通过他提出的援助俄罗斯和前苏联其他共和国的一揽子计划。他说，他提出援助独联体国家 40 亿~60 亿美元的计划，对于确保一个较为安全的世界来说是必不可少的。他称，他所提出的援助意义重大，但这只是美国用来进行并赢得"冷战"的 4 万亿美元中的一小部分。②

1992 年 6 月 12 日，美国的前总统尼克松在《纽约时报》上发表文章说，俄罗斯总统叶利钦 6 月 16 至 17 日来美参加首脑会晤，不是谋求施舍，而是建立基于共同的民主价值观念的新伙伴关系。美国必须抓住这个机会，不仅是由于我们的理想，而且是由于我们对和平与进步的关心。那些对叶利钦总统致力于民主制和自由市场改革提出疑问并敦促西方同俄罗斯保持一定距离的人们犯了一个可悲的错误。叶利钦总统是历史上最亲西方的俄罗斯总统。因此，美国应该带领西方同新俄罗斯建立为经济发展的伙伴关系。与此同时，国会应该停止拖后腿，并通过布什的支持自由法案。如果我们能够将我们的援助同俄罗斯的改革联系起来，我们就会使叶利钦在这场战斗中有施加更大影响的力量。③
1993 年 3 月 24 日，美国总统克林顿在会见俄罗斯外长科济列夫时说，推动俄罗斯成为一个民主国家，使其朝着市场改革方向前进并使它继续保持民主制度

---

① 梅孜主编《美俄关系大事实录（1991－2001）》，时事出版社，2002，第 392 页。
② 梅孜主编《美俄关系大事实录（1991－2001）》，时事出版社，2002，第 30 页。
③ 梅孜主编《美俄关系大事实录（1991－2001）》，时事出版社，2002，第 31~32 页。

将能够使美国人民节省数十亿美元的钱，如果美国能够继续使世界非核武器化，美国就不必把这些钱用来保留一个核武库。这对美国而言是一笔很好的投资。[①] 为此，美国等西方国家决定为俄罗斯提供大量的援助：1992 年 6 月，决定向俄罗斯提供 240 亿美元的贷款；1994 年 4 月，决定向俄罗斯提供 430 亿美元的贷款。

从此，可以看出，俄罗斯的让步也着实得到了美国人的一定信任和支持。那么俄罗斯在核裁军方面是否真的忽略了其国家利益，仅是为向美国示好呢？并非如此。俄罗斯之所以这样做，是由国家利益观决定的，是符合其国家利益、符合俄罗斯的现实的。因为俄罗斯当时的经济现状促使它必须大规模裁减核武库，否则它将难以承担巨额的维护费。可以说，此时庞大的核武库已经是俄罗斯的一个沉重负担。而主动与美国共同进行裁减战略武器，对俄罗斯具有重要意义。一方面可以减轻其维护核武库的负担，另一方面不至于使俄美两国核武器的优势向美方过于倾斜，可以给予国内民众一个说法，同时也能够赢得西方国家对俄罗斯的信任，进而对俄罗斯提供援助。

二　在热点问题的处理上配合美国的原因分析

在热点问题的处理上，竭力迎合美国，依然是俄罗斯国家利益观使然。可以说，从外交行为来看，俄罗斯的确在一些地区热点问题的处理上与西方保持了一致性。但这种一致性未必真正损害了俄罗斯的国家利益。对国家利益的考量，除了认定什么是国家利益、怎样维护国家利益外，还要考虑国家利益取得的成本收益问题。当其成本大于或等于其收益的时候，那么，就未必要争求这种利益了。

（一）对波黑问题的处理原因

波黑问题的处理，是人们判定俄罗斯向西方"一边倒"的重要依据，认为俄罗斯为了迎合西方国家抛弃了其传统的战略利益区，抛弃了自己的斯拉夫兄弟，损害了俄罗斯的国际形象。对此，我们首先要考察一下，俄罗斯为何这样做，难道又仅仅是向西方国家"示好"？笔者认为，"示好"只是其中一部

---

① Визит А. В. Козырева в США，*Дипломатический вестник*，№7 ~ 8，1993г.

分原因，更为重要的是俄罗斯基于其安全环境做出的判定。此时的俄罗斯地缘战略思想相对于苏联时期要淡漠得多，既然不再同西方国家对抗了，那么巴尔干地区的地缘战略利益也就相对弱化了。因此，俄罗斯不再像苏联时期那样将巴尔干半岛视为其重要的战略利益区，同西方进行争夺。

另外，波黑地区的确造成了重大的人道主义灾难。在各方调解无果的情况下，制裁自然成为向波黑塞族施压、促使其走上谈判桌的唯一方式。刚刚独立的俄罗斯对人权极其重视。俄罗斯抛弃社会主义制度的一个重要理由就是，在苏联时期，以斯大林为首的共产党严重地违反了人权，杀害了大批的苏联民众。而对波黑塞族违反人权的事件，俄罗斯的确持否定态度。在其他方式不能奏效的情况下，赞同给予其相应的惩罚，自然是情理之中的事情。

在波黑问题的处理上，俄罗斯并非始终与美国等西方国家完全保持一致。1994 年 2 月，当北约对波斯尼亚塞尔维亚人发出最后通牒，要求其撤出对准萨拉热窝的重炮，并威胁否则将对其进行轰击时，俄罗斯与北约出现分歧，明确表示反对空袭。在国际事务中，大国对待同一问题看法不一致原本是正常的事情，但是俄罗斯同美国此时在波黑问题上不一致的原因，主要不在于对待该问题的态度，而在于对问题的处理方式上。俄罗斯关心的不是波斯尼亚斯拉夫兄弟的命运，而是不要将俄罗斯排除在该问题的处理之外。在 1993 年 5 月俄美两国因由谁来主导波黑问题的处理而出现分歧。俄罗斯主张由联合国安理会来处理波黑问题，美国主张由北约来主导，俄罗斯随即表达了对波黑问题的不同观点。而在 5 月 22 日，美国国务卿克里斯托弗邀请俄、英、法和西班牙等国外长来华盛顿共同磋商波斯尼亚问题，俄罗斯突然改变态度，表示赞同美国的观点。五国外长很快达成一致，并发表了盟国关于波斯尼亚问题的联合公报。公报指出，与会国家深为关注的是，波黑冲突正在继续，我们将继续做出刻不容缓的努力来帮助扑灭这场恐怖的战争，使问题得到持久而公平的解决。在立即采取的最能产生效果的步骤上，我们的观点是一致的，这些步骤应有利于实施安理会有关决议和制定下一步的方案。美、俄等国外长还在会议上一致同意在波黑建立非战斗的安全区，而这恰恰是俄罗斯先前所不同意的。1994 年 2 月初，在北约对波黑塞族发出最后通牒时，俄罗斯总统叶利钦对此表示不满。但这种不满并非针对北约允许美国提出的对波黑塞族进行武力惩罚问题的本身，而是俄罗斯不希望西方国家绕过俄罗斯，将其排除在波黑问题的处理之外，这点从叶利钦与克林顿的电话内容可以看出。叶利钦说，空袭计划需要联合国的批准，北约没有批准进行这种空袭的权力。而当俄美两国领导人通过热线电话沟通后，俄罗斯的态度马上发生了变化。1994 年 2 月 11 日，俄罗斯总统新闻处表示，两国总统在交谈中发现，双方调解这一地区冲突的立场是相似的。4 月 11 日，叶利钦针对北约飞机轰炸了波黑塞族阵地一事发表声明说，美国无权单方面做出轰炸波黑塞族阵地的决定。他过去和现在都坚持认为，未经美国与俄罗斯事先磋商不得做出轰炸塞族阵地这样的行动。在这个问题上"一切都应符合联合国的决议"。① 4 月 16 日，美国国务卿克里斯托弗与俄罗斯外长科济列夫针对波黑问题在日内瓦举行会谈后，双方表示，两国在波黑问题上的目标是一致的。科济列夫强调，波黑冲突只能通过政治途径来解决，军事手段是在极端情况下使用的极端手法。在回答关于塞族是否应让出部分土地的问题时，他说，冲突各方应在政治解决的框架内通过谈判就有争议的问题达成妥协，包括塞族让出一部分领土的问题。② 这恰恰也是北约对波黑塞族的要求。

（二）对其他地区热点问题的处理原因

在朝鲜半岛核问题的处理方面，俄罗斯基本上是紧随美国政策。其中原因主要也在于其对该问题的利益分析。首先，俄美的目标是一致的，均不希朝鲜成为核国家；其次，俄朝关系在戈尔巴乔夫执政后期就已经因为苏联与韩国建交而恶化，这也决定了俄罗斯难以支持朝鲜；再次，俄罗斯希望得到韩国在经济上的支持和援助，必然不会支持朝鲜；最后，意识形态差异使俄罗斯产生了对朝鲜的排斥心理。

虽然在这个阶段，俄罗斯在该问题上总体而言是持美国的态度。但是俄罗斯有时尤其是在 1994 年之后，也开始对美国朝鲜半岛核问题的处理提出批评。1994 年 6 月 16 日，俄罗斯外长科济列夫在莫斯科接受采访时，批评美国驻联合国代表团散发的安理会关于解决朝鲜半岛局势的决议草案，说该

---

① 梅孜主编《美俄关系大事实录（1991－2001）》，时事出版社，2002，第 434 页。
② 梅孜主编《美俄关系大事实录（1991－2001）》，时事出版社，2002，第 434～435 页。

项草案违背了俄美两国总统谈话时达成的协议。而在其与美国国务卿进行电话交谈后则说，现已非常明确地约定共同采取行动，共同制定决议草案，而不是单方面提出建议。科济列夫说："单方面散发这种决议草案，就使我们很难讨论这个文件。""我们绝不会支持不预先同我们商量就得出的一系列制裁。"而在几天之后，俄罗斯的态度便发生了变化。俄罗斯外长科济列夫再次会见新闻记者时说，俄罗斯正同美国密切合作，起草一个关于朝鲜核危机的新决议。联合国前些时候讨论的要求对平壤实行制裁的决议草案曾引起俄美之间关系的紧张，但是分歧已经解决。科济列夫说，他已经收到美国前总统卡特访问朝鲜的报告文件。尽管现在朝鲜还没有核武器，可能在不久的将来制造出来。如果对朝鲜获得核武器的企图视而不见，那么具有核潜力的其他国家就可能仿而效之。① 这表明，俄罗斯真正目的不在于是否制裁、如何制裁朝鲜，而在于俄罗斯自认为是个大国，不希望美国将其排除在国际热点问题的解决之外。

俄罗斯在伊拉克问题上采取与美国配合的态度，一方面是为向美国等西方国家示好，另一方面是因为俄罗斯地缘政治思想理念的弱化。独立后的俄罗斯因对国际环境的乐观看法及对西方国家的友好观念使得其占据优势地缘战略据点的想法减弱，这削弱了其对伊拉克的重视。另外，俄罗斯在该问题上也有与西方国家尤其是美国不同的看法，但从其表现来看，无非是希望赢得美国对俄罗斯的重视，寻求与美国等西方国家平等的大国地位。

三 允许西方国家介入俄罗斯内政的原因分析

关于允许美国等西方国家介入俄罗斯内政的问题，笔者认为，这与俄罗斯此时将走资本主义道路，坚持西方的民主、人权和自由市场的价值观作为其国家发展方向及将其视作国家重要的利益有关。国际社会普遍将政治独立作为一个国家的重要利益，主权国家通常情况下不会允许他国介入本国的内部事务。不干涉他国内政也是国际关系的一个基本准则。但对于俄罗斯的执政者来说，此时他们非但不认为美国的介入是对俄罗斯国家利益的损害，反而认为美国等

① 梅孜主编《美俄关系大事实录（1991－2001）》，时事出版社，2002，第 73、74 页。

西方国家的介入在一定程度上能够推动俄罗斯的政治经济改革。俄罗斯之所以在独立初期允许美国介入其内政，原因主要有以下几个方面。

（一）资本主义民主道路的选择削弱了俄罗斯对西方国家介入其内政的警惕性

独立初期，俄罗斯的一个重要目标就是走资本主义民主道路，快速实现政治经济转轨。而制度选择的同一性和价值观念的相似性，使得俄罗斯主动向西方靠近。选择资本主义民主道路的俄罗斯认为，其与西方国家无论是在政治制度还是在意识形态方面的差异均不存在，昔日双方对抗的因素自然消失，所以对西方国家"友善"的干涉不再像苏联时期那样保持高度警惕性。另外，由于历史传统原因，俄罗斯缺乏资本主义民主经验，无论是在政治还是在经济改革方面，必须向西方学习，需要西方国家的"指导"和"帮助"。总之，与西方国家发展道路的一致性和向西方学习的意愿及对西方介入俄罗斯内政动机的美好解读，在一定程度上消除了俄罗斯对西方国家干涉其内政的顾虑。

1992 年 10 月 5 日，美国负责欧洲事务的助理国务卿马斯·奈尔斯在乔治·华盛顿大学演讲时说："尽管俄罗斯缺少民主的传统，但是，在俄罗斯和其他新兴的国家，正在发生积极的变化，按照西方的标准建立一个保护人权和自由的、起作用的民主体制的工作正在进行之中，并且正在为人们注视着。这是个具有重大历史意义的事业，美国及世界上其他的国家不能不给予支持。"① 1993 年 3 月 22 日，在俄罗斯议会与政府发生对抗，叶利钦总统宣布全国进行紧急状态管制之后，美国国务卿克里斯托弗发表讲话说："我们欢迎叶利钦总统的保证，即公民自由将得到尊重，包括言论自由和新闻自由，我们也欢迎他坚决反对帝国主义和'冷战'政策的做法。"同时克里斯托弗警告说，如果俄罗斯"陷入无政府状态或是倒退到专制主义，那么我们付出的代价可能是惊人的。……美国政府对俄罗斯民主发展的支持必须是持久的。"② 从此可以看出，美国干预俄罗斯内政的一个重要目的是促使俄罗斯走资本主义民主道路，不希望俄罗斯再走回头路。而走资本主义民主道路，坚持民主、自由、人权及市场自由，

---

① 梅孜主编《美俄关系大事实录（1991 - 2001）》，时事出版社，2002，第 37 页。
② 梅孜主编《美俄关系大事实录（1991 - 2001）》，时事出版社，2002，第 45～46 页。

恰恰是俄罗斯的选择，符合俄罗斯决策者的国家利益观。也就是说，美国在俄罗斯国内改革方面与俄罗斯的目标具有一致性。因此，俄罗斯对美国的介入并不反感。因此，从某种角度而言，俄罗斯决策者此时在一定程度上希望得到美国等西方国家的这种有限的介入。可以说，这种干预往往被俄罗斯决策者解读为是对其政治上的支持。

（二）寻求经济援助的政治代价

俄罗斯在经济方面对西方国家援助的需求，在一定程度上决定了其在政治领域向西方进行某种权力的让渡。常言道，"对人有求，必低于人。"俄罗斯欲寻求西方国家的经济援助，必然要在各方面符合西方国家的利益。一个国家的政治与经济改革是彼此制约、相互联系的。俄罗斯在经济上获取西方国家援助的一个重要前提是按照西方的要求进行经济改革。很多时候，俄罗斯的某项经济指标达不到西方国家的要求，便得不到其援助，哪怕是已经允诺的援助。这个阶段西方国家许诺给俄罗斯的援助要远远超出其兑现的数额，原因之一便是俄罗斯没有到达西方国家的要求。虽然西方国家在作出对俄罗斯进行援助的决定时，对俄提出的多是经济指标方面的要求，但是往往许多经济指标与政治改革紧密相连，因此俄罗斯在政治领域必然在一定程度上按西方国家的希望行事，以换取对方的认可。另外，俄罗斯在很多时候主动向西方国家通报其国内改革的情况，这在一定程度上是期望取得西方国家的理解与支持。

为了取得西方国家对俄罗斯经济改革的支持，俄罗斯在政治改革方面如有大的变动，往往事先向美国通报。在政府官员任命上，有时也考虑西方国家的意愿。1992 年 6 月，叶利钦访问美国，临行前在机场上宣布一项任命书，委任因改革而备受国内压力的、西方国家青睐的盖达尔为俄罗斯部长会议代主席。叶利钦在其《总统笔记》中说："在国家政治生活中心出现了另一个经济问题：关于国际货币基金组织向我国提供大量贷款的问题，关于建立稳定的卢布基金的问题。西方专家们一直特别重视盖达尔的作用。"[①] 俄罗斯著名作家列昂尼德·姆列钦这样评价叶利钦的这一举措："……在机场上叶利钦对前来

---

① 〔俄〕鲍里斯·叶利钦：《总统笔记》，李垂发、何希泉等译，东方出版社，1995，第 244 页。

的记者们宣布了上述决定，这是促进他访美成功的一个强有力的姿态。"①
1992 年 11 月 4 日，叶利钦向刚刚当选的克林顿总统发去贺电，他表示，希望
美国新政府本着俄美两国对民主、法制、尊重人权和基本自由理想的追求，继
续积极支持俄罗斯的改革，支持俄罗斯建立市场经济的基础。在 1994 年初克
林顿访问俄罗斯的过程中，叶利钦主动向其说明本国经济改革的极力推动者盖
达尔可能辞职，同时保证不会因其辞职而停止改革进程。总之，为寻求西方国
家对俄罗斯的经济援助，俄罗斯在政治改革方面必然考虑西方国家的意愿。

（三）国内政治斗争的需要

俄罗斯允许美国等西方国家在一定程度上介入其内政，还有一个重要原
因，那就是西方国家对其内政的干涉，主要是支持俄罗斯的执政者，支持俄罗
斯政府，反对俄政府的反对派。在叶利钦与议会发生争端时，美国等西方国家
往往是站在俄罗斯政府一边。

在俄罗斯国内政治危机日趋严重、政府与议会的矛盾日渐突出时，西方国
家往往采取支持政府的态度。1992 年 11 月 29 日，美国驻俄罗斯大使斯特劳
斯在接受美国有线新闻网采访时说，随着俄罗斯总统叶利钦的改革措施一天天
临近严峻的考验，布什总统和当选的克林顿不久将公开表示支持叶利钦。斯特
劳斯大使还敦促克林顿，在叶利钦采取措施巩固权力时，立即支持正在俄罗斯
发生的重要演变。② 在俄罗斯举行人民代表大会的前一天，白宫发言人菲茨沃
特说，在俄罗斯准备举行人民代表大会之际，布什在白宫通过电话对叶利钦
说，"我们支持你和你的主张。"菲茨沃特说，布什向叶利钦强调了美国方面
将保持连续性，不会放弃对俄罗斯政府的坚决支持。菲茨沃特说，总统支持西
方国家继续为援助俄罗斯人民建设一个民主的社会做出协调一致的重大努力，
因此总统认为，美国和其他国家在这个关键时刻必须尽一切可能支持俄罗斯政
府。同日，俄罗斯总统新闻秘书科斯季科夫对俄通社－塔斯社记者说，俄罗斯
总统叶利钦收到美国当选总统的信函。克林顿在信中表示，支持叶利钦在推动
国内民主和经济改革以及寻求加强美国和俄罗斯之间的合作途径等方面所做的

---

① 〔俄〕列昂尼德·姆列钦：《权力公式——从叶利钦到普京》，徐葵等译，新华出版社，2000，
第 362 页。
② 梅孜主编《美俄关系大事实录（1991－2001）》，时事出版社，2002，第 39 页。

努力。就职以后，他愿意同叶利钦总统在密切的伙伴关系中共事，实现这些目标。[1] 1993年4月23日，在俄罗斯针对叶利钦举行全民公决的信任投票的前一天，克林顿在华盛顿举行记者招待会，称赞叶利钦是"一位真正的民主主义者"。随后，白宫公布了一份声明，宣布采取措施，将尽快重新评价"限制高技术出口的'冷战'机器——多边出口控制协调委员会"（巴黎统筹委员会）的前途，支持一项增加对俄援助18亿美元的一揽子计划。正是美国对俄罗斯内政的干涉表现为其对俄罗斯政府的支持或与俄政府的执政理念的一致性，才得到俄罗斯执政者的默许。一旦美国对俄罗斯内政的干涉表现在支持政府的反对派时，俄罗斯便表示坚决反对。1994年3月7日，美国前总统尼克松访问俄罗斯，会见了被解职的俄罗斯前副总统鲁茨科伊、极端民族主义代表日里诺夫斯基和政府的反对派领袖俄罗斯国家杜马共产党人议会党团领导人久加诺夫后，叶利钦表示拒绝接见尼克松。他说，尼克松会见了鲁茨科伊、久加诺夫，最有意思的是，他又来会见我。我不会接见他，政府不会接见他。但愿他明白，俄罗斯是个大国，绝不允许有人这样戏弄它。[2] 可见，俄罗斯允许西方国家干涉其内政的前提条件是，其介入要有利于政府一方，否则也是坚决反对其干涉俄罗斯内政的。

四　允许西方国家介入独联体事务的原因分析

（一）对独联体核问题

俄罗斯主动邀请美国参与独联体核问题的解决，主要有两方面原因：其一，俄在苏联核武器遗产方面的立场与美国等西方国家利益一致，双方均不希望在苏联地区出现除俄罗斯以外的核国家；其二，仅凭俄罗斯自身的力量难以推动其他三国尽快实现无核化。

俄罗斯、白俄罗斯、乌克兰和哈萨克斯坦四国在核武器处理问题上的态度一开始就存在较大差异，后经各方反复协商，矛盾才有所缓和，但分歧依然存在。为了使其他三国尽快交出核武器，俄罗斯一再向独联体国家尤其是白俄罗

---

[1] 梅孜主编《美俄关系大事实录（1991－2001）》，时事出版社，2002，第40页。
[2] 梅孜主编《美俄关系大事实录（1991－2001）》，时事出版社，2002，第66～67页。

斯、乌克兰和哈萨克斯坦承诺将与之平等相处，不在独联体内谋求大国地位和统治权。但是这三个国家均有获得核武器国家地位的想法，始终以种种借口拒绝将核武器移交给俄罗斯。这导致俄罗斯企图完全控制苏联核遗产的期望有落空危险。因此，俄罗斯希望借助外力对白俄罗斯、乌克兰和哈萨克斯坦施加压力，迫使其尽快交出核武器。由于美国等西方国家对独联体境内的核武库也十分担心，所以在依靠自身力量无法推动独联体有核国家弃核的情况下，联合美国共同促使其放弃核国家地位是俄罗斯最好的办法。

另外，将乌克兰、白俄罗斯和哈萨克斯坦境内核武器转运到俄罗斯进行销毁，是一个复杂问题，其中最重要的是需要大量经费，这对捉襟见肘的俄罗斯来说是非常困难的。而将西方国家，尤其是美国捆绑到独联体核遗产问题的处理上，便可以找到一个为俄罗斯争夺核遗产的埋单国。在解决该问题的过程中，美国的确为乌克兰、白俄罗斯和哈萨克斯坦三国提供了大量的援助，从而促进了独联体境内核武器问题的解决。

（二）　与西方国家共同参与独联体事务

俄罗斯允许西方国家参与独联体事务，主要有以下几点原因：其一，俄罗斯在独立初期，摒弃了过去的"冷战"思维，弱化了那种地缘政治思想，并未认识到独联体国家对俄罗斯的重要性。其二，俄罗斯为国内政治经济形势所迫，几乎将所有精力都放在政治经济改革上面，而对于其所认为的"包袱"唯恐避之不及，无暇更无心顾及。其三，俄罗斯建立独联体初期，其目的是和平、顺利"分家"，也就是说独联体是苏联"和平式离婚"的产物，俄罗斯无心经营。其四，此时狂热追求资本主义民主制度的俄罗斯，也希望独联体国家同样发生民主变化，而西方国家的介入恰恰能够促进这些国家向西方自由世界靠近。其五，此时的西方国家，尤其是西欧国家也没有以独联体制衡俄罗斯的理念。只是希望独联体国家不要乱，避免大规模杀伤性武器的扩散。另外，此时西方国家对俄罗斯给予了大力支持，俄罗斯无理由对其存有戒心。因此，虽然在这个阶段俄罗斯曾经多次说独联体国家是其外交的优先发展方向，但是在实际操作中，对与自己联系不大的问题往往是持淡漠态度，对于外部势力的介入自然不甚关心。

对于独联体地区国家发生的民族独立和独联体国家间的冲突，尤其是与俄罗斯紧密相连的南奥塞梯冲突和阿布哈兹问题，俄罗斯则采取介入态度。虽然俄罗斯在 1993 年之前对格鲁吉亚两个民族独立地区私下采取支持态度，但是始终声明赞同保持格鲁吉亚的领土完整。而西方国家对俄罗斯该观点也持支持态度。因此，俄罗斯与美国等西方国家能够在该问题上进行合作。对于纳卡问题，俄罗斯采取支持亚美尼亚的态度。而美国有大量的亚美尼亚裔居民，这些人在美国能量很大，经常游说议会制裁阿塞拜疆，支持亚美尼亚。这与俄罗斯在该地区的政策具有一定的相似性，因此双方在该问题上具有一定的合作基础。

综上所述，俄罗斯在这个时期的外交政策向西方"一边倒"有着深刻的原因。在对很多事情的处理上，并非完全为了讨好西方国家，更主要的是俄罗斯的决策者认为这样做更符合其国家利益。对此国内外均有争议，究其原因是每个人对俄罗斯国家利益判定的结果不同，即使具有相似的判定，但其维护国家利益的手段也存在差异。可以说，对俄罗斯独立初期的外交政策具有争议是正常的，任何一个国家在国内政治大变革的时候，其外交政策必然也会出现相应的变化。况且，苏联的垮台如此迅速，执政者面临一个全新环境，这使其很难快速对本国进行准确的国际定位。其外交政策也可能更多的是凭感觉、随形势变化的"应急"外交。正如俄罗斯外长伊·伊万诺夫所说，苏联政治体制的崩溃是那样突然和急速，以至于无论是国家领导人还是俄罗斯社会，当时都没有也不可能形成国家今后发展道路的完整概念，包括其对外政策方针。[①] 另外，对自身先前制度的彻底否定和抛弃，必然使俄罗斯外交带有一定的情感色彩，难免在国家利益的判定和外交政策的施行上夹杂良好的愿望。

---

① 〔俄〕伊·伊万诺夫：《俄罗斯新外交——对外政策十年》，陈凤翔等译，当代世界出版社，2002，第 4 ~ 5 页。

第三章　主张多极化外交时期俄罗斯的国家利益观及对其外交政策的影响（1994 年末～1999 年末）

世界多极化是"冷战"结束后国际社会发展的一个基本趋势，人们常说的世界多极化往往指世界政治多极化的格局。格局是现实力量的配置与组合，世界政治格局是以综合国力对比为基础。在当今世界，格局更多表现为主权国家或国家集团之间现实力量的综合对比与配置组合。"极"是西方学者在理论上区分世界政治格局的不同类型的一个概念。他们指出，那些能够深刻影响国际事务的主要主权国家或国家集团，构成国际政治中的"极"。在国际社会中，占支配地位的力量中心的数量，决定着世界政治格局是单极体系、两极体系，还是多极体系。在世界多极化的发展趋势中，美国、欧盟、日本、俄罗斯、中国等几大政治力量相对突出。它们之间彼此竞争、互相借重、互相制衡，但其战略力量的对比十分不平衡。美国作为当今世界上唯一的超级大国，在全球的政治、经济、科技和军事等方面具有明显优势。从 20 世纪 90 年代至今，国际格局虽然向多极化趋势不断推进，但至今并未真正形成，一超多强依然是国际格局的基本态势。

所谓多极化外交政策，是指针对"一超多强"国际格局的基本态势，力图借助自身实力，运用各种手段，以阻止超级大国推行霸权使世界向单极化趋势发展的意图的外交政策。这种外交政策主张在处理国际事务时，大国间平等合作，反对一国或少数国家垄断国际事务，主张联合国在国际重大事务的处理中起主导作用。俄罗斯独立初期的"一边倒"外交政策受阻后，便改变了其外交政策理念，日益强调世界多极化的发展趋势。在外交上，俄罗斯以多极化外交思想推行其外交政策，强调世界并非由一个国家来主宰，而应通过大国协商的方式来处理国际事务。这个时期，俄罗斯越发强调其大国地位，更加积极主动地介入地区及国际事务，推行全方位、多样化外交，以努力构筑新型大国伙伴关系的基本架构，进而扩大国际影响，提升国际地位。

第一节　主张多极化外交时期俄罗斯的国家利益观

俄罗斯独立之初向西方"一边倒"的外交政策没能换取西方国家的完全信任，尤其在俄罗斯国内政治天平出现"左倾"后，西方国家对俄罗斯的警惕性与遏制心态进一步增强，这使俄罗斯决策者深感不快。同时，自身的"让步"与"示好"，又没能完全换来西方国家所允诺的经济援助，西方国家"口惠而实不至"的表现积蓄了俄罗斯的不满。而北约东扩则进一步激化了俄罗斯与西方国家的关系。针对北约东扩，俄罗斯外长科济列夫表示坚决反对，认为这同北约倡议的"和平伙伴关系"计划相矛盾，有损俄罗斯的安全利益。科氏宣布，俄罗斯暂不同北约签署"双边军事合作文件"与"建立定期公开磋商制度框架文件"。在 1994 年 12 月的布达佩斯会议上，叶利钦严厉地批评了西方国家坚持北约东扩的理念。他指出："欧洲没有成功摆脱'冷战'遗产，陷入了一种'冷和平'的状态。"他说："一个国家主宰世界的想法是可怕的，军事联盟不可能保障长久的安全。"并指责西方国家进行北约东扩是"播种不信任的种子"。他警告说，"北约东扩将导致出现两个集团、两个阵营有重新开始'冷战'的危险，也有可能使欧洲重新燃起战火。"[1] 克林顿对此予以回应，表示北约之外的国家无权对北约东扩发表意见。[2] 叶利钦愤然离开布达佩斯，俄罗斯的"一边倒"外交政策至此终结。

随着时间的推移，俄罗斯与西方国家的矛盾日渐增多。西方国家对俄罗斯的态度使其进一步认识到，俄罗斯的利益并非与西方国家始终一致，西方在国际事务的处理上，不会主动考虑俄罗斯利益，俄罗斯不能总以与西方国家进行合作

---

① Выступление Б. Н. Ельцина на Встрече глав государств и правительств стран-членов СБСЕ 5 декабря 1994г. *Дипломатический вестник*, №1, 1995г.

② 学刚、姜毅主编：《叶利钦时代的俄罗斯（外交卷）》，人民出版社，2001，第 142 页。

的方式来寻求其国家利益，必须自行争取。另外，由于国内政治天平发生"左倾"，俄罗斯国内，尤其是国家杜马对叶利钦亲西方的政策越发不满。因此，俄罗斯日益开始强调其外交政策的独立性，外交姿态明显较先前更主动、强硬，加大了同西方国家抗争的力度。在伊拉克问题、朝鲜核问题、伊朗核问题及南斯拉夫等一系列问题上与西方国家展开激烈角逐。在外交事务的处理上，俄罗斯更加强调以本国利益为出发点，强调自己的特殊利益区域，修正了将西方发达国家作为其外交政策的最优先发展方向的政策，开始进行全方位外交，进一步加强同中国关系，逐步恢复与印度等国的传统盟友关系。同时，俄罗斯拒绝美国等西方国家干预解决车臣问题，极力反对美国和北约绕开联合国来处理国际事务。

这个阶段，就时间而言，是从1994年末的布达佩斯会议到叶利钦辞职。其间，俄罗斯的国家利益观主要是：将坚持资本主义民主道路作为推动国家经济发展的动力源，继续将推进政治民主化、经济自由化作为国家发展战略目标，以确保国家改革的不可逆转；谋求推动世界向多极化发展，维护俄罗斯的大国地位；重新审视俄罗斯的外部环境，极力阻止北约东扩步伐，谋求改善日渐恶化的国际环境；变换维护国家利益的手段与途径，放弃"一边倒"的外交政策，不惜与西方国家进行抗争以谋求与外部世界建立平等的伙伴关系。

一 继续推进政治民主化、经济自由化的发展目标以确保国家改革成果

叶利钦执政的第一阶段，在执政理念方面，自由主义思想占据主导地位。他主张利用历史时机，参照西方资本主义社会的发展模式，对旧制度进行根本性变革，从而使俄罗斯融入西方文明世界。自由派认为，在政治领域，必须使俄罗斯完成从极权主义向民主的转变，走出"苏维埃野蛮"的死胡同；在经济领域，坚持市场自由，反对国家干预，实行价格完全自由化，支持推行大规模私有化政策；在外交领域，推行向西方国家"一边倒"的外交政策。而在叶利钦执政的第二个时期，更多地体现为欧亚主义思潮占主导地位，这种思潮介于自由主义与斯拉夫主义之间。强调坚持西方的市场自由和政治民主，但反对全盘照搬西方。在政治领域，一方面加强对政治极端势力的防范，另一方面呼吁最高权力机关"休战"、和解，扩大政府行动的政治空间。在外交政策方

面，主张实行全方位外交，且与西方保持对话。①

　　在叶利钦执政的第一个阶段，俄罗斯选择了西方资本主义民主式的发展道路，一切均以西方发达国家为样本推行改革。但西方式的民主道路并未使俄罗斯快速挤入发达国家行列，以西方为脚本的激进改革反而使俄国内政治经济状况日益恶化，尤其是国内政局愈发动荡。先前那种为选择西方民主道路而群情激奋的情形荡然无存，反对走资本主义道路的人日渐增多，反对派势力渐趋强大。俄罗斯面临改革退步的危险。另外，西方国家对俄罗斯社会形势"左倾"的变化表现出担忧，对俄罗斯的戒心日增，开始加快北约东扩步伐，以构建抵御俄罗斯"扩张野心"的新边界。面对国内的压力和西方国家对俄罗斯态度的变化，俄罗斯执政者一方面开始重新审视国家利益和修正其外交政策，另一方面依然坚持西方民主发展道路，继续推进国家政治经济改革，以确保改革成果。叶利钦在多种场合表示，俄罗斯依然会坚持政治民主和市场自由的资本主义发展道路。1995 年 5 月，俄美两国元首发表的联合声明表示，两国总统同意，应在尊重欧洲安全的原则和义务，特别是要尊重民主、政治多元化，尊重人权和公民自由，建立市场经济，严格尊重主权和领土完整及自决权的基础上寻求应对挑战的方式。② 1996年 2 月 23 日，刚刚上任的被西方国家视为具有明显反西方色彩的俄罗斯外长普里马科夫在欧洲理事会上也明确表示："俄罗斯将要继续坚持改革，以把我们国家建设成为一个能够保障人权的法制国家。……我刚刚以俄罗斯国家的名义签署了一系列确保国家坚持民主道路的文件。"③

　　虽然西方国家对俄罗斯持不信任态度，俄罗斯国内保守势力日渐增强，民主道路在一定程度上受阻，但是这并未改变俄罗斯执政者坚持西方民主道路的决心。俄罗斯决策者依然认为，坚持资本主义民主道路是其快速发展的唯一途径。只有坚持资本主义民主道路，俄罗斯的经济才能得到快速恢复，才能进入西方发达国家的"俱乐部"。因此俄罗斯领导人多次表示将坚持改革，继续走资本主义民主式的发展道路。1996 年 7 月 23 日，俄罗斯外长普里马科夫在第

---

① 潘德礼主编《十年剧变——俄罗斯卷》，中央党史出版社，2004，第 96～100 页。
② Совместное Российско-Американское Заявление, *Дипломатический вестник*, №6，1995 г.
③ Выступление Е. М. Примакова церемонии вступления России в совет европы, *дипломатический вестник*，№1，1996 г.

三次东盟地区论坛安全问题会议上说："我认为有必要强调的是，我们国家最近的总统选举已经表明，我们依然坚定不移地坚持社会民主的方针，继续发展市场经济。"① 不过，此时的民主道路与先前的"全盘照搬"西方有些不同。在执政初期，叶利钦与右翼所谓的"大西洋派"紧密结合，推行全盘西方化的道路。随着形势的变化，俄罗斯开始改变了那种民主制度全盘西方化的政策。叶利钦政府也逐渐拉开了与右翼势力的距离，使之成为政府的反对派。叶利钦说："在很长一段时间内我一直觉得亚夫林斯基是一个很棒而且很有影响力的人物。我曾想，会有那么一天，他将能够在自己周围聚集起强大的民主运动力量。……但是对于那些渴望生活在民主自由、秩序井然的俄国的人来说，亚夫林斯基想要给所有人上的'直观民主课程'的代价太昂贵了。"② 从这里我们可以看出，一方面叶利钦依然主张俄罗斯政治民主化、经济自由化，但另一方面，他看到了亚夫林斯基"全盘西化"的政治主张使俄罗斯付出了过高的代价。因此，俄罗斯决策者最终与右翼政党分道扬镳，重建一个走中派路线的新党——团结党，这意味着叶利钦政府在国家道路选择方面进行了调整。叶利钦在其日记中这样写道："如果'团结党'的领导人不浪费时间，不在杜马中做那些无聊的琐事，而是继续从事全俄罗斯运动力量的创建工作，那么，它一定会成为像西方国家存在的持中间路线的保守党那样的党派。"③ 团结党既不像俄罗斯共产党那样希望对现状再来一次革命，也不像右翼力量那样坚持照搬西方资本主义模式，而是主张在强国意识的引导下进行稳健的改革，将爱国主义、自由、正义作为其基本价值观，强化国家在经济改革和克服社会经济危机中的作用，反对激进主义和思想上的教条主义。

总之，俄罗斯在这个阶段依然将坚持资本主义民主道路，继续推进政治民主化、经济自由化作为其国家发展的既定目标，作为其国家利益的一个方面，也作为实现国家利益的一个途径。俄罗斯的决策者认为，俄罗斯若想快速发

---

① Речь Е. М. Примакова на 3-й сессии регионального форума АСЕАН по проблемам безопасности 23 июля, *дипломатический вестник*, №1, 1996г.

② 〔俄〕鲍里斯·叶利钦：《午夜日记——叶利钦自传》，曹缦西、张俊翔译，译林出版社，2001，第322~323页。

③ 〔俄〕鲍里斯·叶利钦：《午夜日记——叶利钦自传》，曹缦西、张俊翔译，译林出版社，2001，第407页。

展，必须沿着其选定的道路前行，只有这样才能保住已经取得的改革成果。不过，此时俄罗斯所坚持的国家发展道路与"一边倒"时期有所不同，已经在一定程度上体现出了俄罗斯特色。

二　谋求建立多极化世界以维护俄罗斯的大国地位

俄罗斯独立后，始终没有放弃大国理念。虽然在独立初期，俄罗斯实行向西方"一边倒"的外交政策，且在一定程度上甘做美国的"小兄弟"，但是俄罗斯实际上始终将自身定位为世界大国。1993 年 2 月 26 日，俄罗斯外长科济列夫在访问丹麦时曾明确表示："俄罗斯作为苏联的继承国，它承袭了其世界强国的全球性责任。"[1] 同年 3 月，俄罗斯外长科济列夫对《莫斯科新闻》负责人发表谈话时说："十分清楚，世界上的许多冲突局势正要求俄美两国协同行动。其他的力量中心目前还没有能力对中东、安哥拉或南斯拉夫这类'热点'地区的局势施加实际影响，单极世界显然是不可能形成的，尽管在俄罗斯和美国都有许多人在谈论这一点。多极世界可能会形成，但是它的组成部分尚未发挥作用。比如说，日本或中国也许能够成为多极中的一极，但是目前还没有人把它们看成与俄、美两国平起平坐的世界级选手。"[2] 1994 年 3 月 11 日，俄罗斯外长科济列夫撰文说"俄罗斯注定是一个大国"，"只能把俄罗斯当作一个享有平等地位的而不是低人一等的伙伴"，"一个超级大国与一个地区大国之间的关系，或者是一个大伙伴和一个小伙伴之间的关系，对我们来说都是无法接受的"。[3] 1993 年 4 月 23 日，叶利钦批准了《俄罗斯联邦外交政策构想》，《构想》指出，俄罗斯外交的优先发展方向之一是保证俄罗斯在世界影响力平衡中，在调节世界经济和国家关系的多方面进程中，起着与其大国地位相适应的作用。[4]

"一边倒"政策失败后，随着美国等西方国家对俄罗斯遏制力度的加强，尤其是国内极端民族主义思想抬头后，俄罗斯对自身在国际社会定位的感情色

---

① Выступление А. В. Козырева во внешнеполитическом обществе Дании, *дипломатический вестник*, №5~6, 1993г.

② 梅孜主编《美俄关系大事实录（1991-2001）》，时事出版社，2002，第 43 页。

③ 〔俄〕科济列夫：《有一种危险的错觉妨碍着建立伙伴关系》，《消息报》1994 年 3 月 11 日。

④ Концепция внешней политики Российсой Федерации, *Дипломатический вестник*, специальное издание, 1993г.

彩更加浓厚，强烈的自尊使其对昔日大国地位的怀念之情更加强烈。针对西方国家在处理国际事务时对俄罗斯的排挤，俄罗斯一再强调自身的大国地位，以求西方国家不要忽视俄罗斯的存在。普里马科夫担任外交部长后，多次强调俄罗斯是个大国，不能扮演跟在长机后面飞的僚机的角色。他对之前的外交政策提出批评说，在"冷战"结束后俄罗斯曾不现实地提出要同原来的对手结成战略同盟，并不惜一切代价要加入"文明国家"俱乐部，这不符合俄罗斯现阶段的利益，有可能使俄罗斯失去对外政策的独立性。俄罗斯应谋求与世界各国建立更加符合其地位和利益的平等伙伴关系。他强调，"冷战"结束后，两极对抗的世界向多极世界过渡的趋势得到发展，在这个多极世界中，俄罗斯应当成为一极，并且不参与到其他极中。① 普里马科夫认为，"冷战"结束后，世界已不再是两个阵营，而是出现了多极化趋势。但是"在这个过程中，总有人企图建立一个单极世界，使其他国家的利益服从某一个超级大国的利益，这是俄罗斯不能接受的"。② 他说，俄罗斯是正在形成的多极世界中无可争议的一极，是国际舞台上的"主要角色"，没有俄罗斯的参与，世界上任何一个重大事件都无法解决。③ 俄罗斯1996～2000年的总统行动纲领指出："自由民主的俄罗斯在国际社会的新的角色已经确立，俄罗斯是一个欧亚强国，它以其资源及独特的地缘政治地位成为一个巨大的经济发展和政治影响的中心。……俄罗斯是一个伟大的强国。在国际事务中扮演着重要的角色，没有俄罗斯的参与，所有关键性的国际问题都将难以解决。"④ 俄罗斯时任总理的切尔诺梅尔金也一再强调俄罗斯的大国地位，在杜马大会上，他说："没有我们国家的自然资源、经济和智力潜力，任何全球问题都将无法解决。对于欧洲来说，没有我们的参与，任何现实的安全问题都将无法解决。"⑤ 叶利钦在国家安全会议

---

① 〔俄〕普里马科夫：《俄罗斯不会扮演僚机的角色》，《劳动报》1996年6月26日。

② 〔俄〕普里马科夫：《多极世界出现在地平线上》，《独立报》1996年10月22日。

③ E. M. Примаков: Об основных направлениях российской внешней политики в 1997 году, *Дидипломатический вестник*, №7, 1998г.

④ Из программы действий на 1996－2000 голы Президента Р Ф Б. Н. Ельцина, *Дипломатический вестник*, №7, 1996г.

⑤ Выступление В. С. Черномырдина в Государственной Думе Федерального собрания Российской Федерации, *Дипломатический вестник*, №9, 1996г.

上也对俄罗斯的大国地位进行了详细阐述，他说："我们国家规模宏大，其经济、人口、智力潜能和它在欧亚大陆独特的战略地位，以及几乎能够提供自身发展的所有的原料和自然资源使俄罗斯成为重要的世界中心。……俄罗斯保留着苏联五分之四的领土和二分之一强的人口。就其政治意义、经济及军事技术潜力和对国际事务影响的进程而言，作为安理会常任理事国，俄罗斯属于强国之列。"①

俄罗斯对自身大国的定位，必然促使其寻求与其身份相符的国际权力和国家利益。俄决策者指出，作为世界性大国，俄罗斯有权参与任何国际事务的处理，坚决反对美国等西方国家在处理国际事务时排挤俄罗斯，认为这严重损害了其国家利益。为此，俄罗斯要求对国际权力进行合理分配，反对由一个国家或国家集团主宰国际事务，反对单极世界及已经是单极世界的说法。俄罗斯认为两极格局被打破后，世界正向多极化趋势发展。叶利钦执政的第二个阶段也多次强调多极化的理念。1996 年 5 月 12 日，叶利钦在外交部发表题为《俄罗斯在多极世界形成时期的地位和作用》的演讲时首次系统地阐述了"多极化"思想。在 1997 年 3 月的国情咨文中，叶利钦指出，俄罗斯外交政策的目标是建立以多极世界为原则的国际关系体系。② 在 1998 年 2 月的国情咨文中，叶利钦再次指出，俄罗斯对外政策的实质就是坚决捍卫俄罗斯的国家利益，增强俄罗斯在国际事务中的作用，确立多极世界的模式。在 1998 年 5 月对俄罗斯外交部官员的讲话中，叶利钦也谈到，俄罗斯对外政策的目标是建立以多极世界为原则的国际关系体系。他说："21 世纪的世界不允许一个国家，哪怕是最强大的国家发号施令。"③ 另外，1997 年 12 月公布的《俄罗斯联邦国家安全构想》也明确指出，俄罗斯联邦在国际领域中的国家利益要求推行积极的对外方针，加强作为大国的俄罗斯——正在形成的多极化世界中影响中心之一的地位。该构想还指出，"在国际领域中对俄罗斯国家安全的威胁表现为，其他国

---

① Б. Ельцин "послание президента Россиийской Федеральному О национальной безопасности Собранию," *Дипломатический вестник*, № 7, 1996г.

② Послание Президента Росии Бориса Ельцина Федеральному Собранию РФ: Россия за которую мы в ответе 1996 год, http://www.intelros.ru/2007/02/05/poslanie_ prezidenta_ rosii_ borisa_ elcina_ federalnomu_ sobraniju_ rf_ rossija_ za_ kotoruju_ my_ v_ otvete_ 1996_ god.html.

③ Б. Н. Ельцина : Место и роль России в период формирующегося многополярного мира, *Дипломатический вестник*, №6, 1998г.

家阻止俄罗斯成为多极世界中一个有影响力的中心的企图越来越强烈。其中具体表现为破坏俄罗斯联邦领土完整，包括利用民族、宗教和其他矛盾以及个别没有明确的条约界定挑起领土纠纷。这些国家力图通过本国政策，降低俄罗斯联邦在解决国际社会重大问题和国际组织活动中的作用。总之，这些企图会限制俄罗斯在全世界的影响力，损害俄罗斯最重要的国家利益；削弱其在欧洲、近东、外高加索和中亚地区的地位"。①

普里马科夫是俄罗斯坚持多极化世界理念的主要领导人，他在出任俄罗斯外交部长后，发表了一系列文章和讲话，系统地阐述了"多极化外交"思想。1996 年 6 月 25 日，普里马科夫在莫斯科国际关系学院学术委员会上发表演讲，阐述了俄罗斯多极化外交政策的原则方针和主要任务。② 同年 10 月，他又发表了题为《多极化世界出现在地平线上》的署名文章，他指出，"冷战"结束后，两极对抗的世界向多极化世界过渡的趋势得到发展，西欧、日本、中国都显示出成为独立一极的潜力；但多极世界尚未形成，向多极化世界过渡也不会轻而易举，因为有些国家希望看到的是单极世界。俄罗斯的任务就是稳定世界局势，建立世界政治经济新秩序，顺应和促进世界多极化发展趋势。③ 1997 年 1 月，在普里马科夫任外交部长满一年之际，他接受俄罗斯通讯社记者采访时再次论述了多极化外交的思想。

俄罗斯的自我定位与西方国家对俄罗斯的认知存在着一定的差异。西方国家，尤其是美国并不认为俄罗斯在国际舞台上具有挑战西方的实力，认为俄罗斯仅在个别领域，如核裁军、独联体问题等方面有同西方对话的资格。美国前总统安全事务助理布热津斯基在接受记者采访时说："俄罗斯仍同美国分享超级大国地位，这是一种幻想。这种幻想源于后苏联时期的俄罗斯只是部分地同过去分了家。几乎所有的俄罗斯'民主领导人'不仅都是苏联制度培养出来的人，而且还担任过苏联执政集团的领导人。……美国不会同俄罗斯分享全球

---

① Концепция национальной безопасности Российской Федереции, *Дипломатический вестник*, № 2，1998г.

② Е. М. Примаков： Выступление на встрече с коллективом МГИМО，*Дидипломатический вестник*，№7，1996г.

③ 〔俄〕叶夫根尼·普里马科夫：《多极世界出现在地平线上》，《独立报》1996 年 10 月 22 日。

的权力，即使俄罗斯想这样做也不行。对于全球伙伴来说，新俄罗斯过分软弱……社会过于落后。美国对俄罗斯政策的目的应该是：降低俄罗斯政治混乱状态发生的概率或减少敌对专制恢复的可能性。长期目标是：鼓励民主改革，支持经济复兴，但防止恢复欧亚帝国，因为他会妨碍美国形成新的欧洲大西洋体系。"① 俄罗斯对自身的世界大国的定位与西方国家对俄罗斯地位认知的差异导致双方矛盾激化。为了谋求建立多极化世界，维护其所认定的大国地位，俄罗斯的外交政策日趋强硬化，开始全面反击。在伊拉克、南斯拉夫和北约东扩等问题上与美国等西方国家针锋相对。

三　国家安全观发生变化，视北约东扩及地区分离主义为主要威胁

由于国内政治经济改革的失败及内外政策的失误，俄罗斯国家安全环境出现恶化趋势。在国内，政局动荡不安，议会与政府之间的斗争此起彼伏；地方分离主义抬头，车臣等地区面临武装独立的可能。在国际上，北约不但没有像华约组织那样解散，反而开始扩大，日渐接近俄罗斯的边界，且其军事政治职能进一步加强，多次绕过联合国对主权国家进行武装打击。北约东扩的迫近及其不断进行武力炫耀，使俄罗斯感到来自外部的威胁日益变成现实。面对日益恶化的内外环境，俄罗斯执政者加强了对国家安全环境的重视。

独立后，俄罗斯对北约的认识存在一个变化过程。独立初期，俄罗斯执政者不再将北约视为侵略性的军事联盟，而是将其看作维护欧洲和世界稳定的机构，并希望与该组织进行合作且有加入该组织的想法。② 因此，俄罗斯也没有对北约表现出过多的忧虑，并不认为该组织是俄罗斯的威胁。基于上述原因，对于北约东扩，俄罗斯起初没有表示反对。另外，起初美国基于国际形势的变化及考虑到俄罗斯的感受，也未表现出十分坚决地推进北约东扩的意图。但随着形势的发展，美国和北约逐渐改变了北约扩大的态度，加速了北约东扩的步伐。这主要有三方面因素：其一，为消除东欧国家对自身安全的担忧，美国决

---

① 梅孜主编《美俄关系大事实录（1991－2001）》，时事出版社，2002，第 158 页。

② Из пресс-конференции Г. Э. Бурбулиса, С. М. Шахрая и А. В. Козырева 23 декабря 1991г., *Дипломатический вестник*，№1，1992г.

定为其提供保护；其二，出于对俄罗斯国内政治的"左倾"的担忧，防止俄罗斯扩张野心的膨胀；其三，华约解散体、苏联解体，后苏联空间成为"真空"，美国希望通过北约东扩来进一步介入该地区事务，从而实现其主宰欧洲乃至世界的梦想。

北约东扩的意图使俄罗斯产生了强烈的孤立感，增添了其对自身安全的忧虑。俄罗斯的决策者认识到，俄罗斯对西方国家的友好态度并未得到相应的回报。俄罗斯所认定的"在相同价值观念凝合下的共创一个从温哥华到符拉迪沃斯托克的安全与合作区的构想"非但没有实现，反而因北约东扩，在俄罗斯与西方国家之间建立了一个新的缓冲带，欧洲出现新的边界。因此，当北约东扩迫在眉睫及西方国家对俄罗斯的防范和遏制政策日渐明显时，俄罗斯便开始重新审视周边环境，认为北约东扩将会在欧洲造成新的边界的出现，北约作为一个军事政治组织，其扩大是俄罗斯的主要威胁。1994 年 12 月 1 日，当北约正式作出扩大的决定时，俄罗斯认为，这不仅将在欧洲造成新的分界线，而且也将使北约的战略前沿向俄罗斯边界逼近，给其安全造成严重威胁。俄罗斯外长科济列夫说："对于我们来说，问题并不在于我们敌视北约，而在于对俄罗斯人来说，北大西洋公约组织直到现在还是一个外部组织。它是在"冷战"条件下创建的敌对阵营，但现在这个敌对阵营不存在了。在这种情况下，令人感到疑惑的是北约扩大究竟是针对哪些威胁。如果是来自俄罗斯的威胁，那么就会产生一种危险，导致欧洲的分裂和出现新的分界线。如果是欧洲存在新的安全问题，那么为什么不同俄罗斯共同解决？"① 1995 年 5 月 11 日，俄罗斯联邦委员会主席希尔绍夫在接受俄通社——塔斯社记者采访时明确表示，欧洲安全问题同俄罗斯的关系比同美国关系更为密切。北约向俄罗斯边界靠近可能会给俄罗斯的安全带来威胁。② 俄罗斯外长普里马科夫也强调，北约东扩无论从哪个角度而言，只能使欧洲版图产生新的分界线，进而改变地缘政治和军事战略态势。他明确表示，俄罗斯对北约的军事基础设施接近俄领土是完全不能接受的。俄罗斯认为，北约东扩计划将会导致欧洲出现新的边界。这对俄罗斯的

---

① Выступление А. В. Козырева на заседании трёхсторонней комиссии 23 апреля 1995 г., *Дипломатический вестник*, № 5，1995г.

② 梅孜主编《美俄关系大事实录（1991－2001）》，时事出版社，2002，第 107 页。

安全环境造成了负面影响，它意味着北约的军事设施正在向俄罗斯的边界推进。[①] 1996 年 5 月，俄安全会议秘书雷布金撰文指出，北约东扩，将其军事情报机构设置在靠近俄罗斯的边界，并通过接纳前华沙条约成员国加入北约，进一步将波罗的海三国和独联体其他国家纳入其中，从而使俄罗斯陷入政治上的孤立地位。这是对俄罗斯国家安全利益的现实的和长远的威胁。[②] 叶利钦在国家安全会议上也说：“俄罗斯深切关注北约扩大的趋势。这一定会导致北约边界向俄罗斯事实上的推进，将改变欧洲的力量平衡，对俄罗斯造成威胁，使俄罗斯受到孤立。”[③] 俄罗斯国家杜马发表宣言指出，“毫无疑问，北约对欧洲形势产生影响。但是，北约的行动无论如何也不能被认为是统一的欧洲安全体制中唯一确定因素。……北约扩大将导致欧洲地缘政治的重新划分。将对整个欧洲安全利益造成损害，将使欧洲大陆出现新的分界线和壁垒。将导致“冷战”结束以来欧洲的第一次严重危机。”[④] 1997 年 12 月批准的《俄罗斯联邦国家安全构想》也明确指出：“俄罗斯不能接受北约东扩，因为它对俄罗斯的国家安全构成威胁。……对于俄罗斯来说，新的地缘政治形势与国际局势、国家经济消极进程、族际关系的紧张状况和俄罗斯社会的两极分化，都将对俄罗斯国家安全构成直接威胁。……大国及其联盟在与俄罗斯领土接壤地区部署和建立强大的武装力量集团，是对俄罗斯国家安全的一种威胁。即使对俄罗斯没有侵略意图，这些集团的存在本身也是一种潜在的军事威胁。……北约东扩并向欧洲主导性军事政治力量的演变，对欧洲大陆重新构成了分裂威胁，特别危险的是在欧洲保留有机动突击集团和核武器，而且多边维和机制缺乏有效性。”[⑤]

---

① Выступление Е. М. Примакова в швейцарском обществе внешней политики, *Дипломатический вестник*, №10, 1996г.

② Иван Рыбкин : России сегодня прежде всего угрожают внутренние опасности кризис экономики, социальные потрясения, национализм, региональный сепаратизм, кринализация, *Международная жизнь*, № 5, 1996 г.

③ Б. Ельцин: послание президента Россиийской Федеральному О национальной безопасности Собранию, *Дипломатический вестник*, № 7, 1996г.

④ Обращения Государственной Думы в связи с планами расширения НАТО, *Дипломатический вестник*, №12, 1996г.

⑤ Концепция национальной безопасности Российской Федереции, *Дипломатический вестник*, № 2, 1998г.

对俄罗斯而言，如果说北约东扩是来自外部的威胁，那么地区分离主义则是来自国家内部的威胁。戈尔巴乔夫改革后期，苏联各加盟共和国开始了争取共和国主权和独立的运动，俄罗斯联邦境内的各自治共和国也纷纷效仿。苏联解体前俄罗斯联邦领导人与联盟中央之间的权力之争在客观上又为各民族共和国扩大自己的权利创造了机会。当时上层领导人出于自身的考虑对此采取姑息纵容态度。叶利钦曾公开表示，各自治共和国"想要多少主权，就可以得到多少主权"。在这种情况下，俄罗斯一些少数民族聚居的共和国的独立意识被唤醒。车臣是俄罗斯联邦境内独立意识最为明显的共和国。苏联解体后，当俄罗斯意识到境内民族问题的严重性时，车臣共和国已经在民族独立的道路上远远超出了俄罗斯联邦所容忍的限度。俄罗斯竭尽全力防止车臣独立，联邦政府与车臣当局就车臣地位问题进行了多次谈判，但车臣始终坚持独立要求，这严重威胁了俄罗斯的领土完整。对此，俄罗斯领导人严重关切。叶利钦在国家安全会议上明确指出，俄罗斯国家安全的重要威胁之一便是地区分离主义和民族主义。[①] 为避免俄罗斯重蹈苏联分裂覆辙，在谈判未果的情况下，俄罗斯决定武力解决车臣独立问题。这样，车臣战争成为叶利钦执政第二个阶段的重要内容。

可以说，车臣问题原本属于俄罗斯的内政，但是从该问题产生之日起，便受到了国际社会、尤其是西方国家的"关注"。对此，西方国家采取积极介入的态度。当1994年12月车臣战争爆发后，美国等西方国家便对俄罗斯武力维护国家统一问题进行批评并对俄罗斯施加压力。美国参议院多数党领袖鲍勃·多尔说，美国人民和国会对俄罗斯在车臣动武感到惊愕，美国参议院将重新研究向叶利钦政府提供另外的援助的主张。……车臣事件所造成的影响肯定会成为美国政府在制定未来一揽子援助计划时的"一个需要跨越的最大障碍"。美国国务卿克里斯托弗也批评俄罗斯说，在车臣发动血腥战争，这的确是俄罗斯"走向民主进程中的倒退"。美国总统克林顿也以不参加莫斯科第二次世界大战结束五十周年纪念活动要挟俄罗斯尽快停止在车臣的武装行动。[②]1999年8月，第二次车臣战争爆发后，美国等西方国家对俄罗斯

---

① Б. Ельцин：послание президента Россиийской Федеральному О национальной безопасности Собранию，*Дипломатический вестник*，№ 7，1996г.

② 梅孜主编《美俄关系大事实录（1991－2001）》，时事出版社，2002，第83、85、93页。

再次进行严厉抨击。11 月 8 日，美国国务院发言人鲁宾批评俄罗斯出兵车臣殃及平民，违反了《日内瓦公约》。11 月 11 日，美国前总统安全事务助理布热津斯基撰文要求美国对俄罗斯施加压力，使其尽快停止"屠杀"政策。他说，如果美国和国际社会任由俄罗斯在车臣采取屠杀政策，将会助长俄罗斯新的帝国主义野心，希望在欧安组织会议上对俄罗斯采取必要步骤以制止其对车臣的"种族灭绝"政策。11 月 19 日，美国共和党总统候选人小布什说，我们无法原谅俄罗斯的野蛮行径。当俄罗斯政府袭击平民时，它就别想再从国际借贷机构中得到援助。12 月 9 日，美国总统克林顿也对俄罗斯在车臣战争中的行为进行批评。①另外，一些伊斯兰国家也暗中对车臣分离主义者进行支持。针对西方国家的批评，俄罗斯反应强烈，坚决反对外国势力对俄罗斯内政的干涉。

对于车臣问题的处理，可以说，有一个逐渐激化的过程。在"一边倒"外交政策时期，俄罗斯决策层始终采取谈判方式，力图通过和平途径来解决车臣问题，这在一定程度上也是满足西方国家的要求。但是在多次谈判未果、对西方遏俄、弱俄态度日渐不满的情况下，俄罗斯便决定武力解决。叶利钦执政时期共发生两次车臣战争，均是发生在俄罗斯推进多极化外交时期。但是，第一次车臣战争由于多种原因，俄罗斯并未彻底取胜，在西方国家的压力下，1996 年 10 月，俄罗斯草草收兵，车臣独立问题实质上被暂时搁置。而当第二次车臣战争爆发后，俄罗斯感觉到车臣问题成为俄罗斯面临的最直接的安全威胁，其不仅仅是国家的一个内政问题，而且有外部势力的介入，很有可能使车臣问题国际化。因此，俄罗斯坚决采取措施，不受外界干扰，全力围剿车臣分离主义分子。1999 年 8 月，刚刚被任命为俄罗斯政府总理的普京在车臣问题上态度强硬，不再理会西方国家的批评，坚决以武力解决车臣问题。他指出："车臣问题已经不是简单的俄罗斯内部问题，它正在逐渐演变为一个敏感的国际化问题。外部势力的插手和干涉再加上俄罗斯自己反应迟缓已经让我们有了第一次（车臣）战争的教训，我们决不能再重演了！对于那些不知悔改、一再坚持分裂国家、肆意屠杀无辜的刽子手们，我们已经别无选择，只能用坦克

---

① 梅孜主编《美俄关系大事实录（1991－2001）》，时事出版社，2002，第 197、199、200 页。

和子弹来对他们说话！现在车臣地区已被车臣分裂势力和外来势力变为攻击和颠覆整个俄罗斯的前哨。""对车臣问题，如果今天我们还是姑息纵容软弱无力，那么，我们明天将可能失掉整个俄罗斯！"普京强调要彻底消灭分裂势力，坚决维护俄罗斯的国家主权和领土完整。他说："如果在厕所遇见那些杂种！就把他们都给我塞进马桶里去！"①

对于国内外严峻形势的判断加大了俄罗斯对国家安全的忧虑。为维护国家安全利益，俄罗斯一方面强烈反对北约东扩，另一方面严厉打击国内分离主义势力。

四 放弃"一边倒"的外交政策，实行全方位外交

在"一边倒"外交政策时期，俄罗斯往往采取迎合西方国家的态度来维护自身的利益。但随着形势的变化，俄罗斯愈发感觉到西方国家很多时候并未对俄罗斯的"让步"给予相应的回报。虽然俄罗斯在处理外交事务时经常考虑西方国家的利益，但是西方国家却很少为俄罗斯着想，有时候甚至损害俄罗斯的利益。比如军工企业是俄罗斯竞争优势比较明显的企业，但美国经常对俄罗的斯武器出口施加压力，想方设法削弱俄罗斯的军工产能。俄罗斯副总理奥尔基·希扎在1992年接受记者采访时就表示不满并指出，美国正利用俄罗斯将国防工业转为民用生产的机会将俄罗斯挤出有利可图的国际武器市场。如果全世界都需求武器，那么为什么要从美国购买武器而不从俄罗斯购买呢？武器工业是俄罗斯在国际市场上仍有竞争力的唯一行业，出售武器及原料使俄罗斯获得其迫切需要的硬通货。但是俄罗斯的出口部门却遭到美国的强烈反对。他每天都得到关于美国人千方百计将俄罗斯挤出武器市场的信息。② 1993～1994年间，美国对俄罗斯向伊朗出口常规武器与核发电站设备频频施加压力，迫使俄罗斯取消了同伊朗的核电设备订单，使其外贸出口遭到损失。而俄罗斯在外交上的"配合"，并没有得到其预期的经济收益。西方国家曾允诺在1992～1994年间为俄罗斯提供600多亿美元的援助，但是实际到位的仅有200多亿

---

① Владимир Путин: Цитаты из Владимира Путина, http://www.v-v-putin.ru/citations.html.
② 梅孜主编《美俄关系大事实录（1991-2001）》，时事出版社，2002，第407页。

美元，① 且很多援助均附带有苛刻的条件，引起俄罗斯的极度不满。尤其是美国等西方国家在处理国际热点问题时，不将俄罗斯作为国际大国来对待，往往抛开俄罗斯的意见独断专行，这使俄罗斯深感屈辱。愤怒之余，俄罗斯放弃了向西方国家"一边倒"的外交政策，开始实行全方位外交。俄罗斯外长普里马科夫说："我们想和世界各国做朋友，但这种友好关系应当以平等、承认彼此利益、不破坏这种利益为基础。对我们来说重要的是发展同美国，同整个欧洲，同中国、印度、日本、中近东国家，同加拿大、亚太国家和其他国家的关系。俄罗斯作为一个伟大国家，其对外政策应当是全方位的。"② 他以泛指的方法排斥了其前任把主要精力用来与西方交朋友和结盟的做法。③

普里马科夫认为，只有奉行全方位对外政策才能保住俄罗斯的大国地位。他说："如果放弃积极的对外政策，那么俄罗斯将来是否还能重新像一个强国那样奉行积极的政策，是否还能保住自己如此艰难地争取到的国际地位将成问题。在国际政治中不允许有真空，只要有一个国家从第一排退出，另一个国家就会马上补上。……没有多样化的外交，俄罗斯就不能克服自己的困难，就不能在当今这个相互依存的世界里保住自己的大国地位。"④ 1997 年批准的《俄罗斯联邦国家安全构想》也指出："实现俄罗斯国际领域中的国家利益，在很大程度上取决于与大国、国际社会各一体化联合体的关系。与他们发展平等的伙伴关系符合俄罗斯联邦的地位及其对外政策的利益。……与中欧、东欧、美洲、近东、西亚、非洲和亚太地区国家展开对话和全方位合作符合俄罗斯的利益。"⑤

总之，在这个阶段，俄罗斯不再唯西方马首是瞻，放弃了"一边倒"政策，开始展开全方位外交。为了实现大国目标，确保俄罗斯的安全利益，俄罗

---

① 1992 年 7 月，西方国家在慕尼黑七国集团会议上允诺向包括独联体国家提供 240 亿美元的援助，其中 180 亿美元是对俄援助，1993 年 7 月东京七国集团会议上允诺提供 430 亿美元的援助，1994 年以前，世界银行组织了对俄罗斯的总价值 15 亿美元的投资计划，然而这些援助均附带有一定的条件。

② 俄通社——塔斯社，1996 年 1 月 12 日电，转引自许志新《普里马科夫多极化外交评析》，《东欧中亚研究》2002 年第 1 期。

③ 潘德礼主编《十年巨变——俄罗斯卷》，中共党史出版社，2004，第 188~189 页。

④ 普里马科夫：《世界政治中的俄罗斯》，俄通社，1998 年 5 月 6 日电。

⑤ Концепция национальной безопасности Российской Федереции, *Дипломатический вестник*, № 2, 1998г.

斯进一步加强与独联体国家的关系，极力推动独联体一体化进程，并以此作为自己"一极"地位的战略依托。同时，俄罗斯加大对各国实行"平衡接近"的伙伴外交方针，努力改善俄罗斯与世界各力量中心的关系，加强俄罗斯与国际地区一体化组织的联系，扩大外交空间，提高俄罗斯的地位。①

第二节　主张多极化时期俄罗斯外交政策的主要事例

从 1993 年起，俄罗斯政治天平便出现"左倾"迹象，左翼政党、民族主义势力及温和的改革派势力明显上升。1993 年 12 月，俄罗斯进行第一届杜马大选。由于激进改革的失败，百姓对政府的不满情绪增加，由支持政府改革转为支持政府反对派，使得政府反对派势力迅速增强，且在国家杜马占据了主导地位。左翼政党——俄罗斯联邦共产党成为杜马第三大党，民族主义政党——自由民主党成为杜马第一大政党，而曾经呼声极高的政权党——右翼政党退居第二位。两年后，在 1995 年的第二次杜马大选中，俄罗斯共产党一跃成为杜马第一大党，而右翼党一败涂地，未能进入杜马。此后，左翼政党开始主导杜马事务，通过杜马与政府进行斗争。政府的反对派占据杜马必然对国家的内外政策产生影响。同时，国内形势的"左倾"加大了西方国家对俄罗斯的疑虑。以美国为首的西方国家加快北约东扩进程，以防止俄罗斯扩张野心的恢复，并且在一系列问题上采取不利于俄罗斯的举措，导致俄罗斯被迫调整外交政策。北约东扩增添了俄罗斯对自身安全的担忧。为了维护国家的安全利益，俄罗斯竭力阻止北约东扩，同时不再将西方国家视为盟友，放弃了"一边倒"政策，实行全方位外交，加强与中国和传统盟友的关系。俄罗斯的地缘政治思想日渐增强，将独联体视为俄罗斯特殊利益区，极力排斥其他势力染指，在热点问题的处理上也不再唯西方马首是瞻。

一　力图阻止北约东扩以改善国家的安全环境

"一边倒"外交政策时期，俄罗斯在与西方国家交往时，多数情况是以合作或

---

① 学刚、姜毅主编《叶利钦时代的俄罗斯（外交卷）》，人民出版社，2001，第 54 页。

单方面让步来换取西方国家的支持。但当"一边倒"政策没有得到相应的回报后，俄罗斯开始调整外交政策。当西方国家政策与俄国家利益发生冲突时，俄罗斯不再以退让求认同，而是与西方国家针锋相对、据理力争、竭力维护本国利益。

北约东扩是俄罗斯与西方国家关系恶化的最重要的也是最直接原因。解体初期，俄罗斯渴望加入西方阵营而且同西方国家的意识形态具有一致性，因此对北约的认识与苏联时期相比完全改变。俄罗斯认为北约不再是威胁，而是将其视作世界局势的稳定剂。科济列夫在 1991 年 12 月 23 日答记者问时说："我们不将北约看作是一个侵略性的联盟，而将其看作欧洲和世界的一个稳定机构。因此，我们自然希望与该组织进行合作并且接近它。……我想，北约现在不会针对，将来更因为我们趋同性的变化而不针对任何人了。"[1] 可见，俄罗斯此时非但不将北约视为敌人，而且视其为能够合作的伙伴，并未表示反对北约东扩。但随着俄罗斯对西方国家和北约的进一步认识以及快速融入西方激情的降温，俄罗斯对待北约的态度日渐改变，对北约的戒心逐渐增强。

北约东扩是在 1994 年 1 月的布鲁塞尔首脑会议上正式提出的，但是这一计划的出台经历了较长时间的酝酿。早在 1990 年 7 月，北约就在伦敦召开首脑会议，明确提出改造北约，将其从一个军事组织转变为军事政治组织。这为北约接纳东欧各国入约埋下了伏笔。1991 年 11 月，北约各国首脑在罗马召开会议，提出建立"北大西洋合作理事会"，接纳中东欧、原苏联各国为成员国，以促进其向西方式民主变革。1991 年 12 月，北约和苏联东欧等 25 国首次外长会议通过了《关于对话、伙伴关系及合作的声明》，标志着"北大西洋合作理事会"的正式成立。该声明强调理事会将致力于"北约同中东欧国家之间建立真正的伙伴关系"。1992 年 3 月"北大西洋合作理事会"布鲁塞尔会议决定接纳独联体 11 国（含俄罗斯）为其新成员国。[2]

1993 年初，克林顿当选美国总统后开始实施扩展战略，其中心环节就是要加强同西方盟国的联系，以"消化"原苏联及东欧国家。该战略使北约进一步加强了与原华约成员国的关系。随后，东欧各国与波罗的海三国一再表示

---

① 　Из пресс-конференции Г. Э. Бурбулиса, С. М. Шахрая и А. В. Козырева, *Дипломатический вестник*, №. 1, 1992г.

② 　陆齐华：《俄罗斯和欧洲安全》，中央编译出版社，2001，第 284～285 页。

要求加入北约，以确保本国的安全。1993 年上半年，美国提出要尽快吸收中东欧国家加入北约的建议，得到北约各国的赞同。1993 年 9 月，波兰总统瓦文萨致函北约，正式申请加入北约。随后，又有十几个中东欧国家和原苏联地区国家积极响应，要求加入北约。随着申请加入北约国家数量的增加，俄罗斯改变了原来的态度。1993 年 9 月，叶利钦分别致函美、英、法、德等国领导人，明确表示反对北约东扩，认为这是"将俄罗斯赶出欧洲"之举，警告西方国家不要匆忙向东扩展，否则将可能引起欧洲的动荡和重新对峙，并建议由俄罗斯与北约共同为东欧国家提供安全保障。同年 11 月，俄罗斯国防部长在瑞士访问时明确表示，俄罗斯不赞同通过损害别国利益来扩大北约。俄罗斯对外情报局局长叶·普里马科夫举行记者招待会，公布了名为《北约扩大的前景与俄罗斯的利益》的报告，详尽阐述了俄罗斯反对北约东扩的原则立场。①虽然北约东扩已成为既定方针，但鉴于俄罗斯的立场，北约国家于 1993 年底提出一个折中方案——北约与东欧国家发展安全合作的"和平伙伴关系计划"，将东欧国家加入北约的要求暂时搁置。"和平伙伴关系计划"推出之后，各国纷纷加入。1994 年 6 月 22 日，俄罗斯签署了"和平伙伴关系"框架文件，成为北约的第 21 个"和平伙伴关系国"。

"和平伙伴关系计划"虽然暂时搁置了俄罗斯与北约东扩产生的分歧，但矛盾并未解决，也未能阻止北约东扩的步伐。1994 年 7 月 4 日，美国总统克林顿在接受记者采访时说，北约可能在明年讨论是否允许以及如何使东欧国家加入北约这个有争议的问题。表示赞同让前共产党集团的国家加入北约，以减轻东欧对俄罗斯新出现的民族主义思潮和霸权主义政策的担忧。② 1994 年 12月初，北约将东扩问题正式提上日程。12 月 1 日，北约部长理事会会议发表声明，决定实施东扩计划，允许"具备条件"的国家加入北约。同日，俄罗斯外长科济列夫在北约总部明确表示反对，认为这同北约倡导的"和平伙伴关系计划"相矛盾，有损俄罗斯的安全利益，宣布俄罗斯暂不同北约签署"双边军事合作文件"与"建立定期公开磋商制度框架文件"。12 月 5 日，在

---

① См. Перспективы расширения НАТО и интересы России, *Независимая газета*, 26 ноября 1993 г.
② 梅孜主编《美俄关系大事实录（1991 - 2001）》，时事出版社，2002，第 75 页。

布达佩斯召开的欧安首脑会议上，俄美两国首脑公开交锋。

　　随后，俄罗斯掀起反对北约东扩的高潮。1995 年 9 月，叶利钦警告西方，"北约东扩可能点燃欧洲的战火"。10 月，叶利钦在联大会议上再次对北约东扩进行猛烈抨击；公认具有亲西方倾向的俄罗斯外长科济列夫也说，北约东扩将引发新的"冷战"；俄国防部长格拉乔夫表示"俄罗斯将采取相应措施予以回应"。同年 11 月，在独联体国家国防部长理事会上，格拉乔夫表示，俄罗斯将在独联体内建立军事联盟，并在亚洲、中东寻求盟友以对付北约。① 同时，北约东扩也激怒了俄罗斯民族主义势力。1996 年 3 月 15 日，俄罗斯国家杜马通过一项决议，否决了原来解散苏联的《别洛韦日协定》。虽然此举只能作为一个象征性的裁决，无法起到实质性作用，但却在西方国家引起了轩然大波。1996 年 6 月，俄罗斯总统叶利钦致函美国总统克林顿：波罗的海三国为加入北约而采取的任何步骤均被看作"对俄罗斯国家利益的直接挑衅"，强调这三个国家加入北约是"绝对不能被接受的"②。1996 年 9 月 28 日，俄罗斯外长普里马科夫在出席第 51 届联合国大会时对记者说："北约东扩虽是必然，但是俄罗斯的立场不变，我们不赞成北约东扩。北约东扩将迫使我们采取对等行动。很可能迫使我们重新考虑一系列条约。其中要考虑常规武器条约的效率问题。"③ 1996 年 12 月初，俄美两国领导人在欧洲安全与合作组织会议上就北约东扩的问题再度进行了直接交锋。俄罗斯总理切尔诺梅尔金在会议上指出："我们明确宣布，我们坚决反对将大西洋联盟的军事机构扩展到靠近我国边界的计划。欧洲新的分界线的出现将导致整个世界地缘政治环境的恶化。俄罗斯没有对北约东扩的否决权，但同时也没有任何人能够否决我们保护本国国家利益的权利。"并再次呼吁："仍有时间和理由考虑一下北约扩大可能导致什么样的后果。"④ 针对北约东扩，俄罗斯采取了相应的措施。1997 年 3 月，俄罗斯国家杜马连续两次通过反对北约东扩的文件。文件说，北约东扩将改变欧洲的地缘政治现状，从而损害欧洲安全利益，并导致欧洲大陆出现新的分界线和壁垒。要求总

①　陆齐华：《俄罗斯和欧洲安全》，中央编译出版社，2001，第 291 页。
②　梅孜主编《美俄关系大事实录（1991－2001）》，时事出版社，2002，第 481 页。
③　梅孜主编《美俄关系大事实录（1991－2001）》，时事出版社，2002，第 487～488 页。
④　В. Казарь，Европе——единое пространство，*Красная звёзда*，3 декабря 1996г.

统叶利钦在与美国总统克林顿会晤时采取强硬立场，坚决抵制北约东扩计划。[①] 同年 4 月 24 日，俄罗斯国家杜马以压倒多数的票数通过两项宣言。宣言谴责北约正在转向建造新的"铁幕"和新的"柏林墙"，并在欧洲划分一条新的分界线，警告北约东扩可能迫使俄罗斯增加军费，从而导致市场改革计划的夭折。

为了应对北约东扩，维护国家安全，俄罗斯重新调整国内军事战略部署以增强军事实力。其一，要求修改《欧洲常规武装力量条约》。1990 年 11 月19 日，北大西洋组织 16 个成员国和华沙条约组织 6 个成员国首脑签署了《欧洲常规武装力量条约》。条约还规定了"不对等裁减"原则，即有优势的一方先裁、多裁，达到平衡后双方再对等削减到低水平均势。华约解散和苏联解体后，俄罗斯同北约的常规兵力对比发生很大变化。1993 年，俄罗斯要求对该条约进行修改，却遭到美国等北约国家的反对。北约东扩进程启动后，俄罗斯对来自北约的威胁的担心与日俱增。为维护国家安全利益，俄罗斯于 1995 年再次提出修改《欧洲常规武装力量条约》有关条款，并威胁，如果不进行修改，俄罗斯将退出该条约。在俄罗斯的强烈要求下，1999 年11 月，第六次欧洲安全与合作组织首脑会议通过了《欧洲常规武装力量条约修改协议》，修改后的协议在一定程度上考虑了俄罗斯的意见；其二，修订出台新安全战略。1997 年 12 月 17 日，叶利钦批准了《俄罗斯联邦国家安全构想》，标志着其国家安全战略正式形成。《构想》重新审视了俄罗斯的安全环境，将北约视为其国家安全的一大威胁。《构想》宣布，如果遭到他国武装入侵，俄罗斯将保留使用核武器在内的一切力量和手段的权利。同时，俄罗斯加强了与独联体国家的关系，尤其是加强了与独联体国家的军事合作，以抵制北约东扩带来的压力。

俄罗斯的强硬立场并未阻止北约东扩的步伐。1997 年 7 月 8 日，北约 16 国首脑在马德里举行会议，决定接纳波兰、捷克和匈牙利三国为北约成员，在1999 年 3 月北约成立 50 周年之际正式接收三国。当意识到无法阻止北约东扩时，俄罗斯便逐渐改变反对北约东扩的策略。在表示坚决反对北约东扩意愿的同

---

① 梅孜主编《美俄关系大事实录（1991 - 2001）》，时事出版社，2002，第 512 ~ 513 页。

时，俄罗斯开始寻求与北约的妥协，希望将北约东扩的消极后果降至最小程度。1996 年 3 月，俄罗斯一改只对北约东扩说"不"的强硬立场，转而采取灵活态度。提出以俄罗斯和北约交叉向中东欧国家提供"安全保障"的方式加入北约。在被多数国家予以拒绝后，俄罗斯又提出，中东欧国家有权决定加入北约，在此问题上俄罗斯没有否决权，不打算将任何东西强加于人，但是应当寻找利益的平衡点。随后，俄罗斯亮出了自己的底牌：一是要求参与北约形成决策的过程，在欧洲安全的重大问题上获得与北约同等的发言权和决策权；二是要求北约明确承诺不将核武器和常规武装力量东扩；三是坚决反对北约吸收前苏联加盟共和国加入。① 1996 年 12 月，俄罗斯外长普里马科夫在谈到北约东扩的立场时说，第一，我们对北约东扩仍然持反对立场，因为北约东扩同我们的利益相抵触；第二，我们主张同北约对话，因为我们认为，北约是一个现实的存在，我们需要同它打交道；第三，进行对话的目的不只是同北约保持某种关系，还要争取消除我们的担心，使北约对俄罗斯不利的活动减少到最低程度。② 1997 年 2 月 13 日，俄罗斯国防部长罗季奥诺夫在接受记者采访时说，如果北约要同俄罗斯建立真正的伙伴关系，而不是口头上谈谈，那就必须接受我们的条件。我们的条件是，现在和将来都不许在新加入北约的国家部署核武器和北约部队。而且这不应是口头承诺，必须写入有约束力的文件中。俄罗斯在同其安全相关的问题上要有充分的表决权。③ 同年 2 月，普里马科夫在接受记者采访时说，俄罗斯无权否决北约东扩，但有权捍卫自己的利益。俄罗斯应当同北约签署一项能够消除俄罗斯担忧的协定。该协定应首先规定北约的军事设施不能靠近俄罗斯的边界，还应包括北约改变职能，由军事组织逐步转变为政治组织。1997 年 5 月 14 日，俄罗斯联邦委员会主席斯特罗耶夫在评价俄罗斯外长普里马科夫和北约秘书长索拉纳的会谈结果时说，俄罗斯最为关注的主要问题是，不在新加入北约的国家境内部署核武器，不在其境内建设部署常规武器的基地。如果在这一主要问题上达成协议，文件的其他内容就无所谓了。④ 同年 5 月 26 日，

---

① 学刚、姜毅主编《叶利钦时代的俄罗斯（外交卷）》，人民出版社，2001，第 143 页。
② 梅孜主编《美俄关系大事实录（1991－2001）》，时事出版社，2002，第 499 页。
③ 梅孜主编《美俄关系大事实录（1991－2001）》，时事出版社，2002，第 507 页。
④ 梅孜主编《美俄关系大事实录（1991－2001）》，时事出版社，2002，第 523 页。

俄罗斯总统叶利钦就签署《关于俄罗斯和北约相互关系、合作和安全的基本文件》答记者问时说，俄罗斯与北约谈判取得的结果是慎重和平衡的，所达成的协议保护了国家利益和安全。北约东扩的恶果将被限制到最低程度，同时我们也不会被引向对峙。文件规定了北约不能在靠近俄罗斯边界增加武装力量，不能增加常规力量的部署，不能为此修建基础设施。①

在具体举措方面上，俄罗斯也实行与北约缓和关系的政策，改善因北约东扩而恶化的国际环境。1996 年 5 月 31 日，俄罗斯宣布正式加入曾被其推迟批准的"和平伙伴关系计划"，并签署了俄罗斯与北约的双边《军事合作计划》和《定期磋商协议》等文件，指出，虽然俄罗斯对北约东扩没有否决权，但北约准备与俄罗斯建立某种特殊关系，给俄罗斯有别于东欧其他国家的特殊地位。1997 年 5 月 27 日，俄罗斯与北约签署了《俄罗斯——北约关于相互关系、合作与安全的基本文件》。在文件中，双方同意不把对方视为潜在敌人，将努力加强彼此信任与合作；决定建立俄罗斯——北约联合常设理事会，通过该机构就双方关心的重大问题进行磋商。

俄罗斯的退让并未能阻止北约再次东扩的步伐。在第一轮东扩日程确定后，北约开始酝酿下一轮东扩计划。美国总统克林顿与国务卿奥尔布赖特都一再强调北约大门向所有国家敞开。1998 年 1 月，美国与波罗的海沿岸三国签署了《伙伴关系宪章》，明确指出，美国支持三国将来加入北约。针对该事件，包括总统叶利钦在内的俄罗斯领导人多次警告说，在北约东扩问题上有一条"红线"，俄罗斯决不允许北约越过这条线。如果北约吸收包括波罗的海沿岸三国在内的前苏联地区国家为其成员国，俄罗斯将考虑改变同北约的关系。② 但由于实力及制衡北约的手段有限，俄罗斯并未能阻止北约东扩的步伐。

二 实行全方位外交，迅速推进与中国的关系

随着国际局势的发展及对国家利益认知的转变，俄罗斯逐渐放弃了"一边倒"的外交政策，在多极化外交战略的指导下，积极推行全方位外交：加

---

① 梅孜主编《美俄关系大事实录（1991 – 2001）》，时事出版社，2002，第 526 页。
② 〔英〕《叶利钦要北约不要插手波罗的海国家事务》，《卫报》1998 年 5 月 15 日。

强同各种国际组织和国家间、地区性组织的联系；恢复和加强同传统盟友的关系；积极发展同中国的关系，努力扩大外交活动空间，扩展俄罗斯的国际影响。

（一）加强与各种国际和地区组织的联系

叶利钦在 1996 年 2 月明确指出，各种国际和地区组织是未来多极化世界的重要中心，加入国际和地区组织是俄罗斯对外政策极其重要的一个方面。[①] 在多极化外交战略思想的指导下，俄罗斯加大了与国际和地区组织发展合作的努力，借以推动其融入国际社会，扩大外交空间，增加自己在国际事务中的发言权。

联合国是俄罗斯最为重视的国际组织。两极对抗时期，联合国在一定程度上成为美苏两大集团权力争夺的角斗场所。"冷战"结束后，国际格局发生了巨大变化，出现"一超多强"的发展态势，使得联合国的地位和作用明显提高。作为联合国安理会五大常任理事国之一，在国力日衰的情况下，俄罗斯更加重视发挥联合国在维护国际和平与安全方面的作用，重视借助联合国来加强自己的大国地位。叶利钦指出："俄罗斯希望联合国进行改革，通过改革增强其保持全球和地区安全的能力，并加强俄罗斯作为一个伟大强国的地位。"[②] 俄罗斯积极支持联合国在国际事务的处理上发挥主导作用，并坚决反对美国抛开联合国来主宰国际事务或将联合国作为其推行霸权主义和强权政治的讲坛和借助力量。因此，为了维护联合国的权威及对国际事务的参与权，俄罗斯一方面坚决反对美国绕开联合国采取单方面行动，另一方面联合安理会其他成员国对热点问题进行积极斡旋。当美国与伊拉克因为武器核查出现危机时，俄罗斯一方面强调联合国在武器核查中的权威作用，警告美国不要绕开联合国采取单边行动，另一方面进行积极斡旋，要求伊拉克配合联合国武器核查人员工作。1998 年 12 月，美英两国以伊拉克阻挠联合国武器核查人员核查工作为由对伊拉克实施军事打击。俄罗斯总统发表声明，谴责美英行为，并呼吁英美停止对伊的轰炸。同时指出，俄罗斯一向坚决主张成立以国际法为最高准则的多极世界，特别重要的是进一步加强联合国在国际事务中的领导作用。只有联合国才能对各国

---

① 学刚、姜毅主编《叶利钦时代的俄罗斯（外交卷）》，人民出版社，2001，第 69 页。

② Б. Н. Ельцин : Место и роль России в период формирующегося многополярного мира, *дипломатический вестник*，№ 6，Июнь 1998г.

人民遇到的新的危险挑战做出集体性的回答，谁都无权违反联合国宪章。俄罗斯主张解决伊拉克问题时必须履行联合国安理会的有关决议，只有这样才能解除对伊拉克的制裁，使其恢复正常生活，加强波斯湾的稳定。俄罗斯总理普里马科夫也强调说，对伊拉克的打击不仅使伊拉克的局势复杂化，而且使整个地区局势复杂化。令人更加气愤的是，空中打击行动是在联合国安理会没有作出决定的情况下进行的，我们谴责单方面使用暴力解决问题的办法。[①] 1999 年 3 月 24 日，俄罗斯总统叶利钦就北约在南斯拉夫采取军事行动一事发表声明，强烈谴责北约行动是一种侵略行为。叶利钦说："只有联合国安理会才有权决定应该采取何种措施，包括武力手段来维持和恢复世界的和平与安全。北约不仅违反了联合国宪章，而且违反了俄罗斯和北约关于相互关系、合作与安全的基本文件，开创了重新采用武力强制政策的危险先例。"[②] 总之，在这个阶段，俄罗斯积极参与联合国的行动，并且极力维护联合国的权威，以凸显俄罗斯的大国地位。

欧洲安全与合作组织（简称欧安组织）是深受俄罗斯关注的另一国际组织。由于欧安组织是俄罗斯在欧洲唯一具有完全成员国资格的国际组织，因此"冷战"结束后，欧安组织对俄罗斯的重要性更加明显。面对美国极力推动北约东扩，希望使该组织成为欧洲安全结构核心的企图，俄罗斯更加重视欧安组织，希望以该组织来替代北约，主导欧洲安全事务，实现欧洲人管理欧洲的愿望，进而提升俄罗斯在欧洲的地位，使俄罗斯快速融入欧洲大家庭，成为西方的平等伙伴。为此，俄罗斯积极参与欧安组织活动，并不断提出建议以提高该组织在欧洲政治中的作用。在 1993 年 11 ~ 12 月召开的欧洲安全与合作会议罗马会议上，俄罗斯表现积极，以期使欧洲安全与合作委员会各组织机构的运作制度更加严格，使政治对话更加规范。俄罗斯还为提高欧洲安全与合作会议制止危机发生和维护和平的能力做出保证，并希望得到该组织的许可，保证其对原苏联地区可能发生的冲突有自行解决的权利。[③] 1994 年，在欧安会议布达佩

---

① 梅孜主编《美俄关系大事实录（1991－2001）》，时事出版社，2002，第 178 页。

② 梅孜主编《美俄关系大事实录（1991－2001）》，时事出版社，2002，第 558 页。

③ Совместная политическая декларация о партнерстве и сотрудничестве между Российской Федерацией и Европейским Союзом, *дипломатический вестник*, № 1, Январь 1994г.

斯峰会的准备阶段，俄罗斯外长给欧安组织轮值主席意大利外长马尔季诺写信，提议会议采纳一项关于保持欧安会在维护欧洲大西洋地区和平与稳定中发挥中心作用且将这一组织转化为具有自己章程的强有力的地区性组织的宣言。俄罗斯还建议，在加强欧洲稳定与安全和维护和平与保护欧洲少数民族问题上，欧安会应协调独联体、北大西洋合作委员会、欧盟、欧洲委员会、北约及西欧联盟的行动，同时期望欧安会在处理欧洲地区的冲突问题上成为联合国的主要合作伙伴。更为重要的是，俄罗斯提议建立一个欧安会执委会，且授权该执委会做出成员国必须遵守的决定。① 俄罗斯还提议建立有关安全、稳定与合作的圆桌会议；建议无论发生何种危机都由相关国家组成危机小组进行调解。俄罗斯还希望独联体在欧洲安全与合作委员会中具有代表权。② 俄罗斯积极与欧安组织合作的理念在第一次车臣战争中表现十分明显：允许欧安组织特使团进入车臣，并希望特使团帮助其与叛乱一方进行谈判，而且试图承认该组织在履行"结束军事敌对协议"期间充当监察机构。③ 在北约东扩压力增大的情况下，俄罗斯更加希望欧安组织在欧洲安全事务中发挥更大作用。1996 年 12 月，叶利钦在欧安组织里斯本首脑会议前明确表示，希望欧安组织在欧洲安全方面起到更广泛作用，希望这次首脑会议能帮助建立"新的欧洲安全结构"。④ 切尔诺梅尔金在会议上正式提出，希望让欧安组织协调欧洲、欧洲与大西洋所有组织的职能，使它能以欧洲的名义采取先发制人的外交行动。⑤ 1999 年 11 月，欧安组织首脑会议通过了欧洲安全宪章，俄罗斯认为这将为整个欧洲地区

---

① А. В. Козырев : Письмо министру иностранных дел Российской Федерации миинстру иностранных дел Итальянской Республики, действующему председателю СБСЕ А. Мартино, *дипломатический вестник*, № 15 – 16, 1994г.

② Программа повышения эффективности СБСЕ, Текст публикуемого документа распространен российской стороной среди государств-участников СБСЕ, *дипломатический вестник*, № 17 – 18, 1994г.

③ 陆齐华：《俄罗斯和欧洲安全》，中央编译出版社，2001，第 258 ~ 289 页。

④ Встреча глав государств и правительств государств-участников ОБСЕ в Лиссабоне, *дипломатический вестник*, № 1, 1994г.

⑤ Выступление председателя правительства Российской Федереции В. С. Черномырдина на встрече глав государств и правительств государств-участников ОБСЕ（Лиссабон, 2 декабря 1996 г.）, *дипломатический вестник*, № 1, 1994г.

的新安全与合作体系的形成创造先决条件。①

俄罗斯始终将加入"七国集团"作为其谋求世界大国地位的一个重要手段。认为加入该集团就意味着俄罗斯加入了强国俱乐部，就意味着俄罗斯的强国地位得到了国际社会的尊重和认可。因此，加入"七国集团"一直是俄罗斯梦寐以求的夙愿。为了安抚俄罗斯，"七国集团"在 1994 年首次吸收俄罗斯参加该集团的政治会议（被称为八国政治峰会）。但是因俄罗斯的经济水平较低，"七国集团"没有让其参加经济和金融问题的讨论。俄罗斯为争取获得全权成员国资格做出了不懈努力，并将此资格作为俄罗斯获得西方承认其平等大国地位的象征。叶利钦指出，"八国集团"对俄罗斯来说，是主要政治和经济大国就全球问题进行非正式"对表"的宝贵机制，现在应当学会并善于利用这个机制来为俄罗斯的利益服务。② 在俄罗斯的争取下，1997 年 6 月 17 日，叶利钦出席七国丹佛首脑会议，参加了除财政问题外所有问题的讨论。会后，叶利钦称，现在"八国"的概念已固定下来，成为世界性的术语。1998 年 5 月，叶利钦出席在英国伯明翰举行的"八国集团"首脑会议，首次参加了包括经济问题在内的所有问题的讨论，并主持召开了关于世界能源问题的会议，标志着俄罗斯已成为"八国集团"的正式全权成员国。③

加入亚太经合组织也是俄罗斯全方位外交的重要步骤之一。1996 年以后，俄罗斯更加积极地为加入该组织进行活动。8 月，俄罗斯成立了由 16 个部门组成的亚太经合组织事务跨部门委员会，具体负责俄罗斯与该组织进行多边经济合作与协调事务，促进俄罗斯正式加入该组织。此后，俄罗斯领导人频繁与亚太经合组织国家进行接触，以争取各国特别是中国、日本、韩国等国支持其尽快加入该组织。1997 年 11 月 25 日，在温哥华举行的亚太经合组织领导人非正式会议宣布，从 1998 年起接纳俄罗斯成为亚太经合组织正式成员国。俄

---

① 学刚、姜毅主编《叶利钦时代的俄罗斯（外交卷）》，人民出版社，2001，第 70 页。
② 俄通社－塔斯社，1998 年 5 月 12 日电，转引自学刚、姜毅主编《叶利钦时代的俄罗斯（外交卷）》，人民出版社，2001，第 71 页。
③ 俄罗斯认为，其在 1997 年的丹佛会议上就成为"八国集团"的全权成员国。参见鲍里斯·叶利钦《午夜日记——叶利钦自传》，曹缦西、张俊翔译，译林出版社，2001，第 150 页。而学术界认为，俄罗斯完全成为"八国集团"正式成员是在 2002 年，八国峰会宣布俄罗斯将在 2006 年作为八国峰会的东道国。

罗斯终于如愿以偿。①

（二）恢复和加强与前苏联传统盟友关系

在叶利钦执政的第二任期，俄罗斯在多极化外交思想的指导下，恢复和加强了与前苏联传统盟友的关系。

印度是苏联在南亚次大陆的传统盟友。独立初期，俄罗斯并未重视与印度的关系。两国关系经过一段时间的冷淡期后，开始迅速发展。1993 年 1 月，俄罗斯总统叶利钦首次访问印度。叶利钦称印度是俄罗斯的"天然伙伴"，并表示继续支持印度在克什米尔问题上的立场，同时两国签署了包括新的《俄印友好合作条约》在内的一系列政治、军事和经济协议，使一度冷淡的俄印关系得到恢复。1994 年 6 月，印度总理拉奥访问莫斯科。访问期间，两国领导人签署了 10 项促进相互关系的文件。双方表示，两国关系已经恢复到了苏联时期的水平，双方已签订的文件标志着两国在双边、地区和全球范围内的建设性合作关系进入新的阶段。1994 年 12 月，俄罗斯总理切尔诺梅尔金访问印度，双方签署了涉及经贸、军事技术合作、航天科技合作、解决债务问题等八项协定，使得拉奥访俄的成果得到进一步落实。1995 年 8 月，印度外长慕克吉访俄。俄罗斯领导人表示，俄理解印度对巴基斯坦军事计划的担心，并重申不打算向巴基斯坦出售武器。科济列夫外长还表示支持印度成为联合国安理会常任理事国。1996 年 3 月，科济列夫访问印度期间，两国签署了开设政府间电话"热线"的协定。同时，两国军事技术方面的合作得到恢复，印度成为俄罗斯的军火购买大户。自 1994 年后，两国军火贸易每年保持在 10 亿美元左右。1998 年 12 月，两国又达成总额为 100 亿美元的军事合作计划。另外，在1998 年 5 月印度进行核试验时，虽然俄罗斯作为《核不扩散条约》的发起国对印度进行核试验给予了批评，但是明确表示不赞同西方国家对印度进行经济制裁和贸易禁运，提出以外交手段取代制裁，而且很快便接受了印度进行核试验的事实，一些俄罗斯政要对印度公开表示同情和理解。总之，在这个阶段，俄罗斯极力加强与印度关系，使得双边关系快速发展。

蒙古是俄罗斯在苏联时期的传统盟友，苏联解体后，俄罗斯因意识形态差

---

① 学刚、姜毅主编《叶利钦时代的俄罗斯（外交卷）》，人民出版社，2001，第 71~72 页。

异等因素一度冷淡蒙古，使两国关系降至历史低点。"一边倒"政策失败后，俄罗斯开始主动加强与蒙古的关系。1994年11月，蒙古大呼拉尔主席纳·巴嘎班迪访问俄罗斯，两国议会恢复了高层联系，双方交往开始增多；同年，俄罗斯政府向蒙古提供4800万美元的贷款，成为1990年以来俄罗斯对蒙古提供的第一笔贷款。1995年4月，蒙古总理彭·扎斯莱访问俄罗斯，两国总理就发展双边经贸合作，协调燃料、能源部门合作，为蒙古出口俄罗斯商品提供优惠关税等问题进行了磋商。1997年2月，蒙古国防部长访问俄罗斯，双方修订了俄蒙军事安全条约，签署了国防军事合作协定。1999年2月，俄罗斯外长伊万诺夫访问蒙古，并将叶利钦的书信转交给蒙古总统。信中表示，俄罗斯坚持与蒙古发展面向21世纪的长期稳定合作的方针。同年12月，叶利钦同来访的蒙古总统举行会谈，表示希望加强与蒙古的双边合作，双方确定了进一步发展军事技术和边防领域友好合作的方向。俄蒙关系得到恢复。

从1994年起，俄罗斯开始积极调整朝鲜半岛政策，在维持和发展同韩国关系的同时，努力修缮与朝鲜的传统友好关系。在实施"南北等距离"外交原则的指导下，俄罗斯着力改善了与朝鲜的关系。1994年，俄罗斯与朝鲜恢复中断了四年的副外长级磋商。是年9月，俄罗斯副外长帕诺夫向金正日转达了叶利钦"关于愿与朝鲜发展正常关系"的书信。1995年8月，俄罗斯建议修改《苏朝友好互助条约》，并提出新条约草案。1996年4月，俄罗斯副总理维·伊格纳坚科访问朝鲜，给朝鲜领导人带去了叶利钦总统表示愿意加强两国关系的口信，并与朝鲜举行了首次政府间经贸与科技合作会谈，双方签署了《俄朝经济合作协议书》，两国经济联系开始恢复。双方表示，这次访问是俄罗斯与朝鲜关系的"重大突破"，使两国关系达到了一个新的水平。[①] 随后，两国又签署了《相互投资促进及保护协定》《科学技术议定书》《航空运输协定》等文件，两国经济合作得到一定程度的恢复。1999年3月，俄罗斯副外长格·卡拉辛访问朝鲜，与朝鲜讨论半岛局势，并表示希望参加朝鲜、韩国、中国、美国四方会谈，在缓和朝鲜半岛紧张局势方面发挥更加积极的作用。同时，两国草签了俄朝新的睦邻友好合作条约。俄朝关系较俄罗斯独立初期有所

---

① Встречи и консультации за рубежом, *дипломатический вестник*, No 5, 1996г.

恢复。

俄罗斯加强与越南的关系。叶利钦执政的第二任期，俄罗斯进一步加大对越南的外交力度，两国经济与军事合作得到恢复。1996 年 8 月，俄罗斯杜马代表团访问了越南，两国签署了在投资、工业、农业、科技和渔业等领域的合作协定。1997 年，俄罗斯杜马主席根·谢列兹尼奥夫、俄罗斯副总理瓦·谢罗夫先后访问了越南。同年 11 月，俄罗斯总理切尔诺梅尔金访问越南，这是苏联解体以来，俄罗斯访问越南的最高级政府官员。这次访问中双方着重讨论了双边经贸、科技合作、军事技术方面的合作以及越南向俄罗斯购买苏—27 型军用飞机等问题，并签订了多项合作文件，表明两国从各自利益出发，力图修复原来的战略联盟关系。1998 年，越南副总理兼外交部长阮孟琴、国家主席陈良德先后访问了俄罗斯，两国经贸合作得到了进一步加强。同时，两国在军事领域的合作也有所恢复。1998 年 10 月，俄罗斯国防部长伊·谢尔盖耶夫访问越南，与越南军方领导人讨论加强两国军事技术合作问题，并就俄罗斯继续使用金兰湾基地的条件问题达成协议。俄越关系得到发展。①

俄罗斯加强与拉美国家的关系。1996 年 5 月，俄罗斯外长普里马科夫访问墨西哥、古巴、委内瑞拉三国，这是俄罗斯独立以来外长首次出访拉美国家。普里马科夫在谈到自己的拉美之行时说，对外关系多元化是俄罗斯外交战略的原则，俄罗斯发展同拉美国家的关系具有重要意义。访问的主要目的是修复俄罗斯与这些近来几乎被其遗忘的国家之间的关系。访问期间，俄罗斯与三国签署了一系列经济、文化和科技合作协定。② 普里马科夫特别注重修复与古巴的关系，表示将与古巴建立新型的伙伴关系，且明确表示俄罗斯反对孤立古巴、反对美国对古巴实行经济封锁。③ 此后，俄罗斯多次表示支持古巴，抗议

---

① 学刚、姜毅主编《叶利钦时代的俄罗斯（外交卷）》，人民出版社，2001，第 73 页。

② «Визит Е. М. Примакова в Мексику» и «Соглашение между Правительством Российской Федерецей и Правительством Мексиканских Соединенных Штатов о научно-техническом сотрудничестве» и «Соглашение между Правительством Российской Федерецей и Правительством Мексиканских Соединенных Штатов о сотрудничестве в области культуры, образования и спорта », *дипломатический вестник*, № 5, 1996г.

③ «Визит Е. М. Примакова в Республику Куба» и «Декларация о принципах взаимоотношений между Российской Федерецией и Республикой Куба», *дипломатический вестник*, № 5, 1996г.

美国对古巴进行经济制裁，称美国对古巴的封锁行为是出于集团对峙时期的过时心态。① 1997 年 11 月，普里马科夫又出访了巴西、阿根廷、哥伦比亚和哥斯达黎加等国，并出席了中美洲五国与多米尼加共和国外长会议。访问期间，普里马科夫分别同这些国家签署了经济、文化和科技等合作协定。通过访问，俄罗斯与该地区国家的关系得到了加强，开辟了俄罗斯在拉美国家新的关系格局。② 同时，俄罗斯加强了对中东地区国家的外交，改变了"一边倒"外交时期一味追随西方国家的中东政策的做法。尤其是在伊拉克武器核查问题上，俄罗斯不断表达自己的声音，使得其在中东地区的国际地位有所恢复。

为了牵制北约东扩，保持和加强对中东欧地区的影响，从 1996 年起，俄罗斯恢复和发展了与该地区国家的关系。1996 年 2 月，普里马科夫外长上任伊始便对波兰、捷克、匈牙利、斯洛伐克四个积极要求加入北约的国家进行访问。俄罗斯一改原来对这些国家加入北约的意愿进行施压的强硬做法，提出由俄罗斯和北约共同对其提供安全保障以换取其不加入北约，允许其有条件地加入北约，等等。虽然提议遭到这些国家的拒绝，但是俄罗斯与这些国家的关系得到了一定的缓和。另外，俄罗斯加强了与南联盟的关系，两国签署了一系列合作协议。在科索沃爆发危机后，俄罗斯明确站在南联盟的一方，反对以美国为首的北约的侵略行为，从道义和物质上支持南联盟维护主权和领土完整的行动。③

（三）竭力发展与中国关系

俄中关系是俄罗斯对外政策的少有亮点之一。俄罗斯独立以来，两国关系发展相对顺利。在经历了短暂的徘徊期后，两国关系得到快速发展。1994 年 9 月，中俄两国领导人签署了《中俄联合声明》。双方就构筑面向 21 世纪的新型建设性伙伴关系达成共识。双方强调，这种新型的伙伴关系既不是对抗，也不是结盟，而是建立在和平共处五项原则基础上的长期、稳定的睦邻友好和互利合作关系。并且两国决定将始终遵循互不将战略核武器瞄准对方和互不使用

---

① 梅孜主编《美俄关系大事实录（1991－2001）》，时事出版社，2002，第 144 页。
② 学刚、姜毅主编《叶利钦时代的俄罗斯（外交卷）》，人民出版社，2001，第 75 页。
③ 学刚、姜毅主编《叶利钦时代的俄罗斯（外交卷）》，人民出版社，2001，第 73～74 页。

武力，特别是互不首先使用核武器的义务。① 同时，两国还签订了《中俄西段边界协议》，为两国关系进一步发展奠定了基础。

随后，两国领导人频繁互访，使双边关系得以迅速发展。在 1995 年 5 月 8 日江泽民赴莫斯科参加反法西斯战争胜利 50 周年庆典之际，两国领导人再次举行会晤，双方表示将为发展两国间长期稳定、睦邻友好、互利合作的新型关系，进一步提高两国关系的水平继续努力。1995 年 6 月，中国总理李鹏出访莫斯科，双方达成广泛共识。两国决定将彼此经贸和科技合作推向一个新的阶段，采用现代化合作方式，促进相互投资，制定边境地区长期合作新模式。双方表示，将加强在地区和全球中的作用和相互支持。1996 年 4 月，俄罗斯总统叶利钦访问中国，将中俄两国关系又推上一个新的水平。访问期间，两国元首签署了《中俄联合声明》，将原来确定的"决心发展长期稳定的睦邻友好、互利合作和面向 21 世纪的建设性伙伴关系"改为"决心发展平等信任的、面向 21 世纪的战略协作伙伴关系"；建立了两国领导人定期会晤机制；在北京和莫斯科之间建立保密电话通信线路；为了加强两国面向 21 世纪的睦邻友好关系的基础，双方决定成立由两国社会各界代表组成的"中俄友好、和平与发展委员会"。此次会晤还强调加强两国在国际领域的合作。另外，叶利钦访华的另一重大成果是，中、俄、哈（萨克斯坦），吉（尔吉斯斯坦）和塔（吉克斯坦）五国元首在上海签署了《关于在边境地区加强军事领域信任的协定》。1996 年 12 月末，中国总理李鹏访问莫斯科。中俄双方达成了重要协议，中俄政府首脑定期会晤制度正式启动。至此，中俄关系再上新台阶，两国关系走上了稳步、健康和全面发展的道路。

1997~1999 年是中俄战略协作伙伴关系在实践中得到充实和发展的阶段。在这一时期，两国领导人的交往实现了制度化和机制化。仅在 1997 年一年之内，两国元首就举行了两次会晤。1998 年 11 月，江泽民对俄罗斯进行访问，两国元首以"不打领带"的方式举行了第六次会晤。1999 年 12 月，叶利钦访问北京，两国元首举行第七次会晤。此外，1998 年 7 月，中、俄、哈（萨克

---

① 《中俄联合声明（1994 年 9 月 3 日）》，http://news.xinhuanet.com/ziliao/2002-11/27/content_642448.htm，最后访问日期：2008 年 5 月 2 日。

斯坦)、吉尔吉斯斯坦和塔吉克斯坦五国元首在阿拉木图就五国间的双边和多边合作、地区安全和稳定问题举行了第三次会晤(叶利钦总统因病未能出席,由外长普里马科夫代行)。五国元首的第四次会晤于 1999 年 8 月在吉尔吉斯斯坦首都比什凯克举行,就维护地区安全和发展多边经济合作,并建立"具体的相互协作机制"达成协议。其间,江泽民与叶利钦举行单独会晤,就双边和国际问题,特别是科索沃战争后的国际局势进行了探讨。同时,两国政府首脑从 1996 年起举行定期会晤,至 1999 年共举行了四次总理定期会晤。领导人的定期机制性会晤对加强两国相互了解和信任,推动两国关系的发展起到了关键性作用。在加强两国领导人相互联系的同时,中俄双方着力解决长期困扰两国关系的边界划界问题。针对俄罗斯国内部分势力对中俄两国野外边界勘界作业的阻挠,1996 年 2 月,叶利钦下令加快中俄边界勘界工作并签发《关于采取措施结束中俄东段边界勘界工作的命令》。1997 年 11 月,叶利钦总统访华,中俄双方宣布,两国东段勘界的所有问题业已得到解决。1998 年 11 月,中俄两国发表了《关于中俄边界问题的联合声明》,指出中俄国界西段勘界工作野外作业已经结束。中俄东、西两段勘定的边界在两国关系史上首次在实地得到准确标示。至此,除两小段(仅占全部边界长度的 2%)以外,中俄边界问题全部得到解决。1999 年 12 月,两国签署了《关于对界河中个别岛屿及其附近水域进行共同经济利用的协定》,两国边界问题稳步向最终解决方向发展,制约两国关系发展的最重要因素得以解除。

两国关系顺利发展的另一个标志是,双方在国际问题上的共识和共同利益日益增多。在一些国际问题上,两国彼此借重,相互支持。1997 年 11 月,中俄两国元首举行第五次会晤时签署了《中俄关于世界多极化和建立国家新秩序的联合声明》,专门就国际问题发表联合声明,这在两国关系史上是罕见的。叶利钦总统在签署《联合声明》后对记者说:"俄罗斯过去没有同任何一个国家签署过国际问题和世界多极化的联合声明。当前世界上有些大国总是把世界单极化的模式强加给我们,总是要向其他国家发号施令。我们要建设一个多极化世界,世界应该有多个极作为国际新秩序的基础。"①1998

---

① 《人民日报》,新华社莫斯科 1997 年 4 月 24 日电。

年 11 月，两国举行第六次元首会谈，就世纪之交国际社会的基本趋势协调了立场，发表了《世纪之交的中俄关系》的联合声明，对世界多极化、世界文明的多元性、世界经济的全球化、联合国以及"冷战"后的大国关系等问题阐述双方共同的观点和立场。1998 年 12 月 17 日，叶利钦与江泽民就美英空袭伊拉克问题用中俄首脑热线进行了首次通话。两国还就美国准备部署反导弹系统计划、维护 1972 年的《反弹道导弹条约》进行磋商。1999 年 4 月~6 月间，以美国为首的北约对南联盟进行空袭时，中俄两国为制止这场战争进行了紧密联系。在北约轰炸了中国驻南联盟大使馆后，叶利钦不仅亲自打热线电话给江泽民，而且派特使切尔诺梅尔金来北京，对中国人民表示同情和支持，同时强烈谴责北约暴行。另外，俄罗斯始终在台湾问题上对中国表示支持。总之，在这个阶段，俄罗斯在各方面加强了与中国的关系，使得两国关系快速、顺利发展。

三　反对西方国家介入俄罗斯内政及强调独联体为俄罗斯的特殊利益区

在"一边倒"外交政策时期，俄罗斯对于美国等西方国家介入其内政的行为并未表现出强烈反对，有时为了推进俄罗斯改革甚至希望西方国家介入。但 1994 年以后，俄罗斯便对西方国家介入其内政愈发警惕且反应强烈，坚决反对美国等西方国家干涉其内政。对于独联体事务，俄罗斯在独立初期是主动与西方国家配合，共同处理该地区事务。而北约东扩进程启动后，俄罗斯便将该地区视为俄罗斯的特殊利益区，极力排斥美国等西方势力进入该地区。

（一）反对西方国家介入俄罗斯内政

独立初期，俄罗斯在一定程度上默许美国等西方国家对其国内事务的介入。但随着时间的推移，俄罗斯愈发认识到，美国等西方国家非但没有真心地帮助其尽快融入西方世界，反而处心积虑地遏制俄罗斯，企图阻挠其快速恢复强国地位。于是，俄罗斯不再将自身发展寄托于西方国家的帮助上，而是开始寻求适合自己的发展道路。一方面，俄罗斯对于西方国家为其设计的方案采取选择性吸收，另一方面则对西方国家别有用心地干涉俄罗斯内政的行为表示坚决反对。

1. 坚决反对美国等西方国家干涉车臣问题

1994 年 12 月 11 日，叶利钦签署《解除"非法"武装和在车臣境内恢复宪法法律制度》的命令，是日早晨 7 点，俄联邦武装力量和内务部部队约 3 万余人从西部、西北和东部三个方向向格罗兹尼方向开进，第一次车臣战争爆发。俄罗斯以武力维护国家领土完整的行动遭到了美国等西方国家的严厉批评。12 月 29 日，美国国务院发言人麦柯里指责俄罗斯总统叶利钦违背了其自己作出的将避免轰炸非军事目标的承诺。麦柯里说，美国要求俄罗斯遵守日内瓦公约的内容，它从根本上规定了文明战争的基本原则，指出政府有责任在发生冲突时保护非战斗人员。1995 年 1 月 1 日，美国参议院多数党领袖鲍勃·多尔表示，美国人民和国会对俄罗斯在车臣动武感到惊愕。他说参议院将重新研究向叶利钦政府提供另外援助的主张，车臣事件所造成的影响肯定会成为美国政府在制定未来一揽子援助计划时的"一个需要越过的最大障碍"。他指出，对于叶利钦来说，这是一种不能取胜的局势，是一种迹象表明民主可能已濒于危险。1 月 12 日，美国国务卿克里斯托弗在接受记者采访时说，在车臣发生血腥战争，这的确是俄罗斯"走向民主进程中的倒退"。[①] 随后，又邀请"车臣外长"沙姆斯丁访问美国。另外，美国总统克林顿也多次致电叶利钦，敦促其和平解决车臣问题，尽快结束武装冲突，且以不出席在莫斯科举行的庆祝反法西斯战争胜利 50 周年庆典要挟俄罗斯。1995 年 1 月 5 日，欧安组织领导人谴责俄罗斯进攻车臣并呼吁俄立即停止军事行动。

面对美国等西方国家的批评与压力，俄罗斯一方面表示希望与车臣武装分子进行谈判，以尽快结束武装冲突，另一方面强烈反对美国等西方国家对俄罗斯内政的干涉，坚持对车臣非法武装进行武力打击。但是在第一次车臣战争中，俄罗斯虽然坚持国家主权高于一切，表现出不在主权问题上讨价还价的姿态，但是基于自身实力和在车臣战争中的失利及经济上有求于西方国家的考虑，还是采取了相对缓和的处理方式：一方面允许欧安组织派观察员进入车臣进行实地监察，另一方面也主动向西方国家解释俄罗斯动武原因及其困难。可以说，虽然俄罗斯在此次冲突中表现前所未有的强硬，但是从最终结果来看，

---

① 梅孜主编《美俄关系大事实录（1991－2001）》，时事出版社，2002，第 82～87 页。

俄罗斯迫于西方国家的压力在本次车臣冲突中草草收兵。1996 年 6 月 28 日，俄罗斯总统叶利钦抵达车臣，宣布（第一次）车臣战争结束。

第一次车臣战争不但使俄罗斯遭受了很大的人员伤亡并支付巨额的军费开支，而且为持续不断的恐怖活动埋下了重大隐患。战争虽然结束，但车臣分裂问题并未真正得到解决，双方只是搁置了彼此间的分歧，这也为下一次战争留下了祸患。1999 年 8 月，车臣非法武装两次侵入达吉斯坦共和国，并支持宗教极端势力，还在莫斯科等地制造了多起爆炸事件，引起俄罗斯全境的恐慌。9 月 7 日，叶利钦要求强力部门在达吉斯坦协调行动，恢复该地区的宪法制度和稳定。9 月 30 日，俄军进入车臣境内。10 月 5 日，车臣共和国总统马斯哈多夫宣布在车臣实施紧急状态，以对抗联邦军队对恐怖分子的围剿，第二次车臣战争爆发。

第二次车臣战争爆发后，美国和西方国家一开始便持反对态度。9 月 28 日，美国表示反对车臣的冲突升级，赞成莫斯科同这个主张独立的地区之间进行对话。10 月 22 日，美国又向俄罗斯传递信息，希望其对车臣的军事攻势保持克制。10 月 23 日，美国谴责俄罗斯对车臣首府进行轰炸，并向俄罗斯驻华盛顿大使提出抱怨。10 月 29 日，负责俄罗斯和独联体事务的第一副国务卿塔尔伯特向俄罗斯通报了美国对车臣问题的立场，呼吁俄停止在北高加索的行动。11 月 8 日，美国国务院发言人鲁宾抨击俄罗斯出兵车臣祸及平民违反《日内瓦公约》。11 月 19 日，美国共和党总统候选人乔治·沃克·布什威胁说，即便我们支持俄罗斯的改革，但我们也无法原谅俄罗斯的野蛮行径。当俄罗斯政府袭击平民之时，它就别想再从国际借贷机构中得到援助。12 月 9 日，美国总统克林顿对俄罗斯的车臣行动进行抨击，强烈反驳俄罗斯总统叶利钦就车臣问题发表的谈话。克林顿说，他有责任对俄罗斯发动的一场错误战争坦率地表明立场。他不认为俄罗斯导致几十万平民流离失所的军事行动能够使其达到击败车臣叛军、制止车臣境内的恐怖主义并阻止车臣叛军侵犯达吉斯坦共等邻近地区的目标。欧洲国家反应更加强烈，对俄罗斯用兵车臣给予严厉的批评，指责俄罗斯在车臣"侵犯人权""制造人道主义灾难"。北约、欧盟及欧安组织利用各种场合对俄罗斯施压，不惜以经济制裁相威胁，甚至召开车臣问题国际会议，试图使车臣问题国际化。1999 年 11 月，法国领导人还接见了到访的车臣外交部长。同时，西方国家搁置了对俄罗斯的食品援助计划，国际货币基金组织也推迟发放给俄罗斯的 6.45 亿美元贷款。

面对来自西方国家的批评，俄罗斯针锋相对，予以驳斥。10 月 28 日，俄罗斯官方人士纷纷发表讲话，批评美国等西方国家在科索沃和车臣问题上实行双重标准，干涉俄罗斯内政。俄罗斯国家杜马主席谢列兹尼奥夫说，美国"在道义上无权教训俄罗斯该怎样处理北高加索冲突"。杜马国际事务委员会主席卢金也批评指出，当俄罗斯坚持政治解决科索沃冲突时，美国人却采用了武力。美国虽然表面上宣称喜欢政治解决，实际上它并不总是这样，人们对美国在巴拿马、海地和格林纳达等国的表现记忆犹新。俄罗斯外交部长也指责西方国家对车臣问题采取"双重标准"。叶利钦对美国的态度更是表示愤怒，12 月 10 日，他对新闻记者说："昨天克林顿竟敢向俄罗斯施加压力。他大概忘了俄罗斯是个什么样的国家。俄罗斯拥有完备的核武库，过去没有，将来也不会有由他发号施令、让人怎么生活、怎么休息这种事……怎么生活将由我们说了算，而不是他！"[1] 面对西方国家的指责，时任俄罗斯总理的普京表现得极为强硬，且更多地体现在行动上。1999 年 8 月 16 日，他在杜马发表讲话指出："俄罗斯领土完整是不可能讨论的问题，而且不可能是和每一个侵害领土完整者讲价钱或进行恐吓的问题。我们将动用我们现有的一切合法手段严厉行事。"[2] 针对西方国家停止给俄罗斯提供援助的威胁，普京回应道，应该明白我们要什么，是要西方微不足道的贷款，还是要保住大片领土？今天如果不动手，明天损失就会更大。[3] 同时，普京不理会西方国家的批评，积极筹备，按部就班地采取措施对车臣非法武装进行毁灭性打击。为了吸取第一次车臣战争的教训，普京广泛听从各方意见。为了鼓舞士气，他甚至亲自驾驶战机飞赴前线视察战况，且在 1999 年的最后一天偕夫人去前线与士兵共度新年之夜。在周密准备下，俄罗斯政府军很快占据了主动权，并消灭了车臣非法武装大量有

① 梅孜主编《美俄关系大事实录（1991－2001）》，时事出版社，2002，第 200 页。
② 李建民等编译《普京言论摘编（1999.8.9～2000.3.13）》，中国社会科学院东欧中亚研究所，2000，第 48 页。
③ 李建民等编译《普京言论摘编（1999.8.9～2000.3.13）》，中国社会科学院东欧中亚研究所，2000，第 106 页。

生力量。2000 年秋，车臣主要战事基本结束，俄罗斯基本赢得第二次车臣战争的胜利。本次战争的胜利主要是由于俄罗斯领导人打击车臣恐怖分子的态度坚决果断，不再顾及西方国家威胁，而且赢得了广大民众的支持。

2. 不再考虑西方国家意愿进行政坛人事变动及经济改革

在"一边倒"时期，俄罗斯进行的政坛人士变动及经济改革在一定程度上考虑了美国等西方国家的态度。而在推行多极化外交政策时期，俄罗斯便更加注重其内政的独立性，相对较少受西方国家意愿的影响。

西方国家的政治理念决定了其干涉他国内政的惯性思维。尤其是"冷战"结束初期，这些国家在对外交往的过程中意识形态色彩浓重。虽然俄罗斯已经发生了变革，进入了资本主义国家行列，但是由于剧变后，特别是 20 世纪 90 年代中期的俄罗斯尚存在诸多不确定性。因此，为防止俄罗斯改革发生逆转，美国等西方国家干涉其内政的愿望更显强烈。而此时，由于俄罗斯国内政治天平发生"左倾"及不满西方国家对俄政策等原因，俄罗斯在政治经济改革方面独立性日渐突出。对于西方国家介入俄罗斯内政，尤其是不符合决策者利益时，俄罗斯表现出坚决的反对态度。

防止国家改革进程发生逆转不但是俄罗斯决策者的目标，也是美国等西方国家对俄罗斯社会发展的期望。因此，在这个时期，美国等西方国家对俄罗斯的内政依然采取积极介入的态度。1995 年 10 月，叶利钦表示正在物色人选以取代科济列夫的外长职务，这一信息当即引起了美国等西方国家的强烈反响。美国国务院当天即表示，解除科济列夫外长职务将严重损害美俄关系，要求俄罗斯对此予以澄清。1996 年初，叶利钦迫使西方国家承认的改革派人物总统办公厅主任菲拉托夫、外长科济列夫和第一副总理丘拜斯等人相继辞职。美国国务院随即发表声明，敦促俄罗斯总统叶利钦重申改革承诺。美国务院发言人伯恩斯说："当我们认真思考这些辞职，特别是丘拜斯辞职的影响时，我们认为叶利钦总统和切尔诺梅尔金总理重申俄罗斯政府的改革原则是绝对必要的。"[①] 同时，美国威胁将阻止国际货币基金组织向俄罗斯提供贷款。为了防止出现不利于美国的选举结果，美国在俄罗斯举行大选前开始对叶利钦表示支

---

① 梅孜主编《美俄关系大事实录（1991－2001）》，时事出版社，2002，第 121 页。

持。1996 年 3 月，美国国务卿克里斯托弗访问俄罗斯并明确表示，美国政府支持俄罗斯的改革，支持推行改革的人，这一政策使克林顿大力支持叶利钦。他警告说，投票给俄罗斯共产党将使俄孤立于欧洲其他地区之外。欧洲国家也纷纷表示支持叶利钦。随着俄罗斯总统选期的临近，法国总理朱佩和德国总理科尔相继访问俄罗斯，明确表示支持叶利钦。除了对俄罗斯的政治领导人选的干涉，美国等西方国家还对俄罗斯的经济改革进行干涉。1998 年 9 月 1 日，克林顿访问俄罗斯时指出，美国愿意帮助俄罗斯稳定经济局势，增加对俄罗斯的投资，并且通过国际货币基金组织做工作，同时警告俄罗斯国家杜马的政党领导人，不要从过去寻找治病的药方，也不要重新对经济实行国家控制。[1]

针对美国等西方国家对俄罗斯内政的干涉，俄罗斯有选择性地予以对待。对于有损其国家利益的干涉，俄罗斯表示坚决反对，据理力争。如在更换重要岗位的领导人时，先前俄罗斯通常要考虑美国等西方国家的意见，此时则不再考虑。在撤换外交部长时，虽然美国一再表示撤换科济列夫将对美俄关系造成影响，叶利钦依然按照自己的意愿进行更换，而且还将西方国家比较青睐的丘拜斯等人撤职。在国家经济改革方面，俄罗斯不再为获取西方国家的贷款而按照其开出的"药方"进行改革。1998 年俄罗斯金融危机之后，叶利钦启用普里马科夫负责国内经济改革。普氏上任后认为，俄罗斯金融危机的发生与美国和国际货币基金组织的部分经济改革建议和要求不当、西方的援助不力有关，提出要求改变俄罗斯此前唯美国和国际货币基金组织马首是瞻的情形，走适合自身国情的经济发展道路。据此，普里马科夫对俄罗斯的经济改革政策进行了一定程度上的修正：从美国式的自由市场经济逐步转向德国式的社会市场经济，加强了国家对宏观经济的调控作用。[2] 同时，俄罗斯对美国等西方国家在其总统大选对俄罗斯内政的干涉表现平和。当然，这也仅限于以此受益的俄罗斯决策者叶利钦。

（二）强调俄罗斯在独联体地区的利益

立国之初，基于实行西方民主、快速融入西方社会、争取西方援助和争夺

---

[1] John M. Broder, "Clinton Tells Moscow Crowd that Future won't be Easy, *New York Times*, September 2, 1998.

[2] 徐洪峰：《美国对俄经济外交：从里根到小布什》，知识产权出版社，2008，第 190～191 页。

苏联遗产等原因，俄罗斯非但没有重视独联体国家的地位和作用，反而将一些独联体国家视为经济落后、政局不稳的沉重包袱，对其持"甩包袱"的态度。但随着形势的变化，俄罗斯的周边环境急剧恶化。北约东扩压缩了俄罗斯的战略空间，俄罗斯与一些独联体国家的矛盾日渐加深，独联体地区内部冲突不已，出现解体趋势。这一形势引起了俄罗斯的警惕，使其开始调整独联体政策。1993 年 4 月出台的《俄罗斯联邦对外政策构想》首次将俄罗斯与独联体国家的关系置于俄罗斯外交政策的最优先位置。此后，随着地缘战略环境的恶化及经济发展和国家安全的需要，俄罗斯不断加强同独联体国家的关系，并将发展与独联体国家的关系置于首位。此后，无论是在官方文件还是在领导人讲话中，均能体现出这一点。俄罗斯认为，其首要的利益区便是独联体国家，强调促进独联体一体化进程是俄罗斯外交的主要优先发展方向。①

为抵御北约东扩带来的压力，俄罗斯主动加强与独联体国家的关系，积极推动与独联体国家军事和政治领域的合作，力图建立新的政治军事同盟。俄罗斯利用其在独联体地区政治、经济和军事上的传统影响，加强与独联体国家的关系，强化集体安全条约的军事功能，以图在其周边地区建立新的战略缓冲地带。北约东扩使俄罗斯切实感到安全受到威胁，便开始积极强化集体安全条约成员国之间的军事合作。在俄罗斯的推动下，集体安全条约组织成员国签署了一系列条约，使集体安全条约的共同防御政策由空洞化逐渐向实体化推进。1993 年 8 月，独联体国防部长理事会决定建立独联体军事合作协调参谋部，作为独联体集体安全条约缔约国的常设机构。缔约国国防部长还签署了建立统一的防空系统、导弹袭击预警系统和宇宙空间控制系统条约。同年，在俄罗斯的积极争取下，集体安全条约体系得到壮大，阿塞拜疆、格鲁吉亚和白俄罗斯三国先后加入了集体安全条约，使该组织成员国由六个增至九个。1994 年 7 月，集体安全条约成员国通过了《集体安全构想》，成立了集体安全理事会。1995 年 2 月，集体安全条约成员国签署了《集体安全构想实施计划》《集体安全宣言》和《集体安全构想》。根据上述文件，成员国的军事基地和设施可以

---

① 　Из программы действий на 1996～2000 голы Президента Р Ф Б. Н. Ельцина, *Дипломатический вестник*, №7, 1996г.

部署在其他成员国境内；俄罗斯在保卫成员国安全方面负有特殊责任，如成员国遭外敌入侵，俄罗斯可依据本国军事学说，动用包括核武器在内的各种手段予以制止。文件指出，集体安全条约并非松散的协调机构，而是拥有统一军事力量的防御联盟。这样，集体安全条约便使独联体重新启动了由莫斯科领导的、恢复防御空间的进程。随后，俄罗斯进一步调整对待独联体国家的政策。1995 年 9 月，俄罗斯总统叶利钦批准了《俄罗斯对独联体国家的战略方针》，阐述了新形势下俄罗斯对独联体的具体政策，指出俄罗斯主要的切身利益集中在独联体境内。《战略方针》强调"要增强俄罗斯在独联体国家关系中的主导作用"，提出"鼓励集体安全条约成员国以共同的利益和军事政治目标为基础联合成防御联盟"的任务。1999 年下半年，俄罗斯推动集体安全条约成员国通过了《集体安全条约共同战略条例》，决定建立共同的集团军，保卫独联体领土免受外来侵犯。在极力营造集体安全的同时，俄罗斯也注意加强与单个独联体国家的军事合作。期间，俄罗斯与独联体国家签署了一系列军事合作性质的条约：1995 年 2 月，俄罗斯与白俄罗斯两国签署了《共同保卫白俄罗斯边界条约》，使白俄罗斯的边界成为两国共同边界，也使俄罗斯的西段防御恢复到苏联时期的态势；1996 年 5 月，俄白两国又签署了多项军事合作文件，以应对北约东扩后的军事威胁；1997 年底，俄白两国签署了《军事合作条约》和《共同维护地区与军事安全协定》；1998 年，两国又通过了《共同国防政策构想》，决定制定共同的军事政策，建立联合指挥执行和保障机构，成立联合部队等，进一步加强了两国的军事一体化功能；1997 年，俄罗斯与亚美尼亚两国签署了包含军事合作内容的友好条约，根据条约俄罗斯给予亚美尼亚大量军事援助，俄亚两国具有某种联盟性质；1997 年 5 月，与乌克兰签订了《俄乌友好合作条约》《俄乌联合声明》和《俄乌关于解决黑海舰队问题的联合声明》等合作文件；1999 年 4 月，俄罗斯与塔吉克斯坦签署了《俄塔面向 21 世纪的联盟协作条约》，决定在军事领域内进行共同防御，进一步发展两国的军事合作。总之，通过努力，俄罗斯与独联体国家在军事领域的合作在一定程度上使其国家安全环境得到了改善。

同时，俄罗斯积极推动独联体境内经济一体化，加强与独联体国家经济联系。1993 年 9 月，独联体国家元首在莫斯科草签了《经济联盟条约》，标志着苏联解体后各国经济联系中断和一体化瓦解时期的结束；同年 12 月，独联体各国银行之间签署了经济合作协议，提出组织独联体内部国家经济贸易结算、建立专业银行制度；12 月 24 日，独联体各国元首通过了《阿什哈巴德宣言》，将一体化政策以联合宣言的形式固定下来。此次会议"建立了一个有利于建立全新一体化的联盟，第一次在经济基础上联合了起来"。[①] 1994 年 4 月，独联体国家又签署了《关于建立自由贸易区的协议》，规定在相互贸易中逐步取消关税、其他课税和非关税壁垒，尽快向关税联盟过渡。1995 年 9 月，俄罗斯总统叶利钦批准了《俄罗斯对独联体国家的战略方针》，标志俄罗斯对独联体总战略构想的最终出台。1996 年 3 月，俄罗斯与白俄罗斯、哈萨克斯坦和吉尔吉斯斯坦四国签署《海关联盟协定》；1996 年 4 月，同白俄罗斯签署了《俄－白共同盟条约》；次年，俄白两国又签署了《俄罗斯和白俄罗斯联盟条约》；1998 年 2 月和 10 月，俄罗斯与乌克兰两国签署了《俄乌 1998～2007 年经济合作协定》和若干份政府合作协定；1998 年 7 月，俄罗斯又与哈萨克斯坦签署了《永久友好和面向 21 世纪的同盟宣言》；同年 10 月，俄罗斯与乌兹别克斯坦和塔吉克斯坦签署了《俄乌塔三国全面合作宣言》和《俄乌 1998～2007 年深化经济合作协定》等文件；随后又与哈萨克斯坦签署了《俄哈 1998～2007 年经济合作条约》和《俄哈国界划分议定书》；等等。

对于美国等西方国家势力向独联体地区渗透，介入独联体事务的做法，俄罗斯的警惕性日益提高。首先是坚决反对北约吸收独联体加入该组织。在北约东扩已成事实后，俄罗斯便为北约东扩划线。1996 年 7 月，俄罗斯总统叶利钦写信给美国总统克林顿，试图为北约东扩划出最后的底线。叶利钦在信中写道："北约的行动区域扩大到波罗的海国家[②]的可能性是不容讨论的。这种前景对俄罗斯来说是根本不可接受的。而且为此做出的任何步骤都被看作对俄罗斯国家安全利益的公开挑战，是在摧毁欧洲安全赖以存在的基石。"[③] 1996 年

---

①　郑羽、李建民主编《独联体十年——现状·问题·前景》，世界知识出版社，2002，第 308 页。

②　虽然波罗的海三国不是独联体国家，但是俄罗斯依然将其视为自己的势力范围，坚决反对北约吸收这三个国家加入北约。

③　К. Эггерт, Тайная переписка Ельцина и Клинтона, Москва просит Вашингтон повлиять на приболтов, Известия, 6 июля 1996 г.

7月9日，俄罗斯外交部发表声明，表示坚决反对波罗的海国家加入北约。声明说，北约马德里会议的宣言中竟然提到波罗的海地区，这令我们震惊。我们再次强调，我们过去不能，将来依然不能接受波罗的海地区国家加入北约。我们准备讨论俄罗斯与波罗的海地区国家边界安全。[①] 普里马科夫指出："在北约扩展问题上，有两条'红线'是不能越过的……波罗的海国家和其他原苏联共和国加入北约是我们所不能接受的。"[②] 其次是加强与独联体国家的政治、经济与军事等联系。俄罗斯通过同独联体国家签订名目繁多的条约或协定来加强同独联体国家联系。据统计，独联体成立十年间，俄罗斯同各独联体国家签署了上千份协议。通过这些协议，俄罗斯在一定程度上稳住了其在该组织的主导地位。

总之，通过与独联体国家签署一系列条约，俄罗斯加强了与该地区国家的政治、经济和军事关系，强化了对该地区的控制，在一定程度上协调了该地区国家的行动，使独联体，尤其是集体安全条约组织成为牵制北约的现实力量。但是，由于自身实力限制及独联体国家自身意愿和外部势力的介入等诸多因素，俄罗斯极力凝合独联体，欲将其建设成为一个具有现实力量的联盟的想法并未实现，且独联体始终保持着一种松散状态。

四 在国际热点问题的处理上不再唯西方马首是瞻

多极化外交理念决定了俄罗斯在国际事务中必须以自己的"声音"说话。改变了"一边倒"时期俄罗斯在处理外交事务上紧跟西方国家，缺乏自己的外交政策主张情况。

（一）改变对南斯拉夫问题的态度

"一边倒"外交时期，俄罗斯曾紧随西方国家对南斯拉夫进行制裁。虽然在1994年初，俄罗斯对北约军事介入波黑问题表示反对，且在联合国还反对美国提出的北约对波黑塞族实施空袭的建议。科济列夫以当时少见的强硬口气

---

① Заявление представителя МИД Российской Федерации 9 июля, *дипломатический вестник*, № 7 август 1997г.

② 苏北：《北约东扩俄空间压缩 象征性抵制策略性靠拢并行》，《中国青年报》2004年4月2日。

警告说，北约对波黑塞族进行空中打击将会给俄罗斯和西方关系蒙上浓重的阴影。① 而且在北约对波黑塞族进行轰炸后，根据叶利钦指示，科济列夫拒绝前往参加计划中的北约外长会议，并拒绝签署会上关于加入"和平伙伴"计划的框架文件。但是俄罗斯并未否决允许动武的安理会 824 号决议，且在轰炸之后基本上中断了与波黑塞族的联系。② 因此，俄罗斯此时的表态更多是在世界面前做个姿态而已。

当北约东扩迫在眉睫时，俄罗斯对该问题的态度变得更加强硬起来。1994 年 12 月，俄罗斯在安理会投票否决了克罗地亚提出的关于对波黑塞族实施食品禁运的提案。③ 且从 1995 年 5 月起，俄罗斯便寻求对塞尔维亚解除制裁。1995 年 8 月，美国和北约对波黑塞族阵地实施空中打击后，俄罗斯国家杜马向政府提出了无限期搁置 1995 年 5 月与北约签署的在"和平伙伴"计划框架下的两个合作协议。叶利钦总统也对事态发表评论说，北约对波黑塞族的打击"只不过是北约扩大导致重建两个对立的军事集团的最初迹象"，北约的空袭行动"是一场屠杀"。④ 1996 年初，俄罗斯退出了对波黑塞族的制裁。5 月，俄南外长举行会谈，呼吁国际社会取消对南斯拉夫的制裁，并推动联合国安理会于是年 10 月取消了对南的制裁。1998 年科索沃问题凸显，俄罗斯站在了南斯拉夫一边。

1999 年 3 月 23 日，美国副总统戈尔电话通知正在访美途中的俄罗斯总理普里马科夫，表示将要以军事手段解决科索沃危机，俄罗斯对此反应强烈，普里马科夫随即中止了对美国的访问。随后，叶利钦俄罗斯以武装力量最高统帅名义发表了措辞强硬的声明，表示俄罗斯永远不会认同北约试图以世界宪兵身份采用武力强制政策。他要求安理会召开紧急会议，制止北约的军事行动。随后，俄罗斯中止了与北约的合作关系，召回了俄罗斯驻北约代表，同时强调，如果军事冲突升级，俄罗斯为了确保自身和整个欧洲的安全，将保留采取包括

① P. Lewis, "Russia, a Barrier to NATO Air Strike", *New York Times*, Feb. 9, 1994.

② M. Bowker, *Russian Foreign Policy and the End of the Cold War*, Dartmouth, 1997, p. 238.

③ The Federal Foreign Office, The Veto and Its Use, http://www.auswaertiges-amt.de/, Last updated in October 2004.

④ M. Bowker, *Russian Foreign Policy and the End of the Cold War*, Dartmouth, 1997, p. 239.

军事措施的权利。[①] 俄罗斯外长伊万诺夫警告说，北约的军事行动促使俄罗斯结束联合国的对南禁运，俄罗斯准备通过军事和外交步骤来对付北约的军事行动。俄罗斯国防部长谢尔盖耶夫元帅也发出警告说，塞尔维亚将会成为"第二个越南"，北约将深陷战争泥潭，想速战速决是不可能的。他保证俄罗斯军队将采取对北约轰炸的军事反应。俄罗斯杜马主席谢列兹尼奥夫则表示，俄罗斯将立即向南联盟提供威力强大的武器和技术援助。3月27日，俄罗斯国家杜马要求政府加快独联体军事一体化和俄白军事联盟的建立进程，同时要求政府优先发展战略导弹部队，研制和部署新的战略导弹。3月31日，俄罗斯宣布增加1999年国防预算开支，提高军队战备水平，又宣布七艘黑海舰队舰艇将于4月4~6日进入地中海。在科索沃战争结束后，俄罗斯又突派奇兵，抢占了科索沃地区唯一的机场——普里什蒂娜机场。可以说，俄罗斯在该事件上的反应表现了其在"冷战"结束以来对北约所采取的最强硬的态度。

（二）反对美英等西方国家的伊拉克政策

"一边倒"时期，俄罗斯追随西方国家对伊拉克进行制裁，并且为美英战机轰炸伊拉克进行辩解。推行多极化外交政策后，俄罗斯对伊拉克的问题出现明显转变。1994年，俄罗斯开始要求取消对伊拉克的经济制裁，同时对美英战机对伊拉克进行空袭表示反对。随后，俄罗斯在该问题上的反应日渐强烈。

1996年9月，美英战机对伊拉克进行了海湾战争以来规模最大的空袭。俄罗斯对此做出强烈反应。俄罗斯外长普里马科夫就美英战机对伊拉克轰炸可能造成的恶果提出警告。普里马科夫说，从长远看，这一行动可能造成两方面恶果，一是会助长伊拉克北部和库尔德斯坦分离主义活动，谁也不希望分离和在伊拉克北部出现独立国家，这会破坏局势的稳定；二是会给和平解决阿以问题造成困难，还可能有其他恶果。9月3日，俄罗斯政府发表声明指出，俄罗斯政府认为，美国的军事行动是对伊拉克北部最近发生的事件作出的不恰当的、令人不能接受的反应。伊拉克北部长期以来不稳定，外部势力不断进行干涉，而伊拉克人民在俄罗斯做出种种努力之后，已声明开始从库尔德斯坦撤

---

① Стефан Кройцбергер, Сабине Грабовски, Ютта Унзер, *Внешняя политика Россия от Ельцина к Путину*, Киев, 2002г., с.94.

军。俄罗斯曾警告不要使用武力，并指出使用武力将在该地区和国际社会造成恶果，遗憾的是，华盛顿却采取了使用武力的方式。俄罗斯坚决要求在伊拉克停止使该国主权和领土完整受到威胁的任何军事行动，必须尽快以政治手段缓和局势，俄罗斯将以最积极的方式促进这一点。① 随后，俄罗斯总理普里马科夫在联合国大会上表达了在伊拉克问题上与美国的不同立场。

　　1997 年 6 月，在美英表示对伊拉克实行新的制裁时，俄罗斯、法国和埃及在安理会内部磋商中共同表示，不能接受美英的制裁决议草案。在伊拉克武器核查出现危机，美国要求联合国安理会对伊施压时，俄罗斯外交部发表声明指出，俄罗斯希望伊拉克取消对联合国特委会工作的限制，但同时反对利用安理会的权威对伊拉克采取强制措施。俄罗斯主张，在任何情况下都要根据安理会决议，继续在伊拉克进行联合国人道主义行动。② 当美国总统克林顿对海湾再次增兵时，俄罗斯进行积极斡旋，叶利钦会见了伊拉克副总理阿齐兹，双方就避免武力解决伊拉克危机进行商讨。同时俄罗斯外长与美、英、法三国外长进行紧急磋商，商讨政治解决伊拉克危机。1998 年 2 月，俄罗斯外长普里马科夫接受记者采访时说："我们不允许别人用命令口吻对我们说话。"俄罗斯认为，现在对伊拉克动武是毫无道理的，有可能引起不良后果。俄罗斯希望其他国家一道用政治手段解决伊拉克问题，避免使用武力。③

　　1998 年 12 月 16～17 日，美英军队对伊拉克进行了代号"沙漠之狐"的军事行动。俄罗斯对美英的袭击行动作出了强烈反应，紧急召回驻美国和英国大使，并警告将不批准《第二阶段削减进攻性战略武器条约》。12 月 20 日，叶利钦就美英停止对伊拉克的轰炸发表声明指出，应全面评价这次轰炸带来的消极后果，动武只能使解决伊拉克问题更加复杂。同日，俄罗斯总理普里马科夫在访问印度时也对美英两国进行了尖锐的批评。他指出：这次事件是美英挑起的，责任在美国政府；对伊拉克的军事打击不但使伊拉克的局势更加复杂化，也使整个地区的形势更加紧张；令人气愤的是，军事打击是在联合国安理会没有作出决定的情况下进行的，我们谴责美国，谴责单方面使用暴力解决问题的做法。

---

　　①　梅孜主编《美俄关系大事实录（1991－2001）》，时事出版社，2002，第 143 页。
　　②　梅孜主编《美俄关系大事实录（1991－2001）》，时事出版社，2002，第 155 页。
　　③　梅孜主编《美俄关系大事实录（1991－2001）》，时事出版社，2002，第 161 页。

总之，俄罗斯在这个阶段的外交政策有了明显变化，在其外交实践中，更加强调自主性和全方位外交，展示了积极参与国际事务的大国外交特色，体现了和平外交基调。

第三节　几点评述

俄罗斯的外交政策开始调整并非始于 1994 年末，而是从 1992 年末就出现调整迹象。1992 年 10 月 27 日，叶利钦在俄罗斯外交部部务会议上指出了俄外交政策上的不足。他说：同独联体国家的外交是俄罗斯外交政策的新方向，但缺乏连贯性、相互矛盾，对这一地区的局势缺乏预测；同后共产党国家关系萎缩了，无视东欧国家已经一年了；在发展与西方国家——美国、德国、英国、意大利等国的关系时，没有坚持在东方——日本、中国、印度、蒙古开展工作……①经过一年多理想主义色彩浓重的向西方"一边倒"的外交，俄罗斯发现其国家利益并非始终与西方一致，西方国家也并非真正完全接纳俄罗斯加入其集团。因此，俄罗斯逐渐改变凡事均征求西方国家意见的作风，有时甚至不惜与西方国家翻脸，据理力争，强调自身利益，开始推行多极化外交。人们对这个阶段俄罗斯外交政策的评价褒贬不一。普京对前任的外交政策也给予了否定的评价。而叶利钦本人和其他一些外交家却有不同看法。本节将结合该阶段俄罗斯的外交事例加以简要评述。

一　反对北约东扩的原因分析

从 1993 年 9 月起，俄罗斯对北约东扩始终持反对态度。北约东扩之争也成为俄罗斯与美国等西方国家关系紧张及其外交政策转向的重要因素。在这个阶段，俄罗斯对待北约东扩的态度虽然没有改变，但是在反对东扩的方式方法上发生了一定变化。俄罗斯为何反对东扩，缘何出现这种变化？

（一）对周边环境的判断促使俄罗斯坚决反对北约东扩

随着俄罗斯国内外形势和西方国家对待其态度的变化，俄罗斯对周边环境

---

① 潘德礼主编《十年巨变：俄罗斯卷》，中共党史出版社，2004，第 183 页。

的判定也发生了变化。独立初期，由于俄罗斯充满融入西方世界的渴望，一心西向，对西方国家毫无戒备之心。因此，对其周边环境作出有利的判定。随着时间的推移，俄罗斯逐渐意识到相同的价值理念并未消除其与西方国家的利益差异，西方国家弱俄、遏俄之心依然存在。

在这个阶段，一系列事件的发生导致俄罗斯对自身安全环境产生担忧：

首先，北约东扩及北约新战略的出台使俄罗斯对自身安全产生了忧虑。俄罗斯担心北约东扩导致在欧洲形成新的分界线，进而将俄排挤出西方世界之外。而北约新战略的出台增加了俄罗斯对外部威胁的担心。1999 年 4 月，北约华盛顿首脑会议通过了北约新战略。它确定了北约在 21 世纪的行动纲领和指导方针。北约新战略的主要特点可概括为"四个扩大、两个突破"。即：一是目标的扩大。新战略在肯定集体防御仍是北约核心目标的同时，强调北约要在实行民主、自由、人权和法治的价值观念上发挥作用。二是职能的扩大。过去北约的主要职能限于保卫成员国的领土完整和使成员国不受侵犯，现在增加了维护和平、处理危机预防冲突和反对恐怖主义的职能。三是成员国的扩大。除了接纳波兰、匈牙利和捷克为正式成员外，北约宣布将向欧洲所有国家敞开大门，同时宣布罗马尼亚等 9 个申请国为新成员候选国。四是行动范围的扩大。北约将不仅在成员国范围内采取行动，还可在必要时将行动扩大到成员国之外。"两个突破"：一是突破联合国授权限制；二是突破"协商一致"的决策原则。北约新战略使北约在防御区内外的活动具有更大的可行性和灵活性。① 这说明"冷战"结束后，北约的军事职能不但没有削弱，反而在一定程度上有所增强。这必然使俄罗斯这个北约的"前敌人"面临巨大压力，深感来自北约的现实威胁。俄罗斯自然要坚决反对。

其次，以美国为首的北约多次抛开联合国，以武力打击方式干涉他国内政或处理国际事务，使俄罗斯对自身安全环境感到不安。1994~1995 年间，北约不顾俄罗斯的劝告，几次对波黑塞族实施空中打击，使得俄罗斯极度不满；1996~1998 年，美英联军多次对伊拉克进行大规模空袭，使俄美关系再度紧张；1999 年 3 月，北约部队又发动了科索沃战争，使得俄罗斯与北约关系降

---

① 高华：《从三场战争看北约新战略》，《中国社会科学院院报》2004 年 10 月 26 日。

至独立以来的历史低点。总之，这个阶段北约不但频繁使用武力对主权国家内政进行干涉，而且每次军事行动均是抛开联合国自行其事。北约以"人权高于主权"的理论作为其干涉他国内政的理论根据，这使自身存在民族分裂问题的俄罗斯深感不安。一方面，北约处理问题的方式使俄罗斯难以接受。身为联合国安理会常任理事国的一员，俄罗斯希望联合国在国际问题的处理上发挥主导作用。而北约的行事方式削弱了联合国的作用，这使希望通过联合国来提高自身在国际社会地位的俄罗斯面临被边缘化的危险。另一方面，北约以武力解决地区争端问题的惯用方式使俄罗斯担心北约以类似方式对待车臣问题。因此，北约与美国军事行动使俄罗斯对自身安全环境感到担忧。为了维护国家安全，俄罗斯必然对西方国家有损其国家安全利益的行为进行反击，北约东扩自然属于其反击之列。

第三，西方国家对待车臣战争的态度使俄罗斯感到国家领土安全受到威胁。第一次车臣战争在西方国家的压力下草草收兵，俄罗斯并未真正解决国家统一问题。这为分离主义分子再次发动分裂活动埋下了隐患。在第二次车臣战争中，俄罗斯吸取了前一次战争的教训，因此不顾西方国家的威胁执意以武力方式加以解决。在俄罗斯武力打击车臣分离主义者的同时，西方国家一方面极力要求俄罗斯停止对车臣的武装进攻，并威胁停止对俄罗斯进行援助；另一方面表示对车臣的同情和支持，一些西方国家甚至会见车臣分离主义者代表，以表示对其的支持。这使俄罗斯深感不满，也使其对国家安全环境的恶化十分担忧。

（二）目标与手段的失衡使俄罗斯改变反对北约东扩的方式

俄罗斯由最初明确反对北约东扩，到坚决反对，再到为北约东扩划线。之所以俄罗斯的态度发生如此变化，原因主要在于其阻止北约东扩的目标与其手段的失衡。在最初阶段，俄罗斯之所以没有表示反对，一方面缘于其对北约的认知。此时俄罗斯并未将北约视为威胁，而是认为其是维护欧洲稳定的机构。另一方面俄罗斯对北约东扩没有心理准备，尚未对北约东扩的后果进行认真评估，没有形成一个系统的方针政策。而在第二个阶段俄罗斯坚决反对北约东扩，此时也主要有两方面因素：一方面是对北约东扩后果进行了认真评估，认为北约东扩将给俄罗斯安全利益带来严重威胁，因此对北约东扩发出威胁性呼呼。从 1994 年 12 月北约正式启动北约东扩进程到 1996 年 4 月，俄罗斯表示坚决反对北约东扩，掀起反对东扩的高潮。俄罗斯在该阶段之所以反应如此强烈，一方面是试图通过向北约施压，使其作出让步。另一方面是出于对自身安全的担忧和对西方国家的失望。从 1996 年 4 月到 1999 年，俄罗斯有条件地同意北约东扩。1996 年 4 月 5 日，时任俄罗斯外长的普里马科夫表示，俄罗斯将在北约东扩问题上作出妥协，但条件是北约的军事设施不接近俄罗斯的边界。他还表示，俄罗斯虽然在北约东扩问题上没有否决权，但有权维护自身利益，如果俄罗斯的建议仍然不能使问题得到解决，俄罗斯将寻求采取相应的措施。[1] 1996 年 11 月，普里马科夫再次发表文章指出，俄罗斯对北约的态度由以下两种情况决定：其一，这一组织是在"冷战"时期为了与苏联进行全球性对抗而成立的，它从一开始就以军事对抗为方针，冷战结束后依然没有转变；其二，莫斯科认为，北约是一股现实力量，而且正在出现令其性质发生变化的条件。出于这样的双重理解，俄罗斯并不极端地反对北约东扩的立场，而是准备和这一组织进行对话，以制定使各方均满意的方案。1996 年 12 月，普里马科夫说："俄罗斯对于北约东扩仍然持反对立场，同时主张同北约进行对话，因为北约是个现实的存在，我们需要同该组织打交道。进行对话的目的不只是同北约保持某种关系，还要争取消除我们的担心，使北约对俄罗斯不利的活动减少到最低程度。"俄罗斯态度之所以发生这样变化主要是因为：一方面俄罗斯看到了其反对态度并未能阻止北约东扩进程的推进，不得不认可事实；另一方面俄罗斯希望通过让步与北约进行合作，从而减少因北约东扩给其带来的损失。

（三）谋求大国地位的心态促使俄罗斯反对北约东扩

无论向西方"一边倒"外交，还是推行多极化外交，谋求大国地位始终是俄罗斯的愿望。而从地缘政治角度看，北约东扩在一定程度上挤压了俄罗斯的地缘战略空间，削弱了俄罗斯对该地区的影响。俄罗斯在反对北约东扩的过程中，叶利钦曾提出由俄罗斯和北约共同保障中东欧国家安全的建议。他说，俄罗斯和北约共同向中东欧国家提供正式保证，包括确保这些国家的主权、领

---

① 梅孜主编《美俄关系大事实录（1991－2001）》，时事出版社，2002，第 476 页。

土完整、边界不可更改以及该地区的和平。① 从该建议来看，由俄罗斯与北约共同保障中东欧国家安全一方面将俄罗斯与北约置于平等地位，无形中提升了俄罗斯的大国地位；另一方面如果俄罗斯成为中东欧国家安全的保障国，它便可以保持其对该地区的影响力，避免俄罗斯被排除在该地区事务之外。不难看出，俄罗斯的动机就是保持其对该地区的影响，维护其大国地位。

这一建议在遭到西方和中东欧国家坚决反对后，俄罗斯随即表示，赞成美国提出的"和平伙伴关系"计划。叶利钦说："'和平伙伴关系'计划是消除从温哥华到符拉迪沃斯托克之间可能出现的不平等的安全区域的新界线而建立的一个安全体系。我们相信，'和平伙伴关系'计划是建立新欧洲的一个可行方案。当然，我们将与其他欧洲集体安全机构保持密切联系，也包括那些经受了时间考验的制度机构，如联合国、欧安会等。"② 并表示将加入该计划。但同时俄罗斯又向美国等西方国家提出，不接受给予俄与已经加入"和平伙伴关系"计划的国家相同的地位，需要给予俄罗斯特殊待遇。并要求其正式承认俄罗斯的大国地位，承认俄罗斯在独联体疆域内拥有保障和平的特殊权力和责任，承认俄罗斯在北约处理欧洲安全事务的决策过程中应有发言权，特别是在关于北约扩大的问题上。从此可见，俄罗斯在千方百计维护其大国地位。北约断然拒绝了给予俄罗斯北约决策否决权的要求，但同时也作出了相应的让步。1994 年 6 月，七国集团同意接纳俄罗斯参加其政治领域问题的讨论，且承认了俄罗斯的特殊地位，与俄制定一项单独的合作计划，这在一定程度上满足了叶利钦谋求大国地位的心态。为此，俄罗斯也不再坚持实际上无法得到的对北约决策过程的参与权了。③

令俄罗斯恼怒的是，"和平伙伴关系"计划并未阻止北约东扩的步伐，在俄罗斯看来，北约东扩是西方国家遏制俄罗斯恢复大国地位的表现，并非如西方国家所说，为了保卫中东欧国家，而是想迅速填补因俄罗斯势力撤离而出现的"真空"，是为了防止俄罗斯在该地区发挥影响的一个重要举措。因此俄罗

---

① "President Boris Yeltsin's Letter to US President Bill Clinton"，*SIPRI Yearbook1994*，Sep. 15，1993，pp. 249 – 250.

② "The United States and Russia: Toward a Common Mission President Clinton, Russian President Yelitsin"，*U. S. Department of State Dispatch*，Supplement Vol. 5，No. 1，January，1994.

③ 郑羽主编《既非盟友，也非敌人——苏联解体后的俄美关系》，世界知识出版社，2006，第 532～533 页。

斯对北约东扩表示强烈反对，希望能够维护有利的地缘战略空间，维护其已经衰落的大国地位。在俄罗斯的反对下，北约也作出相应的让步，表示没有在北约新成员国部署大量作战部队的打算，同时表示不在新成员国部署战略武器。此外，美国表示支持俄罗斯成为七国集团的全面成员。美国等西方国家的让步在一定程度上承认了俄罗斯的大国地位，尤其是允许俄罗斯以完全成员国身份加入七国集团，这着实令俄罗斯感到欣慰，使俄罗斯大国心态得到了一定程度的满足。叶利钦在其自传中写道："'八国首脑会议'就是俱乐部，八个世界上最强大、工业最发达国家领导人非正式交往的俱乐部。……1997 年，在美国的丹佛，俄国首次取得享有与大家同等职位的地位。我想，在这个问题上起作用的是此前几个月，在俄美赫尔辛基会谈期间，我就北约组织东扩问题表示了我们强硬的立场。""丹佛会议引起了新闻机构的大炒作：七国首脑会议变成了八国首脑会议！俄国被吸收加入各国精英俱乐部！重大新闻！……显而易见，吸收俄国加入八国首脑会议不可能只是出于政治局势的考虑。俄国是世界上最具影响力的国家之一，俄罗斯的天然资源、高科技、广阔的内部市场、高层次的人力资源和生气勃勃的社会构成了罕见的综合实力，这就是我们能够来到这里，来到八国首脑会议的原因。为什么要说'穷亲戚'呢？"[①]

（四）俄罗斯国内政治势力发生"左倾"的结果

可以说，北约东扩既是美国等西方国家的主观意愿，也是对俄罗斯今后走势持怀疑态度的自然反应。正是俄罗斯国内形势的变化推动了美国等西方国家加快北约东扩进程的决心。从 1993 年起，俄罗斯国内政治天平发生"左倾"，民族主义势力和左翼势力迅速抬头。1993 年 12 月，俄罗斯第一届杜马大选，民族主义派和共产党占据了杜马的主导地位。1995 年 12 月，俄罗斯共产党成为杜马第一大党，且以俄共为首的左翼力量在杜马中占据 44% 的席位，没有俄共的首肯，议会的任何决定均难以通过。左翼力量的壮大，使国家对外政策日益趋于强硬。他们坚决反对北约东扩，主张建立以俄罗斯为中心的势力范围。且左翼政党对苏联帝国报以怀念态度，对苏联的解体表示惋惜。1996 年 3

[①] 〔俄〕鲍里斯·叶利钦：《午夜日记——叶利钦自传》，曹缦西、张俊翔译，译林出版社，2001，第 148、156、157 页。

月 15 日，在俄共的主导下，俄罗斯杜马通过了废除关于解散苏联的《别洛维日协定》决定。这在中东欧国家和西方世界引起了强烈的反应。

俄罗斯历史上的扩张性，导致中东欧国家对自身安全感到担忧，极力要求加入北约，以寻求安全保护。而美国等西方国家也不希望再出现一个苏联，因此加速北约东扩进程，以遏制俄罗斯的扩张野心。而北约东扩被俄罗斯解读为是对俄罗斯地缘战略空间的挤压，是欲将俄罗斯排除在欧洲安全事务之外。这样，西方国家与俄罗斯彼此间的不信任促使双方在北约东扩问题上发生激烈冲突。美国等西方国家认为，俄罗斯依然存在一些军国主义分子，他们对中欧国家向西方靠拢的举动作出越来越强烈和不时带有威胁性的反应。同时，他们对克里姆林宫不愿否定所有斯大林进行过的对外征服表示忧虑，尤其对俄罗斯关于波罗的海三国的态度感到不安。另外，西方国家认为，俄罗斯提出"近邻外国"的思想是强调在原苏联曾占据的地缘政治地区内重新建立一个以莫斯科为决策中心的有效框架主张的略称；认为，俄罗斯主张独联体国家经济一体化的想法中存有恢复帝国思想。① 另外，西方国家对俄罗斯的乌克兰政策感到不安，认为俄罗斯始终希望将乌克兰纳入自己的势力范围，最终将以某种形式与俄罗斯重新"一体化"。② 而俄罗斯也的确存在那种快速崛起为世界大国的想法，期望西方国家认同且不阻止俄在后苏联空间重新发挥主导作用。俄罗斯共产党领导人久加诺夫明确表示："从历史观点来看，俄罗斯是一种特殊的文明类型的国家：从地缘政治角度来看，俄罗斯是欧亚大陆板块的中心和支柱；从世界观和思想观念的角度来看，俄罗斯是特殊文化和道德传统的体现者；从民族的角度来看，这是一个以斯拉夫人为强大核心的复杂的民族共同体；从经

---

① 〔美〕兹比格纽·布热津斯基：《大棋局：美国的首要地位及其地缘战略》，中国国际问题研究所译，上海世纪出版集团，2007，第 84、86 页。

② 美国前国家安全事务助理布热津斯基以叶利钦的首席顾问德米特里·留里科夫的话为证，说明在俄罗斯有很多人期望有朝一日能够将乌克兰并入俄罗斯。布热津斯基说，留里科夫把乌克兰视为一种"临时现象"。留里科夫说："在可预见的未来，俄罗斯可能在乌克兰东部遇到一个十分难以解决的问题，民众的普遍不满……将导致提出俄罗斯来接管该地区的请求甚至要求。在莫斯科有不少人会支持这种计划。"转引自〔美〕兹比格纽·布热津斯基著《大棋局：美国的首要地位及其地缘战略》，中国国际问题研究所译，上海世纪出版集团，2007，第 100 页。

济的角度来看，俄罗斯是一个与西方的自由市场模式不同的独立的经济体。"①
在左翼力量掌控杜马之后，俄罗斯恢复大国地位，维护势力范围的思想明显抬
头。20 世纪 90 年代中期，俄罗斯的官方文件指出，维持原苏联地区这个俄罗
斯特殊利益区，加深独联体一体化，将独联体变成世界政治和经济中具有影响
力的主体。这一方面，在后苏联地区扮演主角并起组织作用的自然当属俄罗
斯。② 俄罗斯的这种期望恰恰是西方国家所力图避免的。双方这种战略意愿的
悖论必然导致二者在北约东扩问题上发生冲突。

二　实行全方位外交的原因分析

"一边倒"外交政策失败后，俄罗斯不再仅以西方国家为外交中心，转而
推行全方位外交战略。在原苏联地区，将与独联体国家的关系置于最优先地
位，极力加强独联体的凝聚力；在欧洲加强与法、德、意关系的同时，加强了
与北欧国家的关系，缓和了与中东欧国家的关系；在亚洲，进一步加强与中
国、日本的关系，恢复和发展与印度、朝鲜、蒙古、越南等传统盟友关系；在
美洲，恢复和加强与拉美地区国家关系；在中东，极力恢复对该地区的影响，
加强与该地区主要国家关系；等等。总之，在这个阶段，俄罗斯推行积极的外
交政策，在一定程度上恢复和发展了俄罗斯在国际社会的影响。俄罗斯外交政
策的大幅调整其原因主要有以下几个方面。

（一）维护和确保俄罗斯在国际舞台大国地位的反应

俄罗斯独立后，始终将自己视作世界大国。为赢得西方国家对其大国地位
的认同，以叶利钦为首的俄罗斯领导人热衷于同西方国家，尤其是同美国建立
一种"平等的伙伴关系"，他们希望通过这种伙伴关系来巩固自身的大国地
位。但是由于俄罗斯的自身实力有限，尤其是独立后，俄罗斯丧失了支撑其发
挥大国作用的经济基础，所以虽然在形式上，美国等西方国家与俄罗斯建立了
特殊伙伴关系，但是在国际事务的处理过程中，他们往往忽视俄罗斯的存在，
经常抛开俄罗斯单独处理国际热点问题。这使俄罗斯难以接受。另外，在独立

---

① 〔俄〕根·久加诺夫：《俄罗斯与当代世界》，莫斯科，1996 年俄文版，第 20 页。
② 〔俄〕伊·伊万诺夫：《俄罗斯新外交：对外政策十年》，陈凤翔、于洪君、田永祥、钱乃成
　　译，当代世界出版社，2002，第 70 页。

初期，俄罗斯事事唯西方马首是瞻，严重影响了其国际声誉，对国际问题的影响力也大幅削弱：在朝鲜核问题上，俄罗斯再没有苏联时期对朝鲜半岛的巨大影响力，一度被排除在半岛核问题的解决之外；在中东问题上，俄罗斯的建议也很少得到当事国的采纳；在中东欧地区，俄罗斯的传统影响几乎消失殆尽；在独联体地区，俄罗斯的影响力也在不断销蚀。

俄罗斯在国际问题上发言权的减弱，使其国际地位急剧下降。为了维护大国地位，俄罗斯一方面不断强调自身是大国，另一方面在强调自主性的同时，开始实行积极的外交政策，广泛参与国际事务。尤其是在普里马科夫担任外长后，俄罗斯全方位外交政策的特点更为突出。普氏认为，只有奉行全方位对外政策才能保住俄罗斯的大国地位。他说："如果放弃积极的外交政策，那么俄罗斯将来是否还能重新像一个强国那样奉行积极的政策，是否还能保住自己艰难争取到的国际地位将成问题。在国际政治中不允许有真空，只要有一个国家从第一排退出，另一个国家就马上会补上。……没有多样化的外交，俄罗斯就不能克服自己的困难，就不能在当今这个相互依存的世界保住自己的大国地位。"[1]

虽然俄罗斯一再强调其大国地位，但是俄罗斯也认识到，仅依靠自身力量尚难以维护其大国地位。因此为了固守大国地位，俄罗斯首先要借助独联体的力量来推行其大国战略。于是，俄罗斯摒弃了独立初期对独联体"甩包袱"的外交政策，转而将独联体国家作为其外交政策的最优先发展方向。俄罗斯希望通过推动独联体一体化，使之成为一个军事政治和经济实体，进而以该实体为基础来推行其大国外交。正如布热津斯基所分析的那样："与美国共享全球性大国地位的幻想，使莫斯科的政治精英也很难放弃在原苏联地区，甚至在原卫星国家中建立俄罗斯特殊的地缘政治地位的思想"。[2]

加强与中国等东方国家的关系是俄罗斯外交政策的一个重点方向。俄罗斯独立后，在与中国关系方面，仅经历一个短暂的徘徊期便快速发展。在短短的几年时间里，双边关系就连上三个台阶：由互视为友好国家，发展到面向 21 世纪的建设性伙伴关系，再到面向 21 世纪的战略协作伙伴关系。同时，两国

---

① 〔俄〕叶夫根尼·普里马科夫：《世界政治中的俄罗斯》，俄通社，1998 年 5 月 6 日电。
② 〔美〕兹比格纽·布热津斯基：《大棋局：美国的首要地位及其地缘战略》，中国国际问题研究所译，上海世纪出版集团，2007，第 84 页。

还同中亚三国建立了保障边境地区安全的有效机制，共同签署了《关于在边境地区加强军事领域信任的协定》和《关于在边境地区相互裁减军事力量的协定》。俄罗斯之所以能够加强和快速发展与中国的关系，除在其东方建立睦邻地带和发展同中国经济关系的指导思想外，另一重要原因是维护俄罗斯大国地位和利益的需要。俄罗斯的"西向"愿望并未真正赢得西方的认可，西方国家仍然将俄罗斯视为"冷战"中的"战败国"，采取一系列措施在地缘政治上对其进行挤压：进行北约东扩、干涉俄罗斯车臣内政、阻挠独联体一体化进程。这加剧了俄罗斯同西方国家的矛盾和利益冲突。由于中俄两国在促进世界多极化、建立公正合理的国际政治经济秩序方面具有共同的目标，因此，在此情况下，俄罗斯同中国建立平等和相互信任的伙伴关系，加强合作，对于维护俄罗斯的国际地位和利益无疑非常重要。

俄罗斯加强与欧洲国家关系，在一定程度上也存在维护其大国地位的意图。虽然在这个阶段，俄罗斯放弃了"一边倒"的政策，但是同时，俄罗斯依然加强与法国、德国、意大利和北欧一些国家关系。俄罗斯与这些国家加强相互关系，其中一个重要因素就是欲建立一个欧洲人的欧洲，并以此排挤美国在欧洲的势力，从而实现俄罗斯的大国梦想。

除加强与上述国家关系外，俄罗斯还加强与中东国家尤其是伊朗、伊拉克等国的关系，在南亚地区加强了与印度的关系，同时还进一步发展了同拉美等第三世界国家的关系。除经济目的外，增强俄罗斯在该地区政治影响力也是其重要目标。总之，俄罗斯在这个阶段，其推行的全方位外交政策的确在一定程度上恢复和提升了俄罗斯的大国地位。

（二）对国际形势判定的自然反应

西方国家的弱俄、遏俄政策，促使俄罗斯重新审视其面临的国际形势。面对美国等西方国家推动北约东扩、对车臣问题进行干涉、在南斯拉夫和伊拉克肆意使用武力等行为，俄罗斯认为，其面临的国际形势严重恶化。为了对来自各方面的威胁进行有效反击，俄罗斯一方面采取了"合纵"策略，加强与中、印两国关系，期望以此抗衡来自西方国家的挤压；另一方面在重点战略地区及热点地区加大外交投入，增强其影响力。

朝鲜半岛既是东北亚重要的地缘战略区，也是全球热点问题区。俄罗斯最初对朝鲜核问题采取脱身和跟随政策，导致其在半岛核问题上被边缘化。随着朝鲜核危机的加剧，俄罗斯切实感到面临核扩散和战争的危险。俄罗斯认为，由于朝鲜政治的不确定性，如果其成为核国家，那么首先受到威胁的便是其周边国家。这一方面是因为朝鲜的核研发能力低，一旦出现事故，很可能导致类似切尔诺贝利核电站的事故，那样作为朝鲜邻国的俄罗斯有遭受核辐射的危险；另一方面，由于朝鲜国家的特性及面临层层困难，其国家政策具有不确定性，一旦朝鲜成功研制出核武器，首先受到威胁的不是美国，而是其周边国家。[①] 另外，俄罗斯担心朝鲜会将核技术提供给"危险国家"或"危险分子"。再有，美国为制止朝鲜研发核武器，很可能使用武力，一旦战争爆发，战火很可能会蔓延到俄罗斯境内或有大量难民涌入，给俄罗斯的安全利益带来威胁。因此，俄罗斯开始积极介入半岛核问题的处理。

苏联解体后，作为"近邻国家"的独联体各国依然与俄罗斯有着千丝万缕的联系。除历史上各加盟共和国之间存在政治、经济和军事联系外，在原苏联各国还居住着2500万俄罗斯族人。[②] 这些俄罗斯族人的人权状况堪忧，他们在政治权利、接受教育、就业等各方面受到所在国家的歧视，严重地损害了俄罗斯的利益。另外，由于历史遗怨和民族问题，很多"近邻国家"对俄罗斯采取敌视和防范态度，甚至一些国家对俄罗斯提出领土要求。这对俄罗斯的国家安全形成严重威胁。因此，俄罗斯一方面强烈要求上述国家改善在其地居住的俄罗斯人的人权状况和俄罗斯的周边安全环境；另一方面通过加强与独联体国家关系，推动独联体政治经济和军事一体化，以促进近邻国家对俄罗斯采取友好政策，改善在其境内的俄罗斯人的生存状况和俄罗斯的安全环境。

（三）对"一边倒"外交政策反思的结果

在俄罗斯看来，在独立初期实行的向西方"一边倒"的外交政策，非但没有使其实现快速融入西方世界，进入发达国家行列的目标，反而受到西方国家的遏制。它们对俄罗斯的战略空间进行挤压，在处理国际问题时很少考虑俄

---

① 因为朝鲜的武器投送能力有限，当前尚没有能够打到美国本土的导弹，因此，很难说其以核武器威胁美国。

② Интервью первого замемтителя министра иностранных дел России Э. В. Митрофановой «Независимой газете», *Дипломатический вестник*，№5，2004г.

罗斯的国家利益，对俄罗斯的经济援助"口惠而实不至"，而且时常干涉俄罗斯的内政。因此，俄罗斯对西方国家这种外交政策感到不满和失望。

同时，俄罗斯认识到，"一边倒"外交使其忽略了传统盟友与第三世界国家的关系。这不但削弱了俄罗斯对这些国家的传统影响，而且萎缩了俄罗斯同这些国家的经济联系，使俄罗斯的经济利益和政治利益受到了严重损害。为了改变这种情况，俄罗斯改变了向西方"一边倒"的外交政策，转而实行全方位外交。

三　不再唯西方马首是瞻的原因分析

俄罗斯独立初期向西方的"一边倒"外交政策促使其在处理国际事务的过程中，经常唯美国等西方国家马首是瞻。这种外交政策不但没能达到俄罗斯的预期目标，反而恶化了其地缘战略环境，在一定程度上也损害了其国家经济和政治利益。因此俄罗斯开始改变其外交政策，在国际事务处理上更加务实、自主。

（一）对伊拉克危机态度的变化

首先，为防止美国独霸世界，阻止单极世界的发展趋向，俄罗斯强化其大国作用。海湾战争后，伊拉克受到了国际社会的制裁，使其遭受重大损失，甚至在该国出现人道主义灾难。每年伊拉克仅因缺乏医药或及时治疗就有几十万儿童死亡，另有上百万人由于食品不足而营养不良。但美英等国为了解除伊拉克的武装和推翻萨达姆政权，不但要求联合国加强对伊拉克的制裁，而且多次对伊拉克进行空中打击，给该地区造成严重的人道主义灾难。"一边倒"外交政策时期，俄罗斯对美国等西方国家在该问题上的政策采取了配合态度。但随着时间的推移，俄罗斯发现，美国并未将俄罗斯真正视为一个平等的伙伴，而是想方设法利用俄罗斯现时的虚弱状况来全面巩固自己在全世界的霸权，力图确立以美国为主导的单极世界。面对美国等西方国家对俄罗斯的遏制政策，俄罗斯意识到，作为国际社会的大国必须确立独立的外交政策，不能紧跟西方。因此，俄罗斯逐步调整了外交战略，放弃了"一边倒"外交政策，开始强调俄罗斯自身利益，在世界舞台上注意突出自己的大国形象、发挥大国作用，尽力制约美国为所欲为的冲动。当美英绕开联合国对伊对伊拉克实施军事打击的时候，俄罗斯表示坚决反对，体现出其作为世界性大国的独立性。

　　其次，恢复和加强俄罗斯在中东地区的传统影响，拓展俄罗斯的外交空间，改善俄罗斯的地缘战略环境。"冷战"时期，中东地区成为美苏两个超级大国角逐的场所，美国支持的以色列和受苏联影响较大的阿拉伯世界之间的矛盾冲突几乎贯穿"冷战"始终。苏联解体后，俄罗斯的影响几乎完全退出了中东地区，美国成为该地区的唯一主导力量。北约东扩后，俄罗斯在西部的地缘战略环境已大大恶化，因此改善其他方向的地缘战略环境成为当务之急，中东地区对于俄罗斯稳定其南部地缘战略环境而言有着重要意义。海湾战争后，中东地区仅有的两个基本不受美国控制的国家是伊拉克和伊朗，而俄罗斯同这两个国家均保持着较好的双边关系，是俄罗斯在中东地区保持自己影响的重要阵地。如果美国彻底搞垮伊拉克的萨达姆政权，将伊拉克纳入其势力范围，那么其下一步必然是集中力量对付伊朗，届时俄罗斯的南部地缘战略环境将会进一步恶化，这自然是俄罗斯所不能接受的。因此，随着俄罗斯外交政策的调整，特别是在曾是号称前苏联"头号中东问题权威"的普里马科夫担任俄罗斯外交部长以后，俄罗斯开始重返中东地区，力图恢复和加强先前其在该地区的影响和作用，以削弱美国在此一家独大的趋势。

　　最后，寻求国家经济利益的政治反应。在伊拉克问题上，俄罗斯一方面呼吁国际社会取消对伊拉克的制裁，阻止美英等国对其实施新的制裁；另一方面不顾美国警告积极发展与伊拉克的经济关系。俄罗斯之所以敢在该问题上同美国针锋相对，除上述原因外，还有一重要因素——维护国家经济利益。取消对伊拉克的制裁将使俄罗斯在经济方面得到好处。首先是债务方面。伊拉克先前曾欠俄罗斯七八十亿美元债务。伊许诺，一旦取消制裁，将首先偿还俄罗斯的债务。其次是军火贸易方面。战前，伊拉克这个庞大的战争机器的大部分装备均来自苏联，由于战争与制裁，伊军事装备的损坏、老化现象十分严重，迫切需要零部件更新。取消制裁后，俄伊两国的军事装备贸易将会大幅提升，这对处于疲软状态的俄罗斯军工企业而言无疑是件好事。其三是两国经贸合作方面。据估计，由于受战乱损害，伊拉克重建至少需要 2000 亿美元，而伊拉克的石油资源是一个聚宝盆。制裁尚未结束，俄伊两国便就有关伊拉克重建以及伊拉克兴建石油项目的承包合同工作开始谈判。有报道说，俄罗斯的主要石油公司卢克石油公司已同伊拉克达成一项投资 38 亿美元的协议，制裁一旦结束，就由俄罗斯开发伊拉克的古尔奈油田。① 而如果美国将萨达姆政权搞垮，将伊拉克纳入其势力范围，俄罗斯不但与伊拉克经济贸易受损，而且伊拉克偿还俄罗斯债务的期限也将遥遥无期。② 因此，俄罗斯极力阻止美国推翻萨达姆政权。

（二）关于俄罗斯对科索沃战争的态度

科索沃战争是"冷战"结束后国际关系领域发生的具有深刻影响的重大事件。通过打击南联盟，美国遏制了俄罗斯在巴尔干地区的传统影响，中东欧国家全面倒向西方国家，俄罗斯在中东欧地区的影响受到严重削弱；科索沃战争催生了独联体内部的亲美集团，独联体一体化面临新的考验；使俄美关系降至"冷战"结束后的历史低点。③

在科索沃战争的过程中，俄罗斯始终持强硬态度。在得知美国欲对南联盟进行轰炸的消息后，俄罗斯总理普里马科夫中途中止访美行程，掉转机头愤然回国；俄罗斯总统叶利钦发表措辞强硬的声明，表示永远不会认同北约试图以世界宪兵身份采用武力强制政策；召回俄罗斯驻北约的代表；俄罗斯国防部长提出，准备通过军事和外交步骤来对付北约的军事行动；等等。但是俄罗斯的强硬立场并未持续。在北约的轰炸行动持续两周后，俄罗斯态度便开始软化。1999 年 4 月 6 日，叶利钦公开表示，俄罗斯不会向南联盟提供军事援助，并对俄政府在巴尔干地区奉行的强硬政策表示不满，对国防部长谢尔盖耶夫、总参谋长克瓦什宁和副总参谋长巴卢耶夫过于好战的言论提出了严厉批评。随后，俄罗斯外长伊万诺夫也多次公开表示，俄罗斯主张结束打击，回到谈判桌旁寻求政治解决。4 月 8 日，叶利钦再次表示："俄罗斯不会向南斯拉夫提供武器，不会卷入巴尔干地区冲突。"4 月 13 日，俄罗斯与白俄罗斯表示，拒绝讨论南联盟要求加入俄白联盟一事。4 月 14 日，叶利钦任命前总理切尔诺梅尔金为负责调解南斯拉夫冲突的特使。切氏频繁穿梭于南联盟与北约参战国之间，并对不肯向美国屈服的南联盟总统加大了逼和的压力。在俄罗斯的努力

① 孟辉：《从对伊拉克制裁的态度看冷战后大国关系》，《西亚非洲》1998 年第 2 期。
② 因伊拉克拖欠外债总额达 2000 多亿美元，不但拖欠俄罗斯的债务，而且拖欠美国等西方国家的债务。如果美国占领该国，首先偿还哪个国家债务则不是由伊拉克和俄罗斯决定，而是由美国决定。
③ 郑羽主编《既非盟友，也非敌人——苏联解体后的俄美关系》，世界知识出版社，2006，第741 页。

下，5月28日，南联盟发表声明，表示接受七国集团与俄罗斯在波恩发表的关于和平解决科索沃危机的联合声明。6月8日，八国外长达成了关于政治解决科索沃问题的联合国安理会草案。6月10日，联合国安理会以14票赞成、1票弃权（中国）的表决结果通过上述协议。同日，北约宣布停止对南联盟的轰炸。科索沃战争告一段落。6月12日，俄军抢占科索沃的普里什蒂纳机场，俄罗斯又由南联盟与北约间的调停人转变为科索沃地区的强力维和者。

俄罗斯在科索沃战争中有此种表现，主要有以下几点原因：其一，战争初期，出于对北约霸权主义的愤怒和维护俄罗斯大国地位的目标而表现出强硬姿态。此时俄罗斯的大国外交政策已基本确立，针对以美国为首的北约霸权主义倾向日渐明显，俄罗斯出于维护其大国地位及国际形象，针对北约军事行动态度强硬。俄罗斯希望美国等西方国家重视其态度，慑于其强硬态度而停止对南联盟的军事行动。但是俄罗斯的强硬态度并未达到预期效果。由于经济与军事实力有限，俄罗斯不可能与北约进行直接军事对抗，也不愿为了南斯拉夫而与西方国家完全撕破脸皮。其二，美国等西方国家为了安抚俄罗斯，在3月28日促使国际货币基金组织给予俄罗斯45亿美元的贷款。这对资金紧张的俄罗斯来说，无疑是一份大礼。因此，俄罗斯在强硬态度无法达到目的的情况下，开始采取灵活政策，从南联盟的坚定支持者变为南联盟与北约之间的调停者。俄罗斯的这种转变，既是出于实力不济的无奈，也是其唯一符合国家利益的选择。作为调停人，俄罗斯既能阻止北约随心所欲，又可以不被排除在该问题的处理之外，这至少在形式上保持了俄罗斯的大国形象。南联盟能够很快接受八国在《联合声明》中就和平解决科索沃危机提出的基本原则，俄罗斯在其中的确起到了很大的作用。其三，俄罗斯在问题解决的最后阶段，之所以突然派军队占领科索沃唯一的飞机场，是为表达对北约抛开俄罗斯将科索沃划分为由美、英、法、意、德五个维和区的不满，同时也展示了俄罗斯的大国形象。正如叶利钦所说："在强大的北约军事集团的眼皮底下，这一象征道义胜利的动作（出兵占领普里什蒂纳机场）也展现给了全欧洲、全世界。"① 可见，这是

---

① 〔俄〕鲍里斯·叶利钦：《午夜日记——叶利钦自传》，曹缦西、张俊翔译，译林出版社，2001，第307页。

俄罗斯出此险招的最大目的。

综观俄罗斯在这个阶段的外交政策，可以说始终是围绕着其所认定的国家利益而进行的。俄罗斯推行多极化外交政策，在许多方面取得了成功：恢复和加强了与传统盟友及第三世界国家的关系；在国际问题上，坚持独立自主外交，一定程度上提升了俄罗斯的国际地位；全方位外交，展示了俄罗斯积极参与国际事务的大国外交，体现出其大国形象。但由于俄罗斯的国家利益观同其国家利益的偏离或者说俄罗斯维护国家利益手段与目标的失衡，其外交政策也出现诸多失误：其一，不断给西方国家设定"红线"，不断被其突破，非但没能实现既定目标，反而使俄罗斯国际形象在一定程度上受到损害。如北约不顾俄罗斯的坚决反对和为其设定的"红线"，执意按照自己的意愿进行东扩；不顾俄罗斯发出的严厉警告对南联盟进行军事打击的事例是最好的证明。面对西方国家对俄罗斯战略空间的挤压，俄罗斯步步设限，又步步退守，严重地损害了其大国形象。其二，对自身实力认识不足，国际定位过高。俄罗斯在这个阶段不断强调其是世界性大国，没有其参与，世界上任何重大事件均无法解决。而实践表明，在很多国际事务中，西方国家并不需要俄罗斯的参与。由于经济实力的不足，俄罗斯也缺乏左右国际事务的能力。其三，过多地参与国际事务导致俄罗斯外交资源严重透支。独立后，俄罗斯的经济和军事实力不断下滑，可供其推行积极外交政策的资源日益减少。但在大国外交理念的支撑下，俄罗斯积极参与各项国际事务，导致其外交实力的透支。其四，对国际格局的判定促使俄罗斯成为现行国际秩序的挑战者，导致西方国家加强了对俄罗斯的遏制力度。对 20 世纪 90 年代中后期国际格局的认知是俄罗斯推行多极化外交理念重要原因。俄罗斯决策者认为，这个阶段国际格局正向多极化趋势发展。因此，在多极化外交思想的推动下，俄罗斯推行积极的外交政策，反对霸权主义。但事实证明，90 年代中期以后，美国的实力大涨，其霸权思想也日渐显现出来，世界更多的是向单极化趋向发展。而俄罗斯推行的多极化外交在一定程度上是对美国单极化战略的挑战，是对现行国际秩序的挑战，必然引起美国对俄罗斯更多的防范与遏制，增添了俄罗斯的外交阻力。

第四章　谋求与西方建立反恐合作伙伴关系时期俄罗斯的国家利益观及对其外交政策的影响（2000～2004）

　　普京从叶利钦手中接过俄罗斯总统权杖后，开启了俄罗斯外交的一个新的时代。叶利钦执政的八年是俄罗斯大变革、大动荡的八年。这八年间，在政治领域，俄罗斯经历了激烈的政治斗争，各政治派别为谋求政治权利，彼此相互倾轧，一度导致国内政治的无序；政府同国内分离主义者进行了两场殊死战争，虽然分离主义势力受到了沉重打击，但分离倾向依然存在。在经济领域，俄罗斯经历了一段较长时间的衰落期，至1998年，其经济总量降至解体前的一半左右。在外交领域，"一边倒"外交政策失败后，俄罗斯转而推行多极化外交，但受自身外交实力的限制，俄罗斯外交手段常常难以支撑其外交目标，导致外交上的失利。尤其是，俄美两国关系因美国企图部署全国导弹防御系统和退出《反弹道导弹条约》等行动而进一步恶化。科索沃和第二次车臣战争使俄罗斯与以美国为首的西方国家关系降至历史最低点。正如普京所说："俄罗斯正处于其数百年来最困难的一个历史时期，大概这是俄罗斯200～300年来首次真正面临沦为世界二流国家，甚至三流国家的危险。"① 虽然俄罗斯面临的形势十分严峻，但普京接管的俄罗斯并非一无是处。此时，俄罗斯已基本完成了由社会主义向资本主义过渡的政治经济变革。普京不需要重新建立一个政治经济架构，只需在原有基础上加以完善，这在一定程度上避免了社会发生大的动荡。国内政党之间的政治斗争有所缓和，普京可以将主要精力投入国家

---

① В. В. Путин：Россия на пороге тысячелетия, *Независимая газета*, 30 декабря, 1999 г.

经济建设中去。另外，俄罗斯的经济在 1999 年开始出现复苏迹象。这一年，其经济出现了小幅增长，各种经济指标也有所好转。因此，普京接管的俄罗斯既是一个烂摊子，也是一个"由乱向治"转变的政治体。

普京执政后，基于俄罗斯面临的内外形势，他将国家发展作为第一要务。为集中精力进行经济建设，普京不断修正外交政策，为国家建设创造良好的外部环境。为此，俄罗斯一方面继续推行前任的全方位外交政策，加强与中国、印度及第三世界国家之间的关系，另一方面积极谋求与美国等西方国家改善关系的契机。俄欧关系很快出现转机，但因美国对俄战略遏制的加强，在普京执政的第一年俄美关系并未得到实质性改善。在这一年中，俄罗斯在一定程度上被迫延续了前任对美国的强硬政策。随着时间的推移，尤其是"9·11"事件发生后，普京抓准时机，迅速改善了与美国的关系。至此，俄罗斯与美国等西方国家的反恐伙伴关系得以确立，双边关系迅速回暖。

第一节　谋求与西方建立反恐合作伙伴关系
时期俄罗斯的国家利益观

普京执掌俄罗斯政权后，为了更好地维护国家利益，他在延续前任执政理念的同时，开始对国家内外政策进行调整。重新审视国家利益，将快速发展国家经济作为首要目标。普京坚持外交为经济发展服务的方针，突出外交的经济内涵，强调国内目标高于国外目标。这个阶段俄罗斯的国家利益观主要是：将资本主义民主道路视为人类发展的主干道，强调与欧洲一体化来实现国家政治经济制度的完善；强调俄罗斯面临沦为二、三流国家的危险，重申确立世界大国地位目标；将恐怖主义及核扩散视为国家主要威胁，谋求与西方国家建立反恐和防止核扩散的合作伙伴关系；通过"妥协外交"与"经济外交"确保国家安全和经济发展。

一　继续坚持西方民主道路，通过与欧洲一体化来完善国家政治经济制度

叶利钦执政的八年，是俄罗斯普通民众痛苦的八年。八年的改革非但没有

使民富国强，反而使国家变得更加羸弱，人民更加贫穷。西方国家也加大了对俄的遏制力度，导致俄罗斯的国际环境严重恶化。许多人开始反思俄罗斯的八年改革，对资本主义民主道路产生了怀疑，怀旧情绪日渐增强。这导致俄罗斯国内左翼力量不断壮大，右翼势力急剧衰退。俄罗斯再次面临着向何处去的问题。

但是，俄罗斯独立后最初八年改革的失败并未动摇普京坚持走西方资本主义民主道路的信心和决心。普京执政后，在社会道路选择方面，依然主张坚持走资本主义民主道路，认为这是俄罗斯向强国迈进的唯一途径。普京反对回到过去，对苏联时期的社会主义道路持否定态度。他认为，苏联式的共产主义道路偏离了人类文明，只有资本主义民主道路是其发展的"正途"。他指出："苏维埃政权没有使国家繁荣、社会昌盛、人民自由。用意识形态的方式搞经济导致我国远远地落后于发达国家。无论承认这一点有多么痛苦，但是我们将近70年都在一条死胡同里发展，这条道路偏离了人类文明的康庄大道。……俄罗斯正处在经济和政治改革的第一个过渡阶段。尽管有种种困难和失误，我们终于走上了全人类都在走的主干道。正如世界经验令人信服地证明，只有这条道路可以使经济迅速发展，可以提高人民的生活水平。除此之外，我们没有别的选择。"[1] 普京认为，民主制度是目前最好的政治制度，希望俄罗斯在民主制度的原则下建立一个强有力的国家政权体系，进而实现民族复兴的强国目标。他说："历史已雄辩地证明任何专制和独裁都是短暂的，只有民主制度才能长久不衰。尽管民主制度也存在着种种不足，但人类还没有想出比这更好的制度。我们要把俄罗斯建设成为一个民主、法制、有行为能力的强大的联邦国家。"[2]

同时，普京认为，民主和自由是国家富强的条件，指出保证国家民主是其最重要的任务。他说："我们极为重要的任务是学会利用国家工具来保证各种自由：个人自由、经营自由、发展公民社会机构的自由。有关权力和自由之间的相互关系的争论由来已久。但至今在这场争论中还有人利用专制和独裁的题目搞投机。但我们的立场十分明确，只有强有力的、有效的和民主的国家才能

---

[1]　B. B. Путин: Россия на пороге тысячелетия, *Независимая газета*, 30 декабря, 1999 г.

[2]　B. B. Путин: Россия на пороге тысячелетия, *Независимая газета*, 30 декабря, 1999 г.

保护公民的政治和经济自由，能够为人们的幸福生活，为我们祖国的繁荣昌盛创造条件。"① 在指出要将俄罗斯建设成为一个强有力的国家时，普京强调了对民主的珍视，"现今的俄罗斯社会不会把强有力的和有效的国家与极权主义国家混为一谈。我们已经学会了珍视民主、法治国家、个人自由和政治自由。"② 在 2003 年和 2004 年的国情咨文中，普京表达了坚持民主的信心和决心："我们必须抓住这个机会。俄罗斯应成为，并一定会成为具有发达公民社会制度的和牢固民主的国家。在这个国家里，人权以及公民自由和政治自由将会得到充分的保证。俄罗斯应成为，并一定会成为有竞争力的市场经济国家。在俄罗斯，所有权将会得到可靠保护，而经济自由不仅可以使人们诚实地工作和挣钱，而且可以不用担惊受怕和无限制地挣钱。"③ "我们政策的基本原则不会发生任何改变。我国人民的意志和俄罗斯联邦的战略利益要求我们忠实于民主价值。"④ 普京认为，尊重人权是保障国家强大的一个前提。他说："不尊重人的权利和自由，就不可能成为一个强大的国家。只有民主的国家才能确保个人与社会之间利益的平衡，使个人主动精神与全民族的任务并行不悖。"⑤ 在 2001 年的国情咨文中，普京指出，俄罗斯当局的任务是在原则上使民主自由不可能被放弃，使已经制定的经济方针不变。当局的任务是保证改善俄罗斯各阶层居民生活政策的实施；保证实施法制；保证始终如一推行改善经营环境的路线。⑥ 普京反对建立"国家意识形态"，主张接纳高于各种社会、集团和种

① Послание Президента России Владимира Путина Федеральному Собранию РФ: 2000 год, http://www.intelros.ru/2007/01/17/poslanie_ prezidenta_ rossii_ vladimira_ putina_ federalnomu_ sobraniju_ rf_ 2000_ god. html.

② В. В. Путин: Россия на пороге тысячелетия, *Независимая газета*, 30 декабря, 1999 г.

③ Обращение президента РФ Владимира Путина к Федеральному Собранию, Опубликовано 16.05.2003, http://www.poccuu.org/chn030516-ziwen-e.htm.

④ Послание Федеральному Собранию Российской Федерации, http://www.kremlin.ru/text/appears/2004/05/71501.shtml.

⑤ Послание Президента России Владимира Путина Федеральному Собранию РФ: 2000 год, http://www.intelros.ru/2007/01/17/poslanie_ prezidenta_ rossii_ vladimira_ putina_ federalnomu_ sobraniju_ rf_ 2000_ god. html.

⑥ Послание Президента России Владимира Путина Федеральному Собранию РФ: 2001 год, http://www.intelros.ru/2007/01/17/poslanie_ prezidenta_ rossii_ vladimira_ putina_ federalnomu_ sobraniju_ rf_ 2001_ god. html.

族利益的超国家的全人类价值观。他认为，凡是在国家意识形态被当作一种官方赞同和由国家支持的一种思想的地方，就不会有精神自由、思想多元化和出版自由。也就不会有政治上的自由。他说："我反对在俄罗斯恢复任何形式的国家官方的意识形态。在民主的俄罗斯不应当强制实行公民意见一致。任何的社会一致都只能通过自愿的方式达到。"①

在国家政治经济改革方面，普京主张俄罗斯走资本主义民主道路，但同时强调不能凡事照搬西方国家模式，必须结合俄罗斯的特点，走自己的改革之路。他指出："20 世纪 90 年代的经验雄辩地证明，只是将外国课本上的抽象模式和公式简单地照搬到我国，或者期待我国的改革不付出巨大的代价就能取得真正的成功是不可能的。机械照抄别国的经验是不会取得成功的。……每个国家，包括俄罗斯，都必须寻找自己的改革之路。我们在这方面还不是很有成效，只是在最近一两年才开始探索自己的改革道路和寻找自己的发展模式。只有将市场经济和民主制的普遍原则与俄罗斯的现实有机地结合起来，我们才会有一个光明的未来。"② 关于俄罗斯传统价值观的特点，普京认为，俄罗斯不像英美等国有着民主的传统。因此他认为，俄罗斯的民主建设不会一蹴而就，短期内就建成类似上述国家的民主制度。他说："俄罗斯即使会成为美国或英国的翻版，也不会马上做到这一点，在这两个国家里，自由主义价值观有着深刻的历史传统，而在我国，国家及其体制和机构在人民生活中一向起着极为重要的作用。"③ 普京在反对中断俄罗斯所坚持的民主自由的发展道路的同时，也指出不能人为地加快其进程。他说："我认为，俄罗斯新思想是一个合成体，它把全人类共同的价值观与经过时间考验的俄罗斯传统价值观，尤其是与经过 20 世纪波澜壮阔的一百年考验的价值观有机地结合在一起。重要的不是强行加快这一进程，也不是中断和摧毁这一进程。"④ 普京主张市场自由，但同时又不同意放任市场自行发展。在总结 20 世纪 90 年代国家经济改革的教训时得出结论说："俄罗斯必须在经济和社会领域建立一套完整的国家调控体

①　В. В. Путин：Россия на пороге тысячелетия, *Независимая газета*, 30 декабря, 1999 г.

②　В. В. Путин：Россия на пороге тысячелетия, *Независимая газета*, 30 декабря, 1999 г.

③　В. В. Путин：Россия на пороге тысячелетия, *Независимая газета*, 30 декабря, 1999 г.

④　В. В. Путин：Россия на пороге тысячелетия, *Независимая газета*, 30 декабря, 1999 г.

系。这并非要重新实行指令性计划和管理体制，让无所不包的国家从上而下为每个企业制定出工作细则，而是让政府成为国家经济和社会力量的有效协调员，使它们的利益保持平衡，确立社会发展的最佳目标和合理参数，为达到这一目的创造条件和建立各种机制……需要国家调控的地方，就要有国家调控；需要自由的地方，就要有自由。"①

可以说，在俄罗斯社会发展道路的选择上，普京依然坚持走西方民主式的发展道路。这决定了俄罗斯与西方国家意识形态和社会价值取向的一致性，也决定了俄罗斯在这方面与西方国家利益存在一定程度的一致性。普京执政初期，由于科索沃战争和车臣战争，俄罗斯同美国等西方国家关系恶化。为了改善国际环境，集中精力进行经济建设，普京极力寻求与西方国家改善关系的契机。但对于美国和欧盟国家，俄罗斯看法不同。俄罗斯认为，欧盟国家与美国有着根本性差异。美国作为冷战后的唯一超级大国，其外交理念是推行单边主义政策，从而实现独霸世界的目标。而欧盟各国非但没有"美国式"的野心，而且反对美国霸权主义政策，主张多边主义，对俄罗斯采取合作态度，同时对其未来走向夹杂着某种担忧。美国的霸权主义政策令俄罗斯难以接受，俄罗斯与美国的矛盾有时是根本性的，是难以解决的。而欧盟国家的政治主张与俄罗斯的外交主张有一定的相似之处，同时欧盟国家又是俄罗斯的最大贸易伙伴。因此，普京认为，俄罗斯与欧盟国家没有原则性分歧，且彼此间有许多共同利益，双方合作更为容易。

如果说，俄罗斯独立初期，叶利钦更倾向于美国式的政治经济体制，更多的是以美国模式为蓝本进行改革，那么普京此时则更倾向于欧盟国家的政治经济制度，希望俄罗斯在政治经济制度方面学习欧盟经验。普京认为，在俄罗斯发展道路的样板模式选择方面，基于俄罗斯在文化上属于欧洲国家及在学习欧洲过程中成为世界强国的历史经验。他认为，"欧洲模式"要更适合俄罗斯。时任俄罗斯外长拉夫罗夫也说："当我们说俄罗斯的欧洲选择的时候，首先正是基于对大多数欧洲国家实行的社会经济发展模式的向往。在此有自身的、历史的原因。欧洲模式的建立在很多方面是对苏联'社会挑战'的反应，所以，

---

① В. В. Путин：Россия на пороге тысячелетия, *Независимая газета*, 30 декабря, 1999 г.

我们首先认为这是我们自己的模式。"① 在强调将西方民主与俄罗斯价值观相结合的同时，普京主张同欧洲国家，尤其是欧盟国家加强联系，通过与欧洲一体化来完善国家政治经济制度。

虽然普京经常强调俄罗斯就地理位置而言是欧亚国家，既面向欧洲，也面向亚洲，但是普京更倾向于俄罗斯是欧洲国家。当记者向他提出自认为是西欧派还是斯拉夫派的问题时，他说："任何国家的本质和人民的实质首先由文化决定。从地理上看，俄罗斯当然是欧亚国家。尽管东部地区和首都的物质生活水平不同，但我可以保证在这些地区生活的人属于同一种文化。在这个意义上，俄罗斯毫无疑问是欧洲国家，因为它的文化是欧洲文化，不可能有任何疑问。这是国家内部政治生活的一个永恒问题，如果说得更确切，我想这样界定它。当然，俄罗斯是一个非常独特的国家，具有自己的历史、丰富的历史和自己的特点。从这个意义上讲，俄罗斯和任何一个欧洲国家都没有任何区别。这是一个欧洲文化的国家，也就是说，是欧洲国家。"②

除普京外，俄罗斯的其他高层官员及智囊也非常重视欧洲国家，特别是欧盟国家，主张与这些国家加强关系。俄罗斯时任外长伊万诺夫说："俄罗斯与欧洲的相互关系远远超出了俄对外政策的范畴，因为它涉及选择我国发展道路的基本方面。俄罗斯的社会政治思维使用'欧洲'这一概念，传统上不仅具有地缘含义，而且还带有文化——文明含义。……自彼得大帝改革时代起，俄罗斯社会意识中的欧洲就意味着一定的政治和经济原则以及道德价值体系，还意味着某种文化空间。围绕着欧洲的相互依存性、俄罗斯民族独特性以及俄罗斯历史道路选择的斗争，就反映在关于对待欧洲文明的争论之中。无论这些问题在我国发展的不同阶段是怎样提出来的，数百年来，欧洲因素始终是俄罗斯对外政策中主要的和决定性的方面。俄罗斯在自己的历史进化过程中，不仅与欧洲迎面而遇，而且成为欧洲国际体系中不可分割的组成部分。"③ 俄罗斯的

① С. В. Лаврова：Россия и США：между прошлым и будущим，http：//www. mid. ru/brp_ 4. nsf/sps/ACB3FD1C5ED62B37C32571F500306650.

② 〔俄〕罗伊·麦德维杰夫：《普京——克里姆林宫四年时光》，王晓玉等译，社会科学文献出版社，2005，第435页。

③ 〔俄〕伊·伊万诺夫：《俄罗斯新外交——对外政策十年》，陈凤翔等译，当代世界出版社，2002，第78~79页。

智囊机构——外交与国防政策委员会认为，虽然俄罗斯与欧盟双方在车臣战争中关系出现裂痕，但是这并非欧盟主观意愿。他们在《俄罗斯战略——总统的议事日程》的研究报告中指出："欧盟目前不能成为重大对外政治倡议的倡导者。西欧国家发展速度相对较慢，欧盟面临严重的内部问题，所以它在近几年未必能够向外释放它的内部实力。与此同时，欧盟在俄罗斯边界附近聚集着最强的政治和经济力量，它对俄罗斯西部边远地区的影响只会不断增强。俄罗斯 2/5 以上的对外贸易是同欧盟国家进行的。从原则上讲，欧盟准备积极同俄罗斯接近，希望通过与我国的合作加强其在世界政治舞台上的地位。车臣战争造成的关系紧张显然不是它的战略方针。"① 同时，该报告表示俄欧之间存在合作可能，双方可以在欧盟 1999 年 6 月通过的《欧盟对俄罗斯总战略》和俄罗斯政府 1999 年秋季提出的《俄罗斯联邦与欧洲联盟关系中期发展战略（2000～2010 年）》文件的基础上发展关系。

普京积极主张在欧洲各国共同的民主价值观基础上建立一个统一的大欧洲。他提出，将地区间和边境地区合作作为使国家融入欧洲一体化进程的手段之一。② 通过建立可靠的全欧洲集体安全体系，提高俄罗斯在欧洲和世界上的作用与威望，吸收欧洲的经济和管理经验，推动和发展俄罗斯联邦基于公平竞争原则的市场经济，以及进一步建设民主法治国家。同时指出，未来十年与欧盟的伙伴关系可表现为在平等基础上，不划分界线，共同努力，包括通过实施欧洲安全宪章，建立有效的欧洲集体安全体系，表现为（在必要条件下）推动建立俄罗斯联邦与欧洲自由贸易区，以及表现为高水平的相互信任和政治、经济领域的合作。③ 在与欧洲一体化方面，普京最为重视的是建立统一的安全和经济空间。在 2001 年的国情咨文中，他明确指出："我们应当赋予我们同欧

① 俄罗斯外交与国防政策委员会：《俄罗斯战略——总统的议事日程》，冯玉军、蒋莉等译，新华出版社，2003，第 45～46 页。
② 《俄罗斯外交部关于协调俄罗斯联邦主体国际和对外经济交往的工作构想》，载〔俄〕伊·伊万诺夫著《俄罗斯新外交——对外政策十年》，陈凤翔等译，当代世界出版社，2002，第 247 页。
③ 《俄罗斯联邦与欧洲联盟关系中期发展战略（2000～2010 年）俄罗斯联邦总统弗·弗·普京 2000 年 6 月 3 日批准》，载〔俄〕伊·伊万诺夫著《俄罗斯新外交——对外政策十年》，陈凤翔等译，当代世界出版社，2002，第 194～195 页。

洲及其他国际机构的关系以新的活力，而且要保持并发扬过去积累下来的所有积极的因素。欧洲目前正处于剧烈的变化中，一些大型欧洲机构、地区论坛的角色正在转变。从这个角度看，毫无疑问，进一步努力搞好与欧盟的关系的意义在不断上升。与欧洲实行一体化的方针成为我们对外政策的关键方向之一。"① 2001 年，在法国总统访问莫斯科时，普京说："我们应该永远摒弃'冷战'偏见，在欧洲历史和文化一致性的牢固基础上构建统一的经济和法律空间，为欧洲文明的和谐发展创造条件，就共同的政治、社会和国防利益达成共识的空间。"② 在 2002 年的国情咨文中，普京再次强调："我认为有必要在此坚定地表示我们在欧洲的优先方面。在欧洲，无论我国的一贯立场，还是与欧洲众多具体的一体化步骤都显而易见，我们将继续积极地做欧盟的工作，以便形成统一的经济空间。"③ 2002 年 7 月，普京在外交部使节会议上说："众所周知，我们的欧洲伙伴不喜欢抽象外交。他们的全部外交都是为了取得具体的结果。同样，我们也不应忘记，俄罗斯外交就是要直接参与建立统一的经济空间。"④ 在安全方面，俄罗斯希望与欧盟加强合作，共同抵制北约主导欧洲安全事务。《俄罗斯联邦与欧洲联盟关系中期发展战略（2000～2010 年）》强调指出："俄罗斯联邦与欧盟建立战略伙伴关系，将体现在各方相互积极推动解决共同关心的某些重大问题，以及全欧洲和世界性问题，加强欧洲经济和政治领域的独立性和独特性的积极因素。……依靠欧洲人自己的力量保障全欧洲安全，不排斥美国和北约，但也不要它们对欧洲大陆的新垄断。制定俄罗斯联邦对欧盟包括西欧联盟在内的"独立防务"的立场，发展与作为欧盟组成部分的西欧联盟的政治和军事联系，以及安全领域的切实合作（维和，解决危机，各类限制和削减武器），以充作在欧洲

---

① Послание Президента России Владимира Путина Федеральному Собранию РФ：2001 год，http：//www. intelros. ru/2007/01/17/poslanie_ prezidenta_ rossii_ vladimira_ putina_ federalnomu_ sobraniju_ rf_ 2001_ god. html.

② 普京：《摒弃"冷战"偏见，构建欧洲统一的经济、法律空间——在欢迎希拉克及其夫人的午宴上的讲话》，载《普京文集：文章和讲话选集》，中国社会科学出版社，2002，第 368 页。

③ Обращение президента РФ Владимира Путина к Федеральному Собранию，Опубликовано 18. 04. 2002，http：//www. poccuu. org/chn020418 – ziwen-e. htm.

④ 普京：《在外交部使节会议上的讲话》，载《普京文集：文章和讲话选集》，中国社会科学出版社，2002，第 732 页。

对北约中心主义的抗衡。"① 同时，俄罗斯主张欧洲安全与合作组织能够在欧洲安全方面发挥应有作用，成为欧洲安全的主导力量。普京在 2000 年批准的《俄罗斯联邦对外政策构想》中明确指出："与欧洲国家的关系是俄罗斯外交政策的传统优先方面。俄罗斯外交政策欧洲方向的主要目标是建立全欧安全与合作的稳定的民主体系。俄罗斯希望欧洲安全与合作组织能够在各方面进一步发挥自己的作用，也将为此而努力。……俄罗斯坚决反对缩小欧安组织作用的范围，反对将它的活动范围只局限于后苏联地区和巴尔干地区。"②

二 强调俄罗斯面临沦为二、三流国家的危险，重申建立世界大国目标

在给国家定位方面，普京同叶利钦的观点具有相似性，他也强调俄罗斯是一个世界性大国。普京从地缘政治、军事潜力、国家资源和历史文明等角度强调俄罗斯的大国地位。他在 2000 年批准的《俄罗斯联邦国家安全构想》中指出："俄罗斯是一个世界大国，又有几百年的悠久历史和丰富的文化传统。尽管面临着复杂的国际局势和国内困难，但俄罗斯拥有可观的经济、科学技术和军事潜力，以及在欧亚大陆独一无二的战略位置，客观上继续在世界事务中发挥着重要作用。"③ 一家美国著名报纸在谈到俄罗斯在世界上的地位时向普京提出这样的问题："您如何设想俄罗斯的未来：他会成为像德国、法国，或者是波兰这样的大国，还是像美国这样的全球性强国？"普京回答说："按照所在位置和面积来衡量，俄罗斯就已经是全球性强国了。它既在欧洲，又在亚洲，同时在两地都具有很强的代表性。"④ 普京也强调俄罗斯在国际社会中的大国作用。他说："作为联合国安理会成员国和最大的核大国，俄罗斯和美国对维

① 《俄罗斯联邦与欧洲联盟关系中期发展战略（2000~2010 年）俄罗斯联邦总统弗·弗·普京 2000 年 6 月 3 日批准》，载〔俄〕伊·伊万诺夫著《俄罗斯新外交——对外政策十年》，陈凤翔等译，当代世界出版社，2002，第 195~196 页。
② Концепция внешней политики Российской Федерации（28 июня 2000 года），http：//www. nationalsecurity. ru/library/00014/index. htm.
③ 《俄罗斯联邦国家安全构想（2000 年 1 月 10 日俄罗斯联邦代总统普京第 24 号命令批准）》，载陆齐华著《俄罗斯和欧洲安全》，中央编译出版社，2002，第 354~356 页。
④ 〔俄〕罗伊·麦德维杰夫：《普京——克里姆林宫四年时光》，王晓玉等译，社会科学文献出版社，2005，第 435 页。

持国际和平与安全负有特殊的责任。两国都有全球利益，都实行全方位的对外政策，都在积极参与限制和削减军备并克服地球上的危机局势的进程。今天，未必会有离开莫斯科和华盛顿的参与就能找到解决办法的重大国际问题。……没有我国的积极平等参与，尤其是在不顾及我国利益的情况下，任何重大的全球或地区问题均无法得到解决。"①

但与叶利钦不同的是，在强调俄罗斯大国地位的同时，普京着重强调了俄罗斯所面临的问题和困难。他意识到，俄罗斯作为世界性大国面临着诸多问题，有被排挤出世界大国行列的可能。尤其是，就经济实力而言，俄罗斯已经不属于第一梯队国家。在《千年之交的俄罗斯》中，普京指出："首先，我国不属于当代世界经济和社会发展高水平的领先国家；其次，我国现在面临着十分复杂的经济和社会问题。20世纪90年代俄罗斯国内生产总值几乎下降了50%，按国内生产总值算，我们仅相当于美国的十分之一，中国的五分之一。在1998年危机之后，我国的人均国内生产总值降至3500美元，这还不到'七大国'平均水平的五分之一。"同时，他指出"俄罗斯正处于其数百年来最困难的一个历史时期。大概这是俄罗斯200~300年来首次真正面临沦为世界二流甚至三流国家的危险"②。在2000年的国情咨文中，普京说："另一个严重的问题是俄罗斯经济上的衰弱。俄罗斯与先进国家之间的差距越来越大，我们正在被推入第三世界国家的行列。"③ 显然，普京已经明确承认俄罗斯在经济方面不是世界一流国家了。

面对国家不断衰落的现实，普京极力维护俄罗斯的大国地位。他在2000年初批准的《俄罗斯联邦国家安全构想》中强调："俄罗斯的国家利益表现在维护主权，巩固俄罗斯作为一个伟大的强国和多极世界有影响的中心之一的地位。"④ 在同年6月签署的《俄罗斯联邦对外政策构想》中也指出："确保国家的可靠

---

① В. В. Путин: Россия-АТЭС: проблемы и перспективы сотрудничества, Дипломатический вестник, №11 ноябрь 2003 г, с52.

② В. В. Путин: Россия на пороге тысячелетия, *независимая газета*, 30 декабря 1999 г.

③ Обращение президента РФ Владимира Путина к Федеральному Собранию, Опубликовано 07.8.2000, http://www.poccuu.org/chn000708-ziwen-e.htm.

④ Концепция национальной безопасности Российской Федерации（10 января 2000 года）, http://www.nationalsecurity.ru/library/00002/00002concept2.htm.

安全，维护和加强其主权、领土完整、在国际社会的牢固和权威地位，这种地位应在最大程度上符合俄罗斯联邦作为一个大国、当今世界的一个有影响中心的利益。"① 在 2000 年的国情咨文中，普京强调了俄罗斯必须做强国的思想。他说："俄罗斯唯一现实的选择是做强国，做强大而自信的国家。"② 在 2003 年的国情咨文中，普京指出："在可预见的未来，俄罗斯应当在世界上真正强大的、经济先进的和有影响力的国家中占有一席之地，我们的所有决定，所有行动都只能服从这一点。这是一个全新的任务，是国家要迈上的一个新的台阶。……俄罗斯将是一个拥有装备精良、反应快速的武装力量的强国，将是一个拥有准备保卫俄罗斯及其盟国、捍卫本国及其公民的国家利益的军队的强国。……所有这一切应该为人民的生活创造应有的条件，可以使俄罗斯与最发达的国家平起平坐。"③ 但是普京也认识到，没有经济实力支撑的大国犹如"泥腿巨人"，俄罗斯如果要成为一个真正的世界性大国，不但要在地缘政治、军事潜力和历史文化方面是世界大国，更要在经济方面成为大国、强国。因此，为恢复俄罗斯的大国地位，普京首先从影响其大国地位的落后的经济抓起。他提出，国内目标高于国外目标，外交为国家经济发展服务的理念。在 2001 年的国情咨文中，普京强调俄罗斯的外交要为经济服务的理念。他说："俄罗斯外交政策的制定应以确定明确的优先方向、务实主义和提高经济效率为基础。……我们应当在外交领域学会如何捍卫整个国家、俄罗斯企业和公民的经济利益。我们应当真正地为俄罗斯经济提供保障，就是说，为俄罗斯经济服务。"④ 在外交部的讲话中，普京明确指出："必须建立起这样一种在国外推进和保护我们的经济利益的体系，使之能保障为俄罗斯经济做出最大的贡献，把我们和世界经济实现一体化的各种途径

① Концепция внешней политики Российской Федерации （28 июня 2000 года），http：//www. nationalsecurity. ru/library/00014/index. htm.

② Обращение президента РФ Владимира Путина к Федеральному Собранию，Опубликовано 07. 8. 2000，http：//www. poccuu. org/chn000708-ziwen-e. htm.

③ Обращение президента РФ Владимира Путина к Федеральному Собранию，Опубликовано 05. 16. 2003，http：//www. poccuu. org/chn030516 - ziwen-e. htm.

④ Послание Президента России Владимира Путина Федеральному Собранию РФ：2001 год，http：// www. intelros. ru/2007/01/17/poslanie_ prezidenta_ rossii_ vladimira_ putina_ federalnomu_ sobraniju_ rf_ 2001_ god. html.

的风险降低到最小程度。我认为极其重要的是，要让对外政策部门更加注意对最大型的对外经济项目护驾，注意让它们和国家利益衔接起来。必须争取在国外为俄罗斯的企业活动创造条件，至少要不比俄罗斯给外国生意界提供的条件差。"①

　　普京执政初期，在一定程度上延续了叶利钦执政后期的外交政策。他主张多极化世界，充分发挥联合国的作用以及俄罗斯应当利用其大国地位开展积极外交等。1999 年 12 月 31 日，在接任代总统的当天，普京就在俄罗斯安全会议扩大会议上说："俄罗斯将继续执行卸任总统叶利钦制定的对外政策，俄罗斯对外政策方针不会改变。将一如既往地在平等、互相理解、友好和互利合作的基础上同世界各国建立关系。俄罗斯将致力于建立多极世界。"② 2000 年 12 月，在访问古巴接受记者采访时，普京说："我们所反对的单极——不是别的，正是企图垄断国际关系，企图绝对支配国际事务。这种企图在世界史上并不少见。在世界史上曾有过不少类似的例子，它们的结局如何是众所周知的。我们绝对相信，在当今世界，任何想垄断世界的独断专横都是不可能的。"③ 俄罗斯时任外长伊万诺夫也说："应该强调的是，多极化思想不是抽象的口号，而是国际生活的哲学，它基于全球化时代的现实。""我们关于多极化世界格局的选择首先是以民族利益为条件的。正是在以维护全球安全的集体机制为基础建立的体系框架下，俄罗斯才拥有保障自己在国际社会中享受尊严的最好机遇。"④ 需要强调的是，俄罗斯此时提出的多极化世界，与前任强调单一国家在多极世界中的地位有所不同。此时提出多极化更多的是强调平等、合作，强调联合国、欧安组织、八国集团等国际组织或论坛的作用。在 2000 年的国情咨文中，普京说："俄罗斯唯一现实的选择是做强国，做强大而自信的

---

①　普京：《外交政策的优先任务是为社会经济发展创造外部安全环境——在俄罗斯联邦外交部的讲话》，载《普京文集：文章和讲话选集》，中国社会科学出版社，2002，第 252 页。

②　Исполняющий обязанности Президента России, премьер-министр Владимир Путин провел расширенное заседание Совета Безопасности России, http://www.kremlin.ru/appears/1999/12/31/0002_ type63374type63378_ 59568.shtml.

③　普京：《在与古巴国务委员会主席兼部长会议主席卡斯特罗联合举行的记者招待会上答记者问》，载《普京文集：文章和讲话选集》，中国社会科学出版社，2002，第 209 页。

④　〔俄〕伊·伊万诺夫：《俄罗斯新外交——对外政策十年》，陈凤翔等译，当代世界出版社，2002，第 35 页。

国家，做一个不反对国际社会，不反对别的强国，而是与其共存的强国。"①
《俄罗斯联邦外交政策构想》也指出："俄罗斯希望建立给予平等、相互尊重
和互利合作原则之上的稳定的国际关系体系。这种体系应当保证国际社会每个
成员在政治、军事、经济、人文以及其他领域享有可靠的安全。……俄罗斯联
邦将坚决抵制企图忽视联合国及其安理会在国际事务中的作用的做法。……俄
罗斯非常重视参与工业最发达的'八国集团'会晤，认为就当今重要问题的
立场进行磋商和协调的机制是捍卫和扩展自己外交利益的一个重要手段。俄罗
斯联邦愿意扩大同该集团伙伴的相互协作。"②"9·11"事件之后，俄罗斯加
大了外交政策的调整力度，进一步淡化多极化目标，转而以一体化尤其是经济
一体化思想代之。

　　总之，为了实现建立强国目标，普京将主要精力放在了经济建设上，改变了
叶利钦时期"作秀式"积极参与的外交策略，转而实行"灵活、务实"的外交政
策。一方面采取措施为国家经济发展创造条件和良好的外部环境，在国家周边地区
建立睦邻地带。另一方面节省有限的外交资源，减少不必要的外交支出，有选择性
地参与国际事务。同时，俄罗斯竭力避免发生对其利益和国际地位造成严重损害的
变化，努力在国际社会中确保自己的地位，最大限度地满足俄罗斯作为一个大国、
当今世界的一个势力中心的利益。为此，普京采取了低调策略，避免与美国正面对
抗，在追求成为世界重要一极的过程中，采取了更加务实的迂回办法，通过改善内
外发展环境，提升自身实力，进而逐步提高其在世界格局中的地位。

三　视恐怖主义为国家主要威胁，谋求与西方国家建立反恐合作伙伴关系

　　在普京第一任期内，俄罗斯的内外形势有很大的变化。普京初入克里姆林
宫时，俄罗斯面临的国内国际形势十分严峻：车臣分离主义分子十分猖獗，导
致国家面临着分裂危险；恐怖分子不断在俄罗斯境内制造恐怖事件，给人民生

---

①　Обращение президента РФ Владимира Путина к Федеральному Собранию, Опубликовано
07. 8. 2000, http://www. poccuu. org/chn000708 - ziwen-e. htm.

②　Концепция внешней политики Российской Федерации（28 июня 2000 года），http://www.
nationalsecurity. ru/library/00014/index. htm.

命财产造成了极大危害；俄罗斯与美国、欧盟等西方国家关系因科索沃战争和车臣战争降至其独立以来的最低点；核武器和其他大规模杀伤性武器及其相关武器扩散的危险日益增加。俄罗斯对国际总体形势的判定是："国际关系的转变、对抗的停止、'冷战'后果的逐步消除以及俄罗斯改革的深化，使国际事务中的合作机会有了显著扩大。发生全球核冲突的危险已经降低到最小程度。"①"在现代条件下，以传统方式对俄罗斯联邦及其盟国发动直接军事入侵的威胁减少了。"② 同时，俄罗斯认为，国家面临着一系列的外部威胁：其他国家妄图阻止俄罗斯强大并成为多极世界有影响力的中心之一，阻止其实现国家利益和削弱其在欧洲、中东、外高加索、中亚和亚太地区的地位；恐怖主义是对俄罗斯联邦国家安全的重大威胁，国际恐怖主义发动了一场旨在破坏俄罗斯局势稳定的公开运动；北约集团在责任区外并且不经联合国安理会批准采取军事行动的实践孕育着破坏世界整体战略局势稳定的威胁。③

基于上述判断，俄罗斯在这个阶段采取了比较强硬的外交政策：首先，坚决以武力打击车臣非法武装分子。俄罗斯认为，车臣问题属于俄罗斯的内政，外国势力无权进行干涉。同时指出，俄罗斯的车臣已经成为国际恐怖主义向俄罗斯扩张的基地，只有反恐怖行动才能够回击瓦解对俄罗斯的威胁。④ 面对西方国家关于俄罗斯违反人道主义的指控和要求俄罗斯停止在车臣的武装行动，普京态度强硬，他表示："同恐怖主义作斗争，人类只有一种有效方法。这唯一的药方便是——以眼还眼，以牙还牙。我们应该把我们在北高加索所做的事情进行到底：需要把恐怖主义分子消灭在巢穴里，需要在俄罗斯联邦其他地区保护人们免受袭击。"⑤ 其次，积极筹划俄白联盟，坚决抵制北约东扩。俄罗

---

① Концепция внешней политики Российской Федерации（28 июня 2000 года），http：//www. nationalsecurity. ru/library/00014/index. htm.

② 《俄罗斯联邦军事安全学说（2000年4月俄罗斯联邦总统弗·弗·普京签署）》，参见柳丰华《"铁幕"消失之后——俄罗斯西部安全环境与西部安全战略》，华龄出版社，2005，第324页。

③ Концепция национальной безопасности Российской Федерации（10 января 2000 года），http：//www. nationalsecurity. ru/library/00002/ttp：//www. nationalsecurity. ru/library/00002/.

④ Обращение президента РФ Владимира Путина к Федеральному Собранию，Опубликовано 07. 8. 2000，http：//www. poccuu. org/chn000708 – ziwen-e. htm.

⑤ 普京：《关于莫斯科普希金广场发生爆炸的声明》，载引自《普京文集：文章和讲话选集》，中国社会科学出版社，2002，第136页。

斯认为，俄白联盟是针对北约东扩而采取的重大战略步骤，是俄罗斯获得了军事安全保证方面的现实利益，扩大了抵御北约的战略纵深。再次，坚决反对美国修改或退出《反弹道导弹条约》。再次联合白俄罗斯和中国在联合国提出并通过反对美国退出《反弹道导弹条约》的决议。最后，在与美国等西方国家对抗的同时，俄罗斯也竭力寻求与西方国家，尤其是与欧盟改善关系的契机。随着车臣战争的结束，俄罗斯与欧盟国家关系得到了较大改善。但是俄美之间因存在诸多矛盾，关系变化不大。

"9·11"事件的发生一方面给美国以巨大打击，另一方面改变了人们对安全的传统看法，促使国际政治与安全形势发展进程发生了重大转折。美国的全球安全战略开始进行重大调整，"寻找并确定潜在的势均力敌的全球竞争对手"的目标不得不暂时让位于"国际联合反恐"。[1] 这为俄罗斯再次调整外交政策提供了契机。

"9·11"事件后，俄罗斯总统普京不但及时表达了对美国遭受恐怖袭击的同情，而且积极为美国反恐怖行动提供帮助。9月12日，普京发表电视讲话，对美国人民所经历的这一恐怖事件表示同情。他说："俄罗斯人民对此感同身受。"[2] 随后，俄罗斯召开紧急会议，表示如果需要，俄罗斯随时准备为美国人民提供必要的帮助。9月24日，普京发表了电视讲话，阐明了俄罗斯对美国将要进行的阿富汗战争的立场，指出将要为美国在阿富汗反恐行动提供便利条件。同时，普京还向西方表示将根据与反恐怖国家关系来决定与其合作水平。他说："俄罗斯同反恐行动的参与国还可以采取其他比较深入的合作形式，这种合作的深度和性质将直接取决于俄罗斯同这些国家关系的总体水平和质量、在反对国际恐怖主义斗争领域中相互理解的水平和质量。……我们同样认为，研究车臣问题不能脱离反对国际恐怖主义的斗争。"[3] 显然，普京向美国挥动"橄榄枝"是希望与其改善关系，同时也是在向美国提出自己的要求。

---

① 郑羽、柳丰华主编《普京八年：俄罗斯复兴之路（外交卷）》，经济管理出版社，2008，第47页。

② Короткие новости，Телеобращение президента В. Путина，*Независимая газета*，13сентября 2001г.

③ Телеобращение президента России В. Путина，*Коммерсанты*，25 сентября，2001г.

俄罗斯的表态很快得到了美国的积极回应。随后，美国几乎同时派出三个代表团赴莫斯科进行谈判：美国参谋长联席会议代表团与俄罗斯军方讨论两国在反恐怖行动中可能进行的军事合作与更严格地控制导弹技术扩散问题；副国务卿博尔顿与俄罗斯外交部门讨论两国关系问题；美国贸易代表佐利克与俄罗斯经贸部门官员讨论两国间的经贸合作与改善俄罗斯的经贸地位问题。[①]俄罗斯向美国"示好"的举动得到美国上下的赞誉。美国总统安全事务助理赖斯在接受采访时说："在反恐怖主义的斗争中，俄罗斯表现得非常慷慨。它承诺，准备在情报交流、为美提供空中走廊、搜寻救助等几个方面与美国进行合作。这是非常重要的帮助。目前我们不能请求俄罗斯做出更多的事情。但是我认为，随着反恐怖斗争的扩大，将出现一些我们两国可以成功地进行合作的新领域。我们一直表示，可以用政治方法解决车臣冲突。……我们知道，无论在车臣，还是在车臣周围都有恐怖分子活动。我们呼吁车臣领导人与可能在其队伍中的恐怖分子拉开距离。我们不能在反对阿富汗国际恐怖主义的同时，却帮助车臣的恐怖主义。"[②] 俄罗斯对美国的支持及美国对俄罗斯在车臣反恐的"理解"，使俄美关系得到迅速恢复，两国反恐怖合作伙伴关系得以建立。

俄罗斯与西方国家关系，特别是同美国关系的变化，使俄罗斯的国际环境得到改善。俄罗斯对来自外部威胁的评估也发生相应的改变，不再像先前那样对外部环境评估较为严峻。在 2002 年的国情咨文中普京指出："在当今世界，任何人都不打算与我们为敌，任何人都不想这么做，任何人也不需要这么做。"[③] 同时，俄罗斯将国际恐怖主义和大规模杀伤性武器扩散作为主要威胁。普京指出："'9·11'事件后，世界上许多人都认识到，'冷战'结束了，但现在国际社会还面临着另一种威胁，正在进行另一场战争——与国际恐怖主义的战争。国际恐怖主义的危险是显而易见的，不需要新的证据。我想指出的

---

① 郑羽主编《既非盟友，也非敌人——苏联解体后的俄美关系》，世界知识出版社，2006，第152 页。

② 梅孜主编《美俄关系大事实录（1991-2001）》，时事出版社，2002，第258 页。

③ Послание Президента России Владимира Путина Федеральному Собранию РФ: 2002 год, http://www.intelros.ru/2007/02/05/poslanie_ prezidenta_ rossii_ vladimira_ putina_ federalnomu_ sobraniju_ rf_ 2002_ god.html.

是，对俄罗斯也是一样。"① 在 2003 年的国情咨文中，普京指出："当今世界，在很大程度上，国家间关系取决于存在严重的现实和潜在的威胁。这种威胁来自国际恐怖主义、大规模杀伤性武器的扩散、国际地区冲突和国内地区冲突以及毒品威胁。"② 普京在 2002 年 6 月回答记者提问时说："当今人类遇到了这些已经完全形成的威胁，这就是恐怖主义与核武器扩散的威胁。"③ 在 2002 年7 月召开的外交部使节会议上，普京说："俄罗斯已走出了在国家关系中长期对抗的时期。人们已不再把它当作对手或敌人来看，而越来越认为它是一个可以预测的、确实可靠的、务实的、平等的伙伴。"④ 在 2004 年的国情咨文中，普京说："而对 21 世纪面临的最尖锐的威胁，即国际恐怖主义、大规模杀伤性武器的扩散和地区冲突，只有通过国际社会的共同努力，以联合国及国际法为支柱，才能应对。"⑤ 可见此时俄罗斯对外部环境的认识与"9·11"事件发生前相比出现了重大变化，不再强调北约东扩的威胁和"其他"国家对俄罗斯发展强大并成为多极世界中有影响力国家的阻碍了，而是将国际恐怖主义和大规模杀伤性武器扩散作为主要威胁。

　　西方国家尤其是美国对国家安全战略的调整为俄罗斯调整外交政策提供了契机，而俄罗斯对外部环境认知的变化促使其主动、快速地调整了与西方国家的关系。俄罗斯与美国等西方国家建立起了反恐怖合作伙伴关系，在防止大规模杀伤性武器扩散方面也保持了相应的合作。可以说，如果俄罗斯与美国等西方国家反恐怖合作伙伴关系的形成具有偶然性的话，那么双方在防止大规模杀伤性武器扩散方面的利益则是始终一致的。俄罗斯与美国等西方国家均认为，

①　Послание Президента России Владимира Путина Федеральному Собранию РФ: 2002 год, http://www. intelros. ru/2007/02/05/poslanie_ prezidenta_ rossii_ vladimira_ putina_ federalnomu_ sobraniju_ rf_ 2002_ god. html.

②　Послание Президента России Владимира Путина Федеральному Собранию РФ: 2003 год, http://www. intelros. ru/2007/02/05/poslanie_ prezidenta_ rossii_ vladimira_ putina_ federalnomu_ sobraniju_ rf_ 2003_ god. html.

③　普京：《在记者招待会上答记者问》，载《普京文集：文章和讲话选集》，中国社会科学出版社，2002，第 697 页。

④　普京：《在外交部使节会议上的讲话》，载《普京文集：文章和讲话选集》，中国社会科学出版社，2002，第 731 页。

⑤　Послание Федеральному Собранию Российской Федерации, http://www. kremlin. ru/text/appears/2004/05/71501. shtml.

核扩散是国家安全的重大威胁。双方在反对大规模杀伤性武器扩散方面始终保持着联系，在不扩散大规模杀伤性武器及其运载工具问题方面相互协作。美国始终为俄罗斯及苏联加盟共和国销毁其境内的核武器提供资金和技术上的支持。俄罗斯也多次表示在限制和削减核武器方面与美国保持合作。在其2000年发布的《俄罗斯外交战略构想》中指出："俄罗斯将坚定不移地履行现行的限制和削减军备条约和协定所规定的各项义务，并参与起草和签署既符合俄罗斯国家利益也符合其他国家安全利益的新协议。愿在同美国达成的双边协议基础上，以及在有其他国家参与并保证核战略稳定不受破坏的多边框架内，进一步削减本国核潜力。"① 俄美之间在这一领域的合作始终比较顺畅，按常设原则在公开和内部分层联络系统的框架内进行。在俄罗斯和美国总统于2000年6月举行的莫斯科谈判过程中，双方就核不扩散问题达成了继续相互协作的协议。② "9·11"事件后，俄美在该领域的合作进一步加强。2001年12月，当美国宣布退出《反弹道导弹条约》时，俄罗斯的反应不但不像先前表现得那样强硬，反而异常冷静，随后与美国签署了新的《俄美关于削减进攻性战略武器条约》。

　　总之，"9·11"事件后，由于美国安全战略的转变，俄罗斯与美国等西方国家找到了利益契合点，双方的反恐怖合作伙伴关系得到确立。俄罗斯的对外战略目标在一定程度上得以实现。俄罗斯十分珍视与美国等西方国家建立的这种伙伴关系。在2002年7月召开的外交部使节会议上，普京说："维护全球稳定的特殊责任理所当然地落在俄罗斯和美国的肩上。我们必须清楚，两国关系的基础是对两国国家利益的重新解读和对现代世界威胁的性质的共同认识。我想再一次强调的是，俄罗斯与美国之间相互信任的伙伴关系不仅符合两国人民的利益，这种关系对整个国际局势也产生了积极作用，因此，这毫无疑问是我们的优先方向之一。"③ 在2003年的国情咨文中，普京再次表示了对与西方

---

① Концепция внешней политики Российской Федерации（28 июня 2000 года），http：//www. nationalsecurity. ru/library/00014/index. htm.

② 〔俄〕伊·伊万诺夫：《俄罗斯新外交——对外政策十年》，陈凤翔等译，当代世界出版社，2002，第100页。

③ 普京：《在外交部使节会议上的讲话》，载《普京文集：文章和讲话选集》，中国社会科学出版社，2002，第731页。

建立的反恐联盟的重视。他说："俄罗斯珍视已经形成的反恐联盟，就像珍惜国家间协力遏制这种毒瘤的协调机制那样珍视反恐联盟。此外，在同盟框架内和国际法基础上的成功合作有可能成为文明国家团结起来抵制共同威胁的范例。"①

四　通过"妥协外交"与"经济外交"确保国家安全与经济发展

在普京执政的第一任期，外交的最大特点是"务实"。对于自身实力不逮，无法与西方国家抗衡的俄罗斯来说，最大的"务实"便是缓和与美国等西方国家在之前一段时期的紧张关系，避免与其进行对抗。为此，普京以现实主义态度对待俄美关系，放弃在战略层面上同美一争高低，既努力开展建设性合作又竭力维护俄罗斯在一些重要问题上的利益，使俄美建立了"新型关系"。普京将俄罗斯的外交重点向欧洲转移，极力弥合与西欧国家因科索沃和车臣问题而产生的裂痕，加强与欧盟国家关系，力图与欧洲国家建立统一的经济空间。在外交手段上，普京通过"妥协外交""经济外交"以确保国家安全与经济发展。

普京初掌政权时，尽管俄罗斯面临的外部形势十分严峻，但是普京更注重国内经济的发展。他认为，俄罗斯"最主要的是要有效地解决国内任务。不能有效解决国内任务，就谈不上国家积极的对外政策活动。自然，在这之中最重要的任务就是营造良好的投资环境"②。普京明确提出外交为内政服务、国内目标高于国外的理念。在 2001 年外交部的讲话中，普京强调，俄罗斯政府"要优先考虑的任务是，在俄罗斯周围建立稳定的、安全的环境，建立能够让我们最大限度地集中力量和资源解决国家的社会经济发展任务的条件。"③ 为了给国内经济发展创造良好的外部环境，普京一方面进行全方位外交，另一方

① Послание Президента России Владимира Путина Федеральному Собранию РФ: 2003 год, http://www.intelros.ru/2007/02/05/poslanie_prezidenta_rossii_vladimira_putina_federalnomu_sobraniju_rf_2003_god.html.
② 普京:《对中国〈人民日报〉、新华通讯社和中央电视台记者的谈话》，载《普京文集：文章和讲话选集》，中国社会科学出版社，2002，第112页。
③ 普京:《外交政策的优先任务是为社会经济发展创造外部安全环境》，载《普京文集：文章和讲话选集》，中国社会科学出版社，2002，第251页。

面力主通过适当"妥协"的方式与西方国家缓和关系。在外交政策方面，普京凸显务实特色，积极开展"经济外交"。普京说："在外交部和我国其他涉外机构的工作中，经济外交的比重应该增加。总的来说，经济方面的工作还留有许多没有加以利用的资源。……必须建立起这样一种在国外推进和保护我们的经济利益的体系，使之能保障为俄罗斯经济做出最大的贡献，把我们和世界经济实现一体化的各种途径的风险降低到最小程度。我认为极其重要的是，要让对外政策部门更加注意对最大型的对外经济项目的护驾，注意让它们和国家的利益衔接起来。必须争取在国外为俄罗斯的企业活动创造条件，至少要不比俄罗斯给外国生意界提供的条件差。"① 在 2001 年的国情咨文中，普京指出："我不只一次说过，俄罗斯外交政策的制定应以明确的优先方向、务实主义和提高经济效率为基础。……我们应当在外交领域学会如何捍卫整个国家、俄罗斯企业和公民的经济利益。我们应当真正地为俄罗斯经济提供保障，也可以说是为俄罗斯经济服务。"②

为改善俄罗斯的外部环境，普京在延续前任外交政策的同时，对西方国家采取了缓和政策，主要是以"妥协"换合作，以"妥协"换和平。俄罗斯首先希望与美国缓和因前期一系列问题而产生的紧张关系，多次向美国表达善意。在 2000 年俄美两国领导人联合举行的记者招待会上，普京说："时至今日，美国是我们主要伙伴国之一。至于俄罗斯，它在同美国的关系中永远不会做出恢复任何对抗因素方面的选择。我们愿意合作，我们愿意在我们所产生的所有问题上能达成协议。"③ 在普京 2000 年批准的《俄罗斯联邦外交战略构想》中，俄罗斯表示了与美国合作的愿望和必要性："俄罗斯准备消除最近与美国关系中出现的重大困难，维护将近花 10 年时间建立起来的俄美合作的基础。尽管分歧严重，有时甚至是原则性分歧，但是俄美的相互配合是国际形势

---

① 普京：《外交政策的优先任务是为社会经济发展创造外部安全环境》，载《普京文集：文章和讲话选集》，中国社会科学出版社，2002，第 252 页。

② Послание Президента России Владимира Путина Федеральному Собранию РФ：2001 год，http：//www. intelros. ru/2007/01/17/poslanie_ prezidenta_ rossii_ vladimira_ putina_ federalnomu_ sobraniju_ rf_ 2001_ god. html.

③ 普京：《在与美国总统克林顿联合举行的记者招待会上的讲话和答记者问》，载《普京文集：文章和讲话选集》，中国社会科学出版社，2002，第 73 页。

好转和保障全球战略稳定的必要条件。首先涉及的是裁军、军控、不扩散大规模杀伤性武器、防止和解决最危险的地区性冲突等问题。只有与美国进行积极对话才能够解决限制和削减战略核武器问题。为了相互利益，要保持各个级别的经常性双边性接触，不允许双边关系出现停顿，不允许有关政治、军事和经济的主要问题的谈判中止。"① 俄罗斯时任外长伊万诺夫也表示，在有关欧洲事务上不排斥美国，并希望与其进行合作。他说："我们绝对不主张将美国从欧洲'排挤'出去，但我们也不想让人把俄罗斯挤出欧洲的'大门之外'。俄罗斯的外交目标是，保障从加利福尼亚到远东密切的跨大西洋联系，在这种联系中，无论是莫斯科，还是华盛顿都可以找到应有的位置。只要拥有良好的意愿，双方就可以在欧安组织内共同做许多事情。没有莫斯科和华盛顿的协调努力，要实现伊斯坦布尔峰会通过的内容丰富的和面向未来的欧洲安全宪章，那是难以想象的。"②

"9·11"事件后，俄罗斯主动向美国"示好"，对美国反恐行动给予了大力支持，并一反常态，对美国退出《反弹道导弹条约》表现相当平和。普京说："条约的确赋予了双方中的每一方在特殊情况下退出条约的权利。美国领导不止一次讲过这一点，所以此举（美宣布退出《反弹道导弹条约》）对我们并不突然。但我们认为这一决定是错误的。众所周知，俄罗斯以及美国同其他有核国家不同，早就拥有克服反导防御的有效体系。所以，我可以满怀信心地宣布，美国总统所做出的决定不会对俄罗斯联邦的国家安全构成威胁。"③ 普京态度的转变之大令人吃惊，这与先前坚决反对美国退出《反弹道导弹条约》形成了鲜明对比：2000年4月，在要求杜马通过《第二阶段限制进攻性战略武器条约》时，普京表示，该条约的批准是有条件的，其中一个条件便是当美国违反1972年的反弹道导弹条约时，俄罗斯有权退出；2000年11月，俄罗斯又联合中国和白俄罗斯向联合国提交并通过了关于《维护和遵守〈反弹道导弹条约〉》的决议草案。俄罗斯对美国的示好使双边关系得到了缓和，俄

---

① Концепция внешней политики Российской Федерации（28 июня 2000 года），http：//www. nationalsecurity. ru/library/00014/index. htm.

② 〔俄〕伊·伊万诺夫：《俄罗斯新外交——对外政策十年》，陈凤翔等译，当代世界出版社，2002，第102页。

③ 〔俄〕普京：《就美国宣布将退出反导条约发表的声明》，载《普京文集：文章和讲话选集》，中国社会科学出版社，2002，第522页。

美关系的缓和在一定程度上使俄罗斯的安全环境得到了改善。布什政府对俄罗斯中央政府实施的车臣政策的批评态度有所转变。2001 年 9 月 26 日，白宫新闻秘书弗莱舍在新闻发布会上说："车臣领导人像世界上所有负责任的领导人一样，必须立即和无条件地切断与国际恐怖集团，如本·拉登和基地组织的一切联系。"① 2002 年 5 月，俄美两国签署了一系列文件，双方宣布建立了"新型战略关系"。2003 年 2 月，美国将车臣三个反政府组织正式列入恐怖组织名单。同时，两国的经济关系得到加强。美国加大了对俄罗斯能源领域的投资，改善了俄罗斯能源生产运输基础设施，扩大了对俄罗斯能源设备的出口。2002 年 6 月，美国承认俄罗斯为市场经济国家并允诺将修改相关贸易法案及帮助俄罗斯加入世界贸易组织。

如果说俄美关系发生实质性改善是从"9·11"事件之后，那么俄罗斯与欧盟国家关系则在普京上任初期便开始改善。欧盟是俄罗斯最大的贸易伙伴，一向重视经济发展的普京自然将与欧洲国家关系放在重要位置。普京极力推动欧洲经济一体化，希望借此来实现俄罗斯的经济复兴。因此，俄罗斯的"经济外交"政策在欧洲体现得更加明显。上任后，普京便着重从经济合作领域着手改善与欧洲，特别是欧盟国家的关系。上任伊始，普京首先对欧盟国家进行了一系列国事访问。访问期间，普京奉行"经济至上"的对外政策，将经济合作问题摆在首位。普京极力呼吁所到国家的企业家对俄罗斯进行投资，表示将采取措施改善俄罗斯的投资环境，保护西方投资者的经济利益。普京的"经济外交"取得了丰硕成果，俄罗斯与欧盟国家的经济关系日益紧密，欧盟对俄罗斯的投资和贸易额也快速增长。普京在外交部使节会议上说："在我们对欧洲人的工作中出现了一些新的方针。除了安全问题和传统贸易问题以外，长期的能源协作和高科技创新项目也已被牢固地提上了日程。众所周知，我们的欧洲伙伴不喜欢抽象外交，他们的全部外交都是为了取得具体的结果。"② 经过双方努力，俄欧关系得到快速恢复。俄罗斯与法、德、意、英等国关系得

① J. M. Goldgeier and M. Mcfaul, *Power and Purpose：U. S. Policy toward Russia after the Cold War*, Washington, 2003, p. 316.

② 普京：《在外交部使节会议上的讲话》，载《普京文集：文章和讲话选集》，中国社会科学出版社，2002，第 522 页。

到进一步发展。2002 年 11 月，欧盟承认俄罗斯为市场经济国家。

北约东扩一直是叶利钦执政时期俄罗斯坚决反对的。普京执政后，虽然始终表示反对其东扩，但是不再像前任那样反应强烈，也不再为北约东扩划线。尤其是"9·11"事件后，俄罗斯与北约的关系得到了加强，双方由"19＋1"机制变成"20 国"机制。俄罗斯不再像先前那样强调北约的威胁性，而是强调与其进行合作。普京说："我们打算沿着同该组织平等合作的发展之路前进。我想特别强调，北大西洋联盟准备在这条路上走多远和能够在多大程度上考虑俄罗斯的合法利益，我们就准备走多远。"① 在一次记者招待会上，普京回答记者关于是否已放弃反对波罗的海国家加入北约的想法时说："阻碍爱沙尼亚加入北约，这不论从策略观点，还是战略观点来看都是绝对错误的。如果爱沙尼亚想加入，认为那样对它好，就让它加入。我看不出会发生什么悲剧。……爱沙尼亚有这种权利。而且我不认为这样会恶化俄罗斯和爱沙尼亚的国家关系。应该尊重任何人民的选择，也包括爱沙尼亚人民的选择。"② 在回答如何看待乌克兰提出加入北约的问题时，普京说："至于北约总体上的扩张，您知道我们对这个问题的态度。它没有变，但这并不意味着乌克兰应该置身于对欧洲和全世界和平与安全有利的进程之外。我们与同事们没有就此议题进行过详尽的讨论。乌克兰是一个主权国家，它也有权选择保障其自身安全的道路，比如，参加我们今天成立的这个委员会。这需要同委员会的成员、同北约的成员、同秘书长进行讨论。我认为这完全是可能的，在原则上我看不到这里有什么特别的东西或者有什么影响俄罗斯与乌克兰关系的地方。"③

总体上看，在普京执政第一任期，基于对国家自身地位的合理认定及国家衰落症结的总结，俄罗斯对国家的经济利益更为重视，而地缘政治理念则有所弱化。这促使其外交政策更多地显现出"务实、柔性"的特点，不再采取前任那种在发表强硬措辞后又不得不做出让步的外交举措。对于国际事

---

① 普京：《要在反恐怖主义的斗争中相互合作》，载《普京文集：文章和讲话选集》，中国社会科学出版社，2002，第 492 页。
② 普京：《在记者招待会上答记者问》，载《普京文集：文章和讲话选集》，中国社会科学出版社，2002，第 697～698 页。
③ 普京：《在与北约秘书长罗伯逊和意大利总理贝卢斯科尼共同举行的记者招待会上的讲话和答记者问》，载《普京文集：文章和讲话选集》，中国社会科学出版社，2002，第 649～650 页。

务，俄罗斯则是根据自身需要及实力采取"有选择地参与"的外交政策，甚至在不涉及其核心利益的地方，采取适当"妥协"策略。在具体的外交政策上，俄罗斯始终能够以服务于"经济建设"为目标。普京此时的国家利益观为其外交政策指明了方向，使国家的外部环境得以改善，国家的经济实力得到快速增强。

第二节　与西方建立反恐合作伙伴关系时期俄罗斯外交政策的主要事例

在普京执政的第一任期，俄罗斯的国家利益观与叶利钦执政时期相比，发生了一定的变化。普京虽然也认为，由于北约东扩、车臣问题的出现，俄罗斯的安全环境出现恶化，但他更感觉到，俄罗斯所面临的最大威胁是国家经济的持续衰退。因此，普京立足国内经济发展，确立外交为国家经济发展服务的原则。这促使俄罗斯的外交政策发生了明显变化。这个时期可以分为两个阶段，第一个阶段是从普京上任到"9·11"事件发生前，在这个时段，俄罗斯基本延续了前任谋求抵制美国单极霸权的外交政策。第二个阶段是从"9·11"事件之后到别斯兰事件发生前，这期间俄罗斯与美国等西方国家关系快速升温，是俄罗斯与美国等西方国家建立反恐合作伙伴关系的时期。

可以说，在这四年多的时间里，俄罗斯的外交政策调整幅度较大。这与普京在执政初期没能找到缓和与美国关系的突破口及美国安全战略发生变化有关。普京最初入主克里姆林宫时，俄罗斯内外形势十分严峻，与西方国家关系降至独立以来最低点；国内经济处于衰败之中，虽然 1999 年经济出现恢复迹象，但是其经济实力与独立初期相比大打折扣，经济总量不及独立前的 50%，仅相当于荷兰水平，人均国内生产总值不到"七大国"平均水平的 1/5。[①] 国力的大幅衰落导致俄罗斯国际地位急剧下降。面对严峻的内外形势，普京认识到，俄罗斯最迫切需要解决的问题是国家经济发展。如果国家经济得不到应有的发展，不能快速成为经济强国，俄罗斯也就很难成为世界性大国。因此，普

---

① В. В. Путин: Россия на пороге тысячелетия, *Независимая газета*, 30 декабря, 1999 г.

京提出国内目标高于国外目标，外交为经济发展服务的战略思想。为了给经济
发展创造良好的国际环境，普京极力寻求与西方改善关系的契机。但是基于外
交政策的惯性思维及美国对俄罗斯的遏制政策并未改变等原因，在"9·11"事
件发生前，普京并未找到与美国缓和关系的契机。因此，俄罗斯不得不在一些
涉及其核心利益的问题上与美国针锋相对，有时甚至不惜与之对抗。针对美国
的遏制政策，普京采取措施进行积极应对。首先，阻止美国实施《NMD 法案》
和退出《反弹道导弹条约》。为了阻止美国退出《反弹道导弹条约》，俄罗斯
采取了一系列措施：国家杜马在批准《第二阶段削减战略武器条约》的同时，
通过了一项《俄罗斯国家杜马关于削减战略武器问题以及协调国家权力机关
在该领域的活动措施的声明》。该声明指出，如果美国部署国家导弹防御系
统，俄罗斯将采取包括退出《俄美第二阶段削减战略武器条约》在内的对等
的回应措施。[1] 在 2000 年 6 月举行的俄美莫斯科最高级会晤中，普京坚持反
对美国修改反导条约的立场。在 2001 年 6 月的俄美卢布尔雅那首脑会晤和随
后举行的八国集团热那亚首脑会谈中，俄罗斯始终未在修改反导条约问题上做
出实质性让步。同时，俄罗斯联合中国坚持在 NMD 问题上的不妥协立场，并
且动用了能够使用的所有外交资源。2000 年 7 月普京访华期间，中俄两国领
导人签署了《关于反导问题的联合声明》，同年，俄中两国牵头起草的《关于
维护和遵守〈反导条约〉》的决议案两次在联大会议上通过。又与加拿大、法
国、德国等国共同批评美国部署 NMD 计划。[2] 其次，开展积极的全方位外交，
抵御美国单极世界霸权思想。为抵制北约东扩的压力及美国霸权主义政策，俄
罗斯发动首脑外交攻势，普京遍访了远东、西欧、中亚、南亚、拉美和北美各
国。在 2000 年后一年多时间里，仅是俄罗斯最高层领导人就参加了 260 次国
际活动。俄罗斯的积极外交活动，一方面为其赢得了一定的外交空间，加强了

---

① Постановление Государственной Думы Федерального Собрания Российской Федерация «О
позиции Государственной Думы Федерального Собрания Российской Федерации по вопросам
сокращения стратегических вооружений и мереа по координации деятельности органов
государственной власти Российской Федерации в области сокращения стратегических
вооружений », № 291 – Ⅲ ГД., Москва, 14 апреля, 2000г.

② 郑羽、柳丰华主编《普京八年：俄罗斯复兴之路（外交卷）》，经济管理出版社，2008，第 38
页。

俄罗斯与各国的关系，另一方面在一定程度上抵消了来自美国和北约的压力。尤其是俄罗斯加强与中国的关系，共同抵制美国霸权主义政策，强调联合国在国际事务中的作用。同时，不顾美国反对，加强与一些国家的关系。2000年普京访问了朝鲜和古巴，这是俄罗斯独立以来最高领导人第一次访问这两个国家，俄朝签署了《友好互助条约》。俄古两国发表了联合声明，双方再次谴责美国对古巴的经济、贸易和金融封锁。另外，俄罗斯也加强了与伊朗和伊拉克的关系。2000年11月，俄罗斯宣布退出同美国签署的停止向伊朗出售武器的备忘录。2001年3月，两国签署了《关于俄罗斯和伊朗两国相互关系基础及合作原则条约》及《关于里海法律地位问题的联合声明》。同时，俄罗斯加强了与伊拉克的关系，对美英轰炸伊拉克进行严厉的谴责。另外，2001年初，俄罗斯又同美国展开驱逐外交官大战，俄美关系再度紧张。可以说，在这个时段，俄罗斯基本延续了前期强硬的对美外交政策。

普京掌管俄罗斯后，俄罗斯加强了与欧洲，尤其是与欧盟国家的关系，使双边关系得到了明显改善，双方经济关系日益密切。欧盟国家对俄罗斯的投资大幅增长，双方的经济贸易额不断攀升。总之，在"9·11"事件发生前，俄罗斯在外交政策方面，一方面积极采取措施抵制美国单边主义政策，另一方面主动加强与世界各国关系，积极发展对外经贸联系。

"9·11"事件后，针对美国安全战略的变化，普京抓住历史契机，迅速恢复和发展同美国的关系。俄罗斯通过积极支持美国反恐行动，不但缓和了与美国的紧张关系，而且两国建立了反恐合作伙伴关系。俄美关系再度进入快速发展的轨道。

一 与美国的反恐合作及实行妥协外交

"9·11"事件为俄美关系缓和提供了新的契机。面对美国发生的悲剧，普京不但最先表达了俄罗斯的同情，而且允诺积极帮助美国在阿富汗的反恐行动。同时，"9·11"恐怖袭击也使美国改变了既定的国家安全战略：以往"轻国内，重国外"的军事战略转为实行"内外并重，国内优先"的军事战略方针；在对外战略方面，美国不再将防止其他国家可能挑战美国在国际社会的霸权地位作为外交战略的主要目标，开始将国际恐怖主义作为美国的最大威胁。这为俄美关系缓和提供了条件。俄罗斯为了缓和与美国的关系，同其建立反恐怖合作伙伴关系，采取了一系列"示好"举措。

"9·11"事件发生的当天，普京立即致电白宫，除表达了对美国人民遭遇的同情及对恐怖分子的谴责外，还表示将支持美国进行反恐行动。同日，普京在克里姆林宫就美国"9·11"恐怖事件发表声明。普京说："今天在美国所发生的事件已经超出国家界限的范围。这是对全人类，至少是对整个人类文明肆无忌惮的挑衅。我们理解美国人民的感情，所以我要以俄罗斯的名义向美国人民宣告，我们同你们在一起，我们完完全全地分担和感受你们的痛苦。我们支持你们。"① 同时，俄罗斯政府强力部门召开会议商讨对美国的帮助。随后，普京分别派出以外长伊万诺夫和安全会议秘书鲁沙伊洛及参谋长克瓦什宁为首的两个代表团到美国举行会谈。9月22日，普京在索契召开了12位强力部门首脑参加的会议，商讨了俄罗斯对即将开始的阿富汗战争的政策。9月23日，俄罗斯分别与中亚五国协调立场。9月24日，普京会见了俄罗斯联邦会议两院及杜马各议员团负责人，就"9·11"事件后政府与议会的合作进行了磋商。当晚，普京通过电视发表了总统声明。声明阐明了俄罗斯在阿富汗反恐行动中的立场，提出五点措施："第一，俄罗斯的情报机构将积极进行国际合作，继续为打击国际恐怖主义分子提供相关信息；第二，为飞往恐怖行动地区的载有人道主义物质的飞机提供领空；第三，与中亚盟友协调了立场，可能为阿富汗反恐行动提供中亚国家机场；第四，必要时，俄罗斯将参加搜寻救援性质的国际行动；第五，俄罗斯将扩大与国际承认的以拉巴尼为首的阿富汗政府的合作，向其武装力量提供武器装备援助。"② 在美国进行阿富汗战争期间，俄罗斯虽然没有直接派出部队参战，但是为美国军事力量进驻中亚大开方便之门，且普京政府还表示在必要时，将为美国空军开辟空中走廊，以便其进行救援和后续保障。此外，俄罗斯还为美国提供了有关塔利班和基地组织的军事情报，为拉巴尼领导的阿富汗北方联盟政府提供了大量军事装备，使其

---

① 普京：《"9·11"恐怖事件是对整个人类文明肆无忌惮的挑衅》，载《普京文集：文章和讲话选集》，中国社会科学出版社，2002，第415页。

② 普京：《国际社会应在反恐斗争中联合起来——俄罗斯联邦总统声明》，载《普京文集：文章和讲话选集》，中国社会科学出版社，2002，第419～420页。

在美国发动空袭时可以迅速从陆地击溃塔利班武装，加速了塔利班政权的垮台。俄罗斯对美国阿富汗反恐战争的支持，得到了美国方面的赞颂。美国国务卿鲍威尔说："俄罗斯在我们阿富汗的成功中起了关键作用，提供情报，支持北方联盟，帮助我们进入中亚。这使我们能够极大地削弱直接威胁我们两国恐怖主义网络的能量。"① 俄美两国在阿富汗战争中的配合使双边关系迅速升温。

除在阿富汗战争中对美国给予上述支持外，俄罗斯还在美国关心的其他一些问题上做出妥协：在《反弹道导弹条约》方面，一改坚决反对美国修改或退出《反弹道导弹条约》的态度，平静默认美国退出该条约；在考虑俄罗斯海外军事基地实际情况的基础上，为了表示对美国的友好，普京在2001年10月访美前夕宣布，俄罗斯将放弃在越南金兰湾的海军基地和在古巴的电子情报站，2002年5月从越南的金兰湾提前撤走了军事力量，同年又撤除其在古巴的被美国视为"眼中钉"的卢尔德斯电子情报站；默认北约吸收包括波罗的海三国在内的七个国家为成员国；配合美国的中东政策；等等。总之，"9·11"事件后，俄罗斯对美国进行了一系列妥协，使俄美关系快速恢复。俄美反恐合作伙伴关系得以确立。

二 推进以与欧盟经济合作为主的多领域合作

普京执政后，俄罗斯与欧洲的关系被置于前所未有的重要位置。努力加强和积极参加欧洲一体化和多边合作的进程、争取融入"欧洲大家庭"成为俄罗斯社会发展和外交活动的战略方向。普京多次在总统咨文中强调，与欧洲一体化是俄罗斯的历史性选择。② 因为多数欧洲国家，尤其是欧洲主要的发达国家都是欧盟成员国，所以普京更加注重欧盟在俄罗斯走向复兴之路的作用，这也决定了俄罗斯将加强与欧盟国家关系作为其对外政策的优先方向。普京执掌俄罗斯政权后，首先采取措施恢复和发展与欧盟国家关系，积极推进与欧盟在经济、政治和安全领域的合作。

---

① Press Briefing by Secretary of State Colin Powell on President's Trip to Russia, St. Petersburg, Russia, May 25, 2002, http://www.whitehouse.gov/news/releases/2002/05/20020525 - 4. html/.
② 许志新：《重新崛起之路——俄罗斯发展的机遇与挑战》，世界知识出版社，2005，第337页。

　　加强与欧盟国家经济关系是俄罗斯对欧盟政策的一个最重要目标。普京执政后，力主通过加强与欧盟国家关系来推动俄罗斯的经济发展，进而实现欧洲经济政治的一体化。虽然欧盟在俄罗斯外交政策重要性的排位中仅次于独联体，但实际上很多时候欧盟对俄罗斯的重要性，尤其是在经济方面已经远远超出了独联体国家。普京上任后不久便出访了欧盟一些国家。2000年4月，普京对英国进行了国事访问。访问期间，普京呼吁英国企业家来俄罗斯投资，并保证将改善俄罗斯的投资环境，为英国企业家与俄罗斯经济合作创造必要条件。同年6月，普京访问了意大利、西班牙和德国。这次访问取得了丰硕的成果，三国均表示将加大与俄罗斯的经贸联系。意大利还允诺向俄罗斯提供15亿美元的援助；德国企业界也准备向俄罗斯投资17亿美元，德政府也表示为俄罗斯提供10亿美元的出口信贷。2000年10月，普京出访法国，并在巴黎与欧盟首脑举行了会晤。欧盟表示将在经济领域进一步加强同俄罗斯的合作，继续向俄罗斯提供技术援助，促进对俄投资，并帮助俄罗斯尽快加入世界贸易组织。① 2002年5月，在俄罗斯–欧盟例行峰会上，双方审议了第一份关于建立统一经济空间进程的文件，批准了在能源领域合作的报告。同年11月，在布鲁塞尔展开的第十次欧盟与俄罗斯首脑会议上，双方重点讨论了能源合作问题。

　　随着俄罗斯与欧盟间经贸及能源合作的发展，俄罗斯与欧盟的双边政治和安全领域关系也逐步深化。双方在欧盟东扩、反对美国单边主义、建立"俄欧共同空间"等领域的合作与协调全面展开。普京执政后，强调与欧盟加强关系，一方面是希望通过与欧盟的合作，推动俄罗斯的经济发展，进而早日融入欧洲，另一方面希望凭借欧洲平衡美国，以提升俄罗斯在欧洲和世界的政治影响力。2000年6月3日，俄罗斯总统普京签署了《俄罗斯与欧洲联盟关系中期发展战略（2000～2010年）》，文件规定了未来10年俄罗斯与欧盟发展相互关系的目标及其实施手段，与欧盟建立战略伙伴关系和发展各个领域的合作是俄罗斯对外战略的重要方面。文件指出："本战略是俄罗斯联邦对外政策总体构想在欧洲方面的自然延伸，其基础是建立多极世界的客观需要。……本战

---

① 左凤荣：《重振俄罗斯：普京的对外战略与外交政策》，商务印书馆，2008，第275～276页。

略的基本目标是保障俄罗斯联邦的国家利益，通过建立可靠的全欧洲集体安全体系，提高俄罗斯在欧洲和世界上的作用与威望，吸收欧盟的经济潜力和管理经验，推动发展俄罗斯联邦基于公平竞争原则社会取向的市场经济，以及进一步建设民主法制国家。……本战略旨在巩固俄罗斯联邦与欧盟在全欧洲和国际事务中的伙伴关系，首先运用国际法和不使用武力，共同致力于预防和解决欧洲的地区冲突。本战略规定要建设没有分界线的统一的欧洲，推行相互结合、均衡一致地巩固俄罗斯联邦与欧盟在 21 世纪国际社会中地位的方针。"[①] 2000年 10 月，第六次俄罗斯与欧盟巴黎峰会启动了俄欧能源对话，普京与欧盟主席普罗迪签署了《俄欧战略性能源伙伴关系协议》。峰会上，双方还通过了关于就欧洲政治与安全问题加强对话与合作的共同宣言，为双方在安全与防务领域问题合作打下了基础。尤其是根据巴黎协议，双方在安全与防务问题方面建立了专门的磋商机制，拓宽了裁军磋商与战略对话的范围。2002 年 5 月，在俄欧莫斯科峰会上，双方就关于同欧盟在制定欧洲安全和防务政策方面开展更为充分和具体的相互协作的问题进行了探讨。2003 年 5 月 31 日，在圣彼得堡建市 300 周年庆典期间，俄罗斯总统普京与前来参加庆典的欧盟首脑举行会晤并签署了《联合声明》。双方表示，将加强在政治、安全、反恐和经济等领域的合作，努力解决欧盟扩大后可能对双边关系发展产生的新问题。为了提高双边合作的有效性，决定把现有的双边合作委员会改组为俄罗斯与欧盟"常设伙伴关系委员会"。这次峰会还批准建立俄欧四个统一空间"路线图"计划，使俄罗斯与欧盟的对话与合作进入一个新的阶段。[②]

　　俄罗斯在加强与欧盟关系的同时，也不断加强与欧盟国家的双边关系，尤其是与法国和德国关系最为密切。德国一直是俄罗斯在欧洲最为密切的伙伴国之一，是俄罗斯最大的贸易伙伴和投资国。同时，俄罗斯也是德国最大的能源供应国。1998 年，俄德两国建立了政府间定期磋商机制，两国领导人每年都要举行定期会晤。普京担任俄罗斯总统后，俄德关系得到进一步发展，两国在政治、经济、文化等方面的交流与合作发展迅速。普京曾表示："在新欧洲的

① 《俄罗斯联邦与欧洲联盟关系中期发展战略（2000～2010 年）》，载〔俄〕伊·伊万诺夫著《俄罗斯新外交——对外政策十年》，陈凤翔等译，当代世界出版社，2002，第 194 页。
② 左凤荣：《重振俄罗斯：普京的对外战略与外交政策》，商务印书馆，2008，第 276～277 页。

建设中，俄德关系起着骨架作用，因为它是在欧洲的优先方向的轨道上建立起来的。"① 俄法关系发展也十分迅速，2000 年 10 月，普京访问法国后，两国因车臣战争而恶化的关系得到缓和。2001 年 7 月，法国总统希拉克访问俄罗斯，俄法两国就国际形势、世界格局及美国部署 NMD 等问题达成一致。俄法两国发表了《联合声明》，认为保持国际全面战略平衡极其重要，国际社会必须为防止在外太空进行军备竞赛做出努力。俄法关系得到了长足发展。2003 年，俄法德三国结成反战联盟，联合反对美英对伊拉克发动战争，成为三国密切合作的范例。虽然，三国未能阻止美国发动伊拉克战争，但是三国关系得到了进一步加强。

三　经济外交的全面展开

这个时期，俄罗斯外交的最大特点是"务实"，"经济外交"成为其重要的外交手段。普京担任总统后，在最初几年的国情咨文中多次强调国家外交为国内经济发展服务的思想。在外交部的工作会议上，普京向外交部门明确提出要求，让其与国家商务部门配合为俄罗斯的对外经济活动保驾护航。为了国家经济发展，普京政府一方面展开全方位外交，加强与各国经贸往来，另一方面不再像前任一样进行一些无经济成果的单纯政治外交，尽量避免没有实质性经济利益的外交活动。同时，为了经济利益，普京政府甚至有时不惜牺牲国家间的政治关系。

在普京执政第一任期，俄中关系在一定程度上得到了稳步发展。尤其是在"9·11"事件发生前，俄罗斯保持了叶利钦执政后期对华政策的友好态势，在一定程度上延续了与华的"蜜月"温情。两国政治关系得到了进一步发展和巩固，成为中俄战略协作的黄金时期。这个阶段，两国于 2001 年共同发表了《关于反导问题的联合声明》；与中亚四国成立"上海合作组织"；2001 年 7 月，两国又签署了《睦邻友好合作条约》，明确将双方关系作为好邻居、好伙伴、好朋友的坚定意志用法律形式固定下来，为中俄进一步发展睦邻友好关系奠定了有力的法律基础。这些声明和条约标志着中俄战略协作伙伴关系进入

---

① 普京：《在新欧洲的建设中俄德关系起着骨架作用——在"彼得堡对话"社会公众论坛上的演说》，载《普京文集：文章和讲话选集》，中国社会科学出版社，2002，第 599 页。

了不断充实和深入发展的新阶段。① 虽然两国政治关系发展相对顺利，但两国在经贸领域却龃龉不断，尤其是在"9·11"事件后，俄美关系发展迅速，俄中战略协作伙伴关系显得不像先前那样重要时，两国经贸问题凸现出来。一波三折的中俄石油管线问题便是其中一个典型事例。叶利钦时期，俄罗斯为了加大能源出口，于1994年主动向中国提出修建一条通往中国的石油管线。同年11月，双方石油企业签署了会谈备忘录，开始就从俄罗斯向中国铺设输油管线的能源合作问题进行磋商。1996年，双方元首签署了包括修建从安加尔斯克到大庆的输油管道的中俄合作协议。此后，双方通过讨论、协商和谈判，签署了一系列相关协议，两国政府作为项目协调人也在协议中签了字。2001年9月8日，两国总理在圣彼得堡签署了《关于共同开展铺设中俄原油管道项目可行性研究的总协议》。2002年12月初，两国元首共同签署联合声明，重申："考虑到能源合作对双方的重大意义，两国元首认为，保证已达成协议的中俄原油管道和天然气管道合作项目按期实施，并协调落实有前景的能源项目，对确保油气的长期稳定供应至关重要。"至此，象征两国友好关系的"形象工程"似乎已尘埃落定。但是，自2002年底，日本以允诺加大对俄罗斯投资力度为诱饵，极力游说莫斯科放弃与中国的"安大线"（安加尔斯克——大庆）输油管道合作，转与日本进行"安纳线"（安加尔斯克——纳霍德卡）合作。日本的出现使本无悬念的中俄输油管线平添变数。随后，俄罗斯有关部门以"可能造成环境污染"为借口，否决了"安大线"方案，使原本已该破土动工的中俄输油管线最终流产。俄罗斯之所以出尔反尔，不顾两国良好的政治关系，否决了双方达成的协议，除了对中国战略需求减弱的原因外，更深层原因是经济利益使然。俄罗斯一再推迟批准向远东地区铺设输油管道方案，最后选择了有利于日本方面的"泰纳线"，② 俄罗斯不顾诚信，出尔反尔的最主要原

---

① 陈宪良、张梅：《俄罗斯对华政策的变化及中国策略应对》，《东北亚论坛》2009年第2期。

② 泰纳线，即从俄罗斯的泰谢特到俄罗斯远东港口纳霍德卡，该线路与日本提出的"安纳线"最大区别就是起点不同，对日本影响不大。原本俄罗斯选定了有利于日本的泰纳线，但是由于日本中途增加了对俄罗斯的要价，提出北方四岛问题，且中国经过努力，俄罗斯已经决定首先修建到中国的支线。即从离中国较近的斯科沃罗季诺市到中国的大庆。这意味着，中国经过一番周折，虽然付出了一定代价，但最终赢得了输油管线的优先权。目前，中俄石油管线已经建成，俄罗斯正式通过输油管线向中国出口原油。

因是希望中日双方充分竞争，自己可在一旁坐收渔翁之利。正如俄罗斯预料，在与中国竞争的过程中，日本不断加大筹码，不但允诺完全承担输油管线的建设费用，而且向俄罗斯投资 75 亿美元用于开发西伯利亚石油，同时再投资 10 亿美元用于输油管线沿线的设施建设。这与中国提出的中俄双方各自承担本国境内的管线铺设经费相比优越很多。此外，日本提出的"安纳线"输油管道可以使俄罗斯的石油市场多元化，因此，俄罗斯最终不顾可能恶化中俄政治关系的后果，否决了"安大线"。由此可见俄罗斯在外交政策方面对国家经济利益的重视。

　　普京执政后进一步加强了与传统盟友印度的关系。这除了从地缘政治和谋求俄罗斯的大国地位角度考虑外，另一个重要原因就是希望与印度进一步恢复苏联时期的经济联系。2000 年 10 月，普京访问印度，两国建立了战略伙伴关系，不仅在政治、军事合作方面成绩斐然，科技与经贸领域的合作也取得了很大成就。普京出访印度期间，俄印两国签署了一系列的合作协议及合同，其中主要有《至 2010 年长期合作综合计划》《农业、科技和教育交流协议》《两国政府间合作原则的协议》和《产品共享协议》等。根据协议，两国政府同意加强在银行和金融部门之间的合作，为对方投资创造良好的条件，简化海关及其他手续，逐步消除关税壁垒、降低各种关税，促进双边贸易的增长。双方还制定了具体的贸易指标，计划每年增加 17 亿 ~ 25 亿美元，这为两国战略伙伴关系奠定了牢固的基础。① 俄印两国能源合作也不断加强。每年印度均要从俄罗斯进口大量的石油，同时印度也在俄罗斯能源开发方面进行了大量投资，这给俄罗斯带来了巨额的石油收益。此外，印度还是俄罗斯武器最大买家之一。2000 年 6 月，两国达成了高达 100 亿美元的军售合同和意向。2004 年 12 月，两国又签署了总价值高达 50 亿美元的多项军事合作协议。印度这个巨大的武器买家为俄罗斯军工企业带来了巨大收益，这在一定程度上挽救了俄罗斯的军工企业。

　　为了占据伊朗的原子能和武器市场，普京执政后，俄罗斯不顾美国的反对

---

　　① 郑羽、柳丰华主编《普京八年：俄罗斯复兴之路（外交卷）》，经济管理出版社，2008，第 289 页。

进一步加强了与伊朗的关系。2001 年 3 月，伊朗总统哈塔米访问俄罗斯。俄伊双方签署了《关于俄罗斯和伊朗两国相互关系基础及合作原则条约》以及《关于里海法律地位问题的联合声明》等文件。普京在谈到俄伊军事合作问题时强调，伊朗有权保障本国安全，俄罗斯在不违反国际惯例和所承担义务的情况下将为保证伊朗安全提供援助。同年 10 月 2 日，俄伊两国签署了政府间军事技术合作协定。德黑兰计划在三年内向莫斯科购买 10 亿美元的军事技术产品，在下一个 10 年，两国军事技术贸易额将达到 40 亿美元。2002 年 7 月，俄罗斯政府通过关于俄伊两国到 2012 年期间贸易、经济、工业和科技长期合作计划，准备在和平利用原子能方面与伊朗进行长期合作，计划在 2012 年之前帮助伊朗兴建多个原子能发电站。①

另外，俄罗斯还加强了同伊拉克、朝鲜、利比亚、叙利亚等美国定位为"邪恶轴心"的国家关系。之所以俄罗斯不顾美国反对同这些国家加强联系，最大原因也是为了经济发展。尤其是俄罗斯甘冒触怒美国的风险，加强同伊拉克的关系，在美国对伊拉克进行军事打击时，俄罗斯甚至不惜冷化与美国刚刚建立的反恐合作伙伴关系，表示坚决反对。其中一个重要的原因便是俄罗斯在伊拉克拥有重要的经济利益，俄伊之间签署了多个能源合作协议。

总之，在普京第一任期，虽然普京在上任之初提出将"有选择参与"国际事务，且在诸如越南、古巴等地也的确采取了收缩战略，但是基于发展国内经济的需要，俄罗斯要在世界各地寻找产品及技术市场并吸引外资，必然也要采取积极的全方位外交政策。这符合普京外交为国内发展服务的思想，也正体现了普京经济外交的主线。

第三节　几点评述

普京执政第一任期，俄罗斯的外交政策进行了大幅调整。从普京对外讲话

---

① 郑羽、柳丰华主编《普京八年：俄罗斯复兴之路（外交卷）》，经济管理出版社，2008，第 302~303 页。

及其国情咨文的内容来看，有时其自身的观点好像有相互矛盾之处。例如：普京时而强调俄罗斯是欧亚国家，时而却说俄罗斯是欧洲国家；时而说俄罗斯是世界性大国，时而又说是地区性大国；上任之初，普京提出"收缩性"外交政策，但其上任第一年却参加了260多场最高级会晤，这是前任总统叶利钦整个总统生涯都不曾有过的。① 这导致很多人不能真正读懂普京的外交内涵，对普京外交政策调整的速度、幅度感到吃惊。但总体看来，多数人对普京本阶段的外交政策持认同态度，认为这是普京"务实"的重要表现。也有人对其政策给予了批评。本节将对普京的一些外交政策进行简要评析。

一　普京外交政策发生明显变化的主要原因

普京在第一任期实施的外交政策出现了一个明显变化。先是与美国针锋相对，联合一些国家反对其"单边主义"政策，然后是极力配合美国进行反恐，对美进行大幅让步，为迎合美国，淡化了与先前反美霸权主义的政治盟友的关系。可以说，俄罗斯在"9·11"事件前后，外交政策转变的速度令人吃惊，有时甚至难以理解。之所以这个阶段俄罗斯外交政策有如此的变化，归根一点——俄罗斯国家利益观变化的结果。

（一）　国家道路的选择促使俄罗斯在主观政治意愿上仍然倾向于西方国家

在国家发展道路选择方面，普京执政后，强调俄罗斯将继续坚持资本主义民主的发展道路。他重视民主、自由在国家发展中的作用，认为民主、自由是国家发展的重要保障。② 虽然普京也强调俄罗斯的民主和自由制度不能全盘照搬西方国家，提出要与自身传统价值观相结合，但俄罗斯在总的发展方向上与西方是一致的，普京尤其更倾向于借鉴欧洲的经验。意识形态的一致性及对欧洲历史文化的归属感，促使俄罗斯在政治倾向上更希望融入"欧洲大家庭"。政治意愿的相似性使得俄罗斯对西方国家尤其是欧洲国家自然产生亲近感，这种亲近感在外交方面则体现为对西方的友好政策。

但普京接管俄罗斯政权时，俄罗斯与西方国家，尤其是与美国由于多种利

---

① 〔俄〕罗伊·麦德维杰夫：《普京——克里姆林宫四年时光》，王晓玉、韩显阳译，社科文献出版社，2004，第205页。

② В. В. Путин: Россия на пороге тысячелетия, *Независимая газета*, 30 декабря, 1999 г.

益冲突，导致彼此关系降至俄罗斯独立以来的最低点。利益冲突在一定程度上阻碍了俄罗斯对西方国家"亲近感"的释放。因俄美矛盾较深，且在"9·11"恐怖袭击发生前的一段时间里，美国认为俄罗斯是其国际霸权地位的潜在挑战者，将其视为美国的重要威胁，导致两国关系非但没有得到及时的修复，反而时有恶化。俄欧关系因彼此矛盾不深，不但很快得到修复，且发展迅速。俄欧之间的经济互补优势不但得到充分体现，而且双方政治关系得到了明显加强。而"9·11"事件后，美国调整了其安全战略，不再将防止俄罗斯挑战其霸权地位作为首要威胁时，影响俄罗斯改善与美国关系的最大障碍消失了。俄罗斯自然顺理成章地快速调整了对美政策。

（二）国家自我定位促使俄罗斯及时调整对美国的政策

从普京执政四年的国情咨文及讲话可以看出，普京在对内讲话时，主要是强调俄罗斯所面临的困难，更多时候是从国家经济实力角度去认定俄罗斯在国际社会的地位。他指出，俄罗斯 GDP 总量仅相当于荷兰水平，人均 GDP 不足"七大国"平均水平的五分之一，认为俄罗斯面临沦为二流抑或三流国家的危险。而在对外宣传时，普京在强调俄罗斯面临困难的同时，更多的是从地缘政治和资源优势及军事实力角度来强调俄罗斯的世界性大国地位。综合来看，俄罗斯此时仅有世界性大国之形，却不具备世界性大国之实。普京采取分类定位法为俄罗斯进行国际地位的认定，这自有其中道理。

普京之所以对俄罗斯进行如此定位，是对俄罗斯各种情况进行通盘考虑的结果。普京对内强调俄罗斯的困难，一方面希望民众认清形势，不要再沉浸在对昔日大国地位的怀念上，从而避免民众产生激进思想去维护"虚幻的大国地位"。普京执掌政权时，俄罗斯国民在一定程度上已经存在这种思想，且这种思想正在不断蔓延。俄罗斯共产党和自由民主党的实力大增与此有着直接关系。这种思想的泛滥会严重影响俄罗斯的内外政策，有时甚至可能使政府成为这种思想的"人质"，不利于国家利益的维护。另一方面是从实际国情出发而认定的结果。俄罗斯当时国内经济状况无论如何都不能称之为世界性大国，虽然有许多成为世界性大国的潜在禀赋，但并未将其转化为大国的实力。另外，前任执政者的外交教训也让普京认识到，没有维护大国地位的实力和手段是难以实现大国梦想的。正是这种认知，促使普京确立将主要精力放在经济发展上、外交活动为经济服务的思想。普京对外强调俄罗斯的大国地位，一方面是为显示俄罗斯维护大国地位的决心，希望其他国家不要忽视俄罗斯的存在。另一方面是出于对国民士气的激励和执政者的主观愿望。

正是这种看似矛盾的自我定位，促使俄罗斯有如此外交举措：在这个时期的第一阶段，联合中国和欧洲一些国家反对美国单边主义和霸权政策。加强与欧洲国家关系，一方面是出于对欧洲模式的认同和经济发展的需要，另一方面则是为了减轻来自西方的压力。叶利钦执政后期，俄罗斯因北约东扩、科索沃战争和车臣战争，与西方国家关系恶化，几乎面临来自整个西方世界的压力，无论是从经济实力还是从国家发展来看，均对俄罗斯不利。由于俄罗斯的经济发展难以脱离对西方国家的依赖，因此俄罗斯必须缓和与西方国家的关系，但是俄美之间矛盾过深，美国遏制俄罗斯的战略思想尚浓，促使俄罗斯一时难以缓和与美国的关系。为维护国家利益，俄罗斯必须与美国针锋相对。而欧洲国家虽与俄罗斯存在矛盾，但是并非原则性的，且双方在反对美国单极世界、维护欧洲安全方面具有诸多共同利益，且欧洲对俄罗斯有能源需求，因此缓和与欧洲关系相对容易。此外，西欧国家还可以作为俄罗斯与美国修复关系的一个桥梁。于是，普京上任后，着力修复与欧洲，尤其是与欧盟国家的关系。实践证明，普京的外交政策的确取得了预定效果。国际形势的现实决定，任何国家均不宜与美国进行对抗。苏联解体后，美国成为世界上唯一的超级大国，俄罗斯的各方面实力均无法同美国相抗衡。普京认识到俄罗斯的现状，因此在其入主克里姆林宫后，希望缓和与西方尤其是与美国的关系。2000 年 6 月，在回答记者关于俄美关系在继续建构和变化的世界上处于什么地位的问题时，普京说："俄罗斯在同美国的关系中永远也不会做出恢复任何对抗因素方面的选择。我们愿意合作，我们愿意在我们所产生的所有问题上能达成协议。"[1]《俄罗斯联邦外交政策构想》也指出，俄罗斯准备消除最近与美国关系中出现的重大困难，维护用将近 10 年时间建立的俄美合作基础。[2] 但是美国对俄罗斯

---

[1]　普京：《在与美国总统克林顿联合举行的记者招待会上的讲话和答记者问》，《普京文集：文章和讲话选集》，中国社会科学出版社，2002，第 73 页。

[2]　Концепция внешней политики Российской Федерации（28 июня 2000 года），http：//www.nationalsecurity. ru/library/00014/index. htm.

咄咄逼人的态势，使俄罗斯难以找到与美缓和关系的契机，只能被动应付来自美国的挑战。"9·11"事件的发生为俄罗斯改善与美国的关系提供了契机。恐怖袭击使美国改变了国家安全战略，先前的防止有潜在挑战美国霸权地位能力国家崛起的安全战略让位于为防止国际恐怖主义袭击和大规模杀伤性武器扩散。普京抓住时机，及时调整了外交政策，改善了同美国的关系。普京之所以能够如此迅速地调整对美政策，可以说是俄罗斯长时间酝酿的结果。普京意识到，俄罗斯当时的实力难以与美对抗，国内优先的发展战略也促使俄罗斯必须实行和平的外交政策。可以说，普京在心理上和政策上已经做好与美国缓和关系的准备，只是等待时机的到来而已。

（三）对国内国际形势的判定促使俄罗斯迅速调整对美外交

对国际形势判定的结果是一个国家实行何种外交政策的重要依据。普京执政初期，俄罗斯内外面临诸多困难，尽管俄罗斯与美国等西方国家关系此时出现了恶化，但是俄罗斯决策者并不认为这是其国家安全的重大威胁。相反，虽然北约东扩被其视为威胁，但是俄罗斯此时也不认为北约东扩会导致大规模的入侵。总之，俄罗斯对当时国际形势的判断相对乐观，认为国际形势总体上趋向和平。普京当时认为俄罗斯的最大威胁是来自内部，而外部的最大威胁是国际恐怖主义和大规模杀伤性武器的扩散。对内外形势的认知，促使俄罗斯对外采取缓和政策。普京的和平政策在一定程度上改善了俄罗斯的外部环境：俄欧关系迅速得到了恢复和发展，俄罗斯与亚太地区以及其他地区第三世界国家的关系也得到了相应的发展。

"9·11"事件为俄罗斯提供了改善俄美关系的契机。普京意识到，美国安全战略的改变有利于缓解紧张的俄美关系，俄美两国的共同利益正在扩大，两国均将国际恐怖主义和大规模杀伤性武器的扩散作为国家的最大威胁。因此，俄罗斯主动向美国"示好"，做出一系列"妥协"举措，希望与其建立反恐合作伙伴关系。

二　同美国进行反恐合作及实行妥协外交的原因

"9·11"事件发生后，普京采取一系列措施配合美国进行反恐：俄罗斯不但为美国反恐行动提供情报、开放空中走廊，而且积极协调中亚地区国家的立场，允许美国军队进驻中亚，并为阿富汗北方政权提供重武器装备，以配合美国对塔利班进行打击。另外，为了向美国"示好"，普京提前从越南金兰湾撤军，关闭了在古巴境内的监听站，而且对美国退出反导条约不像先前那样坚决反对。缘何俄罗斯有如此反应？

（一）对于积极支持美国反恐主要有以下几点原因

其一，恐怖主义是俄罗斯面临的主要威胁，反恐是俄罗斯的战略目标之一。俄罗斯是恐怖主义的受害者之一。在"9·11"事件发生前，俄罗斯便多次遭受恐怖袭击，给俄罗斯人民的生命财产造成严重损失。普京政府对恐怖主义的蔓延十分重视。在普京批准的《俄罗斯联邦国家安全构想》《俄罗斯联邦国家军事学说》和《俄罗斯联邦国家外交战略构想》等文件中，均将恐怖主义列为国家的重要威胁。普京当局对恐怖分子持坚决打击的态度。他表示，俄罗斯对恐怖主义要"以牙还牙、以眼还眼""要将恐怖分子消灭在巢穴之中"。[①] 为了加大反恐力度，俄罗斯加强了与外界在反恐问题上的联系，并将反恐行动作为其战略目标。为此，俄罗斯与独联体一些国家联合进行反恐行动，同时，又与上海合作组织成员国元首签署了《打击恐怖主义、分裂主义和极端主义的上海公约》。在美国遭受恐怖袭击时，可以说，普京是"感同身受"。他指出，俄罗斯是切身体会到恐怖主义威胁的国家，对于美国人的情感表示理解和支持。正是这种情感促使俄罗斯坚定地支持美国进行反恐。

其二，为赢得美国等西方国家对俄罗斯反恐行动的支持。普京政府将在俄罗斯境内的恐怖主义同车臣非法武装和国际恐怖主义分子联系起来。在"9·11"事件前，俄罗斯以反恐为名，加大了对车臣非法武装分子的打击力度。但是普京的反恐行动并未得到包括美国在内的一些西方国家的理解，它们时常指责俄罗斯反恐行动违反了人权。这在一定程度上影响了俄罗斯打击恐怖主义的效果。对美国反恐行动予以支持，可以换取美国对俄罗斯反恐行动的理解和支持。事实证明，美国对俄罗斯的反恐行动也的确给予了相应的支持。美国不但减弱了对俄罗斯在车臣反恐行动的指责，而且在2003年2月将在车臣活动

---

① 普京：《关于莫斯科普希金广场发生爆炸的声明》，载《普京文集：文章和讲话选集》，中国社会科学出版社，2002，第138页。

的三个组织列入国际恐怖组织名单。俄罗斯在国内反恐行动的外部压力得到缓解。

其三，可以缓和与美关系，进而缓解美国对俄罗斯的遏制，为国家经济发展创造良好的国际环境。"9·11"事件发生前，俄罗斯希望与美国缓和关系，但是因俄美间的利益冲突较为严重，俄罗斯一时难以打破同美国之间那种"冷和平"的状态。"9·11"事件为俄罗斯提供了缓和两国关系的契机。缓和与美国关系，不但可以减轻来自美国的压力，而且能够在经济发展方面得到美国的支持。俄罗斯的表现的确得到美国的认可，作为回报，美国加大了对俄罗斯经济发展的支持力度：破例承认市场经济尚不完善的俄罗斯为市场经济国家；加大了对俄罗斯的投资力度；允诺帮助俄罗斯尽快加入世界贸易组织。

（二）俄罗斯对美国在其他问题方面让步的原因

中亚地区可以说是俄罗斯的传统势力范围，在叶利钦执政后期就提出，独联体是俄罗斯的特殊利益区，不希望他国染指。普京在支持美国反恐过程中明确提出，与中亚国家协调立场，向美国提供该地区国家的机场，使得美国大兵顺利地进驻中亚。无形中俄罗斯在该地区增加了一个强有力的竞争对手。之所以俄罗斯能够在中亚地区为美国腾出一席之地，原因有二：其一，反恐行动的需要。中亚地区对于美国在阿富汗的反恐行动极其重要，如果中亚地区国家不允许美国军机在该地区起降，美国军力和军用物资只能从巴基斯坦境内投送。这在战略上不能对塔利班武装形成南北夹击之势，美国将很难顺利打赢这场反恐战争。因此，得到中亚国家的支持对美国十分重要。其二，俄罗斯的顺水人情。虽然普京执政后加强了与中亚国家的关系，在该地区的影响较叶利钦时期有所增强，但美国也不断借助于对该地区国家的各种援助来增强其影响。2000年3月，美国国会研究部撰写的报告《新的中亚国家：政治发展及对美国利益的影响》明确指出，俄罗斯不应该图谋主导中亚地区或者排除西方的影响。① 在援助中亚国家的同时，美国也对该地区国家进行了警告。2000年11月2日，美国国会通过了第397号决议要求对政治改革进展不大的中亚国家实

① Jim Nichol, Central Asia's NEW States: political Developments and Implications for US Interests, CRS REPORT for CONGRESS March 31, 2000, IB93108, http://www.fas.org/man/crs/93-108.htm.

施最为强硬的制裁，直至将他们开除欧安组织。① 美国对中亚国家的威逼利诱，使其增强了对该地区国家的影响。俄罗斯已经不能完全控制该地区的国家了，中亚国家也希望与美国加强关系。因此当美国希望利用中亚国家的军事基地时，这些国家本身也会同意。另外，尤其是当美国总统布什发表"要么站在美国一方，要么站在恐怖分子一方"的讲话后，中亚国家纷纷表示支持美国反恐。因此，俄罗斯只是根据当时形势顺势而为。

关于俄罗斯撤除越南的军事基地和古巴监听站的问题。在"9·11"事件发生后不久，普京宣布从2002年1月1日开始，停止租用越南的金兰湾；撤回驻扎在古巴鲁尔德斯监听站的军事技术和情报人员及其家属以及所有军事技术装备。这是普京结合当时国际形势而进行的战略调整。越南的金兰湾海军基地的确是一个军事要地，在"冷战"时期，美苏争霸，两国在全球争夺地缘战略优势时，该军事基地显得尤为重要。特别是中苏关系敌对的时候，金兰湾能够起到对中国的战略威慑作用。而"冷战"结束后，中俄关系不但得到缓和，而且两国关系十分密切，遏制中国并非俄罗斯的优先战略目标。同时，俄美关系与"冷战"时期也大不相同，俄罗斯与美国在全球争夺势力范围的战略思想已经减弱，甚至消失。而且俄罗斯此时也无力同美国在全球争夺势力范围，俄罗斯最为关注的是如何守住其在独联体地区这个"特殊利益区"。可以说，金兰湾对俄罗斯地缘战略的重要性明显下降。古巴的监听站在此前早已处于停顿状态，军事意义已经不大，且美国对该监听站十分反感。美国国会表示，如果俄罗斯不撤除该监听站，那么美国将不会与俄罗斯就关于债务重组问题进行谈判。另外，越南与俄罗斯关于金兰湾的租金问题始终争执不下，俄罗斯无法承担金兰湾的高额租金，同时，越南也希望俄罗斯撤出该港口。所以，俄罗斯从金兰湾和古巴的鲁尔德斯电子监听站撤出是综合因素的结果，并非完全是普京出于向美国"示好"的原因，只不过普京宣布撤军时机恰到好处而已。

关于普京对美国退出《反弹道导弹条约》态度变化的问题。普京执政后，美国欲退出《反弹道导弹条约》、部署NMD的问题是俄罗斯面临的最为棘手

① И. Д. Звягельская: *Центральная Азия и Южный Кавказ, Насущные проблемы* – 2004, （*Сборник аналитичесих статей*），Алматы 2004г, c112.

的问题之一。对于美国欲退出反导条约，俄罗斯表示坚决反对。普京指出，如果放弃 1972 年的反导条约，那么核武器的监督问题便不复存在了。① 为了阻止美国退出反导条约，俄罗斯采取多种措施予以应对：联合中国、白俄罗斯等国在联合国提出反对美国退出反导条约决议草案；与中国签署《关于反导问题联合声明》；俄罗斯的军事领导人也向美国发出威胁，如果美国退出反导条约，俄罗斯将按过去的惯例采取应对措施。② 但当美国在 2001 年末宣布将在 6 个月后正式退出反导条约时，普京却反应平和，默认了美国的退出，并且表示美国退出该条约不会对俄罗斯的安全造成威胁。普京的态度转变之大令人吃惊。这种态度的变化，除出于缓和与美国关系的需要之外，更多的是一种无奈的让步。俄罗斯认识到，已无法阻止美国退出该条约，那么就退而求其次，希望与美国就战略平衡达成一个新的条约，以使俄罗斯的利益受损最小化，即两害相权取其轻的策略收缩。

三　关于同欧洲实现一体化的问题分析

普京执政后，其外交政策的一大特点便是加强了与欧洲国家的关系，并且极力主张推动欧洲实现一体化，特别是经济一体化。为了实现与欧盟经济一体化，普京政府采取各种措施加强与欧洲国家的关系。普京本人始终强调，俄罗斯与世界经济的一体化首先是指与欧洲或欧盟的一体化，这是俄罗斯经济发展的外部先决条件和最大的外部动力。③ 在国情咨文中，普京多次提到加强与欧盟关系并推进与欧洲一体化的必要性。2004 年 4 月，欧盟实现了酝酿已久的大规模东扩后，普京给予了积极评价，他认为这给俄罗斯与欧盟的一体化进程提供了更加便利的条件。他说："欧盟东扩，我们需要的不仅是地理意义上的接近，而且是经济和精神层面上的。我认为，这不仅是俄罗斯经济，也是整个欧洲经济取得成功的前提。这意味着新的市场和投资的出现。总之，未来的大

---

① 普京：《同美国主流媒体机构领导人的谈话》，载《普京文集：文章和讲话选集》，中国社会科学出版社，2002，第 338 页。
② 梅孜主编《美俄关系大事实录（1991－2001）》，时事出版社，2002，第 584 页。
③ 郑羽、柳丰华主编《普京八年：俄罗斯复兴之路（外交卷）》，经济管理出版社，2008，第 28 页。

欧洲将会面临新的机遇。"① 普京如此重视与欧洲的一体化，主要有以下因素：

其一，欧盟国家的发展模式符合普京当时的治国理念。欧洲在俄罗斯的历史发展进程中占有重要地位，尽管俄罗斯就地理位置而言属于欧亚国家，但是更多的俄罗斯人认为自己是欧洲人，他们对欧洲文化有着很大的认同感。俄罗斯总统普京也认为，从文化归属角度看，俄罗斯属于欧洲国家。在回答记者关于俄罗斯的国家归属问题时，普京回答说："俄罗斯无论是在地理上还是在精神上当然是欧洲国家。什么是欧洲？这是古罗马文明，是希腊文明，是拜占庭文明，也就是东正教文明。这三种属性融入了俄罗斯的所有方面，没有欧洲，不能想象俄罗斯该如何发展。"② 普京认为，欧盟作为欧洲发展的主体，欧洲文明的代表，它的民主和市场经济体制促使其繁荣和稳定，使其进入世界发达国家行列。而俄罗斯作为欧洲大国，其文明属于欧洲文明的一部分，自然应该借鉴欧盟经验，从而推动俄罗斯走向复兴之路。他说："俄罗斯和每一个欧洲国家都没有任何区别。这是一个欧洲文化的国家，也就是说，是欧洲国家。"③ 同时，普京指出俄罗斯文明与欧洲文明的不可分割性及俄罗斯对欧洲发展的作用。他说："20 世纪 90 年代，俄罗斯人民的选择不单是扩大了大陆上的自由地带，实际上也确定了欧洲今后一体化的道路。这一选择在很大程度上是俄罗斯的国家历史做出的。就本性、文化来讲，我们国家是欧洲文明不可分割的部分。我国人民为欧洲文明的发展和保存做出了不可估量的贡献。欧洲文化没有柴可夫斯基和肖斯塔科维奇的音乐、列·尼·托尔斯泰和弗·弗·纳博科夫的文学、瓦·瓦·康定斯基和卡·谢·马列维奇的绘画是无法想象的。"④ 从俄罗斯的历史来看，无论是彼得大帝还是叶卡捷琳娜二世或是亚历山大一世，均是通过向欧洲先进国家学习的方式使俄罗斯强大起来。普京政权正是基于这样的思

---

① Послание Федеральному Собранию Российской Федерации, http：//www. kremlin. ru/text/appears/2004/05/71501. shtml.

② Сергей Морозов, *Дипломатия В. В. Путина：внешняя политика России* 1999 ～ 2004 *гг.*, Москва：Измайловский, 2004г., с 64.

③ 转引自〔俄〕罗伊·麦德维杰夫《普京——克里姆林宫四年时光》，王晓玉等译，社会科学文献出版社，2005，第 435 页。

④ 普京：《2005 年致联邦会议的国情咨文》，载《普京文集（2002～2008）》，中国社会科学出版社，2008，第 423 页。

考而选择了欧洲式民主作为其国家的发展模式。另外，俄罗斯决策者认为，苏联政权割裂了俄罗斯与欧洲的联系，从而导致了俄罗斯落后于欧洲发达国家。因此，他们认为，重返欧洲是俄罗斯融入世界的一条捷径。这个目标如果实现，将从根本上改变俄罗斯在欧洲的孤立状态，恢复其在欧洲大陆的传统强国地位，还将对世界政治产生重大影响，俄罗斯的国际地位也会由此得到加强。[1] 因此，普京选择了回归欧洲，希望通过与欧洲一体化来实现其强国目标。

其二，借助欧洲的资金和技术发展本国经济的需要。普京入主克里姆林宫时，俄罗斯正处于内忧外患，国家面临的最大问题就是经济发展问题。但由于苏联后期国家经济长期处于停滞状态，叶利钦执政八年间，俄罗斯经济又急剧衰落，导致俄罗斯经济下滑至二流国家水平，与西方国家差距日益拉大。针对国家经济发展面临资金匮乏和技术落后等诸多现实困难，普京希望通过与欧洲特别是欧盟国家的合作来引进外资和先进技术，从而推动国家经济的发展，实现强国目标。普京执政后，俄欧之间经贸和投资发展迅速，双方经济依存度进一步加深。通过双边经贸往来，俄罗斯获得了经济复兴所需要的资金和技术，欧盟也得到了俄罗斯的能源和市场。据统计，俄欧双方的贸易额从1999年的527亿欧元一跃增至2004年的1300亿欧元。欧盟对俄罗斯的投资也大幅增加，从2001年的106.9亿欧元增至2006年的521.5亿欧元，成为俄罗斯的最大投资来源地。另外，欧盟国家也向俄罗斯输出了大量的先进技术及管理经验，为俄罗斯的经济快速恢复提供了保障。

其三，为国家经济发展创造良好的国际环境。俄罗斯的国家发展布局状况决定，无论是过去，还是现在或是将来，其都必须将国家的安全重点放在欧洲。这不仅是因为俄罗斯的工业、文化、人口等均集中在欧洲，而且因为历史上俄罗斯所遇到的最严重的威胁多是来自欧洲。俄罗斯独立后，其面临的总体国际形势得到了很大改善，来自外部大规模入侵的可能性几乎没有。普京执政后将发展国民经济作为国家的首要任务，而国家经济发展必须要有一个良好的国际环境，尤其是周边环境。欧盟的最大成功不在于各个成员国之间的经济联系得到加强，更多的是因为其消解了各国间的仇恨，避免了历史上欧洲各大国

---

[1] 许志新：《重新崛起之路——俄罗斯发展的机遇与挑战》，世界知识出版社，2005，第337页。

间再度爆发战争。普京正是看到了这一点，因此希望通过与欧洲国家实现一体化，来消除彼此分歧，从而实现欧洲真正的和平。

四　对全面展开经济外交的分析

对于一个政治和军事大国而言，经济实力是支撑其大国地位的物质基础，没有经济实力支撑的国家永远不会成为世界性大国。俄罗斯虽然具备成为世界性大国的各种禀赋，但是由于自身经济实力限制，俄罗斯尚无法迅速将其成为世界性大国的潜力转化为现实。为了尽快实现强国目标，普京政府将经济发展作为国家的第一要务。在外交领域，突出经济特色是普京政权外交政策的一个显著的特点。

上台伊始，普京就强调，俄罗斯外交政策要为经济发展服务，国内目标高于国外目标。因此，他所进行的外交活动多与国家经济挂钩，为国家经济发展服务，为了维护国家的经济利益甚至不惜牺牲本国的政治利益。中俄石油管线风波便是其中的一个典型事例。俄罗斯否决了安大线，这本身就是对中国的失信。但为了使国家获得利益的最大化，俄罗斯不顾中国的反对，多次推迟对远东地区石油管线的审批。俄罗斯之所以这样做，就是为了中日两国进行竞争，从而坐收渔翁之利。

俄罗斯不顾美国的反对，执意与伊朗签署关于帮助伊朗建设核电站及向伊朗出售武器装备的条约。此事件并非是俄罗斯支持伊朗同美国抗争，而是希望通过与伊朗贸易往来使俄罗斯获得大量的资金。俄罗斯坚决反对美英发动伊拉克战争，更多的原因也是出于经济考虑。一方面俄罗斯先前同伊拉克当局签署了大量的石油合同，如果美英推翻了萨达姆政权，那么俄罗斯同伊拉克的石油协议将会成为一纸空文。另一方面，因先前伊拉克拖欠俄罗斯大量债务，且伊拉克当局允诺将首先偿还对俄罗斯的欠款。如果伊拉克政权被推翻，俄罗斯的债款将很难追回。因此，俄罗斯不惜同美国针锋相对，反对其对伊拉克动武。

综观普京第一任期的外交政策，可以看出，其与前任外交政策有着较大不同。普京政府不再为维护虚幻的大国地位去与美国等西方国家进行抗争。而更多时候是采取"妥协方式"为国家营造一个相对稳定与和平的国际环境。普京当局的"经济外交"政策是对国家现实情况科学分析的结果。其"务实"外交政策为俄罗斯赢得了巨大的经济利益，从而为俄罗斯经济的快速发展提供了便利。总之，在这个阶段，普京的外交政策有诸多可以圈点之处。

第五章　谋求自主外交时期俄罗斯的
国家利益观及对其外交政策的
影响（2005～2008.5）

所谓谋求自主外交政策，主要是针对普京第一任期的谋求建立反恐合作伙伴关系的外交政策而言。与前一任期不同的是，这个阶段俄罗斯更加注重内外政策的自主性，强调"主权民主"，在一定程度上放弃了反恐合作伙伴关系时期的"妥协外交"政策。对外部威胁加强防范。为了捍卫国家利益，保持政权稳定，防止俄罗斯发生"颜色革命"，俄罗斯不顾外界的批评，在内外政策方面采取了一系列的强硬措施，以巩固国家对政权的控制。

普京执政的八年中，俄罗斯国家利益观发生明显变化主要是因为"别斯兰事件"和乌克兰发生"颜色革命"的发生。这期间，因涉及切身利益，俄罗斯与西方国家矛盾骤增，与西方国家的反恐合作伙伴关系也发生动摇。为维护国家利益，俄罗斯放弃了妥协政策，同美国等西方国家针锋相对，甚至不惜恶化双边关系。虽然别斯兰事件与乌克兰发生"颜色革命"的时间同普京第二任期不完全重合，但为了方便表述，本文将别斯兰事件和乌克兰"颜色革命"作为普京第二任期的起点。

第一节　谋求自主外交时期俄罗斯的国家利益观

别斯兰事件给俄罗斯造成了沉重的打击，面对大量儿童伤亡及地方政府反应迟钝和软弱的表现，普京决定进一步加强中央对政权的控制。美国等西方国家相继在格鲁吉亚和乌克兰推动"颜色革命"，使俄罗斯再度感受到外部干涉的威胁。为了防止"颜色革命"的发生，保持国家政权稳定，确保强国战略顺利进行，普京调整了内外政策：对内强调"主权民主"思想，加强了国家对民间组织及社会舆论的监督，反对西方国家借用"民主"侵犯其主权；对外放弃了以妥协求合作的外交政策，开始进行外交反击，力图改变现有的国际关系体系。

国内外形势的变化促使俄罗斯决策者开始重新审视其国家利益。他们认为：西方式民主道路并不完全适合俄罗斯的发展，俄罗斯必须结合自身特点选择民主体制和经济制度；同时，俄罗斯更加强调其大国地位，力图谋求成为多极化国际秩序的制定者；针对国家内外环境的变化，愈发强调俄罗斯外交政策的自主性；谋求俄罗斯在国际安全与合作中的主导地位。

一　谋求建立俄罗斯特色民主体制和市场经济制度以实现强国梦想

2005 年以来，俄罗斯对西方国家和部分独联体国家的政策均发生了很大的变化。这固然与国际形势的变化，与有关国家对俄罗斯政策的变化有着很大的关系，同样还与普京对俄罗斯发展道路的重新理解、普京外交思想发生的重大变化有着直接关系。[①]

普京执政后，在国家发展道路选择方面，主张坚持走资本主义民主道路，认为这条道路是俄罗斯走向强国的唯一途径。在普京执政的第一任期，俄罗斯相对倾向于欧洲民主模式，同时主张民主与俄罗斯的价值观相结合。在其执政的第二任期，普京依然强调俄罗斯将坚持民主的发展道路。在 2004 年的国情咨文中，普京指出："我们政策的基本原则不会发生任何变化。我国人民的意志和俄罗斯联邦的战略利益要求我们忠实于民主价值。"[②] 在 2005 年的国情咨文中，普京再次强调了坚持民主的重要意义。他说："我认为，俄罗斯发展成为自由民主国家是我们主要的政治和意识形态任务。""我相信，对于当代俄

---

① 郑羽、柳丰华主编《普京八年：俄罗斯复兴之路（外交卷）》，经济管理出版社，2008，第 31 页。

② Послание Президента России Владимира Путина Федеральному Собранию РФ：2004 год，http：// www. intelros. ru/2007/02/05/poslanie_ prezidenta_ rossii_ vladimira_ putina_ federalnomu_ sobraniju_ rf_ 2004_ god. html.

罗斯来说，民主价值的重要性丝毫不亚于对经济成就或对社会富裕的追求。……无疑，保证人的权利和自由，无论对于发展经济还是对于俄罗斯的社会经济生活都极为重要。"①

但普京在强调坚持民主道路的同时，开始更加重视结合俄罗斯国情而进行民主建设。尤其是在别斯兰事件和部分独联体国家发生"颜色革命"后，普京对西方民主的普世价值产生怀疑，对美国政府打着推进民主的旗号巩固其单极霸权地位表示反对，尤其是反对美国等西方国家挤压俄罗斯安全空间的全球地缘政治安排。普京政府意识到，西方化的民主道路并不完全适合俄罗斯的发展，因此他在民主道路选择方面更加注重俄罗斯特色，主张结合俄罗斯的实际情况推行民主进程。普京加强了政府对国家政权的控制，推行所谓的"主权民主"政策。在经济政策方面，对一些战略性资源进一步实行国有化，加强了国家的掌控能力。

同时，普京指出，发展民主必须是在保障国家稳定的基础上进行。他说："在俄罗斯发展民主的必要条件是建立有效的法律和政治体系。法制、来之不易的稳定、平稳推行现有经济方针，发展民主不能以牺牲上述一切为代价。"②普京进一步强调俄罗斯民主的独特性。他说："我们所选择的民主道路具有独特性。我们将从自身国情出发，不断前进，但必须遵守宪法和法律的规定。""俄罗斯是按照本国人民的意愿选择了自己民主制度的国家。它遵守所有通行的民主规则，走上了民主之路。它将就如何贯彻自由和民主原则作出自己的独立决定，这必须从本国的历史、地缘政治及其他国情出发。作为一个主权国家，俄罗斯将能够也将自主地决定民主道路上的一切时间期限，以及推进民主的条件。"③

① Послание Президента России Владимира Путина Федеральному Собранию РФ: 2005 год, http://www.intelros.ru/2007/02/05/poslanie_ prezidenta_ rossii_ vladimira_ putina_ federalnomu_ sobraniju_ rf_ 2005_ god.html.

② Послание Президента России Владимира Путина Федеральному Собранию РФ: 2005 год, http://www.intelros.ru/2007/02/05/poslanie_ prezidenta_ rossii_ vladimira_ putina_ federalnomu_ sobraniju_ rf_ 2005_ god.html.

③ Послание Президента России Владимира Путина Федеральному Собранию РФ: 2005 год, http://www.intelros.ru/2007/02/05/poslanie_ prezidenta_ rossii_ vladimira_ putina_ federalnomu_ sobraniju_ rf_ 2005_ god.html.

2005 年以来，在民主问题上，美国官方对俄罗斯的指责不断增强，认为俄罗斯已经偏离了"民主的发展轨道"，表示俄罗斯的民主应符合"自由竞争、法制、新闻自由、选举"等四项标准。2007 年 5 月，借访问立陶宛之机，美国副总统切尼更是指责俄罗斯压制民主、恢复苏联、利用能源阻碍独联体国家的民主化。对此，普京表示，俄罗斯在追求适合自己国情的民主模式时，并没有否认民主的基本原则。2007 年 7 月 12 日，在接受美国、加拿大和法国三国媒体采访时普京表示，俄罗斯的民主模式秉承了民主的基本原则和价值观，并强调俄罗斯选择民主道路是"自愿的，并没有外界的强制力量"。针对来自美国等西方国家对俄罗斯民主制度的批评，普京回应说："没有人比我们更好地知道我们会如何加强自己的国家。然而，我们十分清楚，不发展民主制度，我们是不可能使国家强盛的。我们当然会这样做。但是，我们自己当然是会独立地去做到这一点。"①

西方国家一方面通过在独联体地区国家策动"颜色革命"来挤压俄罗斯的战略空间，另一方面也通过支持和树立"民主样板"来影响俄罗斯。美国积极拉拢波罗的海三国作为攻击俄罗斯破坏人权和民主的桥头堡，同时极力扶植格鲁吉亚、乌克兰等国家组成"民主选择共同体"，将上述国家称之为"民主改造"的榜样与先锋。对于俄罗斯，美国继续加大"美元攻势"，通过金钱利诱寻找代理人，达到分化和从内部瓦解的目的。面对西方咄咄逼人的态势，普京表示，俄罗斯坚决反对国外势力资助俄境内的社会组织。他指出，谁出钱，谁点歌，任何一个有尊严的国家都不会允许这种事情发生，俄罗斯的事情只能靠自己来解决。普京强调，各民族或各团体在维护自身利益的时候，必须遵守国家法律，坚决反对不受制约的民主理念。他说："在俄罗斯发展民主必须依法行事。为维护民族、宗教或是其他方面利益而采取的非法手段，是与民主自身原则背道而驰的。国家将对此采取法律的、严厉的应对方式。"②

---

① 普京：《与美国总统乔治·布什会谈后举行的新闻发布会》，载《普京文集（2002～2008）》，中国社会科学出版社，2008，第 357 页。

② Послание Президента России Владимира Путина Федеральному Собранию РФ: 2005 год, http://www.intelros.ru/2007/02/05/poslanie_prezidenta_rossii_vladimira_putina_federalnomu_sobraniju_rf_2005_god.html.

普京选择的俄罗斯特色民主道路为俄罗斯政权稳定、国家经济持续发展提供了必要的保障。在普京执政的几年间，俄罗斯的经济得到了持续和快速增长。1999～2007 年，俄罗斯 GDP 年均增长 6.9%，大大超过世界经济 4.7% 的平均速度。2007 年名义 GDP 达到 1.25 万亿美元，上升到世界第十位。人均 GDP 从 2003 年的 3000 美元增加到 2007 年的 9000 多美元。2000～2007 年，居民实际收入增长 2 倍。民族精神重新焕发，爱国主义、强国意识已成为俄罗斯民族精神和主流意识形态的两大支柱。俄罗斯社会实现了自 20 世纪 80 年代改革开始以来空前的思想统一。俄罗斯以世界强国的姿态开始重返国际舞台。2007 年 12 月 31 日，普京在发表新年贺词时表示："坚信俄罗斯人民已经选择了一条正确的通向成功的道路。"① 可以说，这条发展道路无疑深深烙有普京特色，而最能体现这种特色的是被俄罗斯政治精英和学者称为"主权民主"（суверенная демократия）的政治思想。这种民主发展道路在俄罗斯虽有非议，但得到了多数人的认可。俄罗斯的著名政治评论家特列季亚科夫是将普京的政治思想概括为"主权民主"思想的第一人。② 2002 年 10 月，特列季亚科夫进一步以"自由的保守者"为题全面分析普京的理念。他认为，普京首先关心的是俄罗斯能否继续存在，它的政治制度是否是独立的、有影响的，而后才关心俄罗斯将有什么样的政治制度。当然，普京倾向于集权的民主，只有这样，民主作为振兴俄罗斯的手段才更加有效。他还认为，普京对于市场经济也持这种态度。③ 2005 年 4 月，特列季亚科夫再次以"主权民主"思想来概括普京在当年国情咨文中的治国理念。他认为，民主、自由和公正是俄罗斯自然形成的主要价值观，不是外部舶来品，而是俄罗斯内生性的价值理念。④ 俄罗斯的总统办公厅副主任苏尔科夫在 2005 年 5 月 17 日的"实业俄罗斯"协会作报告时，第一次以官方身份提出"主权民主"的概念。他说："俄罗斯的民主是

---

① В. Путин: Новогоднее обращение к гражданенам России, http://www.kremlin.ru/appears/2007/12/31/1519_ type82634type122346_ 155818. shtml.

② Виталий Третьяков, Диагноз: управляемая демократия, *независимая газеда*, 13 января 2000г.

③ Виталий Третьяков, Либеральный консерватор: Владимир Путин в 50 лет и в роли президента, http://www.rg.ru/Anons/arc_ 2002/1008/1. shtm.

④ Виталий Третьяков, Суверенная демократия: О политической философии Владимира Путина, *Российская газета*, 28 апреля 2005г.

依据本国历史、地缘政治国情和法律，由本国自主确定的民主，即主权民主。"[1] 2006 年 7 月 13 日，俄罗斯第一副总理伊万诺夫发表了题为《国家价值观的三要素》的文章，提出了国家价值观新的三要素：主权民主、强大的经济和军事实力，并指出三要素之间的关系。他认为，主权民主是俄罗斯国内政治制度的精髓，是指公民有权自己决定本国事务，可用包括武力在内的任何方式来维护这种权利，使之不受外来压力的影响。强大的经济是满足俄罗斯公民的物质需求和维持他们高质量生活的保证。同时强大的经济也能够保障国家拥有高水平的防御能力。军事实力的基础是武装力量，它是俄罗斯保持独立的重要保障。[2] 俄罗斯的国际环境和内外形势的变化，促使"主权民主"的思想迅速得到精英阶层和民众的理解和支持。俄罗斯的政权党——统一俄罗斯党在党的"七大"会议上明确将"主权民主"的思想定位为党的指导思想。2007 年末，统一俄罗斯党以"普京计划"作为该党的行动纲领，参加议会大选，一举获得成功，赢得议会三分之二的议席。可见，以"主权民主"为政治理念基础的普京特色发展道路得到了俄罗斯普通民众的认可。[3]

总之，普京在第二任期，根据国内外形势及俄罗斯经济实力的变化，对内外政策进行了修正。这种修正正是基于国家发展道路选择的变化。这种道路的选择使俄罗斯有效地抵制了颜色革命的爆发，促进了普京政权掌握了国家政治思想导向的主导权，并确保了国家政治体系的稳固和连续，为国家经济发展提供了稳定的政治环境。可以说，正是这条特色道路在一定程度上保证了俄罗斯经济的快速发展。

二　强调俄罗斯的大国地位，谋求成为多极化国际秩序的制定者

普京执政期间，俄罗斯的经济得到了持续快速增长，在其执政的第二任期，俄罗斯经济状况有了很大好转，综合国力得到明显提升，使俄罗斯的大国自信和国际地位均有显著增强。如果说，在上任之初，普京强调俄罗斯大国地

---

[1]　Выступления заместителя ругователя Администрации Президента РФ Владислава Суркова на закрытом заседании Генерального совета объединения "Деловая Россия" 17 мая，2005 г.，http：//www. polit. ru/dossie/2005/07/12/surk. html.

[2]　Сергей Иванов，Триада национальных ценностей，*Известия*，13 июля，2006г.

[3]　庞大鹏：《俄罗斯的"主权民主"思想》，《欧洲研究》2008 年第 4 期。

位的同时，更多的是强调俄罗斯所面临的困难，强调俄罗斯经济方面处于二、三流国家水平，认为俄罗斯是个欧洲地区大国，那么在普京执政的第二任期，随着国际能源价格的高企，俄罗斯经济实力有了很大增强，国家财政状况明显好转。尤其是能源价格不断攀升，使作为能源出口大国的俄罗斯赚取的石油美元盆满钵满。俄罗斯非但不再为债主上门而低声下气，反而以能源作为武器游刃于国际能源市场。日益渐鼓的钱袋子和国内各种指标的向好增强了俄罗斯做强国的自信。包括普京在内的俄罗斯决策层不再过分强调俄罗斯所面临的各项困难，而是更多地谈论俄罗斯的强大，认为俄罗斯是世界性强国。普京在2007年3月批准的《俄罗斯联邦外交政策概论》中明确指出，"俄罗斯的国际地位大大加强。强大而更加自信的俄罗斯已成为世界上积极变化的一个重要部分。""国际关系中出现的全新形势为我们占据一系列世界政治方向上的精神领导地位提供了良好的可能性。换句话说，这指的是，俄罗斯的积极参与不仅仅只局限在落实国际社会的发展日程方面，而且还表现在制订和形成这一日程的过程当中。"① 在国家自身定位上，普京认为俄罗斯已经是个世界性强国。他在国务委员扩大会议上说："俄罗斯作为一个强国回到了世界舞台上——这个强国是人们要掂量掂量的，是能够捍卫自己的国家的。我们积攒了厚实的对外政治资本，它正在为发展我们的国家、保护我国公民的利益、保护国家经贸服务。"②俄罗斯外长拉夫罗夫也指出，俄罗斯"在世界和在周边地缘政治空间内，包括在独联体、欧洲和亚洲，实现外交目标的资源在增加。""我们努力实现提出的任务，包括参与国际政治、支持地区事务、巩固安全，为我国的经济发展和提高人民生活水平创造条件，为了实现这一方针创造外部条件。""我们应该忠诚而自信地在国际舞台上证明自己的正确性，形成对我国外交与内政的有利的氛围。"③可以说，正是这种世界

---

① Обзор внешней политики Российской Федерации，431 – 27 – 03 – 2007，http：//www. mid. ru/brp ＿ 4. nsf/2fee282eb6df40e643256999005e6e8c/594b81f733f000bac32572ab004ef76e？ OpenDocument.

② 普京：《关于俄罗斯到2020年的发展战略》，载《普京文集（2002～2008）》，中国社会科学出版社，2008，第674页。

③ С. В. Лавров，Ресурсы для реализации возможностей российской дипслужбы в мре растут，ИТАР-ТАСС10 февраля 2006г.

大国的定位使俄罗斯将先前"有限参与"的外交政策转而为"积极进取"的外交政策。

在俄罗斯的实力和自信日渐增强的时候，美国的实力开始在伊拉克和阿富汗不断地销蚀。为了维持其所认定的世界霸主地位，美国不惜耗费着自身日渐衰弱的实力，加紧推行其单边主义政策，竭力防止挑战其霸主地位的国家出现。在普京执政的第二任期，美国的单边主义政策更加明显：积极策动独联体国家进行"颜色革命"以挤压俄罗斯的战略空间；推行"大中亚计划"，在中亚建立军事存在，企图夺取中亚事务的主导权；不顾国际法约定，承认科索沃独立；肆意制裁所谓"问题国家"；肆意干涉他国内政；不断批评俄罗斯民主，积极支持俄境内政府反对派；在东欧地区部署反导防御系统，意欲废掉俄罗斯赖以与美国抗衡的主要支柱——战略核威慑能力；等等。可以说，美国的单边主义政策严重损害了俄罗斯的国家利益，迟滞了俄罗斯强国目标的实现。

为了维护国家的稳定，尽早实现强国梦想，俄罗斯不但积极主张世界多极化，而且力图谋求成为多极化国际秩序的制定者。为此，俄罗斯不但不承认单极世界的存在且严厉批评现有的不合理的国际关系秩序。普京对美国等西方国家有损俄罗斯国家利益的政策进行了有力的反击。针对美国不断推动北约东扩，挤压俄罗斯的战略空间尤其是在俄罗斯周边策动"颜色革命"，俄罗斯不再忍让，面对美国日益露骨的单边主义政策，俄罗斯表示坚决反对并对其提出了严厉的批评。普京说："'冷战'结束后，有人提出的单极世界并未出现。""何谓单极世界？无论怎样美化这一术语，在实际中它终究还是意味着：这是一个权力中心、一个力量中心、一个决策中心。这是一个主宰者的世界，是一个握有无上权力者的世界。最终，这不仅对处于这一体系框架内的所有人有害，而且对权力者自身也无益，因为它将从内部被毁灭。""我认为，单极模式对当代世界来说不仅难以接受，而且完全不可能。这不仅仅是因为在当代世界，既没有足够的军事政治资源，也没有足够的经济资源来独揽领导权力。更重要的是，这种模式本身毫无作用，因为它不具备，也不可能具备当代文明的精神道德基础。""通常，非法的单边行动没有解决过任何问题。况且，这种行动还成为新的人类悲剧和紧张局势的起源。""我们看到对国际法基本准则越来越轻视的现象。而且有些准则，本质上几乎是一个国家——当然首先是美国的整个法律体系。这一法律体系在经济、政治和人道主义等各个领域超出本国边界，被强加给其他国家。谁喜欢这样？有谁能喜欢这样呢？"① 俄罗斯不断对美国霸权主义政策提出挑战。俄罗斯政府副总理兼国防部长伊万诺夫明确表示："我们认为不能允许这样一种国际秩序的存在，即一个力量中心企图称霸世界，把以军事优势为基础的游戏规则强加给其他所有国家。"② 在 2007 年 3 月俄罗斯发表的《外交政策概论》中也明确指出："单极世界的神话在伊拉克彻底破灭了。这种模式本身无法发挥作用，因为它没有，也不可能有当代文明社会的道德基础。利用强大的军事政治资源和经济资源作后盾来谋求世界唯一领导地位的失败，也证明了这一点。在这种情况下，越来越需要客观上对国际事务承担特殊责任的主要国家一起发挥集体领导作用。"③

在反对单极世界的同时，普京力图修正现有的不合理的国际关系体系。他认为，新兴经济体的出现使世界将出现多个经济中心，这些经济中心的出现将会推动多极化趋势的发展。2007 年 2 月 10 日，在慕尼黑安全问题会议上，普京指出，由于一些国家和地区的蓬勃发展，国际形势发生了很大变化，到了应该重新考虑全球安全结构的时候了。他说："印度和中国按购买力平价计算，两国国内生产总值之和已经超过美国。'金砖四国'——巴西、俄罗斯、印度和中国按同一原则计算的国内生产总值加在一起已超过了欧盟，且这一差距日益增大。毋庸置疑，世界新的发展中心的经济潜力将不可避免地转化为政治影响力，并将加强多极化趋势。"④ 普京从国际形势变化的特点出发，指出国际社会的现实为世界多极化提供了基础，多极化世界的理念已经得到多数国家的认同。他说："从最近 15 年的经验来看，调节全球和地区范围内国际关系的

① 普京：《打破单极世界幻想，构建全球国际安全新结构——在慕尼黑安全问题会议上的讲话》，载《普京文集（2002~2008）》，中国社会科学出版社，2008，第 371~372 页。
② Сергей Иванов, Триада национальных ценностей, Известия, 13 июля 2006 г.
③ Обзор внешней политики РФ, 431 - 27 - 03 - 2007, http：//www. ln. mid. ru/brp_ 4. nsf/sps/3647DA97748A106BC32572AB002AC4DD.
④ 普京：《打破单极世界幻想，构建全球国际安全新结构——在慕尼黑安全问题会议上的讲话》，载《普京文集（2002~2008）》，中国社会科学出版社，2008，第 373 页。

主要方式是多边外交，其不可替代性正在得到广泛认同。在当代需要全球团结的客观大趋势的背景下，国际社会主观上正在对当代世界形成一致的看法，这可以成为正在发展的多极世界格局的理论基础，世界上绝大多数国家已经认同世界格局多极化的现实性。显而易见，我们已经到了必须要考虑建立新的全球安全结构的时候了。这种结构应以国际交往的各个主体的利益合理地保持平衡为基础。"①

在普京执政后期，俄罗斯不但在口头上主张多极化的国际新秩序，而且采取措施，甚至不惜以挑战美国的姿态来构建这种国际政治经济新秩序。基于中国、巴西和印度等新的国家经济体的崛起及自身实力的有限性和与这三个国家国际政治理念的相似性，俄罗斯极力加强与上述国家的关系，企图与其联合抗衡美国的霸权主义政策。俄罗斯不但分别加强与上述三国的关系，而且极力凝合四国力量以增强在国际事务尤其是在国际经济方面的话语权。普京认为，"金砖四国"是世界经济的引擎。因此，积极推动四国进行集体行动，以抵制美国的霸权主义政策。同时，俄罗斯开始积极推动上海合作组织的发展与完善，使之由一个地区性安全组织逐步发展为一个综合性组织，以应对美国单极挑战。在与东方国家的关系中，俄罗斯尤为重视发展与中国的关系，联手中国推动世界多极化发展。2005年7月，中俄两国元首发表了《中俄关于21世纪国际秩序的联合声明》。《声明》指出，只有以公认的国际法原则和准则为基础，在公正、合理的世界秩序下，才能解决人类面临的问题。世界各国应严格遵守互相尊重主权和领土完整、互不侵犯、互不干涉内政、平等互利、和平共处的原则。应充分保障各国根据本国国情选择发展道路的权利、平等参与国际事务的权利和平等发展的权利。必须和平解决分歧与争端，不采取单边行动，不采取强迫政策，不以武力威胁或使用武力。各国的事情应由各国人民自主决定，世界上的事情应以多边集体为基础通过对话和协商决定。国际社会应彻底摒弃对抗和结盟的思维，不寻求对国际事务的垄断和主导权，不将国家划分为领导型和从属型。国际社会应制定全面和广为接受的经贸体制，其途径是平等

---

① Обзор внешней политики РФ, 431 - 27 - 03 - 2007, http://www.ln.mid.ru/brp_ 4. nsf/sps/3647DA97748A106BC32572AB002AC4DD.

谈判、摒弃以施压和制裁迫使单方面经济让步的做法、发挥全球和地区多边组织机制的作用等。① 《声明》显示出两国促进世界和平、稳定、繁荣的坚定决心，对深化两国在国际领域的战略协作、促进国际形势健康发展具有重要意义。

面对美国在中东欧部署反导防御系统，俄罗斯认为，美国此举并非如其所说，是预防伊朗和朝鲜等国家的导弹袭击，而是针对俄罗斯的行为。在 2007年 2 月的慕尼黑安全问题会议上，普京表现出了前所未有的强硬。针对美国在东欧部署反导防御系统的理由，普京提出了严厉的批评："我们对在欧洲部署反导防御系统的计划感到不安。谁会需要由此引起的不可避免的新一轮军备竞赛呢？我非常怀疑，欧洲人自己是否需要。任何一个所谓的问题国家都没有射程在 5000～8000 公里的可以对欧洲构成现实威胁的导弹武器。甚至在可预见的未来这些国家也不会有这种武器。假设朝鲜经过西欧向美国领土发射导弹，这也明显不符合弹道学原理。就像在俄罗斯常说的，这不过是'右手能勉强够到左耳'。"② 针对北约各国不守承诺，拒不批准《欧洲常规武装力量条约》，普京表示极度不满。他说："1999 年签署了修改后的《欧洲常规武装力量条约》。该条约考虑到了新的地缘政治现实，即华沙条约组织已经消失。七年过去了，可是包括俄罗斯联邦在内，只有四个国家批准了这一条约。一些北约成员国公开宣称，只要俄罗斯不从格鲁吉亚和摩尔多瓦撤走自己的基地，就不会批准这个条约。我国军队正在从格鲁吉亚撤出，甚至是在加速撤出。众所周知，我们与格鲁吉亚的同行已经解决了这一问题。在摩尔多瓦还有一支1500 人的部队，他们在那里执行维和使命，保卫苏联时期遗留下来的弹药库。""但与此同时，在保加利亚和罗马尼亚出现了美国所谓的轻装备前进基地，每个基地由 5000 名军人构成。北约把先头部队向我国边界推进，而我们却严格履约，对这些行动未作任何反应。"同时，普京对北约东扩进行了公开的指责。他说："我认为，北约扩大显然与组织自身的现代化或保障欧洲安全

---

① 《中华人民共和国和俄罗斯联邦关于 21 世纪国际秩序的联合声明》，http：//news. xinhuanet. com/world/2005－07/01/content_ 3164594. htm，最后访问日期：2009 年 2 月 28 日。

② 普京：《打破单极世界幻想，构建全球国际安全新结构——在慕尼黑安全问题会议上的讲话》，载《普京文集（2002～2008）》，中国社会科学出版社，2008，第 376 页。

没有任何联系。相反，这是降低相互信任水平的严重挑衅行为。我们也有权公开质问，这种扩大针对谁？华沙条约组织解散后西方伙伴们下的保证如何了呢？这些声明如今何在？"我想引用北约秘书长韦尔纳先生 1990 年 5 月 17 日在布鲁塞尔的一段讲话。当时他说，'我们不准备在联邦德国以外部署北约军队，这会给苏联提供稳固的安全保证'，这些保证何在？"① 普京指责西方国家不批准《欧洲常规武装力量条约》是别有用心。他说："我们的伙伴至少在这件事情上表现得不对头，是在谋求单方面的优势。他们在臆造的借口下不批准《欧洲常规武装力量条约》，同时又利用已形成的形势沿我国的边界增设军事基地系统。此外，它们还打算在捷克和波兰部署导弹防御系统，而像斯洛伐克和波罗的海三国不顾它们已与北约预先达成的协定，根本没有加入该条约，这给我们造成了无法预知的现实危险。"②

随后，俄罗斯以西方国家没有履约为由，宣布暂停履行《欧洲常规武装力量条约》。因多年来俄罗斯均对北约国家不批准该条约未有实质性反应，而此次普京宣布暂停履约，在国际社会引起极大反应。许多欧洲国家感到紧张，美国等西方国家纷纷表达了对俄罗斯采取该措施的失望，希望俄罗斯不要退出该条约。另外，在反对美国在中东欧部署反导防御系统无果的情况下，俄罗斯又提出可能退出中导条约，这在欧洲引起了很大恐慌。俄罗斯所采取的这些举措被国际社会解读为对现行体制的一种挑战。

三 强化自主性外交，谋求扩展俄罗斯的战略空间

"9·11"事件后，俄罗斯极力改善与西方国家尤其是与美国的关系：积极配合美国进行反恐；推动中亚国家为美国反恐提供便利；默许美国退出反导条约；对北约东扩和独联体国家加强与北约关系不再反应强烈；等等。虽然俄罗斯对西方国家的"示好"在一定程度上缓和了双方关系，也得到了一些相

---

① 普京：《打破单极世界幻想，构建全球国际安全新结构——在慕尼黑安全问题会议上的讲话》，载《普京文集（2002～2008）》，中国社会科学出版社，2008，第 376～377 页。

② Послание Президента России Владимира Путина Федеральному Собранию РФ：2007 год，http://www.intelros.ru/2007/04/27/poslanie_prezidenta_rossii_vladimira_putina_federalnomu_sobraniju_rossijjskojj_federacii_2007_g.html.

应的回报，但是阿富汗战争的顺利结束，尤其是伊拉克战争之后，美国的霸权主义倾向日益凸显，其对俄罗斯地缘战略空间的挤压力度重新加强，且不断干涉俄罗斯内政。尤其是美国不顾俄罗斯在别斯兰事件的情感反应，指责其在车臣过度用兵，违反人权，出现民主倒退等，使俄罗斯感到尤为气愤。针对美国要求俄罗斯与车臣非法武装分子谈判，普京反驳美国说："你们怎么不与本·拉登去谈判"。俄罗斯外长拉夫罗夫在美国洛杉矶发表演讲时，也对此驳斥说："应该避免相互猜忌和双重标准。当欧盟领导人表示，欧洲应该成为'主权民主'的联盟时，没有人提出异议。美国副总统切尼也在维尔纽斯发表的讲话中谈到黑海——波罗的海地区的'主权民主'时大家也都能理解。而当俄罗斯政治家开始讨论'主权民主'时，就有人怀疑我们是在为建立专制政府进行辩护。同一个术语，但说法却不一。这实际很简单，俄罗斯已经坚定地选择了民主作为国家和社会的组织形式。我们希望，由俄罗斯人民自己来行使其国家主权，希望能够不受外来干涉，独立地处理内外政策。""对于我们来说，这种自主性是问题的关键，无论是在国内还是在国际上，我们均将以此作为行动的出发点。"[1] 美国在独联体地区策动"颜色革命"，更使俄罗斯感受到来自外部的威胁。格鲁吉亚和乌克兰发生"颜色革命"的一大特点就是，"颜色革命"上台的领导人均有"亲西方，反俄罗斯"的倾向，这使俄罗斯不但感受到自身唯一的"特殊战略利益区"将受到肢解，而且安全环境明显恶化。另外，俄罗斯看到格鲁吉亚、乌克兰和中亚地区因发生"颜色革命"导致国家政治混乱、政权不稳，严重影响了这些国家的经济发展。面对美国不断支持俄罗斯境内的政府反对派，俄罗斯感受到自身也存在发生"颜色革命"的危险。俄罗斯执政者认为其外部环境出现恶化。普京在 2006 年的国情咨文中指出，"在世界格局发生积极变化的情况下，出现了许多新问题，我国也实际遇到了这些问题"，"这些威胁比以往更加难以预测，他们的危险程度还没有被充分认识到。世界上的冲突地区在扩大，显然已经成为一种趋势，更危险的是，它波及我国至关重要的利益地区。""恐怖主义威胁依然很严重，局部冲

---

① С. В. Лавров, Россия и США: между прошлым и будущим, http://www.mid.ru/brp_4.nsf/2fee282eb6df40e643256999005e6e8c/acb3fd1c5ed62b37c32571f500306650? OpenDocument.

突仍是恐怖分子的滋生地、恐怖分子的武器来源和动用武力的战场，它往往建立在种族冲突的基础上，有时还加上教派对峙因素。我知道，有人特别想让俄罗斯陷入这些问题，从而使它无法解决自身发展的任何问题。"① 于是，俄罗斯一方面驳斥美国等西方国家对其民主制度的批评，另一方面采取各种措施防止"颜色革命"的发生。令俄罗斯更加难以接受的是，美国在 2007 年提出欲在东欧地区部署反导系统。无论从何种角度考虑，这很明显是针对俄罗斯而来。一旦反导系统建立，俄罗斯的导弹威慑力将大大削弱，这是俄罗斯无法容忍的。美国的行为突破了俄罗斯的底线，严重地损害了俄罗斯的国家利益。

面对美国等西方国家咄咄逼人的态势，俄罗斯决定采取措施进行战略反击。首先，普京要求加强军队建设，以应对外部威胁。他指出："当代俄罗斯需要的是具有一切能力对所面临的威胁作出同等回应的军队。我国军队应有同时在世界性和地区性冲突中作战的能力，一旦有必要，甚至能够同时在几个局部冲突中作战。在任何情况下，军队都能保障俄罗斯的安全和领土完整。""我们永远准备反击潜在的外部侵略和打击国际恐怖主义。应当能够反击对俄罗斯施加外交压力的任何企图，包括靠牺牲我国利益来谋求巩固自己阵地的企图。"② 其次，极力维护联合国的权威性。针对美国等西方国家弱化联合国作用的意图，俄罗斯表示坚决反对并全力维护联合国的权威性，对意大利国防部长提出，只有北约、欧盟和联合国作出决定，使用武力才被视为是合法的。普京强调说："只有联合国宪章才能够成为决定使用武力的唯一机制。""在联合国的基础上和框架中作出决定，动武才具合法性。无论是北约，还是欧盟都不能取代联合国。"③ 普京在 2007 年 3 月 27 日批准的《俄罗斯联邦外交战略概论》中明确强调了联合国在国际事务中的作用。《概论》指出："联合国仍然

---

① Послание Президента России Владимира Путина Федеральному Собранию РФ：2006 год，http：//www. intelros. ru/2007/02/05/poslanie_ prezidenta_ rossii_ vladimira_ putina_ federalnomu_ sobraniju_ rf_ 2006_ god. html.

② Послание Президента России Владимира Путина Федеральному Собранию РФ：2006 год，http：//www. intelros. ru/2007/02/05/poslanie_ prezidenta_ rossii_ vladimira_ putina_ federalnomu_ sobraniju_ rf_ 2006_ god. html.

③ 普京：《打破单极世界幻想，构架全球国际安全新结构——在慕尼黑安全问题会议上的讲话》，载《普京文集（2002～2008）》，中国社会科学出版社，2008，第374页。

是拥有独一无二合法性的国际组织，是国际集体安全体系的承重构架和当代多边外交的实践主体。通过加强这个全球性组织在国际生活各个领域中的核心作用，来促进国际社会的集体行动，这是我们的原则性选择。"① 在会见"八国集团"国家通讯社领导人谈话时，普京也强调了联合国的不可替代性。他说："我完全不同意联合国正在丧失其存在的意义的说法。联合国仍然是一个解决国际问题的平台，而并非为某个国家的对外政策利益服务的，这一情况不仅赋予了它巨大的全面性，而且是在国际舞台上为制定一些可被接受的决定所必需的。我们没有任何一个像联合国这样的全球性国际组织。任何国际会议包括'八国集团'都不可能代替联合国。"②

在外交事务的处理上，俄罗斯不再顾及美国等西方国家的感受，自主性日益明显。在伊朗核问题方面，俄罗斯采取积极介入的态度，赞同伊朗和平利用核能，主张以妥协方式解决伊朗核问题，反对美国对伊朗进行制裁，尤其反对以武力解决，成为美国制裁伊朗的最大阻碍。同时不顾美国的反对坚持帮助伊朗修建核电站。2006 年 7 月 6 日，在回答记者关于俄罗斯对伊朗核问题的态度时，普京阐述了俄罗斯的立场："首先，伊朗应该在国际组织的监督下发展核技术；其次，伊朗利用核能，不应造成任何威胁，不能造成核武器和任何大规模杀伤性武器的扩散。因此我们寻求解决这两方面问题的妥协方案。"普京还说："俄罗斯提出过一些明确建议，不仅保障伊朗，而且保障其他想发展核技术的国家都能够利用这些科技进步的成果。用什么方法？我们建议成立铀浓缩和回收利用的国际中心。"③ 当美国表示希望通过制裁伊朗来阻止其发展核武器的意图时俄罗斯外长表示："我们不支持将所有人都逼入死胡同，并给已经混乱不堪的地区制造新危机的最后通牒。如果联合国安理会走上一条不切实际的惩治道路，这会损害到这个维护国际安全的重要机构的威信。""只有包

---

① Обзор внешней политики Российской Федерации, 431 - 27 - 03 - 2007, http：//www. mid. ru/brp ＿ 4. nsf/2fee282eb6df40e643256999005e6e8c/594b81f733f000bac32572ab004ef76e？OpenDocument.

② 普京：《携起手来，共同解决国际社会面临的重大问题——与"八国集团"国家通讯社领导人会晤时的谈话速记稿》，载《普京文集（2002～2008）》，中国社会科学出版社，2008，第 318 页。

③ Стенограмма интернет-конференции Президента России, http：//www. kremlin. ru/appears/2006/07/06/1823＿ type63376type63381type82634type146436＿ 108326. shtml.

容而非孤立'问题国家'，才能化解冲突。"① 同时，俄罗斯一直强调在国际原子能机构的框架内解决相关问题。显然，俄罗斯在该问题上的观点与美国的主张是不相符的。另外，俄罗斯还加强与伊朗的军事合作，向伊朗提供防空武器。这明显不符合美国的国家利益。

俄罗斯加强了对中东地区问题的介入，在巴以冲突问题上也采取了与美欧等国不同的外交政策。2005 年 4 月，普京访问埃及、以色列和巴勒斯坦，建议在莫斯科召开中东和平会议，同时表示愿意向巴勒斯坦提供武器。哈马斯上台后，普京一方面呼吁哈马斯承认以色列，另一方面呼吁国际社会承认哈马斯政府的合法性。不顾西方国家不与哈马斯打交道的政策，普京于 2006 年 2 月 9 日宣布邀请哈马斯访问俄罗斯。② 俄罗斯前外长普里马科夫对此事进行评价说："邀请哈马斯来莫斯科，其目的是使哈马斯走上谈判桌，放弃反对以色列平民的政策。这已经做到了。"③ 在美国陷入伊拉克战争泥潭的问题上，普京在批评美国政策的同时，提出介入解决该问题的想法。他说："从一开始我就认为这（美国攻打伊拉克）是一个错误。""如果看看世界地图，与俄罗斯和美国比较一下，很难在地图上找到伊拉克。原以为'挤压'一个小国很容易。但是没想到后患无穷，搞得现在谁都不知道该如何收场。""以前伊拉克是没有恐怖分子的，现在却冒了出来。""不过我认为，现在应该少议论过去做的对不对。我不认为这会有助于解决目前的问题。我们该想想，下一步应该怎么办。""我认为最好在伊拉克设立一个外国军队撤出的期限，不过这样决定最终应该在联合国层面由我们共同做出。""如果我们最终能共同行动，共同制定解决方案，尽快把主权交还伊拉克，也许美国可以减少重大损失。"④ 从中我们可以看出俄罗斯在外交政策中明显的独立性，并期望成为国际事务的重要决策者。

① С. В. Лавров, Россия и США: между прошлым и будущим, http://www.mid.ru/brp_ 4. nsf/2fee282eb6df40e643256999005e6e8c/acb3fd1c5ed62b37c32571f500306650? OpenDocument.

② 左凤荣：《重振俄罗斯——普京的对外战略与外交政策》，商务印书馆，2008，第 99 页。

③ Е. М. Примакова: Это Ближний Восток, это своя специфика, Международная жизнь №4, 2006г. с. 29.

④ 普京：《答美国'时代'周刊记者问》，载《普京文集（2002～2008）》，中国社会科学出版社，2008，第 631、632、662 页。

总之，在普京执政的第二任期，俄罗斯不再对美国采取退让和妥协的政策，而是采取以攻为守的战略，以图美国等西方国家重视俄罗斯，减少对俄罗斯的战略挤压，从而为俄罗斯赢得良好的发展环境。普京对美国的行为给予了严厉的批评，并表现出前所未有的强硬。针对美国等西方国家对俄罗斯民主制度的批评，普京说："我们可不希望在我们这里有像伊拉克那样的民主。"[1] 在慕尼黑安全会议上，普京说："经常有人给我们上民主课。但是，那些给我们上课的人，不知出于什么原因，自己却不愿学习。"[2] 普京对美国肆意对主权国家动武也提出了严厉的批评，将其比作"狼同志"。他说："俗话说，'狼同志知道该吃谁'。吃起来，谁的话都不听。种种迹象表明，根本不听。"并提出要加强国家军备建设，以防外部威胁。他说："从伟大的卫国战争中吸取的主要历史教训告诉我们，武装力量必须做好战斗准备。""我们同美国的军费根本无法相提并论。它的军费是俄罗斯的 25 倍。从防御角度而言，他们的国家就是一座堡垒，真够棒的！我们也应该把自己的家，把自己的房子修得结实牢固些。因为在世界上正在发生着什么，我们都看到了。"[3] 可以说，在这个阶段俄罗斯对美国等西方国家的战略挤压展开了全面反击，在一定程度上体现了俄罗斯以实力谋和平的政治理念。

四　力图通过主导国际安全与经济合作来谋求国家利益

普京执政期间，俄罗斯的经济得到了持续快速增长，经济实力得到明显提升。到 2006 年底，俄罗斯的经济已经挤入世界十强，按购买力平价计算，俄罗斯的国内生产总值在 2007 年已经超过了"八国集团"中的意大利和法国，进入了世界最强的 7 个经济体的行列。[4] 人均 GDP 从 1999 年的 2200 多美元增

---

[1] 普京：《与美国总统乔治·布什会谈后举行的新闻发布会》，载《普京文集（2002~2008）》，中国社会科学出版社，2008，第 357 页。

[2] 普京：《打破单极世界幻想，构建全球国际安全新结构——在慕尼黑安全问题会议上的讲话》，载《普京文集（2002~2008）》，中国社会科学出版社，2008，第 372 页。

[3] Послание Президента России Владимира Путина Федеральному Собранию РФ: 2006 год, http://www.intelros.ru/2007/02/05/poslanie_ prezidenta_ rossii_ vladimira_ putina_ federalnomu_ sobraniju_ rf_ 2006_ god.html.

[4] 普京：《关于俄罗斯到 2020 年的发展战略——在俄罗斯国务委员会扩大会议上的讲话》，载《普京文集（2002~2008）》，中国社会科学出版社，2008，第 675 页。

至 2007 年的 9500 美元。财政状况得到明显好转，连年出现大幅盈余，外债明显减少。截至 2008 年 1 月 1 日，黄金外汇储备高达 4764 亿美元，成为世界第三大外汇储备国。经济状况的好转促使俄罗斯其他方面情况得到改善，国力有了明显提高，这使得俄罗斯的大国自信和国际地位均有显著增强。普京说："俄罗斯的国际地位大大提升。强大而更加自信的俄罗斯已成为世界上积极变化的一个重要部分。"为此，普京提出积极参与国际事务且力求成为国际规则的制定者。他说："国际关系中出现的全新形势为我们占据一系列世界政治方向上的精神领导地位提供了良好的可能性。换句话说，这指的是，俄罗斯的积极参与不仅仅只局限在落实国际社会的发展日程方面，而且还表现在制订和形成这一日程的过程当中。"① 俄罗斯外长拉夫罗夫指出，实力的增强要求俄罗斯必须积极参与国际事务的解决。他说，俄罗斯"在世界和周边地缘政治空间内，包括在独联体、欧洲和亚洲，实现外交目标的资源在增加。""我们努力实现提出的任务，包括参与国际政治、支持地区事务、巩固安全，为我国的经济发展和提高人民生活水平创造条件，为了实现这一方针创造良好的外部条件。"②

俄罗斯综合国力的显著提高促使其更加积极地参与解决国际事务。这导致其对由美国主导国际事务的现实愈发不满，希望能够在国家安全和经济合作中发挥更大作用。普京多次强调，单极世界幻想已经破灭，多极化日益凸显。美国对俄罗斯的遏制政策使普京政府进一步认识到，对美国的妥协政策并不能改变美国对俄罗斯的既定政策，面对美国不断推动北约东扩、支持独联体地区国家"颜色革命"和在俄罗斯边界附近地区部署反导系统等步步紧逼的战略围困，俄罗斯不得不进行防卫式反击。③

在国家安全方面，俄罗斯依然认为，对于国际社会而言，最大的威胁莫过

---

① Обзор внещней политики Российской Федерации，431 – 27 – 03 – 2007，http：//www. mid. ru/ brp ＿ 4. nsf/2fee282eb6df40e643256999005e6e8c/594b81f733f000bac32572ab004ef76e？ OpenDocument.

② С. В. Лавров，Ресурсы для реализации возможностей российской дипслужбы в мре растут，*ИТАР-ТАСС*，10 февраля 2006г.

③ 郑羽、柳丰华主编《普京八年：俄罗斯复兴之路（外交卷）》，经济管理出版社，2008，第44页。

于国际恐怖主义和大规模杀伤性武器的扩散。2007 年 2 月，在慕尼黑安全问题会议上，普京指出："如果让我们说，其中主要的威胁——对我们、对美国和欧洲的主要威胁，那就是恐怖主义的威胁。"同时，普京指出俄罗斯在反恐战争中的作用。他说："与恐怖主义作斗争需要俄罗斯吗？当然需要！"① 对国际社会一些热点地区的安全问题，俄罗斯提出了积极的看法。他说："科索沃和塞尔维亚会发生什么，只有科索沃人民和塞尔维亚人民自己能知道。我们不准备替他们解决如何安排自己生活问题。不需要把自己当做上帝去替所有民族解决他们自己的问题。我们和你们应该创造条件来帮助人们处理自己的问题——创造条件，并担当明确协议的保证者。但不需要把这些协议强加于他们。"②

在叶利钦执政时期，俄罗斯曾经为成为"七国集团"的一个非正式成员而兴奋不已。普京执政后，俄罗斯成为"八国集团"的正式成员，但在其执政初期，俄罗斯在"八国集团"中仅是一个参与者。普京执政后期，随着国力的增强，俄罗斯开始谋求成为该集团的规则制定者，或者至少成为该集团发展的积极推动者之一，从而增强俄罗斯在集团内的话语权。2006 年，当俄罗斯成为"八国集团"的轮值主席国时，不但继续推动集团与世界上的新兴经济体加强联系，而且推动其与独联体首次实现对话，充分显示出俄罗斯欲增强其在"八国集团"中的地位。

在国际经济秩序问题上，俄罗斯认为包括国际货币基金组织和世贸组织在内的现有国际经济体制已经过时。普京在 2007 年 6 月举行的圣彼得堡经济论坛会议上公开呼吁修正包括世贸组织在内的国际经济体制。俄罗斯希望在国际经济体系特别是国际金融体系中获得更大的话语权。为此，俄罗斯大力推行增强卢布、本国金融市场和银行体系吸引力的经济政策，并力图在俄罗斯建立国际金融中心，考虑改用卢布作为商品出口的结算货币。2006 年 7 月 1 日，俄罗斯提前实现卢布自由兑换，这提高了卢布在国际金融领域的地位。

---

① 普京：《打破单极世界幻想，构建全球国际安全新结构——在慕尼黑安全问题会议上的讲话》，载《普京文集（2002~2008）》，中国社会科学出版社，2008，第 384 页。

② 普京：《打破单极世界幻想，构建全球国际安全新结构——在慕尼黑安全问题会议上的讲话》，载《普京文集（2002~2008）》，中国社会科学出版社，2008，第 384~385 页。

另外，俄罗斯利用其能源出口第一大国的优势极力推动石油出口以卢布进行结算。如果俄罗斯的能源出口在今后完全实现用卢布进行结算，那么卢布将成为一种坚挺的国际货币，俄罗斯在国际金融领域的话语权将会进一步增强。

打"能源牌"是普京最为擅长的一种外交手段。执政后，普京利用俄罗斯的能源优势，积极推行能源外交，主张在能源领域建立由俄罗斯主导的新的合作组织。在2008年的国家安全委员会会议上，普京指出："在世界能源中占据魁首地位——这是一个雄心勃勃的任务。为了实现这项任务，光是增加能源生产和出口的规模是不够的。俄罗斯应该成为在能源创新中，在新的技术方面以及在寻找节约资源和地下储藏的现代化形式方面成为倡导者和'潮流引领者'。"[1] 俄罗斯一方面加强与欧盟进行合作，与其签署了《欧洲能源宪章》，另一方面加强与亚太地区国家的能源合作，从而实现俄罗斯的能源市场多元化。俄罗斯作为欧盟伙伴的主要能源供应国，在与其合作上可以说的确处于主导地位。俄罗斯与欧洲国家签署了诸多能源协议，为了避免受制于乌克兰等过境国的限制，俄罗斯联合德国、意大利和土耳其等国开始修建绕开乌克兰的多条天然气管道。在与亚太地区的能源合作中，俄罗斯也明显处于优势地位。俄罗斯与中国、印度加强了能源合作。尤其是为了增强自身的国际地位，俄罗斯联合一些能源大国开始积极准备建立天然气OPEC。同时，俄罗斯采取措施加强对国际天然气贸易的控制。俄罗斯不但保持自身世界上最大的出口国地位，而且还从哈萨克斯坦、乌兹别克斯坦和土库曼斯坦进口天然气，转卖到欧洲市场大谋其利。可以说，俄罗斯统治着自己能触及的能源市场。在2007年2月12日，俄罗斯总统普京在访问卡塔尔期间与卡塔尔埃米尔论及天然气领域合作。普京表示，协调行动是一个好的想法，但同时明确表示俄罗斯没有成立类似卡特尔的计划。可是，时隔不久，俄罗斯的态度逐渐积极起来。基于俄罗斯的国力及在世界天然气的储备和出产方面均是最大，因此俄罗斯很快控制了天然气OPEC成立的进程。这在一定程度上引起了美欧的恐慌，俄罗斯的国际地

---

① 普京：《俄罗斯在保障国际能源安全中起着举足轻重的作用——在俄罗斯国家安全委员会会议上的讲话》，载《普京文集（2002～2008）》，中国社会科学出版社，2008，第237页。

位也得到增强。

总体看来，在普京执政第二任期，基于对国家安全环境恶化的判定，俄罗斯在保持对国家经济利益重视的同时，加强了对国家地缘政治利益和安全利益的重视。综合国力得到快速增强的俄罗斯为了维护国家利益，放弃了前期以"妥协求和平"的外交政策，实力外交的特点日渐凸显。但普京此时"以攻为守"的外交战略也不乏"灵活务实"特色，从而避免了俄罗斯在国际社会受到孤立。总之，由于俄罗斯实力的增强及外交策略的恰当运用使其在一定程度上很好地维护了国家利益，世界大国地位得以确立。

第二节　谋求独立自主外交时期俄罗斯外交政策的主要事例

国力的提升和国际形势的变化使俄罗斯国家利益观发生了较大变化。在自我定位方面，俄罗斯自信心明显增强，世界大国理念日渐凸显。为此，在外交方面，俄罗斯积极性、自主性明显增强，力图成为国际秩序的制定者的心态强烈。对国家安全形势严峻性的评估，促使俄罗斯在涉及其核心利益的领域进行反击。为防止国家发生"颜色革命"，俄罗斯提出了"主权民主"的思想，加强中央对政权的控制，同时对独联体进行整合。为抵御来自北约东扩和美国在东欧部署反导防御系统，普京放弃了执政前期的妥协外交，中止了《欧洲常规武装力量条约》，并在一系列国际问题上与美国展开斗争。总之，随着俄罗斯国力的提升，其对外战略的进取性也明显加强。俄罗斯竭力在国际舞台上发挥作用，外交自主性也日渐明显。俄罗斯积极推动世界格局的多极化，坚决反对霸权主义和强权政治，对美国等西方国家的外交政策渐趋强硬。为维护国家利益，保持国家的稳定，抵制西方国家对俄罗斯战略空间的挤压，普京采取一系列措施予以回击。

一　采取各种措施抵制"颜色革命"

所谓"颜色革命"，是指在美国政府的直接和间接支持下，独联体地区有关国家亲美的政府反对派以总统和议会大选为形式和时机，借助非暴力手段促使政权更迭，从而建立亲美去俄政权的政治运动。①

2003 年 11 月 2 日，格鲁吉亚举行新一届议会选举，以议长布尔贾纳泽为代表的反对派指责选举存在大规模舞弊和违宪行为，开始在首都第比利斯举行集会、示威游行等抗议活动，要求总统谢瓦尔德纳泽辞职。22 日，5 万多名反对派的支持者在第比利斯市政府大楼前集会，表示不承认两天前官方公布的谢瓦尔德纳泽在总统大选中获胜的结果，部分抗议民众冲击并控制了议会大厦。当日，美国国务卿给格鲁吉亚总统谢瓦尔德纳泽打电话，呼吁有关各方保持克制，要求谢氏不要诉诸武力。次日，俄罗斯外长伊万诺夫紧急出访第比利斯。在与伊万诺夫会晤后，谢瓦尔德纳泽又与反对派举行了会谈，随后宣布辞去总统职务。2004 年 1 月，具有美国背景的反对派领导人萨卡什维利在总统大选中获胜，格鲁吉亚"颜色革命"成功。在此次"颜色革命"过程中，美国驻格鲁吉亚大使馆和美国的索罗斯基金会等非政府组织起到了重要的推波助澜作用。此后，格鲁吉亚新政府开始迅速执行亲美反俄的外交政策，俄罗斯的南部地缘政治安全形势出现明显恶化的迹象。

格鲁吉亚"颜色革命"刚刚结束，2004 年乌克兰总统选举期间，"橙色革命"风波再起，美国等西方国家更加直接地进行干涉，力图使乌克兰再度发生类似于格鲁吉亚的"革命"。从 2004 年上半年起，美国国会、白宫先后以不同形式表达了对乌克兰领导人选举活动的关注及立场。2004 年 3 月末，美国副国务卿阿米蒂奇向乌克兰总统库奇马转交了布什总统的亲笔信，信中强调了乌克兰进行自由和诚实的选举对美乌关系及乌克兰的未来的重要性。② 是年 5 月，美国前总统安全事务助理布热津斯基和老布什先后访问了乌克兰。二人强调，乌克兰进行公正和自由的选举是乌克兰与西方国家加强关系的关键。2004 年 8 月，美国众议院代表团前往乌克兰，专程对乌克兰总统大选活动进行评估。随后，代表团指责乌克兰某些选区出现了不公正选举活动。③ 2004 年 9 月 15 日，美国众议院在题为《关于 2004 年乌克兰民主和诚信选举》的法律

① 郑羽主编《既非盟友，也非敌人——苏联解体后的俄美关系》，世界知识出版社，2006，第 584～585 页。

② G.．H. W. Bush, *Remarks Prepared for Delivery*, Kyiv, National Taras Shevchenko University, Kyiv, Ukraine, May 21, 2004.

③ Новости: А Штаты Всё Ещё Надеются, *Зеркало Недели*, 18 сентября, 2004г.

草案中提出制裁破坏乌克兰进行民主诚信选举的乌克兰领导人。[①] 10 月 7 日，美国众议院议员又提出了有关具体制裁措施的议案。10 月 31 日，乌克兰举行第一轮总统选举，总理亚努科维奇和反对派领导人尤先科均未超过半数。11 月 21 日，在第二轮选举中，亚努科维奇以微弱优势胜出。美国国务卿鲍威尔随即宣称这次选举"不符合国际标准"，美国不接受选举结果。西欧国家也指责乌克兰选举存在舞弊行为。在美国和西欧国家的支持下，尤先科带领乌克兰反对派发动了为期 17 天的抗议示威。在国际和国内的双重压力下，乌克兰最高法院于 2004 年 12 月 3 日判决第二轮总统投票结果无效，并决定 2004 年 12 月 26 日重新进行第二轮投票。最终，得到美国和西方国家全力支持的尤先科当选乌克兰总统。尤先科开始奉行全面倒向美国并敌视俄罗斯的外交政策。与此同时，面对中亚地区即将到来的选举，美国积极准备筹划新一轮"颜色革命"。[②]

俄罗斯对格鲁吉亚发生"颜色革命"的反应并不强烈，没有感觉到对其有任何威胁，甚至在一定程度上助推了谢瓦尔德纳泽的下台。但对于乌克兰发生的"颜色革命"，俄罗斯反应却异常强烈。在乌克兰大选过程中，俄罗斯与美国等西方国家针锋相对，积极介入乌克兰大选，支持西方反对的亚努科维奇，以防止乌发生类似于格鲁吉亚的"颜色革命"。当乌克兰第二轮选举结果揭晓后，与西方国家相反，俄罗斯马上承认亚努科维奇为乌克兰总统，并对其当选表示祝贺。同时，俄罗斯严厉批评美国等西方国家干涉乌克兰内政。为了抵御"颜色革命"，俄罗斯采取多种措施予以应对：

第一，重新调整与独联体国家的关系。针对"颜色革命"的危机，俄罗斯开始利用独联体国家对其各种依赖关系，确定新的不同的交往方式：其一，实行内外有别的能源政策。俄罗斯以低于国际市场能源的价格向那些与其保持友好关系的国家提供廉价能源[③]，而对于那些发生"颜色革命"后与

---

① H. R. 5102, Ukraine Democracy and Fair Elections Act of 2004, http: //thomas. loc. gov/cgi-bin/ September15, 2004.

② 郑羽、柳丰华主编《普京八年：俄罗斯复兴之路（外交卷）》，经济管理出版社，2008，第 32 ~ 33 页。

③ 俄罗斯对白俄罗斯的天然气价格也有所提高，在 2006 年 3 月俄罗斯将对白天然气价格从每千立方米 46.68 美元升至 100 美元，并逐渐提高价格，使其在 2011 年达到欧洲市场标准。但是，俄罗斯对白俄罗斯的天然气出口价格与向欧洲市场的出口价格相比依然有很大的优惠。

俄罗斯拉开距离、倒向美国的国家，则要求以国际市场价格进行支付。尤先科上台后，乌克兰加快了去俄罗斯化的进程，同时进一步倒向美国等西方国家，明确提出希望加入北约。面对乌克兰的反俄倾向，2005年底，俄罗斯以能源为武器，取消对乌克兰购买俄罗斯天然气的优惠，要求乌克兰以市场价格购买，否则将停止对其天然气的供应。其二，重新整合独联体。将以俄罗斯、白俄罗斯和哈萨克斯坦为主的统一的经济空间作为独联体一体化的核心；加强了对欧亚经济共同体的经营；强化独联体的集体安全条约组织的功能。①

第二，联合中国共同抵御"颜色革命"。为了减缓外部压力，有效抵御美国等西方国家发动"颜色革命"的冲击，俄罗斯加强了同中国的关系，与中国共同抵御"颜色革命"。2005年7月1日，俄罗斯与中国在莫斯科共同签署了《中俄关于21世纪国际秩序的联合声明》，对美国的"民主改造"战略阐明了两国的共同立场，提出要充分保障各国根据本国国情选择发展道路的权利；各国的事情应有各国人民自主决定；必须尊重多民族国家的历史传统及促进各民族和睦相处、共同发展和维护国家统一的努力；任何旨在分裂主权国家和煽动民族仇恨的行为都是不能接受的；不能无视主权国家社会发展的客观进程，不能从外部加强社会政治制度模式；等等。②

第三，进一步加强上海合作组织的功能，将其视为抵御"颜色革命"的重要平台。在"颜色革命"发生之前，俄罗斯极力阻止其他国家势力进入独联体地区，对中国也心存芥蒂，担心其借助上合组织扩大在中亚地区的影响，因此在一定程度上限制上海合作组织功能的扩大。独联体国家尤其是中亚一些国家发生"颜色革命"后，俄罗斯对上合组织的期望值开始增加。俄罗斯一方面希望通过加强上合组织功能，聚合中亚地区国家的凝聚力，以制衡美国对该地区的渗透；另一方面希望以上合组织为平台，联合中国共同抵御来自西方世界的压力。2005年5月20日，俄罗斯学术界、外交部和国防部等强力部门

---

① 郑羽主编《既非盟友，也非敌人——苏联解体后的俄美关系》，世界知识出版社，2006，第599页。

② 《中俄关于21世纪国际秩序的联合声明》，《人民日报》2005年7月2日。

的官员在莫斯科召开了"完善上海合作组织问题"的圆桌会议。会议认为，增强上海合作组织的功能符合俄罗斯的利益，是俄罗斯未来 10 年国际活动的重点，将上海合作组织塑造成为多极化世界的中心之一是俄罗斯外交的重要目标。上海合作组织必须提高保证地区安全和稳定的作用，巩固在中亚的地位。[1] 2005 年 7 月，俄罗斯在上合组织元首峰会上表示，同意将上合组织秘书处领导职务的俄文名称由"执行秘书"改为"秘书长"，意味着俄罗斯对上海合作组织态度的一大转变。在这次会议上，俄罗斯与乌兹别克斯坦提出了要求美国驻军尽快从中亚撤出，俄乌两国的提议得到了其他成员国的认同并被写入《上合组织元首宣言》。7 月 29 日，乌兹别克斯坦政府要求美军在 180 天内撤出在本国的汉纳巴德的军事基地。[2]

　　第四，加强国内政治改革，确保国家政权的稳定，防止在俄罗斯发生"颜色革命"。格鲁吉亚、乌克兰和吉尔吉斯斯坦等国相继发生"颜色革命"对俄罗斯触动极大。一方面，发生"颜色革命"的国家多出现亲美反俄倾向，[3] 这严重恶化了俄罗斯的周边环境，其地缘政治空间受到进一步挤压。另一方面，格鲁吉亚和乌克兰发生"颜色革命"后，国家动荡不安，严重影响了经济发展。同时，俄罗斯领导人看到，在本国也存在发生"颜色革命"的可能，美国也有在俄罗斯推动"颜色革命"的企图。因此，为了保障国家政权的稳定，集中精力进行经济建设，俄罗斯执政者采取措施，预防"颜色革命"的发生。俄罗斯决策者看到，发生"颜色革命"的国家有共同之处，即国内矛盾尖锐、政权软弱无力及西方势力对其积极促动。为此，普京改进地方领导人的选举办法；加强了对非政府组织的监管力度，不允许非政府组织接受国外资金的政治援助；进一步加强政府对新闻媒体的监控；等等。从而使俄罗斯加强了政府对政权的控制，在一定程度上保障了国家政权的稳定。

---

[1] Проблемы совершенствования Шанхайской организации сотрудничества, Аналитическая записка по итогам «круглого стола» в Истигуте Дальнего Востока РАН, май 2005 г.

[2] 邢广程、孙壮志主编《上海合作组织研究》，长春出版社，2007，第 167～168 页。

[3] 吉尔吉斯斯坦算是例外，该国新领导人上台后，并未像格鲁吉亚和乌克兰那样积极推行反俄政策，而在一定程度上加强了与俄罗斯的关系。因此，有学者认为，虽然吉尔吉斯斯坦有"颜色革命"之形，却无"颜色革命"之实，只能算是政府领导人的一次正常更迭而已。

二　停止执行《欧洲常规武装力量条约》及抵制美国在东欧部署反弹道导弹系统

（一）停止执行《欧洲常规武装力量条约》

《欧洲常规武装力量条约》又称为《欧洲常规裁军条约》（以下简称《条约》），是北约16个成员国和华约6个成员国代表在维也纳经长期谈判达成的，并于1990年11月19日正式签署，这是"二战"后北约和华约两大军事集团达成的第一个常规裁军协议。《条约》将坦克、装甲车、火炮、作战飞机和直升机等五大类"进攻性"重型装备纳入削减范围，把从大西洋到乌拉尔山脉的欧洲广阔地域列为限制区，并规定了四个层次的军备限额。① 《条约》还规定了"不对等裁减"原则，即有优势的一方先裁、多裁，达到平衡后双方再对等削减到低水平均势。条约签署前，北约和华约1989年在欧洲共拥有500万以上的军事人员、8万辆坦克、6万多门火炮、2万架作战飞机，其中，苏联约占三分之二。北约利用不对等裁减原则，以减少3万件常规武器的代价，把苏联乌拉尔以西的五种重型装备砍掉60%。华约解散后，美、俄、德、法等25个国家于1992年7月10日在赫尔辛基正式签署了《限制欧洲常规军备1A协议》，这是对上述裁军条约的补充。协议规定到20世纪末，俄罗斯的兵员限额为145万人，乌克兰为45万人，驻欧美军为25万人，英国为26万人，法国为32.5万人。

随着"冷战"的结束，一些原华约成员国加入北约后，该条约执行的政治和安全环境发生了不利于俄罗斯的变化，为此，俄罗斯坚决要求修改条约。1999年11月，美国和俄罗斯等30个国家通过《欧洲常规武装力量条约修改协议》。这次修订案对原有《条约》进行了重大修改，改变了过去集团对集团和地区对地区的限制，取而代之的是以国家和领土范围为限度。修改后的条约

---

① a. 关于两个集团分别拥有的军备总额，即双方在限制区内可各自保留相应数量的坦克、装甲车、火炮、作战飞机和直升机。b. 各方关于坦克、火炮和装甲车三种现役装备限额，超出限额的装备予以库存。c. 区域军备限额，条约把整个限制区划分为四个分区，即中欧区，中欧扩大区，大西洋－乌拉尔区和侧翼区，双方在每一个分区内部署的坦克、装甲车和火炮的数量均受严格限制。d. 单国军备限额，即在上述限额的基础上，除对德国作特别规定外均由北约和华约分别另行制定本集团成员国的军备限额。

规定，30 个签约国全部批准后《条约》即能生效。然而拖至今日，仅有俄罗斯、白俄罗斯、哈萨克斯坦和乌克兰四国批准。美国等北约国家一直坚持宣称，只有俄罗斯完全履行它在《条约最终议案》中承诺的限制新型武器、限制未来武器装备的部署和完成从格鲁吉亚和摩尔多瓦撤军，它们才会批准该《条约》。2002 年初，俄罗斯单方宣布，它已达到《条约》对新型武器装备和未来部署武器装备的限定。同年 7 月，北约国家承认了这一事实，但仍坚持只有俄罗斯全部从格鲁吉亚和摩尔多瓦撤军，它们才会批准该条约，这令俄罗斯对北约是否能够真正履约表示怀疑。另外，北约不断东扩，使北约在常规装备方面保持的优势不断扩大，尤其是已加入北约的波罗的海三国和斯洛伐克并非该条约缔约国，这使欧洲地区出现了一个"灰色"地带，以至于在理论上北约可在上述国家任意部署军队和建立军事基地。这将进一步打破欧洲的战略平衡，对俄罗斯的安全环境造成严重的负面影响。

俄罗斯对欧洲各国迟迟不批准《欧洲常规武装力量条约》十分不满。2007 年 4 月，俄罗斯总统普京在议会发表国情咨文时强调，俄罗斯有必要宣布暂停执行《条约》。普京说："俄罗斯不仅签署和批准了这项条约，而且执行了其全部条款。而至今日，我们的北约伙伴国无一批准该条约。他们不但在谋求单方面的军事优势，而且还变本加厉地要部署导弹防御系统。""因此，我认为，俄罗斯宣布暂停履行该条约是合适的。无论如何，在北约所有成员国像俄罗斯今天事实上单方面所做的那样无一例外地批准该条约，并严格履行该条约之前要暂停履行。"[①] 2007 年 7 月 14 日，俄罗斯总统普京签署法令，宣布暂停履行《欧洲常规武装力量条约》以及与其相关的国际协议，以应对俄国家安全面临的威胁。11 月 30 日，普京签署了暂停执行《欧洲常规武装力量条约》的联邦法案。2008 年 2 月 14 日，俄罗斯暂停执行《欧洲常规武装力量条约》的法案开始生效。

（二）同美国部署反导弹防御系统进行斗争

在全国范围部署反导防御系统的想法在美国由来已久，而加速研究部署反

---

① Послание Президента России Владимира Путина Федеральному Собранию РФ: 2007 год, http://www.intelros.ru/2007/04/27/poslanie_ prezidenta_ rossii_ vladimira_ putina_ federalnomu_ sobraniju_ rossijjskojj_ federacii_ 2007_ g.html.

导防御系统进程从二十世纪九十年代中期开始。1995 年下半年，克林顿政府在共和党占据多数的国会的压力下开始对 NMD 计划进行全面审查。1996 年 2 月，克林顿政府宣布把 NMD 由"技术准备阶段"提升为"部署准备阶段"，并先用 3 年时间发展 NMD 所需的各种技术，于 1999 年进行系统综合试验，再用 3 年时间完成 NMD 的部署。1997 年 5 月，美国国防部公布《四年防务评估报告》，提议部署 NMD 系统，以防止他国导弹的攻击。[①] 1998 年 5 月，共和党议员拉姆斯菲尔德向国会提交了渲染朝鲜、伊朗等国家导弹对美国安全威胁的报告。[②] 1998 年 8 月，朝鲜试射了"大浦洞 1 号"导弹，引起美国国内较大"恐慌"。更多的美国人开始支持部署反导防御系统，以防止来自"问题国家"导弹的袭击。1999 年 1 月，国防部长科恩宣布，为对付朝鲜、伊朗等国的导弹威胁，美国将调整 NMD 和 TMD 计划，着手在 2005 年部署有限的 NMD。为此，美国将增拨 66 亿美元用于发展 NMD，使今后 6 年用于 NMD 的经费增至 105 亿美元。这意味着克林顿政府在 NMD 部署问题上态度发生了转变。[③] 1999 年 3 月中旬，美国参众两院相继通过《国家导弹防御法案》，以国会立法形式敦促克林顿政府尽快部署 NMD。同年 7 月，克林顿签署了《国家导弹防御法案》，意味着部署 NMD 已经成为美国法律驱动下的国家诉求。克林顿在签署该法案的同时表示，最终决定能否部署 NMD 将取决于防御系统的试验结果、NMD 的成本核算、导弹威胁程度、对实现军控目标的影响，特别是能否与俄罗斯达成修改《反弹道导弹条约》的协议等。[④] 1999 年 10 月 2 日，美国成功进行了首次 NMD 拦截试验，但 2000 年 1 月 18 日和 7 月 8 日的两次拦截试验均以失败告终。同年 9 月，克林顿以"目前对 NMD 的技术和整个系统的有效

---

① Craig Cerniello, QDR Supports Nuclear Status Quo, Adds Billions More to NMD Program, *ARMS CONTROL TODAY*, May, 1997. 转引自郑羽、柳丰华《普京八年：俄罗斯复兴之路（外交卷）》，经济管理出版社，2008，第 80～81 页。

② Report of the Commission to Assess the Ballistic Missile Threat to the United States, July 15, 1998, http://www.fas.org/irp/threat/missile/rumsfeld.

③ Craig Cerniello, Cohen Announces NMD Restricting, Funding Boost, ARMS CONTROL TODAY, January/February, 1999. 转引自郑羽《既非盟友，也非敌人：苏联解体后的俄美关系》，世界知识出版社，2006，第 491 页。

④ John E. Pike, National Missile Defense: Rushing to Failure? *F. A. S. PUBLIC INTEREST REPORT*, No6, 1999.

性缺乏足够信息"为借口延缓部署 NMD。①

小布什入主白宫后，一改克林顿对部署 NMD 的消极态度，加快了美国导弹防御系统的研发和部署进程。2001 年 5 月 1 日，小布什在国防大学发表演讲时宣布，美国将突破 1972 年美苏签署的《反弹道导弹条约》，以建立对付弹道导弹袭击的全球防御系统。"9·11"事件为美国政府部署反导防御系统提供了借口。2001 年 12 月 13 日，美国总统布什正式宣布将在 6 个月后退出《反弹道导弹条约》。2002 年 1 月 4 日，美国国防部将弹道导弹防御局正式更名为导弹防御局。同年 12 月 17 日，小布什正式抛出部署弹道导弹防御系统的时间表。2003 年 10 月，美国首个陆基中段防御旅正式成立。2004 年 7 月，美国在阿拉斯加的格里利堡空军基地部署了首枚陆基中段防御拦截导弹。2005 年 1 月 12 日，美国导弹防御局负责人表示，虽然美国官方没有发布弹道导弹开始服役的正式声明，但美国的导弹防御系统实际上已经准备就绪，只要布什总统下令，该系统便可立即担负起保卫美国本土的重任。②

布什政府不但希望美国的导弹防御计划用以保护美国本土安全，而且还希望能够保护盟友及美军的海外基地安全。为此，美国积极与其盟友商讨联合建立导弹防御体系。这样，美国先后在英国、日本、澳大利亚、挪威和丹麦等国着手建立导弹袭击预警系统。2004 年加拿大与美国签署协定，同意将北美防空司令部搜集的导弹预警数据用于弹道导弹防御。同时，美国又同捷克共和国、波兰、罗马尼亚、匈牙利和保加利亚等国进行磋商，以谋求将这些国家纳入其导弹防御系统范围。2007 年 1 月，美国同波兰和捷克两国就建立导弹防御基地问题开始实质性谈判，以期在两国部署导弹拦截和雷达预警系统。2008 年 2 月 1 日，美国与波兰达成允许美国在波兰部署 10 个导弹拦截系统的原则性协议。③

对于美国退出反导条约，不但在本国境内部署反导防御系统，而且将其扩

---

① 郑羽、柳丰华主编《普京八年：俄罗斯复兴之路（外交卷）》，经济管理出版社，2008，第 80~81 页。
② 郑羽、柳丰华主编《普京八年：俄罗斯复兴之路（外交卷）》，经济管理出版社，2008，第 81~82 页。
③ Польша и США договорились по ПРО в Европе, http://www.unian.net/rus/news/news-234027.html.

展至中东欧国家的做法，俄罗斯反应极其强烈并积极采取措施进行反制。

第一，加强国家导弹防御力量建设。"9·11"事件发生前，俄罗斯对美国欲退出《反弹道导弹条约》表示坚决反对。俄罗斯一方面采取措施阻止美国退出该条约，另一方面开始积极加强本国的防御力量的建设。为了应对美国部署 NMD 及研制太空武器的策略，2001 年 1 月 25 日，普京政府制定了 2010年航天发展计划，并于 2001 年 3 月 24 日组建了以军事航天部队和太空导弹防御部队为基础的由总参谋部直接指挥的航天兵，担负航天发射、卫星测控、卫星攻击、导弹防御等类似美国 NMD 的任务，从而形成了由陆海空 3 个军种和战略火箭、航天兵与空降兵 3 个兵种构成的俄罗斯武装力量结构。同年 6 月 1日，俄罗斯航天兵组建完毕且开始进行战备值班。

"9·11"事件后，美国退出了《反弹道导弹条约》。俄罗斯对此虽然反应不像先前那样强烈，但是在美国加快反导防御系统部署的同时，俄罗斯也加紧了反导防御系统的建设。2002 年，俄罗斯完成了 20 世纪 60 年代部署保卫莫斯科的 A-135 核弹道导弹防御系统的 53T6 地基拦截导弹进行飞行试验和 A-135 系统更换新设备的工作。① 2002 年 4 月，俄罗斯在白俄罗斯巴拉诺维奇附近完成了"伏尔加"预警雷达站的部署，恢复并改进战略火箭军在谢尔普霍夫的设施。组建导弹防御系统，完成最新一代的 S-400 防空导弹的国家综合系统试验。2003 年 4 月，普京总统在视察航天兵指挥中心时强调，俄罗斯航天兵必须明确两大优先任务，即建立和完善导弹袭击预警系统，研发使用寿命更长、成本更低、效率更高的卫星与太空飞行器。为此，俄罗斯决定为航天兵研发新型空基导弹监视系统，全面恢复并提升苏联时期的地基超视距雷达等侦察预警系统。2003 年 10 月 1 日，俄罗斯在白俄罗斯巴拉诺维奇市部署的"伏尔加"战略预警雷达站正式开通，弥补了原部署在拉脱维亚的一个雷达站在 20 世纪 90 年代撤除后在俄罗斯西北方向留下的防控预警缺口。②

普京第二任期时，随着经济的好转，俄罗斯在反导防御系统方面也加大了资金投入和技术更新的力度。2005 年 9 月，俄白两国签署协议，俄罗斯为白

---

① Владимир Белоус，*ПРО США：мечты и реальность*，Москва，2001г. c250.

② 郑羽、柳丰华主编《普京八年：俄罗斯复兴之路（外交卷）》，经济管理出版社，2008，第 86～87 页。

俄罗斯全面换装俄制 S – 300PS 型防御导弹系统。这将有助于增强独联体联合防控体系的实力。2006 年，俄罗斯又开始在其南部地区建立新的战略预警系统。2007 年 8 月 6 日，俄军总参谋长巴鲁耶夫斯基说，俄罗斯第一个 S – 400 防空导弹团在莫斯科东部地区已经进入战备值班。该导弹是当今世界目前唯一使用数种导弹，攻击距离不同目标的防空导弹武器系统。它能同时制导 18 枚导弹攻击目标，在有效范围内建立梯次配置的多层防御，S – 400 代表着当今战区导弹防御武器的最高水平。到 2015 年，俄罗斯将至少装备 20 个这样的防空导弹团。① 同月，俄罗斯总统普京宣布，为应对美国在中东欧地区的反导防御计划，俄罗斯将建立和完善覆盖全国的导弹防御系统。② 2007 年 12 月 25 日，俄罗斯使用"质子 – M"运载火箭，将 3 颗"格洛纳斯"全球定位卫星发射升空，该系统导航范围能覆盖 95% 的俄罗斯国土和 86% 的地球表面。俄罗斯防空部队司令弗罗洛夫上将随后宣布，俄罗斯陆军从 2009 年开始装备新一代近程防空导弹系统"道尔 – M2"。

第二，加快研制和部署新式战略进攻武器。面对美国花费巨资部署反导防御系统，俄罗斯一方面加强自身对防御系统的建设，另一方面集中精力研制和部署新型战略进攻武器，以突破美国的反导防御系统。普京执政第二任期，俄罗斯的经济虽然得到恢复和发展，已经达到解体前的水平，但是其经济实力与美国依然相距甚远。俄罗斯独立后至 2005 年，其军费开支均不到美国的二十分之一。因此，对于花费高昂的反导防御系统，俄罗斯显然力不从心，无法与美国相抗衡。为了寻求与美国不对称的战略平衡，俄罗斯加快研制和发展花费相对低廉的战略进攻性武器以"撕破"美国的"天网"。普京明确说："虽然存在反导防御系统，但是它对俄罗斯来说没有任何意义，因为我们拥有能够轻而易举摧毁该系统的武器。我们将按这条路前行，这对我们来说更便宜。"③近年来，俄罗斯不断进行新式导弹试验，并加快新式武器在军中装备的进程。

---

① Начало рабочей встречи с начальником Ганерального штаба Юрием Балуевским, http://www.kremlin.ru/appears/2007/08/07/1855_ type63378_ 140124. shtml.

② Мартин Уолкер, Русский медведь вернулся, http://www. ИноСМИ. Ru, 14 августа, 2007г.

③ 普京：《打破单极世界幻想，构架全球国际安全新结构——在慕尼黑安全问题会议上的讲话》，载《普京文集（2002 ~ 2008）》，中国社会科学出版社，2008，第 390 页。

SS－27（白杨－M）是俄罗斯最为重要的陆基导弹之一，该种型号导弹是俄罗斯在 20 世纪 90 年代研制成功的单弹头的洲际导弹。2001 年，俄罗斯开始在军队中装备使用。2002 年，俄罗斯在军中增加了该型号的导弹装备。为应对美国部署 NMD 系统，俄罗斯对 SS－27 型战略导弹进行载入弹头等设计技术改进。根据国防部长谢·伊万诺夫介绍：SS－27 是俄罗斯当前主要核打击力量，是俄罗斯对付美国 NMD 系统的一张王牌。2007 年 5 月，俄罗斯 RS－24 新型洲际弹道导弹首次试射成功，该型号导弹配有多个可独立命中目标的再入飞行器（MIRV）弹头。时任第一副总理伊万诺夫表示，该型导弹"能穿透任何导弹防御系统"。俄罗斯已决定 RS－24 洲际弹道导弹将于 2009 年开始服役，且在 2050 年之前，RS－24 洲际弹道导弹将替换所有的 SS－18 和 SS－19 导弹。此举将增强俄罗斯战略导弹部队的打击能力和俄罗斯的核威慑力。2007 年 12 月，俄罗斯军方宣布，俄罗斯平均每年都有 3 套移动导弹发射系统和 3～4 套固定导弹发射系统投入使用，2009 年后，俄罗斯还将加倍进行洲际弹道导弹的发射试验。在海基战略力量方面，俄罗斯重点开发了新一代弹道导弹核潜艇——"北方之神"。"北风之神"的隐身性能、降噪性和机动能力等指标要远远优于俄罗斯海军现役第三代弹道导弹核潜艇。[①] 该潜艇的总体性能也要强于美国"俄亥俄"级弹道导弹核潜艇，尤其在水下排水和速度等指标均优于"俄亥俄"，下潜深度更是超过后者 150 米，在水下也更安静。在火力方面，"北风之神"配备的"圆锤"洲际导弹圆概率偏差小于 60 米，可实施机动突防，是导弹防御系统的克星。该级的首艇"尤里·多尔戈鲁基"号已于 2006 年 4 月下水，2008 年进入正式服役前的准备阶段。潜射导弹也是俄罗斯研制的一个重点。R－30"圆锤"弹道导弹，音译为"布拉瓦"。2005 年末，俄罗斯政府将"圆锤"弹道导弹列入俄国防经费重点支持的发展项目之一。2005 年 12 月 21 日，俄罗斯海军"德米特里·顿斯科"号核潜艇自白令海成功发射一枚 R－30"圆锤"弹道导弹，这是"圆锤"首次水下发射。它的战斗部飞越 6000 多公里，准确命中堪察加半岛库拉演习场上的靶标。这次水下发射

---

① Владимир Верховцев, Безопасность ядерного оружия-приоритет России на долгосрочную персиективу, *Вопросы безопасности*, № 2 （158）, апрель 2005 г.

成功标志着俄罗斯"三位一体"战略核威慑能力已成为俄罗斯大国地位的有力支撑。"圆锤"最少可携带 10 个分导式核弹头，射程 8000 公里。一艘"北风之神"核潜艇可以携带 12 枚"圆锤"。"圆锤"潜射战略弹道导弹的研制成功将使俄罗斯的战略核打击力量大大增强。在战略空基进攻力量方面，空中核战略武器一直是俄罗斯三位一体的战略核武器力量的重要组成部分。最近几年，俄罗斯加紧研制远程核巡航导弹，加强了远程战略轰炸机在远东和北冰洋地区的部署和训练。在 2004 年 2 月举行的代号为"安全 – 2004"的首长 – 司令部战略核演习时，普京总统宣布俄罗斯试验了一种新型的核弹头。这种核弹头能够做复杂的机动变轨，具有超音速的飞行速度，能够躲过反导防御系统的拦截。同年 11 月，普京再次宣称已部署了一种新型远程巡航导弹，该导弹可携带核弹头，可用图 – 95MS 和图 – 160 型战略轰炸机为平台发射。这说明俄罗斯已经打破美国在远程巡航导弹领域的垄断地位。同时，俄罗斯总统普京命令，从 2007 年 8 月 17 日起，恢复已经中断了 15 年的战略轰炸机的巡逻。

第三，试图加强与美欧等国在导弹防御领域的合作。早在 2000 年 6 月，俄罗斯就向北约提出关于建立全欧导弹防御系统的计划，但是北约对此兴趣不高，双方在这方面的合作进展很慢。不过依然取得了一些成果，双方统一了反导防御系统的技术标准，建立了预警数据交换机制，并进行了多次战略预警演练。① 同时，俄罗斯试图与美国展开导弹防御合作。尤其是在美国提出欲在中东欧地区部署反导防御系统时，俄罗斯一方面表示坚决反对，并采取相应反制措施，另一方面提出与美国共同保障欧洲安全，共建防御系统，并建议美国与俄罗斯共同使用阿塞拜疆的加巴拉雷达站，以消除美国对伊朗的担心。2008 年 4 月初，俄美两国总统在索契签署了有关未来两国关系发展的战略框架协议，其中提到双方有意建构一套系统，以应对可能的导弹威胁，俄罗斯、美国与欧洲将以对等伙伴的身份共同参与。普京还就此专门强调，只有同美方共同进行全球反导系统工作且平等管理这个系统，方可消除俄罗斯在反导领域的忧虑。2008 年 4 月 14 日，俄罗斯外长拉夫罗夫与到访的日

① Юрий Подгорных，Евгений Сиротинин，Нестратегическая европейская ПРО：возможные концепции построения，*Ядерный Контроль*，№2，2003г. 转引自郑羽、柳丰华《普京八年：俄罗斯复兴之路（外交卷）》，经济管理出版社，2008，第 88 页。

本外相高村正彦举行会谈后表示，希望组建全球性的联合导弹防御系统，用于取代美国现在的导弹防御系统。他说，有效抵御和化解导弹扩散威胁的最好方式就是建立真正意义上的联合反导系统，通过该系统把美国、欧洲、俄罗斯、日本以及所有相关国家联合起来。他说，俄罗斯非常清楚美国全球反导系统的布局计划，但在这个问题上仍需要开诚布公地对话。相对而言，各国通过对反导情报的共享，实现全球范围内对弹道导弹发射的预警和监视在技术上更具备可行性，这也是俄方提议最根本性的指标。美俄两国在世界多处都设有能探测数千公里外目标的地面雷达站，太空中也有卫星系统监控全球导弹发射情况。欧洲和日本在地理上已完全能探测美国声称的"朝鲜、伊朗导弹威胁"。但是由于联合反导需要各国分享许多核心情报，美俄之间还远未达到这种信任程度，因此俄罗斯提出的全球联合反导计划可行性并不高。从各国反导的装备上看，俄方建议组建的联合反导系统存在技术不兼容的难题。[①]因此，俄罗斯与欧美国家在反导领域的合作形式大于内容，短期内难有进展。

三　谋求建立非西方主导的国际关系机制

（一）强化集体安全条约组织和欧亚经济共同体的功能

独联体成立十几年来，由于内外多种因素，成员国在诸多问题上"独而不联"，缺乏效率和执行力。尽管俄罗斯有意领导独联体国家在国际舞台上成为独树一帜的力量，但对于该组织内部有些国家貌合神离的状态也无计可施。面对新的国际形势，俄罗斯及其在独联体内的主要盟友对改革该组织的必要性达成共识，它们已经勾勒出这方面的初步轮廓。俄罗斯将逐步减少在整个独联体层面上的泛泛接触，转而将重点放到与欧亚经济共同体和集体安全条约组织及与这些组织的核心成员的合作上。

独联体集体安全条约组织是由俄罗斯主导的独联体军事安全一体化机制，其前身为独联体集体安全条约。其成员国有俄罗斯、白俄罗斯、哈萨克斯坦、

---

① 王英健、魏云锋：《俄想搞全球联合反导取代美国现有反导系统》，《环球时报》2008 年 5 月 15 日。

亚美尼亚、吉尔吉斯斯坦、塔吉克斯坦和乌兹别克斯坦七个国家①。普京在其第二任期尤其是别斯兰事件后，进一步加强了对集体安全条约组织的经营。面对美国以反恐之名进驻中亚、北约不断东扩、一些独联体国家相继发生"颜色革命"以及跨国犯罪和恐怖活动日益猖獗的现实，普京感到，强化独联体内部的政治和军事合作已变得极为迫切。为了强化集体安全条约组织功能，在俄罗斯的主导下，该组织加强了对中亚地区国家维护本国安全和反恐行动的支持。2005年4月4日，俄罗斯主导独联体集体安全条约组织在塔吉克斯坦举行了为期5天的"边界—2005"军事演习。俄罗斯也加强了该组织国家间的军事合作。同年6月22日，在莫斯科举行独联体集体安全条约组织安全会议秘书委员会会议后，俄罗斯安全会议秘书伊万诺夫对媒体发表讲话说，会议讨论了独联体集体安全条约组织成员国联合行动共同打击国际恐怖主义等问题。伊万诺夫说，该组织成员国将向遭受国际恐怖袭击的所有国家提供全面帮助。会议决定，支持乌兹别克斯坦加大对极端主义分子的打击力度。6月23日，在集体安全条约组织领导人会议上，与会领导人签署了一系列重要的合作文件，并在深化经济和军事合作方面增进了共识。与会领导人通过了有关独联体集体安全条约组织在军事技术、打击非法毒品交易、空中防御和阿富汗重建等方面加强合作的11个文件。俄罗斯决定免费为成员国培训军官，按优惠价格向成员国提供军事技术装备。各成员国就在中亚部署快速反应部队、建立共同的防空体系、应对恐怖和毒品威胁、加强军事技术和军事经济合作等问题达成协议。为此，俄罗斯国防部长伊万诺夫强调，由亚美尼亚、白俄罗斯、哈萨克斯坦、吉尔吉斯斯坦、俄罗斯和塔吉克斯坦6国组成的集体安全条约组织将成为独联体开展政治和军事合作的核心。② 同时，俄罗斯竭力扩展集体安全条约组织的功能。2006年7月，俄罗斯总统普京签署了《关于批准1992年5月15日集体安全条约成员国集体安全体系兵力和武器组成方式与工作方式议定书》

---

① 乌兹别克斯坦曾在1992年宣布加入独联体集体安全条约组织，但是在1999年中止了该组织成员国地位。在周边形势和俄罗斯的重要影响下，乌兹别克斯坦总统于2006年12月13日签署了恢复独联体集体安全条约组织成员国地位的法案。但是由于西方的阻挠和内部反对派的压力，这个法案一直没有获得通过，直到2008年3月29日才正式得到议会的批准。

② 宋世益：《独联体改革起步》，http://news.xinhuanet.com/world/2005 - 06/24/content_3129603.htm，最后访问日期：2009年3月15日。

的联邦法律。新法律批准了 2001 年 5 月 25 日在埃里温签署的《1992 年 5 月 15 日集体安全条约成员国集体安全体系兵力和武器组成方式与工作方式议定书》。议定书中规定，由集体安全体系的兵力和军备构成的条约成员国组建区域级联合集团军、由其管理的机构以及联合体系；赋予区域级联合集团军和联合体系防止和应对可能性侵犯的任务，如果条约各国没有通过新的决议，区域及联合集团军和联合体系的部队在和平时期，在服从驻扎国管理机构的前提下，可以驻扎在条约成员国的领土上。2007 年 3 月 1 日，独联体集体安全条约组织秘书长博尔久扎指出，独联体集体安全条约组织将加强自身活动以维护成员国的安全。博尔久扎说，就当前局势而言，仅仅在军事领域进行合作是远远不够的，独联体集体安全条约组织应把反恐、集体应对紧急情况、消除非法移民、开展维和行动、保护信息安全等列入自己的行动日程。他指出，独联体集体安全条约组织将把其活动重点放在那些存在安全问题的地区。这其中，中亚国家由于邻近阿富汗而备受关注。独联体集体安全条约组织应做好准备应对阿富汗各种事态的出现，以维护地区安全。① 2007 年 9 月 28 日，独联体集体安全条约组织国防部长理事会会议在吉尔吉斯斯坦首都比什凯克举行，各成员国代表就加强军事合作签署了一系列协议。会上签署了涉及维和行动、军事技术合作、军事经济合作等多份文件。文件规定，当独联体集体安全条约组织的某个成员国遭到入侵或面临入侵威胁并提出援助要求时，该组织可在征得各成员国元首的一致同意下向这个国家提供军事技术援助。文件还规定，独联体集体安全条约组织的维和行动应由各成员国元首批准。独联体集体安全条约组织维和部队可应联合国的要求，在该组织覆盖地域之外开展行动。② 这是该组织第一次正式提出在地区之外开展行动。2007 年 10 月 6 日，集体安全条约组织元首在塔吉克斯坦首都杜尚别举行峰会，会议通过了独联体集体安全条约签署 15 周年宣言，签署了 20 余份文件，涉及该组织框架下的维和行动、反恐行动、军事技术合作、打击非法移民、应对紧急情况等方面。2007 年 11 月 15

---

① 王作葵：《独联体集体安全条约组织将加强安全合作》，http：//gb. cri. cn/14558/2007/03/02/1062@ 1476095. htm，查于 2009 年 3 月 15 日。

② 王作葵：《独联体集体安全条约组织加强军事合作》，http：//news. xinhuanet. com/newscenter/2007 -09/28/content_ 6810017. htm，最后访问日期：2009 年 3 月 15 日。

日，为落实集体安全条约组织成员国元首通过的关于组建集体安全维和部队的决议，并在莫斯科讨论了集体安全条约组织集体维和部队组建和职能问题，为集体安全条约组织组建部队奠定了基础。

俄罗斯不仅希望巩固集体安全条约组织的地区性组织功能，而且希望将其转化为一个具有重要影响的国际性组织。在俄罗斯的促动下，集体安全条约组织开始将目光转向世界。其关注地区不仅局限于前苏联地区或与成员国相关的国际事务，而且关注一些热点地区的国际事务。2005年6月23日，独联体6个成员国元首在莫斯科举行年度峰会后通过一项声明，就一系列国际问题阐述了共同看法。声明说，该组织成员国准备在独联体、上海合作组织和欧亚经济共同体框架内开展全面合作，希望同欧盟发展关系，并重申愿意同北约进行沟通和协调。声明还说，集体安全条约组织的战略目的是促进建立公正民主的国际秩序，保持欧亚大陆的繁荣与安全。同时，声明呼吁有关方面在阿富汗问题上加强协调，并确保联合国在解决这一问题过程中的核心作用。声明强调，希望在解决朝鲜半岛核问题上能取得进展，认为有关方面应该在考虑伊朗有权和平利用核能的条件下通过政治手段解决伊朗核问题。声明说，独联体集体安全条约组织的战略目的是促进建立公正民主的国际秩序，保持欧亚大陆的繁荣和安全。① 集体安全组织还加强了与其他国际组织的联系。2006年7月，集体安全条约组织与国际移民组织就联合打击非法移民与拐卖人口签署合作备忘录。双方计划就交换与起草新文件有关的信息开展工作。此外，双方还计划在为集体安全条约组织成员国边境口岸和移民检查部门配备现代化技术设备方面开展合作。在2007年10月集体安全条约组织首脑峰会上通过的《独联体集体安全条约签署15周年宣言》中，强调该组织主张以和平方式解决伊朗核问题，呼吁有关各方应无条件地履行相关国际协议所规定的各项义务。宣言还指出，阿富汗战后重建工作面临重重困难，给国际社会带来毒品和恐怖主义威胁，呼吁有关各方协同合作，加大禁毒力度。在俄罗斯的推动下，集体安全条约组织的功能不断扩展。2008年4月29日，集体安全条约组织秘书长博尔久扎明确表

---

① 岳连国：《独联体集体安全条约组织举行峰会》，http：//news. xinhuanet. com/world/2005 - 06/23/content_ 3127418. htm，最后访问日期：2009 年 3 月 16 日。

示，独联体集体安全条约组织正在经历从政治军事组织向多功能国际组织的转变。今后，该组织将更多地关注维护信息安全、打击毒品犯罪和恐怖主义等问题。[①]

从 2003 年起，集体安全条约组织就开始考虑同上海合作组织进行合作。2005 年 6 月，该组织发表声明说，准备在独联体、上海合作组织和欧亚经济共同体框架内开展全面合作。2007 年 7 月 31 日，独联体集体安全条约组织秘书长尼古拉·博尔久扎通过网络视频向北京的媒体明确表达了希望与上合组织加深合作的意向。博尔久扎说："集体安全条约组织非常希望与中国开展务实、有效的合作，愿与上海合作组织发展最高水平的、多方面的合作。"他认为，两组织面临着许多共同的任务，有很大的合作空间。他说："合作首先包括：在国际舞台上共同维护地区利益、相互协调立场和行动，因为确保地区的安全与稳定是我们两个组织的共同利益。更为现实的是，为打击恐怖主义、极端势力、分裂主义、毒品犯罪等采取共同行动。比如，集安条约组织内部有反毒品机构，但上合组织内尚无这类机构，因此，我们欢迎中国加入到我们的跨国反毒行动中来。"在阿富汗重建问题上，博尔久扎也极力主张两组织进行合作。博尔久扎在 2007 年 5 月曾公开表示："没有上海合作组织的参与，就无法在阿富汗周边建立起一条真正有效的反毒品安全带。而集安条约组织目前尚未在阿重建工作中有所建树。"博尔久扎说："随着局势的发展，我们将不得不采取措施全力与阿富汗中央政府合作，包括帮助他们建立自己的武装力量，以阻止塔利班上台。"他还认为："国际上通常向阿富汗政府提供的协助包括提供武器装备、资金、物品这 3 类，但其实这不够，应从提高执法水平、打击毒品贩卖、防止非法入境等各个方面向阿中央政府提供帮助。"[②] 2007 年 10 月 5 日，独联体集体安全条约组织与上海合作组织在塔吉克斯坦首都杜尚别签署合作备忘录，首次以正式文件的形式确定了共同的合作目标与发展方向。上合组织秘书长努尔加利耶夫和独联体集体安全条约组织秘书长博尔久扎签署了合作备忘录。根据合作备忘录，上合组织秘书处与独联体集体安全条约组织秘书处

---

① 王作葵：《博尔久扎说独联体集体安全条约组织正在转型》，http://news.xinhuanet.com/newscenter/2008-04/30/content_ 8076929.htm，最后访问日期：2009 年 3 月 16 日。

② 刘坤喆：《独联体集体安全条约组织要和上合组织合作》，《中国青年报》2007 年 8 月 1 日电。

将开展情报交换，联合打击武器走私、毒品贸易及有组织跨国犯罪，共同应对包括恐怖主义在内的新威胁与新挑战，维护欧亚地区及世界的安全与稳定。努尔加利耶夫在签字仪式后举行的记者招待会上说，合作备忘录将扩大上合组织与独联体集体安全条约组织在维护地区安全以及打击恐怖主义、极端主义等方面的合作，使这些问题得到更有效的解决。[1] 2007 年 12 月，独联体集体安全条约组织秘书处与上合组织秘书处于莫斯科举行了第一轮磋商。2008 年 1 月初，独联体集体安全条约组织秘书长博尔久扎表示，独联体集体安全条约组织同上海合作组织将加强合作，确保相关地区政治和军事领域的安全与稳定。

欧亚经济共同体是俄罗斯在独联体内精心打造的一个重要的经济合作组织。该组织于 2001 年 5 月正式成立，其前身是在 1996 年 3 月由俄罗斯、白俄罗斯、哈萨克斯坦和吉尔吉斯斯坦等国成立的旨在协调四国经济改革进程、加快四国一体化进程的关税联盟。目前，该组织有俄罗斯、白俄罗斯、哈萨克斯坦、吉尔吉斯斯坦和塔吉克斯坦五个正式成员国和亚美尼亚、乌克兰、摩尔多瓦三个观察员。[2] 普京在其第二任期进一步加强了对欧亚经济共同体的关注，极力整合该地区组织，大力推进该组织实现经济一体化，强化其经济合作功能。2005 年 10 月，在俄罗斯的推动下，中亚合作组织并入欧亚经济共同体，从而避免了两个组织之间功能的交叉和欧亚经济共同体职能的削弱，使该组织成员国之间的联系进一步增强。同时，俄罗斯极力扩大该组织成员国数量。乌兹别克斯坦发生"安集延骚乱"后与西方国家关系恶化，普京借此机会不但劝说乌兹别克斯坦加入集体安全条约组织，而且希望其加入欧亚经济共同体。在俄罗斯的劝说下，乌兹别克斯坦于 2005 年 10 月提出加入欧亚经济共同体的申请。2006 年 1 月 25 日，在俄罗斯圣彼得堡举行欧亚经济共同体元首非例行会议，决定正式接纳乌兹别克斯坦为该组织成员国。普京对此给予了高度评价。他表示，乌兹别克斯坦加入欧亚经济共同体是此次会议的最大成果。他

---

① 魏良磊：《上合组织与独联体集体安全条约组织签署合作备忘录》，http://news. xinhuanet. com/newscenter/2007 - 10/05/content_ 6832594. htm，最后访问日期：2009 年 3 月 17 日。
② 乌兹别克斯坦曾经在 2005 年 10 月申请加入欧亚经济共同体，2006 年 1 月成为该组织正式成员国，使该组织成员国达到六个。但是在 2008 年 11 月，乌兹别克斯坦又以欧亚经济共同体缺乏工作效率，乌方没有从这一组织中受惠，退出欧亚经济共同体。

说，乌兹别克斯坦的加入将大大增加该组织的潜能，使之更加有效地解决建立一体化市场的问题。[①]

同时，俄罗斯不断推进欧亚经济共同体实体化，力图将其发展为一个商品、资金和服务贸易等自由流通的经济实体。首先，俄罗斯积极推动该组织实现统一关税。2005年9月，在塔吉克斯坦首都杜尚别举行的欧亚经济共同体政府首脑会议上，塔吉克斯坦总理阿基洛夫宣布，从2006年起，欧亚经济共同体成员国将开始实施统一关税制度。2006年8月，欧亚经济共同体首脑峰会上，各成员国签署了一系列决议，决定建立关税同盟。其中规定，白俄罗斯、哈萨克斯坦和俄罗斯在2006年10月1日前对组成欧亚经济共同体法律基础文件中关于这个问题的类似文件做出比较分析、对各方制定的建立关税同盟法律基础所必需的一揽子文件做出比较分析，且在2007年7月1日前将建立统一经济空间的必要文件制定完毕。但是由于各成员国之间的关税状况差异较大，并未按期达成统一关税协议。在2007年10月6日欧亚经济共同体峰会上，与会各国领导人强调，建立关税同盟、深入推进经济一体化进程是该组织近期的主要目标。俄罗斯、白俄罗斯和哈萨克斯坦三国领导人表示，同意在欧亚经济共同体框架下成立关税同盟委员会并签订有关统一关税的三方协议。同时，会议通过了建立关税同盟法律基础所需的相关文件，并通过旨在加快建立关税同盟进程的行动计划。会议决定将制订各成员国建立共同能源市场、开发统一运输空间、有效利用中亚水资源等专项计划，同时将支持各成员国加强在和平利用核能、推广现代科技、开展技术创新等方面的合作。2008年1月，俄、白、哈三国签署了形成海关联盟合同法律基础的协议。至此，三国实现统一关税同盟。在俄罗斯的大力推动下，该组织成员国间的贸易额大幅增加。2008年欧亚经济共同体成员国之间的贸易额超过1300亿美元，比2007年（1040亿）增长25%，比2001年（290亿）增长近4.5倍。[②]

可以说，集体安全条约组织和欧亚经济共同体功能的强化，无形中使作为上述组织主导者的俄罗斯的实力得到大大增强。俄罗斯对这两个组织的经营不

---

① 马剑：《乌兹别克斯坦加盟 欧亚经济共同体进程续新篇》，《人民日报》2006年2月2日，第三版。

② 截至2012年底，欧亚经济共同体国家的贸易额超过了1万亿美元。

但加强了其对该组织成员国的影响，而且提升了俄罗斯的国际地位。俄罗斯通过力量捆绑来抗衡美国等西方国家，取得了一定的效果，不但在一定程度上抵制了美国等西方国家对该地区的渗透，而且削弱了外部世界对俄罗斯的压力。俄罗斯通过这两个组织，在一定程度上提升了其自身在国际社会的话语权。

（二）强化上海合作组织的功能

上海合作组织成立于 2001 年 6 月 15 日，由俄罗斯、中国、哈萨克斯坦、吉尔吉斯斯坦、塔吉克斯坦和乌兹别克斯坦六国组成。俄罗斯作为上海合作组织发起国之一，在该组织中起着举足轻重的作用。自成立时起，俄罗斯就很重视该组织，将其视为发展经济、维护周边安全、巩固中俄战略协作伙伴关系和应对国际新格局挑战的重要依托力量。从俄罗斯领导人在历年的国情咨文、上海合作组织首脑峰会的讲话和官方表态中，不难看出俄罗斯主观上希望上合组织发展前景广阔。这既是区域合作深化发展的必然结果，也是俄罗斯国内发展的需要，同时还是俄罗斯对国际大环境发展变化的反应。①

但是，出于自身总体战略考虑，担心上海合作组织发展过快而使俄罗斯主导的集体安全条约组织和欧亚经济共同体空心化，同时担心中国借助该组织将势力进一步渗透到中亚地区，从而削弱俄罗斯在该地区的影响力。因此俄罗斯不希望上海合作组织完全变成功能全面的实体性组织，导致其在增强上海合作组织功能方面表现不太积极，特别是在与上海合作组织经济合作方面比较消极。

总体上来说，俄罗斯希望上海合作组织能够保持平稳发展，同时又被控制在一定的进程内。俄罗斯作为上合组织的主导国之一，其态度直接决定了该组织的发展进程。由于除中国之外的上合组织成员国均是集体安全条约组织或欧亚经济共同体的成员国，这在一定程度上限制了该组织功能的扩展。因此，在其成立的最初几年，上合组织的功能扩展速度较为缓慢，成员国的合作多是集中在反恐、安全和文化交流等方面。在普京执政的第二任期，由于西方国家加强了对俄罗斯的遏制，俄罗斯希望借助上合组织减缓来自西方的压力。因此，

---

① 郑羽、柳丰华主编《普京八年：俄罗斯复兴之路（外交卷）》，经济管理出版社，2008，第363页。

从 2004 年下半年起，俄罗斯对上合组织的政策进行调整，从过去的务虚多于务实、安全合作高于经济合作，转为虚实结合、注重提高决策效率和国际影响力、注重抗御美国的中亚政策。俄罗斯对上合组织的态度产生了积极的变化，在以下方面主动加强该组织的功能。

积极扩大上海合作组织的合作范围。在上海合作组织成立和发展的过程中，一些周边甚至距离遥远的国家出于各自不同的考虑，希望参与该组织的活动，以某种方式加强与成员国在上海合作组织框架内的合作。为此，上合组织从 2004 年开始启动了观察员机制，出台了《上海合作组织观察员条例》，该条例就向有关国家或政府间国际组织及论坛提供观察员地位的程序、观察员国的法律地位、权利和义务做了原则性的规定。[①] 观察员机制有利于增进观察员国同成员国的高层对话与交流，加强观察员国对上海合作组织框架内的工作及其职能的了解，进而增强该组织的吸引力和影响力。2004 年 6 月召开的上合组织第四次元首会议将蒙古列为观察员国。2005 年 7 月，上海合作组织批准了巴基斯坦、印度和伊朗为该组织的观察员国。观察员国机制的实施扩展了上合组织的合作与影响范围。上合组织从主要在中亚的合作延伸至东北亚、南亚及西亚，充分显示了该组织区域合作的吸引力和影响力，同时进一步增强了上合组织地缘政治的比较优势及区域经济合作的潜力，为其未来的区域合作起到了积极的推动作用。

强化上合组织成员国间的安全合作功能。安全合作是上海合作组织发起的重要的合作内容之一，从"上海五国"到后来的上海合作组织，从边境地区军事互信到联合演习，从签署《上海公约》到成立反恐机构，从反毒合作到联合执法，上海合作组织框架内的安全合作逐步扩大，取得了一系列重要成果。[②] 但是，上合组织成立后，由于"9·11"事件的发生，各国积极配合美国进行反恐行动，导致上合组织的反恐功能并未完全发挥出来。2004 年以后，因美国不断在独联体地区国家支持"颜色革命"且极力挤压俄罗斯的战略空间。俄罗斯开始重新重视上海合作组织的反恐功能，力图通过加强该组织的反

---

① 《上海合作组织观察员条例》，2004，上海合作组织网，http://www.sectsco.org，最后访问日期：2009 年 3 月 18 日。

② 邢广程、孙壮志主编《上海合作组织研究》，长春出版社，2007，第 73 页。

恐功能抵制美国对该地区的渗透。2004 年 6 月 17 日，在上海合作组织第四次峰会上，六国元首正式启动上海合作组织地区反恐怖机构，签署、批准了《塔什干宣言》、反毒合作协议等多份重要文件，并决定采取新举措，推进安全和经济方面的务实合作，建立成员国外交部间协作机制等。2004 年 9 月 23 日，上海合作组织成员国总理第三次会议在吉尔吉斯斯坦首都比什凯克举行。与会领导人一致强调，恐怖主义、分裂主义、极端主义"三股势力"仍是本地区安全与稳定的主要威胁，要通过多边和双边合作坚决打击。上合组织的反恐功能得到加强。2005 年 7 月，上合组织元首会晤通过了《上海合作组织成员国合作打击恐怖主义、分裂主义和极端主义构想》。该构想丰富了上海合作组织安全合作的内容，凸显了该组织在合作打击恐怖主义、分裂主义和极端主义"三股势力"，在加强反恐机构建设方面的明确部署，使上合组织今后以打击"三股势力"为主要目标的安全合作变得更加有效和机制化。2005 年 10 月 26 日，上海合作组织成员国总理第四次会议在俄罗斯首都莫斯科举行。与会领导人同意继续加大对"三股势力"的打击力度。2006 年 4 月 26 日，上海合作组织成员国在北京召开国防部长会议。与会部长们强调了进一步扩大上海合作组织成员国防务部门对话与交流的必要性，表示将继续加强上海合作组织成员国国防部长、军队总参谋部代表和国防部负责军事合作部门领导定期会议机制；应当确定上海合作组织成员国防务部门合作的主要方向，在防务领域继续举办研讨班和以其他形式开展交流，就保障区域安全方面共同关心的问题交换意见。在 2006 年 6 月的上海峰会上，又通过了《关于国际信息安全和关于打击"三股势力" 2007～2009 年合作纲要》等几项重要文件。2007 年 6 月 27 日，上海合作组织成员国国防部长会议在吉尔吉斯斯坦首都比什凯克举行。会议分析了国际和地区安全形势，研究了上海合作组织成员国武装力量联合反恐军事演习的准备情况，讨论了上海合作组织在防务安全领域进行合作的优先方向。会议发表了《上海合作组织成员国国防部长会议联合公报》，并签署了《上海合作组织成员国关于举行联合军事演习的协定》。另外，俄罗斯与中国和上合组织成员国在 2005 年、2007 年举行了联合军事演习，在国际社会引起了很大反响，上海合作组织的安全合作得到加强。

安全合作是上海合作组织成员国的主要任务。经济合作相对较弱，这直接影响上合组织在成员国和国际社会的作用发挥。为了进一步加强上合组织的国际影响，普京在其执政的第二任期对上合组织的政治和经济合作功能的重视有所加强，使上合组织成为俄罗斯实践对外战略和寻求国际支持的重要依靠机制。这在独联体发生"颜色革命"后表现得更为明显。在 2005 年 7 月，俄罗斯与中国发表了《关于 21 世纪国际秩序的联合声明》，强调"上海精神"，四天后，在阿斯塔纳举行的上合组织峰会上发表了《元首宣言》。针对美国在中亚地区的军事存在，该宣言提出"鉴于阿富汗反恐的大规模军事行动已经告一段落，上海合作组织成员国认为，反恐联盟有关各方有必要确定临时使用上海合作组织成员国上述基础设施及在这些国家驻军的最后期限"。① 峰会还商定由国家协调员理事会就加强秘书处作用的问题提出建议。另外，俄罗斯一改以往对秘书处领导职务的不认可态度，同意将原来用俄文表述的"执行秘书"改为"秘书长"（中文始终称为秘书长）。2006 年 6 月 13 日，在上海合作组织成立五周年之际，俄罗斯总统普京专程撰写文章阐述了上合组织的作用及其成立意义。他说，"上海合作组织因素"成为维护欧亚大陆稳定的重要元素。这反映出当今地区和国际政治的现实。指出维护本地区稳定一直是成员国最为关注的问题。强调上合组织已向广泛的合作敞开大门，希望今后将重点放在协调行动、制定相应的办法上，以保障整个亚太地区的稳定。② 2007 年 8 月 16 日，在上海合作组织成员国元首理事会第七次会议后，六成员国元首共同签署《上海合作组织成员国长期睦邻友好合作条约》。这个条约成为规范成员国相互关系准则的重要政治、法律文件。它把成员国人民"世代友好、永保和平"的思想以法律形式确定下来，对促进成员国睦邻互信和互利合作，构建和谐地区具有重要意义。加强上合组织成员国之间的经济联系是包括中国在内的多数成员国的愿望，但是俄罗斯对此始终不积极。独联体国家发生"颜色革命"后，俄罗斯为了强化上合组织的功能，在一定程度上同意加强该组织的经济合作。2004 年，上海合作组织成员国通过了《关于〈上海合作组织成员国多边

---

① 《2005 年上海合作组织成员国元首宣言》，http：//news. xinhuanet. com/world/2005 - 07/05/content_ 3179786. htm，最后访问日期：2009 年 3 月 19 日。

② 普京：《上海合作组织——成功的国际合作新模式》，http：//news. xinhuanet. com/newscenter/2006 - 06/14/content_ 4692195. htm，最后访问日期：2009 年 3 月 19 日。

经贸合作纲要〉落实措施计划》。该计划涉及 11 个领域、127 个项目。俄罗斯提出加强成员国组织间能源合作的建议。为了加强上合组织成员国之间的投资，进一步深化彼此间的经济合作，俄罗斯联合中国共同倡议于 2005 年 10 月建立上海合作组织银联体，2006 年 6 月成立上海合作组织实业家委员会。这为加强成员国间的经济合作提供了一定的便利。2006 年 6 月，普京明确指出，上合组织的工作范围广泛，并不限于政治领域。经济合作对本组织的重要性和必要性日趋明显。本地区开展有效互利合作潜力巨大，通过合作可大大提高居民生活水平，将中亚地区建设成世界上最发达的地区之一。普京还指出，区域一体化机制能有效发挥各成员国在能源、资源供应、运输方面拥有的竞争优势，有助于发展工业、科技的传统和创新领域的优势。① 随后，在上合组织峰会上，普京提出了在上合组织框架内建立类似石油输出国组织的能源俱乐部的设想。同年 9 月，上合组织成员国政府总理们发出了对成立一个地区性能源俱乐部设想进行研究的指示。2007 年 2 月，上合组织成员国相关专家在乌兹别克斯坦首都塔什干举行"上海合作组织能源俱乐部建设前景"国际研讨会。与会者就上合组织框架内能源合作的现状、前景以及成立能源俱乐部等问题进行了探讨。同年 6 月，上合组织第一次能源部长会议在莫斯科召开，与会代表讨论了建立能源俱乐部和"亚洲能源战略"问题。2007 年 8 月 22 日，上合组织秘书长努尔加利耶夫在北京表示，上海合作组织正在筹建组织框架内的能源俱乐部，打造"亚洲能源战略"。另外，普京积极主张加强上合组织成员国在医疗、教育、科学和体育等领域的合作。总之，俄罗斯对上合组织态度的变化，在很大程度上增强了该组织在国际社会的影响。

四 放弃以妥协求合作的外交理念，进行局部反击

普京在各方面对美国单边主义政策进行反击。在慕尼黑会议上，普京以前所未有的强硬口气对美国单边主义政策进行了批评。在战略稳定方面，普京表达了其不满情绪，对美国进行了取笑式的抨击。他说："保持国际法基础的稳

---

① 普京：《上海合作组织——成功的国际合作新模式》，http://news.xinhuanet.com/newscenter/2006-06/14/content_4692195.htm，最后访问日期：2009 年 3 月 19 日。

定对于裁军非常重要，同时应保证削减核军备进程的连续性。我们与美国商定，到 2012 年 12 月 31 日，把我们的战略运载工具的核弹头削减到 1700～2200 个。俄罗斯打算严格履行自己承担的义务，希望我们的伙伴也能采取透明行动，不会留下多余的 200 枚核弹头以防万一和应对'倒霉的日子'。如果美国的新国防部长今天可以在这里向我们宣布，美国既不会把这些多余的弹头藏到仓库里，也不会'藏到枕头下和被子下'，那么我将建议大家起立，站着对此表示欢迎。"① 在美国对俄罗斯的民主制度进行非议时，普京讽刺道："我们可不希望在我们这里有像伊拉克那样的民主。"② 同时，普京对美国的单边主义行径给予了激烈的批评。普京在慕尼黑会议上，对美国的霸权主义政策和滥用武力的行为进行批评时说："经常有人给我们上民主课。但是，那些给我们上课的人，不知出于什么原因，自己却不愿学习。""我们今天看到，尽管在某些国家内部，甚至在对待杀人凶手和其他危险犯罪分子的时候死刑往往也被禁用，这些国家却轻易参与很难被称为合法的军事行动。要知道有成百上千的平民在这些冲突中死去。"③

面对美国不断向独联体地区进行势力渗透的形势，俄罗斯针锋相对，积极发展与拉美国家尤其是反美色彩浓重的古巴和委内瑞拉等国的关系，以在美国的"后院"钉下"楔子"。2004 年 11 月，普京访问了巴西，双方签署了一系列协议。2005 年 10 月，应俄罗斯总统普京邀请，巴西总统卢拉访问俄罗斯。访问期间，卢拉表示，巴西与俄罗斯不仅仅要扩大贸易，而且要建立广泛的战略联盟以面对美国和欧盟的霸权，使发展中国家不再过分依赖欧美。2006 年，俄巴两国达成军购协议，巴西从俄罗斯购置了战斗机等装备，俄巴两国的贸易额也大幅攀升，2007 年双边贸易额达到 50 亿美元，巴西成为俄罗斯在拉美的最大贸易伙伴。2005 年以来，俄罗斯同委内瑞拉的关系迅速升温。两国领导人频繁会面，在普京担任总统期间委内瑞拉总统查韦斯 5 次访问俄罗斯。由于

① 普京：《打破单极世界幻想，构建全球国际安全新结构》，载《普京文集（2002～2008）》，中国社会科学出版社，2008，第 375 页。

② 普京：《与美国总统乔治·布什会谈后举行的新闻发布会》，载《普京文集（2002～2008）》，中国社会科学出版社，2008，第 357 页。

③ 普京：《打破单极世界幻想，构建全球国际安全新结构》，载《普京文集（2002～2008）》，中国社会科学出版社，2008，第 372 页。

查韦斯政府与美国关系紧张，俄罗斯强调在与委内瑞拉发展友好关系的同时，保持与美国的伙伴关系。因此在普京第一任期，俄委关系进展缓慢。乌克兰发生"颜色革命"后，普京政府对查韦斯总统积极发展与俄罗斯的关系做出了积极回应。2004 年 12 月，普京与来访的查韦斯总统进行第三次会面。查韦斯的此次访问成为俄委关系的重要转折点。此后，两国关系迅速发展。① 2006 年7 月，查韦斯访问俄罗斯时普京表示，俄罗斯愿意成为委内瑞拉的"可靠伙伴"，将继续与委内瑞拉加强军事领域的合作。② 2007 年 10 月，俄罗斯副总理亚历山大·茹科夫参加俄委政府间高级会晤时表示，俄委关系已经成为一种战略合作。查韦斯总统也始终宣称，委俄两国已建立了"真正的战略联盟关系"。③ 几年来，俄委两国在能源和军事技术领域合作十分密切。从 2005 年以来，俄委两国不顾美国的反对签署了大量的军购合同，截至 2006 年底，委内瑞拉从俄罗斯进口金额高达 30 多亿美元的武器装备。④ 俄罗斯进入拉美的武器市场，尤其是同反美的拉美国家进行军事合作被视为对美国的地缘政治制衡。⑤ 俄委两国的军事合作引起了美国的强烈反对。在能源合作方面，俄委两国均是重要的石油生产和出口国。普京认为两国在该领域的合作前景广阔，因此积极支持俄罗斯的能源企业加大对委内瑞拉的投资。⑥ 几年来，两国签署了一系列能源合作协议，俄罗斯一些大型能源公司已进入委内瑞拉。与此同时，俄罗斯进一步加强了与古巴的关系。在联合国大会上，俄罗斯多次投票赞成要求美国解除对古巴封锁的议案。俄罗斯势力进入拉美地区，引起了美国的不满和警惕。尤其是俄罗斯加强了与委内瑞拉和古巴这些具有明显反美倾向的国家

---

① 郑羽、柳丰华主编《普京八年：俄罗斯复兴之路（外交卷）》，经济管理出版社，2008，第334 页。

② Claire Bigg, Russia: Chavez Ends Tour With Putin Visit, July 27, 2006. http://www.rferl.org/content/article/1070138.html.

③ Mark N. Katz, *The Putin-Chavez Partnership*, *Problems of Post-communism*, July-Au-gust 2006, p. 5.

④ Mansur Mirovalev, Venezuela's Chavez Talks Arms and Oil With Russians, The Washington Post, June 30, 2007.

⑤ Russinan Arms in Latin America, Voice of America News, May 8, 2007. http://www.defencetalk.com/news/publish/defence/Russian_ Arms_ in_ Latin_ America30011717.php.

⑥ Claire Bigg, Russia: Chavez Ends Tour With Putin Visit, July 27, 2006. http://www.rferl.org/content/article/1070138.html.

的关系让美国感到紧张。

采取措施，针对独联体亲美倾向明显的国家予以报复。"颜色革命"后，格鲁吉亚完全倒向西方，与美国关系日渐密切，且在美国的支持下格鲁吉亚不断向俄罗斯叫板，要求俄罗斯从格境内撤除军事基地，同时要求俄罗斯撤除其在阿布哈兹和南奥塞梯的维和部队以北约部队代之。为了逼俄就范，格鲁吉亚多次逮捕俄罗斯驻格军事基地的军人，使得俄格关系骤然紧张。俄罗斯为了惩治格鲁吉亚，采取多种措施对格实行制裁：首先，取消了对格鲁吉亚天然气出口的优惠价格。2005 年年初，俄罗斯将对格鲁吉亚天然气出口的价格由每千立方米 64 美元突然升至 110 美元，当格鲁吉亚表示难以接受时，俄罗斯便停止对格鲁吉亚天然气的供应，由于格鲁吉亚 80% 的天然气来自俄罗斯，没有能源进口替代国，因此格鲁吉亚被迫接受俄罗斯提出的价格。同时，俄罗斯时常以天然气为武器对格鲁吉亚进行敲打。2006 年初，俄罗斯通往格鲁吉亚的天然气管道莫名其妙地发生两次爆炸，导致对格鲁吉亚的供气一度中断，使格鲁吉亚四个发电厂中的两个在严寒的冬日被迫停工。事后，虽然俄方解释是车臣恐怖分子所为，但格方却始终认为这是俄罗斯的蓄意行为。其次，对格鲁吉亚进行经济制裁。2006 年 3 月和 6 月，俄罗斯又分别以产品不合格为由停止进口格鲁吉亚的葡萄酒和矿泉水，而这两类企业均是格鲁吉亚的支柱性产业，且俄罗斯在以往占据格鲁吉亚这两种产品出口份额的 80% 以上。这使格鲁吉亚的经济遭受巨大打击。2006 年 9 月，格鲁吉亚警方逮捕了俄罗斯军人且包围了俄罗斯北高加索集群司令部，引起了两国最为严重的"间谍风波"危机，导致两国剑拔弩张。随后，俄罗斯对格鲁吉亚实行严厉制裁，切断了与格鲁吉亚的海陆空邮等一切联系。在间谍风波前，俄罗斯是格鲁吉亚最大的贸易伙伴，格鲁吉亚进口总额的 16.6% 和出口总额的 11.2% 均来自与俄罗斯的贸易。此外，还有将近 100 万格鲁吉亚人（许多是非法的）在俄罗斯境内工作和生活，他们收入的绝大部分都寄回国供养家人，而这部分收入相当于格鲁吉亚 GDP 的 4.7%。因此，俄罗斯停止与格鲁吉亚的邮寄业务，使多格鲁吉亚人的生活受到影响。格鲁吉亚对 2006 年的经济增长率预计达到 6.2%，但随着争端的不断升级，尤其在经济制裁付诸实施后，格鲁吉亚遭受了几亿美元经济损失，且造成的损失依然不断增加。据格鲁吉亚经济部长估计，俄罗斯的制裁使格鲁吉亚的经济增长速度降低 1.5 个百分点。同时，俄罗斯再次宣布，对向格鲁吉亚出口的天然气价格 2007 年从每千立方米 110 美元上涨到 235 美元。这对于经济不景气、能源严重依赖俄罗斯的格鲁吉亚来说无疑是雪上加霜。[①] 再次，对南奥塞梯和阿布哈兹的分离主义者给予支持。20 世纪 90 年代初，由于自身实力羸弱，格鲁吉亚无力平定其北部的南奥塞梯和阿布哈兹两个地区分离势力的叛乱，只好请求俄罗斯帮其缓和国内局势。俄罗斯借调和冲突之机，向阿布哈兹和南奥塞梯冲突地区派出维和部队。但是俄罗斯维和部队的进驻并未解决格鲁吉亚国家统一的问题。格鲁吉亚对俄罗斯极其不满，要求俄罗斯的维和部队撤出，以北约或欧盟部队代之。俄罗斯认为俄维和部队是应包括南奥塞梯和阿布哈兹在内的多方邀请进行维和的，这两个地区要求其驻守，并以此为由拒绝撤出。同时，俄罗斯利用在南奥塞梯和阿布哈兹冲突地区进行维和的机会，暗地支持该地区与格鲁吉亚政府进行对抗，向该地区的居民大量发放签证，导致这两个地区的多数居民拥有了俄罗斯的国籍，使得问题变得更加复杂，造成格鲁吉亚事实上的分裂。乌克兰对于俄罗斯来说，无论是从地缘政治角度，还是从经济发展方面，都是极为重要的。在独联体国家内，乌克兰的地位是任何一个国家都无法取代的。莫斯科市长卢日科夫说："没有乌克兰的独联体一体化再完美，也不过是一张残缺不全的图画。"美国前总统国务安全事务助理布热津斯基也明确指出乌克兰的重要性。他说："没有乌克兰，俄罗斯就不再是一个欧亚帝国。少了乌克兰的俄罗斯仍可争取帝国地位，但所建立的将基本是一个亚洲帝国，并且更有可能被卷入与觉醒了的中亚人的冲突而付出沉重代价。……如果莫斯科重新控制了拥有 5200 万人口、重要资源及黑海出海口的乌克兰，俄罗斯将自然而然重获建立一个跨欧亚强大帝国的资本。"[②] 乌克兰发生"颜色革命"后，其"亲西疏俄"倾向十分明显，不断加强与美国的关系，并且明确要求加入北约。俄罗斯认为，乌克兰的行为严重威胁俄罗斯的安全。因此，开始对乌克兰进行打压。在经济方面，对进口乌克兰的食品

---

① 陈宪良：《格鲁吉亚与俄罗斯间谍风波深层原因探析》，《俄罗斯中亚东欧研究》2007 年第 3 期。

② 〔美〕兹比格纽·布热津斯基：《大棋局：美国的首要地位及其地缘战略》，上海人民出版社，2007，第 39 页。

予以限制，停止进口乌克兰的电力等。① 2006 年 1 月起，提高了向乌克兰出口天然气的价格。2008 年 1 月 18 日，乌克兰外长奥格雷兹科向北约秘书长夏侯雅伯递交了加入北约的申请书。俄罗斯对此反应强烈，强调如果乌克兰坚持要加入北约，那么俄罗斯将会重新考虑与乌克兰的关系。俄罗斯外交部发表声明表示，乌克兰加入北约将严重影响俄乌关系，俄罗斯将被迫采取相应措施，同时表示将不再以优惠价格向乌克兰供应天然气。另外，俄罗斯对亲美较明显的摩尔多瓦也进行了打压，在经济方面予以制裁，并且在德涅斯特河问题上对摩尔多瓦进行制约。总之，在这个阶段，俄罗斯改变了对独联体国家的政策，不再以独联体经济"奶牛"的身份对其实行优惠，使之为其"亲美反俄"付出代价。

另外，俄罗斯在军事上采取了相应的反制措施。2007 年 8 月 17 日，普京宣布，俄罗斯已于当天开始恢复中断 15 年之久的远程战略轰炸机例行战斗值班飞行。普京说，俄罗斯于 1992 年单方面停止了战略轰炸机的例行战斗值班飞行。但遗憾的是，并非所有国家都效仿俄罗斯拿出相应举措，这对俄罗斯国家安全构成一定问题。因此他决定恢复俄罗斯战略轰炸机的例行战斗值班飞行。② 同时，俄罗斯加强了海军建设，扩大了海军的巡逻范围。2007 年 8 月，俄罗斯海军总司令马索林元帅宣布，到 2025 年，俄海军将装备包括 6 艘航母和 95 艘潜艇在内的 300 艘现代化战舰，其作战范围也将是"全球各大洋"。在视察位于塞瓦斯托波尔市的黑海舰队基地时，马索林元帅说："地中海地带是重要的战略要地，是黑海舰队活动的一个重要区域。我希望俄罗斯海军能够在那儿建立一个永久海军基地。"他还表示，俄罗斯海军的黑海舰队、北方舰队和巴尔干舰队可以协调行动，制订进军地中海的战略部署和行动规划。③ 不仅如此，普京还宣布，将在 2007～2015 年间划拨1670 亿美元用于更新武器装备。同时俄罗斯加紧试射新型洲际导弹，全面恢复了军机生产，"库兹涅佐夫元帅号"航母重新巡航，全面展开各项军事演习。

---

① 亚努科维奇担任乌克兰总理后，极力改善与俄关系，俄罗斯于 2006 年取消了对进口乌克兰食品的限制，恢复了从乌克兰进口电力。

② 刘洋：《俄罗斯恢复远程战略轰炸机例行战斗值班飞行》，新华社莫斯科 8 月 17 日电。

③ 明锐：《俄海军重返地中海与美"交锋"》，《中国国防报》2007 年 8 月 16 日。

第三节　几点评论

普京执政八年间，其外交政策发生了明显的变化。就其变化而言，仿佛走了一个轮回。从最初延续叶利钦强硬的全方位外交，到"9·11"事件后的与美国建立亲密的反恐伙伴关系，再到与美国等西方国家针锋相对的独立自主外交。可以说，普京执政后期，俄罗斯外交政策与普京上任初期的外交政策有很大相似之处，均采取强硬的外交策略。但不同的是，俄罗斯今非昔比。2000年普京上台时，俄罗斯面临诸多问题：经济濒临崩溃，国力几乎降至独立以来最低水平；国内政局混乱，政党间争斗不断，导致政府能力缺失；分离主义势力猖獗，使国家领土完整受到威胁；因科索沃战争和车臣问题俄罗斯与西方国家间关系恶化，降至俄独立以来的历史低点。而普京即将卸任时，俄罗斯的国内情况大为改观：俄罗斯的国内生产总值在2007年已经超过了"八国集团"中的意大利和法国，进入了世界最强的7个经济体的行列。[①] 人均GDP从1999年的2270多美元增至2007年的9500美元；国内政局已经稳定，政党政治体制基本确立；境内分离主义势力明显削弱。总之，这个阶段，俄罗斯的综合国力明显增强，国际地位得到大幅提升。因此说，普京在其执政的第二任期，采取的强硬外交政策同他上台初期的政策有着明显的不同，此时的强硬是有强大的经济实力作后盾的，而在刚上台时，只是虚张声势而已。

需要强调的是，普京执政第二任期，依然将国家经济发展作为第一信条。在对外政策方面，俄罗斯依然希望与美国等西方国家保持反恐合作伙伴关系，为国家经济发展创造良好的外部环境。因此说，俄罗斯在主观上并没有主动挑战美国等西方国家之意，其对外采取强硬政策只不过是对于美国等西方国家对俄罗斯战略空间挤压的一种自然反应而已。本节将结合该阶段俄罗斯国家利益观变化对其具体的外交政策予以简单分析。

---

① 普京：《关于俄罗斯到2020年的发展战略》，载《普京文集（2002～2008）》，中国社会科学出版社，2008，第675页。

一　坚决抵制"颜色革命"的原因

可以说，独联体地区国家发生"颜色革命"是俄罗斯大幅调整外交政策的一个重要原因，也是俄罗斯与西方关系恶化的缘起。俄罗斯之所以不惜与西方国家恶化关系，坚决抵制"颜色革命"，主要有以下几个因素。

（一）"颜色革命"违背了俄罗斯的发展道路

俄罗斯抵制"颜色革命"总体上是从两个方面着手的：一方面是帮助独联体国家抵制美国等西方国家策动的"颜色革命"；另一方面是防止本国发生"颜色革命"，且重点在后者。

可以说，普京执政的第二任期，对自己引领俄罗斯所走的发展道路是满意的。他认为，正是这条道路使俄罗斯摆脱了前任时期的那种政治混乱和经济的衰败。普京在2004年的国情咨文中指出："过去4年，我们越过了一个艰难的，且非常重要的分界线。多少年来我们首次成为一个政治经济稳定的国家，一个在财政和国际事务中独立的国家。""在上个世纪的最后十年，在经济崩溃和失去世界市场上的阵地的情况下，俄罗斯不得不同时恢复国家体制和建立新的市场经济，在与国际恐怖主义的斗争中保护国家完整和捍卫人们的民主成果。"[①] 普京认为，任何一个国家都必须结合自身特点，选择发展道路。他说："每个国家，包括俄罗斯，都必须寻找自己的改革之路。"而俄罗斯的发展道路是"将市场经济和民主制的普遍原则与俄罗斯的现实有机地结合起来"，只有这样"俄罗斯才会有一个光明的未来"。[②] 同时，普京认为，俄罗斯已经找到了一条适合自身发展的道路。他说："实际上，我们是在不久前才开始走向发展现代化俄罗斯国家的第三阶段，才有可能高速发展，才有可能解决大规模的社会性问题。"[③] 因此，作为国家总统，普京不允许俄罗斯放弃这条能够使

[①]　Послание Президента России Владимира Путина Федеральному Собранию РФ：2004 год，http：// www. intelros. ru/2007/02/05/poslanie_ prezidenta_ rossii_ vladimira_ putina_ federalnomu_ sobraniju_ rf_ 2004_ god. html.

[②]　В. В. Путин：Россия на пороге тысячелетия，*Независимая газета*，30 декабря，1999 г.

[③]　Послание Президента России Владимира Путина Федеральному Собранию РФ：2004 год，http：// www. intelros. ru/2007/02/05/poslanie_ prezidenta_ rossii_ vladimira_ putina_ federalnomu_ sobraniju_ rf_ 2004_ god. html.

其快速发展为世界强国的道路，而选择一条可能导致俄罗斯再次陷入危机之中的未知之路。

普京多次强调经济发展的重要性。他指出，只有经济得到发展，国内问题才能得到解决，俄罗斯才不会沦为二、三流国家，才可能成为世界强国。他说："只有保持现在这样的高速发展，我们才不会被抛弃到世界经济的'后院'。如今为了在全球竞争的困难条件下占据主要位置，我们应当比世界其他国家发展得更快。应该在增长速度上、产品和服务质量上以及教育、科学和文化的水平上超过其他国家。这是我们经济上能否生存下去的问题，俄罗斯能否在变化了的国际条件下取得应有地位的问题。我们能够解决这些问题，而且只有我们自己去解决。"[1] 普京认为，若要保障国家经济的持续稳定发展，首先要有一个安定的内部环境，而"颜色革命"会导致国家政治不稳，社会动荡。因此，普京不允许国家再回到从前那种混乱中，不会让国家发生类似于乌克兰的"颜色革命"。

另外，普京指出，只有俄罗斯自己知道何种道路更适合其自身发展，其他国家无论出于何种目的，替俄罗斯选择的道路都未必适合。因此俄罗斯不能按照他人设计的方案行事。普京说："我们选择的民主道路具有独立性。所以，我们将从自己的国情出发，不断前进，但必须遵守法律和宪法规定。""俄罗斯是按照本国人民的意愿，选择了自己的民主制度。它遵守所有通行的民主规则，走上了民主道路。它将就如何贯彻自由和民主原则作出自己的独立决定，这必须从本国的历史、地缘政治及其他国情出发。作为一个主权国家，俄罗斯能够也将自主地决定民主道路上的一切时间期限，以及推进民主的条件。"[2]正是出于这种认识，俄罗斯要坚持自己认定的发展道路。

外因是变化的条件，内因是变化的根据。外因通过内因而起作用，通过对事物内部矛盾的影响而促进或阻碍事物的发展。正是基于此，普京意识到，格

---

[1] Послание Президента России Владимира Путина Федеральному Собранию РФ: 2004 год, http: // www. intelros. ru/2007/02/05/poslanie_ prezidenta_ rossii_ vladimira_ putina_ federalnomu_ sobranju_ rf_ 2004_ god. html.

[2] Послание Президента России Владимира Путина Федеральному Собранию РФ: 2004 год, http: // www. intelros. ru/2007/02/05/poslanie_ prezidenta_ rossii_ vladimira_ putina_ federalnomu_ sobranju_ rf_ 2004_ god. html.

鲁吉亚、乌克兰等国家之所以发生"颜色革命"，主要是国内因素起了决定性的作用。这些国家的前政府在解决国家自身问题的时候，出现和积累了很多的社会、经济和政治问题及矛盾，造成许多人对当权者不满，给反对派提供了发展壮大的社会土壤以及向当权派挑战的借口。外部势力正是利用了国内这种矛盾激化的时机，推动了这些国家"颜色革命"的进程。因此，普京坚定了将经济发展作为国家第一要务的决心，而政治稳定、政令统一是国家经济发展的必要条件。为此，普京采取包括整顿非政府组织、严控境外资金来源在内的多种措施，以防国家发生"颜色革命"。

（二）"颜色革命"导致俄罗斯内外环境的恶化

格鲁吉亚、乌克兰和吉尔吉斯等国相继发生"颜色革命"后，俄罗斯看到了"颜色革命"给这些国家带来了一系列严重后果。虽然"颜色革命"的最大特点是政府反对派通过和平手段夺取政权，但是即使是和平手段，也导致发生"革命"的国家政局动荡不安，严重影响了国家经济发展的进程。发生"颜色革命"后，这些国家经济形势非但没有明显好转，反而出现了进一步恶化的趋势。在发生"颜色革命"前[①]，乌克兰2004年的经济增长速度为12.1%；而发生"颜色革命"后，2005年经济增长速度大幅回落，仅为2.4%，创下乌克兰5年来经济增长的最低值。[②] 与此同时，国内出现严重的通货膨胀，主要生活必需品价格大幅上扬，乌克兰政府大楼前多次出现示威和抗议活动。而在吉尔吉斯发生"颜色革命"时，国内发生了打砸抢烧事件，使吉尔吉斯经济损失巨大。据吉尔吉斯媒体称，由于元气大伤，恢复元气至少需要5~10年。[③] 发生"颜色革命"的国家的教训及十几年来的建设经验使俄罗斯决策者认识到，俄罗斯的"革命"已经结束，不能再像叶利钦时期那样进行激进的革命了，俄罗斯已经无法承受如此的"折腾"了。现在最需要的是政治稳定，发展经济是其第一要务。普京早在上任之初就指出："政治和社

---

① 乌克兰发生"颜色革命"是在2004年末，因此，此处将2004年的经济增长算为"颜色革命"前。

② 《2005年乌克兰经济增长趋缓》，中国驻乌克兰大使馆经商处网站，http://ua.mofcom.gov.cn/aarticle/jmxw/200601/20060101433030.html，查于2009年3月18日。

③ 邵峰：《"颜色革命"论析》，http://www.tecn.cn/data/detail.php? id=9721，查于2009年18日。

会经济动荡、剧变和激进改革已使俄罗斯精疲力竭。只有幻想家或那些对俄罗斯和人民冷酷无情的政治力量才会呼吁再进行一次革命。无论打着什么样的旗号（共产主义的也好，民族爱国主义的或激进自由主义的也好），国家和人民经受不住再一次翻天覆地的变革。现在国家的忍耐能力、生存能力以及建设能力都已处于枯竭的边缘。社会简直要崩溃，即从经济上、政治上、心理上和精神上崩溃。"① 为了快速发展经济，普京意识到，国家不能再出现政治动荡。因此，竭力抵制"颜色革命"的发生。

经过几年的努力，俄罗斯经济得到了一定的恢复和发展。普京认为，俄罗斯已经找到了一条适合自身发展的道路。今后的任务就是沿着这条道路继续行进。因此，为了保住建设成果，他不允许刚刚步入正轨的俄罗斯再一次陷入动荡和危机之中。

从传统安全角度来说，至少有两个决定性因素在不断侵蚀着俄罗斯的国家安全。从外部而言，北约、欧盟东扩和美国势力在独联体地区的影响不断增强，对俄罗斯传统安全构成了威胁。从内部来讲，俄罗斯的传统安全与独联体国家的自主安全诉求的矛盾日益突出。独联体各国自主安全意识的增强，将从内部瓦解俄罗斯传统安全的基础。这两种因素内外交织必然使俄罗斯的传统安全陷入"窘境"之中。俄罗斯认为，周边独联体国家是保障其国家安全的重要缓冲地带。欧盟和北约的东扩，使俄罗斯重建势力范围的努力遭受挫折，俄罗斯感到压力巨大。俄罗斯希望能够聚合独联体，进而加强独联体国家间的团结与合作。普京在 2003 年国情咨文中再次强调了独联体国家的重要性，"我们把独联体地区看作我们的战略利益区"，俄罗斯与独联体应"逐步在更加有效运作的欧亚经济共同体的框架内加深多边合作"。② 但是独联体地区国家发生"颜色革命"使俄罗斯周边环境发生恶化。格鲁吉亚和乌克兰发生"颜色革命"有一个共同的特点，就是这些国家的政府反对派均是在"亲美反俄"的口号中上台的。"颜色革命"后，格鲁吉亚和乌克兰新政府均实行疏远俄罗斯的外交政策，同时积极谋求加入北约。如果上述国家加入北约，俄罗斯的战略

---

① В. В. Путин: Россия на пороге тысячелетия, *Независимая газета*, 30 декабря, 1999 г.

② Обращение президента РФ Владимира Путина к Федеральному Собранию, Опубликовано 16. 05. 2003, http：//www. poccuu. org/chn030516－ziwen-e. htm.

空间将会进一步收缩，多米诺骨牌效应很可能导致独联体的消亡。俄罗斯在该地区的传统影响将会被严重削弱。

（三）"颜色革命"不符合俄罗斯世界大国的定位

俄罗斯的世界大国定位是普京外交的核心理念。上任之初，虽然普京指出俄罗斯面临着种种困难，有沦为二流或三流国家的危险。[①] 但是他依然强调，"俄罗斯是一个世界大国，又有几百年的悠久历史和丰富的文化传统。尽管面临着复杂的国际局势和国内困难，但它拥有可观的经济、科学技术和军事潜力，以及在欧亚大陆独一无二的战略位置，客观上继续在世界事务中发挥着重要作用。……在国际领域，俄罗斯的国家利益表现在维护主权，巩固俄罗斯作为一个伟大的强国和多极世界有影响的中心之一的地位。"[②] 可以说，国际定位实际上是一个国家外交方向的定位，它关系到该国在国际上将走什么道路、扮演何种角色、选择什么目标。在"冷战"后特定的政治语境下，选择大国定位就意味着其在国际关系体系中的独立角色和独立的外交政策，而非大国定位则意味着其依附于西方主导的国际秩序架构，采取"搭便车"的对外战略。因此，普京对俄罗斯的大国定位决定了其在国际舞台上以独立的力量出现，不依附于任何其他力量；它将采取独立的外交政策，根据本国的利益需要和逻辑，玩自己的"游戏"，而不是遵循他国提出的"游戏规则"，它将是后"冷战"时期国际秩序构建的积极和主动参与者，坚持与其他大国同样的话语权。[③]

在普京执政的这个阶段，俄罗斯对大国定位的含义可以有两种理解：一种是以大国身份来处理俄罗斯与世界的关系，另一种是以恢复俄罗斯大国地位为目标。应该说，这两种含义在普京外交中兼而有之，二者间有着内在的联系，它们在精神上是统一的，但在实践层面存在重大差别和矛盾。大国外交意味着俄罗斯在国际上对其利益范围界定的广泛性，这是一种战略进攻性外交，要求俄罗斯高姿态地应对外部挑战和提供昂贵的资源保障。但在国家经济亟待恢复、国内资源严重匮乏的情况下，实施这种大国外交将难以集中精力于国内恢复，而要集中精

---

① B. B. Путин：Россия на пороге тысячелетия，*независимая газета*，30 декабря 1999 г.
② 《俄罗斯联邦国家安全构想》（2000 年 1 月 10 日俄罗斯联邦代总统普京第 24 号命令批准），参见陆齐华著《俄罗斯和欧洲安全》，中央编译出版社，2002，第 354～356 页。
③ 赵华胜：《普京外交八年及其评价》，《现代国际关系》2008 年第 2 期。

力于国内恢复就难以实施大国外交。更关键的是，在国家实力尚未恢复的情况下，俄罗斯也没有能力和资源实施这种大国外交。在这种背景下，普京执政初期，俄罗斯尽管始终以大国外交为基调，但其含义在前期与后期有较大差别。普京外交前期以恢复俄罗斯大国地位为重点，收缩战线，集中精力于国内恢复。当实力得到恢复后，俄罗斯大国外交的特点在实践层面则表现得日益明显。

从 2005 年开始，普京外交的重点向谋求大国身份转移，俄罗斯外交从战略防御转向战略进攻。但无论何种外交策略，其核心都是为俄罗斯谋求大国目标而努力。而正是这种大国理念，导致俄罗斯不再按西方国家想法行事。而美国等西方国家推动"颜色革命"的一个重要目的就是造就一个"亲西方"的、符合西方执政理念的政权组织形式的国家。真正的世界性大国其内外政策是不会根据他国喜好而改变的。因此，追求世界大国地位的俄罗斯必然会抵制西方国家的这种政治安排，只不过这种抵制方式在不同时期表现不同而已。在国力孱弱的时候，相对内敛，更多时候采取合作态度，实行"搭便车"的政策。而在国力增强后，便开始采取高调的外交政策，其外交的独立性和进攻性则表现得更为鲜明，对西方国家干涉其内政的行为反应更为激烈。为此，俄罗斯坚决抵制西方国家推动的"颜色革命"，推出了"主权民主"的执政理念，拒绝在意识形态上盲目追随西方；宣称将按照自己的原则构筑国际关系；在独联体地区推行新的政策；大力推行能源外交；坚定支持乌兹别克斯坦与西方抗争；积极推动上海合作组织；努力推进亚太外交；等等。俄罗斯提高了"嗓门"，开始与西方特别是同美国不仅在外交上而且在军事上正面交锋。至此，俄罗斯已经以大国的身份重返国际舞台。①

二 停止执行《欧洲常规武装力量条约》及反对美国在东欧部署反导系统的原因

虽然别斯兰事件和"颜色革命"成为俄罗斯与美国等西方国家关系变化的一个转折点，使俄罗斯与西方国家矛盾骤升，双方就民主、人权等问题展开了激烈的争吵，但是基于"无论同世界最发达国家产生如何复杂的问题，俄

---

① Е. Бримаков, Россия востанавливая свой болишой и перспективный потенциал вовлащается к положению великой державы, *Международная жизнь*, №1～2, 2007г.

罗斯外交的活动原则都应该是力求建设性的合作，共同寻找可以相互接受的解决办法"①的出发点，故在美国步步紧逼的情况下，俄罗斯虽然表现出一定程度的抗争，但大多时候仅限于激烈的言辞，而在对外政策的实际行动上并未表现得十分强硬。在对美国等西方国家的外交总体上呈现"步步退让、有限抗争"的政策态势。然而，以2007年初美国执意在东欧部署反导弹防御系统为开端，俄罗斯对美国的政策开始出现重大调整，从俄罗斯总统普京所发表的针对美国的一系列抨击性言论便可看出其外交政策的调整②。随后，俄罗斯采取的一系列反制行动，都明确地向外界表明，俄罗斯正在改变以往对美国"一味退让"的外交模式，进而作出一种"积极抗争、有效争取"的政策选择，以最大限度地捍卫俄罗斯的国家利益。③

实际上，俄罗斯停止执行《欧洲常规武装力量条约》，除因欧洲国家没有履行该条约外，更重要的一个原因是美国在东欧部署反导防御系统。可以说，这是俄罗斯对美国在东欧部署反导系统的一种反制措施。俄罗斯的举措引起了包括美国在内的西方国家的极力反对，也引起了欧洲一些国家的恐慌，使俄罗斯与美国等西方国家关系骤然紧张起来。那么，普京为何对美国在东欧部署反导系统反应如此强烈？主要基于以下几点因素。

（一）美国在东欧部署反导系统严重损害了俄罗斯的安全利益，使其安全环境出现前所未有的恶化

美国在东欧部署反导弹系统的公开理由是保护欧洲盟友安全，以防止伊朗

---

① 〔俄〕伊·伊万诺夫：《俄罗斯新外交——对外政策十年》，陈凤翔等译，当代世界出版社，2002，第8页。

② 在2007年2月9日至11日主题为"全球危机，全球责任"的第43届慕尼黑安全问题会议上，俄罗斯总统普京对美国进行了严厉的批评，指出美国在世界范围内滥用武力，导致一些国家为维护自身安全开始谋求拥有核武器。他说："我们正在见证美国在国际关系中如此频繁地使用武力，美国跨越国界，触角伸到了每个方向。这是非常危险的，没有人会感到安全，因为没有人可以受到国际法的保护。"在2007年庆祝反法西斯胜利日上，普京再次提到，"当今有个别国家，犹如俄罗斯历史上的第三帝国时期一样，试图在世界上显示政治上的排他性，以及对世界的绝对号令权"，并号召"对制造武装冲突、破坏世界和平的一切图谋给予相应的回击"。针对美国在东欧部署反导系统的举动，普京则斥之为彻头彻尾的"独裁的和帝国主义的做法"。

③ 黄登学：《从退让到抗争——试析俄罗斯对美国外交政策的新变化》，《国际政治研究》2008年第2期。

和朝鲜等国家的导弹袭击。可以说，从伊朗、朝鲜等国的现实军力和弹道学原理来看，美国的这种说法是难以立足的。况且，在俄罗斯提议俄美共同使用能够起到同样效果的阿塞拜疆的雷达站，以作为美国的替代方案时，美国虽找不出任何合理的拒绝理由，但还是回绝了俄罗斯的方案。可见，美国在该地区部署反导系统的理由仅是一种不符合事实的借口。其主要原因仍是为达到防范和遏制俄罗斯的地缘战略目的，将东欧由西方与俄罗斯的战略缓冲带彻底变成弱俄、制俄的战略前沿。

美国在东欧部署反导系统被俄罗斯视为对其安全的重大威胁。俄罗斯东部地区已在美国阿拉斯加反导基地的监控之下，如果美国在东欧再建拦截基地，在战略态势上将对俄罗斯形成"反导包围圈"，这将严重削弱俄罗斯的核威慑能力，甚至可能从根本上废掉俄罗斯的"核武功"，破坏整个欧洲乃至全球的战略平衡，这对俄罗斯国家安全构成严重威胁。2007 年 2 月 10 日，在慕尼黑会议上，在谈到美国在东欧部署反导系统时，普京明确表示，美国研制和部署反导防御系统旨在打破俄美之间的核恐怖平衡。他指出，一旦这种平衡被打破，美国很可能借助其军事优势为所欲为。他说："曾经存在过力量平衡和互相毁灭的恐惧，一方害怕在最后时刻，未和对方商议而迈出多余的一步。这曾是一个脆弱的世界，当然，也是有点可怕的世界。但现在发现，它过去还是相当安全的。而今天，世界看来已经不那么安全了。""俄罗斯今天的核力量的潜在威胁到某个时候就会消除。如果真是这样，那么就意味着，平衡被绝对打破，一方将感到自己的绝对安全。也意味着，这不仅会使它在局部冲突中，还有可能在全球冲突中放开手脚大干。"[1] 2007 年 3 月 27 日，普京批准的《俄罗斯联邦外交政策概论》明确指出："美国的欧洲反导基地的出现将意味着美国在欧洲的军事存在发生重大的重组，美国武装力量在该地区的战略成分加强，会对俄罗斯的核遏制潜力产生不利影响。"[2] 2007 年 4 月 27 日，俄罗斯总统普京在会见来访的捷克总统克劳斯时说，"如果我们不采取措施，这些（反导弹

---

[1] 普京：《打破单极世界幻想，构建全球国际安全新结构——在慕尼黑安全问题会议上的讲话》，《普京文集（2002～2008）》，中国社会科学出版社，2008，第 389～390 页。

[2] Обзор внешней политики Российской Федерации，431 - 27 - 03 - 2007，http：//www. mid. ru/brp_4. nsf/2fee282eb6df40e643256999005e6e8c/594b81f733f000bac32572ab004ef76e？OpenDocument.

防御）系统对俄罗斯领土的覆盖范围可达到乌拉尔山。"① 可见，俄罗斯对美国在东欧部署反导系统极为重视和不安。这种对国家安全环境威胁的恐惧必然促使其采取措施进行反制。

对于来自美国的威胁，俄罗斯反应强烈。普京在慕尼黑安全会议上对美国的行为提出严厉的批评。他指责美国企图建立单极世界，在全球推行霸权主义政策，肆意滥用武力，导致大量无辜百姓伤亡。同时，对美国在东欧部署反导系统进行抨击。2007年2月15日，俄军总参谋长巴卢耶夫斯基说，俄罗斯可能单方面退出《消除中程和中短程导弹条约》；2月20日，俄罗斯战略导弹与航天部队司令索洛夫佐夫警告说，如果波、捷两国同意美国在其境内部署反导弹防御基地，莫斯科将会重新把它们列为其中程和短程导弹瞄准的目标。4月11日，俄罗斯外交部发言人拉科夫说，莫斯科现在别无选择，只有把美国建立反导弹防御基地"纳入我们的战略计划中"。6月1日，普京明确表示，如果美国的核攻防力量延伸到欧洲境内，俄罗斯的导弹将重新瞄准欧洲的军事目标。俄罗斯同时采取措施予以应对：首先，将研制能够突破美国反导系统的战略武器作为首要的反制措施。之所以俄罗斯将研制进攻性战略武器作为反制的首选，而不是与美国一样将研制和部署反导系统作为优先手段，主要是因为俄罗斯经济实力无法与美国相抗衡，不希望陷入同美国进行军备竞赛的困境。在慕尼黑会议上，普京阐明了俄罗斯的战略举措的动因。他说："我们当然应该对此（美国在东欧部署反导防御系统）有所反应。怎么反应？或者就像你们一样，也建立一个耗资几百亿的反导防御系统？我们今天的经济和财政力量与此并不对称。希望所有人能明白，虽然存在反导防御系统，但是它对俄罗斯来说没有意义，因为我们拥有能够轻而易举摧毁该系统的武器。我们将按这条路前行，这对我们来说更便宜。"② 其次，暂停执行《欧洲常规武装力量条约》（以下简称《条约》）。《条约》本身是维持欧洲常规武装力量平衡的约束性文件，也被认为是欧洲安全与稳定的基石。2007年4月26日，普京在国情咨文中指出，俄罗斯将暂停执行《条约》规定的俄的义务，并警告美国说，"如果

---

① Oleg Shchedrov, Russia will counter U. S. missile shield: Putin, Reuters, April 27, 2007.

② 普京：《打破单极世界幻想，构建全球国际安全新结构——在慕尼黑安全问题会议上的讲话》，《普京文集（2002～2008）》，中国社会科学出版社，2008，第390页。

美国执意在捷克等国部署反导系统，俄罗斯将有可能退出《条约》"①。7月14日，普京签署总统令，要求暂停履行《条约》及相关协议的义务，以此应对俄罗斯国家安全正面临的威胁。俄罗斯外交部当天发表声明说，在暂停执行《条约》期间，俄罗斯不再受任何常规武器限制规定的约束，俄罗斯武器装备的实际数量将根据国际军事政治形势的发展需要而定。2007年11月30日，普京签署了暂停执行《条约》的联邦法案。2007年12月12日，俄罗斯开始正式冻结《条约》在俄联邦境内的效力。俄罗斯的举动引起了美欧国家的强烈反应，认为俄罗斯此举无助于缓和欧洲安全局势，对俄罗斯的决定表示失望。俄罗斯采取这种措施，是要将其作为对美国无视俄罗斯的关切执意计划在东欧部署反导弹防御系统的反制，希望通过冻结《条约》来分化欧洲。总体上看，欧洲国家对于美国在欧洲部署反导系统主要有两种态度：一种以法、德、意等国为代表的"老欧洲"国家，这些国家不赞同由美国来主导欧洲安全，反对其在欧洲部署反导防御系统，它们更希望与俄罗斯和平相处，共同解决欧洲安全问题。另一种是以波兰、捷克等国为代表的"新欧洲"国家，这些国家极力主张加强与美国的关系，希望由美国来为其提供安全保障。可以说，俄罗斯停止执行该条约，首先感受到威胁的自然是欧洲国家。俄罗斯希望通过这种举措引起欧洲国家对美国的不满，从而劝阻美国不要在欧洲部署反导防御系统。另外，俄罗斯也希望通过其暂停履约来逼迫北约国家"就范"，促使其尽早批准该条约。同时，俄罗斯暂停履约，意味着俄罗斯常规武器的部署不再受该条约的约束。俄罗斯在欧洲地区的常规武装力量可能得到提升，从而使其自身的安保能力增强。

（二）美国此举严重损害了俄罗斯的大国尊严

近年来俄罗斯人的"大国意识"在普京强国路线的推动下日渐高涨，俄罗斯甚至提出建立以其为协调东西方世界桥梁的国际新秩序。② 然而，令俄罗斯人无法接受的是美国依然将俄罗斯视为"冷战"的失败者，不认为其是有

---

① Послание Президента России Владимира Путина Федеральному Собранию РФ：2007 год，http：// www. intelros. ru/2007/04/27/poslanie_ prezidenta_ rossii_ vladimira_ putina_ federalnomu_ sobraniju_ rossijjskojj_ federacii_ 2007_ g. html.

② 〔俄〕维塔利·科尔日：《俄罗斯式的国际秩序》，《观点报》2007年7月12日。

世界影响的大国。在国际共同关切和涉及俄罗斯战略利益的重大问题上一再忽视俄罗斯的声音：不顾俄罗斯的强烈反对，美国强行主导北约东扩，致使北约兵力直抵俄罗斯的边界；不顾俄罗斯的利益与面子，大力向俄罗斯的传统势力范围——独联体进行渗透，把触角伸进俄罗斯的"后院"。同时，美国再次罔顾俄罗斯的强烈反对，执意在东欧部署反导系统，更是严重伤害了俄罗斯的大国尊严。另外，美国这样做也是对俄罗斯的背信弃义。早在20世纪90年代，北约首轮东扩时，美国曾向俄罗斯保证，它不会在波兰、匈牙利、捷克和其他东欧国家部署包括反导系统在内的战略设施。美国的行为不仅是对以前承诺的违背，而且美国事先根本没有征询俄罗斯的意见，只是把美国的决定通知俄罗斯，使俄罗斯有欺辱之感。[①]北约东扩削弱了俄罗斯对欧洲尤其是东欧国家的影响力。而"颜色革命"进一步削弱了俄罗斯在独联体地区的影响。此次美国如果顺利在东欧部署反导系统，那么俄罗斯在欧洲的利益将再度受损，其大国影响将进一步削弱，这将阻碍俄罗斯的大国梦想战略的实现。因此，俄罗斯对美国在欧洲部署反导系统反应强烈。

（三）国力的增强促使俄罗斯高调反对美国在欧洲部署反导防御系统

叶利钦执政后期，俄罗斯对美国有损其国家利益的行为反应也十分强烈。如在北约东扩的问题上，俄罗斯的领导层一度放出"狠话"。但是北约并未顾忌俄罗斯的反对，一再突破俄罗斯为其划定的"红线"。由于缺乏有效制衡对方的手段，对于以美国为首的西方国家给俄罗斯国家利益带来严重伤害的一系列举动，俄罗斯的外交选择总体上始终没有改变这种"尴尬"：最初"坚决反对"，措辞严厉却并无有效的行动配合，最后还是做出妥协和让步，接受既成的现实与安排，一次又一次充当美国和北约"被迫伙伴"的矛盾角色。普京执政后，俄罗斯的经济实力有了很大提升，在2007年经济已经跻身于世界前十位。另外，在能源价格日益攀升的情况下，俄罗斯利用能源作为武器展开能源外交，使对俄罗斯能源有严重依赖的欧盟各国"投鼠忌器"，不敢也不愿彻底与俄罗斯翻脸。因此，国力的增强，增加了俄罗斯制衡西方国家的手段。

---

① 姜振飞、刘飞涛：《地缘政治与美国东欧反导计划》，《国际问题研究》2007年第6期。

三 对谋求建立非西方主导的国际关系机制的思考

普京在其第一任期，虽然也经常批评现有不合理的国际关系机制，但是在其外交实践中，更多是采取妥协、合作的方式来维护和寻求俄罗斯的国家利益。而在其第二任期，则不再以国际秩序"搭便车"者的身份出现，很多时候是以现有国际秩序的挑战者身份来谋求国家利益。俄罗斯外交政策出现这种变化主要有以下几个原因。

（一）俄罗斯国家实力的增强是其外交政策强硬化的物质基础

普京上任之初，俄罗斯国力衰微，处于各种困境之中。为了尽快摆脱这种困境，恢复俄罗斯的世界大国地位，普京将"稳定经济作为国家最主要的头等大事"[1]，"国内目标高于国外目标"。为此，俄罗斯希望与国际社会尤其是美国等西方国家和平相处，以营造良好的外部环境，从而使其能够集中精力进行经济建设。虽然，在普京执政初期，俄罗斯同美国等西方国家的关系恶化，俄罗斯与美国在美欲退出《反弹道导弹条约》、科索沃危机和车臣战争等问题上，矛盾重重，双方关系十分紧张。但是，普京在延续前任强硬政策的同时，始终寻求与西方国家紧张关系的破解之道。2000 年 6 月，普京与美国总统举行会谈时就表达了同美国合作的愿望。他说："美国是我们的主要伙伴国之一。至于俄罗斯，它在同美国的关系中永远也不会做出任何对抗因素方面的选择。""我们愿意合作，愿意在我们所产生的所有问题上达成协议。自然，这样的问题过去和现在都有，可能将来也会有。但重要的不是有这些问题，重要的是只能有一种解决问题的办法。这个办法就是不应该破坏最近时期所取得的一切积极成果，应该着眼于未来。"[2] "9·11"事件发生后，俄罗斯积极协助美国反恐，甚至不惜让渡自身的地缘政治利益，来赢得美国的信任和好感。究其原因，俄罗斯的实力不允许其同美国等西方国家抗衡。为了给国家经济发展创造良好的国家环境，俄罗斯在外交方面只能采取合作态度。

---

[1] 普京：《稳定经济是国家最主要的头等任务——在俄罗斯城市联合会会议上的讲话（2000 年 3 月 21 日）》，《普京文集：文章和讲话选集》，中国社会科学出版社，2002，第 30 页。

[2] 普京：《在与美国总统克林顿联合举行的记者招待会上的讲话和答记者问（2000 年 6 月 4 日）》，《普京文集：文章和讲话选集》，中国社会科学出版社，2002，第 73 页。

而在普京的第二任期，俄罗斯的国力已经有了很大提升。2006 年，俄罗斯的经济恢复到了苏联解体前水平，经济总量跻身于世界十强。财政状况得到明显好转，连年出现大幅盈余，外债明显减少，国家外汇储备截至 2008 年 1 月 1 日高达 4764 亿美元，俄罗斯成为世界第三大外汇储备国。另外，国际能源紧缺，价格高企，无形中增强了俄罗斯的实力，提升了其国际地位。国家实力的增强必然促使始终抱有强国信念的俄罗斯寻求大国地位，成为国际事务的主要参与者和国际规则的制定者。日益强大的俄罗斯自然希望改变现有的对自身不利的国际关系秩序，创造有利于自身利益的国际机制。

（二）世界性大国定位促使俄罗斯希望成为国际机制的制定者

无论是叶利钦还是普京担任俄罗斯总统期间，均将俄罗斯定位为世界性大国。只是在不同时期，其维护大国地位的方式不同而已。尽管普京执政初期曾经指出，俄罗斯在经济方面有被推向第三世界行列的危险。俄罗斯是个欧洲大国，但是这个阶段，普京更多强调俄罗斯是世界性大国。在俄罗斯经济困难期，普京较多强调俄罗斯国内发展，对外则采取节省外交资源、进行"有限参与"的政策。当其国力得到恢复后，俄罗斯外交政策的进攻性则日渐凸显，尤其是当美国对其战略空间的挤压程度日趋增大的时候，俄罗斯便抛弃"防守"外交，开始与美国针锋相对，以维护其自身利益。国家实力的增强和大国的定位使得俄罗斯的国家利益更加宽泛化，这也决定了其外交政策的独立性更加明显。在普京的第二任期，其对世界多极化的主张更加强烈。

为了推进世界多极化发展，普京提出国际关系民主化，希望在国际关系中出现一些新的中心。而随着形势的变化，"金砖四国"① 日渐崛起，囿于自身实力，俄罗斯希望能够"借船出海"。因此，俄罗斯极力将四国凝合在一起，希望借四国之力实现其强国目标。而建立天然气 OPEC 的想法是俄罗斯试图

① 2001 年，美国高盛公司首次提出"金砖四国"概念，涵盖了全球最大的四个新兴市场国家。"金砖四国"（BRIC）引用了巴西、俄罗斯、印度和中国的英文首字母，由于该词与英文中的砖（Brick）类似，因此被称为"金砖四国"。2010 年 12 月 28 日中国作为"金砖国家"合作机制轮值主席国，与俄罗斯、印度、巴西一致商定，吸收南非作为正式成员加入该合作机制。金砖四国改称"金砖国家"（BRICS）。

利用自身丰富的天然气资源，谋求在国际上更大话语权的一种手段。虽然俄罗斯天然气储量位居世界第一，但尚不足以主导整个国际天然气市场，只是对欧洲市场影响较大。如果天然气 OPEC 得以建立，其他天然气出口大国能够配合俄罗斯的能源政策，那么俄罗斯在天然气贸易领域的国际地位将大大提高，其能源政策便完全能够影响整个国际市场。由于天然气资源暂时的不可替代性，届时，俄罗斯不仅在国际天然气市场的地位得到提升，在国际政治领域的大国地位也将得到进一步确立。另外，俄罗斯极力强化其主导的独联体集体条约组织、欧亚经济共同体等地区组织的功能，其中的一个重要目的便是希望通过"力量捆绑"来增强俄罗斯在国际社会的大国地位。在一些重大的国际问题方面，这些组织成员多站在俄罗斯的一方，客观上的确起到了这种作用。

（三）实现国家经济利益最大化的手段

普京在八年的执政期间，一个明显的外交特点是凸显"经济特色"。普京多次强调，外交政策领域所做的一切都要服从于一个主要任务，就是为俄罗斯经济和社会发展创造最为有利的条件。俄罗斯加强与"金砖四国"中其他三国的合作，除谋求国际政治地位外，还有一个重要原因，就是力图建立一个合理的国际经济新秩序。"金砖四国"在经济领域有着相似的国际地位，这些新兴的经济体虽然经济发展迅速，经济实力也快速增长，但是作为后来者，它们在国际贸易领域没有与其经济实力相适应的国际地位，在国际规则的制定方面没有话语权，是旧的国际经济秩序的受害国。为了维护国家经济利益，提高其在国际经济领域的话语权，这些国家均力求改变现有的不合理的国际经济秩序，而西方国家作为现有国际经济秩序的受益者极力阻挠其改变。这样，加强"金砖四国"的合作显得十分重要，可以凭借四国之力谋求更大的国际规则制定的话语权。推动天然气 OPEC 的建立，除了其中的政治原因外，更主要的目的是主导天然气的定价权。

综观普京第二任期的外交特点，务实之中显露强硬，外交政策的独立色彩更显浓重。尤其在普京卸任的前一年，在外交政策方面的强硬色彩更加突出。这与俄罗斯实力的增强有关，更为重要的原因是美国对俄罗斯的挤压政策加强，严重损害了俄罗斯的国家利益，致使俄罗斯必须予以坚决反击。如美国在东欧地区部署反导防御系统，这对俄罗斯的威胁在某种程度上要远远大于北约东扩。俄罗斯感受到的不仅仅是其战略空间受到挤压，更为重要的是俄罗斯赖以保持大国地位的同美国维持战略稳定的"恐怖平衡"将被打破。一旦这种局面出现，俄罗斯的国际地位将会急剧下降。届时，原本离心倾向明显的独联体很可能会瓦解，导致独联体各国完全倒向美国，俄罗斯在该地区的影响将进一步受到削弱，其"特殊利益区"将不复存在，俄罗斯的大国梦想将会破灭。因此，俄罗斯必须予以反击，以维护其核心利益。与叶利钦时期相比，此时俄罗斯虽然国力有了大幅提升，已经跻身于世界经济前十强。但是，同美国比依然相去甚远，其 2007 年的 GDP 仅相当于美国的 1/10，2008 年的军事预算也不足美国的 1/12（368 亿美元/4596 亿美元，如果加上对伊拉克和阿富汗的特别拨款，后者的数量将达到 6488 亿美元）。因此，可以说，俄罗斯依然没有能力也没有意愿同美国展开全面抗衡，更没有能力与整个西方世界抗衡。俄罗斯只是在触及本国核心利益的问题上实行防卫性的外交反击。

另外，从 2007 年 3 月 27 日普京批准的《俄罗斯联邦对外政策概论》（以下简称《概论》）中关于俄罗斯与西方关系的分析和政策表述来看，虽然《概论》指出俄罗斯与美国关系十分复杂，存在严重分歧，与欧洲的一体化进程在放慢，但更多地体现了俄罗斯希望与美国等西方国家进行合作的愿望。在谈到俄美关系时，《概论》指出："俄美关系占有优先地位，因为它从客观上决定着全球安全和战略稳定，决定着国际社会在应对新威胁、新挑战时所付出努力的效果。此外，由于美国在世界经济中占有重要地位，处理好俄美关系也是营造良好外部环境、解决俄罗斯社会经济发展问题的因素之一。""我们努力发展与美国的伙伴关系，希望它能够以平等互利原则为基础。""只要俄美合作，则通常都能找到有力的解决办法。我们希望惯例能在俄美两国伙伴关系中得到确认。"[1] 可见，在维护本国核心利益的基础上，寻求俄美关系缓和与改善仍是俄罗斯对美政策的根本原则。在谈到与西欧国家关系时，《概论》指

---

[1]　Обзор внешней политики Российской Федерации, 431 – 27 – 03 – 2007，http：//www. ln. mid. ru/brp_4. nsf/sps/3647DA97748A106BC32572AB002AC4DD.

出："在欧洲方面，我们需要更新思维，以构筑全新的俄欧关系。……欧盟是我们在欧洲的主要伙伴，俄罗斯在欧洲方面的主要利益与它息息相关。""俄罗斯与欧洲大国如德国、法国、西班牙和意大利等的双边关系，对于构筑符合我国利益的欧洲架构具有关键意义。我们必须在今后采取主动态度，发展与上述国家的有效互动与合作。"① 这也说明俄罗斯与欧洲国家保持合作关系的愿望。

---

① Обзор внешней политики Российской Федерации, 431 - 27 - 03 - 2007, http：//www. ln. mid. ru/brp_ 4. nsf/sps/3647DA97748A106BC32572AB002AC4DD.

314

第六章　梅德韦杰夫执政时期
俄罗斯的国家利益观

　　由于普京在任期间俄罗斯国力有了很大提升，民众生活也有明显改善，因此直至 2007 年末俄罗斯再次大选前，普京在国内的支持率依然很高。许多俄罗斯民众希望其"违宪"再次参加俄罗斯总统选举，但是普京并未像西方国家一些媒体预测的那样再次参选，而是推荐了自己的得力助手——德米特里·阿纳托利耶维奇·梅德韦杰夫参选俄罗斯第五届总统。这样，在普京的鼎力支持下，梅德韦杰夫顺利地当选了俄罗斯总统。尽管普京不再担任总统，但是他并未离开俄罗斯政坛，在梅德韦杰夫担任总统的第二天，便提名普京担任政府总理，这样俄罗斯开启了"梅普组合"的新时代。

第一节　梅德韦杰夫执政时期俄罗斯的国家利益观

　　尽管普京作为政府总理是俄罗斯名义上的"二把手"，但与其他任何一届总理不同的是，普京的实际权力更大、更宽泛，在一定程度上依然掌控着俄罗斯的权力运行。而对梅德韦杰夫而言，多种因素促使其必然沿着普京在任时所规划的道路行进。因此，在梅德韦杰夫执政的 4 年间，其执政思想并未脱离普京的理念。

一　在国家发展道路方面，主张将俄罗斯建成西方式的民主国家

　　从梅德韦杰夫的竞选纲领及其在担任总统期间的一些讲话和政策中可以看

出，在国家发展道路方面，其与前任普京的执政理念并无二致。二人均将国家政局稳定、经济发展和自主外交作为中心任务，将俄罗斯建设为富强民主的国家作为其终极目标。[①] 但在延续前任政策的同时，梅德韦杰夫也凸显出其个人的执政理念。

梅德韦杰夫执政期间，由于俄罗斯政权结构特点，"梅普组合"主导了俄罗斯的国家利益观。在"梅普共治"的权力组合下，梅德韦杰夫又体现出其特有的执政风格和理念。在俄罗斯民主发展道路方面，梅德韦杰夫较前任更为重视国家的民主发展，更加强调民主的普世性。不再像普京那样过度强调俄罗斯的民族特色，一定程度上弱化了"主权民主"思想。梅德韦杰夫表示，他并不主张俄罗斯特色的民主，认为将民主附加"主权"不符合民主的性质。[②] 梅德韦杰夫认为，推行民主是俄罗斯成为现代国家的一个重要的目标。他表示将竭力推进俄罗斯的民主和法制。2010 年 9 月，俄罗斯雅罗斯拉夫尔国际政治论坛举行了题为"现代国家：民主标准和效率准则"的论坛。论坛上，梅德韦杰夫强调了民主的重要性，他指出，"我不仅相信民主是一种管理形式，也不只是相信它是一种政治制度形式，而且还相信民主就其实用性方面而言，能够促进我们国家的千百万人，乃至世界上几十亿人民摆脱屈辱和贫困。""我们认为，联合国千年声明中所宣布的'我们将不遗余力地发展民主加强法制，并确保所有国际公认的人权'对我们所有人来说都具有实际意义。……与人权一样，民主标准（实际上民主的标准包括人权）也应该是国际公认的。只有这样才能是有效的，而且重要的是，共同制订的民主标准不能是双重的、狡猾的，因此每个参与标准制订的国家，都应将这些标准应用于自己。所有国家在遵循民主标准的时候，不必担心其主权被限制，内政被干涉。"[③]

梅德韦杰夫认为俄罗斯是一个民主国家，只不过因为其民主历史较短，依

---

① 张传森：《俄罗斯新任总统德米特里·阿纳托利耶维奇·梅德韦杰夫》，《俄罗斯中亚东欧研究》2008 年第 3 期。

② 尼古拉·斯瓦尼热：《大国思维——梅德韦杰夫总统访谈录》，外交学院俄罗斯研究中心译，法律出版社，2010，第 11 页。

③ Д. Медведев: Выступление на пленарном заседании мирового политического форума «Современное государство: стандарты демократии и критерии эффективности» http://special. kremlin. ru/transcripts/8887.

然有许多不尽如人意的地方。他说："毫无疑问，俄罗斯是一个民主国家，在俄罗斯存在民主。的确，俄罗斯的民主还年轻，尚不成熟，没有经验，但是这依然是民主。我们的民主道路刚刚开始，在民主的道路上我们还有很多要做，但我们是自由的。"[①] 梅德韦杰夫也认为，民主是一个渐进过程，在推行民主的同时，首先要加强国家的法制建设和发展经济，使国民生活富裕。对于国家发展道路的选择主要体现在其对民主的理解上。他认为，俄罗斯当前选择资本主义民主道路是历史的选择，有着历史、思维和经济等方面的原因，认为俄罗斯走中国式的发展道路是不现实的。[②]

尽管梅德韦杰夫不赞同将民主植入限定词的"主权民主"，主张俄罗斯实行普世价值的西方发达国家的民主，但他坚决反对俄罗斯走20世纪90年代完全照搬西方民主的老路，认为那个时期所谓的"民主"，使国家陷入了瘫痪、毫无效率的困境。他指出，俄罗斯不会匆忙而轻率地进行政治改革，一味地追求政治改革的速度只会造成悲剧后果。他坦承，并不是所有人都满意于俄罗斯在民主方面的改进。对一些人要求加快对政治体制的改革，甚至提出回到90年代的"民主"，梅德韦杰夫表示，绝不允许重回到那个瘫痪的体制中去。他说："我们不能为了一些抽象的民主理论，而去冒危害社会稳定和公民安全的险。我们更无权为了某些崇高的目标而将正常的生活推向死亡。""改革是为了人，但人不只是为改革而生。"[③] 梅德韦杰夫提出，俄罗斯将会逐步地、深思熟虑地、分阶段地，且稳定而连贯地进行改革。强调俄罗斯会借鉴先进国家的成功经验，为本国民主建设服务，但是俄罗斯不会照搬外国模式。因为简单地模仿先进社会的政治方式不能重塑政治文化。[④]

梅德韦杰夫对民主的观点在一定程度上影响了其国际利益观。一方面俄罗斯要学习西方比较成熟的民主制度，另一方面又要根据俄罗斯的实际情况发展民主。这注定梅德韦杰夫不可能像叶利钦执政初期那样进行激进的民主改革，

---

①　Д. Медведев: Выступление на пленарном заседании мирового политического форума «Современное государство: стандарты демократии и критерии эффективности » http: //special. kremlin. ru/ transcripts/8887.

②　张盛发:《试析普京与梅德韦杰夫分歧》,《俄罗斯中亚东欧研究》2011 年第 4 期。

③　Д. Медведев: «Россия, вперёд!», http: //www. kremlin. ru/news/5413.

④　Д. Медведев: «Россия, вперёд!», http: //www. kremlin. ru/news/5413.

而当这种渐进式民主改革得到西方国家的认同时，俄罗斯便会在一定程度上加强与西方国家的关系；当其民主制度遭到西方国家的批判时，俄罗斯就会与西方国家拉开距离，甚至与其针锋相对，进行对抗。

二　将俄罗斯定位为世界性"大国"并竭力维护其大国地位

在对国家的国际定位方面，梅德韦杰夫也像前任一样将俄罗斯定位为世界性"大国"。他指出，无论是从俄国的历史还是就其占地面积而言，俄罗斯都是个世界性大国。但在强调俄罗斯是大国的前提下，梅德韦杰夫也指出俄罗斯面临着复杂的国际环境和国内困难。尤其是在 2008 年下旬，由美国次贷危机引发的全球性经济危机开始在俄罗斯凸显，梅德韦杰夫在强调俄罗斯具备世界性大国禀赋的同时，更加突出其所面临的困难。他说："俄罗斯无论从历史文化上看，还是从其领土面积看，无疑是个世界大国。……我们绝不应该陶醉于这种'大'。必须清醒地认识到我们所处的世界是多么复杂。还有，当今俄罗斯的处境并不能让人高枕无忧。正是由于俄罗斯广阔的领土和众多的人口，管理起来，总要比其他国家困难、复杂。"[①]在文章中，他也表达了对俄罗斯经济严重依赖原材料出口和企业创新能力低下的担忧，梅德韦杰夫指出："二十年激烈的改革也没有让我们国家从耻辱性的原料依赖中走出来。目前，我国经济有着苏联时期经济中最为严重的缺陷，那就是在很大程度上对人的需求的漠视。除了少数企业外，我们的民族企业没有创新，不能为人们提供必需的物质产品和技术。他们进行买卖的，不是自己生产的，而是天然原料或进口的产品，俄罗斯生产的产品，目前大部分都属于竞争力非常低的商品。……在当前经济危机的情况下，俄罗斯生产下降的幅度比其他经济体都要大。"[②]因此，在内政方面，梅德韦杰夫将主要的精力放在了发展创新型经济、推进国家现代化上。而在外交方面，梅德韦杰夫强调外交为内政服务的思想。

梅德韦杰夫在维护国家大国地位、确保国家安全方面，其强硬的执政风格

---

① 尼古拉·斯瓦尼热：《大国思维——梅德韦杰夫总统访谈录》，外交学院俄罗斯研究中心译，法律出版社，2010，第 7 页。

② Д. Медведев：«Россия, вперёд!»，http://www.kremlin.ru/news/5413.

不亚于前任。2008 年 8 月，当格鲁吉亚企图以武力统一国家，对南奥塞梯进行军事进攻时，俄罗斯不顾国际社会的谴责，果断出兵，大败格鲁吉亚军队。随后，又承认南奥塞梯和阿布哈兹两个地区独立并与之建交。当以美国为首的西方国家对俄罗斯的行为进行指责并做出对俄罗斯不友好的行为的时候，俄罗斯也针锋相对，毫无退让之意。在美国坚持在中东欧部署反导防御系统时，梅德韦杰夫态度强硬，表示俄罗斯将在与北约成员国波兰和立陶宛接壤的加里宁格勒州部署"伊斯坎德尔"短程导弹予以应对。还表示将部署相关设备，对美国未来在波兰和捷克启动的导弹防御设施进行电子干扰。俄罗斯在国家安全受到威胁时，不畏外来压力，态度强硬，一方面维护了其国家利益，另一方面也显示出俄罗斯大国的张扬性。

在国际地位的维护方面，俄罗斯极力体现出其大国色彩。为谋求国际社会对俄罗斯世界大国地位的认同，俄罗斯在一些重大国际问题上，常常发出不同于西方国家的声音，并表现出自身独特的影响力。俄格冲突后，俄罗斯多次呼吁建立一个公正、民主的多极国际关系体系。在经济方面，2008 年金融危机爆发后，俄罗斯认为原有的金融机制已经失效，不能抵御当前国际社会所面临的经济危机，因此提出建立新的世界金融体系的想法，并一再强调俄罗斯的作用。梅德韦杰夫说："今天，俄罗斯正在被赋予新的角色，即我们能够（我深信这一点）与世界其他大国一律平等地为解决全球性问题做出自己的贡献，首先是与经济增长和气候变化有关的问题。"[1] 在国际安全领域，梅德韦杰夫主张合作安全，反对那些将本国安全凌驾于他国安全之上的安全观，提出希望与欧盟建立融经济、人文和安全为一体的统一和平安全空间的理念。[2] 这体现出梅德韦杰夫期冀扩大俄罗斯在国际事务中的作用，谋求参与制定国际议事日程的权利的想法。[3] 在一些国际热点问题上，梅德韦杰夫政权也表现得非常积极，在利比亚事件、中东事件及叙利亚内乱等重大事件中，均可以看到俄罗斯的身影。

---

[1]　Д. Медведева: Выступление на совещании с российскими послами и постоянными представителями в международных организациях, http://special. kremlin. ru/transcripts/8325.

[2]　Д. Медведев: «Миссия: партнёрство», *Правда*, 6 апреля 2010 года.

[3]　柳丰华:《论"梅普组合"时期的俄罗斯外交》,《俄罗斯学刊》2012 年第 6 期。

三 认为国际环境总体缓和，国家安全在一定程度上能够保障

梅德韦杰夫执政的四年间，俄罗斯的内外形势变化较大。在梅德韦杰夫执政初期，俄罗斯面临的内外形势均比较严峻：俄美关系因小布什欲在中东欧部署反导防御系统而陷入低潮。俄罗斯意识到，如果美国在中东欧部署反导防御系统如愿以偿，那么俄罗斯在欧洲的导弹基地的一举一动将全部在美国的监控之下，俄罗斯导弹对美国和西方国家的威慑力将骤减。多年与美国形成的"恐怖平衡"的态势可能被打破，这将直接威胁到俄罗斯的国家安全。梅德韦杰夫在其上任第一年的国情咨文中表明了自己的担忧："北约舰队以高加索冲突为借口进入黑海。美国在欧洲部署反导防御系统使俄罗斯的安全环境遭到恶化。"① 2008 年 8 月初，俄罗斯出兵格鲁吉亚，虽然阻止了格鲁吉亚武力统一国家的企图，保卫了俄罗斯国民的安全，维护了国家利益，但俄罗斯的军事行动也使其与格鲁吉亚陷入战争状态，导致俄罗斯北高加索地区的安全环境恶化。俄罗斯与西方国家关系也因为该事件骤然紧张：美国不但为格鲁吉亚提供援助，而且帮助格鲁吉亚运送驻外军队回国参战，尤其是美国军舰出现在黑海与俄罗斯军舰进行对峙，使得俄美关系降至冰点；欧盟国家对俄罗斯出兵格鲁吉亚也进行了公开谴责，原本就比较紧张的俄罗斯与西方国家的关系进一步恶化；乌克兰在俄格冲突过程中对格鲁吉亚持支持态度，导致原本冷淡的俄乌关系再度紧张。此外，与前任一样，梅德韦杰夫也认为北约东扩是对俄罗斯国家安全的威胁。他多次批评美国极力推动北约东扩，将大量的军事基础设施东移至俄罗斯的边界附近，在欧洲划出了新的"分界线"。他说："显然，无论怎么说，我们都将北约东扩的这种行动视为针对俄罗斯的行动。……这在客观上与我们国家的安全利益是相悖的。"② 总之，此时俄罗斯的安全环境出现恶化迹象，使得俄罗斯对国家安全环境十分敏感。

在经济方面，美国次债危机引发了全球性的经济危机，使得依靠能源出口

① Послание 2008г Д. Медведева Федеральному Собранию Российской Федерации, http://www.kremlin.ru/transcripts/1968.

② Д. Медведев: Выступление на Конференции по вопросам мировой политики, http://special.kremlin.ru/transcripts/1659.

获得快速增长的俄罗斯受到沉重打击。许多石油开采企业因过度扩大规模而债台高筑，而石油价格大幅下降，导致这些企业难以还贷，面临资金困境。俄罗斯经济增长也开始放缓，2009、2010 年两年间俄罗斯经济的增长速度分别降至 5% 和 4.7%。因此，快速恢复经济，确保本国经济安全成为梅德韦杰夫的一项重要任务。在 2008 年的总统咨文中，梅德韦杰夫明确指出："美国的金融危机导致世界各地金融市场受到拖累，全球性经济危机正在日益显现。"① 因此，他多次表示目前的首要任务是减小经济危机给俄罗斯造成的影响，确保经济稳步增长。

此外，梅德韦杰夫批评美国试图占据全球主导地位导致冲突危险加剧，指责其在一些国际重大问题上抛开联合国采取单方面行动，导致国际局势更加紧张。② 为了确保国家安全，梅德韦杰夫加强了军队现代化建设，提出在 2011~2020 年十年间将每年平均更新武器和装备的 9%~11%，到 2020 年使武器装备现代化达到 70%。基于对国家内外形势较为严峻的判断，梅德韦杰夫担任总统初期，十分重视国家的安全局势，在外交方面，表现得也较为强硬，但这种情况只持续到 2008 年底。

2009 年，俄罗斯与格鲁吉亚冲突造成的影响逐渐减退，而经济危机给各国造成的影响进一步凸显，各国均将快速摆脱经济危机作为本国的首要任务，它们开始加强国际合作，这为俄罗斯同西方国家关系的缓和创造了机遇。奥巴马担任总统并表示暂时停止在中东欧部署反导防御系统后，俄美关系开始升温，俄罗斯面临的外部环境逐渐向好。随着经济危机的加剧，梅德韦杰夫不再将安全利益置于首位，而是开始将尽快摆脱经济危机作为国家的首要任务。在其执政一周年的讲话中，他说："身为总统，实现国家经济的稳步发展是我的首要目标。"③ 为此，俄罗斯向西方抛出橄榄枝。梅德韦杰夫也不再像先前那样，强调格鲁吉亚对高加索的威胁，而是主动向西方国家示好。他说："我希

---

① Послание 2008г Д. Медведева Федеральному Собранию Российской Федерации, http：// www. kremlin. ru/transcripts/1968.

② Д. Медведев： Выступление на Конференции по вопросам мировой политики, http：// special. kremlin. ru/transcripts/1659.

③ 童师群译《梅德韦杰夫在当选总统一周年之际发表的电视讲话全文》，http：//www. cetin. net. cn/ cetin2/servlet/cetin/action/HtmlDocumentAction？ baseid = 1&docno = 378932。

望高加索历史的悲惨一页已成为过去。我还想再次强调，欧盟在寻求和平解决高加索危机中起到了建设性作用。当其他力量不想这样做或做不到时，我们得到了欧盟这样一个主动、负责，尤其是务实的伙伴。我认为，这也恰好是俄罗斯联邦与欧盟关系成熟的一个例证。"① 同时，梅德韦杰夫提出建立新的欧洲安全条约的想法，他说："高加索事件再次证明，订立新的欧洲安全条约的想法是完全正确的。借助这一条约完全可以建立起统一、可靠、全面的安全体系。这一体系对所有国家一视同仁，不会孤立谁，也不会有安全程度不同的地区。在统一的游戏规则基础上，这一体系理应能够将整个欧洲－大西洋团结在一起。我们共同的安全将能够得到长期的法律形式的保障。"②

四　在维护国家利益方面，手段强硬，但仍积极寻求国际合作

梅德韦杰夫虽然给世人的印象并非如普京那样咄咄逼人，但是在维护国家利益的手段之强硬方面，他毫不逊色于前任。2008 年 8 月俄罗斯出兵格鲁吉亚，尽管遭到了国际社会的质疑，面临很大的国际压力，但是梅德韦杰夫依然表示，在北高加索不会退缩，承认了南奥塞梯和阿布哈兹独立。在执政一周年之际，梅德韦杰夫在回顾俄格冲突时指出："去年，无论对我个人还是所有俄罗斯人而言，高加索事件都是一场严峻的考验。这么多年来，俄罗斯首次不得不采取军事行动，以保护本国居民和当地平民免遭格鲁吉亚领导层发动的侵略。这一事件令我们再次重新思考在外交舞台上捍卫本国利益的问题。我认为，我们最终通过的决定表明，我们所做的一切是正确且必要的。尤为重要的是，我们保护了俄罗斯联邦公民和其他居住在该地区的百姓，成功地捍卫了俄罗斯的国家利益。"③

为了更好地维护俄罗斯在前苏联和其他地区的利益，2009 年 8 月，梅德韦杰夫向议会提交了《国防法》修正案，要求扩大总统的海外用兵权限，以

---

① Д. Медведев: Выступление на Конференции по вопросам мировой политики, http://special. kremlin. ru/transcripts/1659.
② Д. Медведев: Выступление на Конференции по вопросам мировой политики, http://special. kremlin. ru/transcripts/1659.
③ 童师群译《梅德韦杰夫在当选总统一周年之际发表的电视讲话全文》，http://www.cetin. net. cn/cetin2/servlet/cetin/action/HtmlDocumentAction? baseid = 1&docno = 378932。

保护俄罗斯公民和驻外军事人员的安全，维护国际和平与俄罗斯的领土完整。根据该法案，在俄罗斯遭到侵略、为保卫领土完整和不可侵犯以及履行国际义务时，俄军有权在境外实施行动。修正案增加了海外用兵理由，规定当部署在境外的俄罗斯武装力量和其他部队遭到攻击、回击或预防针对其他国家的侵略、保卫境外俄联邦公民、打击海盗和确保航运安全等情况下，总统有权决定在本土以外使用武力，以保护俄联邦及其公民权益，维护国际和平及俄武装部队的安全。修正案大大扩展了俄军行动的地理范围，俄罗斯今后可以向全球任何地区派兵。梅德韦杰夫还多次表明将不惜一切代价捍卫国家利益的决心。他说："俄罗斯作为世界上先进经济体之一，作为核大国，作为联合国安理会常任理事国，应该公开而明确地表明自己的立场，在任何情况下都要捍卫自己的权益。不阿谀，不迎合。在自身利益受到威胁时，将坚决进行捍卫。"① 针对美国欲在中东欧部署反导防御系统，梅德韦杰夫采取多种措施予以应对：第一，下令将加里宁格勒州的导弹预警雷达系统加入作战编队；第二，建立俄罗斯的空天一体防御，加强对战略核设施的保护；第三，为战略火箭兵和海军列装的战略导弹换上新型导弹；第四，下令武装部队确保在必要情况下摧毁敌方反导防御系统的信息与指挥系统；第五，必要时在国家西部和南部部署最先进的"伊斯坎德尔"导弹，以确保能够有足够火力摧毁欧洲的反导防御系统。② 在俄日关系方面，梅德韦杰夫也表现出其强硬的一面。在俄日关系长期没有突破性进展、日本右翼势力逐渐抬头的情况下，2010年11月1日，梅德韦杰夫抵达"北方领土"（俄罗斯称"南千岛群岛"，日本称"北方四岛"）的国后岛进行视察，以宣示俄罗斯对南千岛群岛的主权，这是苏联和俄罗斯历史上领导人首次视察该地区。虽然梅德韦杰夫的视察行为引起日本的强烈不满和抗议，但是俄罗斯依然我行我素，在邀请日本共同开发北方四岛未果的情况下，俄罗斯随即表示，将邀请周边邻国企业对北方四岛进行开发，引起了日本的极大恐慌，也体现出梅德韦杰夫在维护国家利益时强硬的一面。

梅德韦杰夫在以强硬手段维护国家利益的同时，也多次表示与包括美国在

---

① Д. Медведев: «Россия, вперёд!», http://www.kremlin.ru/news/5413.

② Д. Медведева: Заявление Президента в связи с ситуацией, которая сложилась вокруг системы ПРО стран НАТО в Европе, http://special.kremlin.ru/transcripts/13637.

内的大国进行合作的意愿。在与美欧等国的关系因美国在中东欧部署反导防御系统和俄罗斯出兵格鲁吉亚等事件依然紧张的时候,梅德韦杰夫也表现出与美欧国家缓和关系的意愿。在 2008 年的国情咨文中,虽然在谈到涉及国家安全等方面问题时态度强硬,但是依然表示希望与美欧等国家缓和关系。他说:"在任何情况下,俄罗斯将坚持这种改革。与美国、欧盟、金砖四国和所有有关各方进行合作。我们将尽一切努力使世界更公平、更安全"。"我们同美国人民没有问题,我们没有生来的反美主义。希望我们的合作伙伴——美利坚合众国的新一届政府能够做出有利于两国关系全面发展的选择。"① 2008 年 11 月 15 日,梅德韦杰夫在华盛顿参加 G20 集团首脑经济峰会时发表演讲称,俄罗斯希望与美国改善关系,希望美国下一任总统奥巴马上任后,俄美关系可以出现回暖。② 2009 年 3 月 20 日,梅德韦杰夫在会见美国"俄罗斯 - 美国:展望未来"论坛的成员时表示,希望与美国总统奥巴马会晤后,"重启"两国关系的说法能得到落实。2009 年 7 月 2 日,梅德韦杰夫发表博客视频说,希望自己与美国总统奥巴马在即将召开的俄美莫斯科峰会上取得丰富成果。希望奥巴马的访问有助于总统本人及其身边的人感受到俄罗斯希望改善双边关系的真实愿望。③ 7 月 4 日,梅德韦杰夫致电美国总统奥巴马祝贺美国独立日。梅德韦杰夫说,当前,俄美两国的协作对核不扩散、反恐、调解地区冲突等重要国际问题具有特殊意义,希望两国能够相互尊重和信任,共同促进俄美伙伴关系的发展。2009 年 10 月 11 日,在祝贺奥巴马荣获诺贝尔和平奖时,梅德韦杰夫表示,愿同美国展开进一步建设性交流,在平等互利、相互尊重、考虑双方利益的基础上发展美俄关系。2010 年 7 月,梅德韦杰夫在与俄罗斯驻外大使和常驻国际组织代表会面时的讲话中明确表示,要与德国、法国、意大利、欧盟和美国结成特殊的现代化联盟。④ 梅德韦杰夫虽然在涉及俄罗斯国家利益时与

---

① Послание Д. Медведева Федеральному Собранию Российской Федерации, http://www.kremlin.ru/transcripts/1968.

② 《梅德韦杰夫称希望奥巴马上任后美俄关系回暖》, http://news.qq.com/a/20081117/000184.htm。

③ 马俊伟:《美俄关系期待修复》, http://epaper.xplus.com/papers/luzcb/20090703/n59.shtml。

④ Д. Медведева: Выступление на совещании с российскими послами и постоянными представителями в международных организациях, http://special.kremlin.ru/transcripts/8325.

美国针锋相对，但是他十分重视同美国的关系，希望同其建立一种相互妥协、彼此尊重的友好关系。

梅德韦杰夫也希望缓和与北约及欧洲国家的关系，从而为俄罗斯经济发展创造良好的外部环境。他说："我们期待对北约的未来有更加明确的认知。希望北约完成转型，成为安全保障领域面向 21 世纪，而非 20 世纪的现代化组织。我们也准备与欧洲大陆的其他国家平等合作。而对北约来说，继续与俄罗斯接触，与集体安全条约组织建立联系，同时无条件遵守国际法准则和联合国宪章十分重要。"① 梅德韦杰夫在埃维昂就国际安全与全球金融危机发表讲话时，尽管批评美国试图占据全球主导地位导致冲突危机不断积聚，指责其抛开联合国采取一系列单方面行动，实行与俄罗斯国家安全利益相抵触的遏制政策，导致欧洲－大西洋正常危机不断，但他并不认为世界会受到新"冷战"的威胁。在对美国单边主义行为和北约东扩进行批评后，依然表示不愿与美国、北约进行对抗，希望与之进行合作。他说："我再次强调：俄罗斯为合作敞开大门，并打算负责任地和务实地采取行动。"②

在极力缓和与美欧等西方国家关系的同时，梅德韦杰夫也十分重视与传统盟友和东方伙伴的关系。他指出："我国的亚太政策首先应保证我国东部地区的安全，而且要促进该地区的和平与稳定。我们要按照这个原则尽量加强战略伙伴关系，包括在国际舞台上与中国进行互动，确保进一步与印度发展合作，并加强与日本，以及亚太地区其他国家的关系。"并"奉行加强多边关系的方针，进一步促进投资。在这方面，我国在金砖国家的伙伴关系以及这方面的交往有特殊的机遇。"③ 在文章中，梅德韦杰夫强调了上海合作组织和金砖国家的重要性，明确表示希望发展与上海合作组织和金砖国家的合作伙伴关系。④ 在加强与大国关系的同时，梅德韦杰夫始终十分重视与独联体国家的关系。他

① Д. Медведева：Выступление на совещании с российскими послами и постоянными представителями в международных организациях，http：//special. kremlin. ru/transcripts/8325.

② Д. Медведев：Выступление на Конференции по вопросам мировой политики，http：//special. kremlin. ru/transcripts/1659.

③ Д. Медведева：Выступление на совещании с российскими послами и постоянными представителями в международных организациях，http：//special. kremlin. ru/transcripts/8325.

④ Д. Медведев：«Россия, вперёд！»，http：//www. kremlin. ru/news/5413.

说："尽管西方和亚太地区作为我国现代化的外部源泉意义重大，但是我们与独联体伙伴的合作依然是十分重要的优先方向。"① "在与西方国家积极展开合作的同时，我们也要深化与欧亚经济共同体、集体安全条约组织和独联体国家的合作。它们是我们最亲密的战略合作伙伴。我们同它们在经济体现代化、保障区域安全和建立更加公平的世界秩序方面有着共同的使命。"②

第二节　梅德韦杰夫执政时期俄罗斯的主要外交事例

梅德韦杰夫执政期间，国际形势十分复杂，多有突发事件发生，这在一定程度上考验了梅氏的外交智慧。实践证明，梅德韦杰夫承受住了各种考验，在变幻莫测的国际局势中，他张弛有度，很好地维护了俄罗斯的国家利益。

一　以保护国家利益为由，出兵格鲁吉亚

苏联解体后，俄罗斯与格鲁吉亚两国间始终是龃龉不断。在苏联解体之初，由于俄罗斯并未认真对待与前苏联国家的关系，一度将后者视为俄罗斯的"累赘"，对其持"甩包袱"的态度。而格鲁吉亚也因历史及民族分裂问题对俄罗斯采取疏远甚至敌视态度，排俄情绪比较浓重。③ 第一任总统加姆萨·胡尔季阿执政期间，一方面寻求加入西方阵营，另一方面实行排俄政策。但时间不长，胡尔季阿便因国内分裂问题被迫下台。1992 年 3 月，前苏联的外交部长谢瓦尔德纳泽回国执政。而此时俄罗斯对格鲁吉亚分裂势力持支持态度，使得俄格关系一度十分紧张。当格鲁吉亚政府意识到在俄罗斯对分裂势力进行支持的情况下，格鲁吉亚不但不能统一国家，而且还很难抵抗住分裂势力的进攻后，谢瓦尔德纳泽只好被迫向俄罗斯求助。此时，俄罗斯也意识到先前对前苏联地区国家政策的失误，为了保持在该地区的影响力，叶利钦以格鲁吉亚加入独联体并允许俄罗斯驻军为条件答应进行调和。1993 年 10 月，格鲁吉亚领导

---

①　Д. Медведева：Выступление на совещании с российскими послами и постоянными представителями в международных организациях，http：//special. kremlin. ru/transcripts/8325.

②　Д. Медведев：«Россия，вперёд!»，http：//www. kremlin. ru/news/5413.

③　陈宪良：《俄罗斯与格鲁吉亚关系变化及其走势》，《俄罗斯中亚东欧研究》2008 年第 5 期。

人谢瓦尔德纳泽访问俄罗斯，接受了叶利钦的建议，表示同意加入独联体。同年 12 月，格鲁吉亚签署《独联体安全条约》等文件。1994 年 2 月，俄罗斯总统叶利钦访问格鲁吉亚，双方签署了友好合作条约、共同保卫两国外部边界及俄罗斯保留在格鲁吉亚境内的军事基地等 11 项协定。[1] 1994 年 3 月 1 日，格鲁吉亚正式加入独联体。1994 年 5 月，格鲁吉亚与分离地区阿布哈兹在莫斯科的调停下签署了停火和隔离双方武装力量的协定。9 月，叶利钦在索契会见格、阿领导人，促成双方达成长期停火协议。随后，俄罗斯军队以独联体维和部队名义进驻冲突地区进行维和。[2]

但俄罗斯维和部队的介入只是暂时搁置了格鲁吉亚民族分裂问题，格鲁吉亚的统一问题非但没有得到解决，反而因俄罗斯维和部队的进入变得更加复杂。[3] 当格鲁吉亚意识到依靠俄罗斯无法实现国家统一时，便借美国等西方国家对外高加索进行渗透之机，开始向美国等西方国家靠拢并逐渐疏远俄罗斯：1996 年，格鲁吉亚议会通过了边界保卫法，要求俄罗斯边防军必须在 1997～1998 年间撤出格鲁吉亚；1997 年 10 月，格鲁吉亚又与乌克兰、阿塞拜疆和摩尔多瓦组建了外界看来旨在抗衡俄罗斯的"古阿姆"集团；1998 年下半年，格鲁吉亚又要求俄罗斯撤出驻扎在阿布哈兹的维和部队并希望以北约部队代之；1999 年 2 月，格鲁吉亚拒绝签署关于延长集体安全条约有效期的初步议定书，随后提出加入北约的请求；1999 年 11 月，格鲁吉亚、阿塞拜疆和土耳其三国签署了修建旨在绕开俄罗斯的巴库—第比利斯—杰伊汉输油管线的协议。显然，格鲁吉亚的这种战略转变不符合俄罗斯的国家利益，[4] 引起了俄罗斯的不满，为此，俄罗斯加大对格鲁吉亚的压力，双方敌对情绪骤增。

普京执政后，曾力图改善与格鲁吉亚的关系，但由于俄罗斯无法满足格鲁吉亚尽快实现国家统一和快速发展国民经济等核心利益的诉求，因此格鲁吉亚对俄罗斯失去了耐心，俄格关系渐行渐远。加之俄罗斯在车臣反恐战争中涉及

---

① 郑羽、李建民：《独联体十年》，世界知识出版社，2001，第 222 页。
② 1992 年 7 月面在俄罗斯的斡旋下，格鲁吉亚与南奥塞梯签署了停火协议，由俄罗斯、格鲁吉亚和南奥塞梯三方组成混合维和部队进驻南奥塞梯冲突地区进行维和。
③ 陈宪良：《俄罗斯与格鲁吉亚关系变化及其走势》，《俄罗斯中亚东欧研究》2008 年第 5 期。
④ 陈宪良：《俄罗斯与格鲁吉亚关系变化及其走势》，《俄罗斯中亚东欧研究》2008 年第 5 期。

格鲁吉亚潘基西峡谷和格鲁吉亚力图加入北约等问题，两国关系非但没有好转，反而矛盾进一步加深。俄罗斯为逼迫格鲁吉亚回归到独联体内，不断对格鲁吉亚施压，而格鲁吉亚在美国的支持下对俄罗斯的态度也日渐强硬，导致两国关系一度恶化，濒临战争边缘。

格鲁吉亚发生"颜色革命"时，虽然俄罗斯采取了表面中立实则倾向于反对派的政策，但是新上任的萨卡什维利总统并不买俄罗斯的账，以其为代表的亲西方势力将"融入西方"视为既定国策。萨卡什维利明确提出将推动格鲁吉亚尽快加入北约。为了扫清加入北约的障碍，格鲁吉亚强烈要求俄罗斯尽快撤除在格驻军，而俄罗斯则以种种借口迟迟不定撤兵日期。2005 年 3 月 10 日，格鲁吉亚议会通过了《关于俄罗斯驻格鲁吉亚军事基地的决议》，宣布俄罗斯军事基地"不具有任何法律地位"，要求俄方在 5 月 15 日前就军事基地撤除提出"具体的、令格满意的"时间表。在格俄两国谈判未果后，格鲁吉亚议长宣布，如果格俄两国有关军事基地的谈判不能取得进展，格方将单方面宣布俄罗斯军事基地处于被撤除状态。在格鲁吉亚的强烈要求下，2005 年 5 月 30 日，格俄两国终于按照格鲁吉亚规定的时间表签署了关于俄罗斯撤除驻军的协议。同时，格鲁吉亚多次要求俄罗斯撤出其在南奥塞梯和阿布哈兹的维和部队，俄罗斯则以多种理由予以拒绝。格鲁吉亚对此极为不满。2006 年 7 月，格鲁吉亚议会通过了《关于俄罗斯维和部队从阿布哈兹和南奥塞梯冲突地区撤出的决议》，要求俄罗斯尽快从上述地区撤出维和部队。2006 年 9 月 22 日，格鲁吉亚总统萨卡什维利在联合国大会上指责俄罗斯在格鲁吉亚恢复领土完整的努力中起着破坏性作用，要求俄罗斯立即从南奥塞梯和阿布哈兹撤军。随后，两国又因"间谍事件"险些兵戎相见。2007 年 8 月，两国关系因飞机导弹事件再度紧张。2008 年 4 月 16 日，俄格双方又因俄罗斯与阿布哈兹和南奥塞梯加强合作矛盾再度激化。格鲁吉亚外长巴克拉泽指责俄罗斯是企图在合法的外衣下吞并这个两地区，表示将尽一切努力阻止俄罗斯的侵占行为。4 月 29 日，俄罗斯宣布，决定向格鲁吉亚与阿布哈兹冲突区增派维和部队，引起了格鲁吉亚的强烈不满。总理古尔格尼泽随即表示，格鲁吉亚"坚决反对"俄罗斯向阿布哈兹派遣维和部队的决定，认为俄罗斯的行为是"极不负责的"，将"严重地"破坏该地区的稳定，并宣布将视每一个进入阿布哈兹的俄罗斯维和士兵为非法的、潜在的侵略者。① 俄格关系紧张加剧。

对于格鲁吉亚而言,阿布哈兹和南奥塞梯问题犹如芒刺在背。因为该问题如若不解决,格鲁吉亚很难成为北约或欧盟成员。而多年来,格鲁吉亚发现,俄罗斯的所谓维和部队在冲突地区的驻扎恰恰使其统一的愿望更难实现。尤其是近年来,俄罗斯不断为这两个冲突地区的居民签发签证,导致该地区绝大多数人都拥有了俄罗斯的国籍,这对格鲁吉亚的统一极为不利。因此,格鲁吉亚一方面对俄罗斯的行为表示抗议,另一方面要求俄罗斯的维和部队尽快撤出冲突地区,以北约的部队取而代之。但俄罗斯明确表示在没有另外两方阿布哈兹和南奥塞梯的要求时,俄罗斯军队不会撤出。

为了尽快统一国土,格鲁吉亚不断加强军备。但此时,格鲁吉亚领导人发现,由于俄罗斯的介入,阿布哈兹与南奥塞梯回归的问题越来越难以解决:一方面,由于俄罗斯维和部队的存在,阿布哈兹、南奥塞梯同格鲁吉亚的联系几乎被完全切断;另一方面,俄罗斯正在不断为冲突地区居民发放护照,长此以往,该地区的居民很可能都成为俄罗斯公民。届时,格鲁吉亚的统一之路将更为艰难。因此,2008年8月8日,正值全世界将目光投向北京奥运会的时候,格鲁吉亚公然违背了奥运期间不发战事的精神,公然对南奥塞梯出兵。冲突中,格鲁吉亚出动了5000人左右的兵力,并使用了飞机、火箭炮、坦克等重型武器。在格鲁吉亚政府军的突袭下,南奥塞梯首府茨欣瓦利基本被格政府军占领。从此次格鲁吉亚政府军出动的数量及使用的武器装备完全可以看出,格鲁吉亚政府力图以武力一举统一国土。

在格鲁吉亚对南奥塞梯首府茨欣瓦利进攻8小时后,俄罗斯迅速出动了500辆坦克和9000人的兵力进入南奥塞梯。俄军动用重型武器沿途击溃了格军的抵抗,9日下午,俄军装甲部队突入茨欣瓦利。同时,俄罗斯出动了空军,对格鲁吉亚多处军事目标发动了攻击,俄罗斯海军还击沉了格鲁吉亚一艘导弹巡逻艇,给格鲁吉亚造成了巨额损失。格鲁吉亚原本希望借世人关注北京奥运会之机,速战速决,统一国土,但没想到的是俄罗斯果断出兵,不但阻滞

---

① Грузинский МИД поведал о чём Пугин беседовал с Саакашвиьли, http://www.novopol.ru/text42408.html.

了格鲁吉亚军队的进攻，而且给格政府军以沉重的打击。经过五天的激战，俄罗斯解除了格鲁吉亚最精锐部队——第一机械步兵旅的武装，格鲁吉亚军队的重型装备损失殆尽。格鲁吉亚的军事进攻彻底失败。更令格鲁吉亚感到愤怒的是，在俄格战争后，8月26日，俄罗斯总统梅德韦杰夫宣布，正式承认南奥塞梯和阿布哈兹独立，导致这两个地区彻底从格鲁吉亚分裂出来。

尽管美国和欧盟等国在事件中对格鲁吉亚持支持态度，对俄罗斯进行谴责，美国还帮助格鲁吉亚从伊拉克运送军人回国参战，北约的军舰也到黑海游弋，与俄罗斯军舰进行对峙，但是美欧等国并未出兵参战。2008年9月8日，经法国总统萨科奇的斡旋，在格鲁吉亚做出不动武的承诺及欧盟派出200名以上的观察员后，俄罗斯承诺将全部撤走驻波季港及南奥塞梯和阿布哈兹附近的军队。俄格战争至此结束。

俄格战争虽然仅持续五天时间，但是其造成的影响却很大，尤其是给格鲁吉亚造成的损害巨大。本次战争不但使格鲁吉亚损失惨重，而且使其武力统一的愿望破灭。特别是，俄罗斯承认两个分离地区独立，将导致这两个地区最终从格鲁吉亚彻底分离出去。对俄罗斯而言，战争使俄格关系彻底破裂，俄格两国处于敌对状态。由于与格鲁吉亚接壤的俄北高加索地区民族问题复杂、分离主义倾向严重，是俄罗斯的高危地带，因此俄格交恶对俄罗斯边疆稳定、反恐行动将产生不利影响。战后，格鲁吉亚退出了独联体，俄罗斯的战略空间进一步被迫收缩。格鲁吉亚将完全倒向西方，甚至在一定程度上成为美国制衡俄罗斯的一个急先锋。如果格鲁吉亚加入北约，不但会使俄罗斯的地缘战略空间再度遭受挤压，而且可能在高加索地区，甚至独联体地区国家中产生榜样效应，届时，俄罗斯对独联体国家的影响将会进一步削弱。

二 进一步展开经济外交，使国家尽快摆脱经济危机

梅德韦杰夫执政后，尽管在一些涉及国家安全利益的问题上态度强硬，甚至不惜以武力维护，但从其整体的外交实践来看，梅德韦杰夫依然主张通过合作来实现国家利益，尤其是在金融危机进一步显现的2009年之后，这种与外界合作的意愿则更为明显。梅德韦杰夫明确表示了外交为国家经济、政治发展服务的思想，他在俄罗斯驻外使节会议上表示："俄罗斯应该更有效地利用外

交手段来解决我们的国内问题，以实现国家现代化的目标。"①

　　普京执政八年间，俄罗斯的经济增长较快，经济总量得到了较大幅度的提升，世界排名由其上台之初的第十位升至第七位，但此时经济的快速增长主要得益于国际油价的高企。从俄罗斯出口产品的结构不难看出其经济结构的严重失衡。2007年，俄罗斯包括能源在内的原材料出口占总出口额的85%以上，而机械设备所占的比重尚不到6%。俄罗斯领导人意识到，仅依靠石油等原材料和初级产品的出口来维持经济的高增长并非长久之计，因此下大力气进行产业结构调整，但长期积累起来的经济痼疾很难在短期内根治。

　　2008年下半年，由美国次贷危机引发的全球性金融危机产生的影响在俄罗斯日益凸显。作为资源依赖型的国家，本次危机对俄罗斯经济的影响巨大。2008年7月国际油价达到每桶147美元的历史高点后急剧下挫，到当年年底，油价下跌近70%，这使严重依赖石油出口的俄罗斯经济大幅下滑。2009年，俄罗斯的经济首次出现十年来的负增长，全年经济降幅高达7.8%，成为世界前十大经济体中下降幅度最大的国家，也是"金砖国家"中表现最差和上合组织中唯一出现经济负增长的国家。② 经济危机打破了俄罗斯的经济发展计划，为了尽快摆脱危机，梅德韦杰夫在国内采取了积极的财政政策，实施反危机计划，在国际上加强与各国合作，共同应对经济危机。

　　梅德韦杰夫意识到，作为外向型国家，仅靠自身的力量，俄罗斯是难以尽快摆脱经济危机的，只有加强与国际社会的合作，才可能走出危机。因此，他多次表示与世界主要的大国进行合作的愿望。因为欧盟和美国是俄罗斯最重要的贸易伙伴及二者在国际上均具有重要的经济地位，因此梅德韦杰夫首先提出加强与欧美等国进行经济合作的愿望。尽管因俄格冲突，俄罗斯与美国和欧盟关系十分紧张，甚至俄美军舰在黑海出现对峙情况，但在与格鲁吉亚的战争刚刚结束，梅德韦杰夫就表示："俄罗斯不希望与任何一个国家进行对抗，也不

① Д. Медведева: Выступление на совещании с российскими послами и постоянными представителями в международных организациях, http://special. kremlin. ru/transcripts/8325.
② 郭晓琼:《"梅普"时期的俄罗斯经济:形势、政策、成就及问题》,《东北亚论坛》2012年第6期。

愿自我封闭。俄罗斯希望尽可能地与欧盟、美国和世界上所有国家发展友好
关系。"①

在经济合作方面,基于俄罗斯与欧盟合作空间广阔及俄罗斯回归欧洲的强
烈愿望等诸多原因,俄罗斯最为重视与欧盟的经贸合作。历史与双方经济发展
结构的现实决定了双方具有广阔的经济合作空间:一方面,作为原料出口大
国,俄罗斯需要欧盟这个巨大的市场,尤其是能源市场。目前,欧盟五分之二
的能源来自俄罗斯。另一方面,俄罗斯想快速发展,摆脱经济过度依赖原材料
出口的现状,实现创新经济,迫切需要欧盟的资金和技术。双方这种强烈的互
需性,促使俄欧之间必须加强合作。尽管俄欧之间也存在着诸多矛盾,但是相
比俄美关系,俄欧关系更具凝聚力,双方的合作利益远远大于彼此的分歧。多
年来,欧盟始终是俄罗斯最大的贸易伙伴:2008 年,俄欧贸易额创历史新高,
达到 3824 亿美元,当年欧盟对俄罗斯的投资高达 836 亿美元,俄罗斯对欧盟
的投资为 478 亿美元;2009 年,因受金融危机的影响,双方贸易额降至 2363
亿美元,但欧盟依然是俄罗斯最大贸易伙伴;2010 年,俄欧贸易出现了恢复
性增长,双方贸易额达到 3000 亿美元。② 紧密的贸易联系必然促使俄罗斯极
其重视与欧盟的关系。

2008 年 6 月 25 日,刚刚走上俄罗斯总统岗位的梅德韦杰夫就表示,俄欧
关系发展良好,尽管欧盟一些成员国之间就与俄罗斯的关系问题存在着分歧,
但这仅是欧盟内部的问题,俄罗斯对此表示尊重和理解。俄罗斯将沿着既定的
方向与欧盟发展关系。在随后举行的俄欧首脑峰会上,双方签署新的合作文
件,就欧洲安全保障、能源合作、边境地区发展等问题达成进一步合作意向。
会议上,梅德韦杰夫表示,将进一步推动双方在能源领域的合作。他说,俄罗
斯与欧盟的所有能源合作项目都将得到彻底实施,这些项目包括修建向欧洲运
送俄罗斯能源的"北溪"和"南溪"天然气管道项目。会后,双方领导人发
表了联合声明,决定启动有关签署新的俄欧《伙伴关系与合作协定》的首轮
谈判。

---

① Президент России ответил на вопросы журналистов телевизионных каналов «Россия»,
Первого, НТВ. http://special.kremlin.ru/transcripts/1276.

② Игорь Гладков, Россия в системе европейской торговли : начало XXI, власть, №4 2012.

　　俄格战争爆发后，俄欧关系出现了波动，欧盟对俄罗斯出兵格鲁吉亚表示担忧，尤其是对俄罗斯承认南奥塞梯和阿布哈兹独立进行了谴责，欧盟首脑会议也公开提出"欧盟与俄罗斯的关系处在了十字路口"，并发表声明表示，在俄罗斯军队彻底撤回到冲突前的位置之前，欧盟将暂时推迟与俄罗斯的"合作伙伴关系谈判"。① 但俄欧双方均知彼此间合则两利、斗则两伤的道理，因此互需的现实促使双方搁置了争议。在法国的斡旋下，俄罗斯在满足其要求的情况下很快撤出了军队，俄欧关系得到了缓和。

　　2009 年 5 月 22 日，第 23 次俄欧峰会结束后，梅德韦杰夫说，此次峰会讨论了全球金融危机、能源安全、建立四个统一空间"路线图"的进展情况、新的俄欧《伙伴关系与合作协定》和国际热点问题。他说，俄罗斯准备继续与欧盟在各方面开展合作，讨论有争议的问题。为了推动双方经贸合作及人员往来，2010 年 6 月，在俄欧首脑峰会后，俄欧双方发表联合声明，宣布启动现代化伙伴关系的倡议。双方表示，俄欧致力于"增加双边贸易和投资、促进世界经济自由化和增强竞争力"，将在"平等的民主和法制基础上共同寻找应对现今挑战的方法"，强调现代化伙伴关系倡议将成为促进双方改革、加强和提高竞争力的灵活框架，其中行业对话将是该倡议实施的基本机制。声明说，现代化伙伴关系倡议的优先领域包括增加创新关键领域的投资机会、深化双边经贸合作、为中小型企业创造有利环境、促进技术法规和标准的衔接及保护知识产权。此外，还包括运输、发展低碳经济、节能、加强在创新和太空研究领域的合作、保证司法系统的有效运作、加强合作和反腐及促进人员交流等。另外，峰会上，俄罗斯还向欧盟提出关于双方对短期停留的公民实施互免签证的建议。2011 年 12 月，俄欧双方决定开始围绕逐步取消签证制度展开对话。②

　　俄罗斯与欧盟彼此需要，只有务实合作才能使双方的利益最大化。目前，俄罗斯现代化发展面临诸多困难，欧盟是俄罗斯最大的贸易伙伴和最主要的外资来源地，离开其支持，俄罗斯将很难实现其现代化发展目标。而欧盟欲保持

---

① 张兴慧：《欧盟冻结与俄罗斯合作伙伴关系谈判》，http：//news. qq. com/a/20080904/000613. htm。
② 《俄罗斯－欧盟峰会将召开 互免签证问题再成商讨焦点》，http：//finance. sina. com. cn/roll/20111214/110410991200. shtml。

经济长期稳定发展也难以离开俄罗斯。如今，欧元区债务危机依然困扰着欧盟国家，俄罗斯作为欧盟第三大贸易伙伴和第一大能源供应国，对欧盟社会稳定和经济发展起着举足轻重的作用。因此，两国利益需求的现实决定双方必须保持密切的合作关系。

俄美两国的贸易额虽然远不如俄欧，甚至比俄中贸易额也少很多，但是基于美国依然是世界上最强大的国家，并且在一定程度上主宰着国际事务，因此俄罗斯十分注重加强同美国的关系。

2009年3月6日，俄美两国在日内瓦举行奥巴马就任后的首次外长会谈，希拉里与拉夫罗夫共同按下了象征两国关系"重启"的红色按钮。此后，美国调整了其东欧反导防御计划，俄罗斯也表示将进一步调整与美国的关系。2010年4月，俄美两国签署了新的核裁军协议。随后，双方在阿富汗、伊朗和朝鲜问题上达成了一致，为俄美两国进一步加强经贸合作奠定了基础。梅德韦杰夫在接受《华尔街日报》采访时表示，尽管俄美两国在防务安全方面的伙伴关系得以加强，但双方在经济领域的联系并未得到改善。并提出希望两国加强经济合作。2010年6月，在俄罗斯圣彼得堡出席"2010国际经济论坛"期间，前来参加会议的美国副国务卿罗伯特·霍马茨表示，美俄关系在政治和安全领域取得了进展，现在有机会"重启"经济合作了。俄罗斯经济部长艾尔维拉·纳比乌林娜也表示，美国是俄罗斯第八大贸易伙伴，俄罗斯是美国最大的能源进口国，2009年双边贸易额达到184亿美元。并表示，希望两国进一步加强经贸领域的合作。[①] 为了加快俄罗斯经济现代化的步伐，梅德韦杰夫决定在莫斯科附近建立一个类似于美国"硅谷"的斯科尔科沃高科技核心区。美国企业表现出了对参与斯科尔科沃中心项目建设的热情。

2010年6月22日，俄罗斯总统梅德韦杰夫对美国进行国事访问。随梅德韦杰夫访美的有一个庞大的商界代表团，包括许多来自能源、农业、航天和信息技术产业的企业高管。梅德韦杰夫访美期间，俄美双方在经济、文化、科技等领域达成了系列协议，其中包括俄罗斯购买约40亿美元的波音飞机在内的

---

① 《梅德韦杰夫访美 俄美有望"重启"经贸合作》，http：//www.s1979.com/news/world/201006/234478723.shtml。

几个大型商业合同。

　　总体而言，在梅德韦杰夫执政期间，俄美经贸关系发展较快。2011 年，俄美双边贸易额达到了 429 亿美元的历史高点，进口同比增长了 39%，出口增长了 21%，① 比 2005 年增加近 3 倍。② 但俄美贸易相对其他大国依然很少，与两国的国际地位严重不符。俄美贸易规模甚至不及俄罗斯与白俄罗斯和俄罗斯与土耳其的贸易规模。但俄罗斯非常看重美国在高科技市场的地位、投资能力及其在国际经济和金融组织中的主导作用，因此急切希望美国尽快废除"杰克逊－瓦尼克修正案"，取消对俄罗斯的贸易歧视。③

　　独联体国家是俄罗斯最为重视的地区，俄罗斯始终将该地区视为自己的特殊利益区。因此，俄罗斯对该地区也投入了巨大的精力、财力。但由于俄罗斯自身实力远不如苏联时期及美欧等国的渗透和独联体国家渴望发展以快速融入西方世界等原因，俄罗斯对该地区的"经营"并不如意，独联体的离心倾向日益明显。俄格战争后，格鲁吉亚退出独联体，一些原本离心倾向比较明显的国家，虽然没有像格鲁吉亚一样退出独联体，但这些国家看到俄罗斯为维护自身利益不但使用经济手段而且动用武力，因此也与俄罗斯保持一定的距离。

　　俄罗斯面对独联体的现实情况，一方面尽力维持其在独立体的领导地位，另一方面分层次推动独联体地区一体化：首先是在欧亚经济共同体的框架下重点与白俄罗斯、哈萨克斯坦建设关税同盟。在俄罗斯的推动下，2010 年 1 月，三国的关税同盟开始运行，2011 年 6 月全面启动。2011 年 10 月，在欧亚经济共同体的会议上，决定批准吉尔吉斯加入关税同盟。吉尔吉斯加入关税同盟后，塔吉克斯坦也随后加入。目前，俄罗斯竭力劝说乌克兰加入关税同盟，如果乌克兰加入，届时，俄白哈三国在经济方面的影响力将快速提升。关税同盟成员国不仅希望彼此间在关税方面建立同盟，而且希望在此基础上建立商品、

①　Майкл Э. Макфол：Объем торговли между США и Россией достиг рекордного уровня，http：//m-mcfaul. livejournal. com/4202. html.

②　Данильцев А. В.：Исследовательский отчет：«Перспективы и возможные направления развития торгово-экономических отношений России с США под воздействием двусторонних договоренностей в торгово-экономической области с учетом возможного членства Российской Федерации в ВТО»，2007г, с. 8.

③　李建民：《俄美经贸关系的晴雨表》，http：//news. 163. com/12/0417/04/7V927UC700014AED. html.

服务、资本和劳动力自由流动的统一经济空间。在积极推动扩大关税同盟的同时，俄罗斯在独联体框架下加强经济一体化建设。2011年在俄罗斯的主导下，独联体国家签订了自由贸易区协议。① 总之，为了确保俄罗斯对独联体地区的控制权，梅德韦杰夫软硬兼施、拉压结合，利用独联体地区国家对其在能源和经济上的依赖，促使其"团结"在俄罗斯的周围，如：通过中断对乌克兰的天然气供应，迫使乌克兰放弃加入北约的计划；承诺以优惠的能源价格来换取乌克兰加入关税同盟等。

梅德韦杰夫执政后，中俄两国经贸合作稳步推进。2008年5月23日，梅德韦杰夫就任总统仅半个月便对中国进行了国事访问，中国成为他出访的首个独联体以外的国家。访问中，两国不但就一些重大国际问题达成共识，而且在能源、航空、林业、旅游等领域签署了多项合作协议。同时，两国领导人还表示，将进一步加强双方在科技、航天、信息产业、民用航空、运输、银行等领域的合作，落实有关共同项目。

虽然2009年由于国际金融危机大环境的影响，中俄两国贸易额出现大幅下滑，但是双方在经贸领域合作的基础并未改变，且金融危机后双方加强经贸领域合作的意愿也极大增强，尤其在石油、天然气、核能等重要领域的合作取得了突破性进展。为了进一步推动两国在能源领域的合作，2008年7月，中俄两国启动副总理级能源谈判机制。截至2011年末，双方已经举行了七次会晤。该机制使两国能源合作取得了实质性进展，把双方在该领域的合作推向了一个新的阶段。2009年2月17日，中俄两国签署了价值250亿美元的大型能源协议。根据协议，俄罗斯在未来20年每年通过管道向中国出口1500万吨石油，中国国家开发银行向俄方贷款250亿美元。② 2010年11月2日，中俄原油管道首批原油顺利从俄罗斯进入中国漠河兴安首站，这是俄罗斯首次通过原油管道向中国出口原油。2011年1月1日，双方正式履行每年1500万吨石油的协议。此外，中俄两国在煤炭、电力与核能方面也取得了一定的成果：继"贷款换石油"后，双方于2010年8月又签署了"贷款换煤炭"的协议。根

---

① 柳丰华：《论"梅普组合"时期的俄罗斯外交》，《俄罗斯学刊》2012年第6期。

② Кевин Роснер，Российско-китайскиеэнергетические отношениявихистинномсвете，http：//www. inosmi. ru/economic/20101001/163312255. html.

据该协议，中国向俄罗斯提供 60 亿美元贷款，换取俄罗斯未来 25 年增加对华煤炭供应。同时，俄罗斯还将加强在探矿、选矿及基础设施建设领域与中国煤炭企业的合作。两国在电力领域的合作也取得了较大的进展，自 2009 年中国恢复从俄罗斯购电以来，进口电力快速上扬，2010 年中国从俄罗斯进口电力 9.83 亿千万时，2011 年进口 12.27 亿千瓦时。中俄两国在核能领域的合作也取得了重要进展，田湾核电站一号、二号机组交付运行后，中国核工业集团与俄罗斯原子能工业公司又签署了关于田湾二期项目合作的相关文件。

在经贸合作方面，中俄两国最高领导层始终是积极的推动者。在 2009 年 6 月胡锦涛主席对俄罗斯进行国事访问期间，双方签署了《关于天然气领域合作的谅解备忘录》《关于煤炭领域合作的谅解备忘录》等多项经贸合作文件，双方在能源领域的合作取得了突破性进展。两国元首表示将彼此支持，相互协同，以共同应对国际经济金融危机。同时指出，将采取措施促进相互贸易，为双方的商品和服务进入对方的市场创造稳定有利的条件，减少并取消现有技术壁垒，增加传统出口商品、机电和高科技产品的相互供应量并增加商品种类，推动两国金融和银行体系积极为贸易提供融资服务。2009 年 6 月，两国元首批准了《中俄投资合作规划纲要》；同年 9 月，又批准了《中国东北地区与俄罗斯远东及东西伯利亚地区合作规划纲要》，确定了两国相互投资和地方合作的优先方向和重点项目。2010 年 11 月，在中俄总理第 15 次定期会晤期间，中俄双方企业签署了总额超过 100 亿美元的合作协议，协议内容涉及项目融资和贷款、汽车组装、通信设备和家电生产、农业灌溉和农产品加工、矿产开发及能源合作等多个领域。

尽管在双方努力下，两国经贸合作领域得到了扩展，但由于国际金融危机的影响，两国的贸易额极不稳定。在 2008 年两国贸易额创历史新高达到 586 亿美元后，2009 年却大幅回落至 389 亿美元。不过，2010 年两国贸易额出现恢复性增长，达到 554.5 亿美元，接近经济危机前的水平。2011 年两国贸易额又增至 835 亿美元的历史高点。① 由于两国近年来已经签署了诸多拓展经贸

---

① 2012 年中俄贸易额再创历史新纪录，达到 881.6 美元，较上一年增长 11.2%。2013 年中国俄中双边贸易额达 890 亿美元，同比增长 1.1%。其中，中国对俄出口贸易额增长 12.6，达到 500 亿美元，而俄罗斯对中国出口相比 2012 年减少 10%，为近 400 亿美元。

合作的文件，双方经贸合作的领域得以拓宽，尤其是在能源领域合作的加强将促进双方经贸额在今后一段时间内快速提升。中俄"政热经冷"的局面将在一定程度上有所缓解。

除与中国加强经贸合作外，俄罗斯还着力加强与"金砖国家"中其他国家的经济合作。为了抵御经济危机，2009年6月16日，"金砖四国"在叶卡捷琳堡举行了第一届正式会晤。梅德韦杰夫表示，希望"金砖四国"领导人能为克服世界金融危机和改组国际金融体系制定出措施。四国在拟定的合作领域取得了实质性的进展。梅德韦杰夫表示，希望四国可以携手合作，制定一项后危机时期的二十国集团行动计划，并为此项工作做出共同的贡献。通过巩固多极世界的经济基础，推动为加强国际安全创造条件的进程。[1]

2010年4月14日，"金砖四国"第二次峰会召开前夕，梅德韦杰夫再次呼吁"金砖四国"进行更密切的合作。他表示，希望四国在贸易中能够尽量使用本国货币结算，认为这可以推动四国在核能、飞机制造、外空开发和利用以及纳米技术等领域加强合作。[2] 会议过程中，四国领导人呼吁提升新兴经济体在国际金融机构中的话语权，打造多元化的世界货币体系。"金砖四国"首脑会议不仅标志着四国务实合作走向深入，更系统表达了发展中国家对世界经济金融体系改革的主张。峰会上，四国经济交流由财政和金融领域向农业、能源等具体领域拓展。与峰会同步举行的企业家论坛、发展银行论坛等多领域、多层次的经济交流活动也为以后加强经济合作创造了良好氛围。四国经济合作的深度和广度有所提升，具有更多的实质性内涵。[3]

在加强与金砖国家整体合作的同时，梅德韦杰夫也十分注重分别加强与这些国家的双边合作。俄印两国是传统盟友，俄罗斯始终保持与印度在各个领域的紧密合作。梅德韦杰夫上台后，大力推进同印度的关系。除加强两国在战略方面的合作外，还积极推动两国在经济领域的合作。2008年12月4日，梅德

① 梅德韦杰夫：《"金砖四国"：共同的目标——共同的行动》，http：//news. xinhuanet. com/world/2010 - 04/17/c_ 13255185. htm。
② 《俄总统呼吁"金砖"更紧密"四国"齐心可撼世界》，http：//news. xinhuanet. com/world/2010 - 04/16/c_ 1236827. htm。
③ 韩冰、杨立民、陈威华：《让"金砖"的成色更高》http：//news. xinhuanet. com/world/2010 - 04/16/c_ 1238436. htm。

韦杰夫对印度进行国事访问。访问期间，俄罗斯联邦航天署和印度空间研究组织签署了载人飞行计划领域相互谅解和合作备忘录，俄罗斯联邦金融市场局和印度证券交易委员会签订了合作和信息交换问题相互谅解备忘录，俄印两国企业领导人理事会也开始正式运作。尤其是，两国企业签订了军事合同大单——俄罗斯国防出口公司向印度供应 80 架米 – 17B5 军用运输直升机的合同。此外，梅德韦杰夫表示，欲同印度共同合作研制和生产武器装备。随后，俄印两国签署了合作研制第五代战机的合同。

2009 年 12 月，在印度总理辛格访问俄罗斯期间，两国领导人表示将在能源、制药和钻石业领域加强合作。两国在核能合作等方面签署了系列协议，为双方今后在核能方面合作提供了保障。2010 年 1 月，在俄印两国建立战略合作伙伴关系十周年之际，梅德韦杰夫给印度总理发去贺电，表示俄罗斯高度重视与印度的传统友好关系，同印度的战略伙伴关系是俄罗斯外交的优先发展方向。希望与印度在大型项目方面加强合作。[①] 同年 12 月，梅德韦杰夫再度访问印度。访问期间，双方签署超过 15 个协议，涵盖经贸、核能、军事技术、航天技术、教育文化等各个领域。此次访问，俄罗斯与印度签署了涉及几百亿美元的合同：俄印双方达成一致，将在今后 10 年内合作开发 250～300 架第五代战斗机，合同总额预计在 350 亿美元左右；俄罗斯将为印度再建两座核反应堆。

总之，俄罗斯非常重视与印度的关系，为了改变两国"政热经冷"的现实，梅德韦杰夫极力推动双边贸易。使得两国贸易取得了一定的进展。2009 年印俄双边贸易额为 74.6 亿美元，2010 年增加到 85.35 亿美元，2011 年增至 90 亿美元。俄罗斯和印度已经制定了在 2015 年前将贸易额提高到 200 亿美元的目标。[②] 虽然两国贸易额有了一定程度的增长，但是 100 亿美元左右的贸易额，依然同两国的国际地位十分不相称，更无法与中俄两国近千亿美元的贸易额相比较。[③]

---

① Поздравления руководству Индии с государственным праздником – 60 – летием провозглашения республики，http：//www. kremlin. ru/news/6712.

② 张博洋：《2015 年俄印双边贸易额将达 200 亿美元》，http：//www. cs. com. cn/hw/06/201111/t20111121_ 3137137. html.

③ 2012 年俄印两国贸易额为 110 亿美元。

　　近年来，俄罗斯与巴西的关系发展也较快。2010 年 5 月中旬，在巴西总统卢拉对俄罗斯进行访问期间，俄巴两国签署了保护军事技术领域知识产权的政府间协议、2010～2012 年科技合作计划与国际信息安全领域的合作条约。两国领导人还就高技术、航天和航空工业、和平利用核能、通信、军事技术等领域加强合作达成一致，双边合作得到进一步加强。为了推动两国关系的发展，2010 年 6 月 7 日，两国正式施行免签证制度。俄罗斯十分重视与巴西战略关系的发展，2011 年 5 月 17 日，时任俄罗斯总理的普京在会晤巴西副总统米歇尔·特梅尔时说："巴西不仅是我们在拉丁美洲的战略伙伴，而且是我们在全球范围内的战略伙伴。"目前，两国的贸易额已经突破 100 亿美元。另外，南非成为金砖国家后，俄罗斯也日益加强了与南非的关系。2011 年两国贸易增长了 11.7%，达到 5.8 亿美元，虽然这个数额很小，但是双方均表示将加强彼此之间的经贸关系，两国的经贸合作将会得到快速发展。

　　在亚洲，俄罗斯除了加强与中国的关系，还大力发展同东南亚及韩国等国家的关系。韩国是俄罗斯在亚洲继中国、日本之后的第三大贸易伙伴。[①] 俄韩两国不存在政治上的矛盾以及彼此间在经贸方面具有较强的互补性，因此俄罗斯具有较强的与韩国进行经贸合作的愿望。梅德韦杰夫上台后便表示，希望加强与韩国的经贸合作。2008 年 9 月，俄韩两国签署了相关文件，相互提供短期的多次签证以改善彼此贸易和投资环境。2008 年 10 月，韩国总统李明博对俄罗斯进行访问。俄韩两国领导人决定将两国关系上升为战略伙伴关系，为两国经贸合作的发展奠定了基础。访问期间，双方就扩大经贸和投资领域合作达成重要共识，进一步促进了两国的经贸合作。2009 年 7 月，在俄罗斯与韩国经贸科技合作委员会的第 9 次会议上，双方就深化渔业、运输、航天、和平利用核能、贸易与投资、工业和科技等领域的合作达成协议。2010 年 11 月，梅德韦杰夫访问韩国前夕接受韩国媒体专访时表示，希望俄、韩、朝三国能够结合彼此优势，加强合作。他指出，可以将俄罗斯的资源、韩国的技术和资金及朝鲜的劳动力三者结合起来，更好地推动三国经贸发展。他认为三国可以就开

---

① 《普京将同韩国总统李明博探讨经济合作前景》，http://rusnews.cn/eguoxinwen/eluosi_duiwai/20080929/42281621.html。

发远东地区天然资源、实现基础设施现代化、铺设连接俄、韩、朝的天然气管道和送电线路、连接韩半岛纵贯铁路（TKR）和西伯利亚横贯铁路（TSR）进行广泛合作。近年来，俄韩两国在投资、贸易、能源、军事技术合作、航天领域保持着密切合作。两国间投资及经贸合作保持快速增长势头。2010 年韩国对俄罗斯投资额达 26 亿美元，同比增长 30%。2011 年双方贸易额达到 250 亿美元，同比增长近 40%。[①]

因领土问题，俄日两国关系时有反复，这在一定程度上影响了双边经贸合作。但目前，日本仍是俄罗斯在亚洲的第二大贸易伙伴。俄罗斯希望能够利用日本的资金和技术来发展本国的经济，但是因两国的领土问题始终没有得到解决，因此双方在经贸合作方面没有达到预期的效果。为了逼迫日本主动加强同俄罗斯的经贸合作，俄罗斯在日本始终坚持先解决领土问题再加强双方经贸合作的情况下，抛开日本，提出邀请中、韩两国企业对南千岛群岛进行开发的想法，使得日本十分被动和紧张。但梅德韦杰夫多次强调，希望日本在南千岛群岛投资、工作。

基于经济发展及地缘战略因素，近年来，俄罗斯十分重视发展与东南亚国家的关系。随着国际形势的变化，亚太地区的战略地位日显突出。为了增强俄罗斯在亚太地区的影响力及推动经济的快速发展，俄罗斯采取了较为积极的东南亚政策，进一步深化与东盟的合作。2005 年底，俄罗斯与东盟达成《2005 ~ 2015 年推进全面合作行动计划》，使双边关系达到了一个新的发展水平。2008 年 7 月双方又发表联合公报，强调继续落实 2015 年前开展全面合作的阶段性计划。随之，双方在政治、经济、文化等领域合作迅速加强。2010 年 10 月，在第二届俄罗斯 - 东盟峰会上，双方签署了涉及经贸、文化等诸多领域的合作协定。在第五届东亚峰会上，俄罗斯与美国一同被吸收到东亚峰会，意味着俄罗斯同东盟国家的合作向纵深发展。在与东盟国家加强政治关系的同时，俄罗斯积极推动与东盟各国的经济交往。近年来，双方经贸发展迅速，2009 年双边贸易额达到 68 亿美元，2011 年双边贸易额达到 150 亿美元。目前双方正在进行建立"俄罗斯 - 东盟自由贸易区"的谈判。[②]

---

① 周良：《俄罗斯称有望 2017 年通过管道向韩国出口天然气》，http://news.eastday.com/w/20111102/u1a6184233.html。

② 宋效峰：《亚太格局视角下俄罗斯的东南亚政策》，《东北亚论坛》2012 年第 2 期。

在与东盟国家间的关系中，俄罗斯与越南关系的发展最为迅速。2008 年 10 月，在越南国家主席阮明哲访问俄罗斯期间，两国签署了在越苏石油公司（Vietsovpetro）的基础上进行地质勘探和石油天然气开采的协议、俄罗斯天然气工业股份公司和境外石油天然气股份公司与越南国家石油公司（PetroVietnam）及其子公司 PVEP 签订了在越南大陆架 129 - 132 号地段进行地质勘探和开发的合同、合作组建越南天然气工业联营公司的基本条款等 12 份合作文件，两国在能源领域的合作取得了突破。① 2009 年 12 月，越南总理阮晋勇访问俄罗斯。访问期间，双方讨论了双边贸易、科技、教育、能源和军事技术领域的合作问题。俄罗斯天然气工业公司将与越南石油天然气集团签署战略伙伴协议。俄罗斯外贸银行还与越南投资开发银行签署了关于建立联合投资基金的备忘录，俄罗斯国际统一电力公司与越南石油天然气集团签署了能源领域合作的备忘录。双方签署了俄越 2012 年前中期前景计划，在卡尔梅克投资建设生产氨和尿素的工厂方面的合作协议。2009 年俄罗斯与越南的贸易额为 15 亿美元。两国在军事领域的合作更是引人注目，2008 年越南用于购买俄罗斯军事装备的经费超过 10 亿美元；2009 年越南与俄罗斯签署了两项军事合同大单，价值总计 35 亿美元；2010 年越南又从俄罗斯购买了价值 10 亿美元的"苏 -30MK2"多用途战斗机，主要用于越南空军、防空军和海军；② 2011 年，越南成为俄罗斯最大的海军装备进口国，接收了一艘价值 1.75 亿美元的 11661E 型"豹 -3.9"级轻护舰和 4 艘总价值 1.2 亿美元的 10412 型"萤火虫"级护卫导弹艇。预计在 2011 ~ 2014 年间，越南自俄罗斯进口的武器将占俄罗斯出口总量的 9%，越南成为俄罗斯的第三大武器出口国。③

此外，除巴西外，俄罗斯也积极发展同其他拉美国家的关系，尤其重视发展同委内瑞拉的关系，近年来，俄罗斯与委内瑞拉的经贸合作日益密切，尤其是两国在能源及武器方面的合作令人瞩目。2003 ~ 2010 年期间，委内瑞拉从

---

① 《俄越在石油天然气勘探和开采领域达成合作协议》，http：//rusnews. cn/eguoxinwen/eluosi_duiwai/20081027/42313170. html.

② 《俄国防部长访越磋商军事与军技合作事宜》，http：//rusnews. cn/eguoxinwen/eluosi_anquan/20100322/42738596. html.

③ 孟光：《2012 年越南国防预算将增长 35%》，http：//www. cannews. com. cn/2011/1123/162308. html.

俄罗斯进口的武器占俄出口总量的 6.7%，排名第四位；2011 年，委内瑞拉在俄罗斯军事出口结构中的比重为 9%，2012 年为 4.9%。[①] 2003～2012 年，委内瑞拉自俄罗斯的军事进口额约为 55 亿美元。根据两国已经签订的武器供应合同，预计俄罗斯还应在 2013～2015 年向委内瑞拉交付大约 15 亿美元的武器。[②] 此外，俄罗斯也积极发展与非洲国家间的经济联系，从而在一定程度上加强了其在非洲的影响力。

三　联合中国共同抵御来自美国的压力

梅德韦杰夫上台时，因美国在中东欧部署反导防御系统、北约东扩和美国在独联体地区推行 "颜色革命" 等问题俄美两国关系紧张。尽管梅德韦杰夫多次强调希望同美国在导弹防御、防止核扩散、反恐及调节地区冲突等方面加强合作，但因美国的行为严重威胁到俄罗斯的切身利益，所以梅德韦杰夫执政后对美国也采取强硬态度。尤其是，在俄格冲突发生后，美国除谴责俄罗斯入侵格鲁吉亚外，还对格鲁吉亚进行大力支持，甚至派军舰到黑海同俄罗斯舰队进行对峙。面对美国咄咄逼人的态势，梅德韦杰夫的外交政策也显现出强硬的一面。在接受西班牙媒体采访时，他再次表示俄罗斯维护国家利益的坚定性。他说："应该通过一切手段来维护俄罗斯的国家利益，这是我坚定的信念。首先是在有我们参加的国际组织框架内，像联合国、一些地区性组织等，通过国际法来维护国家的利益，但是不排除使用武力手段。"[③] 针对美国在中东欧部署反导防御系统的问题，梅德韦杰夫态度强硬，表示将在加里宁格勒州部署 "伊斯坎德尔" 导弹和无线电压制性干扰设施予以应对。[④]

对美国推行单极世界的行为，梅德韦杰夫表示，单极化是不能接受的。他说，俄罗斯不能接受由一国做出所有决定的世界格局，即便美国这样的大国也

---

① 王新宇：《印度、委内瑞拉和越南将成为 2011～2014 年俄罗斯武器装备三大进口国》，http：//www. cannews. com. cn/2011/1026/155819. html。

② 《俄称查韦斯去世令俄军工损失重大 或影响军购》，http：//news. qq. com/a/20130308/000816. htm。

③ Интервью Дмитрия Медведева ведущим российским телеканалам，http：//www. kremlin. ru/news/2602.

④ Псланиe Федеральному Собранию Российской Федерации 5 ноября 2008 г.

不能这样做。单极世界格局是不稳定的、没有前途的，会给世界带来各种冲突的威胁。同时，他指出现有的安全体制不足以保障国际社会的安全，提出应在多极化世界的基础上建构一种新的安全体制来确保各国安全。他对欧洲安全组织的作用表示怀疑，认为欧安组织不能够确保欧洲国家安全，应该以新的安全机构替代欧安组织。在俄格战争后，梅德韦杰夫不顾美国和西方国家的反对，立即承认阿布哈兹和南奥塞梯独立。

上任初期，梅德韦杰夫虽然强调俄罗斯确实变得强大了，认为俄罗斯可以为解决地区性和全球性问题承担更多的责任，但是他也深知俄罗斯的实力尚不足以与美国相抗衡，因此在批评美国的同时，也表示与其进行合作的愿望。另外，为了减轻来自美国等西方国家的压力，梅德韦杰夫希望增进同中国、印度等国家的关系。2008年5月，梅德韦杰夫上任后，首先访问了中国。[①] 访问期间，两国领导人在一系列国际问题上达成了共识，并签署了《关于重大国际问题的联合声明》，在一些重大国际问题上阐明了两国的共同主张。双方表示支持联合国在国际事务中发挥主导作用，谴责一切形式的恐怖主义，主张在多边框架内共同打击恐怖主义，反对借反恐之名达到同维护国际稳定与安全任务相悖的目的。《声明》指出，世界各国应遵循《联合国宪章》的宗旨和原则，严格遵守互相尊重主权和领土完整、互不侵犯、互不干涉内政、平等互利、和平共处的原则以及国际法和其他公认的国际关系准则，摒弃"冷战思维"和集团政治，弘扬平等、民主、协作精神。[②] 同时，中俄元首发表了《北京会晤联合公报》，指出发展长期稳定的中俄战略协作伙伴关系是两国对外政策的优先方向，符合中俄两国和两国人民的根本利益，有利于两国的发展与繁荣，对地区及世界的和平、稳定与发展也具有重要意义。这一方针不会改变。双方表示，在涉及对方核心利益的问题上应相互支持，这是中俄战略协作伙伴关系的核心内容。梅德韦杰夫此次访华进一步推动了双边关系的发展。随后，两国元首又进行了多次会谈，仅在2008年下半年就举行了四次会晤。[③]

---

① 中国是梅德韦杰夫执政后访问的第一个非独联体国家，第一个访问的国家是哈萨克斯坦。
② 《中华人民共和国和俄罗斯联邦关于重大国际问题的联合声明》，http://www.gov.cn/ldhd/2008-05/23/content_990500.htm。
③ 陈宪良：《梅德韦杰夫执政以来的中俄关系》，《俄罗斯中亚东欧研究》2001年第2期。

在全球性经济危机的影响日渐加深的情况下，两国高层频繁接触，2009年两国元首便进行了五次会晤。通过领导人的会晤，双方就推进中俄战略协作伙伴关系、共同应对国际金融危机、加强在国际事务中的合作达成重要共识。此外，两国总理及副总理也举行了多次会晤，双方签署了一系列合作协议，为两国战略协作伙伴关系充实了内容。2009年6月，胡锦涛主席访问莫斯科期间，两国元首就一些重大国际问题达成共识，他们一致认为，应巩固国际法基本原则，加强联合国的核心作用。他们表示，希望国际社会为稳定世界经济采取集体行动，以提升各国互信。他们主张和平利用外空，反对外空武器化，主张建立以多极化、平等和完整的安全体系、照顾彼此利益为关键要素的亚太地区国际关系架构，强调应在互利和非歧视的基础上，根据开放原则促进一体化进程。同时，两国领导人在朝核问题、伊朗核问题等国际热点问题上表明了共同立场。①

2010年9月，梅德韦杰夫再次对中国进行国事访问。访问期间，两国元首签署了《中俄关于全面深化战略协作伙伴关系的联合声明》。《声明》指出，近年来，中俄政治互信不断增强，务实合作稳步扩大，在国际和地区事务中保持密切沟通和协调，两国人民增强了相互了解，友谊不断巩固。中俄关系具有战略性和长期性，成为当今国际关系中的重要稳定因素。双方表示，愿继续加强各领域合作，在选择各自发展道路和维护彼此国家主权、安全和领土完整，维护世界和平与稳定及建立更加公正、合理、民主的国际秩序等方面加强相互支持。《声明》强调，在涉及国家主权、统一和领土完整等两国核心利益的问题上相互支持是中俄战略协作的重要内容。俄方重申坚定支持中方在台湾、涉藏、涉疆等问题上的原则立场，支持中方维护国家统一和领土完整。中方重申支持俄方为维护本国核心利益和促进整个高加索地区乃至独联体的和平稳定所做的努力。双方认为，签署中华人民共和国和俄罗斯联邦关于打击恐怖主义、分裂主义和极端主义的合作协定，为中俄合作应对这些威胁奠定了坚实的基础。双方表示要携手应对国际金融危机，推动两国经贸合作实现回升。② 该声

---

① 《中俄元首莫斯科会晤联合声明》，http：//www.gov.cn/ldhd/2009-06/18/content_1343301.htm。
② 《中俄关于全面深化战略协作伙伴关系的联合声明》，《人民日报》2010年9月29日电。

明不仅完全体现出两国当前在各个领域合作的高水平，而且体现出两国全面深化战略协作伙伴关系的决心。此外，两国元首还签署了《关于第二次世界大战结束65周年联合声明》。《声明》强调，中俄两国坚决谴责篡改二战历史、美化纳粹和军国主义分子及其帮凶、抹黑解放者的图谋。中俄作为联合国安理会常任理事国，决心与所有热爱和平的国家和人民一道，为建立公正合理的国际秩序，防止战争和冲突而继续共同努力。①《声明》体现出两国对二战历史的共同观点及维护二战成果的决心。

此外，中俄两国在军事领域也展开了深入广泛的合作。两国军方之间保持着密切的联系，双方国防部长定期进行互访并保持热线联系，双方在总参谋部战略磋商机制下举行定期会晤。2009年7月至8月，中俄两国又举行了"和平使命-2009"联合军演，这是中俄继2005年8月首次成功举行"和平使命-2005"联合军演后的再一次联合军事行动。②2011年8月，中央军委委员、总参谋长陈炳德上将应邀访问俄罗斯时，与俄罗斯总参谋长尼·叶·马卡罗夫大将共同商定，2012年举行海上联合演习。这是两国海军首次联合演习，表明双方军事合作进入一个新的阶段。虽然两国多次表示，彼此间的合作，尤其是军事演习不针对第三方，但客观上说，双方在政治上和军事合作的加强在一定程度上能够起到抵消来自美国等西方国家压力的作用。

第三节　几点评述

梅德韦杰夫执政的四年间，俄罗斯面临的国际环境发生了较大的变化，尤其是格鲁吉亚力图以武力统一国家，使俄罗斯的国家利益受到了损害，这给表面看似温和的梅德韦杰夫提出了一个难题。为了维护俄罗斯的国家利益，梅德韦杰夫不顾美国等西方国家的批评，断然出兵格鲁吉亚。在美国尚未放弃在中东欧部署反导防御系统的时候，梅德韦杰夫针锋相对，宣布在加里宁格勒州部署"伊斯坎德尔"导弹系统予以应对。俄格冲突后，随着国际金融危机的进

---

① 《关于第二次世界大战结束65周年联合声明》，http://www.gov.cn/ldhd/2010-09/28/content_1712067.htm。
② 陈宪良：《梅德韦杰夫执政以来的中俄关系》，《俄罗斯中亚东欧研究》2001年第2期。

一步加深，俄罗斯经济受到了严重影响，出现了近十年来的首次负增长。为了尽快摆脱经济危机，梅德韦杰夫一方面加强与新兴国家的经济关系，另一方面同美国等西方国家缓和关系。奥巴马上台后，决定放弃在中东欧部署反导防御系统时，梅德韦杰夫立刻予以回应，表示将放弃在加里宁格勒州部署先进导弹的决定。随后，便与美国签署了《对进一步削减和限制进攻性战略武器问题的共同理解》《美国过境俄罗斯领土向阿富汗运输武器装备和人员的协议》《核领域合作联合声明》等文件，使得处于低潮的俄美关系得以"重启"。在俄罗斯同日本关系陷入僵局的情况下，梅德韦杰夫又不顾日本的抗议，出人意料地到日本宣称主权的国后岛进行视察，成为首位到该地区视察的俄罗斯领导人。总之，梅德韦杰夫为维护国家利益，其外交手段的强硬性并不亚于前任普京总统，而其政策的灵活性方面也表现突出。梅德韦杰夫外交政策的变化比较明显，主要源于其对国家利益的理解及维护。下面将对俄罗斯对外政策中的典型事例予以分析。

一 出兵格鲁吉亚的深层原因

为了尽早完成国家统一的任务，在眼看和平统一无望的情况下，2008年8月，格鲁吉亚总统萨卡什维利下令政府军强行进入南奥塞梯，企图以武力统一，导致双方发生武装冲突。冲突导致南奥塞梯地区一些更换为俄罗斯国籍的民众及俄罗斯维和士兵伤亡。俄罗斯以此为借口，于8月8日出兵格鲁吉亚，经过五天的战斗，俄罗斯军队将格鲁吉亚政府军击败。格鲁吉亚军队遭受重创，不但损失了大量的武器装备，而且两个由美国帮助建立的以北约为标准的军事基地也被俄军彻底摧毁。另外，对格鲁吉亚来说，更为严重的是，8月26日，俄罗斯宣布承认阿布哈兹和南奥塞梯独立。① 这使格鲁吉亚统一问题变得更加复杂，很可能导致这两个地区永远从格鲁吉亚分离出去。②

俄格战争使得两国关系彻底破裂，双方由苏联时代的"亲兄弟"变为

---

① Медведев объяснил, почему он признал Абхазию и Южную Осетию, http://www.novopol.ru/text50694.html.
② 陈宪良：《俄罗斯与格鲁吉亚关系的变化及走势》，《俄罗斯中亚东欧研究》2008年第5期。

兵戎相见的生死对头。战后，格鲁吉亚随即宣布退出独联体。俄格两国在独联体框架下商讨问题的机制就此终结。俄罗斯总统梅德韦杰夫宣布承认南奥塞梯和阿布哈兹独立后，格鲁吉亚议会随即通过了与俄罗斯断绝外交关系的决议，并宣布上述两个地区为被占领土。① 俄格关系降至两国独立以来历史最低点。

俄格战争给两国造成了很大影响，对格鲁吉亚而言，其军事力量遭受沉重打击，军力受到削弱；尤其是国家甚至连形式上的统一也不可能，阿布哈兹和南奥塞梯很可能彻底从格鲁吉亚分离出去。另外，与俄罗斯彻底"翻脸"，会在很大程度上影响格鲁吉亚的经济发展。从历史上看，格鲁吉亚经济对俄罗斯的依赖比较严重，不仅在能源方面有很大一部分靠俄罗斯提供，而且其产品也有很多依靠俄罗斯的市场来消化。格俄关系的恶化严重影响了格鲁吉亚产品的对俄出口。2006 年俄格两国"间谍风波"事件就是一个明显的例子。俄罗斯对格鲁吉亚实行经济制裁之前，俄罗斯连续多年是格鲁吉亚的最大贸易伙伴国。2005 年，俄格两国贸易额占格鲁吉亚贸易总额的 16%。俄罗斯对格鲁吉亚实行经济制裁后，俄格贸易额快速下降。2007 年，两国贸易额降至 9.8%。俄罗斯对格鲁吉亚实行制裁给格鲁吉亚造成了巨大损失。据格鲁吉亚统计，仅葡萄酒贸易一项，就损失 7000 多万美元。"间谍风波"后，由于俄罗斯的制裁，格鲁吉亚 2006 年经济增速下降了 1.5 个百分点。另外，俄罗斯大量清查在俄工作的格鲁吉亚非法务工人员，导致很多在俄务工的格鲁吉亚人失去工作。而俄罗斯以产品质量为由禁止格鲁吉亚的矿泉水和葡萄酒在俄罗斯市场销售，这两种产业是格鲁吉亚的支柱产业，且在此前俄罗斯市场对这两种产品的消费占格鲁吉亚该产品出口量的 80% 以上，因此，俄罗斯禁止销售格鲁吉亚葡萄酒和矿泉水的举措，对格鲁吉亚经济产生了巨大影响。②

对俄罗斯来说，俄格冲突也给其带来了多方面影响。首先，俄格关系的恶化直接威胁其西南边疆的安全。因与格鲁吉亚接壤的俄罗斯北高加索地区

---

① Мельсида Акопян：ПАСЕ проведет прения по российско-грузинскому конфликту，http：//www. newsgeorgia. ru/geo1/20080830/42324610. html.

② 陈宪良：《俄罗斯与格鲁吉亚关系的变化及走势》，《俄罗斯中亚东欧研究》2008 年第 5 期。

民族问题复杂，分离主义倾向严重，是俄罗斯的高危地带。所以，俄格交恶对俄罗斯边疆稳定、维护国家统一极其不利。其次，因俄罗斯车臣地区与格鲁吉亚接壤，格鲁吉亚对俄罗斯在该地区反恐行动的态度，直接影响俄罗斯的反恐效果。多年来，俄格两国也正是因格鲁吉亚对车臣武装分子逃至格潘基西峡谷的态度而争吵不休。如果格鲁吉亚对车臣非法武装分子暗中支持，为其提供避难及休整场所，那么俄罗斯将难以肃清该地区的分离主义势力。再次，俄格关系恶化，将会导致俄罗斯在外高加索地区影响力的进一步下降。南奥塞梯冲突后，俄格关系彻底破裂。格鲁吉亚如今已经退出了独联体，俄罗斯再想利用独联体来约束格鲁吉亚已经不可能，俄罗斯对格鲁吉亚的影响将进一步弱化。外高加索三国中，虽然亚美尼亚同俄罗斯关系最为密切，但是两国并不接壤，俄亚两国进行贸易往来必须途经第三国，而经过格鲁吉亚的俄亚陆路交通路线是最经济的线路。俄格关系恶化，尤其是"间谍风波"之后，俄罗斯切断了同格鲁吉亚的海陆空邮联系，也直接影响俄亚两国的贸易往来。作为内陆国家，亚美尼亚在周边环境极其恶劣的情况下，首先要考虑的是打通与外界联系的通道，在与土耳其和阿塞拜疆敌对的情况下，亚美尼亚若要打通陆路通道只有依靠格鲁吉亚和伊朗两国。因此，为了保持与外界的联系，在俄格关系恶化的情况下，亚美尼亚不能始终同俄罗斯保持一致立场。这也正是近年来，亚美尼亚在保持与俄罗斯传统关系的同时，开始注意加强同西方国家保持联系的重要原因。如果格鲁吉亚加入北约，那么阿塞拜疆的亲西方倾向将会更加明显。亚美尼亚为寻求自身利益的最大化也会进一步加强同西方国家的关系。届时，俄罗斯在外高加索的地缘环境将进一步恶化。最后，两国关系的恶化直接影响了俄罗斯的"入世"进程。从两国贸易额来看，2007 年，俄罗斯与格鲁吉亚双边贸易额仅占俄罗斯对外贸易额的 1.14‰，因此从该角度上讲，两国经济关系的恶化对俄罗斯影响不大。但在俄罗斯加入世贸组织的问题上对俄罗斯的影响是非常大的，只要格鲁吉亚不与俄罗斯达成协议，俄罗斯就无法"入世"。在世贸组织成员国中，最后仅剩格鲁吉亚和沙特阿拉伯两个国家未与俄达成协议。2008 年 4 月 28 日，格鲁吉亚因俄罗斯加强与格两个分离地区的关系而中断了与俄就"入世"问题的谈判，这无形中推迟了俄的"入世"进程。俄格战争后，格鲁吉亚断绝了与俄罗斯的外交关系，直至 2011 年 3 月才在瑞士的调解下才恢复双边谈判。① 另外，俄格战争也使得独联体一些国家对俄罗斯感到担心，这或多或少会促使这些国家对俄罗斯产生敬而远之的想法，独联体将会进一步松散化。而格鲁吉亚退出独联体，很可能引起连锁反应，会促进原本离心倾向较重的乌克兰、摩尔多瓦等独联体国家效仿格鲁吉亚，最终导致独联体有瓦解的危险。② 此外，俄格战争导致了俄罗斯与美国等西方国家关系紧张，这在一定程度上导致俄罗斯的外部环境出现恶化迹象。可以说，此次战争对双方而言皆有诸多负面影响，那么俄罗斯为何还要出兵格鲁吉亚呢？主要有以下几点原因。

第一，保护俄罗斯公民生命财产安全，维护国家利益。

保卫本国公民生命财产安全是一个国家的职责。俄罗斯出兵南奥塞梯的一个重要的理由便是保护俄罗斯公民的生命和财产安全。梅德韦杰夫各种讲话中均指责格鲁吉亚杀害了包括俄罗斯公民在内的大批民众。因此，他说："这么多年来，俄罗斯首次不得不采取军事行动，以保护本国居民和当地平民免遭格鲁吉亚领导层所发动的侵略。这一事件也令我们再次重新思考在外交舞台上捍卫本国利益的问题。我认为，我们最终通过的决定表明，我们所做的一切是正确的也是必要的。最重要的是，我们保护了俄罗斯联邦公民和其他居住在当地的百姓。我们成功捍卫了俄罗斯的国家利益。"③

梅德韦杰夫强调，捍卫俄罗斯公民的生命财产安全，维护国家利益，可以不受地域限制。他指出："对我们而言，保护公民的生命和尊严，是我们最优先的任务，无论他们在哪里。……我们也将保护我们海外商人的利益。每个人

---

① 事实上，俄格冲突后，格鲁吉亚一度试图阻止俄罗斯加入世贸组织，为此俄罗斯同格鲁吉亚一直无法达成协议，致使其"入世"时间推迟。直至 2011 年 11 月 2 日才最终达成协议，格鲁吉亚是最后一个与俄罗斯达成协议，同意其加入世贸组织的世贸成员国。2011 年 12 月 16 日，在瑞士日内瓦举行的世界贸易组织第八届部长级会议才通过了《关于俄罗斯加入世界贸易组织的决定》。2012 年 8 月 22 日，俄罗斯在历经 19 年的谈判后，终于成为世界贸易组织（WTO）第 156 个成员。

② 陈宪良：《俄罗斯与格鲁吉亚关系的变化及走势》，《俄罗斯中亚东欧研究》2008 年第 5 期。

③ 梅德韦杰夫在当选总统一周年之际发表的电视讲话全文，http://www.cetin.net.cn/cetin2/servlet/cetin/action/HtmlDocumentAction；jsessionid = A59A6CBC9AE04F31F96BB10EFC339592?baseid = 1&docno = 378932。

都应该清楚，如果有人犯下了侵略罪行，那么他将受到我们的回击。"① 正是在这种理念的主导下，俄罗斯出兵格鲁吉亚。

第二，杀鸡骇猴，确保俄罗斯的地缘战略安全。

俄罗斯与格鲁吉亚两国自独立以来始终龃龉不断，虽然在俄罗斯的威逼利诱之下，两国关系曾经一度得到发展，但是由于两国战略目标的背离，俄格关系始终没有得到彻底改善。尤其是，在格鲁吉亚发生"颜色革命"，萨卡什维利担任总统后，因格鲁吉亚一味倒向西方俄格关系趋向紧张。

实际上，格鲁吉亚与俄罗斯两国关系紧张由来已久。在苏联解体初期，由于历史原因及俄罗斯对前苏联地区国家采取"甩包袱"的政策，致使这些国家对俄罗斯的离心倾向十分明显。此时，格鲁吉亚希望迅速融入西方社会，从而摆脱俄罗斯的控制，因此对俄罗斯一度采取排斥态度。但因国内南奥塞梯及阿布哈兹两个地区要求独立，导致格鲁吉亚国内发生战争。由于这两个分离地区有俄罗斯的暗中支持，使得格鲁吉亚政府军一败涂地。格鲁吉亚意识到，没有俄罗斯的参与，格鲁吉亚政府不但难以统一国土，甚至无法抵御分离地区武装分子的进攻。在这种情况下，格鲁吉亚政府开始寻求俄罗斯的帮助。而俄罗斯政府经过一段时间的"一边倒"外交后，也发现前苏联地区国家对自己的重要性，因此开始加强与这些国家的关系。为了拉拢格鲁吉亚，俄罗斯表示同意帮助格政府结束内战；作为回报，格鲁吉亚加入独联体。虽然，俄罗斯以独联体名义向阿布哈兹和南奥塞梯与格鲁吉亚政府军控制地区交界处派遣了维和部队，但是格鲁吉亚统一的问题并未解决。而且因俄罗斯维和部队的隔离，上述两个分离地区离心倾向日益严重，格鲁吉亚统一的路途也越来越远。为此，格鲁吉亚开始将国家统一寄希望于俄罗斯的战略改变为求助于美国等西方国家。从 20 世纪 90 年代中后期起，格鲁吉亚开始实行"疏俄亲西"的政策。而对于加快国家经济发展的问题，格鲁吉亚认为，只有尽快融入欧洲，搭乘欧洲的经济快车，国家才能快速发展，尽早摆脱贫困局面。在国家安全保障方面，格鲁吉亚此时认为，俄罗斯是其安全的一大威胁，格鲁吉亚只有加入北约

---

① Президент России ответил на вопросы журналистов телевизионных каналов «Россия», Первого, НТВ., http：//special. kremlin. ru/transcripts/1276.

方能真正摆脱俄罗斯的控制，其国家安全才能得到保障。这样，格鲁吉亚一方面开始竭力排除俄罗斯的在格势力，另一方面强烈要求加入北约和欧盟，呼请美国等西方势力进入格鲁吉亚。

亲西方的萨卡什维利担任格鲁吉亚总统后，不但对俄罗斯失去耐心，而且以种种理由排斥俄罗斯在格鲁吉亚的势力：首先，清除俄罗斯在格鲁吉亚的军事基地；其次，要求俄罗斯撤出其所谓的维和部队，让北约或欧盟国家部队替代。此外，格鲁吉亚还极力寻求加入北约。这对俄罗斯是一个现实的威胁，一方面会将北约边界推到俄罗斯的边界，另一方面很可能引起独联体国家的连锁反应。一旦出现这种状况，俄罗斯不但不能维持其在独联体地区相应的影响力，而且还会导致其地缘战略环境严重恶化。这是俄罗斯无论如何也不能接受的。梅德韦杰夫多次表示，独联体地区是其特殊利益区，自然也不希望其他国家染指。面对格鲁吉亚"一心西向"的现实，俄罗斯在无法将其拉回的时候，自然要拿其"开刀"，以达到震慑其他国家的目的。此外，格鲁吉亚急于统一国家，还有一个原因就是根据北约的要求，若加入北约，必须解决好本国领土的统一问题，而阿布哈兹和南奥塞梯是其加入北约的一大障碍。而俄罗斯出兵格鲁吉亚，确保这两个地区独立，便可以在一定程度上阻止格鲁吉亚在短期内加入北约。

第三，是对美国和其他北约国家的警告。

以美国为首的北约不断对俄罗斯的战略空间进行挤压。"冷战"结束后，北约非但没有解散，反而迅速东扩以填补因苏联解体而出现的力量真空，这在客观上导致俄罗斯的地缘战略空间遭受挤压，使俄罗斯安全受到了威胁。俄罗斯虽然多次表达自己的关切，并表示坚决反对北约东扩。但以美国为首的北约却不顾俄罗斯再三警告，连续两次扩大，使北约边界向俄罗斯快速推进。首轮东扩使俄罗斯丧失了 700～900 公里的战略纵深；第二轮东扩由于波罗的海三国加入北约，俄罗斯的西北边境失去了所有缓冲地带，从而面对北约直接的军事压力；这一轮东扩，北约更是将范围推进到俄罗斯大门口。显然，这一新形势，直接牵涉到俄罗斯的切身利益和安全。两次东扩之后，北约并未停止扩大的脚步，不断怂恿格鲁吉亚和乌克兰加入，这触及了俄罗斯的底线。为了阻止北约东扩步伐，尤其是阻止独联体国家加入北约，俄罗斯必然对那些加入北约态度比较积极的国家动手。

俄罗斯对格鲁吉亚进行打击，一方面使其他独联体国家意识到，俄罗斯不会一味地迁就那些向俄罗斯叫板的国家，另一方面俄罗斯料定美国等西方国家在其对格鲁吉亚进行武力打击的时候，不会采取实质性损害俄罗斯利益的举措。这样一来，其他独联体国家便不会轻易提出加入北约。再者，俄罗斯出兵格鲁吉亚也有一定的理由，这是对科索沃模式的复制，而科索沃模式恰恰是西方国家所推崇的，俄罗斯完全有理由出兵。总之，从俄罗斯出兵的结果来看，俄罗斯维护了自身的利益，达到了其战略目的。

二　加强与各国经济联系的目的

普京执政八年间，俄罗斯的经济得到了快速增长，经济总量从原来的世界排名第十位升至第七位。俄罗斯经济的快速增长，也是普京在国内支持率居高不下的主要原因。作为其继承者，梅德韦杰夫必须沿着前任给其制定的路线前行。从国家发展角度来看，作为具有世界性发展潜力的大国，除经济方面外，俄罗斯具备成为世界强国的条件。因此，为了俄罗斯快速崛起，梅德韦杰夫必须集中精力发展经济。而在当今开放时代，俄罗斯若要快速发展，必须加强与外界联系。

梅德韦杰夫上台后，正值美国的次贷危机在全球蔓延，作为资源型经济国家，虽然2008年俄罗斯的经济受到的影响不是很大，但是梅德韦杰夫也意识到金融危机的严重性，尤其是作为依靠资源出口的国家，经济危机造成的影响可能会更加严重。因此，从2008年下半年，梅德韦杰夫就十分关注危机的影响。随着时间的推移，金融危机对俄罗斯的影响进一步显现。2009年，俄罗斯的经济增速下降7.8%，成为新兴经济体中经济下滑最为严重的国家。为了尽快摆脱危机，俄罗斯极力寻求国际合作。一方面缓和俄格战争而导致关系紧张的与西方国家的关系，另一方面加强与新兴经济体国家的关系。

在梅德韦杰夫上任之初，就为俄罗斯经济发展设计了宏伟的蓝图，他希望俄罗斯摆脱依靠出口资源来维持国家经济增长的现状。梅德韦杰夫指出，俄罗斯作为世界性大国，近年来虽然在经济方面取得了比较突出的成绩，但是却依然没能摆脱靠出卖资源发展经济的现状。他认为，对俄罗斯而言，这是个耻辱。因此，要摆脱现状，将俄罗斯建成经济和社会全面现代化的国家。

为了建成现代化国家，梅德韦杰夫在加强国内改革的同时，注重与国际社会的合作。欧盟国家和美国是现代化程度最高的国家，因此俄罗斯的现代化不能离开与这些国家的合作，尤其是需要欧美等发达国家的资金和技术。再者，欧盟多年来始终是俄罗斯的最大贸易伙伴，加强与欧盟各国，尤其是德国、法国和意大利等国的合作，是俄罗斯经济保持稳步发展的必要条件。另外，虽然普京执政期间俄罗斯在政治领域强调"主权民主"，但是俄罗斯实际上更渴望成为欧盟式的民主国家。加强与欧盟国家的经济联系，有助于俄罗斯借鉴欧盟的民主制度。尽管俄美的矛盾很多，尤其是当美国提出在中东欧部署反导防御系统时，俄美关系变得紧张。俄格冲突后，俄美关系更加紧张，俄罗斯总统梅德韦杰夫多次批评美国企图建立单极世界、怂恿格鲁吉亚对南奥塞梯进行"入侵"，但是俄罗斯并不希望同美国把关系搞僵。当奥巴马上台后，决定放弃在中东欧部署反导防御系统时，俄罗斯则立刻予以积极回应。不但赞扬了奥巴马的决定，而且表示将取消在加里宁格勒州部署"伊斯坎德尔"导弹。俄美关系得到了一定程度恢复，这有利于推动两国经贸领域的合作。

在加强与西方国家关系的同时，俄罗斯也十分注重与新兴经济体国家，尤其是与"金砖国家"的合作。近年来，世界经济发展不平衡，美欧等发达资本主义国家经济发展十分不稳定。一些国家经济增长乏力，虽然美国次贷危机引发的全球性金融危机得到了缓解，但欧盟一些国家仍未完全摆脱危机，美国经济也存在着诸多问题，日本经济增长多年来始终处于低位，而以中国为首的"金砖国家"却成为世界经济的引擎。尤其是中国经济一枝独秀，始终保持高速增长。梅德韦杰夫多次强调，要加强与新兴经济体国家的关系，一方面有利于俄罗斯搭乘这些国家的经济快车，推动俄经济快速发展；另一方面因俄罗斯与这些国家有着相似的国际诉求，均希望改变旧的国际政治、经济秩序，加强与这些国家的关系，有利于俄罗斯国际地位的提升，也有利于俄罗斯国家利益的实现。

加强同欧亚经济共同体国家的经济关系，是俄罗斯对外经济政策的一个重点。近年来，尽管独联体出现松散化，离心倾向日益严重。2009年，格鲁吉亚因俄格冲突而正式退出独联体。俄罗斯仅凭自身的意愿和实力，已经难以真正将独联体各国聚集在其周围。在此情况下，俄罗斯只能更加关注与其联系较为密切的白俄罗斯、哈萨克斯坦、吉尔吉斯等国家的关系，而推动与这些国家的关系，首先要加强与这些国家的经济联系，让其享受到与俄罗斯加强关系的红利。这不但有利于俄罗斯的经济发展，而且有利于增强俄罗斯在该地区影响力的扩大，推动与这些国家经济的一体化，形成一个力量捆绑，增加俄罗斯与其他国家和经济组织谈判的筹码。这也有助于保持俄罗斯在该地区的影响力。

三　战略视角东移亚太的原因

近年来，中国、韩国和东南亚各国经济发展势头强劲，尤其是在发达国家经济发展不景气的时候，中国经济始终一枝独秀，成为世界经济的引擎。随着这些国家经济的快速发展，其国民的消费水平陡然提升，这使它们成为世界上消费能力及潜力巨大的市场。世界上所有发达国家都意识到亚太地区已经成为世界上经济最为活跃的地区。这里不但是一个巨大的消费市场，而且是政治和经济环境比较理想的投资场所。因此，为了搭乘亚太地区经济发展的快车，很多发达国家一方面加大对亚太地区的产品出口，另一方面积极来此投资设厂。这客观上进一步推动了该地区的经济发展，繁荣了地区经济。在这种情况下，为了保持经济的快速发展势头，俄罗斯加强与其经济发展水平较为接近的亚太地区国家关系必然是其经济发展战略的一个重要选择。

由于历史和环境因素，俄罗斯东西部地区始终发展不平衡，远东地区经济发展缓慢。苏联解体后，远东地区具有较高文化水平和技术能力的俄罗斯人出现向其欧洲部分大量迁移的现象，这进一步导致俄罗斯远东地区经济发展状况恶化。为了使俄罗斯远东地区经济得到快速发展，从而保证国家地区发展的平衡性，俄罗斯政府推出开发远东地区的各种计划：2009 年 9 月，俄中两国正式批准了《中国东北地区与俄罗斯远东及西伯利亚地区合作纲要》，为加强两国地区间合作指明了方向；2009 年末，俄罗斯总理普京签署第 2094 号俄罗斯联邦政府令，批准了俄罗斯联邦《远东和贝加尔地区 2025 年前经济社会发展战略》，该战略从地缘政治角度，对远东和贝加尔地区的社会经济发展现状及未来所面临的困难进行了较为详尽的阐释，指出了远东和贝加尔地区的发展战略目标、任务、实施的机制和措施。①。俄罗斯地跨欧亚大陆，亚洲部分占其总面积的77%，该地区资源丰富且大部分尚未开发或开发不足。俄罗斯若想在经济方面快速崛起，离不开远东及西伯利亚地区的经济开发。而该地区的发展又离不开亚太地区，尤其是东北亚国家的参与开发。因此说，经济发展的需要要求俄罗斯必须加强与亚太地区国家的关系。

另外，由于多种因素，亚太地区成为国际热点地区。尤其是近年来，随着美国战略重心移向亚太地区，世界的关注点也投向该地区。俄罗斯作为一个具有世界性发展潜力的大国，为避免被边缘化，必然要积极参与国际热点问题的解决，以增强其在该地区的影响力。

四 加强与中国在重大国际问题上合作的外部因素

在叶利钦执政期间，中俄关系发展就十分迅速。普京执政八年间，中俄关系也得到了稳步发展。梅德韦杰夫上台后，中俄关系发展也比较平稳。由于美国欲在中东欧部署反导防御系统以及俄格战争等问题，俄美双边关系一度恶化。面对美国对俄罗斯战略空间的不断挤压，俄罗斯一方面采取措施予以直接对抗，另一方面联合那些与其具有相似经历和战略欲求的国家，特别是加强与中国的关系。

改革开放后，中国的经济发展迅速。2010年，中国的经济总量达到5.88万亿美元，占全球9.3%，超过日本成为世界第二大经济体。② 经济的快速发展相应地提升了中国在国际社会的政治影响力。为了防止中国挑战美国的霸权地位，美国采取各种手段对中国进行遏制。由于中俄两国具有相似的国际地位和战略欲求，加之两国互为最大邻国及面临共同的外界压力，所以两国均有联合抵御来自美国等西方国家的战略挤压的愿望，这为俄罗斯加强与中国的关系提供了可能。

---

① 国家发展改革委东北振兴司：《俄总理签署政府令批准〈远东和贝加尔地区2025年前经济社会发展战略〉》，振兴东北老工业基地工作简报第100期（总第605期）。

② 2012年，中国的GDP总量为519322亿元，按2012年末人民币兑美元汇率中间价6.2855计算，中国的GDP总量为82622.23亿美元。2013年，中国的GDP总量为568845亿元，按2013年末人民币兑美元汇率中间价6.0969计算，中国的GDP总量为93300.69亿美元。

2008 年 5 月，上任不久的梅德韦杰夫便开始对中国进行访问。这是其上任后访问的首个非独联体国家，体现出梅德韦杰夫对中国的重视。访问期间，两国签署了一系列经贸和政治协议。特别引人注目的是，两国元首签署了具有一定指向性的《关于重大国际问题的联合声明》。《声明》在一些重大国际问题上阐明了两国的共同主张。双方表示，支持联合国在国际事务中发挥主导作用，谴责一切形式的恐怖主义，主张在多边框架内共同打击恐怖主义，反对借反恐之名达到同维护国际稳定与安全任务相悖的目的。《声明》指出世界各国应遵循《联合国宪章》的宗旨和原则，严格遵守互相尊重主权和领土完整、互不侵犯、互不干涉内政、平等互利、和平共处的原则以及国际法和其他公认的国际关系准则，摒弃"冷战思维"和集团政治，弘扬平等、民主、协作精神。① 同时，两国领导人发表了《北京会晤联合公报》，表示在涉及国家主权和领土完整等重大核心问题上相互给予支持。《声明》的签署及两国领导人对维护双方核心利益的态度，不但表现出两国的共同愿望，而且进一步协调了双方的政治立场，对两国缓解来自美国的压力起到了一定作用。

2009 年 6 月，胡锦涛主席访问莫斯科期间，两国元首就一些重大的国际问题达成共识，他们一致认为，应巩固国际法基本原则，加强联合国的核心作用。他们表示，希望国际社会为稳定世界经济采取集体行动，以提升各国互信。他们主张和平利用外空，反对外空武器化，主张建立以多极化、平等和完整的安全体系、照顾彼此利益为关键要素的亚太地区国际关系架构，强调应在互利和非歧视的基础上，根据开放原则促进一体化进程。同时，两国领导人在朝核问题、伊朗核问题等国际热点问题上表明了共同立场。②

2010 年 9 月，俄罗斯总统梅德韦杰夫再次对中国进行国事访问。访问期间，两国元首签署了《中俄关于全面深化战略协作伙伴关系联合声明》。《声明》强调，中俄关系具有战略性和长期性，成为当今国际关系中的重要稳定因素。双方表示，愿继续加强各领域合作，在选择各自发展道路和维护彼此国家主权、安全和领土完整，维护世界和平与稳定及建立更加公正、合理、民主

---

① 《中华人民共和国和俄罗斯联邦关于重大国际问题的联合声明》，http://politics.people.com.cn/GB/1026/7290647.html。

② 《中俄元首莫斯科会晤联合声明》，http://www.gov.cn/ldhd/2009-06/18/content_1343301.htm。

的国际秩序等方面加强相互支持。表示在涉及国家主权、统一和领土完整等两国核心利益的问题上相互支持是中俄战略协作的重要内容。俄方重申坚定支持中方在台湾、涉藏、涉疆等问题上的原则立场，支持中方维护国家统一和领土完整。中方重申支持俄方为维护本国核心利益和促进整个高加索地区乃至独联体的和平稳定所做的努力。[①] 同时，两国元首还签署了《关于第二次世界大战结束 65 周年联合声明》。《声明》对篡改二战历史、美化纳粹和军国主义分子及其帮凶、抹黑解放者的图谋进行了谴责，表示将为建立公正合理的国际秩序，防止战争和冲突共同努力，体现出两国对二战历史的共同观点及维护二战成果的决心。值得一提的是，在中国与日本因渔船被扣和领海纷争而关系紧张之际，梅德韦杰夫突然访问了北方领土（俄罗斯人称"南千岛群岛"，日本人称"北方四岛"）。这是苏联和俄罗斯时期，俄国领导人首次访问该地区。梅德韦杰夫的访问使俄日关系骤然紧张。尽管我们不能将梅德韦杰夫对与日本有争议的"北方领土"的视察解读为对中国的支持，但是，客观上加剧了日本外交的被动，缓解了中国来自日本的压力。

　　总之，梅德韦杰夫执政期间，俄中关系得到了稳步推进。两国领导人多次表示，目前双边关系处于历史最好时期。从俄罗斯加强与中国关系的动机来看，除了其为稳定周边安全和加强与中国经济关系以搭乘中国经济发展的快车等原因外，抵御来自美国等西方国家的压力、提升俄罗斯国际地位也是其强化与中国关系的战略考量。

---

① 《中俄关于全面深化战略协作伙伴关系的联合声明》，《人民日报》2010 年 9 月 29 日电。

第七章　俄罗斯国家利益观的变化对
中国和平发展战略的影响

第一节　中国和平发展战略的提出

走和平发展的道路是新中国成立以来国家领导人经过多年的实践总结出的
国家发展战略，是中国进行社会主义现代化建设的经验总结，是中国实现现代
化和富民强国的战略选择,① 预示着中国将走一条与以往大国崛起的不同的发
展道路。

一　中国和平发展战略提出的历史背景

20 世纪 70 年代末，中国领导人对国际形势的判断发生了明显变化，认为
世界的主要特征和时代主题已由"战争与革命"转变为"和平与发展"。对国
际形势判断的变化使中国的战略重心发生了转移，以经济建设为中心从此取代
了极"左"时期"以阶级斗争为纲"的发展战略。中国经济开始步入了一个
新的发展阶段，走上了和平发展的道路。但此时，中国官方在国家的发展道路
方面并未明确提出和平发展的战略思想，只是更多地强调世界大战短时间内打
不起来，赢得一个较长时间的和平环境是可能的。② 因此提出要以经济建设为

---

① 中华人民共和国国务院新闻办公室：《中国的和平发展》白皮书，人民出版社，2011，第 1
页。
② 邓小平：《目前的形势和任务》，《邓小平文选》（第三卷），http：//bbs. zhongcai. com/zzwj/
dxp/wx/index. htm。

中心，把主要精力转移到经济建设方面来。

多年的和平环境促进了中国经济的高速发展。改革开放以来，中国经济平均以每年接近 10% 的速度快速增长。30 多年间，中国经济总量由 1978 年的 3624 亿元增至 2011 年的 471564 亿元，增长了约 130 倍，中国一跃成为世界第二大经济体。过去引领全球经济增长的美国、日本、欧洲 "三驾马车" 近年来由于多种因素，经济出现疲软，不再是世界经济增长的亮点。而作为后起之秀的中国，经济多年来却始终保持着高速增长的态势，并成为引领全球经济增长的引擎。中国经济的快速发展为世界经济发展做出了重大贡献。据统计，2007 年中国经济对世界经济增长的贡献率达到 19.2%，首度超过美国；2008 年的贡献率为 20%；2009 年和 2010 年中国对世界经济增长的贡献更是超过了 50%。① 在世界多国普遍陷入金融危机的困境时，中国经济发展依然比较平稳。很多人认为，中国经济是世界经济发展的一个有力的助推器，是拉动全世界经济增长的一个主动力。②

中国经济发展不但给本国人民带来了福利，而且也使世界享受到了其快速发展的成果。但高速发展的中国经济客观上也引起了他国的紧张。一些大国担心自身的大国地位受到中国的挑战，千方百计采取措施遏制中国的发展。而周边小国则担心中国的发展使其利益受到侵犯，因此也希望世界大国进入东亚以制衡快速崛起的中国。一时间 "中国威胁论" 甚嚣尘上。而此时，在中国内部，许多人认为中国已经成为世界经济大国，军事实力也明显增强，因此他们认为中国应更积极地参与国际事务，应更清晰地表现出大国的姿态，放弃以往韬光养晦的 "内敛式" 外交。但也有人认为，虽然中国已经成为第二大经济实体，综合国力有了明显提升，但是中国依然存在诸多问题，因此他们认为中国还需要保持以往的低姿态，以避免一些大国将矛头指向中国。在这样的国内国际背景下，中国的决策者根据当前的国际形势和自身实际及中国以往经验提出了中国走和平发展道路的战略思想。

---

① 郭信峰、程静：《陈德铭：中国对全球经济增长贡献超 50% 30 年前只有 3%》，http://finance. ifeng. com/news/20110320/3704954. shtml。
② 易建涛：《中国对世界经济增长的贡献已经超过了美国》，http://news. 163. com/11/1229/15/7MEV5OG400014JB5. html。

二　中国和平发展战略的提出

2003 年 11 月 3 日，中央党校原常务副校长、中国改革开放论坛理事长郑必坚先生在博鳌亚洲论坛年会主会场发表了题为《中国和平崛起新道路和亚洲的未来》的讲演，首次提出中国当前走的是和平崛起的发展道路。他指出，改革开放 25 年来，中国已经开创出一条既适合本国国情又符合时代特征的战略发展道路，即在同经济全球化相联系而不是相脱离的进程中独立自主地建设中国特色社会主义，这是一条和平崛起的新道路。①

2003 年 12 月 10 日，温家宝总理访问美国期间在哈佛大学发表了题为《把目光投向中国》的演讲。他明确指出："今天的中国，是一个改革开放与和平崛起的大国。"② 这是中国领导人首次公开提出"中国和平崛起"的概念。2003 年 12 月 16 日，胡锦涛同志在纪念毛泽东诞辰 110 周年座谈会上也指出，坚持中国特色社会主义道路，就要坚持走和平崛起的发展道路。③ 2004 年 2 月 23 日，中共中央政治局第十次集体学习中，胡锦涛同志再次强调，要坚持和平崛起的发展道路和独立自主的和平外交政策。④ 3 月 14 日，温家宝总理在十届全国人大二次会议答记者问时，对和平崛起的要义予以详尽的解读。

尽管多数人都认同中国学者和领导人提出的"中国走和平崛起的发展道路"这一战略思想，也知道其中的"和平崛起"一词强调的主要是通过"和平"方式来实现中华民族的"崛起"，但依然有很多人对此有不同看法：在国外，一些人认为，"崛起"就意味着对原有体制的挑战，崛起国会要求对国际权力进行再分配，况且截至目前尚没有任何一个国家是通过和平方式崛起的。因此，他们认为中国崛起不可能通过和平方式来完成。一些别有用心的人趁机大肆宣扬"中国威胁论"，尤其是美国的一些学者和政客更是借题

---

① 郑必坚：《中国和平崛起新道路和亚洲的未来》，《学习时报》2003 年 11 月 17 日。

② 温家宝：《把目光投向中国——在哈佛大学的演讲》，http：//www. chinanews. com/n/2003 – 12 – 12/26/380015. html。

③ 胡锦涛：《在纪念毛泽东诞辰 110 周年座谈会的讲话》，http：//cpc. people. com. cn/GB/69112/70190/70193/14286125. html。

④ 胡锦涛：《在中共中央政治局第十次集体学习时发表的讲话（2004 年 2 月 23 日）》，http：//www. tjdjw. cn/system/2004/03/04/000034553. shtml。

发挥，提出要遏制中国崛起，以免崛起后的中国对美国的霸权进行挑战。中国周边一些国家也极力配合美国，希望"引美入亚"以制衡中国，进而阻滞中国的崛起进程。国内也有学者认为，"崛起"一词过于强硬、突兀，在中国当前整体实力快速增强的今天，很容易引起一些大国和周边小国的担忧。况且，中国目前尚未崛起，使用"和平崛起"容易刺激其他大国和周边国家，不利于中国争取一个良好的国际发展环境。因此希望用一个比较温和的词来表达中国崛起的和平愿望。为此，他们主张采用相对中性的"和平发展"。

以胡锦涛同志为总书记的党中央在听取和综合分析各方意见之后，决定采用"和平发展"一词。2004年7月24日，胡锦涛同志在中共中央政治局第十五次集体学习时指出，当前，国际局势总体上对我有利，我们要用好重要战略机遇期，切实抓好发展这个党执政兴国的第一要务，实现全面建设小康社会的宏伟目标。要高举和平、发展、合作的旗帜，坚持奉行独立自主的和平外交政策，坚定不移地走和平发展的道路，坚定不移地维护世界和平、促进共同发展。① 这是中国领导人首次以"和平发展"一词替代"和平崛起"。2004年8月22日，在纪念邓小平同志诞辰100周年的大会上，胡锦涛同志再次提出，中国将"坚持走和平发展的道路"的战略思想。他指出："我们要高举和平、发展、合作的旗帜，始终奉行独立自主的和平外交政策，坚持走和平发展的道路，在平等互利的基础上加强和扩大同世界各国的交流和合作，永远做维护世界和平、促进共同发展的坚定力量。"②

在党的十六届四中全会上，我党强调要"高举和平、发展、合作的旗帜，坚持独立自主的和平外交政策，走和平发展的道路，永远不称霸。"③ 这是中央文件中首次正式提出中国要走和平发展的道路。2005年11月，胡锦涛同志访问英国期间全面阐述了中国和平发展道路的基本要义。2005年12月，

---

① 胡锦涛：《必须坚定不移地走和平发展的道路 促进国防建设与经济建设协调发展》，《人民日报》2004年7月25日。

② 胡锦涛：《在邓小平诞辰百年纪念大会上的讲话》，http：//news. xinhuanet. com/newscenter/2004 - 08/22/content_ 1856283. htm。

③ 《中共中央关于加强党的执政能力建设的决定》，http：//news. sina. com. cn/c/2004 - 09 - 26/18223774705s. shtml。

中国国务院新闻办公室发表了《中国的和平发展道路》白皮书，全面系统地阐述了中国走和平发展道路的必然性和坚定决心，提出了相应的战略方针和政策措施。① 白皮书对中国走和平发展道路的原因、国际背景和如何走该道路进行全面的阐释。从历史、文化和世界发展潮流等几个方面论证了和平发展道路是中国现代化建设的必由之路。对和平的重要性进行了解读，认为和平是发展的根本前提，发展是和平的基本保障。指出了作为世界一部分的中国发展需要和平的国际环境，中国的发展也是世界发展的一个重要组成部分。多年来中国始终坚持以自身发展来促进世界和平，为世界和平做出了巨大贡献。同时强调指出，中国的发展离不开世界，世界的繁荣也需要中国。因此希望实现与各国的互利共赢和共同发展。白皮书指出，建设一个持久和平与共同繁荣的和谐世界是世界各国人民的共同愿望，也是中国走和平发展道路的崇高目标。② 白皮书的发表意味着中国和平发展战略思想的正式形成。

2011 年 9 月，国务院新闻办公室发布了《中国的和平发展》白皮书。白皮书进一步阐释了和平发展战略对中国的重要性，并对其予以详尽的解读。同时，白皮书再次向世界宣告：和平发展是中国实现现代化和富民强国、为世界文明进步做出更大贡献的战略抉择。中国将坚定不移沿着和平发展道路走下去。③ 白皮书从世界历史发展的角度对和平发展道路予以归纳总结。从历史传承、中国的基本国情和世界潮流三个方面阐述了和平发展是中国历史的必然选择。白皮书同时对中国和平发展的世界意义进行了分析，指出和平发展道路是中国——这个世界上最大的发展中国家探索出的一条新型发展道路，这条道路的成功既需要中国人民进行不懈努力，也需要外部世界的理解和支持。白皮书强调中国和平发展打破了"国强必霸"的大国崛起传统模式，和平发展道路是经过中国几十年实践证明了的一条正确的道路，没有理由加以改变。④ 至此，中国和平发展战略思想已经完全形成。

---

① 康绍邦、秦治来：《坚持和平发展道路 推动建设和谐世界》，《求是》2007 年第 3 期。
② 中华人民共和国国务院新闻办公室：《中国的和平发展道路》，《人民日报》2005 年 12 月 23 日。
③ 中华人民共和国国务院新闻办公室：《中国的和平发展》白皮书，人民出版社，2011，第 10 页。
④ 中华人民共和国国务院新闻办公室：《中国的和平发展》白皮书，人民出版社，2011，第 10 页。

三 中国和平发展战略的基本内容

从中国领导人对中国和平发展战略的阐释和中国政府《中国的和平发展道路》及《中国的和平发展》白皮书中可以看出中国和平发展战略的主要内容包括如下几个方面。

第一，中国选择和平发展道路是历史的必然。

新中国成立 60 多年尤其是改革开放以来，始终致力于探索符合本国国情和时代要求的社会主义现代化道路。经过艰苦的努力和探索，中国终于找到了一条适合自身国情的发展道路，这便是中国特色社会主义道路。

在 1840 年鸦片战争以后的 100 多年间，中国曾饱受西方列强欺辱，不但丧权辱国，而且自身的正常发展也被打断。自此，中国便被后起的资本主义国家陆续赶超。为了摆脱内外压迫，许多仁人志士开始探索中国发展的道路。消除战争，实现和平，建设独立富强、民生幸福的国家，成为近代以来中国人民孜孜以求的奋斗目标。[①] 经过努力，中国人终于获得了自由，开启了独立自主建设社会主义国家的道路。但是由于多种原因，中国并未立刻走入正常的发展轨道。历经曲折，直至改革开放后，中国才开始走上符合自身国情的和平发展的道路。

中华民族历来就是热爱和平的民族。[②] 中华文化中包含着诸多的和平内涵，是一种和平的文化。在中国历史文化和传统理念中均主张"以和为贵""和而不同""天人合一"的思想。早在两千多年前，圣贤孔子便论述过"和为贵"的思想，两千多年的儒家文化思想培育了中华民族热爱和平的民族秉性。渴望和平、追求和谐，始终是中国人民的精神特征。明代航海家郑和曾率领世界上最强大的船队多次下西洋，远涉亚非 30 多个国家和地区，带去了中国的各种特产，并未侵占他国一寸土地，给世界送去了和平与文明，反映了中国当时与世界人民加强交流的诚意。[③]

---

① 中华人民共和国国务院新闻办公室：《中国的和平发展道路》，《人民日报》2005 年 12 月 23 日，第 15 版。

② 中华人民共和国国务院新闻办公室：《中国的和平发展道路》，《人民日报》2005 年 12 月 23 日，第 15 版。

③ 中华人民共和国国务院新闻办公室：《中国的和平发展道路》，《人民日报》2005 年 12 月 23 日，第 15 版。

走和平发展的道路，是当今世界发展潮流中的必然选择。在和平与发展成为时代主题的时代，任何国家的发展都需要有一个和平稳定的内外环境。和平是发展的前提，发展是和平的保障。求和平、促发展、谋合作是世界各国人民的共同心愿，也是不可阻挡的历史潮流。[①] 在当今世界多极化和经济全球化趋势不断深入发展的情况下，各国间的交往和联系日渐增多，任何国家都不能脱离国际社会而单独发展本国经济，构建自己的国家利益。中国作为一个发展中的大国、一个外向型经济的国家更离不开国际社会。多年来，中国政府和中国人民为争取和平的国际环境进行了不懈努力，因而十分珍惜经过世界各国爱好和平的人们共同奋斗得来的和平国际环境。选择和平发展道路是中国对历史经验的总结，既顺应国际形势与潮流，又符合中国国家利益。历史经验要求中国必须紧抓机遇，快速发展自己，只有这样中国才能早日崛起。

全球化时代，人类面临的各种公共安全问题也日益突出。恐怖主义、大规模杀伤性武器扩散、经济危机、环境污染、自然灾害、气候变化等关乎人类生存和经济社会可持续发展的全球性问题需要全人类共同携手来应对，任何国家都不可能单独依靠自身力量完全解决这些问题。如果各国不能很好地进行合作，不但世界和平与发展可能会面临着严重的障碍，而且甚至会给人类带来重大灾难。因此，走和平发展道路，加强国际合作是时代的要求。

21 世纪的第二个十年是中国全面实现小康社会奋斗目标的攻坚阶段，也是中国发展的重要战略机遇期，中国比任何国家都需要一个和平的国际环境。30 多年来，中国之所以取得了如此巨大的成就，一个重要原因是得益于对外开放，得益于身处一个和平的国际环境。没有这样和平的国际环境，中国经济难以取得如此骄人的成绩。实践证明，一个国家要想把本国事情办好，让人们生活得更幸福，首先要有个和平稳定的内外环境。

第二，中国和平发展战略的总体目标是实现国家现代化和人民共同富裕。

中国和平发展的目标是，对内求发展、促和谐，对外求合作、促和平。改革开放后，中国制定并实施了"三步走"的发展战略，目前已经提前实现了

[①] 中华人民共和国国务院新闻办公室：《中国的和平发展道路》，《人民日报》2005 年 12 月 23 日，第 15 版。

前两步目标，并正向第三步目标迈进。第三步战略目标是中国和平发展的总体目标，即实现国家现代化和人们共同富裕。在实现总体目标的过程中，中国政府提出了和平发展的近中期目标和中长期目标。

"十二五"（2011～2015）纲要规划了中国和平发展的近中期目标，提出在"十二五"期间，中国的经济能够保持平稳较快的发展，经济结构战略性调整取得重大进展，科技教育水平明显提高，资源节约和环境保护成效显著，人民生活持续改善，社会建设明显加强，改革开放不断深化。这使经济发展方式的转变取得实质性进展，综合国力、国际竞争力及抵御风险能力显著提高，全面建成小康社会的基础更加牢固。[①] 纲要指出，全面建成小康社会是中国和平发展的中长期目标。即到 2020 年，中国将基本实现工业化，综合国力显著增强，国内市场总体规模位居世界前列，人民富裕程度普遍提高，生活质量明显改善，生态环境良好。[②] 在综合国力不断增强的同时，中国也将更多地履行国际义务，更好地维护和促进世界和平，让世界享受到中国经济发展的成果。

第三，坚持独立自主的和平外交是中国和平发展的基本对外方针。

维护世界和平，促进共同发展，推动建立和谐世界，是中国外交的宗旨和目标。2005 年 4 月，在雅加达的亚非峰会上，胡锦涛同志提出，亚非国家应"推动不同文明友好相处、平等对话、发展繁荣，共同构建一个和谐世界"。[③] 这是中国领导人首次公开提出构建"和谐世界"的理念。此后，中国领导人多次阐述了构建和谐世界及对和谐世界的基本内容进行了详尽的阐述。

中国倡导的"和谐世界"内容全面、内涵丰富：在政治上，各国能够相互尊重、平等协商，共同推进多边主义，促进国际关系民主化，维护联合国在国际事务中的核心地位。在国际关系中，弘扬民主、和睦、协作、共赢的精神。在经济方面，各国相互合作，优势互补，共同推进经济全球化朝着均衡、普惠、共赢方向发展。在文化方面，各国间相互借鉴，求同存异，尊重世界多

---

① 《中华人民共和国国民经济和社会发展第十二个五年规划纲要》，http：//www.gov.cn/2011lh/content_ 1825838. htm。

② 中华人民共和国国务院新闻办公室：《中国的和平发展》白皮书，人民出版社，2011，第 10 页。

③ 胡锦涛：《与时俱进，继往开来，构筑亚非新型战略伙伴关系——在亚非峰会上的讲话》，http：//news. xinhuanet. com/world/2005 - 04/22/content_ 2865173. htm。

样性，共同促进人类文明繁荣进步。另外，各国间应相互尊重彼此自主选择社会制度和发展道路的权利，相互借鉴，取长补短，使每一个国家能够根据本国国情实现民族振兴和发展。在安全方面，各国间相互信任，加强合作，寻求集体安全，坚持用和平方式解决国际争端，共同维护世界和平与稳定。在环境保护方面，各国应相互帮助，协力推进，共同呵护人类赖以生存的地球家园，进而建立一个稳定、和谐、美好的世界。建设一个持久和平、共同繁荣的和谐世界，是世界各国人民的共同心愿，是中国走和平发展道路的崇高目标。①

独立自主的和平外交是中国外交政策的根本方针。中国主张各国间树立起互信、互利、平等、协作的新安全观，寻求实现综合安全、共同安全与合作安全。提出各国间应该携手并进，共同应对全球安全威胁。摒弃"冷战"思维和同盟对抗的思想，通过多边合作维护共同安全，协力防止冲突和战争。在国际责任方面，中国提出，将秉持积极有为的国际责任观，并指出，作为世界上人口最多的发展中国家，将自己的事做好，本身就是对世界负责任的重要表现。作为负责任的大国，中国遵循国际法和公认的国际关系准则，认真履行应尽的国际责任。

作为亚洲大国，中国强调要同周边各国积极开展睦邻友好合作，共同推动建设和谐亚洲。主张地区各国相互尊重、增进互信、求同存异，通过对话和友好协商来解决包括领土和海洋权益争端在内的各种矛盾和问题，共同维护地区和平稳定。作为发展中大国，中国不谋求地区霸权和势力范围，不排挤任何国家，中国的繁荣发展和长治久安对周边邻国是机遇而不是威胁。中国领导人多次强调，将继续坚持"与邻为善、以邻为伴、睦邻友好"的方针，不断加强与周边国家和亚洲其他国家的友好合作关系。

第四，中国和平发展的世界意义在于其打破了"国强必霸"的大国崛起传统模式。

改革开放以来，中国的综合国力得到了快速提升。中国经济连续30多年保持近10%的高速增长，经济总量2011年增至7.46万亿美元，占世界经济总

---

① 中华人民共和国国务院新闻办公室：《中国的和平发展道路》，《人民日报》2005年12月23日，第15版。

量的 1/10 左右，位居世界第二；[1] 外汇储备高达 31811 亿美元，占世界外汇储备的 1/3，位居世界第一；贸易额达 36421 亿美元，占世界的 1/10，成为世界第一大贸易国。在科技方面，中国在一些高科技领域实现了赶超式发展，"神舟"系列载人飞船成功发射，"神舟"九号与"天宫"一号顺利实现对接，为中国下一步发射太空试验站奠定了基础。"蛟龙号"载人潜水器下潜至 7020 米，使中国具备了在全球 99.8% 海洋深处开展科学研究和资源勘探的能力，达到了世界领先水平。"神九"与"蛟龙号"展示了中国科技创新的高度和深度。自主研发的"神威蓝光"千万亿次计算机系统投入使用，使中国成为世界第三个能够采用自主 CPU 构建千万亿次计算机的国家。[2] 军事方面，中国首艘航空母舰"辽宁舰"正式交付海军，航母正式入列表示其从一件产品转变为一艘战舰，标志着中国海军力量的增强。北斗卫星导航系统作为中国自主研发的全球卫星导航系统，与美国的 GPS、俄罗斯的格洛纳斯、欧盟的伽利略系统并称为全球四大卫星导航系统。

经过多年的努力，中国取得的成就不但令国人感到自豪，而且也令世界瞩目。同时，也给一些国家带来忧虑，担心中国强大后，称霸野心显现，侵害其国家利益。可以说，这种"国强必霸"的思想在一些国家思维理念中依然十分明显。对此，中国领导人从历史、文化和中国发展的现实清晰地阐释了中国"绝对不会走'国强必霸'的道路"。

从文化传统来看，"国强必霸"论不符合中国讲信修睦的文化传统。自古以来中国就讲求"以和为贵""天人合一""和而不同"的理念。"和"在中国古代历史上被奉为最高价值，是中华文化的精髓。[3] 和谐文化培育了中华民族热爱和平的民族秉性。温家宝同志在纽约发表演讲时表示："'国强必霸'有违中华传统文化，背离世界发展潮流，绝不是中国的选择。中国不会威胁任

---

[1] 2012 年，中国的 GDP 总量为 519322 亿元，按 2012 年末人民币兑美元汇率中间价 6.2855 计算，中国的 GDP 总量为 82622.23 亿美元。2013 年，中国的 GDP 总量为 568845 亿元，按 2013 年末人民币兑美元汇率中间价 6.0969 计算，中国的 GDP 总量为 93300.69 亿美元。

[2] 《用科技力量书写中国骄傲 2012 年科技十大亮点》，http://www.chinadaily.com.cn/dfpd/dfkeji/2013-01-05/content_7942815.html。

[3] 王廷连：《习近平"三个不符合"是对"国强必霸论"有力驳斥》，http://cpc.people.com.cn/GB/64093/64103/13232252.html。

何人，不会损害任何人的利益。中国真心实意地愿做各国的好朋友和好伙伴，希望与各国一道，共建持久和平、共同繁荣的和谐世界。"① 习近平同志在2010 年 11 月 14 日会见新加坡内阁资政李光耀先生时指出，"国强必霸"不符合中国的外交方针和实践，也不符合邓小平先生关于"将来我们发展了"也"永远不称霸"的郑重宣誓和承诺。②

从中国的外交实践来看，中国始终向往和爱好和平。多年来中国始终坚持独立自主的和平外交政策。20 世纪 50 年代，中国和巴基斯坦、印度等国共同提出和平共处五项原则，受到了国际社会的普遍认同。从毛泽东、邓小平，到江泽民，再到胡锦涛，历代中央领导人都做出过"不称霸"的承诺。尤其是改革开放以来，中国一直秉承和平理念，反对各种形式的霸权主义和强权政治。多年来，中国政府始终奉行"与邻为善、以邻为伴、睦邻友好"的外交方针，在同周边开展的外交行动中，中国着力建立互信合作，不断发展同周边国家长期稳定的友好合作关系，不断增进相互理解和信任，竭力与周边国家成为好邻居、好朋友、好伙伴。在与大国相处中，中国坚定不移地奉行互利共赢、合作共赢的开放战略，在双边、多边和区域合作方面取得重要进展。实践证明，中国"睦邻、安邻、富邻"的外交政策得到了多数国家的认同。中国并未走"国强必霸"的道路。

因此，尽管在 2003 年以前，中国并未明确提出和平发展的战略思想，但实际上，自 20 世纪 70 年代末实行改革开放以来，中国已经成功地走上了一条与本国国情和时代特征相适应的和平发展道路。③ 和平发展也已经成为国家发展的一个长期战略目标。

中国和平发展战略的实施，除自身意愿外，还需要一个和平的国际环境。提出要走和平发展的道路，一方面表明中国坚持走和平发展道路的决心，另一方面也体现出中国作为一个大国对和平的热爱。不过，尽管中国多次表示当前

---

① 温家宝：《携手开创新时期中美关系的光明未来——在美国友好团体欢迎晚宴上的演讲》，http：//news. xinhuanet. com/politics/2010 - 09/23/c_ 12598760_ 3. htm。

② 杜尚泽、吴黎明：《邓小平纪念碑新加坡落成 习近平李光耀为其揭幕》，http：//jx. people. com. cn/GB/190316/190317/13215169. html。

③ 中华人民共和国国务院新闻办公室：《中国的和平发展道路》，《人民日报》2005 年 12 月 23日，第 15 版。

和今后都将坚定不移走和平发展的道路，但并不意味着中国就能够顺利地走和平发展的道路，更不意味着在任何情况下都能坚守和平。如果中国的国家主权和国家利益受到了严重损害，在各种和平方式均无效的情况下，中国便会采取包括武力在内的一切手段来维护自身利益。这在一定程度上也说明了外界环境对中国能否和平发展具有很大的影响。俄罗斯作为中国的陆邻大国，其外交政策的调整对中国有着较大的影响。一方面俄罗斯对华政策给两国关系带来直接影响，另一方面俄罗斯对第三国的政策也会间接对中国的国际环境造成影响。

总体看来，中国仍是一个发展中国家，在发展道路上依然面临着许多困难和问题，中国的现代化建设还有很长的路要走。走和平发展道路符合中国的根本利益，也符合人类社会发展进步的客观要求。中国今天要走和平发展道路，将来强大了也要走和平发展道路。①

第二节　叶利钦执政时期俄罗斯国家利益观的嬗变对中国和平发展战略的影响

中国走和平发展道路，必须具备两个条件：一是中国要有和平发展的意愿，二是要有一个能够允许中国和平发展的国际环境。仅有和平发展的意愿，而没有和平发展的国际环境，中国也很难通过和平方式进行发展或者崛起。而创造和平的国际环境首先是大国的重要责任。中国要创造一个良好的外部环境，除需要自身努力外，大国尤其是周边大国也有重要的作用。俄罗斯既是大国，也是中国的邻国，其对中国能否赢得一个和平发展的国际环境具有重大影响。俄罗斯国家利益观的嬗变直接影响其外交政策的走向，作为具有世界性潜质的大国，其外交政策的变化不但对周边国家产生影响，而且在一定程度上能够影响世界局势的变化。俄罗斯国家利益观的嬗变对中国和平发展战略具有两方面影响，一方面是俄罗斯对中国的政策给中国和平发展战略带来的直接影响，另一方面是俄罗斯对第三方国家的政策给中国带来的间接影响。

---

① 中华人民共和国国务院新闻办公室：《中国的和平发展道路》，《人民日报》2005 年 12 月 23 日，第 15 版。

从 1991 年末俄罗斯独立至今，二十多年的时间，中俄两国关系得到了长足发展。中俄两国关系，也从互视为友好国家发展为面向二十一世纪的战略协作伙伴。从俄罗斯方面来说，中俄关系在二十多年间经历了叶利钦、普京和梅德韦杰夫三任总统。在叶利钦担任俄罗斯总统期间，既是国际形势变化较大的一个阶段，也是俄罗斯国内形势纷繁复杂、中俄关系发展较快的时期。

随着国内、国际形势的变化以及俄罗斯国家利益观的转变，叶利钦时期，俄罗斯对中国政策进行了一系列的调整，总体看来，大致经历了三个发展阶段。

一　从 1991 年末至 1992 年末，俄罗斯对华态度冷落，中国的国际战略环境恶化

苏联解体后，俄罗斯以"苏联的合法继承者"的身份登上了世界政治舞台。作为俄罗斯的第一任总统，叶利钦一方面继承了戈尔巴乔夫的外交政策，另一方面对戈氏的"亲西"政策又加以深化。此时，俄罗斯渴望在最短时间内完成国内经济改革和政治转轨，实现国内经济的快速复苏，从而早日融入西方社会。这体现出俄罗斯以寻求国家经济利益为首要利益目标的特征。不过，俄罗斯的国家政策制定者认为，其经济利益只有依靠西方国家的帮助和支持才能得以实现，因此将国内经济复苏的期望主要寄托于以美国为首的西方发达国家。而为了表示与西方国家政策的一致性，在国际交往中，俄罗斯又在一定程度上以意识形态的异同来决定国家间关系的远近亲疏。

这个时期，俄罗斯外交政策的典型特点是向以美国为首的西方国家政治、经济和安全体系"一边倒"，而对自己昔日的盟友国家，则尽力疏远，淡化彼此关系。对待中国，虽然继承了戈氏时期苏联的政策，顺利实现了由苏中关系向俄中关系的转变，但这一期间，俄罗斯实际上并没有真正重视俄中关系。可以说，此时，俄罗斯在外交上是"一心西向，无暇东顾"。

俄罗斯的政治转轨、经济改革急需大量的资金来支撑，而国内资金严重匮乏是俄罗斯所面临的现实情况。叶利钦等改革派意识到，若想使国内经济改革成功，尽快恢复国民经济，离不开国外资金的援助。而自己昔日的盟友及中国等第三世界国家，在这方面对其的帮助是心有余而力不足，只有美国等西方发达国家有能力帮助俄罗斯。因此，俄罗斯必须要与这些国家站在一起。为了表示对西方

国家的友好，俄有时甚至不惜牺牲与东方国家的友好关系。

虽然中国是世界上和亚太地区有着重要影响的国家，是俄罗斯的最大陆邻国，两国在地区安全、经济发展等方面有着密切联系，双方本应十分重视相互关系的发展，但独立之初的俄罗斯并没有形成明确的对华政策。经过短时间的磨合，俄中比较顺利地实现了双边关系的衔接。1992年3月，俄罗斯外长科济列夫访问了中国，与中国领导人就双边关系的一系列基本问题作了深入、坦诚的讨论。双方外长交换了1991年3月签署的中俄东段边界协定的审批书。双方外长提出将进一步深化两国经贸合作，中国表示将开放3个与俄罗斯相邻的边境城市，以扩大与俄罗斯的边境贸易。同时，两国表示，将促进双方削减边界地区武装力量和加强军事领域的信任。[1] 这次访问与此前不久俄罗斯对外经济联络部长阿文的访问基本消除了俄罗斯领导人先前的疑虑并开始实现中俄关系的顺利转变。虽然科济列夫等强调对华关系在俄罗斯外交活动中占有优先地位，但此时俄罗斯的对华政策仅仅是为了实现两国关系的平稳过渡，并未将对华关系放在其外交中应有的位置。换言之，就是这时的俄罗斯也没有将对华政策与其整个外交工作有机地结合起来。因此，科济列夫访华后不久便淡化与中国发展关系的进程。在一次答记者问时，他称俄罗斯东部几乎所有边界问题都未得到解决，俄中东段边界条约仅仅是个开始。在谈到俄罗斯需要与邻国建立睦邻关系时又有意无意地"漏掉"了中国。在人权问题方面，俄罗斯明确表示赞成西方国家观点，并对中国采取某种非建设性措施。1992年2月，俄罗斯议长哈斯布拉托夫在欧洲议会发言时就着重强调，"人权比不干涉内部事务更为重要"。科济列夫访华回国后，对记者表示，俄罗斯主张在人权领域广泛开展国际合作，不同意中国领导人关于不干涉内部事务、人权应服从于主权的主张。随后，俄罗斯代表在联合国人权委员会日内瓦会议上，追随西方国家，支持将所谓"中国在西藏破坏人权"的问题列为大会议题。

虽然俄罗斯该阶段的外交重心主要在以美国为首的西方国家一方，但是俄罗斯也意识到其最大邻国——中国的重要性。一方面，历史教训使其认识到，

---

[1] Визит А. В. Козырева в Китайскую Народную Республику, *Дипломатический вестник*, №7, 1992г.

必须消除对中国的敌对情绪，加强两国互信，创造一个和平、稳定的周边环境。另一方面，俄罗斯此时经济处境十分艰难，国内物资十分匮乏。中国品目繁多、价格低廉的商品能够在很大程度上满足俄罗斯普通民众的需求，可以缓解俄罗斯商品匮乏的危机。虽然当时中国运往俄罗斯的产品由于多种原因质量较差，但因其价格低廉，所以中国商品成为俄罗斯多数平民的选择。这在一定程度上，能够缓解俄罗斯的燃眉之急。这不能不促使俄罗斯加强与中国的经贸合作。同时，苏联解体后，俄罗斯决然抛弃了坚守七十多年的社会主义制度，转而实行了西方的民主制度。政治道路选择的变化必然促使其外交政策的转变，出于对西方民主制度的向往和对西方发达国家经济援助的期盼，俄罗斯采取了向以美国为首的西方国家"一边倒"的外交方针，这在一定程度上影响到了中俄关系的发展。俄罗斯对华政策的两面性，尤其是紧跟西方国家对中国的政治制度、人权状况横加指责，对中国和平发展战略的实施是不利的。

二　从 1992 年末到 1996 年 4 月，俄罗斯调整对华政策，中国的周边环境得以改善

这个阶段是俄中关系快速发展期。1992 年 12 月 17 日，叶利钦对中国进行访问，这是他担任俄罗斯总统以来的首次中国之行。此次访问对于俄罗斯的对华政策和两国关系的发展具有转折性意义。通过访问，双方在确定双边关系基本原则、规范合作领域方面达成共识。访问标志着俄罗斯对华政策的基本目标开始明确化。俄中双方表示互视为友好国家，发展睦邻友好和互利合作的关系，不同第三国联合反对对方或损害对方的利益。1993 年 3 月，俄罗斯出台的"俄罗斯联邦对外政策构想"指出："改变同中国关系的性质应当考虑到两国意识形态和社会政治制度的区别，同时还应当从除了同它建立积极和充实的睦邻关系外俄罗斯别无选择这一点出发。"①

1993 年底，北约提出东扩计划后，俄罗斯开始酝酿进一步加强和改善与东方国家关系，平衡东西方外交的对外政策。1994 年 1 月，叶利钦总统让来

---

① Концепция внешней политики Российсой Федерации, *Дипломатический вестник*, специальное издание，1993г.

华访问的外长科济列夫将自己的亲笔信转交给江泽民主席，信中提出希望俄中建立"面向21世纪的建设性伙伴关系"的建议；俄罗斯杜马外交委员会主席卢金随后也要求俄政府把俄中关系提高到与西方国家关系同等水平上来；5月，俄罗斯政府总理切尔诺梅尔金访问中国；6月，钱其琛外长访问俄罗斯并向叶利钦总统转达了江泽民主席对确立中俄之间"建设性伙伴关系"建议的积极回应。在此期间，两国还签署了一系列经贸、科技和文化方面的协议，中俄关系不断升温。正是在此基础上，1994年9月，江泽民主席对俄罗斯进行正式友好访问。这次访问标志着中俄关系又上一个新台阶。两国元首在莫斯科签署了《中俄联合声明》，正式宣布两国要建立"面向21世纪的建设性伙伴关系"，指出两国决心把相互间关系提高到一个崭新的水平，要从战略的高度来考虑和处理双边关系。科济列夫将这种关系概括为三个方面：一是两国之间的相互信任和安全进一步加强；二是双方的伙伴关系在质量上增强贸易合作；三是要在国际舞台上更加密切地协调行动。这意味着俄罗斯对华政策的目标向更高层次迈进了一步，即把俄中关系从一般友好关系上升到特殊友好关系的水平。同时两国还签署了20多项文件，其中最为重要的有《中俄两国首脑关于不将本国战略核武器瞄准对方的联合声明》《中华人民共和国和俄罗斯联邦关于中俄国界西段的协定》等。俄罗斯领导人很注重发展对华关系，竭力排除发展俄中关系的各种障碍。为了排除俄罗斯远东地区地方当局一些负责人对俄中划界工作的干扰，1996年2月，叶利钦签发了《关于采取措施结束俄中东段边界勘界工作的命令》，从而推进了两国边界勘测的进程。所有这些都为俄中关系的进一步全面发展奠定了牢固的基础。① 俄中关系发展有了较大进展。

为什么俄罗斯如此迅速地提升对华政策呢？

第一，这是两国关系几年来良性发展的必然结果。俄罗斯独立之初，虽然没有将对华关系放在其外交政策的重要位置，但是由于中国是其最大邻国，仅从周边安全角度考虑也要求俄罗斯改善对华关系。特别是，历史上苏中的长期对峙使双方投入了大量的人力、物力和财力，严重地影响了两国的经济发展，深刻的教训要求两国采取措施改善双边关系。因此，为了保证与最大邻国的和

---

① 孔寒冰、关贵海：《叶利钦执政时代》，河南文艺出版社，2000，第369页。

睦相处及其东部边疆的稳定，俄罗斯希望从双边友好关系的角度考虑对华政策。另外，在俄罗斯国内经济逐年下滑，国际影响日渐下降，周边环境愈发复杂的情况下，中国作为俄罗斯东南部的强邻，并没有像西方国家那样"落井下石"对俄罗斯进行战略挤压、遏制，而是始终持友好态度致力于两国关系的改善，这使俄罗斯感受到了中国的友善，促使俄罗斯进一步改善与华关系。因此，可以说，俄中两国的这种良性互动使双边关系迅速升温。

第二，这是俄罗斯谋求国家利益最大化的一种外交策略。独立初期，俄罗斯希望通过向西方"一边倒"的对外政策来赢得西方国家的认可并获取其经济援助，但是"一边倒"的外交政策没有使俄罗斯得到应有的回报：对于俄罗斯抛出的"橄榄枝"，西方国家没有给予对等的回应，它们不但没有真正接纳俄罗斯，相反，始终存在着"限俄、制俄、弱俄"的思想。经济上，西方国家"口惠而实不至"，对俄罗斯的资金援助总额不到其允诺的一半。政治上，不断对俄罗斯施压，迫使其按照西方国家的理念推行政治改革。地缘战略方面，不断挤压俄罗斯的地缘战略空间，积极进行北约东扩。因此，当"西向受阻"之时，俄开始"东顾寻亲"，希望通过加强与东方国家的外交来平衡与西方国家关系，而加强与中国关系自然成为其东方外交的一种战略选择。俄罗斯此时采取这种策略应对的目的在于借助中国提高自己的国际地位，从而引起美国等西方国家的重视，换句话说，就是在与西方国家交往中"打中国牌"，以此加重自身筹码，增强对西方国家的说话力度，迫使其更大程度上满足俄罗斯的经济、政治需求。

第三，这是俄罗斯国内政治力量发展变化的必然结果。独立之初，俄罗斯亲西方的右翼势力力主实行"休克疗法"进行经济改革，但最终改革遭到了失败，致使国家经济连年下滑，人民的生活水平逐年下降，这导致右翼势力的支持率直线下滑。民众最初的那种追求民主、自由的高度热情也因生活的困窘而急剧降温。而左翼和极右翼势力的支持率随着国内经济状况的恶化而迅速上升，1993 年和 1995 年的两次杜马选举便是最好的证明。主张亲西方政策的右翼力量的衰落必然导致俄罗斯外交政策的转向。而左翼和极右翼势力在外交政策上又均主张"联东抗西"（联合东方国家以抗衡西方国家），中国作为典型的东方大国自然成为其联合的目标之一。

第四，这是俄罗斯为寻求大国地位而推行的一种外交策略。俄罗斯经济实力大幅下降，导致其国际地位的衰落。而唯西方国家马首是瞻的"一边倒"的外交政策，也使俄罗斯的国际声誉遭到了损害。以美国为首的西方国家不但没有因为俄罗斯的"驯服"而放弃对俄罗斯的"限制、弱化"政策，反而时常损害俄罗斯的国家利益，恶化了其地缘战略环境，这在很大程度上伤害了俄罗斯国民的自尊心。而民众心中昔日的大国情结在短时间内还难以消除，一时无法接受沦为二流国家的现实。面对西方国家"弱俄、遏俄"的实际情况，俄罗斯的民族主义情绪迅速增强，他们要求政府改变亲西方政策，加强与东方国家的关系以恢复大国地位。随着北约东扩呼声的高涨，俄罗斯进一步认识到以美国为首的西方国家在对俄政策中表现出"防范"意识和试图独执世界秩序之牛耳的倾向。北约对俄罗斯战略空间的挤压，使其切实感受到自身的国家安全利益受到了来自西方的威胁。而俄罗斯自知仅凭自身实力难以与北约抗衡。因此，希望通过加强与中国的关系来突破西方国家的围堵，借用中国的力量构筑符合俄罗斯利益和设想的力量平衡，以赢得较为宽松的国际环境。

总之，这个阶段，基于俄罗斯内外形势的变化及其对国家利益的新认识，俄罗斯进一步加强了与中国的关系，中俄关系进入了一个良性发展的轨道。中俄两国"面向21世纪的建设性伙伴关系"的建立，对中国外部环境的改善具有重要意义，尤其是在西方国家因中国"八九事件"而对中国进行制裁，致使中国与西方国家关系一度紧张的情况下，俄罗斯对华态度的变化，有利于中国外部环境的改善及和平发展战略的实施。

三　从 1996 年 4 月到 1999 年末，俄罗斯加强与中国关系，中国的国际战略环境向好

1996 年是俄中关系再上新台阶的一年。4 月 23 日，叶利钦再次访华，中国是叶利钦当年出访的第一个国家，它将俄中关系推向了一个发展的高潮。访问中，两国元首签署了《中俄联合声明》，这个声明将两国关系的发展目标界定为"平等与信任和面向21世纪的战略协作伙伴关系"。与"建设性伙伴关系"相比，俄中之间的"战略协作伙伴关系"的起点更高并以双方的长远战略利益为根本出发点，从而大大提高了两国合作的水平，标志着俄中关系发展

到了一个崭新阶段，说明俄罗斯已不仅限于从一般的双边关系的范畴看待俄中关系，而是开始从更广阔的空间来看待中国在俄罗斯恢复大国地位的外交战略中的价值，并要使对华政策构成其整个外交战略布局中的一个重要环节。与此同时，两国决定保持各种级别、各个渠道的经常性对话机制，建立莫斯科与北京之间的热线电话，并签署了一系列具有战略利益的合作协定，如《关于在能源、和平利用核能和和平开发宇宙领域合作的协定》《关于在核安全领域合作的协定》等。

值得一提的是，俄中两国建立"面向21世纪的战略协作伙伴关系"的想法，是叶利钦在访华途中对早已准备好的联合声明临时提出的修改意见。在来华的专机上，叶利钦对事先准备好的《中俄联合声明》做了重要的修改，将原文中"发展长期稳定的睦邻友好、互利合作和面向21世纪的建设性伙伴关系"修改为"发展平等与信任和面向21世纪的战略协作伙伴关系"。这个新目标的确定，使两国关系开始进入了"蜜月"阶段。随后，为了巩固和落实战略协作伙伴关系，两国采取了一系列措施：1996年4月26日，中国、俄罗斯、哈萨克斯坦、吉尔吉斯斯坦、塔吉克斯坦五国元首在上海签署了《关于在边境地区加强军事领域信任的协定》，这被认为是亚洲第一份关于多国间安全保障体制的文件。它规定缔约国在彼此边境交界地带距离各自边界线50公里的区域内建立"信任地带"交换信息，限制军事演习的规模、地理范围和数量，增派军队和武器应向邻国通报等，这就基本上解决了长达几百年的领土纠纷，为国家关系的进一步发展扫清了障碍；1996年12月，李鹏总理对俄罗斯进行工作访问，双方签署了一系列贸易协定，进一步巩固了两国关系。

1997年4月下旬，江泽民主席访问莫斯科，与叶利钦总统举行了中俄"战略协作伙伴关系"以来的第一次峰会。这次中俄首脑会晤，为两国战略协作伙伴关系的进一步发展做了重要的理论准备。双方发表了《关于世界多极化和建立国际新秩序的联合宣言》，明确地表述了中俄两国对当前国际关系态势和一系列国际问题的理论共识。两国确认当前国际关系发展的基本趋势是"建立和平稳定、公正合理的国际政治经济新秩序成为时代的迫切要求和历史发展的必然"；共同主张将和平共处五项原则作为处理国际问题的基本行为准则，强调了国家发展道路自主选择的原则，反对谋求霸权和强权政治的原则，反对滥用经济制裁的原则；两国共同倡导新的适应"冷战"结束后新国际形势的普遍安全观，推崇"通过双边、多边协调合作寻求和平与安全"的安全合作模式，不赞同可能"加剧地区和全球紧张局势"的"加强军事集团"的模式。同时，两国就建立战略协作伙伴关系的基本宗旨和政策目标进行了明确的阐述，提出了将"深入发展双边合作，保持长久的睦邻友好，促进两国共同发展与繁荣，造福于两国人民"，"密切双方在国际事务中的磋商与协调，维护各自的独立、主权和民族尊严，维护各自在国际上应有的地位和正当权益"，"通过双方合作和共同努力，促进国际局势的缓和与稳定，推动世界多极化趋势的发展和公正合理的国际新秩序的建立……"这次会晤，两国还明确了促进多极化世界形成的操作方向，提出通过加强联合国的作用推进国际政治的民主化和多极化，支持和促进广大发展中国家更广泛和深入地参与国际事务。

1997 年 11 月上旬，叶利钦总统再次访华，这也是中俄两国领导人一年之内的第二次会面。此次中俄首脑会晤取得了积极成果。两国元首共同签署了《中俄关于世界多极化和建立国际新秩序的联合声明》，这种针对国际敏感问题的双边国际问题声明，在两国关系史上是不多见的。叶利钦对此特别强调："俄罗斯过去没有同任何一个国家签署过国际问题和世界多极化的联合声明。当前世界上有些大国总是要把世界单极化的模式强加于我们，总是要向其他国家发号施令。我们要建设一个多极化的世界，世界应该有多个极作为国际新秩序的基础。"[1] 同时宣布俄中双方决心发展平等与信任的、面向 21 世纪的战略协作伙伴关系，并决定建立两国领导人定期会晤机制，以及在北京和莫斯科之间建立保密电话通信联系，成立由两国社会各界代表组成的"中俄友好、和平与发展委员会"等。特别是俄中两国领导人表示，两国要在国际领域开展合作。

1998～1999 年是俄罗斯的多事之秋，国内政治动荡，经济危机加深。叶利钦的病情有加重趋势，总统与国家杜马之间的矛盾白热化，仅 1998 年 4 月～

---

[1]　新华社，莫斯科 1997 年 11 月 23 日电。

1999 年 8 月一年多就换了五任总理。[①] 1998 年爆发的金融危机，使俄罗斯的经济几乎濒临崩溃。在国际上，俄罗斯在南斯拉夫问题上与西方国家截然对立，陷入了"冷战"的边缘。俄内外交困的处境使之加强了与华关系。面向 21 世纪的战略协作伙伴关系的建立，促进了俄中两国关系的全面和纵深发展。两国领导人的交往实现了制度化和机制化，交往更加频繁，两国协作的力度进一步加大。1997 年两国元首就举行了两次会晤。1998 年 11 月，江泽民主席又以"不打领带"的方式访问了莫斯科，举行了两国元首的第六次会晤。双方就世纪之交的国际社会发展的基本趋势协调了立场，发表了《世纪之交的俄中关系》联合声明，就世界的多极化、世界文明的多元性、世界经济全球化、联合国的作用、大国关系等重大问题阐述了双方的基本观点和立场。1999 年 4 ~ 6 月，在以美国为首的北约军事打击南联盟时，俄罗斯与中国积极协调和合作，使这场未经联合国授权的战争回到和平解决的轨道上来。针对美国准备部署国家和地区反导弹系统的计划，俄中双方进行了协调一致的行动。1999 年 11 月，俄罗斯、白俄罗斯和中国三国共同提出的《关于维护和遵守反弹道导弹条约》的决议案在联合国大会上获得通过。1999 年 12 月，叶利钦在俄罗斯因为第二次车臣战争遭到西方国家的围攻和孤立时，访问了中国。会晤后，两国领导人就维护世界战略稳定、反对"新干涉主义"、打击民族分裂主义和宗教极端主义以及车臣和台湾问题上相互支持，广泛地达成了一致意见，在国际上产生了很大影响。同时，两国政府首脑在 1996 ~ 1999 年，先后举行了四次定期会晤。这对加强两国的相互了解和信任，推动两国关系在各个领域的发展起了关键性的作用。

综观叶利钦时期俄罗斯的中国政策，不难看出，俄罗斯稳步加强与中国的关系，使得两国关系经历了由平淡，到友好，再到亲密的不断加深的发展过程。可以说，促使俄罗斯在较短时间内快速调整对华关系的关键因素就是国家利益。叶利钦执政期间，国内国际形势不断变化，其国家利益观也随之不断变

[①]　谢尔盖·基里延科（1998 年 3 月 23 日 ~ 1998 年 8 月 23 日）、维克多·切尔诺梅尔金（代理 1998 年 8 月 23 日 ~ 1998 年 9 月 11 日）、叶夫根尼·普里马科夫（1998 年 9 月 11 日 ~ 1999 年 5 月 12 日）、谢尔盖·斯捷帕申（1999 年 5 月 12 日 ~ 1999 年 8 月 9 日）、弗拉基米尔·普京（1999 年 8 月 9 日 ~ 2000 年 5 月 7 日）。

化。国家利益观的转变促使俄罗斯不断调整其外交政策。在任后期叶利钦之所以加强与东方国家特别是中国的关系，首先，是为了有一个稳固的东方边疆；其次，亲西方政策的失败致使俄罗斯被迫东寻盟友，而加强与中国的关系恰恰是俄罗斯寻求战略平衡的较佳选择；再次西方国家及北约对俄罗斯地缘政治战略空间的一再挤压，也是俄罗斯不断加强与中国关系的一个重要原因。俄罗斯与西方国家矛盾重重，利益冲突不断，但俄罗斯自身又无力与西方国家相抗衡。在这种情况下，同另一个坚持独立自主的大国——中国建立平等和信任的伙伴关系，加强合作，不但可以在一定程度上抵消西方国家对俄罗斯战略空间挤压的压力，而且对俄罗斯在世界大国之间发挥平衡作用和在国际事务中发挥积极影响，无疑也是非常重要的。俄罗斯当时主管亚太事务的副外长亚·帕诺夫的一段话就完全表露了其对外政策的这种意图，"我们在东方的地位越巩固，我们就能越有信心地和越有分量地在西方采取行动。"①

这个阶段由于两国政治关系的全面升温，俄中两国战略协作伙伴关系得以巩固，两国之间的关系得以加强，在国际上两国能够在关乎彼此切身利益的问题上相互支持，特别是两国共同抵御美国的霸权主义，增加了和平的力量。总体看来，叶利钦执政后期对华政策的转变，一方面为中国有一个和平稳定的边疆创造了有利条件；另一方面，中俄两国在重大国际问题上的合作，在很大程度上削弱了美国对两国的压力，为两国争取和平的国际环境和经济快速发展创造了有利条件，为中国走和平发展道路提供了支持。

第三节　普京执政时期俄罗斯外交政策对中国和平发展战略实施的影响

普京是在 1999 年 12 月 31 日从叶利钦手中接过俄罗斯总统权杖的。上任之初，由于面临着国内的总统大选和对俄罗斯并不十分有利的国际形势，他没有急于修正叶利钦时期俄罗斯的对外政策，而是在延续前任总统外交政策的同时，总结其成败的经验教训以备调整政策。当普京正式当选为俄罗斯

---

① 俄通社－塔斯社莫斯科 1994 年 10 月 15 日电。

总统后，便开始逐步对叶利钦时期的外交政策进行调整。综观普京时期的外交政策，其突出特点就是灵活、务实。与叶利钦的外交政策相比，普京更显理性化。从普京时期俄罗斯对外政策的目标来看，体现出了外交政策为国内经济发展服务的特点。对外政策目标的转变即国家利益观侧重点的变化，必然导致俄罗斯对外政策的大幅调整，其中自然包括对中国政策的调整。从2000年普京上任至2008年卸任总统，俄罗斯对华政策大致可分为三个阶段。

一　从2000年至"9·11"事件发生前，俄罗斯保持与中国的密切关系，为中国创造了较好的睦邻环境

这个阶段，普京基本上保持了叶利钦时期俄罗斯对华政策友好态势，在一定程度上延续了对华的"蜜月"温情。2000年7月18日，普京作为俄罗斯总统首次访问中国。这次中国之行获得了圆满成功。访问中，两国领导人主要就加强两国政治、经贸、科技、文化、教育、地方间合作以及反导等共同关心的双边和国际问题广泛而深入地交换了意见。并且，两国元首共同签署了包括《北京宣言》和《关于反导问题的联合声明》在内的一系列双边合作文件。《北京宣言》表示，两国元首认为，俄中战略协作伙伴关系完全符合两国人民的根本利益，它对推动世界多极化和建立公正合理的国际新秩序具有重要意义和作用，两国将继续增进睦邻友好，扩大合作，加强在国际事务中的协作。《北京宣言》还强调：俄中将恪守两国已达成文件的各项原则和精神；俄中在国际舞台上继续合作，反对霸权主义、强权政治、集团政治，推动世界多极化进程向前发展，俄中愿全面促进"上海五国"框架内的合作；俄中重申维护现有军控与裁军条约体系，反对修改《反弹道导弹条约》，维持国际战略稳定；俄中理解和支持对方维护国家统一、主权和领土完整所作的一切努力，共同反对和打击民族分裂主义、国际恐怖主义、宗教极端主义及跨国犯罪活动；俄罗斯重申不支持任何形式的"台湾独立"，不向台湾出售武器；俄中将进一步全面综合发展经贸、科技和军事技术领域的合作；俄中将尽快解决两国边界遗留问题；俄中将在"上海五国"框架内推动地区安全，进一步加强军事领域的信任措施；两国将鼓励民间交往的发展；两国将准备谈判签署俄中睦邻友

好合作条约。①

可以说，普京此次访问，是对叶利钦时期俄中关系与两国合作的一个全面总结，是对两国关系的发展方向与合作领域的一个新的定位。这不但意味着普京接受了叶利钦时期的对华政策，而且也在一定程度上预示着他准备推进和发展两国关系。从普京接受采访的谈话中便可证实这一点。采访中，普京表示，俄罗斯高度重视发展俄中关系，决心与中国发展全方位、多层次、高水平的关系，并指出，这不仅符合两国人民的利益，也将有助于世界的和平与稳定。在访华前接受新华社记者的采访时，他也曾表示，中国是俄罗斯的战略伙伴，与中国发展关系是俄罗斯对外政策的主要优先方向之一。发展俄中关系不是权宜之计，两国发展战略伙伴关系将成为维护全球稳定和世界和平的重要因素之一。② 这说明了俄中关系从叶利钦时期向普京时期过渡的顺利完成。不但俄罗斯对华政策的继承性得以保持，而且也在一定程度上给俄中关系注入了新的因子。无疑，普京的此次访华，对于俄中两国来说，均是富有成效的。《北京宣言》和《关于反导问题的联合声明》的签署，引起了国际社会的极大关注。显然，这两个文件在一定程度上具有协调两国对外政策立场及共同维护两国利益关切之意。

2001 年 6 月 14 日，中国、俄罗斯、哈萨克斯坦、吉尔吉斯斯坦、乌兹别克斯坦、塔吉克斯坦六国在上海成立"上海合作组织"，该组织的成立意味着中俄及中亚国家的安全合作由"边界安全与信任"模式向"地区安全合作机制"模式转变。作为该组织的推动国，中国和俄罗斯的关系得到了进一步加强。同年 7 月 15 ~ 18 日，应普京总统邀请，江泽民主席对俄罗斯进行国事访问。这次访问取得了圆满成功。访问期间两国元首签署了《中华人民共和国和俄罗斯联邦睦邻友好合作条约》。《条约》明确将双方关系作为好邻居、好伙伴、好朋友的坚定意志用法律形式固定下来，为中俄进一步发展睦邻友好关系奠定了有力的法律基础。《条约》将中俄关系定位为平等信任的战略协作伙伴关系，集中地体现了中俄在发展双边关系和国际事务中的广泛利益。条约的

① 《中华人民共和国和俄罗斯联邦北京宣言》，《人民日报》2000 年 7 月 19 日。

② 中新社，北京 2001 年 7 月 19 日电。

签署，标志着中俄战略协作伙伴关系进入了不断充实和深入发展的新阶段。

普京之所以进一步加强对华关系，与俄罗斯当时的国内国际形势以及其对本国国家利益的认识分不开。普京初掌总统大权时，由于科索沃危机、北约东扩和车臣反恐等问题，俄罗斯与西方国家的关系降至历史最低点。虽然普京上任后竭力改善与西方国家关系，但因为国内民众高涨的民族主义悲情尚未降温，美国等西方国家"限俄、制俄、弱俄"的敌视政策也未有明显转变，所以当时与美国等西方国家缓和外交关系难以找到突破口。另外，叶利钦时期产生的俄罗斯民族复兴的大国情结在俄罗斯国内依然有较大影响，而美国等西方国家此时对俄罗斯战略空间的挤压日趋紧迫，这使得俄罗斯不能放松对本国地缘政治战略利益和国家安全利益的关注。为此，在国际事务中，加强与中国关系，与其相互支持、密切合作，是俄罗斯提高外交身价，尽快恢复大国地位，反对霸权主义、强权政治，推动世界多极化的一个有效手段。

普京在这个阶段延续并加强了俄中两国关系，使俄中两国的"蜜月"温情在一定程度上得以保持。但此时的俄中关系情感色彩较叶利钦时期已大为减弱，"即兴"成分减少，理性化和制度化成分明显增加，稳定性及可预见性增强。这使俄中关系总体上不易大起大落，两国关系的回旋余地和承受能力都较以前有所提高。从普京这段时期的整体对外政策看，他更乐于"打他国牌"，而且善于搞国家间的平衡。普京2000年访华后的一系列外交举措，便是一个很好的明证。在访华之后，他又续程前往朝鲜，然后到日本出席八国峰会，其行程安排的巧妙之处，一方面在于它欲在东西方之间找到平衡点，即把行程平均摊开，并不特别突出哪一个环节；另一方面，分别和中朝建立较密切关系，无形中又将突出俄罗斯在峰会中的形象，加大了自身筹码。回顾普京这段时期的对外政策，不难看出，在加大对国家经济利益关注的同时，俄罗斯并没有放松对国家地缘政治战略利益和安全利益的关注。但总体上看，普京此时的外交政策对中国是有利的，一方面俄美关系的紧张，在一定程度上减弱了美国在战略上对中国的关注度，对中国而言，来自美国的压力相对减弱，中国可以集中精力发展经济，更好地推行其和平发展战略；另一方面，俄中关系的走近可以在一定程度上缓解两国来自美国的压力，这对中国和平发展无疑是有利的。另外，俄罗斯在台湾问题上的态度，也有利于中国防止台湾当局在"台独"方面走得过远，能够在一定程度上保持台海局势的稳定；而俄美共同反对美国退出《反弹道导弹条约》，对中国的国家安全也是有利的。可以说，此时俄罗斯的外交政策及俄中关系的发展有利于中国和平发展战略的推行。

二 从"9·11"事件发生到乌克兰发生"颜色革命"，俄罗斯强化与美国关系，中国的外部压力加大

科索沃战争曾使俄罗斯与以美国为首的西方国家滑入对抗的边缘，北约东扩、反导条约问题也给双方关系投下了浓重的阴影。普京上台后，虽然渴望尽快改善与美国等西方国家的关系，但是始终没有寻找到突破口。"9·11"事件恰好为俄美关系改善提供了一个契机。美国遭袭之后，俄罗斯没有幸灾乐祸，而是及时向美国表达了其同情之心，并表示大力支持美国反恐。事件发生的当天，普京便迅速作出机敏反应，致电美国总统布什，对爆炸事件深表震惊与同情，呼吁国际社会团结一致同恐怖主义进行斗争。随后，俄罗斯采取一系列措施助美反恐：同美国进行情报合作，为其提供有关国际恐怖分子训练基地的信息；为美国反恐行动中运送物资和人员的飞机提供空中通道；支持中亚地区盟国为美反恐开放"空中走廊"和提供军事基地；等等。

俄罗斯在反恐问题上对美国的支持使美感到满意，两国关系随之迅速升温。2001 年 11 月，普京实现了其上任后对美国的首次访问。访问中，两国元首就削减核武器、导弹防御、阿富汗局势及双边关系等问题举行了会谈，并取得一定进展。两国关系进入了一个新的发展期。随后，在美国的推动下，俄罗斯与北约的关系也得到了相应发展，双方关系由 "19 + 1" 变为 "20 国" 机制；在经贸方面，美国也许诺帮助俄罗斯加入世贸组织；等等。总之，俄美关系确有缓和，双方均宣称两国关系进入了一个新的阶段。

正当俄美关系再次进入"蜜月"期时，俄中关系却有降温迹象。有几件事可表明：第一件事是在反导问题的态度上俄罗斯与中国拉开距离。原本俄中两国于 2000 年 7 月普京访华期间签署了《关于反导问题的联合声明》，这个联合声明被视为协调俄中两国对外政策立场的一个重要文件。它具有明确的针对性，那就是反对美国退出《反弹道导弹条约》。《联合声明》受到了国际社会的普遍关注。而时隔仅一年多，普京对美国退出《反弹道导弹条约》的态

度便发生了转变。2001 年 12 月 13 日，美国宣布退出《反弹道导弹条约》，俄罗斯并未像先前时期表现得那样强硬，对此反应相当平和。普京只说美国的这一行为是一个"错误"，接着又解释说："众所周知，俄罗斯与美国，作为首屈一指的核大国，很久以来就已拥有突破反导防御的有效系统。基于此，我可以完全有信心地宣布，美国总统所作出的决定不可能对俄罗斯联邦的国家安全构成任何威胁。"① 2002 年 5 月 24 日，俄美在莫斯科签署了《关于削减进攻性战略力量条约》，这与普京原来所坚持维护反导的立场形成了鲜明对比。此前普京曾明确表示：一旦美国违反反导条约，俄罗斯可能退出削减核武器条约。他还警告美国，部署 NMD 会产生"多米诺骨牌效应"，会使国际裁军和防核扩散领域的一系列国际协议付之东流。因此，普京态度的改变，从某种意义上讲，使中国在此问题上处于被动的尴尬境地。在一定程度上，推动了美国将注意力集中到中国的身上，对中国和平发展战略的实施产生不利影响。

第二件事是石油管线问题。叶利钦时期，俄罗斯为了加大能源出口，为本国经济发展谋取更多资金以尽快摆脱国内经济持续下滑的局面，使本国经济步入良性发展的轨道，于 1994 年主动向中国提出修建一条通往中国的石油管线，以备向中国出口更多的石油。于是，1994 年 11 月，双方石油企业签署了会谈备忘录，开始就从俄罗斯向中国铺设输油管线的能源合作问题进行探讨。1996 年双方元首签署了修建从安加尔斯克到大庆的石油管道的中俄合作协议。此后，双方通过讨论、协商和谈判，签署了一系列的协议，两国政府作为项目协调人也在协议中签了字。2001 年 9 月 8 日，两国总理在圣彼得堡签署了《中俄关于共同开展铺设中俄原油管道项目可行性研究的总协议》。2002 年 12 月初，两国元首共同签署联合声明，重申："考虑到能源合作对双方的重大意义，两国元首认为，保证已达成协议的中俄原油管道和天然气管道合作项目按期实施，并协调落实有前景的能源项目，对确保油气的长期稳定供应至关重要……"至此，象征两国友好关系的"形象工程"似乎已尘埃落定。但是，天有不测风云。自 2002 年底，日本从首相到外相频繁出动，以允诺加大对俄投资力度为诱

---

① strobe Talbott, *The Russian Hand: A Memoir of Presidential Diplomacy*, New York: Random House Trade Paperbacks, 2003, pp. 418 - 419。

饵，极力游说莫斯科放弃与中国的"安大线"（安加尔斯克—大庆）石油管道合作，转与日本进行"安纳线"（安加尔斯克—纳霍德卡）合作。日本的利诱，以及俄罗斯国内某些传统偏见及狭隘的战略观念，使本无多大悬念的中俄石油管线平添变数。随后，俄罗斯有关部门以"可能造成环境污染"为借口，将"安大线"方案束之高阁，使原本已该破土动工的中俄石油管线最终流产，给中方造成了很大的损失。俄罗斯对"安大线"的否决不但使中国的经济利益受到了一定的损害，而且在一定程度上打破了中国能源战略的部署，降低了中国能源安全系数。不能不说，这给俄中关系在一定程度上造成了负面影响。[①]

另外，中国在参与俄罗斯能源开发方面一再受阻，也给俄中关系蒙上了一层阴影。中国比较重视俄罗斯的市场，尤其是对与俄罗斯的能源合作十分重视，原本势在必得的中国公司参与了俄罗斯"斯拉夫石油公司"拍卖，但在最后阶段被俄罗斯拒之门外，使得俄罗斯原本价值30多亿美元的石油公司最终卖得18亿美元。这种情况并非偶然，此前，中国在俄罗斯的投资不到2亿美元，而急需外资的俄罗斯在中国欲向其投资之时，却"友好"地拒绝了。与此同时，日本、美国在俄罗斯的能源投资却直线上升，达到几十亿、上百亿美元。这种现象的发生，除中国的投资能力受限外，"中国威胁论"在俄罗斯的盛行是一个重要因素。2003年底至2004年初，俄罗斯反垄断部门又在审批"中石油"收购"斯基姆尔公司"股权的过程中设置障碍。俄罗斯政府不准中国公司运用市场手段竞标及俄罗斯违反两国多次协议而对石油管线进行改道，从某一个侧面可以看出俄罗斯对中国的态度。2004年夏，俄罗斯政府允许长期流亡国外对中国进行分裂活动的达赖喇嘛访俄，这是中俄两国建立战略协作伙伴关系后达赖对俄进行的首次访问。俄罗斯在这段时间的表现足以看出其对华政策的变化。这一切都或多或少地对俄中关系产生影响。

总之，若从这个阶段发生的个别事件来看，俄中关系确有降温之势。尤其是由于俄美关系的大幅拉近，使中国和美国在俄罗斯外交中对应关系的形态有

---

① 如今，俄罗斯已宣布以"泰纳线"取代"安大线"和"安纳线"，实际上"泰纳线"是"安纳线"的翻版。

所变化，俄中关系近于俄美关系的状况发生了改变，俄罗斯与中、美两国的关系在一定程度上向美国倾斜。换句话来说，俄美关系在一定程度上冲淡了俄中关系。这种变化从另一个角度来讲，正是俄罗斯寻求国家利益的结果。客观上讲，从长远看，俄罗斯采纳"安大线"的确不如"安纳线"或"泰纳线"获利多。第一，石油管线的延长，俄罗斯石油运输公司每年便可多获利上亿美元；第二，"泰纳线"的采用可以使俄罗斯的石油出口多元化，从而可以避免石油出口受制于人；第三，根据日本的允诺，"泰纳线"被批准，俄罗斯的西伯利亚远东地区将获得来自日本的大量的资金援助，这对捉襟见肘的俄罗斯来说，无疑是雪中获炭，更符合其经济利益。同时，俄罗斯以石油为武器，在一定程度上，对那些欲从俄罗斯进口石油的国家来说，也能起到某种制衡作用。而对美退出《反弹道导弹条约》态度的转变，一方面有利于俄美关系的改善，另一方面也是俄罗斯的无奈之举。再者，虽然俄罗斯在此问题上有较大让步，但由于俄罗斯依然拥有2000多枚核弹头，并且多弹头发射技术也很先进，尽管美国退出《反弹道导弹条约》，在短期内也不能对俄罗斯造成多大影响。而对核弹头数量较少且核武器技术相对落后的中国来说就不一样了。因此，俄罗斯此举无论是从国家的经济利益，还是从安全利益来看都是有利的。另外，不遗余力地支持美国反恐，加强与美关系，还有一个重要原因，就是寻求美国对俄罗斯打击车臣分裂势力的支持。可以说，俄罗斯也是恐怖事件的一大受害国，多年来恐怖事件时有发生，给俄罗斯人民安全和国家财产造成巨大损失。因此，俄罗斯加强了对非传统安全的重视，加大了打击恐怖势力的力度。但是，在以往打击车臣恐怖势力时，俄罗斯总是遭到美国等西方国家的指责，说其侵犯人权，使俄罗斯受到来自西方的巨大压力。而对美国反恐的支持，不但可以改善与美关系，而且可以搭乘美国反恐便车打击车臣分裂和恐怖势力。正是基于这种现实的国家利益，俄罗斯才不再追求与美国的权力均衡，而是从国家自身实力出发，第一次同意做美国的不对等伙伴，在一系列问题上对美进行让步。

这个阶段，俄罗斯外交政策的转变，一方面给中俄两国关系的发展平添变数，尤其是俄罗斯国内的"中国威胁论"开始增加，使两国关系出现降温迹象，对中国营造友好、安全、稳定的周边环境不利。另一方面，俄美关系的迅速升温，客观上使中国的国际战略环境向不利方向转变。显然，这对中国发展是不利的。

三 2005 年至普京卸任总统，对华政策渐趋理性，中国的外部压力减弱

可以说，为缓和与美关系，"9·11"事件后，俄罗斯对美国的让步是实质性的，在对美国等西方国家伸出"橄榄枝"的同时，俄罗斯在一定程度上也得到了相应的回报。但是，两者相比，俄罗斯付出的代价也是巨大的。实际上，从某种角度来讲，俄罗斯的付出并未得到预期的回报。阿富汗战争使美军得以长久驻军中亚，这成为俄罗斯永远的痛；格鲁吉亚的"天鹅绒革命"也使俄罗斯感受到西方国家对自己的遏制政策依旧没变；伊拉克战争更是拉开了俄美距离，结束了俄美的"蜜月行程"；俄罗斯的让步并没有阻止北约东扩的进程，面对北约的一再东扩，普京口上虽说不会对俄造成威胁，但心中自明北约东扩给自身带来了多大压力。总之，这个阶段，俄罗斯与美国等西方国家始终龃龉不断，这使俄罗斯与这些国家间关系渐行渐远。

另外，2004 年发生的两件大事更是加深了俄罗斯与美国等一些西方国家之间的矛盾。别斯兰事件坚定了俄罗斯反恐决心，加大了其反恐力度。而美国等一些西方国家对俄罗斯处理别斯兰事件的态度却令俄罗斯大失所望。它们不但不对俄罗斯反恐给予支持，一些西方媒体反而颇有微词。特别是，美国对俄罗斯借该事件推行政治改革、强化政府权力进行公开指责，这使素以喜怒不形于色而著称的俄罗斯总统普京大发雷霆。乌克兰发生"颜色革命"使俄罗斯与西方国家的分歧被再次公开化，面对西方国家对俄罗斯干涉乌克兰内政的指责，普京又一次在公开场合发了脾气。普京意识到美国等西方国家对俄罗斯的遏制始终没有停止。美国等西方国家在乌克兰策动"颜色革命"，使亲西方、反俄的尤先科上台，尤先科极力寻求乌克兰加入北约，使俄罗斯的安全利益受到损害，俄乌关系出现恶化。尤其是，2007 年，美国又决定在中东欧国家部署反导防御系统，这对俄罗斯而言是一个现实的威胁。俄罗斯的战略环境严重恶化。为此，俄罗斯与美国针锋相对，坚决反对美国在东欧部署反导防御系统，俄美关系再度恶化。与美国等西方国家的关系裂痕进一步加深，这在客观

上促进了俄罗斯与中国关系的发展。另外，中国对俄罗斯在反恐问题上的支持，使俄罗斯十分感激。在别斯兰事件上，中国不但给予了俄罗斯道义上的支持，而且还无条件地提供了上千万元的物质援助。这着实让俄罗斯体会到了雪中送炭之情，从而使俄中关系得到了加强，渐冷的俄中关系又有升温之势。

这个阶段，俄罗斯加强了与中国的关系。在中国国务院总理温家宝于2004年9月对俄罗斯进行访问期间，俄罗斯向中国承诺，保证对中国能源的供应，并会在修建石油管线的问题上从本国利益出发的同时尽力考虑中国的利益；赞同进一步加强两国在反恐问题上的联系与合作；正式开通两国总理直通保密电话；签署了有关中国向车臣提供教育援助、有关规范中俄贸易秩序、有关支持开展机电产品贸易、有关两国加强金融合作等一系列文件；双方互相承认对方是完全市场经济国家，并且顺利结束关于俄罗斯加入世贸组织的中俄双边谈判，使中国成为支持俄罗斯加入世贸组织的最早的国家之一，展示了未来国际市场中，俄中两国之间加强合作的前景。这些充分体现了目前俄中关系所涉及的广度和深度。

2004年10月14～16日，普京在俄中建交55周年之际访问了中国。此次访问进一步巩固了两国的战略协作伙伴关系，双方签署了《〈中俄睦邻友好合作条约〉实施纲要（2005～2008）》。两国元首发表了联合声明，指出不管国际形势如何变化，深化俄中战略协作伙伴关系都是两国外交政策的优先方向。双方重申，将继续在涉及对方国家统一、主权和领土完整的重大问题上相互给予支持。纲要还强调，将全面深化包括能源和投资合作在内的俄中经贸合作，是巩固和发展俄中战略伙伴关系的重要因素。决定共同采取措施，制订全面合作的中长期规划，改善双边贸易结构，扩大机电产品贸易，完善经贸及投资合作的形式和方法。双方还宣布，相互确认对方为完全市场经济国家。决定制定相应政策加强两国的经济合作，在2010年左右，使双边贸易达到800亿～1000亿美元。同时声明，主张应坚持多边主义，尊重、发挥和加强联合国及安理会的作用，认为联合国在维护世界和平与稳定、有效应对当代挑战和威胁、促进建立公正合理的世界秩序、保障各国平等发展等方面的主导作用不可替代。强调《联合国宪章》规定的宗旨和原则仍然是处理国际事务必须遵循的基本准则。双方肯定了上海合作组织的作用，决定进一步推动和加强该组织的作用。另外，双方签署了两国边界东段补充协定，这标志着长达 4300 多公里的俄中界线走向最终全部划定，俄中边界问题全部解决。这在一定程度上消除了俄罗斯国内一些保守主义者的担心，为两国人民世代友好、睦邻合作提供了可靠的保障。同时，两国又宣布建立国家安全磋商机制，标志着中俄两国安全合作迈上了新台阶。两国在能源方面的合作也呈现良好的发展势头，中俄石油管线走向问题最终以首先修建通向中国的支线而告终。可以说，普京的此次访问不但在政治上巩固了两国的战略协作伙伴关系，更在经济上为两国关系的进一步发展奠定了稳定的基础。这使原来困扰俄中关系的"政热经冷"问题有望得到缓解，阻碍两国关系发展的那道硬坎——边界划界问题也得到了圆满解决。

2006 年 3 月，中俄双方就俄罗斯向中国出口天然气达成一致，两国在长期困扰双方的上下游领域的油气合作方面取得突破，为两国能源合作的加强进一步提供了契机。另外，两国在 2006 年和 2007 年相互在对方国家举办了"国家年"活动，该活动进一步增强了中俄政治互信，深化了双方在政治、经贸、科技、人文等领域的合作，巩固了中俄友好的社会基础，为中俄战略协作伙伴关系的全面发展注入强大的推动力。[①] 两国在军事领域的合作也得到加强，2005 年 8 月，中俄两国举行"和平使命 - 2005"联合军事演习，这将两国的军事合作推向一个新的历史高度。2007 年 8 月，上海合作组织成员国举行"和平使命 - 2007"联合反恐军事演习，对地区和平稳定产生了积极影响，同时也进一步加强了中俄两国的军事合作。总之，这个时期，中俄关系得到了全面、快速发展。但从两国在具体问题的处理上，不难看出，俄中关系更多一分理性，更显成熟。

总之，伊拉克战争以后，俄中关系得到了一定程度的加强，特别是美国欲在中东欧部署反导防御系统后，俄美关系急剧紧张，俄罗斯加强了与华关系，使双边关系再度升温，俄中关系进入了快车道，究其原因，主要是因为俄中两国安全利益和经济利益具有一致性。对俄罗斯来说，"9·11"事件后，俄罗

---

① 《中华人民共和国和俄罗斯联邦联合声明（2006 年 3 月 21 日）》，《人民日报》2006 年 3 月 22 日。

斯不仅在反恐问题上大力支持美国，还对美国退出《反弹道导弹条约》和北约进一步东扩表现出默认态度，其主要目的就是减少与美国等西方国家的对抗，为国内经济发展创造良好国际环境，并且赢得西方国家的资金援助，加快本国经济发展，尽快恢复俄罗斯的大国地位。但美国等一些西方国家在关乎俄罗斯国家安全和内政问题上的态度令俄罗斯十分不满，因此，俄罗斯在加强本国经济发展的同时，也加强了对国家安全的重视。俄中关系的增强，一方面由于中国是俄罗斯最大的陆邻国家，对俄罗斯地缘安全的影响是任何国家都无法替代的，加强与中国的关系可以确保俄罗斯东部边疆的安全。另一方面，中国是世界上最大的发展中国家，近 20 多年来其经济得到高速发展，加强与中国的经贸往来，对俄罗斯经济的发展将十分有利。另外，俄中两国有相似的国际地位和外交诉求，加强与其关系，可以提高俄罗斯的国际地位。再有，两国在非传统安全方面具有一致的利益，加强两国关系，有利于打击威胁本国安全的三股势力。正是因为上述原因，俄罗斯加强了与华关系，使两国睦邻友好条约得以巩固。俄罗斯强化与中国关系的政策，一方面为中国建立一个良好的周边环境创造了条件，另一方面有利于缓解中国来自第三方的压力，这有助于中国和平发展战略的施行。但此时的俄中关系较叶利钦时期多了一分理性，少了一分激情。

另外，俄罗斯推行全方位的大国外交，尤其是俄罗斯再度加强与东南亚地区国家的关系，特别是加强与越南的关系。俄罗斯石油天然气公司与越南石油公司加强合作，双方在海上的石油开采已经进入中越争议区。俄罗斯石油公司的介入，增强了越南自行开发南中国海石油的信心和底气，不能不说这是对中国国家利益的侵犯。尤其是，俄越两国再度加强军事领域的合作，俄罗斯向越南出售一些高端武器装备，使越南海空军实力迅速提升，这对中国力图通过和平手段解决南海争端是不利的。

第四节　梅德韦杰夫执政后俄罗斯国家利益观嬗变对中国和平发展战略实施的影响

2008 年 5 月 7 日，梅德韦杰夫从普京手中接过俄罗斯总统权杖。在其执政期间，俄罗斯的内外形势均发生了巨大变化。国际方面，俄罗斯与独联体的"兄弟"——格鲁吉亚①兵戎相见，不但俄格两国成为敌对国，而且导致俄罗斯与美国等西方国家关系跌至新低；国内方面，美国次债危机引发的全球性经济危机严重拖累了俄罗斯的经济，致使其经济出现了近10年来的首次大幅下滑。为尽快摆脱经济危机，梅德韦杰夫在积极调整国内政策的同时，也极力采取措施缓和同美国等西方国家的紧张关系。纵观梅德韦杰夫执政期间的内外政策，可见其政策调整的幅度十分明显。中俄关系的发展态势不但没有因梅氏政策的调整而受到大的影响，而且两国战略协作伙伴关系也达到前所未有的高水平并保持了加速发展的良好势头。双方相互支持和互信水平不断提高，在各领域的务实合作也不断扩大，为中国和平发展战略的实施创造了良好的周边环境，且在一定程度上为中国减轻了来自美国和日本的压力。

一　俄中两国的政治关系达到了历史最好水平，为中国和平发展创造了较好的国际环境

梅德韦杰夫担任总统后，俄罗斯继续保持对华友好政策，依然将中国作为其外交政策的一个主要方向。2008年5月23日，梅德韦杰夫就任俄罗斯总统仅半个月便对中国进行了国事访问。中国成为他出访的首个独联体以外的国家。充分表明了他本人和俄罗斯政府对中俄关系的高度重视，也体现出中俄战略协作伙伴关系的高水平、特殊性、战略性和牢固性。② 访问期间，梅德韦杰夫表示，俄罗斯高度重视发展同中国的战略协作伙伴关系，愿同中方一道全力推动双方在经贸、能源、高科技、环保、人文、地方往来等方面的合作和在重大国际地区问题上的对话与配合。③ 两国领导人签署了《中俄关于重大国际问题联合声明》，在一些重大的国际问题上阐明了两国的共同主张。双方表示支

---

① 在2008年8月俄格冲突之前，格鲁吉亚是独联体的成员国。俄格冲突之后，格鲁吉亚宣布退出独联体。2009年，格鲁吉亚正式退出独联体。

② 马剑：《梅德韦杰夫访华：承前启后 面向未来》，《人民日报》2008年5月23日。

③ 钱彤、荣燕：《胡锦涛主席与梅德韦杰夫总统会谈》，http://news.xinhuanet.com/newscenter/2008-05/23/content_8239697.htm。

持联合国在国际事务中发挥主导作用，谴责一切形式的恐怖主义，主张在多边框架内共同打击恐怖主义，反对借反恐之名，达到同维护国际稳定与安全任务相悖的目的。《声明》强调，世界各国应携手努力，有效应对共同威胁和挑战，建设持久和平、共同繁荣的和谐世界；指出各国应遵循《联合国宪章》宗旨和原则，摒弃"冷战思维"和集团政治，弘扬平等、民主、协作精神。两国重申将坚定不移地在地区组织和论坛，首先是上海合作组织、东盟地区论坛、亚太经合组织及其他多边机构框架内加强合作，打击恐怖主义、贩毒和犯罪。《声明》还全面阐述了双方加强在"八国集团"、东亚一体化、上海合作组织等多边领域合作的立场，认为上海合作组织已成为巩固战略稳定、维护和平与安全、发展欧亚地区多种经济与人文合作的极为重要的因素。两国重申，将进一步巩固上海合作组织的团结，表示将加强在朝鲜半岛核问题、开展可持续发展和气候变化领域的合作。[①] 同时，中俄元首又发表了《北京会晤联合公报》，指出发展长期稳定的中俄战略协作伙伴关系是两国对外政策的优先方向，符合中俄两国和两国人民的根本利益，有利于两国的发展与繁荣，对地区及世界的和平、稳定与发展也具有重要意义，这一方针不会改变。尤其是，双方表示在涉及对方核心利益问题上相互支持，是中俄战略协作伙伴关系的核心内容。

梅德韦杰夫此次访华，具有重要的意义。战略方面，两国在一些重大的国际问题上进一步协调了立场，把矛头共同指向美国，指责美国借反恐之名来达到自己的目的，批评其单边主义行为不利于国际稳定和安全。两国同时批评那些"冷战思维"依然浓重的国家，共同提出建立和谐世界的构想。两国再次敦促各国应遵循《联合国宪章》的宗旨和原则。通过此次访问，中俄两国的战略合作得到加强，使两国更加有效地抵制来自美国的压力。尤其是两国均表示在涉及对方核心利益的问题上相互支持，不但使两国关系更加密切，而且也将更好地维护两国的利益。

随后，两国领导人又多次举行会谈，仅在 2008 年下半年，两国元首便

---

① 《中俄关于重大国际问题的联合声明》，http://www.chinadaily.com.cn/hqzx/2008 – 05/24/content_ 6709367. htm。

举行了四次会晤。2008 年 10 月，温家宝总理访问俄罗斯，中俄双方就推动两国各领域务实合作及共同关心的重大国际地区问题充分、深入地交换了意见，达成广泛共识。两国签署了多项协议，促进了今后在各领域的合作。特别是，中俄两国石油公司签署了为期 15 年的石油供应协议，从而结束了双方数月以来在定价问题上的争执，使两国能源合作得到了进一步加强，对增强中国能源安全具有重要意义。温家宝会见梅德韦杰夫时，梅德韦杰夫指出，俄中战略协作伙伴关系顺利发展，两国领导人交往频繁，合作富有成效。双方相互高度信任，可以协商解决任何问题，并表示在当前形势下，俄中进一步加强合作意义重大。俄方愿进一步推进两国经贸、能源、科技、人文等领域的交流与合作，加强在重大国际问题上的协调配合，共同防范和应对国际金融危机等各种挑战。① 两国签署的一系列经贸合同也进一步促进了双方的经贸合作，使得两国在 2008 年的贸易额达到 568 亿美元，创造了历史新高。

在全球性经济危机的影响日渐加深的情况下，两国高层频繁接触。2009 年，俄中两国元首举行了五次会晤。通过领导人的会晤，双方就推进中俄战略协作伙伴关系、共同应对国际金融危机、加强在国际事务中的合作达成重要共识。此外，两国总理及副总理也举行了多次会晤，双方签署了一系列合作协议，为两国战略协作伙伴关系充实了内容。2009 年 6 月胡锦涛主席访问莫斯科期间，两国元首就一些重大国际问题达成共识，一致认为，应巩固国际法基本原则，加强联合国的核心作用。双方表示，希望国际社会为稳定世界经济采取集体行动，以提升各国互信。主张和平利用外空，反对外空武器化。提出建立以多极化、平等和完整的安全体系、照顾彼此利益为关键要素的亚太地区国际关系架构，强调应在互利和非歧视的基础上，根据开放原则促进一体化进程。同时，两国领导人在朝核问题、伊朗核问题等国际热点问题上表明了共同立场。②

2009 年 10 月，普京在中俄建交 60 周年之际访问了中国，参加中俄第十

---

① 张金海、廖雷：《俄罗斯总统梅德韦杰夫会见温家宝》，《新华网》2008 年 10 月 29 日。
② 《中俄元首莫斯科会晤联合声明》，http：//www.gov.cn/ldhd/2009 - 06/18/content_ 1343301. htm。

四次总理定期会晤。两国总理就进一步加强中俄合作达成共识。双方再次表示
将增强政治互信，照顾彼此核心利益和重大关切，坚定支持对方为维护国家主
权、安全和领土完整所采取的措施，巩固两国关系的政治基础。密切在国际事
务中的协调配合，积极应对全球性挑战。共同推动建立公平、公正、包容、有
序的国际金融新秩序，提高发展中国家和新兴经济体国家的代表性和发言
权。[1]

2010 年 9 月，俄罗斯总统梅德韦杰夫再次对中国进行国事访问，这是两
国元首该年度的第 5 次会晤，充分体现了两国关系快速发展的势头和高水平。
访问期间，两国元首签署了《中俄关于全面深化战略协作伙伴关系的联合声
明》。《声明》指出，近年来中俄政治互信不断增强，务实合作稳步扩大，在
国际和地区事务中保持密切沟通和协调，两国人民相互了解和友谊不断巩固。
中俄关系具有战略性和长期性，成为当今国际关系中的重要稳定因素。双方表
示，愿继续加强各领域合作，在选择各自发展道路和维护彼此国家主权、安全
和领土完整，维护世界和平与稳定，建立更加公正、合理、民主的国际秩序等
方面加强相互支持。《声明》中两国强调，在涉及国家主权、统一和领土完整
等两国核心利益的问题上相互支持是中俄战略协作的重要内容。俄方重申坚定
支持中方在台湾、涉藏、涉疆等问题上的原则立场，支持中方维护国家统一和
领土完整。中方重申支持俄方为维护本国核心利益和促进整个高加索地区乃至
独联体的和平稳定所作的努力。双方认为，签署中华人民共和国和俄罗斯联邦
关于打击恐怖主义、分裂主义和极端主义的合作协定，为中俄合作应对这些威
胁奠定了坚实的基础。表示要携手应对国际金融危机，推动两国经贸合作实现
回升。[2] 该《声明》不仅完全体现出两国当前在各个领域合作的高水平，而且
体现出两国决定全面深化战略协作伙伴关系的决心。两国元首还签署了《关
于第二次世界大战结束 65 周年联合声明》，《声明》强调，中俄两国坚决谴责
篡改二战历史、美化纳粹和军国主义分子及其帮凶、抹黑解放者的图谋。中俄
作为联合国安理会常任理事国，决心与所有热爱和平的国家和人民一道，为建

---

[1] 《中俄总理第十四次定期会晤联合公报》，http：//news. xinhuanet. com/world/2009 - 10/14/
content_ 12232157. htm。

[2] 《中俄关于全面深化战略协作伙伴关系的联合声明》，《人民日报》2010 年 9 月 29 日。

立公正合理的国际秩序，防止战争和冲突而继续共同努力。① 《声明》体现出两国对二战历史的共同观点及对维护二战成果的共同决心。很明显，俄中两国的联合声明具有一定的指向性，这是对日本及欧洲的一些极右翼分子企图否定和篡改二战历史、美化军国主义分子的行径的谴责。两国利益的一致性促进了双方在一些国际热点问题上采取一致的外交策略，对两国有效地应对外来压力起到了助推作用，为双方赢得良好的外部环境创造了条件。

2011 年 6 月 15~18 日，中国国家主席胡锦涛对俄罗斯进行国事访问。此次访问是在《中俄睦邻友好合作条约》签署 10 周年、中俄战略协作伙伴关系建立 15 周年之际进行的，有着特殊重要的意义。访问期间，两国元首签署了《关于当前国际形势和重大国际问题的联合声明》，就《中俄睦邻友好合作条约》签署 10 周年发表联合声明。② 《关于当前国际形势和重大国际问题的联合声明》体现了中俄双边关系在推动国际社会新秩序的建构方面，发挥着重要作用。此次声明是自 2005 年以来中俄双方发表的第三份关于国际问题的联合声明，一方面表现出中俄战略协作伙伴关系不仅仅具有双边关系的性质，而且对于推动国际新秩序的建立和维护国际及地区的安全与稳定也具有重要的作用；另一方面体现出中俄两国作为大国，对于世界稳定、和平和发展具有的责任感。《关于〈中俄睦邻友好合作条约〉签署 10 周年的联合声明》全面总结并肯定了十年来的两国关系，并为两国关系的未来发展设计了具体规划。两国领导人对未来十年两国务实合作设定了各种指标，夯实了两国合作的物质基础，对提升两国合作的质量起到了推动和促进作用。③

此外，2008 年 10 月 14 日，中俄两国在黑瞎子岛举行中华人民共和国与俄罗斯联邦国界东段界桩揭幕仪式，标志着长期以来困扰着双方的边界纠纷画上了句号，从此长期影响两国关系进一步发展的边界障碍彻底清除。为了继续增进政治互信，深化经贸合作，扩大人文及其他领域的交往，使两国在各领域

---

① 《关于第二次世界大战结束 65 周年联合声明》，http://www.gov.cn/ldhd/2010 - 09/28/content_1712067.htm。

② 田冰、张朔：《胡锦涛访俄 规划两国未来》，http://www.chinanews.com/gn/2011/06 - 17/3119648.shtml。

③ 蒋习：《专家称中俄元首两个联合声明推进双边关系务实化》，http://news.163.com/11/0617/16/76P08FD600014JB5.html。

的互利合作不断取得实际成果，2008年底，两国又批准了《〈中华人民共和国和俄罗斯联邦睦邻友好合作条约〉实施纲要（2009~2012年）》。《纲要》在政治、经济、人文等领域做出了具体翔实的规划，为两国关系今后一段时间的发展指明了方向，充实了《中俄睦邻友好合作条约》的内容。2009年7月至8月，中俄两国又举行"和平使命－2009"联合军演。这是中俄继2005年8月首次成功举行"和平使命－2005"联合军演后，再一次进行联合军事行动。2012年4月，中俄两国又进行了以海上联合防御和保卫海上交通线作战为主题的"海上联合－2012"军事演习。这是两国首次举行的海上联合军事演习，标志着两国的军事合作得到深化。

总之，由于国际形势的深刻变化，梅德韦杰夫执政后，两国高层互访明显增多，如今中俄两国已建立起总理定期会晤机制、议会合作机制、战略安全磋商机制，两国各部门基本建立了部际对口合作机制，合作范围覆盖了双边关系的各个领域。双边合作已进入机制化和规范化轨道。[①] 为两国关系的巩固与发展奠定了坚实的基础，促进了中俄关系的健康持续发展。这一方面使中国拥有一个良好的睦邻环境，另一方面为中国构建有利的国际环境创造了条件，对中国走和平发展的道路具有重要意义。

二 俄中两国的经贸合作得到进一步加强，为中国走和平发展道路奠定了物质基础

梅德韦杰夫执政后，中俄两国经贸合作稳步推进，虽然2009年由于国际金融危机大环境的影响，两国贸易额出现大幅下滑，但是双方在经贸领域合作的基础并未改变，且金融危机后双方加强经贸领域合作的意愿也极大增强。尤其在石油、天然气、核能等重要领域，两国的合作取得了突破性进展。2010年，中俄双边经贸关系逐步克服金融危机的不利影响，重新步入稳步增长轨道，当年两国的贸易额达到554.5亿美元，较2009年增长43.1%。2011年两国的贸易额达到了792.5亿美元，增长了42.9%，创出历史新高，中国成为

---

① 《外交部就俄罗斯总理普京访华、中俄总理第十四次定期会晤、上海合作组织成员国第八次总理会议举行中外媒体吹风会》，http://www.fmprc.gov.cn/chn/gxh/mtb/mtfw/t619217.htm。

俄罗斯第一大贸易伙伴国。两国经贸合作之所以能够顺利地克服金融危机的影响，并得到快速发展，这与双方领导人对两国经贸合作的重视是分不开的。

2008年5月梅德韦杰夫访华期间，俄罗斯与中国除就一些重大的国际问题达成共识外，双方还在能源、航空、林业、旅游等领域签署了多项合作协议。同时两国领导人还表示，将进一步加强双方在科技、航天、信息产业、民用航空、运输、银行等领域的合作，落实有关共同项目。为了进一步推动两国在能源领域的合作，2008年7月中俄两国启动副总理级能源谈判机制，截至2010年10月双方举行了六次会晤。该机制使两国能源合作取得了实质性进展，将双方在该领域的合作推向了一个新的阶段。2009年2月17日，中俄两国能源谈判代表举行了第三次会晤。双方签署了价值250亿美元的大型能源协议。根据协议，俄罗斯在未来20年每年通过管道向中国出口1500万吨石油，中国国家开发银行将向俄方贷款250亿美元。协议的签订对中俄双方而言形成双赢。特别是，协议的签订对中国的能源安全和经济发展均具有重要意义。① 同年4月，两国又举行了第四次能源对话，双方签署了《中俄石油领域合作政府间协议》。协议涉及双方在石油领域上下游的合作，标志着中俄能源合作"实现重大突破"，双方将进一步在能源领域开展"全面、长期、稳定"的合作。② 2009年10月和2010年10月两国能源谈判代表又举行了第五次、第六次会晤。双方企业签署了多项能源合作协议，根据协议双方成立合资公司开始在两国开采、炼油和销售领域进行运营，为两国在石油领域合作拓宽了渠道。如今，双方在石油贸易领域的合作已经取得了实质性成果。2010年11月2日，中俄原油管道首批原油顺利从俄罗斯进入中国漠河兴安首站，这是俄罗斯首次通过原油管道向中国出口原油。从2011年1月1日，俄罗斯正式履行每年通过输油管道向中国输送石油的协议，当年，俄罗斯向中国出口原油1972.45万吨，其中通过管道向中国输油1520万吨。从俄罗斯进口原油占中国原油进口总量的7.77%，俄罗斯成为中国第四大石油进口国。中俄两国在

---

① 任晓：《贷款换石油大单敲定 中国能源战略布局提速》，http：//news. xinhuanet. com/fortune/2009 - 02/20/content_ 10853507. htm。

② 刘东凯、侯丽军：《中俄签政府间协议 能源合作获重大突破》，http：//news. xinhuanet. com/newscenter/2009 - 04/21/content_ 11228466_ 1. htm。

天然气领域的合作取得了一定的进展，自 2008 年 7 月中俄两国启动能源谈判以来，双方已经进行八轮会谈，俄罗斯对华天然气出口一直是重要谈判内容。根据 2009 年中俄签署的框架协议，俄罗斯将通过西线每年向中国供气 300 亿立方米，通过东线每年向中国供气 380 亿立方米。[1] 但是双方因在天然气价格方面存在着巨大的分歧，截至 2013 年仍未达成共识。不过基于双方均有合作意愿，随着国际形势的变化及俄中两国天然气供需的实际情况，双方达成协议只是时间问题[2]。

中俄两国除在石油和天然气领域合作取得了一定的进展外，双方在煤炭、电力与核能方面也取得了一定的成果：继"贷款换石油"后，中俄两国于 2010 年 8 月又签署了"贷款换煤炭"协议。根据该协议，中国向俄罗斯提供 60 亿美元贷款，换取俄罗斯未来 25 年增加对华煤炭供应。此外，协议还具体规划了煤炭资源开发的相关事宜——双方将建立合资公司，共同开发俄罗斯远东阿穆尔河（黑龙江）地区的煤炭资源。同时，俄罗斯还将在探矿、选矿及基础设施建设领域加强与中国煤企的合作。近年来，中国从俄罗斯煤炭进口量迅速增加，2012 年，俄罗斯对华出口煤炭 1800 万吨;[3] 中俄两国在电力领域的合作也取得了较大的进展，据统计，2009 年中国自俄罗斯进口电力 8.54 亿千瓦时，比上年增长 300 多倍。2011 年俄罗斯向中国出口电力 12 亿千瓦时，2012 年俄罗斯向中国出口电力 13 亿千瓦时。[4] 俄中双方均表示，将加大两国电力贸易合作力度。今后，随着两国经济的发展，中国将会进一步加大从俄罗斯购电的力度。两国在水力发电方面的合作也取得了进展，2010 年 10 月 11 日，俄罗斯最大的私人电力公司——EuroSibEnergo 公司和中国最大的水电公司——长江电力公司签署了

---

[1]　张蔚：《中俄将举行第八轮能源对话 天然气价格仍是焦点》，http：//finance. sina. com. cn/roll/20120530/132012181147. shtml。

[2]　2014 年 5 月 21 日，在亚信峰会的尾声阶段，两国签署了《中俄东线供气购销合同》。根据合同，从 2018 年起，俄罗斯开始通过中俄天然气管道东线向中国供气，输气量逐年增长，最终达到每年 380 亿立方米，累计合同期 30 年，合同总额达 4000 亿美元。至此，两国在天然气领域的合作进入一个新的阶段。

[3]　РФ и КНР усилили сотрудничество в области энергетики，http：//www. russia. ru/news/economy/2012/12/5/5447. html.

[4]　《俄罗斯 2012 年对华电力出口达 13 亿千瓦时》，http：//www. china5e. com/show. php？ contentid = 257643。

在水电领域合作的协议。双方决定研究合资在俄罗斯境内实施项目的可能性。① 同时，中国在向俄罗斯出口电力设备及建造热电站方面也取得了巨大的成绩。 2010 年 8 月，俄罗斯 TGC－2 发电公司与中国华电集团就在雅罗斯拉夫州建造 热电站签署协议，合同额为 7 亿美元，为两国在电力领域的合作拓宽了渠 道；② 中俄两国在核能领域的合作也取得了重要进展，田湾核电站一号、二号 机组分别完成了交付运行的交接仪式后，中国核工业集团与俄罗斯原子能工业 公司又签署了关于田湾二期项目合作的相关文件。文件的签署对进一步扩大和 深化中俄两国核能领域的务实合作、对推动田湾二期和示范快堆建设项目将起 到重要的促进作用，使中俄两国的核能合作迈出了新的步伐。2010 年 9 月， 中俄两国签署协议，将在江苏田湾核电站再增加两座核反应堆，并在浮动核电 站、铀矿勘探、核设施退役和第三国市场等领域扩大核能合作。③

在经贸合作方面，中俄两国最高领导层始终是积极的推动者。在 2009 年 6 月中国国家主席胡锦涛对俄罗斯联邦进行国事访问期间，双方签署了《关于 天然气领域合作的谅解备忘录》《关于煤炭领域合作的谅解备忘录》等多项经 贸合作文件，使得双方在能源领域的合作取得了突破性进展。同时，两国元首 表示，将彼此支持、相互协同，以共同应对国际经济金融危机，并指出将采取 措施促进相互贸易，为双方商品和服务进入彼此市场创造稳定有利的条件，减 少并取消现有技术壁垒，增加传统出口商品、机电和高科技产品的相互供应量 并扩大商品种类，推动两国金融和银行体系积极为贸易提供融资服务。2009 年 6 月，两国元首批准了《中俄投资合作规划纲要》。同年 9 月，两国领导人 又批准了《中国东北地区与俄罗斯远东及东西伯利亚地区合作规划纲要》，确 定了两国相互投资和地方合作的优先方向和重点项目。

虽然在双方努力下两国经贸合作领域得到了扩展，但由于国际金融危机的 影响，两国的贸易额却极不稳定，在 2008 年创历史新高，达到 586 亿美元后，

① 《俄中电力公司将联合开发俄罗斯水电》，俄新网 RUSNEWS. CN 莫斯科 10 月 11 日电， http：// rusnews. cn/ezhongguanxi/ezhong＿ jingmao/20101011/42894248. html。

② Россия и Китай выходят на качественно новый уровень сотрудничества，http：// minenergo. gov. ru/ press/min＿ news/4718. html.

③ Россия и Китай подписали 10 документов в ходе визита Медведева в КНР，http：// susanin. udm. ru/ news/2010/09/27/270331。

2009 年却降至 389 亿美元。不过，2010 年两国贸易额出现恢复性增长，双边贸易额达到 555 亿美元。2011 年两国贸易额近 800 亿美元，再创了历史新高。2012年 4 月 28 日，中俄两国企业在莫斯科签署 26 项重要合作协议，项目总金额达152 亿美元，涉及基础设施、能源资源、机电装备、高技术、金融等各个领域。

为了加强两国贸易，规避利用外币结算的风险，中俄两国从 2010 年末开始使用人民币和卢布本币结算，两国货币也在各自外汇市场挂牌交易，这在一定程度上降低了两国企业的交易成本，有助于在当前美元汇率频繁波动的情况下规避汇率风险，同时将大大地刺激双方企业间相互投资的积极性，有效地促进两国贸易的快速发展。由于两国近年来已经签署了诸多拓展经贸合作的文件，双方经贸合作的领域得以拓宽，尤其是两国在能源领域合作的加强将促进双方经贸额在今后一段时间内快速发展。中俄"政热经冷"的局面将会在一定程度上有所缓解。

三　中俄两国在人文领域的合作得以加强，为两国关系发展奠定了人文基础

普京执政期间，中俄两国在人文领域的合作明显增多。2007 年中俄教文卫体合作委员会更名为中俄人文合作委员会后，两国人文合作更是上了一个新的层次，且更加规范化，两国国家间和民间的交往更加频繁。尤其是两国在 2006 年和 2007 年互办"国家年"活动更是将双方人文交流推向了一个高潮。梅德韦杰夫执政后，在此基础上进一步推动两国在人文领域的合作。为了增进俄中两国青年之间的理解与交流，2008 年 5 月梅德韦杰夫就任总统后首次访华便专程到北京大学进行演讲。在中国遭受严重的地震灾害之际，梅德韦杰夫不但派遣救援队到中国帮助救援，而且代表俄罗斯政府邀请地震灾区一些中小学生到俄罗斯疗养，增进了两国人民的友谊。同时，梅德韦杰夫表示，将继续加强两国在人文领域的合作。在两国元首发表的《联合宣言》中，双方指出，全面扩大和深化人文领域合作，对巩固中俄战略协作伙伴关系广泛而牢固的社会基础具有重大意义。双方应重点落实好中俄"国家年"人文领域各项机制化项目，开展多种形式的青少年交流活动，进一步推动教育、文化、卫生、体育、旅游、媒体、电影和档案等领域的合作。双方领导

人还表示，在两国互办"语言年"是中俄双边关系中的又一件大事，为设计并办好"俄语年"和"汉语年"的各项活动，双方成立高级别国家组委会，以协调上述工作。① 2009 年 6 月，在胡锦涛主席访问俄罗斯期间，中俄两国元首签署了《联合声明》。声明指出，两国元首对人文合作持续发展表示满意。双方通过互办文化节、电影节，开展新闻媒体和体育交流，在卫生、旅游、档案领域共同举办活动，巩固并全面扩大了中俄战略协作伙伴关系的社会基础。两国元首指出，举办大学生艺术联欢节、大中学生交流、校长论坛和中俄高校教育展等扩大青年交往的活动意义重大。2009 年和 2010 年分别举办中国"俄语年"和俄罗斯"汉语年"，有助于深化双方人文交流，加强相互了解。双方表示，中俄两国将发挥实业界、媒体、非政府组织的潜力，促进不同文明、宗教和文化之间的对话。双方指出中俄互设文化中心的政府间协定的起草工作进展顺利，并责成双方主管部门早日签订该协定，充分显现了两国对人文领域合作的重视。

中俄两国互办"语言年"，是双方继成功举办中俄"国家年"之后，为推进中俄世代友好、促进战略协作的又一重大举措，将双边人文交流推向了一个新的高潮。"语言年"的举办不但增进了两国人民的感情，而且在两国掀起学习对方语言的热潮，为中俄关系发展奠定了坚实的社会基础。在"语言年"框架下，中俄双方在人文领域的各个方面举办了大量形式新颖、内容丰富、参与广泛、影响深远的活动，为两国人民增进了解、加强沟通创造了条件。"语言年"活动的举办加强了两国文化与思想的交流，推动中俄人文合作迈上新台阶，进一步丰富了两国战略协作伙伴关系的内涵。② 2010 年 9 月 27 日，中俄两国元首在北京签署了《关于全面深化战略协作伙伴关系的联合声明》。《声明》强调，双方高度评价中俄互办"语言年"对增进两国人民相互信任和友谊、巩固中俄关系社会基础发挥的重要作用，双方决定进一步加强在教育、文化、卫生、体育、旅游、媒体、电影、档案等领域的合作，尤其是搞好俄罗斯"汉语年"各项活动，办好中俄"国家年"人文领域的机制化项目等；还

---

① 《中俄两国元首北京会晤联合公报》，《人民日报》2008 年 5 月 25 日。
② 高帆、任瑞恩：《专访中俄"语言年"将推动两国人文合作》，http：//news. xinhuanet. com/newscenter/2009 – 03/26/content_ 11073500. htm。

表示将精心组织好 2011 年第二批俄罗斯中小学生赴华夏令营活动，愿继续通过互办文化节等方式扩大两国文化交流与合作。双方认为，中俄互设文化中心对加强两国人文交流与合作具有重要作用，两国政府将对文化中心的运作予以支持。双方商定互办旅游年，2012 年在中国举办"俄罗斯旅游年"，2013 年在俄罗斯举办"中国旅游年"。同时，双方商定推动并扩大组织电视频道在对方落地方面的合作。

中俄两国除了在对方国家组织各种能够反映本国文化特点的活动外，还采取了多项举措以促进两国文化的交流。2009 年中国中央电视台俄语频道在俄罗斯境内开播，使中国的声音进入俄罗斯，为俄罗斯民众认知中国搭建了一个新的平台。为了加强两国青年的交往，增进双方下一代彼此间的了解，2010 年，在莫斯科召开的中俄人文合作委员会第十一次会议上，成立了中俄人文合作委员会青年合作分会。分委员会的成立有利于推动中俄青年领域的交流与合作，增进中俄青年之间的了解和友谊，为中俄战略协作伙伴关系的发展注入新的活力。① 2011 年 4 月，青年合作分委会第一次会议召开，标志着中俄两国在青年交流方面的政府间协调机制正式开始运行。截至目前，两国人文合作委员会已经举行了十二次会议。委员会成立以来，两国在人文交流与合作方面取得了很大进展和诸多成果，在教育、文化、卫生、体育、旅游、媒体、电影、档案、青年等领域达成广泛合作共识，② 夯实了两国友好的社会和民意基础，推动了两国关系的发展。

综观梅德韦杰夫执政的四年，中俄两国关系无论是从政治、经济，还是从文化交流方面来看，均得到了长足发展，这是两国决策者对本国利益考量的结果。俄中关系的发展，一方面使两国关系达到历史最好水平，双边关系进入全面合作的战略协作伙伴阶段，为中国和平发展创造了一个良好的邻里关系。另一方面俄中关系的加强在一定程度上缓和了来自美国对两国的压力，给两国在国际舞台上维护自身利益提供了力量基础，为中国和平发展战略的实施创造了

① 李立红：《中俄人文合作委员会青年合作分委会首次会议举行》，《中国青年报》2010 年 4 月 22 日第 6 版。

② 应妮：《中俄人文合作委员会第十二次会议举行》，http://www.chinanews.com/gn/2011/10 - 11/3381167.shtml。

有利的国际环境。

但在中俄关系稳定发展的大环境下，两国关系也存在一些问题。一方面俄罗斯对快速发展的中国心存疑虑，担心中国的快速崛起对其构成威胁。因此，在与中国进行合作时，时常表露出对中国的戒心。在与中国进行科技合作方面，经常持保留态度，尤其是在一些敏感技术方面，往往宁肯与印度等国进行合作，也不与中国合作。目前，在俄罗斯依然有一些人非常热衷于炒作"中国威胁论"，这在一定程度上制约了两国关系的发展。

另一方面，俄罗斯近年来不断向亚洲各国，尤其是向与中国有着领土或领海争端的印度和东南亚一些国家大肆出售先进武器。这在一定程度上，激发了亚太地区的军备竞赛。据统计，在梅德韦杰夫执政期间，俄越两国签署了多项军购合同，双方在军事领域的合作得到长足发展。2009 年 1 月和 9 月，俄越两国分别签署了两份军购合同，俄罗斯向越南出售 8 架"苏－30MK2"战机和 6 艘"基洛"级潜艇，合同总额高达 37 亿美元，使得越南成为俄罗斯 2009 年最大的军火出口国。[①] 2010 年，俄越两国又签署了价值 10 亿美元的军购合同，根据合同俄罗斯向越南提供 12 架"苏－30MK2"多用途战斗机。2011 年，越南海军又从俄罗斯订购了 2 艘 2100 吨级"猎豹"轻型护舰。俄罗斯对越南的军售，使越南的海空力量得到迅速提升。尽管俄罗斯对外兜售其先进的武器装备，主要目的是获取经济利益，但是在中越两国因南中国海领土争端问题敌对情绪较为浓重的情况下，俄罗斯此举给中国的安全利益带来很大的负面影响。另外，俄罗斯近年来加强与印度的军事合作，不但向印度出售大批先进的武器装备，而且同印度进行合作，研究第五代战机，不但大幅加强了印度的军事力量，而且促进了印度的军事研发能力。而印度是唯一一个与中国有着陆地领土争端的国家，其军事力量的增强，客观上提升了其与中国进行边界谈判的底气。因此，俄罗斯加强与中国周边国家进行军事合作的行为，给中国和平发展战略的实施带来了极为不利的影响。

---

① 郭锐、王箫轲：《俄越防务合作的现状、动向与影响》，《南洋问题研究》2011 年第 4 期。

结　语

　　维护国家利益是国家对外行为的终极目标。一个国家无论是何人执政、哪个政党掌权，都必须遵循将国家利益置于首位这一不变法则，这是执政者和执政党的职责和义务。但什么是国家利益、怎样才能更好地维护国家利益却是执政者面临的最大难题。在国力一定的情况下，作为国家的决策者，其面临着两方面难题：一是如何准确地判定国家利益的内容，二是怎样维护其所认定的国家利益。二者紧密相连，任何一个环节出现问题，都难以实现国家利益的最大化，甚至可能损害其国家利益。国家利益的判定准确与否，是其能否实现的前提，而为维护国家利益所采取的方式和手段则是其能否实现的关键。由于对国家利益的判定十分复杂和困难，同时检验国家利益判定的准确与否很多时候又是一个长期的过程，因此人们时常在判定国家利益时出现偏差，导致国家利益受损，而当时却浑然不知，很长时间之后方觉察到。如1867年3月31日，俄国政府以720万美元的价格将阿拉斯加这块"冰地"卖给了美国，美国国务卿西沃德为此受到国会议员的讥讽，称这一决策为"西沃德浪费"。然而几十年后的历史证明，俄国为了有限的一点经济利益却失去了重要的地缘战略优势及更大的经济利益，而美国购买阿拉斯加不但获得了地缘战略利益，而且得到巨大的经济利益，仅在1906年的黄金开采中就获得2000多万美元。因此，该事件成为说明国家决策者"远见与短视"的鲜明事例，也说明了准确判定国家利益的艰难。维护国家利益的方式和手段决定着国家利益的实现程度。拿破仑在莱比锡大战中失败后，由于没有及时接受奥地利提出的"法兰克福停战

405

提议"，而是继续采取武力手段与神圣同盟军进行对抗，导致法国彻底失败，最后被迫签订了比"法兰克福停战提议"苛刻得多的《第一次巴黎和约》。如果拿破仑当时采取妥协方式接受奥地利的建议，那么法国利益不会受损如此严重。从另一个角度来看，在巴黎被占领、各国准备瓜分和削弱法国时，正是因为法国著名外交家塔列朗施展出色的外交才能，纵横捭阖，才使经历连年战争消耗已经无力保卫自己领土完整的法国免遭瓜分，并很快重返欧洲大国外交舞台。这个事件证明正是拿破仑的自大，不愿采取妥协政策，才导致法国国家利益受损程度加深，也说明了维护国家利益的方式与手段的重要性。这里需要强调的是，维护国家利益主要包括两方面内容：一方面是谋求国家利益的最大化，即两利相权取其重；另一方面是减少国家利益的受损程度，即两弊相权取其轻。

国家利益的判定既受国内、国际、民族和文化等多种因素的影响，同时也受该国领导人的性格、判断力及思维模式等因素的影响。俄罗斯作为一个强势总统的国家，其总统的权力之大世界少有。因此，俄罗斯国家领导人的个人意志对国家内外政策的影响也就相对更大。叶利钦与普京二人均为强势领导人，其性情、领导能力及外交艺术对俄罗斯外交政策制定的影响是显而易见的。从某种程度上讲，他们对国家利益的判定主导了俄罗斯的国家利益观。叶利钦和普京各任两届俄罗斯总统，二人在任期间，由于国家内外形势均发生了较大变化，其国家利益观也随之出现显著变化。这种变化促使决策者大幅调整了俄罗斯的外交政策。梅德韦杰夫执政四年间，由于普京对政权的影响依然很大，"梅普组合"更多体现出普京色彩。总之，对俄罗斯而言，领导人的个人性格在国家利益判定的问题上起到了巨大作用。

叶利钦执政八年，使俄罗斯基本完成了从社会主义向资本主义的过渡。这八年，是俄罗斯政治经济大变革、大震荡的八年，也是俄罗斯内外政策进行大幅度调整的八年。在叶利钦执政初期，俄罗斯正是全面否定苏联、疾步向西方资本主义世界靠拢的时期。此时，举国上下均处于一种否定"前世"的激情之中，因此在对国家利益进行判定时，夹杂着浓重的感性色彩。对西方发达国家的向往，促使俄罗斯在全盘否定苏联内外政策的同时，全面接受了西方世界的治国理念。意识形态的一致性和对西方发达国家的需求促使俄罗斯将发展与西方发达国家的关系，尤其是与美国的关系作为其外交政策的核心内容。为赢得美国等西方国家对俄罗斯政治经济改革的支持和援助，俄罗斯执政者在一定程度上摒弃了地缘政治理念，实行向美国等西方国家"一边倒"的外交政策。在国际事务的处理上，唯美国马首是瞻。俄罗斯之所以有如此的外交行为，主要源于其对国家利益的理解。可以说，叶利钦是在民众否定苏联制度、否定社会主义的前提下走上权力巅峰的。作为社会主义制度坚定的否定者，叶利钦认为，是苏联社会制度导致了俄罗斯在国际竞争中的失败，这种制度促使国家滥用法律、违反人权，导致了国家的灾难。因此，他主张俄罗斯选择资本主义民主的政治体制和市场经济，以尽快融入西方发达国家阵营。俄罗斯与西方国家关系的缓和使其对自身的安全环境评估过于乐观，认为俄罗斯与西方国家之间意识形态差异消失，双方的国家利益更加趋同化。这样，外部入侵的可能性已经很小，俄罗斯的安全问题不再是迫切问题，而亟待解决的问题是尽快完成国家的政治经济转轨，促进国家经济发展。然而，国家的政治经济转轨，尤其是经济发展离不开西方国家的支持，对西方国家的经济需求促使俄罗斯在国际事务的处理上主动向其靠近。因此，这个时期被称为向西方"一边倒"外交政策时期。

但向西方国家主动"示好"，并未使俄罗斯迎来其所期望的西方国家的大力援助。相反，西方国家"口惠而实不至"，允诺的援助根本没有完全兑现，即使兑现的部分也条件苛刻。这使将国家经济发展希望寄托于西方国家援助的俄罗斯极度失望。另外，俄罗斯感到西方国家始终对俄存有戒心，遏俄、弱俄心态十分明显。尤其是美国借俄罗斯国力衰落之机，不断将势力渗透到俄罗斯的"传统势力范围"，以挤压俄罗斯的地缘战略空间。对此，俄罗斯心感不爽。另外，俄罗斯对美国等西方国家的"示好"并未赢得对方应有的尊重，西方国家往往以胜利者的姿态对待俄罗斯。在处理国际问题时，我行我素，根本不考虑俄罗斯的利益及感受，这使其倍感屈辱。同时，美国的单边主义倾向日渐明显，严重阻滞了俄罗斯恢复大国地位的进程。北约东扩更使俄罗斯深感恼火，由于该组织的军事政治职能并未改变，所以俄罗斯决策者认为，这是对俄罗斯国家安全的重大威胁。于是，开始加强对国家安全利益的重视。为维护国家安全利益，俄罗斯与美国等西方国家针对北约东扩展开斗争，双方关系不断恶化，导致俄罗斯被迫放弃向西方国家"一边倒"的外交政策，转而推行多极化外交政策。

美国等西方国家对俄罗斯的挤压及俄罗斯右翼精英改革的失败，客观上导致了俄罗斯政治天平的左倾。国力的衰落在一定程度上激发了俄罗斯国内民众对昔日强国的怀念，使得俄罗斯民族主义思潮开始抬头，这种思潮在外交政策上的反映便是对美国等西方国家挤压的反弹。而俄罗斯政治天平的左倾，又促进了西方国家对其警惕性的提升。因此，西方国家加快推进北约东扩步伐以防止俄罗斯迅速崛起，这使俄罗斯与西方国家关系进一步恶化。

为阻止北约东扩，俄罗斯不断为北约划定界线，但因自身实力不济，终未能阻止北约东扩的步伐。俄罗斯成为西方国家的被迫伙伴，不断设限，不断退守，使得其大国形象严重受损，也致使包括独联体国家在内的原俄罗斯传统势力范围的国家快速倒向西方阵营。这样，俄罗斯的地缘战略环境进一步恶化。为维护国家安全利益，俄罗斯开始推行多极化外交政策，实行全方位外交：极力整合独联体，以抵制西方势力对该地区的侵蚀；加强与传统盟友的关系，以提升俄罗斯的国际地位；加强与中国的关系，以抵御来自美国的压力；等等。科索沃战争是国际政治中霸权主义的典型事例，是美国"新干涉主义"理论的一次重要实践。美国与北约以"人道主义干涉"为借口，绕过联合国对南联盟进行军事打击，为武装干涉他国内政开了一个先河，这给同样存在民族分裂问题的俄罗斯以很大的警示，俄罗斯对此做出强烈反应。俄罗斯总统叶利钦严厉地批评北约对南斯拉夫的军事打击是侵略行为，指责其违反了联合国宪章，违反了俄罗斯和北约关于相互关系、合作与安全的基本文件，开创了重新采用武力强制政策的危险先例，使当代国际政治秩序受到严重威胁，并声明将保留进一步采取措施的权利。① 俄罗斯与北约关系进一步尖锐化。而西方国家对俄罗斯以军事手段打击车臣分离主义分子进行指责，美国不顾俄罗斯反对执意退出《反弹道导弹条约》，这些都加深了俄罗斯与美国等西方国家的矛盾，俄罗斯安全环境急剧恶化。为此，俄罗斯提升了安全利益的位次，加强了对国家安全的重视。

普京从叶利钦手里接过俄罗斯的总统权杖时，正值俄罗斯内外交困之际。

---

① 梅孜主编《美俄关系大事实录（1991－2001）》，时事出版社，2002，第558页。

在国内，国家经济持续下滑，几近崩溃边缘；车臣分离主义势力猖獗，使国家面临分裂危险；国内恐怖活动开始增多，严重威胁人民的生命财产安全。在国际上，除了与中国等少数几个国家保持良好关系外，俄罗斯与西方国家的关系面临着一系列的困难。在与美国的关系方面，俄美两国短暂的"蜜月"关系终结后，叶利钦政府谋求与美国建立平等伙伴关系的政策因北约东扩、科索沃战争和美国欲退出《反弹道导弹条约》等问题而失败，两国关系降至俄罗斯独立以来的最低点，双边关系处于"冷和平"的状态；俄罗斯与欧盟的经济关系虽发展较快，但科索沃战争和西欧国家在车臣战争问题上对俄罗斯政府的批评使双边政治关系十分冷淡；在与独联体国家关系方面，虽然叶利钦将与独联体国家的关系列为优先发展方向，极力在该地区推进政治经济一体化，但是由于俄罗斯经济实力有限，缺乏足够的凝合力，独联体愈发显得松散化，且受到非一体化的挑战。总之，俄罗斯的安全形势急剧恶化。因此，对于新上任的普京总统来说，面临着两个亟待解决的任务：其一是摆脱国内危机，迅速实现经济复苏；其二是阻止俄罗斯国际环境的进一步恶化并重建俄罗斯与外部世界的关系，恢复其大国地位。

可以说，在普京第一届总统任期内，俄罗斯外交政策的变化和调整，虽不如叶利钦时期那样跌宕起伏，国内争论也相对平和，但调整的力度与变化的程度却更加深刻。为了更好地维护国家利益，普京在延续前任执政理念的同时，将快速发展国家经济作为首要目标。他坚持外交为经济发展服务的方针，突出外交的经济内涵，强调国内目标高于国外目标。以经济建设为中心的执政理念促使俄罗斯着力改善与美国等西方国家前期恶化的双边关系。普京将发展与欧盟关系作为俄罗斯外交政策的优先发展方向之一，使得没有实质性冲突的俄欧政治关系很快得以解冻，并且推动了双边经贸关系迅速发展。但"9·11"事件发生前，由于美国始终没有放弃对俄罗斯的挤压政策，俄罗斯并未找到同美国改善关系的突破口。为维护国家的安全利益，俄罗斯在美国退出《反弹道导弹条约》和驱逐外交官等问题上，与其针锋相对，导致双边关系进一步恶化。"9·11"事件发生后，俄罗斯抓住时机，迅速改善与美国的关系。在反恐问题上，给予美国大力支持。同时，对美国退出《反弹道导弹条约》不再表示坚决反对。俄罗斯的"示好"及美国反恐对俄罗斯的需求促使两国关系快速升温，俄美反恐合作伙伴关系得以确立。由此，俄罗斯与西方国家关系得到改善，其安全环境也明显好转。这促使普京将更多的精力放在国家经济发展上。为了推动经济快速发展，普京采取务实态度，在对外政策方面，进行适度妥协，凸显经济特色。可以说，普京执政后，虽然对前任的内外政策进行了大幅度修正，但是俄罗斯在国家发展道路的选择方面变化不大。普京虽然强调俄罗斯特色，但是依然将发达国家尤其是欧盟国家的发展模式作为样板，同时希望通过与欧盟一体化来实现国家的复兴。与这种发展方向和模式选择相一致，俄罗斯外交总体上表现出"亲西方"的倾向。从某种意义上讲，俄罗斯的这种西方情结是与其文化特性紧密相连的。这也正是每当西方国家放松对俄罗斯的遏制，俄罗斯总能与其进行友好相处的一个重要原因。

如果说，"9·11"事件催生了俄美反恐合作伙伴关系，那么"别斯兰事件"和乌克兰"颜色革命"则使这种关系开始瓦解。国家实力的增强与安全环境的再度恶化，促使俄罗斯重新调整外交政策。随着西方国家尤其是美国对俄罗斯地缘战略空间挤压力度的加强，俄罗斯展开了一系列反击。外交政策中的"妥协"色彩渐趋淡化，进攻性日益明显。在国内政策方面，俄罗斯不再提及西方民主、自由，而是更多地强调俄罗斯特色的"主权民主"。针对西方国家的批评，俄罗斯强调民主、自由与本国国情相结合的必要性。对于美国策动独联体国家进行"颜色革命"，俄罗斯以加强政府对国家政权的控制和对非政府组织的监管力度等办法来预防。同时，采取措施帮助独联体国家抵制"颜色革命"。在对外政策方面，俄罗斯坚决反对美国的单极霸权政策，力图改变现有不合理的国际关系秩序，以推动国际政治民主化。针对美国在东欧部署反导系统严重损害俄罗斯国家安全利益的事件，普京采取了一系列强硬措施进行反制。俄罗斯的行为使西方国家在一定程度上感到紧张，一些媒体甚至高呼"新冷战"即将到来。但总体上看，由于俄美两国综合实力悬殊，俄罗斯的国际行为能力仍然不足以与美国相提并论，因此，就当前形势来看，俄罗斯目前既无能力也无意愿全面挑战美国的全球战略安排，而只是在触及本国核心利益的问题上实行防卫性的外交反击。① 就俄美关系而言，美国始终是双边关

---

① 郑羽、柳丰华主编《普京八年：俄罗斯复兴之路（2000～2008）》，经济管理出版社，2008，外交卷第41页。

系的主动方，俄罗斯更多时候处于被动接招的地位。美国只要略加放松对俄罗斯的挤压，俄美两国关系就能保持良好的发展态势，普京执政的第一任期即体现出了这种特点。

从普京执政的八年不难看出，这八年间普京始终主张多边外交，但两个时期多边外交的目标侧重点是不同的。在第一任期，多边外交更多的是强调为俄罗斯国内经济发展服务，主张以合作谋发展。为了给国家发展创造有利的外部环境，俄罗斯竭力在其周边建立睦邻带，以防止出现新的紧张和冲突。在谋求与美国等西方国家建立反恐合作伙伴关系的过程中，普京努力将俄罗斯塑造为"国际秩序维护者"的形象，以确保其大国地位和利益不受损害。而在第二任期，随着美国霸权主义倾向日渐突出，普京多边合作外交更倾向于谋求俄罗斯的大国地位和生存空间，以抵制单极世界。但无论采取何种外交手段，其根本目标均是谋求国家利益。在就职演说中，普京对自己的选民说："我可以向你们保证，在自己的行动中我遵循的就是国家利益。"① 实践证明，普京给了俄罗斯民众一个满意的答案。可以说，普京用了八年时间，一手缔造了俄罗斯的经济繁荣。虽然这在很大程度上得益于能源和原材料价格上涨等大环境的利好因素，但还有一个重要原因就是普京准确地判定和维护了俄罗斯的国家利益。

综观叶利钦和普京执政的特点及外交特色，可以说，两个人的执政特点和执政理念既相似，又不同。二人均为强势总统，都将把俄罗斯建设成为一个强大的、举足轻重的世界大国作为其根本目标。不同的是二人的执政手段和策略。叶利钦执政八年间，尤其是在其第一任期，也是始终将精力集中在国内建设上，将国家经济发展作为第一要务，但是他将经济发展的期望过多地放在美国等西方国家的援助上，而没有很好地整合国内资源。对西方国家的过度依赖导致了其大国地位的丧失及西方国家对俄罗斯的轻视。对西方国家的失望，促使俄罗斯大幅调整外交政策，在国力无法支撑其外交手段的情况下，四处出击，采取了一些不必要的强硬措施，说了一些大话和空话。强硬之后，又步步退守，进而导致外交政策的失败，使大国形象严重受损。而普京也强调俄罗斯

---

① 普京：《在就任俄联邦总统典礼上的讲话（2000年5月7日，莫斯科）》，《普京文集（2002～2008）》，中国社会科学出版社，2002，第64页。

的大国地位，但他更注重俄罗斯面临的现实困难。在其第一任期，虽然也时而表现出强硬的一面，但更多的是寻求向西方国家妥协，以减缓外部的压力。只要不涉及像车臣分裂这样的核心利益问题，普京均能以适当让步来换取西方国家的合作。即使在车臣问题上，普京也表现得十分灵活。他在坚决以武力打击车臣分离主义分子的同时，面对西方国家对俄罗斯进行"违反人权""制造人道主义灾难"的指责，一面给予回击，一面表示愿意同欧洲合作，允许欧安组织派观察团到车臣地区进行实地考察，以降低西方国家对俄罗斯的指责声调。普京在任期间，在对国际事务的处理上，实行"有限参与政策"，这既节省了有限的外交资源，同时又能将其用在"刀刃"上，提高了俄罗斯外交政策的有效性。在一定程度上，实现了国家利益的最大化，减少了外交政策的失败。当然，普京与叶利钦在外交政策方面的成功与失败不能完全归结为二人的执政水平和外交手段。还有一个重要因素，就是俄罗斯的国内状况及国际形势的变化对二人外交政策的实施效果产生重要影响。叶利钦执政时，正值俄罗斯的国内政治经济政策"破"与"立"的转接时期，急剧的政治经济变革加速了国家的政治动荡和经济持续衰退。国内问题在一定程度上决定了叶利钦在外交上的无所作为。而普京执政时，俄罗斯虽然国内政治经济处于危机之中，但是俄罗斯的经济已经开始复苏，且国民那种政治变革热情也已消退，人心思定，国内政治派别的对立情绪随着右翼势力的衰落而不再高涨。尤其是，国际能源价格高企为普京强国目标的实现提供了千载难逢的机遇。叶利钦时期最缺少的东西——钱已经不是问题了。常言道"民富国安"。随着人民生活水平的快速提高，俄罗斯国内政治出现了其独立以来的首次高度稳定，这为普京顺利实施内外政策提供了条件。俄罗斯经济实力的增强也提升了其国际地位，尤其是普京巧妙地实施"能源外交"政策，不但为俄罗斯谋取了巨大的经济利益，同时也提升了俄罗斯在国际社会的政治话语权。也正是由于俄罗斯国力的增强，才有了普京第二任期外交政策的强硬。可以说，叶利钦与普京的外交效果也应了那句"弱国无外交"的古训。

2008年5月7日，梅德韦杰夫从普京手中接过总统权杖。随后，任命普京为政府总理，开启了俄罗斯的"梅普组合"时代。梅德韦杰夫执政的四年间，虽然也体现出其执政风格，但是由于普京在国内依然有很高的威望且又是梅氏的提携者，所以注定梅德韦杰夫的执政风格中存留着普京的痕迹。

　　梅德韦杰夫执政期间，俄罗斯面临的国内、国际形势发生了巨大变化。在国际上，一方面，因美国计划在中东欧部署反导防御系统而俄美关系紧张。另一方面，因俄罗斯出兵格鲁吉亚不但导致两国关系彻底破裂，而且使俄罗斯与美国等西方国家关系骤然紧张，俄罗斯的国际环境严重恶化。美国次贷危机引发的全球性经济危机使国际油价大幅跳水，导致对能源出口严重依赖的俄罗斯经济大幅下滑，出现十年来首次下降。面对严峻的国内国际形势，梅德韦杰夫与普京一方面以强硬的态度予以应对，另一方面采取联合多数的缓和政策：加强与"金砖国家"的关系，缓和与欧盟的关系，尤其是加强与德法两国的关系。但从"梅普组合"的外交政策来看，强硬中透着灵活。在南奥塞梯冲突中俄罗斯的强硬表现，令国际社会感到吃惊，使得俄美、俄欧关系严重恶化。但俄罗斯利用手中的能源牌，迫使欧洲一些国家让步，同时又拉拢德法等国，尤其是对法国在俄格战争中的斡旋作用予以高度评价。可以说，俄罗斯对欧盟采取的是软硬兼施，而对美国则是强硬应对。这源于俄罗斯一方面不想过多树敌，另一方面为维护国家地缘安全利益不得不同美国针锋相对，甚至不惜进行对抗，但基于国际形势的变化及欧洲国家对俄罗斯能源的需求，俄罗斯与西方国家的关系并未回到从前的"冷战"状态。总体而言，俄罗斯之所以不顾与美国等西方国家关系紧张而对格鲁吉亚采取军事行动并承认格鲁吉亚两个分离地区独立，除国力恢复、自信心增强等原因外，更是一种维护俄罗斯的地缘战略及国家安全利益的自然反应。梅德韦杰夫对外政策的强硬性还表现在俄日关系方面，在两国关系难以取得进展、日本对俄罗斯进行批评的情况下，梅德韦杰夫毅然于2011年11月到俄日有争议的北方领土进行视察，以宣示主权。当日本举国抗议的时候，俄罗斯竟宣布，欢迎东北亚地区其他国家参与南千岛群岛（日称"北方四岛"）的开发，使日本举国惊慌，不得不做出让步，请俄罗斯不要邀请其他国家参与北方四岛的开发。而梅德韦杰夫在外交方面表现出强硬性的同时，又不乏灵活色彩。当奥巴马上台并宣布暂时放弃在中东欧部署反导防御系统时，梅德韦杰夫立刻作出反应，表示如果美国不在该地区部署反导防御系统，俄罗斯将不考虑在加里宁格勒州部署"伊斯坎德尔"导弹。随后，俄美两国领导人在布拉格签署新的核裁军条约，同意进一步削减和限制战略武器。2011 年初，两国领导人分别批准了《削减和限制进攻性战略武器条约》。

在内政方面，梅德韦杰夫的首要任务是应对百年不遇的全球性金融危机。本次危机给国际关系甚至国际格局带来很大影响。美国作为金融危机的肇始国，饱受国际社会的指责，包括中国在内的许多新兴经济体对美元作为国际货币的中心地位提出质疑。美元的疲软及美国在伊拉克和阿富汗遇到的困难使美国的国际地位有所下降，多极化态势进一步显现。同时，全球性金融危机一方面给俄罗斯经济带来了严重的困难，另一方面也缓和了俄罗斯与美国等西方国家因南奥塞梯冲突而激化的矛盾。金融危机将世界各大国聚拢到一起，暂时搁置争议，共同应对困难。梅德韦杰夫在指责美国的同时，也表现出与美国缓和关系的姿态，俄美关系出现了一定程度的缓和。

回顾十几年来俄罗斯的国家利益观及其外交政策的变化，我们可以得出以下几点启示。

第一，寻求国家利益的最大化是俄罗斯外交政策的基本出发点。

无论是叶利钦的感性激进外交，还是普京的理性务实外交，或是梅德韦杰夫的灵活外交，俄罗斯均出现过为寻求国家利益的最大化而大幅调整外交政策的现象。其外交政策在保持一定连续性的同时，更凸显不可预测的特点。外交政策的陡然转变，时常使国际问题分析家们感到吃惊，也常常使他们因预测的失误而感到尴尬。回顾俄罗斯的外交政策，叶利钦时期俄罗斯之所以大幅提升与华关系，最主要原因并非其认为中国对俄罗斯的经济发展有多重要，而是更想通过加强与中国的关系来增加自身的筹码，向西方国家抬高要价而已。向西方"一边倒"政策，仅从所获西方资金资助来看，200 多亿美元也是一个不小的数目，只不过这对资金缺口过大的俄罗斯来说，显得有些微不足道。当俄罗斯一味地向西方国家示好，却依然得不到真正的认可和更多的援助时，它便加强与同西方国家有着不同意识形态的中国的关系以示不满。当西方国家进一步挤压俄罗斯的地缘战略空间时，俄罗斯便越发加强与中国的关系来与之抗衡。而此时加强与华关系就不仅仅是向西方表示不满了，更多的是从俄自身的发展和地缘战略角度考虑了。

比起叶利钦，普京的外交政策则凸显灵活、务实的特点。普京执政的八年中，虽然也大幅调整了俄罗斯的外交政策，但每次调整，都更有利于其国家利益的实现。这既说明普京的国家利益观较符合俄罗斯的实际，也说明其外交政策、外交手段运用得比较合理。普京利用有限的外交资源为俄罗斯开辟了比较广阔的外交空间，为国内发展创造了相对较好的国际环境，使国内经济保持了较高的发展速度。总之，虽然普京执政期间，格鲁吉亚、乌克兰和吉尔吉斯斯坦先后发生了"颜色革命"，独联体其他国家也在西方的策动和支持下出现"西倒"倾向，致使俄罗斯的地缘战略环境进一步恶化，但是俄罗斯国内情况却大为改观。俄罗斯综合国力得到增强，人民生活有了较大改善，更为重要的是俄罗斯的国家凝聚力增强了，集团政治、寡头政治受到抑制。此外，西方阵营进一步分化，俄罗斯与法、德等国关系得到加强。因此说，普京在国家利益的判定和维护国家利益的手段运用上是比较正确的。而梅德韦杰夫执政期间因普京的特有地位，俄罗斯外交政策表现出强硬的特点，有效地维护了俄罗斯的国家利益。总体而言，无论是叶利钦的感性外交，还是普京的务实外交，或是梅德韦杰夫的灵活外交，都显示出一个突出特点，那就是"自私性"，尤其在普京的外交政策中这种"自私性"体现得更为明显。"9·11"后，俄罗斯对美国退出反导条约态度的变化及中俄石油管线问题的态度均是明证。因此，在与俄罗斯加强双边关系、挖掘中俄两国关系的发展潜力及界定两国关系的最高和最低目标的同时，我们要给自己外交留有回旋余地。

第二，国内利益集团深刻地影响着俄罗斯的外交决策。

与其他西方国家一样，俄罗斯也存在着庞大的利益集团。但不同的是俄罗斯的利益集团多是由各级官僚权贵演化而来，它们的历史短但权力大，经常出现利益集团积极干预国家政事的现象。官商结合不但对国家的内政产生较大影响，而且深刻地影响着国家的外交决策。俄罗斯独立之初，实行"一边倒"外交政策，这在很大程度上与国内利益集团多"亲西方"有关。俄中关系的快速发展也是与军工集团的需要分不开的。可以说，叶利钦执政期间，寡头干预政治现象十分普遍。20世纪90年代中后期，寡头干预政治达到高潮，俄罗斯国内仅在一年多的时间里便几易总理，这对其内外政策有很大的影响。普京执政后，深感寡头干预政治对自己执政及国家政策推行不利，于是采取多种措施严厉打击寡头势力。一些寡头势力遭到沉重打击后，迅速走向衰落。但寡头政治并没有完全"终结"，老的利益集团出现势衰，而新的利益集团却在形成且不断发展壮大，它们一改以往利益集团对政府指手划脚横加指责的参政方式，而成为"隐性寡头"，采取灵活策略潜移默化地影响着国家的内外政策。中俄石油管线的流产，除俄罗斯政府自身需要和日本政府的利诱外，也有利益集团相互争斗的因素。"安纳线"与"安大线"之争，对俄罗斯国内利益集团来说，也是俄罗斯尤科斯石油公司同俄石油管道运输公司和远东地区之争。[①]"安大线"的最终"流产"也提醒我们，在与俄罗斯这样寡头干预国家政事比较深入的国家发展关系时，必须要考虑到各种利益集团的影响。[②] 尤其是在发展两国经济关系的时候，更要仔细地分析各利益集团的实力以及其对国家政事的影响力。

第三，国家的历史文化、民族特性和地理环境特点是影响其对外政策的重要因素。

俄罗斯独特的历史使它在地理上成为一个横跨欧亚大陆、疆域最大的国家。在血统上，俄罗斯人是一个以斯拉夫血统为主的"混血民族"。在文化上，它在斯拉夫村社文化和蒙古东方专制制度的基础上，融汇了东正教文化和北欧文明，而且受到了后期西欧文明影响，成为多种文明交融的"混合物"，特有的文明造就了一个独特的民族。民族文化与东西方文明的相互交融在俄罗斯的民族心理和思维方式上打上了深深的烙印。东正教文化赋予了俄罗斯民族强烈的历史责任感，"第三罗马帝国"的思想使俄罗斯人具有强烈的弥赛亚意识，这种思想使强国意识在俄罗斯民族心目中具有很深的根基。无论在叶利钦

---

① 中俄石油管道问题的背后涉及俄国内的各利益集团和地方势力，它们之间的争夺异常激烈，不仅彼此钩心斗角，尔虞我诈，而且只考虑自己私利，置国家整体利益于不顾。例如，俄尤科斯石油公司同中方签署石油管道和石油购销协议一事，一方面将使该公司获得巨额利润，另一方面又引起其他石油公司的嫉妒。俄石油管道运输公司认为，修建"安纳线"一方面可以扩大工程量，从中捞取更多工程款；另一方面，由于"安纳线"要远远长于"安大线"，这样每年便可多获得1.5亿美元左右的运输费用，于是立即态度大变，并率先反对铺设"安大线"，主张修建"安纳线"。随后，各种力量联合起来，尽其所能，利用媒体片面渲染等一切手段，对政府决策施加影响。俄远东西伯利亚地区5个州和边疆区的行政长官认为，如果修建"安纳线"，将有利于带动本地区的经济发展，因此积极支持修建"安纳线"。他们甚至联名致信普京总统，对此施加强大压力。

② 虽然如今"安大线"与"安纳线"均被政府否决，但取而代之的"泰纳线"与"安纳线"异曲同工，几乎没什么差异。不过，经中国努力，2005年初，俄罗斯决定先修建到中国的支线。中国算是弥补了"安大线"流产的损失。

执政时期还是在普京执政时期，做强国、大国的思想都贯穿于俄罗斯外交政策的始终。横跨欧亚两洲的地缘特点为俄罗斯文化的"两极性"创造了条件。特有的文明使得俄罗斯民族性格粗犷、豪放，但又乐走极端，这种性格常使其处理问题时张扬且易感情用事。

多种文明的交融常常会引发文明归属的争论。俄罗斯的那种亦欧亦亚，非欧非亚的地缘、种族和文化特点，同样引起了国家发展道路的"东归""西属"和"独行"之争。民众对历史文化的不同看法主导了其对国家发展方向的不同认识。历史上，俄罗斯曾出现过大西洋主义、斯拉夫主义和欧亚主义之争。20世纪90年代以来，三种走向之争再度达到高潮。"大西洋主义者"崇拜西方的文明与价值观，强调俄罗斯的欧洲属性，主张全面效仿和融入西方。"斯拉夫主义者"认为，俄罗斯拥有自己独特的历史。他们崇尚东正教和俄罗斯村社文化，认为俄罗斯负有救世使命，主张以其为中心实行斯拉夫民族大联合，建立斯拉夫帝国。欧亚主义介于前两种思潮之间，欧亚主义者认为俄罗斯既不同于欧洲（指西欧），也不同于亚洲，既不属西方，也不属东方。欧亚主义者反对西方主义，认为俄罗斯不能盲目追随西方，而应走自己的道路，创造俄罗斯独特的文明。他们既批评所谓欧洲文化代表全人类文化的观点，也不同意斯拉夫主义关于俄罗斯人具有单纯斯拉夫血统的观点。他们强调俄罗斯民族传统包含着"成吉思汗的遗产"，认为正是蒙古人的统治才奠定了俄罗斯横跨欧亚大陆并对这一领域进行统治的政治基础。这三种思潮均对独立后的俄罗斯外交政策产生了较大影响。"一边倒"政策正是大西洋主义思想的实践。"一边倒"外交政策陷入困境之后的"双头鹰外交"和"大国外交"，则是俄罗斯外交政策中欧亚主义和斯拉夫主义思想的具体体现。

总之，这三种思潮在不同时期对俄罗斯的内外政策均产生过较大的影响。今后，随着俄罗斯国内国际环境的变化，各种思潮依然会对其内外政策产生不同程度的影响。因此，在发展与俄罗斯关系的同时，一方面要注意这几种思潮在其国内的动向，另一方面要尽力引导俄罗斯国内的主要思潮向着有利于我国的方向发展，这样才能更加有利于中国在对俄政策中掌握主动。

另外，俄罗斯特有的历史及地缘环境特点在一定程度上也影响着其国家利益观。历史上外敌的入侵及缺少天然屏障的广袤疆域使俄罗斯人天生存有不安全感。为了维护自身安全，他们不断扩展和构筑防御外敌入侵的缓冲地带，以空间换安全成为其维护国家安全的重要手段。可以说，这种思想贯穿于俄罗斯的历史，至今依然存在。反对北约东扩、将独联体作为其特殊的利益区均是这种思想的具体反映。同时，蒙古人在俄罗斯长达两百多年的统治给俄罗斯人思想观念带来了巨大的影响，其对权力的迷恋和开疆拓土的习性在后来俄罗斯的身上体现得十分明显。也正是这种喜好促使俄罗斯千方百计地拓展自己的领土，使之成为世界上领土面积最大的国度。领土面积的拓展情况也成为俄罗斯判定国家强盛与否的一个重要标志。打造国家安全缓冲区的观念在今后的俄罗斯依然会存在，这将在一定程度上决定着俄罗斯同西方国家及独联体国家关系的复杂性，对中国固有的不信任也会长期存在。因此，在研究俄罗斯国家利益观的变化及其外交政策时，我们一定要了解俄罗斯的历史文化及其民族特性，这在一定程度上能够增强我们判断的准确性。

中俄两国互为最大邻国，俄罗斯外交政策的调整对中国及中俄关系有较大影响。中国能否顺利实施和平发展战略，不仅要看中国自身是否有走和平发展道路的意愿，更要看国际形势是否允许。俄罗斯作为具有世界性影响的大国和中国最大的陆邻国家，其外交政策直接影响着中国和平发展战略的实施。对俄罗斯而言，自然希望其最大的"邻居"能够走和平发展的道路，但"国强必霸"的思想并非仅存在于美国人的头脑之中，同样也存在于俄罗斯人的头脑中。因此，俄罗斯对中国走和平发展的道路未必没有怀疑，这种怀疑会自然而然地体现在两国交往的过程中。尽管当前的国际形势及两国相似的国际地位和战略诉求促使俄罗斯必须加强与中国的合作，尤其是在国际战略层面的合作，但是由于俄罗斯的国家利益并非始终都与中国的国家利益同向并行，所以当双方的国家利益出现矛盾时，无疑会对中国的国家利益造成负面影响。那么如何化解或者将这种负面影响降至最低，则需要我们研究俄罗斯的国家利益观，进而因势利导，变不利为有利。

参考文献

一 中文文献

1. 北京大学苏联东欧研究所主编《苏修关于印度问题的言论》，商务印书馆，1975。

2. 陈汉文：《在国际舞台上》，四川人民出版社，1985。

3. 陈黎阳：《苏联解体后的俄罗斯民族主义》，重庆出版社，2006。

4. 陈宪良：《俄罗斯社会主义力量崛起、势衰及发展趋势》，东北师范大学，2004 年硕士学位论文。

5. 崔宪涛：《面向二十一世纪的中俄战略协作伙伴关系》，中共中央党校出版社，2003。

6. 杜正艾：《俄罗斯外交传统研究》，上海人民出版社，2007。

7. 方长平：《国家利益的建构主义分析》，当代世界出版社，2002。

8. 冯绍雷、相兰欣主编《转型中的俄罗斯对外战略》，上海人民出版社，2005。

9. 冯绍雷、相兰欣主编《普京外交》，上海人民出版社，2004。

10. 法学教材编辑部《西方法律思想史编写组》编《西方法律思想史资料选编》，北京大学出版社，1983。

11. 郭力：《俄罗斯东北亚战略》，社会科学文献出版社，2006。

12. 顾志红：《普京安邦之道：俄罗斯近邻外交》，中国社会科学出版社，2006。

13. 海运、李静杰主编《叶利钦时代的俄罗斯（外交卷）》，人民出版社，2001。

14. 洪兵：《国家利益论》，军事科学出版社，1999。

15. 孔寒冰、关贵海：《叶利钦执政年代》，河南文艺出版社，2000。

16. 江宁：《普京的新俄罗斯思想》，上海外语教育出版社，2005。

17. 陆齐华：《俄罗斯和欧洲安全》，中央编译出版社，2001。

18. 季丽新：《意识形态与国家利益》，山东大学博士学术论文，2006。

19. 姜毅等：《重振大国雄风——普京的外交战略》，世界知识出版社，2004。

20. 姜毅主编《新世纪的中俄关系》，世界知识出版社，2006。

21. 金应忠、倪世雄：《国际关系理论比较研究》，中国社会科学出版社，1992。

22. 袁胜育：《转型中的俄美关系——国内政治与对外政策的关联性研究》，社会科学文献出版社，2006。

23. 刘玉安等：《西方政治思想通史》，山东大学出版社，2003。

24. 倪世雄等：《当代西方国际关系理论》，复旦大学出版社，2001。

25. 刘毅政：《叶利钦其人其事》，中国社会科学出版社，1993。

26. 柳丰华：《"铁幕"消失之后——俄罗斯西部安全环境与西部安全战略》，华龄出版社，2005。

27. 李勇慧：《俄日关系》，世界知识出版社，2007。

28. 李兴：《转型时代俄罗斯与美欧关系研究》，北京师范大学出版社，2007。

29. 林军：《俄罗斯外交史稿》；世界知识出版社，2002。

30. 明德、阳辉主编《叶利钦时代的俄罗斯（人物卷）》，人民出版社，2001。

31. 梅孜主编《美俄关系大事实录（1991–2001）》，时事出版社，2002。

32. 潘德礼主编《十年剧变——俄罗斯卷》，中央党史出版社，2004。

33. 潘德礼主编、许志新副主编《俄罗斯十年：政治·经济·外交》，世界知识出版社，2003。

34. 庞大鹏：《从叶利钦到普京：俄罗斯宪政之路》，长春出版社，2005。

35. 宋新宁：《国际政治经济与中国对外关系》，香港社会科学出版社，1997。

36. 王逸舟主编《中国学者看世界：国家利益卷》，新世界出版社，2007。

37. 王逸舟：《全球政治和中国外交》，世界知识出版社，2003。

38. 吴大辉：《防范与合作：苏联解体后的俄美和安全关系（1991~2005）》，人民出版社，2005。

39. 吴瑕：《俄罗斯与印度——影响国际政局的大国关系》，解放军出版社，2004。

40. 薛君度、陆南泉主编《新俄罗斯：政治 经济 外交》，中国社会科学出版社，1997。

41. 许勤华：《新地缘政治：中亚能源与中国》，当代世界出版社，2007。

42. 许新主编《转型经济的产权改革：俄罗斯东欧中亚国家的私有化》，社会科学文献出版社，2003。

43. 许新主编《重塑超级大国：俄罗斯经济改革和发展道路》，江苏人民出版社，2004。

44. 许志新主编《重新崛起之路——俄罗斯发展的机遇与挑战》，世界知识出版社，2005。

45. 徐大同主编《西方政治思想史》，天津教育出版社，2000。

46. 学刚、姜毅主编《叶利钦时代的俄罗斯（外交卷）》，人民出版社，2001。

47. 徐洪峰：《美国对俄经济外交：从里根到小布什》，知识产权出版社，2008。

48. 邢广程、孙壮志主编《上海合作组织研究》，长春出版社，2007。

49. 阎学通：《中国国家利益分析》，天津人民出版社，1996。

50. 阎学通主编《中国学者看世界（国家安全版）》，新世界出版社，2007。

51. 袁胜育：《转型中的俄美关系》，社会科学文献出版社，2006。

52. 赵常庆主编《十年剧变——中亚和外高加索卷》，中共党史出版社，2004。

53. 郑羽、李建民主编《独联体十年：现状·问题·前景》，世界知识出版社，2002。

54. 郑羽、庞昌伟：《俄罗斯能源外交与中俄油气合作》，世界知识出版社，2003。

55. 郑羽主编《既非盟友，也非敌人——苏联解体后的俄美关系（1991～2005）》，世界知识出版社，2006。

56. 郑羽主编《中俄美在中亚：合作与竞争（1991～2007）》，社会科学文献出版社，2007。

57. 郑羽、蒋明君主编《普京执政八年：俄罗斯复兴之路（2000～2008）》（政治、经济、外交三卷本），经济管理出版社，2008。

58. 左凤荣：《重振俄罗斯：普京的对外战略与外交政策》，商务印书馆，2008。

59. 朱炳元主编《全球化与中国国家利益》，人民出版社，2004。

60. 张俊国：《毛泽东国家利益观研究》，中央文献出版社，2007。

61. 张树华、刘显忠：《当代俄罗斯政治思潮》，新华出版社，2003。

62. 〔苏〕苏联科学院主编《第二次世界大战后的国际关系》（第1卷），世界知识出版社，1965。

63. 〔俄〕普京：《普京文集：文章和讲话选集》，中国社会科学出版社，2002。

64. 〔俄〕普京：《普京文集（2002～2008）》，中国社会科学出版社，2008。

65. 〔俄〕瓦·博尔金：《戈尔巴乔夫沉浮录》，李永全等译，中央编译局出版社，1996。

66. 〔俄〕亚尼雅科夫列夫：《一杯苦酒——俄罗斯的布尔什维主义和改革运动》，徐葵、张达楠等译，新华出版社，1999。

67. 〔俄〕列昂尼德·姆列钦：《权力公式——从叶利钦到普京》，徐葵等译，新华出版社，2000。

68. 〔俄〕阿·切尔尼亚耶夫：《在戈尔巴乔夫身边六年》，徐葵等译，世界知识出版社，2001。

69. 〔俄〕索洛维约夫：《俄罗斯与欧洲》，李凤林译，河北教育出版社，2002。

70. 〔俄〕谢·格拉济耶夫：《俄罗斯改革的悲剧与出路——俄罗斯与新世界秩序》，佟宪国、刘树春译，经济管理出版社，2003。

71. 〔俄〕俄罗斯外交与国防政策委员会：《俄罗斯战略——总统的议事日程》，冯玉军、蒋莉等译，新华出版社，2003。

72. 〔俄〕俄罗斯外交与国防政策委员会：《未来十年俄罗斯的周围世界——梅普组合的全球战略》，万成才译，新华出版社，2008。

73. 〔俄〕米·戈尔巴乔夫：《戈尔巴乔夫回忆录》，述弢等译，社会科学文献出版社，2003年中文版。

74. 〔俄〕伊·伊万诺夫：《俄罗斯新外交——对外政策十年》，陈凤翔等译，当代世界出版社，2002年中文版。

75. 〔俄〕罗伊·麦德维杰夫：《普京——克里姆林宫四年时光》，王晓玉等译，社会科学文献出版社，2005。

76. 〔俄〕罗伊·麦德维杰夫：《普京总统的第二任期》，王尊贤译，社会科学文献出版社，2007。

77. 〔俄〕罗伊·麦德维杰夫：《普京时代——世纪之交的俄罗斯》，王桂香等译，世界知识出版社，2001。

78. 〔俄〕罗伊·麦德维杰夫：《俄罗斯向何处去——俄罗斯能搞社会主义吗?》，关贵海、王晓玉译，当代世界出版社，2003。

79. 〔俄〕鲍里斯·叶利钦：《总统笔记》，李垂发等译，东方出版社，1995。

80. 〔俄〕鲍里斯·叶利钦：《午夜日记——叶利钦自传》，曹缦西、张俊翔译，译林出版社，2001。

81. 〔俄〕米哈伊尔·杰里亚金：《后普京时代——俄罗斯能避免橙绿色革命吗?》，金禹辰、项红译，社会科学文献出版社，2006。

82. 〔美〕兹比格纽·布热津斯基：《大棋局：美国的首要地位及其地缘战略》，中国国际问题研究所译，上海世纪出版集团，2007。

83. 〔美〕莫顿卡普兰：《国际政治的系统和过程》，中国人民公安大学出版社，1998。

84. 〔美〕斯坦利·霍夫曼：《当代国际关系理论》，林伟成等译，中国社会科学出版社，1990。

85. 〔美〕亚历山大·温特：《国际政治的社会理论》，秦亚青译，上海人民出版社，2000。

86. 〔美〕汉斯·J. 摩根索：《国家间政治——寻求权力与和平的斗争》，徐昕、郝望、李保平等译，中国人民公安大学出版社，1990。

87. 〔美〕霍夫曼：《当代国际关系理论》，林伟成等译，中国社会科学出版社，1990。

88. 〔美〕西奥多·A. 哥伦比斯 杰姆斯·H. 沃尔夫：《权力与正义》，白希译，华夏出版社，1990。

89. 〔美〕玛丽·芬丽莫尔：《国际社会中的国家利益》，袁正清译，浙江人民出版社，2001。

90. 〔波〕尤·库库尔卡：《国际关系学》，林军、于振起译，中国公安大学出版社，1991。

91. 〔加〕阿列克斯·巴特勒：《21世纪：没有俄罗斯的世界》，张建荣译，上海人民出版，2005。

二 俄文主要参考书目

1. М. Л. Титаренко, Россия и Восточная Азия: Вопросы международных и межцивилизационных отношений, Москва: Кучково поле, 1994г.

2. Г. В. Осипов, Россия: Национальная идея. социальные иитересы и приоритеты, Москва: Фонд содействия развитию социальных и политических наук, 1997г.

3. Н. К. Фролов (отв. ред.) и др., Духовные ценности и национальные интересы России, Томск: Том. гос. ун-т, 1998г.

4. Витрянюк и Руслан Владимирович, Национальные интересы современной России в международных отношениях, Москва, 1999г.

5. Смирнова А. А., Национальные экономические интересы и обеспечение экономической безопасности России, С. -Петерб: гос. горн. ин-т им. Г. В. Плеханова, 1999г.

6. И. С. Иванов, Внешняя политика России и Мир: Статьи и выступления, Москва: РОССПЭН, 2000г.

7. Под редакцией А. В. Торкунов, Внешняя политика Российской Федерации 1992~1999гг, Москва: РОССПЭН, 2000г.

8. Стефан Кройцбергер, Сабине Грабовски, Ютта Унзер, Внешняя политика Россия от Ельцина к Путину, Киев, 2002г.

9. В. П. Колесов, А. А. Пороховский, В. А. Зубенко и др., Глобализация мирового хозяйства и национальные интересы России, Москва: ТЕИС, 2002г.

10. Арбатова, Надежда Константиновна, Национальные интересы и внешняя политика России: Европейское направление, 1991 ~ 1999 гг., Москва: ПроСофт-М, 2003г.

11. Д. С. Кузьмин, Глобальное управление и национальные интересы России, Москва: Ставроп. кн. изд-во, 2004г.

12. Сергей Морозов: Дипломатия В. В. Путина: внешняя политика России 1999~2004 гг., Москва: Измайловский, 2004г.

13. Соблиров Хасан Хажмуридович, Этнические потребности и национальные интересы в российском социокультурном пространстве, Москва: Исторические науки, 2004г.

14. Акад. военных наук Российской Федерации, Восточный ин-т экономики, гуманитарных наук, упр. и права, Региональное отд-ние Акад. военных наук по Респ. Башкортостан, Глобализация и национальные интересы России : сборник научных статей, Москва: Восточный ун-т, 2005г.

15. А. П. Цыганков, П. А. Цыганков: Российская наука международных отношений: новые направления, Москва: ПЕР СЭ, 2005г.

16. Днепровская Ирина Валерьевна, Национальные экономические интересы России в условиях глобализации, Волгоград, 2005г.

17. В. И. Меркулов, Россия-АТР: Узел интересов, Москва: Академический Проект, 2005г,

18. С. Г. Лузянин, Восточная политика Владимира Путина: Возвращение России на «Большой Восток» (2004 ~ 2008гг.), Москва: Восток – Запад, 2007г.

19. Борис Аронович Хейфец, Зарубежная экспансия бизнеса и национальные интересы России, Москва: Ин-т экономики, Отд-ние междунар. экономических и политических исслед. , 2007г.

20. Игорь Павловский, Политика национальных интересов России: Вектор развития современной России, Москва: Зебра Е, 2008г.

三　英文主要参考书目

1. Charles A. Beard, The Idea of National interest: An Analytical Study in American Foreign Policy, Westport: Greenwood Rress, 1934.

2. Joseph Frankel, National interest, London: Praeger, 1970.

3. President Boris Yeltsin's letter to US President Bill Clinton, Sep. 15, 1993, SIPRI Yearbook 1994.

4. Martha Finnemore, National Interest in International Society, London : Cornell

University Press，1996.

5. M. Bowker，Russian Foreign Policy and the End of the Cold War，Dartmouth，1997.

6. M. Bowker，Russian Foreign Policy and the End of the Cold War，Dartmouth，1997.

7. J. M. Goldgeier and M. Mcfaul，Power and Purpose：US Policy toward Russia after the Cold War，Washington，2003.

8. J. F. Matlock，Reagan and Gorbachev，How the Cold War Ended，New York，2004.

四　中外文主要参考报刊

（一）中文主要报刊

1.《俄罗斯中亚东欧研究》

2.《国际问题研究》

3.《和平与发展》

4.《瞭望新闻周刊》

5.《世界经济与政治》

6.《东北亚论坛》

7.《现代国际关系》

8.《欧洲研究》

9.《政治学研究》

10.《美国研究》

11.《中共太原市委党校学报》

12.《环球时报》

13.《世界知识》

14.《世界经济研究》

15.《中国青年报》

（二）俄文主要报刊

1. Дипломатический вестник

2. Международная жизнь

3. Ммровая экономика и международные от ношения

4. Российская газет а

5. Независимая газет а

6. Красная звёзда

7. Извест ия

8. Правда

（三）英文主要报刊

1. Foreign Affairs

2. Washington Quarterly

3. National Interest

五　主要使用网站

1. http：//www. poccuu. org

2. http：//www. mid. ru

3. http：//lenta. ru

4. http：//www. russia. org. cn

5. http：//news. xinhuanet. com

6. http：//bse. sci-lib. com

7. http：//www. intelros. ru

8. http：//www. ipmb. ru

9. http：//www. nasledie. ru

10. http：//www. ln. mid. ru

11. http：//www. zagolovki. ru

12. http：//www. kremlin. ru

13. http：//www. ribk. net

14. http：//www. xslx. com

15. http：//www. inosmi. ru

16. http：//www. ng. ru

17. http：//www. nationalsecurity. ru

后　记

　　时光如白驹过隙，转瞬间，博士毕业已五年了。自 2004 年开始对研究俄罗斯问题产生兴趣，至今整整十年。我的硕士和博士论文均与此相关，再次走上三尺讲台后，逐渐感受到今后的工作将与俄罗斯结下情缘。

　　此书是在我的博士论文基础上进行修改而成。我是一个办事较为拖沓之人，加之琐事扰身，自博士毕业，几度停笔，直至今日拙著方将出版。由于水平限制，其中必然存有诸多不尽如人意之处。尽管自己不甚满意，但其中也确耗费了较大的精力，出版算是对自己今后学术生涯的一个勉励吧。作博士论文期间，阅读了许多关于国际关系方面的著述，产生了以此为题的念头，因此尤为感谢那些我拜读过其大作的、熟识的或素未谋面的专家学者，正是在诸位研究的基础上，我方完成此著。

　　在此书付梓之际，首先要感谢我的博士导师郑羽研究员。正是在郑老师的严格要求下，我方在学术研究方面取得了一点成绩。老师对我的生活十分关心，直至今天依然经常关心我的生活、工作情况，不断勉励我，给予我信心。在他的激励下，我才得以在学术道路上继续前行。同时，我要感谢同门师兄吴大辉、柳丰华、庞昌伟，他们不仅在生活上给予了我诸多帮助，在学术上也为我树立了榜样。尤其是大辉师兄，每次同他交流都能学到许多东西。感谢师姐徐洪峰在学习期间给予我的无私帮助。

　　我还要感谢在中国社会科学院学习期间帮助过我的人。感谢常玢老师，多年来一如既往地给予我无私的帮助。感谢现代国际关系学院的季志业老师、冯玉军老师，他们对我的论文提出了非常宝贵的意见，感谢社科院欧亚所的冯育民、张玉芬、陆齐华、张盛发、朱晓忠、姜毅等几位老师，他们在我的学习方面给予了一定的帮助！此外，还要感谢此书的责任编辑蔡莎莎女士，她对我的书稿进行了认真的审读，使得语言更为流畅，避免了许多错误的发生。

对于一个拖家带口的人而言，在外学习的确不是一件易事。为了学习，原本该两个人共同承担的义务，完全落在了另一个人身上。爱人张梅为了不影响我学习，无怨无悔地承担了全部家庭重担。感谢岳父、岳母多年来对我儿子的照顾，没有他们的鼎力支持，我无法安心在外学习。

2008 年是中国的多灾之年，也是我最为痛苦的一年，这一年我失去了一位最爱我和我最爱的人——我的母亲。她带着遗憾、带着我对她的愧疚永远地离开了这个世界。子欲养而亲不待，大学毕业后，始终没能实现将母亲接到我工作的城市以颐养天年的愿望，这种愧疚将随我终生。母亲在世时，始终关心着我的学习和工作，而今此书出版算是对老人家的一种告慰吧，希望远在天堂的她能够放下那颗始终悬着的心。同时，还要感谢我的姐姐和妹妹，在我在外学习和工作期间，她们完全承担了对多病母亲的照料任务，最大限度地减轻母亲的病痛。

学术道路无坦途，今后我依然会在这条道路上坚持前行，以报答关心和帮助过我的人。

2014 年 6 月

于哈尔滨师范大学梦溪湖畔

图书在版编目（CIP）数据

俄罗斯国家利益观的嬗变/陈宪良著. —北京：社会
科学文献出版社，2014.7
ISBN 978 - 7 - 5097 - 6080 - 2

Ⅰ.①俄…　Ⅱ.①陈…　Ⅲ.①国家 - 利益 - 研究 -
俄罗斯　Ⅳ.①D751.2

中国版本图书馆 CIP 数据核字（2014）第 114036 号

俄罗斯国家利益观的嬗变

著　　者 / 陈宪良

出 版 人 / 谢寿光
出 版 者 / 社会科学文献出版社
地　　址 / 北京市西城区北三环中路甲 29 号院 3 号楼华龙大厦
邮政编码 / 100029

责任编辑 / 蔡莎莎　　　　　　　　　　　责任校对 / 齐　旭
项目统筹 / 蔡莎莎　　　　　　　　　　　责任印制 / 岳　阳
电子信箱 / caijingbu@ ssap. cn
经　　销 / 社会科学文献出版社市场营销中心（010）59367081　59367089
读者服务 / 读者服务中心（010）59367028

印　　装 / 北京季蜂印刷有限公司
开　　本 / 787mm×1092mm　1/16　　　　印　　张 / 27.75
版　　次 / 2014 年 7 月第 1 版　　　　　　字　　数 / 453 千字
印　　次 / 2014 年 7 月第 1 次印刷
书　　号 / ISBN 978 - 7 - 5097 - 6080 - 2
定　　价 / 98.00 元